IFRS 재무회계

윤성용 · 최영문 저

교육과학사

머리말

I hear and I forget. I see and I remember. I do and I understand.

- Confucius -

회계학 공부에서 가장 중요한 것은 체계적인 실력을 갖추는데 우선적으로 노력하여야 하는 것입니다. 회계학은 단순한 암기 과목이 아니어서 완벽한 이론적 기반을 바탕으로 체계적으로 문제풀이연습을 하는 것이 회계학 공부의 정도(正道)라고 생각합니다.

본서를 집필하면서 가장 유념한 부분은 각종 시험에 대비하여 한국채택국제회계기준을 최대한 쉽게 설명하고 체계적인 연습으로 자연스럽게 이해할 수 있게 하는 것입니다. 따라서 한국채택국제회계기준 중 수험목적 상 불필요한 부분은 과감히 생략하였으며 출제가능한 부분에 대하여는 장마다 풍부한 이론적인 설명과 함께 재경관리사, 7·9급 공무원, 관세사, 감정평가사, 세무사 및 공인회계사 기출문제를 엄선, 이론형과 계산형 문제로 구분하여 연습문제를 제시하였습니다. 특히, 이론적인 설명 중 중요한 부분에 대해서는 색을 달리 하여 독자들로 하여금 중요도를 한눈에 파악할 수 있게 하였습니다. 한편, 본서는 2014년 3월까지 개정 공표된 한국채택국제회계기준(K-IFRS)과 우리나라 상법의 개정 부분을 모두 반영하였습니다.

회계학의 어느 분야나 마찬가지겠지만 재무회계는 더욱 더 많은 시간과 노력을 필요로 하는 분야라고 말할 수 있겠습니다. 저 역시 오랜 시간 동안 공부하는 자세로 재무회계분야에 노력해 온 것이 사실입니다. 본서의 내용에 오류가 있으면 이는 오로지 저의 역량이 미약한 탓이므로, 책을 보시는 모든 분들이 이를 질책하여 주면 감사한 마음으로 더불어 배우고 수정해 나갈 것임을 밝혀 두겠습니다. 아울러 지난 세월 동안 저자들의 강의를 수강한 제자들이 없다면 이 책도 저자들도 의미가 없음을 잘 알고 있습니다. 변변히 고맙다는 인사도 하지 못했는데 이 자리를 빌어 깊은 감사를 드립니다. 그리 고 본서가 나오기까지 물심양면으로 도움을 주신 교육과학사(주)의 김동규 사장님, 이주표 팀장님 이하 직원 여러분께 진심으로 감사의 말씀을 전하고 싶습니다.

저의 사랑스런 제자들과 독자 여러분의 행운을 빌면서…

2014년 3월 부산과 창원의 연구실에서
저자 윤성용 · 최영문

Contents

Contents

Contents

제10장

금융자산(Ⅱ) : 지분상품과 채무상품 559

제11장

자 본 619

제12장

현금흐름표 673

1장

회계의 기본이론

제1절 회계의 본질 및 환경

1. 회계(ACCOUNTING)의 정의

예전부터 오늘에 이르기까지 여러 회계문헌에서 회계의 정의는 회계환경의 변화와 발전에 따라 여러 가지로 나타나고 있다. 그러나 회계에 대하여 아직도 만족스러운 정의는 찾기가 쉽지 않은 것 같다. 이러한 까닭은 회계라는 학문이 시대와 환경의 변화에 따라 계속적으로 확대·발전하고 있기 때문일 것이다. 과거에는 회계(accounting)를 단순히 실무에서 적용되는 기술(practical art)로 정의 하였다. 이러한 정의는 회계가 무엇인지를 규명한 것이 아니라 회계담당자가 무엇을 하느냐에 초점을 둔 것으로서 회계순환과정(accounting cycle)을 설명한 것에 불과하며 회계정보의 생산자 측면(재무제표의 작성)만을 고려한 것이다. 그러나 1966년 미국회계학회(American Accounting Association; AAA)의 '기초적 회계이론에 관한 보고서(A Statement Of Basic Accounting Theory; ASOBAT)'와 1970년에 공표된 미국공인회계사회(AICPA)의 회계원칙심의회(Accounting Principles Board) 보고서 제4호에 따르면 다음과 같이 회계를 의사결정에 유용한 정보를 제공하는 정보시스템으로 정의[1]하고 있다.

① 기업실체(business entity)의 재무활동을
② 인식(recognition), 측정(measurements), 보고(communication)하여
정보이용자(information user)들의 의사결정(decision making)에
③ 유용한 정보(useful information)를 제공하는 정보시스템(information system)이다.

* AAA 및 AICPA의 회계의 정의를 저자가 수정한 것임

---

1) 위 정의의 중요 내용을 구체적으로 설명하면 다음과 같다.
경제주체는 보통 기업, 정부, 가계 등으로 나누어지지만 그 중에서 회계의 주된 대상은 기업의 소유주와 독립된 기업실체이다. 여기서 재무활동이라 하면 재무적 성격을 가지는 거래(transactions)나 사건(events)을 의미하며 인식이란 기업활동 중 회계기록의 대상이 되는 활동을 식별하여 재무제표에 기록하는 과정을 말한다. 또한 측정한다는 의미는 대상에 수(numbers)[즉, 화폐액]를 부여하는 것을 의미하며 정보이용자는 기업의 회계정보를 필요로 하는 이해관계자(interested person)들을 의미하는 것이다. 마지막으로 유용한 정보라 함은 의사결정에 도움이 되는 정보로서 정보이용자들의 사용목적에 맞고 신뢰할 수 있는 정보여야 한다는 의미를 내포하고 있다.

이와 같은 정보시스템을 규정한 정의는 이용자에 의한 활용측면을 강조하고 있다는 점에서 이용자중심회계(user oriented accounting)를 지향하고 있다고 볼 수 있다. 한편, 여기서 주의할 점은 부기(簿記, book-keeping)와 회계(會計)는 동의어가 아니라는 점이다. 부기는 기업활동의 결과를 장부에 기입한다는 '장부기입(帳簿記入)'의 준말이며, 부기는 회계의 한 기술적인 측면을 일컫는 데 불과하다. 즉, 복식부기 원리라는 정해진 규칙에 따라 장부에 기록하고 최종적으로 요약하는 기계적 과정의 반복만을 의미하는 것이다. 이에 반해 회계는 기업에 관련된 경제주체들의 의사결정을 위해 정보를 제공한다는 데 그 본연의 의의가 있다. 따라서 회계는 부기보다는 넓은 개념이며, 경제주체들의 '정보활용'이라는 중요한 측면을 포함하고 있다.

과거의 정의		현대의 정의
부기	⊂	정보시스템
정보생산자 측면 중요		정보이용자 측면 중요

[그림 1-1] **회계의 정의**

2. 회계정보의 공급자와 수요자

1) 기업과 이해관계자의 관계

자원수요자(resource consumers)인 기업은 외부로부터 제공받은 자원으로 가치를 창출해야 할 뿐만 아니라 자원제공자에게 적절한 대가를 지급하고 또한 제공받은 자원의 활용에 따른 성과 및 재무상태에 대한 정보를 제공할 의무가 있다. 자원제공자(resource providers)는 이해관계자로서 희소한 자원을 기업에 제공하여 기업이 가치를 창출하도록 도와줌으로써 그에 대한 적절한 대가를 원한다. 이해관계자는 다양한 형태를 취하지만 대표적으로 자본제공자(capital providers)인 투자자(investor)와 채권자(creditors)로 구분할 수 있다. 투자자 즉, 주주(소유주)는 기업에 대한 총체적인 위험을 부담하고 다른 이해관계자에 대한 대가를 제공하고 남은 잔여지분(residual interests)을 차지하는 자본제공자라고 할 수 있다. 이와 같은 맥락에서 투자자는 사업성과에 따라 분배 받는 배당금(dividends)과 소유권의 가치증가에 따라 얻게 되는 자본이득(capital gains)즉, 시세차익을 자본제공의 대가로 받는다. 자본주의 사회에서 투자자는 가장 중요한 자원제공자로 인정받고 있으며, 재무회계정보는 소유주에 중점을 맞추어 보고한다. 반면, 채권자는 소유주에 비하여 위험은 적게 부담하고 대가의 회수에 있어서는 선순위권리(채무변제우선권)를 받는 대신 정해진 이자수익(interest income)만을 챙기는 것이 일반적이다. 경제적인 면에서 기업은 자원수요자인 동시에 가치창출자로서 외부이해관계자로부터 자원을 제공받아 가치를 창출하여 이들에게 되돌려 준다.

이 과정에서 자원제공자로부터 받은 자원을 효율적으로 활용했다는 것을 보여주기 위해 경영성과 및 재무상태 등에 대한 정보를 제공할 의무가 있다. 이때 기업에 대한 회계정보를 생산하여 외부이해관계자들에게 공급하는 주체는 기업의 경영자이며 경영자는 회계정보를 작성보고할 의무와 책임을 진다. 만일 회계정보를 제공하지 않는다면 자본조달이 불가능해질 것이기 때문에 경영자는 투자자, 채권자들에게 회계정보를 제공할 유인(incentives)을 가지고 있다. 즉, 자원은 이해관계자로 흐르는 관계를 갖는 것으로 볼 수 있다. 특히 기업이 이해관계자에게 제공하는 정보는 이해관계자의 합리적인 의사결정에 유용하게 사용될 수 있어야 한다. 이와 같은 특성을 충족하기 위해서는 정보는 화폐단위로 표시되어야 하며 화폐단위로 측정한 정보를 제공하는 것을 재무정보 또는 회계정보라고 한다. 한편, 재무회계의 목적은 현재 및 잠재적 투자자, 종업원, 대여자 등을 포함하는 광범위한 정보이용자의 합리적인 의사결정을 할 수 있도록 기업실체에 관한 유용한 회계정보를 제공하는 것이다. 이러한 재무회계의 목적을 달성하기 위해서 가장 핵심적인 회계정보 제공 수단이 재무제표(財務諸表; Financial Statements; F/S)이다.

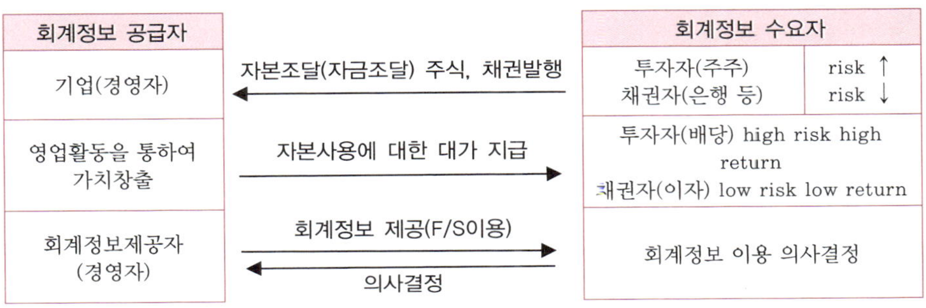

[그림 1-2] **회계정보 공급자와 수요자의 관계**

2) 회계정보의 수요자 (회계정보 이용자 집단)

회계정보이용자는 의사결정의 목적과 제공하는 정보에 따라 경영자 같은 내부정보이용자(internal users)와 투자자, 채권자, 공급자, 정부기관, 종업원, 소비자와 같은 외부정보이용자(external users)로 구분 할 수 있으며 그들의 정보요구는 다음과 같다.

(1) 투자자(주주)[2)]

투자자는 취득한 주식에 대한 배당금과 주가가 상승할 경우 시세차익을 기대하고 있으므로 회계정보를 이용하여 향 후 투자수익의 변화를 예측하고 주식의 매각이나 추가 취득에 대한 의사결정을 한다. 또한 현재의 투자자뿐만 아니라 잠재적인 투자자의 경우에도 회계정보를 이용하여 주식의 취득여부를 결정한다. 이러한 의사결정을 투자의사결정이라고 한다.

(2) 채권자

채권자는 기업 등에 대여한 자금에 대하여 일정한 이자를 수취하고 일정기간 후에 그 자금을 회수하게 되므로 그 상환능력에 관한 위험을 평가하여 자금의 대여 여부나 대여조건을 결정하는데 회계정보를 필요로 한다. 이러한 의사결정을 신용제공에 관한 의사결정이라고 한다.

(3) 경영자

경영자는 기업경영에 직면하는 여러 가지 관리적 의사결정문제를 해결하기 위하여 회계정보를 이용한다. 기업의 재무상태와 수익성예측 · 자금조달여부 및 방법

---

2) 회사는 투자한 구성원인 사원(社員)이 회사의 채무 책임(責任)을 얼마만큼 부담해야 하느냐에 따라 인적 회사와 물적 회사로 구분한다. ① 인적 회사(人的會社)의 사원은 회사의 채무에 대하여 다른 사원과 함께 직접적으로 무한책임(無限責任)을 지기 때문에 회사가 잘못되면 자신의 개인 재산을 털어서라도 채무를 갚아야 한다. 인적회사에는 무한책임사원으로만 구성된 합명회사와 무한책임사원 및 유한책임사원이 함께 구성된 합자회사가 있다. 한편, ②물적 회사(物的會社)에서 사원은 자신이 회사에 투자한 한도 내에서 다른 사원과 함께 간접적인 유한책임을 지기 때문에 회사가 잘못되더라도 회사 채무에 대해서 책임이 없고, 자신의 투자한 자금을 포기하는 선에서 마무리 할 수 있다. 물적회사에는 1좌의 금액이 5,000원 이상이지만 균등하게 투자한 2~50인 유한책임사원으로 구성한 유한회사와 1주의 금액이 결정되면 발행주식수 내에서 원하는 만큼 투자하면서 주주 인원 수에 크게 제약을 받지 않는 주식회사가 있다. 재무회계에서 회사라 함은 주식회사를 가정하고 있기에 여기서 투자자는 회사의 주인인 주주를 말한다.

결정 · 사업부문간 비교등이 이에 해당한다. 또한 경영자는 기업의 소유주인 주주로부터 기업의 재산을 관리하고 그 결과를 보고하는 수탁책임(stewardship responsibilities)을 지고 있는데 그러한 수탁책임의 보고를 위하여 회계정보가 필요하다. 수탁책임에 대해서는 후술 한다.

(4) 공급자(거래처)

기업에 원자재, 물품 등을 신용으로 공급하는 공급자(suppliers)는 거래대상이 가래대금을 약정기일에 지불할 능력이 있는지 판단하기 위해서 당해 기업의 회계정보를 필요로 한다.

(5) 종업원(노동조합)

임금협상을 위해서 기업의 회계정보를 활용한다.

(6) 정부 및 감독기관

개인과 마찬가지로 기업도 소득에 대해 세금을 납부한다. 세무당국은 법인세를 정확히 계산하기 위하여 당해 기업의 회계정보를 필요로 한다. 또한 경제정책을 수립하거나 기업을 규제하는 정부기관도 회계정보에 대한 수요를 갖고 있다.

(7) 소비자

기업의 제품을 구입하는 소비자도 제품보증서비스 능력을 판단하기 위해 회계정보의 도움을 받는다. 판매하는 기업이 우량기업인지 여부에 따라 추후 제품보증서비스를 받을 가능성에 차이가 있을 수 있기 때문이다.

이용자집단	정보요구
투자자	① 투자목적 : 자본시장에서 현재 또는 미래의 투자의사결정과 관련하여 투자위험 및 투자수익을 평가할 수 있는 정보(배당금, 자본이득), ② 수탁기능목적
채권자	자금대여의사결정에 필요한 원리금 지급능력을 평가할 수 있는 정보 (이자, 원금)
경영자	재무제표의 작성자인 동시에 이용자 (경영의사결정 및 적절한 보상)
공급자(거래처)	매입채무 및 기타 미지급금의 지급능력을 평가할 수 있는 정보(안전한 대금회수)
종업원(노동조합)	기업의 안정성과 수익성, 급여와 퇴직금의 지급능력을 평가할 수 있는 정보
정부 및 감독기관	정책입안, 기업활동의 규제, 조세정책의 결정, 기타 경제활동관련 통계를 위하여 필요한 정보(국세청, 공정거래위원회, 금융감독위원회 등)
소비자	장기거래관계 및 의존도가 높은 고객은 당해 기업의 존속가능성에 대한 정보소비는 A/S때문에 회계정보 필요

[그림 1-3] 정보이용자와 정보요구

3. 회계의 사회적 기능

회계가 정보이용자들에게 재무제표를 통하여 기업실체에 대한 정보를 제공함으로써 사회에 기여하는 역할을 회계의 사회적 기능이라 한다. 회계의 사회적 기능은 다음과 같이 세 가지로 설명할 수 있다.

1) 수탁책임 보고기능

오늘날에는 기업조직의 형태로서 주식회사가 일반화됨에 따라 소유와 경영의 분리가 중요시되고 있다. 수탁책임(stewardship responsibility)이란 대리인(agents)[경영자]이 소유주(owners)[주주]로부터 수탁 받은 경제적 자산을 효율적으로 운용하고 관리할 책임을 말한다. 경영자는 수탁책임을 보고하는 수단으로 회계정보를 활용한다. 즉, 현대 기업경영은 소유와 경영의 분리로 주주가 경영자에게 회사의 경영을 위탁하는 것이며 경영자는 자신들이 수탁받은 경영책임을 효과적으로 수행하였는지에 대하여 재무정보를 마련하고 재무제표를 통하여 주주에게 제공하게 된다.

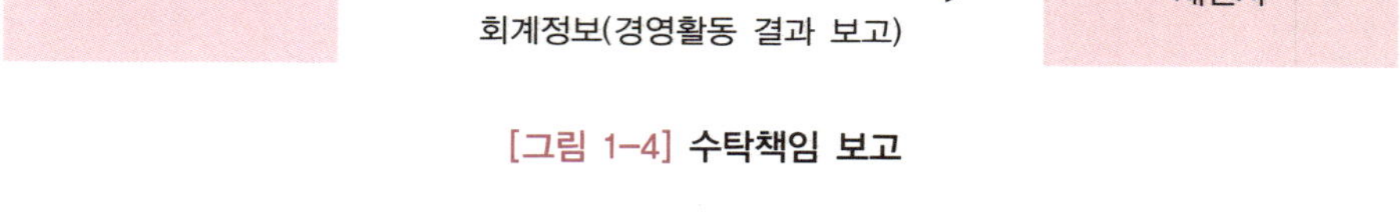

[그림 1-4] 수탁책임 보고

2) 사회적 자원의 효율적 배분기능 (희소한 자원의 효율적 배분)

투자자나 채권자는 재무상태나 재무성과가 좋은 기업에 투자 또는 대출을 하고, 재무상태나 재무성과가 좋지 않은 기업으로부터는 투자금액 또는 대출금액을 회수하게 됨으로써 결과적으로 자원이 이동하게 된다. 이를 위하여 기업과 관련된 회계정보가 요구된다. 즉, 기업은 재무상태와 재무성과에 관한 회계정보를 투자자나 채권자에게 제공하게 되고 이들은 회계정보를 통하여 보다 효율적이고 생산성이 높은 기업을 그렇지 못한 기업과 구분하게 되어 그들이 소유하고 있는 사회적으로 희소한 자원(social scarce resource)을 보다 효율적으로 투자하고 배분하는데 도움을 주게 된다.

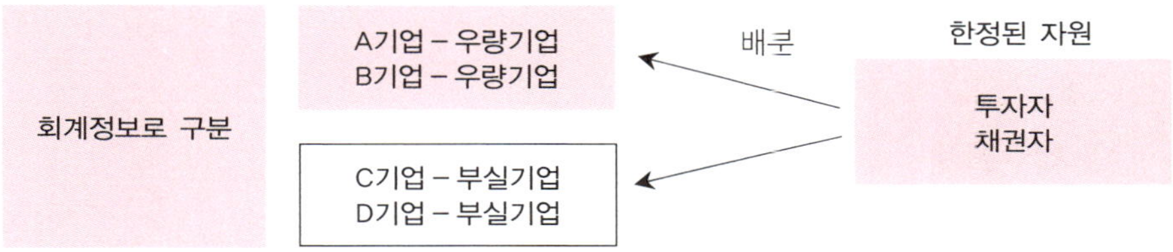

[그림 1-5] **사회적 자원의 효율적 배분**

3) 사회적 통제기능

회계정보는 국가의 주요정책 의사결정에 도움을 준다. 회계정보는 대규모 기업에 대한 규제, 세율결정 등의 사회적 통제기능을 수행하는데 활용된다. 또한 환경운동, 부패방지운동 등 각종 사회조직에 이용된다. 즉, 회계정보는 정부의 규제 및 간섭(정책수단)에 중요한 기초자료를 제공하여 자원의 효율적인 배분을 위한 조세 징수, 통화량의 조절, 보조금의 지급 등 정책을 결정하는데 도움을 주게 된다.

정리하면 정보이용자와 재무제표의 관점에서 회계의 사회적 기능을 보면 경영자는 재무제표 작성과 공시를 통하여 수탁책임을 보고하며, 공시된 재무제표를 보고 투자자와 채권자는 자원을 가장 효율적으로 사용하는 기업에 투자 및 신용제공을 한다. 그 결과 사회적으로 자원의 효율적 배분이 이루어진다. 또한 정부와 기타 단체는 공시된 회계정보를 기업과 관련된 국가정책을 합리적으로 수행하는데 활용하거나 사회적 통제기능을 수행하는데 활용한다.

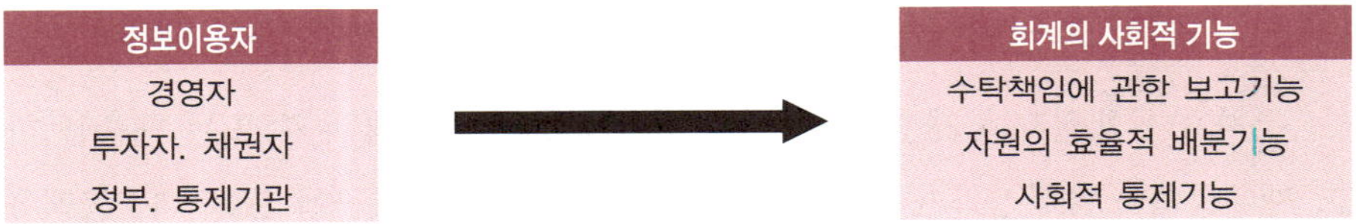

[그림 1-6] 정보이용자와 회계의 사회적 기능

4. 회계의 분류

회계의 목적은 회계정보이용자의 의사결정에 유용한 정보를 제공하는 것이다. 회계는 누구를 위하여 어떤 정보를 제공하느냐에 따라 다음과 같이 분류할 수 있다.

1) 재무회계

재무회계(Financial Accounting)는 기업외부의 정보이용자(external users)인 주주나 채권자의 합리적인 의사결정을 위하여 유용한 정보를 제공하는 것을 목적으로 하는 회계분야를 말한다. 그런데 외부정보이용자가 요구하는 정보는 매우 다양하므로 모든 정보욕구를 충족시키는 것은 현실적으로 불가능하다. 따라서 재무회계에서는 일반적으로 인정된 회계원칙에 따라 일반목적의 재무제표(general purpose financial statements)를 작성하여 회계정보이용자가 필요로 하는 공통적인 정보를 정기적으로 제공한다.

2) 관리회계

관리회계(Managerial Accounting)는 기업내부의 정보이용자(internal users)들이 의사결정을 하는데 있어 유용한 정보를 제공하는 것을 목적으로 하는 회계분야를 말한다. 관리회계는 경영자의 의사결정에 필요한 정보를 제공하는 것이 목적이므로 일정한 기준이나 양식에 제약을 받지 않고 필요할 때에 수시로 정보를 제공한다. 이를 위해 기업의 제품원가계산(product costing)에 관한 정보가 필요한데, 제품원가계산에 관한 정보는 외부보고목적의 재무제표에 판매한 제품의 원가, 즉 매출원가를 산정하는데 이용되기도 하고, 기업내부의 의사결정에 이용되기도 한다. 특히 원가계산목적의 회계를 원가회계(cost accounting)라고 하는데, 관리회계와 통합하여 원가관리회계라고도 한다.

3) 세무회계

세무회계(tax accounting)는 기업 경영활동의 결과에 따라 일정한 금액의 세금을 국가 등에 납부하게 되는데 이때 세법에 근거하여 과세소득과 납세액을 계산하는 것을 목적으로 하는 회계분야를 말한다. 납세액은 기업회계기준에 의해 작성된 재무회계자료를 토대로 하여 법인세법의 규정에 따라 기업의 재무성과인 과세소득을 계산한다. 세무목적을 위하여 별도의 장부를 작성하는 데는 많은 노력과 비용이 소요되므로 실무에서는 기업회계 상 회계이익에서 기업회계와 법인세법의 차이를 조정하여 과세소득을 산출한다. 이러한 조정과정을 세무조정(tax reconciliation)이라 한다.

4) 회계감사

회계정보는 경영자에 의하여 생산되어 재무제표를 통하여 외부에 제공된다. 외부정보이용자는 재무제표의 작성을 직접 관찰할 수 없다. 따라서 경영자에 의해 작성된 재무제표가 일반적으로 인정된 회계원칙에 따라 적정하게 작성된 것인지를 독립적인 제3자가 검증하는데 이를 회계감사(auditing) 회계분야라 말한다.

5) 정부/비영리회계

정부/비영리회계(Governmental&Non-Profit Accounting)는 중앙정부나 지방자치단체와 같은 정부조직의 재정활동에 대한 회계인 정부회계와 영리를 목적으로 하지 않는 소비경제주체인 가계나 비영리기관, 즉 교회, 학교, 병원, 관청 등에서 이용되는 회계분야를 말한다. 우리나라의 경우 과거 정부조직은 현금주의, 단식부기 회계제도를 사용하였으나 2007년 국가회계법의 제정으로 2009년 1월 1일부터 정부 부문에 발생주의 회계제도를 도입하도록 규정하였으며 2011년 회계연도 결산부터는 모든 국가회계에 발생주의와 복식부기가 적용되었다.

구　분	재무회계	관리회계
목　적	외부보고 목적	내부보고(경영관리) 목적
정보이용자	외부정보이용자(투자자, 채권자등)	내부정보이용자(경영자 등)
의사결정유형	투자 및 신용제공에 관한 의사결정	관리적 의사결정
작성원칙	일반적으로 인정된 회계원칙	경제학, 통계학 등 다양한 학문
보고관점	과거지향적 정보	과거 및 미래지향적 정보
보고의 형태	재무제표	일정한 형식이 없음
분석기법	회계개념	다양한 의사결정기법
정보의 형태	주로 화폐적 정보	화폐적, 비화폐적 정보
정보의 범위	기업일반 전체적 정보	특정부문정보

[그림 1-7] 재무회계 · 관리회계의 분류

제2절 재무보고와 회계원칙

1. 재무보고와 재무제표

1) 재무보고

재무보고(Financial Reporting; F/R)는 외부정보이용자의 경제적 의사결정을 위해 경영자가 기업실체의 경제적 자원과 의무, 재무성과, 자본변동, 현금흐름 등에 관한 재무정보를 재무제표와 기타수단을 통하여 제공하는 것을 말한다. 재무보고에 의한 정보는 주로 기업의 회계시스템에 근거한 재무제표에 의해 제공되나 재무제표 이외에도 경영자 분석 및 전망, 그리고 경영자의 주주에 대한 서한 및 사업보고서 등과 같은 수단으로 제공 될 수도 있다.

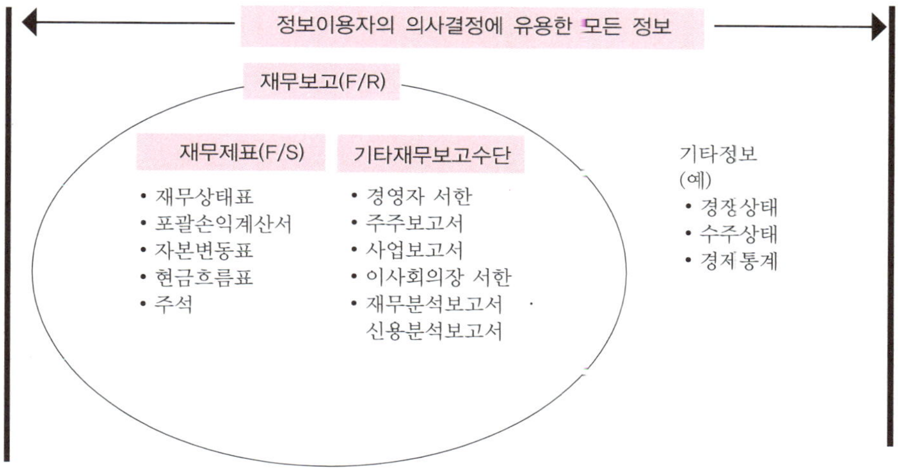

[그림 1-8] 재무보고의 범위

2) 일반목적 재무제표와 특수목적 재무제표

오늘날 정보이용자가 요구하는 정보는 매우 다양하나 이들을 모두 충족시킬 수 있는 모든 정보를 제공하는 것은 현실적으로 불가능하다. 일반목적 재무제표(general purpose financial statements)는 기업의 외부정보이용자가 공통적으로 필요로 하다고 판단되는 정보만을 제공하는 일반목적 재무보고(general purpose financial reporting)의 핵심적인 수단을 말한다. 한편, 특수목적 재무제표(specific purpose financial statements)는 특수목적의 회계정보를 제공하기 위한 재무제표로서 모든 정보이용자 별로 재무제표를 각각 작성하게 된다. 일반목적 재무보고는 후술하는 원가제약에 의해 특수목적 재무제표를 채택하고 있지 않다. 대표적인 특수목적 재무제표로는 관리회계분야의 경영자만을 위한 보고서가 해당 된다.

2. 일반적으로 인정된 회계원칙과 외부감사제도

1) 일반적으로 인정된 회계원칙의 의의와 필요성

일반적으로 인정된 회계원칙(Generally Accepted Accounting Principles : GAAP)

은 회계원칙 중에서 일반적 수용성(general acceptance)을 가지며 다수의 실질적으로 권위 있는 지지(substantial authoritative support)를 받는 회계원칙이라 정의 된다. 여기에서 '일반적으로'라는 용어는 공통적이며, 여러 사람이 합의한 것임을 의미하는 것으로 해석된다. 그것은 또한 과반수 여부를 불문하고 대단히 많음을 의미하는 것으로 받아 들여진다. 한편, 재무제표작성을 경영자의 자의적 판단에 맡기게 되면 신뢰성이 떨어지고 재무제표의 비교가능성과 이해가능성이 저하되어 회계정보의 유용성이 감소하게 된다. 반면, 일반적으로 인정된 회계원칙에 따라 재무제표를 작성하여 공시하게 되면 통일된 기준으로 재무제표가 작성되었으므로 재무제표의 ① 비교가능성이 증진 되고, 동일한 용어와 형식을 사용하므로 ② 이해가능성이 높아지며, 재무제표의 ③ 신뢰성이 높아진다. 이러한 이유로 재무제표를 작성하고 이해하는 경우에 판단의 기준이 되는 일정한 원칙이 필요하게 된다.

2) 일반적으로 인정된 회계원칙의 특징

일반적으로 인정된 회계원칙의 특징은 다음과 같다.

(1) 회계행위의 지침이며 회계실무를 이끌어가는 지도 원리이다.

회계원칙은 다수의 권위 있는 전문가의 합의에 의하여 그 나라의 회계이론과 회계실무를 종합적으로 체계화한 것으로 회계행위의 지침이며, 실무의 지도원리가 된다.

(2) 보편타당성과 다수의 이해관계자들의 이해조정적 성격이 있다.

기업의 이해관계자들은 다수이고 각각 추구하는 목표가 상이하다. 일반적으로 인정된 회계원칙은 모든 기업에 보편타당하게 적용 가능한 지침을 제공하므로 특정 이해관계자에게 유리하거나 불리하지 않도록 한다. 이로 인하여 다양한 이해관계자들의 대립적인 이해관계를 조정한다.

(3) 경제적 환경의 변화에 따라 변화한다.

회계는 하나의 사회적 제도로 존속하고 있기 때문에 경제사회의 변화 또는 시대의 변천에 따라 그 사회가 요청하는 회계원칙의 내용도 달라지게 된다. 즉, 회계원칙은 자연과학의 법칙과는 달리 영구불변의 진리가 아니라 사회발전과 시대변천에 따라 변화하는 특징이 있다.

3) 회계원칙의 제정방법

회계원칙의 제정방법에는 연역적 방법과 귀납적 방법이 있다.

(1) 귀납적 접근법 (자유시장접근법)[3]

귀납적 접근법(inductive method)은 회계실무를 관찰하여 일반화된 원리를 도출함으로써 회계원칙을 제정하는 방법으로 이 방법은 회계실무에서 수용가능성이 높다는 장점이 있으나 논리적일관성이 결여될 수 있고 다양한 회계실무를 일반화시키는데 어려움으로 인하여 회계실무가 지향해야 할 바람직한 방향과 차이가 발생할 수 있다는 단점이 있다. 귀납적 방법에서는 구체적인 사례에서 출발하여 일반화된 원칙을 도출하므로 그 원칙이 모든 사례를 포괄하지 못하는 오류(일반화의 오류[generalization fallacy]를 범할 수 있다.

(2) 연역적 접근법 (규제기관접근법)

연역적 접근법(deductive method)은 회계의 기본가정이나 명제 등에서 출발하여 회계실무를 이끌어갈 회계원칙을 논리적으로 도출하는 방법으로 이 방법은 논리적으로 일관성 있는 이론체계를 구축할 수 있는 장점이 있으나 기본가정이나 명제가 잘못되어 있으면 회계원칙도출에 오류를 범하여 현실의 회계실무와 괴리된 원칙이 설정될 수 있다는 단점이 있다. 연역적 방법에서는 일반화된 명제에서 출

3) 회계원칙을 제정할 때 제정의 주체가 누구인가에 따라 자유시장접근법과 규제기관접근법으로 분류할 수 있다. 자유시장접근법(free market approach)[관습법]에서는 회계정보를 사적경제재로 파악하고, 수요와 공급의 균형을 통하여 정보에 대한 균형가격이 형성된다고 본다. 이 접근법에 따르면 회계원칙은 자유경쟁시장 하에서 자발적인 필요성에 의해 형성되는 것이므로, 정부 등 규제기관에 이하여 별도의 제정노력은 필요가 없게 된다. 즉, 시장기능에 맡기면 수요와 공급의 시장원리에 따라 회계원칙이 자율적으로 제정된다고 본다. 한편, 규제기관접근법(regulatory approach)[성문법]에서는 회계정보를 공공재로 파악한다. 회계정보는 기업들이 공시하는 경우 가격을 지불하지 않고도 누구나 쉽게 이용할 수 있으므로 사회적인 균형가격이 존재하지 않는다 이런 경우가 되면 아무도 회계정보에 대해 합당한 가격을 지불할 의사가 없으므로 회계정보의 생산은 점진적으로 축소된다. 규제접근법은 이러한 회계정보의 생산축소에 대한 문제를 해결하기 위하여 일정한 회계규제가 필요하다고 본다. 규제접근법은 규제기관의 성격에 따라 사적부문(private sector)이 규제하는 방법과 공적부문(public sector)이 규제하는 방법으로 나눌 수 있는데 공적부문은 정부기관 및 산하단체를 말하고, 사적부문은 회계학회 등 전문가집단을 말한다.

발 하였으나 구체적 사례에 맞지 않아 발생하는 오류(구체화의 오류[specification fallacy])를 범할 수 있다.

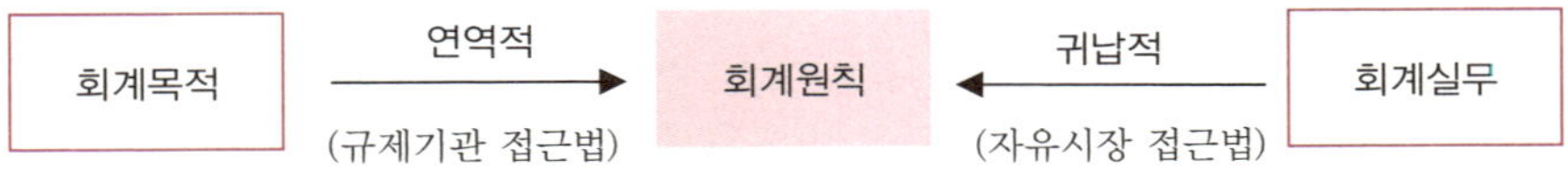

[그림 1-9] 회계원칙의 제정 방법

4) 우리나라의 회계원칙 제정

우리나라는 주식회사의 외부감사에 관한 법률(외감법)에 따라 공적규제기관인 금융위원회(Financial Services Commission; FSC)가 기업회계기준의 제정권한을 가지고 있었으나 2002년 7월 27일부터 이를 사적규제기관인 한국회계기준원(Korea Accounting Institute; KAI)에 위탁하였으며, 한국회계기준원은 이 업무를 한국회계기준위원회(Korea Accounting Standards Board; KASB)에서 심의 · 의결을 통하여 수행하고 있다. 그러나 금융위원회는 증권선물위원회(Securities Exchange Commission; SEC)의 심의를 거쳐 회계기준서 공표시에 수정요구권을 행사할 수 있다. 즉, 우리나라는 사적부문이 주도하는 규제기관접근법에 의하여 회계원칙을 제정하고 있다.

한편, 한국채택국제회계기준(Korean International Financial Reporting Standard; K-IFRS)을 도입한 후부터는 국제회계기준위원회(International Accounting Standards Board; IASB)에서 제정한 기준의 내용분석 및 기초안을 작성한다. 이 기초안에 대하여 주요 이해관계자의 의견을 수렴한 후 기업회계기준 등의 제정 및 개정 작업의 배경, 관련규정, 대안 별 주장의 근거와 문제점 등이 포함된 기업회계기준서 등의 공개초안시안을 작성하여 한국회계기준위원회에 제출하며, 이 공개초안시안이 회계기준위원회의 심의와 의결을 거쳐 한국채택국제회계기준으로 확정되게 된다.

우리나라 회계원칙은 한국회계기준위원회가 제정하기 때문에 논리적인 일관성이 유지된다. 한편, 실무적인 적용가능성을 높이기 위하여 공청회 등을 통하여 각종 이익단체의 의견을 수렴하는 등 회계기준제정시 정치적 과정(political process)을 거친다. 따라서 제정방법의 측면에서는 연역적 방법과 귀납적 방법을 병행하고 있다고 할 수 있다.

5) 외부감사제도와 일반적으로 인정된 회계감사기준의 의의

외부감사제도(external auditing)란 경영자가 제공한 기업의 재무제표가 회사의 재무상태와 경영성과 및 기타 재무정보를 일반적으로 인정된 회계원칙에 따라 적정하게 표시하고 있는지에 대하여 기업에 대해 독립적인 위치에 있는 감사인(공인회계사:Certified Public Accountant; CPA)이 회계감사(auditing)를 통해 그에 따른 독립적으로 의견을 표명함으로써 재무제표의 신뢰성을 제고하고 재무제표의 이용자가 회사에 관하여 올바른 판단을 할 수 있도록 한 제도[4]이다. 여기서 회계감사란 특정한 회계실체의 재무제표가 한국채택국제회계기준에 따라 적정하게 작성되었는지를 확인하기 위해 이와 관련된 증거를 객관적으로 수집하고 평가하여, 그 결과를 이해관계자에게 전달하는 체계적인 과정이다. 여기서 주의할 점은 공인회계사가 수행하는 회계감사는 기업이 작성한 재무제표의 신뢰성을 제고할 뿐이며, 재무제표에 있어서 오류나 부정이 전혀 없다는 것을 보장하는 것은 아니다. 또한, 감사결과 신뢰할 수 있는 재무제표라고 해서 해당 기업이 건전하다거나 수익성이 높다는 것을 보장하는 것도 아니라는 점이다. 왜냐하면 회계감사는 재무제표가 한국채택국제회계기준에 따라 작성되었는지에 대해서만 검증하는 것이기 때문이다. 한편, 일반적으로 인정된 회계감사기준(Generally Accepted Audit Standards; GAAS)[5]은 감사인이 감사사무를 공정・타당하게 수행하기 위해 준수해야 할 사항을 규정한 감사행위의 일반적 기준 또는 척도를 말하며 외부감사인이 일반적으로 인정된 회계감사기준에 의해 회계감사를 하여 재무제표를 보증(assurance)하게 된다.

---

4) 우리나라의 경우 주식회사의 외부감사에 대한 법률(외감법)에 따라 ① 유가증권시장 및 코스닥시장에 상장회사 ② 직전 회계연도 말의 자산총액 100억원 이상의 주식회사 ③ 직전 회계연도 말의 자산총액 70억원 이상이면서 부채총액이 70억원 이상인 주식회사 ④ 직전 회계연도 말의 자산총액 70억원 이상이면서 종업원 수가 300명 이상인 주식회사는 공인회계사로부터 의무적으로 재무제표에 대한 감사를 받도록 규정하고 있다.

5) 2012년 현재 우리나라의 GAAS는 회계감사기준이나 국제회계기준 전면 시행에 맞추어 국제회계사연맹(International Federation of Accountants; IFAC)이 제정한 신 국제감사기준(New International Standard of Auditing; New-ISA)으로 2013년부터 회계감사를 수행할 예정이다. 국제회계기준이 기업 재무제표 작성의 기본 원칙이라면 국제감사기준은 기업 회계가 적정한지를 따지는 회계감사인의 업무 수칙으로서 개별 거래 내용에 치중해 온 그동안 감사와 달리 기업 위험(risk)이 큰 부분에 감사 인력과 시간을 집중해 `리스크 감사`가 되도록 한 것이 가장 큰 특징이다.

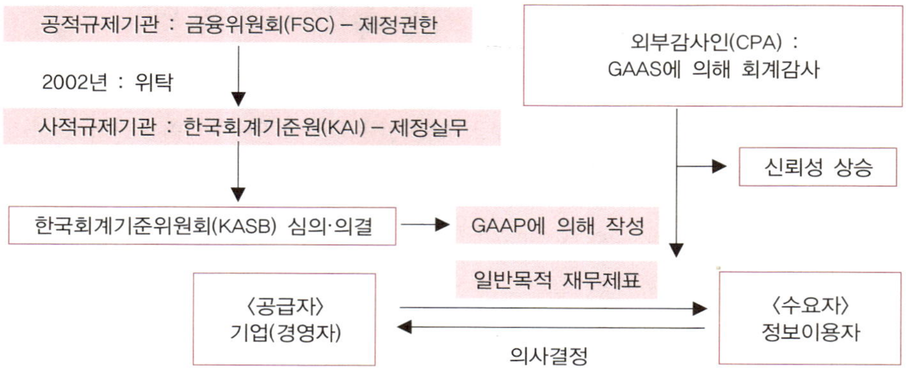

[그림 1-10] **일반적으로 인정된 회계원칙과 회계감사기준**

6) 감사보고서와 감사의견

감사인인은 회사의 재무제표를 독립적으로 감사한 후, 그 적정성을 판단하여 의뢰인에게 그 사실을 전달해야 하는데, 이때 감사인의 의견을 전달하는 수단이 감사보고서(audit report)이다. 표준감사보고서의 구성은 ① 보고서 명칭과 수신인 ② 감사대상 재무제표를 명시하고 회사경영자의 책임과 감사인의 책임에 대한 구분이 설명된 도입문단(itroductory paragraph) ③ 감사에 적용된 회계감사기준과 감사인이 수행한 감사업무에 대한 기술 등 감사의 성격에 대한 기술이 포함된 범위문단(scope paragraph) ④ 재무제표에 대한 감사인의 의견이 표명된 의견문단(opinion paragraph) ⑤ 감사인의 주소 및 감사인의명칭과 서명, 감사보고서 일자가 포함된다.

감사인은 감사를 실시하고 그 결과 감사의견(auditor's opinion)을 감사보고서에 표명해야 한다. 감사의견의 종류는 다음과 같으며 이는 ① 감사범위의 제한[6] 정도, ② 경영자와의 의견불일치(회계기준 위배 정도)의 두 기준에 따라 결정된다. 만약, 감사보고서에 적정의견이 아닌 감사의견(한정의견, 부적정의견, 의견거절)이 표명되어 있는 경우에 감사보고서가 변형되었다고 하며, 이를 '변형된 감사보고서'라 한다. 감사인은 적정의견 이외의 감사의견을 표명했을 경우 그 사유를 감사보고서에 명료하게 기술하여야 한다. 일반적으로 이러한 정보는 의견문단 앞에 중간문단으로 제시된다.

---

6) 감사범위 제한이란, 감사인이 의견표명에 필요한 충분한 증거를 수집하지 못했음을 말한다. 이러한 경우는 경영자의 요구, 회계기록의 부실, 재해와 같은 불가피한 환경요인 등 때문에 발생한다.

보고서명칭 수 신 인	외부감사인의 감사보고서 주식회사 한국 주주 및 이사회 귀중
도입문단	본 감사인은 첨부된 주식회사 한국의 2011년 12월 31일과 2010년 12월 31일 현재의 재무상태표, 동일로 종료되는 양 회계연도의 포괄손익계산서, 자본변동표 및 현금흐름표를 감사하였습니다. 이 재무제표를 작성할 책임은 회사경영자에게 있으며 본 감사인의 책임은 동 재무제표에 대하여 감사를 실시하고 이를 근거로 이 재무제표에 대하여 의견을 표명하는데 있습니다.
범위문단	본 감사인은 대한민국의 회계감사기준에 따라 감사를 실시하였습니다. 이 기준은 본 감사인이 재무제표가 중요하게 왜곡표시되지 아니하였다는 것을 합리적으로 확신하도록 감사를 계획하고 실시할 것을 요구하고 있습니다. 감사는 재무제표상의 금액과 공시내용을 뒷받침하는 감사증거에 대하여 시사의 방법을 적용하여 검증하는 것을 포함하고 있습니다. 또한 감사는 재무제표의 전반적인 표시내용에 대한 평가뿐만 아니라 경영자가 적용한 회계원칙과 유의적 회계추정에 대한 평가를 포함하고 있습니다. 본 감사인이 실시한 감사가 감사의견 표명을 위한 합리적인 근거를 제공하고 있다고 본 감사인은 믿습니다.
의견문단	본 감사인의 의견으로는 상기 재무제표가 주식회사 한국의 2011년 12월 31일과 2010년 12월 31일 현재의 재무상태와 동일로 종료되는 양 회계연도의 경영성과 그리고 자본의 변동과 현금흐름의 내용을 한국채택국제회계기준에 따라 중요성의 관점에서 적정하게 표시하고 있습니다.
감사인의 주소 서 명 감사보고서 일자	서울특별시 XX구 XX동 XX번지 성용 회계법인 대표이사 윤 성 용 (인) 2012년 2월 13일

[그림 1-11] **감사보고서 사례 (적정의견의 경우)**

(1) 적정의견

적정의견(unqualified opinion)은 ① 감사범위의 중요(material)한 제한을 받지 아니하고 ② 경영자와의 의견불일치(한국채택국제회계기준 위배) 정도도 중요하지 아니한 경우에 표명한다.

(2) 한정의견

한정의견(qualified opinion)은 감사인은 ① 감사범위의 제한이 중요하다고 판단되거나 감사인의 평가기준(한국채택국제회계기준)과 ② 경영자와의 의견 불일치(한국채택국제회계기준 위배)로 인한 영향이 중요한 경우에 표명한다. 감사보고서 작성시 감사범위 제한에 대한 구체적인 내용을 범위문단 및 중간문단에 기술해야 하고 경영자와의 의견 불일치 내용은 중간문단에 기술해야 한다.

(3) 부적정의견

부적정의견(adverse opinion)은 감사인의 평가기준(한국채택국제회계기준)과 경영자와의 의견 불일치(한국채택국제회계기준 위배)로 인한 영향이 매우 중요(high material)한 경우에 표명한다. 감사보고서 작성시 경영자와의 의견 불일치 내용은 중간문단에 기술해야 한다.

(4) 의견거절

의견거절(disclaimer)은 ① 감사인의 독립성이 결여되어 있거나 ② 감사범위의 제한이 매우 중요하다고 판단 되어 감사의견을 표명할 만큼 충분한 근거를 가지지 못한 경우에 표명한다. 감사보고서 작성시 감사범위 제한에 대한 구체적인 내용을 중간문단에 기술해야 한다.

구 분	적정의견	한정의견	부적정의견	의견거절
감사범위 제한	중요하지 아니함 and	중요함 (범위문단 및 중간문단 기술) or	–	매우 중요함 (중간문단 기술)
경영자와의 의견불일치	중요하지 아니함	중요함 (중간문단 기술)	매우 중요함 (중간문단 기술)	
감사인의 독립성 결여	–	–	–	무조건 해당

[그림 1-12] 감사의견의 종류와 그 판단기준

3. 국제회계기준

1) 국제회계기준의 필요성 및 도입과정

과거에는 대부분의 세계 각국은 자국 내 경영 및 자국의 상황에 적합한 회계 원칙에 따라 재무제표를 작성·공시 하여 왔으며 국가간 자본거래가 많지 않은 상황에서는 국가간 회계기준이 다소 불일치되더라도 큰 문제가 되지 않았다. 그러나 세계화로 인하여 국제적으로 통일된 회계기준의 필요성이 대두되고 이에 따라 1973년에 영국을 중심으로 하여 세계각국의 회계전문가들이 런던에 민간단체인 국제회계기준위원회(International Accounting Standard Committee; IASC)[7]를 설립하였다. 1980년대부터 가속화된 자본시장의 국제화(글로벌경영)로 인하여 국가마다 상이한 회계기준의 적용이 많은 문제점 (ex: 국가간 자본 조달시 F/S재작성 해외증시에 상장시 자국의 회계원칙에 따라 작성된 F/S를 다른 국가의 회계원칙에 따라 수정, 국가간 비교가능성 저하 등)을 야기하였다. 이로 인해 회계정보생산비용이 과다(미국에 상장한 국내15개사의 2003년부터 2006년 까지 회계기준 차이조정으로 총 780억원의 비용 발생)해지고 이는 곧 기업가치의 저하를 초래하게 되었다. 이에 2000년대에 접어들면서 국가간 회계기준의 조화에 대한 필요성이 더욱 부각되어 자국의 고유한 회계기준을 국제회계기준(International Financial Reporting Standards; IFRS)이라고 하는 통일된 기준으로 통합하기 시작하게 되었다.

국제회계기준은 2005년에 유럽연합(EU)과 호주 및 남아공을 시작으로 우리나라는 2006년부터 한국회계기준원이 영문으로 제정된 국제회계기준을 국문으로 번역하는 작업을 하였으며, 2007년 3월 국제회계기준 도입 로드맵 발표회에서 국제회계기준을 우리나라 기업회계기준으로 도입할 것을 선언하고 2007년 11월에 한국채택국제회계기준((Korean International Financial Reporting Standards; K-IFRS)을 제정하였다.

2) 국제회계기준의 구조 및 도입효과

IASC는 2001년에 IASB(International Accounting Standard Board)로 조직체계를 변경하였으며 이에 따라 IASC산하에서 국제회계기준해석서를 정하던 기준해석위원회(Standing Interpretations Committee; SIC)도 국제재무보고해석위원회(International Financial Reporting Interpretations Committee; IFRIC)로 변경되었다. 이와 같은 변경이 있기 전까지 IASC에서는 41개의 국제회계기준(International

---

7) IASC는 회원국과 국제기구로부터 계속적인 지지를 받으며 발전 하였으며, 2000년 5월에 국제증권감독위원회(International Organization of Securities Commissions; IOSCO)가 IASC에서 제정한 회계기준을 전세계적인 단일 기준으로 채택함에 따라 엔론(Enron)사태 이후 신뢰성 문제가 대두된 미국회계기준을 대신하여 국제회계기준을 도입하는 것이 세계적인 추세로 자리잡게 되었다.

Accounting Standard; IAS)을 제정하였으며, SIC에서는 32개의 해석서를 제정하였다. 이 중 몇 개는 후속적으로 다른 회계기준으로 대체 됨으로써 2012년 현재 29개의 IAS와 10개의 SIC Interpretation이 유효한 상태이다. 한편, 조직체계를 변경한 후에 IASB의 9개 국제회계기준(International Financial Reporting Standard; IFRS)과 IFRIC의 15개 해석서가 현재 모두 유효한 상태이다. 현행 국제회계기준은 IASB에서 제정한 IFRS 및 여기에 대한 해석서인 IFRIC Interpretation뿐만 아니라 기존의 IASC에서 제정한 IAS 및 여기에 대한 해석서인 SIC Interpretation도 포함한다.

	1973년 ~ 2001년	2001년 ~ 현재
기준서 제정기관	IASC	IASB
기준서(Statements)	IAS	IFRS
해석서 제정기관	SIC	IFRIC
해석서(Interpretation)	SIC Interpretation	IFRIC Interpretation

① 협의의 국제회계기준 : IFRS
② 광의의 국제회계기준 : IAS, SIC Interpretation, IFRS, IFRIC Interpretation
③ K-IFRS는 광의의 국제회계기준을 의미

[그림 1-13] 국제회계기준의 구조

한편, 우리나라의 기업들이 한국채택국제회계기준을 적용하게 되면 다음과 같은 장점들이 있게 된다. ① 외국증권시장에의 접근 및 자본자유화가 용이해지고 ② 회계투명성이 개선되며 국가간 재무제표의 비교가능성이 현저히 개선된다. 그 뿐만 아니라 ③ 국제적 합작계약의 경우 상호 이해가능성을 증진시킬 수 있으며, 해외사업확장을 촉진하여 자본시장의 활성화에 기여할 수 있다. 이로 인해 ④ 코리아디스카운트가 완화됨으로써 시장에서의 기업가치에 대한 평가가 높아지고 자본조달비용이 낮아질 수 있다. 2005년에 IFRS를 도입한 유럽기업에 대한 연구결과에서도 기업가치 상승에 긍정적인 효과가 있는 것으로 나타나고 있다.

3) 국제회계기준의 특징과 한국채택국제회계기준

국제회계기준은 다음과 같은 특징들이 있다.

(1) 대다수 국가의 협업을 통해 제정되는 기준

국제회계기준위원회는 국제적으로 통일된 고품질의 회계기준 제정을 목표로

국제회계기준을 제정하고 있다. 제정과정에 세계 각 국의 회계제정기구가 참여하며, 국제회계기준 제·개정을 위한 토론서, 공개초안에 대하여 재무정보이용자 등 이해관계자의 다양한 의견을 수렴한다.

(2) 원칙중심의 기준체계

국제회계기준은 원칙중심(principle-based)의 기준체계 이다. 기업의 활동이 복잡해짐에 따라 예측가능한 모든 활동에 대해 세부적인 규칙을 제시하는 것은 불가능하며 규칙의 자구 해석에 지나치게 집중하는 경우 오히려 규제회피가 더욱 쉬워지는 문제가 발생할 수 있기 때문에 국제회계기준은 상세하고 구체적인 회계처리 방법을 제시하기 보다는 회사 경영자가가 기업의 경제적 실질에 기초하여 회계처리할 수 있도록 회계처리의 기본원칙과 방법론을 제시하는 데 주력한다. 이는 K-GAAP이나 미국회계기준(US-GAAP)이 법률관계나 계약의 내용에 따라 개별사안에 대한 구체적인 회계처리 방법과 절차를 세밀하게 규정하는 규정중심(rule-based)의 기준체계인 것과 차이가 있다.

(3) 연결재무제표 중심

공시체계가 현행의 개별재무제표 중심에서 연결재무제표(Consolidated Financial Statements) 중심으로 전환된다. 이로 인해 지배회사 와 종속회사를 하나의 경제적 실체로 간주하여 내부거래가 제거된 연결재무정보가 공시 되므로 회계투명성과 재무정보의 질이 높아진다. 기말 뿐만 아니라 분기 및 반기에도 연결공시가 이루어진다. 한편, 연결재무제표 중심의 국제회계기준이 도입되더라도 배당, 세금계산, 건전성 감독 등의 측면에서 개별재무제표는 여전히 중요하므로 계속 공시된다.

(4) 공정가치 평가

국제회계기준은 자본시장의 투자자에게 기업의 재무상태 및 내재가치에 대한 의미 있는 투자정보를 제공 하는데 중점을 두고 있다. 이를 위해 금융자산과 금융부채는 물론 유형자산, 무형자산 및 투자부동산에 이르기까지 공정가치(Fair Value) 측정을 의무화 또는 선택적용 할 수 있도록 함으로써 K-GAAP보다 공정가치 평가범위가 넓어진다. 여기서 공정가치란 흔히 말하는 '시가'보다 넓은 개념이다.

한편, 우리나라의 회계기준(원칙)은 2011년부터 한국채택국제회계기준(K-IFRS)[8]을 전면 도입했다. 2011년부터 우리나라의 회계기준은 ① 한국채택국제회계기준, ② 일반기업회계기준, ③ 특수분야회계기준으로 구성되며, 이들은 각각 기업회계기준서(standards)와 기업회계기준해석서(interpretations)로 구성되어 있다. 한국채택국제회계기준의 적용은 주권상장법인의 회계처리에 적용하며 일반기업회계기준은 한국채택국제회계기준에 따라 회계처리하지 아니하는 비상장법인이 적용해야 하는 회계처리기준으로서 기준서와 해석서로 구성된다. 특수분야회계기준은 관계 법령 등의 요구사항이나 한국에 고유한 거래나 기업환경 등의 차이를 반영하기 위하여 회계기준위원회가 제정하는 회계기준으로서 기준서와 해석서로 구성된다. 여기서 주의할 점은 비상장법인도 한국채택국제회계기준의 적용을 선택 할 수 있는데 비상장기업의 선택 조항은 연결재무제표가 기업이 공시해야 할 주요 재무제표이기 때문에 상장기업의 연결자회사는 한국채택국제회계기준에 근거하여 재무제표를 작성해야 하기 때문이다.

기업실체	회계기준		
상장기업	한국채택국제회계기준		한국채택국제회계기준기준서
			한국채택국제회계기준해석서
비상장기업	원칙	일반기업회계기준	일반기업회계기준기준서
			일반기업회계기준해석서
	예외 : 국제회계기준 적용선택기업	한국채택국제회계기준	한국채택국제회계기준기준서
			한국채택국제회계기준해석서

[그림 1-14] IFRS도입에 따른 우리나라 회계기준 체계

다음은 2012년 현재 국제회계기준과 한국채택국제회계기준의 비교표이다.

8) 한국채택국제회계기준(K-IFRS)은 한국기업이 준수하여야 하는 회계처리기준으로서 국내법체계상 효력을 갖추기 위해 법적 권위 있는 기관이 공식 절차를 거쳐 한국에서 적용 되는 회계기준으로 채택된 국제회계기준(IFRS)을 의미한다. IFRS의 전면 도입 취지를 살릴 수 있도록 그 명칭을 '한국채택국제회계기준'으로 하고 영문표시 대외명칭을 K-IFRS(Korean International Financial Reporting Standards)로 결정하였다. 따라서 각 기준서에서 당해 K-IFRS를 준수하면 대응되는 IFRS를 준수하는 것이라고 명시하고 있다.

IFRS		K-IFRS	
IAS 1	Presentation of Financial Statements	제1001호	재무제표 표시
IAS 2	Inventories	제1002호	재고자산
IAS 7	Statement of Cash Flows	제1007호	현금흐름표
IAS 8	Accounting Policies, Changes in Accounting Estimates and Errors	제1008호	회계정책, 회계추정의 변경 및 오류
IAS 10	Events after the Reporting Period	제1010호	보고기간후사건
IAS 11	Construction Contracts	제1011호	건설계약
IAS 12	Income Taxes	제1012호	법인세
IAS 16	Property, Plant and Equipment	제1016호	유형자산
IAS 17	Leases	제1017호	리스
IAS 18	Revenue	제1018호	수익
IAS 19	Employee Benefits	제1019호	종업원급여
IAS 20	Accounting for Government Grants and Disclosure of Government Assistance	제1020호	정부보조금의 회계처리와 정부지원의 공시
IAS 21	The Effects of Changes in Foreign Exchange Rates	제1021호	환율변동효과
IAS 23	Borrowing Costs	제1023호	차입원가
IAS 24	Related Party Disclosures	제1024호	특수관계자공시
IAS 26	Accounting and Reporting by Retirement Benefit Plans	제1026호	퇴직급여제도에의한 회계처리와 보고
IAS 27	Consolidated and Separate Financial Statements	제1027호	연결재무제표와 별도재무제표
IAS 28	Investments in Associates	제1028호	관계기업투자
IAS 29	Financial Reporting in Hyperinflationary Economies	제1029호	초인플레이션 경제에서의 재무보고
IAS 31	Interests in Joint Ventures	제1031호	조인트벤처 투자지분
IAS 32	Financial Instruments : Presentation	제1032호	금융상품 : 표시
IAS 33	Earnings per Share	제1033호	주당이익
IAS 34	Interim Financial Reporting	제1034호	중간재무보고
IAS 36	Impairment of Assets	제1036호	자산손상
IAS 37	Provisions, Contingent Liabilities and Contingent Assets	제1037호	충당부채, 우발부채 및 우발자산
IAS 38	Intangible Assets	제1038호	무형자산
IAS 39	Financial Instruments : Recognition and Measurement	제1039호	금융상품 : 인식과측정
IAS 40	Investment Property	제1040호	투자부동산
IAS 41	Agriculture	제1041호	농림어업
IFRS 1	First-time Adoption of International Financial Reporting Standards	제1101호	한국채택국제회계기준의 최초채택
IFRS 2	Share-based Payment	제1102호	주식기준보상
IFRS 3	Business Combinations	제1103호	사업결합
IFRS 4	Insurance Contracts	제1104호	보험계약

IFRS		K-IFRS	
IFRS 5	Non-current Assets Held for Sale and Discontinued Operations	제1105호	매각예정비유동 자산과 중단영업
IFRS 6	Exploration for and Evaluation of Mineral Resources	제1106호	광물자원의 탐사와 평가
IFRS 7	Financial Instruments : Disclosures	제1107호	금융상품 : 공시
IFRS 8	Operating Segments	제1108호	영업부문
IFRS 9	Financial Instruments	제1109호	금융상품(공개초안)

[그림 1-15] 국제회계기준과 기준서와 한국채택국제회계기준 기준서[9)]

IFRS		K-IFRS	
SIC-10	Government Assistance-No Specific Relation to Operating Activities	제2010호	정부지원 : 영업활동과 특정한 관련이 없는 경우
SIC-12	Consolidation Special Purpose Entities	제2012호	연결 : 특수목적기업
SIC-13	Jointly Controlled Entities Non Monetary Contributions by Venturers	제2013호	공동지배기업 : 참여자의 비화폐성자산 출자
SIC-15	Operating Leases Incentives	제2015호	운용리스 : 인센티브
SIC-25	Income Taxes-Changes in the Tax Status of an Entity or its Shareholders	제2025호	법인세 : 기업이나 주주의 납세 지위 변동
SIC-27	Evaluating the Substance of Transactions Involving the Legal Form of a Lease	제2027호	법적 형식상의 리스를 포함하는 거래의 실질에 대한 평가
SIC-29	Service Concession Arrangements : Disclosures	제2029호	민간투자사업 : 공시
SIC-31	Revenue-Barter Transactions Involving Advertising Services	제2031호	수익 : 광고용역의 교환 거래
SIC-32	Intangible Assets Web Site Costs	제2032호	무형자산 : 웹 사이트 원가
IFRIC 1	Changes in Existing Decommissioning Restoration and Similar Liabilities	제2101호	사후처리 및 복구관련 충당부채의 변경
IFRIC 2	Members'Shares in Co-operative Entities and Similar Instruments	제2102호	조합원 지분과 유사 지분
IFRIC 4	Determining whether an Arrangement contains a Lease	제2104호	약정에 리스가 포함되어 있는지의 결정
IFRIC 5	Rights to Interests arising from Decommissioning, Restoration and Environmental Rehabilitation Funds	제2105호	사후처리, 복구 및 환경정화를 위한 기금의 지분에 대한 권리
IFRIC 6	Liabilities arising from Participating in a Specific Market-Waste Electrical and Electronic Equipment	제2106호	특정 시장에 참여함에 따라 발생 하는 부채: 폐전기, 전자제품
IFRIC 7	Applying the Restatement Approach under IAS 29	제2107호	기업회계기준서 제1029호에서의 재작성 방법의 적용
IFRIC 10	Interim Financial Reporting and Impairment	제2110호	중간재무보고와 손상

9) 한국채택국제회계기준은 국제회계기준의 번호체계를 준용하여 새로운 번호체계를 마련하였다. 즉, IAS에 대응하는 K-IFRS의 일련번호는 1001호부터 1099호를, IFRS에 대응하는 K-IFRS의 일련번호는 1101호부터 1999호를 사용하였으며 SIC Interpretation에 대응하는 K-IFRS의 일련번호는 2001호부터 2099호를, IFRIC Interpretation에 대응하는 K-IFRS의 일련번호는 2101호부터 2999호를 사용하였다.

IFRS		K-IFRS	
IFRIC 12	Service Concession Arrangements	제2112호	민간투자사업
IFRIC 13	Customer Loyalty Programmes	제2113호	고객충성제도
IFRIC 14	IAS 19-The Limit on a Defined Benefit Asset, Minimum Funding Requirements and their Interaction	제2114호	기업회계기준서 제1019호: 확정급여자산한도, 최소적립요건 및 그 상호작용
IFRIC 15	Agreements for the Construction of Real Estate	제2115호	부동산건설약정
IFRIC 16	Hedges of a Net Investment in a Foreign Operation	제2116호	해외사업장순투자의 위험회피
IFRIC 17	Distributions of Non-cash Assets to Owners	제2117호	소유주에 대한 비현금자산의 분배
IFRIC 18	Transfers of Assets from Customers	제2118호	고객으로부터의 자산이전
IFRIC 19	Extinguishing Financial Liabilities with Equity Instruments	제2119호	지분상품에 의한 금융부채의 상환

[그림 1-16] 국제회계기준 해석서와 한국채택국제회계기준 해석서

객관식 연습문제

exercises

▶▶ Ⅰ. 이론형 객관식 문제

01 다음 중 자본시장과 회계정보의 관계에 대한 설명으로 옳지 않은 것은?

① 회계정보는 자본시장에서 자본이 효율적으로 배분되는 역할을 수행한다.
② 기업에서는 투자자 또는 채권자들로부터 자본을 조달하기 위해 회계정보를 제공한다.
③ 기업에서의 자금조달은 주식발행과 같은 직접금융과 은행으로부터의 차입과 같은 간접금으로 구분할 수 있다.
④ 애널리스트나 신용평가기관과 같은 정보중개인은 전문적 지식을 갖고 있으므로 일반 투자자나 채권자와는 차별화된 정보를 필요로 한다.
⑤ 자본시장에서 회계감사는 회계정보의 신뢰성을 높이는 역할을 담당한다.

정답 ④

정보중개인은 투자자들이 이해하기 쉽게 해석해 주는 역할을 담당하고 있지만, 이들의 정보요구수준은 일반 투자자와 다를 바가 없다.

02 다음 중 정보이용자에 관한 설명으로 옳지 않은 것은?

① 채권자는 원금과 이자의 회수가능성을 평가하는 데 유용한 정보를 필요로 한다.
② 소비자는 해당기업의 제품을 구입하는 경우 제품의 품질과 내용연수를 평가하는 데 유용한 정보를 필요로 한다.

③ 종업원은 본인의 연봉 인상 정도를 결정하기 위해 회계정보를 이용하기도 한다.
④ 경영자는 투자자와 채권자들이 이용하는 회계정보를 이용하기도 한다.
⑤ 정보이용자 중 투자자는 현재 투자자를 의미하며, 현재 주식을 보유하고 있지 않은 잠재적 투자자는 정보이용자로 간주되지 않는다.

정답 ⑤

현재뿐만 아니라 잠재적 투자자도 정보이용자로 간주된다.

03 다음 중 일반적으로 인정된 회계원칙의 특성으로 옳지 않은 것은?

① 이는 경제적 또는 사회적 환경이 변화되더라도 변화되지 않는 특성이 있다.
② 이는 제정 당시의 이용가능한 회계실무로서 기업실무에서 수용하여야 한다.
③ 기업은 기업 외부에 공표하기 위한 재무제표의 작성과 공시에 이를 준수해야 한다.
④ 이는 회계감사인이 재무제표의 적정성을 판단하는 기준이 되기도 한다.
⑤ 이는 다양한 이해관계자들이 회계원칙 제정 과정에서 영향력을 행사하여 제정되는, 일종의 정치적 과정의 산물이다.

정답 ①

일반적으로 인정된 회계원칙은 경제적 또는 사회적 환경의 변화에 따라 진노하고 변화하는 특성을 갖고 있다.

04 다음 중 우리나라 회계원칙에 대한 설명으로 옳지 않은 것은?

① 금융위원회가 제정권한을 갖고 있다.
② 회계기준의 국제화 추세에 부응하기 위해 극제회계기준에 많은 부분을 의존하고 있다.
③ 기업회계기준서와 이에 대한 해석서 형태로 유지된다.
④ 한국채택국제회계기준은 법조문식으로 되어 있다.
⑤ 경제적 또는 제도적 환경 등으로 새로 제정되거나 개정되고 있다.

정답 ④

한국채택국제회계기준은 문단식으로 되어 있다.

05 다음의 설명 중 옳지 않은 것은?

① 경영자는 기업 정보의 생산자이자 수요자이다.
② 종업원은 회계정보의 이용자라고 할 수 없다.
③ 투자자와 채권자는 정보이용자에 대한 분류 중 외부 정보이용자에 속한다.
④ 회계정보이용자를 정보에 대한 접근가능성에 따라 외부 정보이용자와 내부 정보이용자로 분류할 수 있다.
⑤ 이해관계자에는 현재 이해관계를 갖고 있지 않더라도 미래에 이해관계를 가질 가능성이 있는 사람들도 포함하기 때문에 회계정보이용자는 사회 전체라고 해도 과언이 아니다.

정답 ②

종업원은 외부정보이용자로서 기업의 회계정보 이용자이다.

06 기업이 외부 감사인으로부터 매년 회계감사를 받는 가장 중요한 이유는 무엇인가?

① 회사 직원들의 부정을 적발하기 위해
② 회계 정보의 공정성과 신뢰성에 대한 독립된 전문가로서의 의견을 표명하도록 하기 위해
③ 전문가로서 기업의 회계 정보 작성을 지원받기 위해
④ 외부 정보이용자들에 대한 경영자의 재무보고책임을 회계전문가에게 위탁하기 위해
⑤ 회사의 회계담당자의 회계처리 상의 오류를 바로잡기 위해

정답 ②

회계감사는 외부이용자에게 제공한 재무보고서의 신뢰성 제고를 목적으로 한다.

07 회계기준을 제정하는 과정에서 많은 이해관계자들이 개입하여 정치적 과정을 겪게 된다. 정치적 과정에 대한 설명으로 타당하지 않은 것은?

① 많은 회계기준들은 다양한 이해관계자들의 이해관계를 종합적으로 고려하여 타협에 의하여 정해지는 경우가 많다.
② 정치적 과정이 무분별하게 허용되면 회계기준의 제정에 소모적인 논쟁을 불러일으킬 수 있고 많은 시간이 소요된다.

③ 단순히 기술적인 측면 혹은 이론적인 측면만을 고려하여 회계기준을 제정 혹은 개정하면 많은 문제점이 발생한다. 과거에 보면 이론적인 측면을 너무 고려하여 제정된 회계기준이 실패한 사례도 있다.
④ 정치적 과정을 거치게 되면 이해관계자들의 의견이 반영되어 실무에서 회계기준의 수용가능성이 높아지게 된다.
⑤ 회계기준의 제정에서 여러 이해관계자들의 타협 혹은 합의점의 도출에 의하여 기준이 결정되면 회계의 전문성이 강화된다.

정답 ⑤

회계기준의 제·개정에 있어서 타협 혹은 합의점의 도출에 의하여 기준이 결정되면 결과적으로 회계의 전문성을 약화시키게 된다.

08 다음 중 재무제표의 이해관계자(회계정보 이용자)로 거리가 먼 사람은?

(농수산물유통공사 2005)

① 투자자 ② 감독기관
③ 이사회 ④ 채권자

정답 ③

내부정보이용자는 경영자이며 외부정보이용자는 투자자(주주), 채권자(금융기관), 세무당국, 종업원, 거래처, 감독기관, 고객 등이 있으나 이사회는 회계정보이용자는 아니다.

09 다음 중 관리회계와 재무회계에 대한 설명으로 알맞지 않은 것은?

(SH공사 2011)

① 재무회계 : 법적강제 있음, 관리회계 : 법적 강제 없음
② 재무회계 : 외부 보고가 목적, 관리회계 : 내부 보고가 목적
③ 재무회계 : 회계기간은 기간 규정 없음, 관리회계 : 회계기간은 보통 1년
④ 재무회계 : 보고대상은 외부정보 이용자, 관리회계 : 보고대상은 내부정보 이용자

정답 ③

재무회계의 회계기간은 보통 1년이며, 관리회계는 기간구정이 없다.

10 **다음 중 상장기업의 재무제표 감사결과 감사범위가 중요하게 또는 매우 중요하게 제한 받았을 때 표명될 수 있는 의견으로만 묶인 것은?**

① 한정의견, 부적정의견
② 부적정의견, 의견거절
③ 한정의견, 의견거절
④ 적정의견, 한정의견

정답 ③

감사범위의 제한이 중요한 경우는 한정의견을 매우 중요한 경우는 의견거절을 표명한다.

11 **다음 중 재무제표의 외부감사의견에 대한 설명으로 틀린 것은?**

① 감사인이 한정의견을 표명하는 경우, 그 내용은 감사보고서의 범위문단 및 중간문단에 반드시 언급되어 있어야 한다.
② 감사인이 부적정의견을 표명하는 경우, 그 주요 내용은 감사보고서의 범위문단에서가 아니라 중간문단에서 언급된다.
③ 감사실시 중 감사범위가 매우 중요하게 제한받게 되면 부적정의견이 표명된다.
④ 감사인의 독립성이 결여된 경우에는 그 결여의 중요도에 관계없이 항상 의견이 거절된다.

정답 ③

감사업무의 수행에 있어 감사범위에 대한 매우 중요한 제한은 부적정의견이 아니며, 의견거절 사항이다.

12 **한국채택국제회계기준에 대한 설명으로 틀린 것은?** (9급 세무직 2011)

① 2011년부터 상장법인은 한국채택국제회계기준을 의무적으로 적용하여야 한다.
② 과거의 기업회계기준이 규칙중심의 회계기준이었던 데 비하여 한국채택국제회계기준은 원칙중심의 회계기준이다,
③ 한국채택국제회계기준은 연결재무제표를 주 재무제표로 한다.
④ 한국채택국제회계기준은 과거의 기업회계기준에 비해 자산과 부채를 측정함에 있어 공정가치보다는 역사적원가를 반영하도록 하고 있다.

정답 ④

한국채택국제회계기준은 자산과 부채를 측정함에 있어 역사적원가, 현행원가, 실현가능가치, 현재가치 등의 다양한 측정속성을 이용하고 있다.

13 한국채택국제회계기준의 도입과 관련한 설명으로 옳지 않은 것은?

(7급 세무직 2011)

① 공시체계가 연결재무제표 중심으로 전환되어 내부거래가 제거된 연결재무정보가 공시되므로 회계투명성과 재무정보의 질이 높아진다.
② 회계처리의 기본원칙과 방법론을 제시하는 데 주력하는 원칙중심의 기준체계로 복잡한 현실을 모두 규율할 수 없어 기업의 규제회피가 쉬워진다.
③ 자본시장의 투자자에게 기업의 재무상태 및 내재가치에 대한 의미 있는 투자정보를 제공하는 데 중점을 두어 공정가치 회계가 확대 적용된다.
④ 한국회계기준원 및 규제기관에 대한 질의와 회신의 역할이 축소되어 기업 회계담당자들의 전문성이 절실하게 요구된다.

정답 ②

국제회계기준은 회계기준의 목적과 핵심원칙을 명확하게 기술하며, 각 회계기준간의 일관성을 유지하여야 한다. 따라서 복잡한 현실에서의 회계처리에 대한 전문가의 판단이 중요하다. 복잡한 현실에 대한 규정이 없다고 하여 기업의 자의적인 잘못된 회계처리가 허용되지는 않는다.

14 다음 중 회계정보의 기능에 대한 설명으로 타당하지 않은 것은?

(공인회계사 2010)

① 회계정보는 자본시장에서 정보비대칭으로 인해 존재하는 역선택의 문제를 완화하여 자본이 투자자로부터 기업에게로 원활히 공급될 수 있도록 하는 데 도움을 준다.
② 회계정보는 경제실체간 자원의 이동에 관한 의사결정에는 직접적인 경제적 영향을 미치지는 못하지만 경제실체 내에서의 자원의 이동에 관한 의사결정에는 도움을 준다.
③ 회계정보는 자본시장에서 발생할 수 있는 대리인의 기회주의적인 행위인 도덕적 해이라는 문제를 해결하는 데 도움을 준다.
④ 회계정보는 자본주의 시장경제체제에서 희소한 경제적 자원이 자본시장을 통해 효율적으로 배분되도록 하는 데 도움을 준다.
⑤ 회계정보는 정부가 효율적이고 적절한 자원배분을 위한 정책을 수립하는 데 도움을 준다.

정답 ②

회계정보는 수탁책임의 보고수단이라는 사회적 기능을 통해 경제적 실체간의 자원의 이동에 관한 의사결정에 직접적인 영향을 주게 된다.

15 **다음 중 한국채택국제회계기준에 대한 설명으로 타당하지 않은 것은?**

(공인회계사 2010)

① 국제적으로 통용되는 회계기준을 채택함으로써 회계정보의 신뢰성을 향상시키고, 다른 나라로부터의 자금조달이 용이해지며 차입원가를 절감할 수도 있다.

② 한국채택국제회계기준은 회계처리에 대하여 구체적인 회계처리방법을 제시하기보다는 전문가적 판단을 중시하는 접근법을 따르고 있다.

③ 한국채택국제회계기준의 연결범위에는 「주식회사의 외부감사에 관한 법률」에 의한 외부감사대상이 아닌 소규모회사는 포함되지 않는다.

④ 한국채택국제회계기준은 2011년부터 모든 주권상장법인이 의무적으로 적용하되 원하는 기업은 2009년부터 조기 적용하고 있다.

⑤ 한국채택국제회계기준은 국제회계기준위원회에서 공표한 국제회계기준을 기초로 한국회계기준위원회에서 제정하고 금융위원회에 보고 후 공표된 것이다.

정답 ③

연결재무제표는 지배기업의 모든 종속기업을 포함하여야 하며, 종속회사가 소규모회사인 경우에도 예외가 있는 것은 아니다.

16 **다음 중 한국채택국제회계기준에 대한 설명으로 타당하지 않은 것은?**

(공인회계사 2010)

① 국제적으로 통용되는 회계원칙은 회계행위의 지침이며 회계실무를 이끌어가는 지도원리이다.

② 회계원칙은 보편타당성과 이해관계자들의 이해조정적 성격을 갖고 있다.

③ 회계원칙은 경제사회의 변화 또는 시대의 변천에 따라 변화한다.

④ 회계원칙은 연역적 연구방법뿐만 아니라 귀납적 연구방법으로도 형성된다.

⑤ 회계원칙은 실무경험을 근거로 한 회계의 관습 또는 기초적인 가정이다.

정답 ⑤

회계원칙은 실무경험을 근거로 한 회계관습이나 기초적인 가정과는 구별된다.

17 우리나라 기업회계기준 제정과 관련한 설명이다. 틀린 것은?

① 기업회계기준의 제정권한은 외감법 제13조의 규정에 의거하여 금융위원회에서

② 금융위원회는 기업회계기준의 제정 · 개정업무를 한국회계기준원에 위임하고 있다.

③ 우리나라의 경우 회계정보를 경제재로 간주하여 규제기관에서 회계원칙을 제정하고 있다.

④ 기업회계기준을 제정함에 있어 과거에는 귀납적인 방법을 중시하였으나 최근에는 연역적인 방법을 중시하고 있다.

⑤ 회계정보는 공공재적 성격이 강하기 때문에 시장기능에 맡기게 되면 회계정보가 과소공시되어 시장실패에 이를 수 있다.

정답 ③

우리나라는 회계정보를 공공재로 간주하여 규제기관에서 제정권한을 갖고 있다. 과거에는 귀납적방법이 중요시 되었으나 오늘날에는 연역적 방법이 중요시되고 있다.

2장

재무보고를 위한 개념체계

제1절 개념체계의 의의와 목적

1. 개념체계의 의의와 목적

개념체계 (Conceptual Framework)란 회계와 관련된 일련의 현상의 기본이 되고 있거나 그 현상들을 지배하고 있는 규칙 또는 원칙을 체계화한 것을 말한다. 즉, 일관된 회계이론을 정립하고 이를 전개하기 위하여 필요한 틀을 제공해 주는 것이다. 재무보고를 위한 개념체계(conceptual framework for financial reporting)는 외부정보이용자를 위하여 재무제표를 작성하고 표시함에 있어서 기초가 되는 개념을 정립하고, 회계실무를 평가할 수 있는 준거체계를 제공하여 주며, 새로운 회계실무를 발전시키는 지침으로서의 역할을 수행한다. 개념체계는 한국채택국제회계기준이 아니므로 특정한 측정과 공시에 관한 규정을 정하지 아니하며, 개념체계가 어떤 경우에도 특정 한국채택국제회계기준에 우선하지 않는다. 즉, 개념체계와 한국채택국제회계기준이 상충(trade-off)이 되는 경우에는 한국채택국제회계기준이 개념체계보다 우선하여야 한다. 개념체계는 사회현상에 대한 규정이므로 전반적인 회계환경의 변화나 기업실무의 변화 및 한국회계기준위원회의 축적한 경험을 기초로 수시로 개정될 수 있다.

개념체계는 외부이용자를 위한 연결재무제표를 포함한 일반독적재무제표의 작성과 표시에 있어 기초가 되는 개념을 정립한다. 개념체계의 목적은 다음과 같다.

1) 회계기준위원회

① 한국회계기준위원회가 향후 새로운 한국채택국제회계기준을 제정하거나 기존의 한국채택국제회계기준의 개정을 검토할 때에 도움을 제공한다.

② 한국채택국제회계기준에서 허용하고 있는 대체적인 회계처리방법의 수를 축소하기 위한 근거를 제공하여 한국회계기준위원회가 재무제표의 표시와 관련되는 법규, 회계기준 및 절차를 조화시킬 수 있도록 도움을 제공한다.

2) 재무제표 작성자

재무제표작성자가 한국채택국제회계기준을 적용하거나 한국채택국제회계기준이 미비한 거래에 대한 회계처리를 하는 데 도움을 제공한다.

3) 재무제표 감사인

감사인이 재무제표가 한국채택국제회계기준을 따르고 있는지에 대한 의견을 형성하는 데 도움을 제공한다.

4) 재무제표 이용자 및 기타의 이해관계자

재무제표이용자가 한국채택국제회계기준에 따라 작성된 재무제표에 포함된 정보를 해석하는 데 도움을 제공하며 회계기준위원회의 업무활동에 관심 있는 이해관계자에게 한국채택국제회계기준을 제정하는 데 사용한 접근방법에 대한 정보를 제공한다.

즉, 개념체계의 목적은 관련자들에게 도움을 제공하는 것으로 요약할 수 있다.

1	회계기준위원회	한국회계기준위원회의 회계기준 제정, 개정, 기준을 조화시키는데 도움 제공
2	재무제표 작성자	경영자가 기준의 적용 및 미비한 거래를 회계처리 하는데 도움 제공
3	재무제표 감사인	공인회계사의 감사의견 형성시 도움 제공
4	재무제표 이용자, 이해관계자	정보이용자들의 재무제표 해석 및 기준제정에 사용한 접근법을 이해하는데 도움 제공

[그림 2-1] 개념체계의 목적

2. 개념체계의 구조

국제회계기준위원회(IASB)가 제정한 일반 목적 재무보고를 위한 개념체계는 [그림 2-2]와 같은 체계로 구성되어 있다. 재무보고의 목적은 주요 정보이용자의 경제적 의사결정에 유용한 재무정보를 제공하는 것이다. 이 때 재무정보가 유용해지기 위해서 어떤 질적 특성을 갖추고 있어야 하는지 논의할 필요가 있다. 협의의 재무정보는 재무제표를 의미하는데, 재무제표를 작성하기 위해서 필요한 전제가 기본가정이다. 기본가정을 전제하였으면, 그 다음에 필요한 단계가 재무제표에 포함되어야 할 요소 즉, 자산, 부채, 자본, 수익 및 비용을 정의하는 것이다. 재무제표의 요소를 정의한 후에는 어떤 기준에 따라 재무제표의 요소를 인식하고 측정할 것인지 규정할 필요가 있다. 재무제표의 요소를 어떻게 인식하고 측정하는지에 따라 재무제표의 유용성은 달라질 수 있기 때문이다.

<table>
<tr><td>상층부</td><td colspan="2">일반목적 재무보고의 목적</td><td colspan="3">주요 정보이용자의 경제적 의사결정에 유용한 정보의 제공</td></tr>
<tr><td rowspan="9">중층부</td><td colspan="2" rowspan="2">유용한 재무정보의 질적특성</td><td colspan="2">재무제표의 기본가정</td><td>계속기업</td></tr>
<tr><td colspan="3">재무제표를 구성하는 요소</td></tr>
<tr><td colspan="2">1. 근본적 질적특성</td><td rowspan="2">재무상태표</td><td rowspan="2">포괄
손익계산서</td><td rowspan="4">재무
상태
변동표</td></tr>
<tr><td>① 목적적합성</td><td>② 충실한 표현</td></tr>
<tr><td colspan="2">2. 보강적 질적특성</td><td rowspan="2">자산, 부채, 자본</td><td rowspan="2">수익, 비용</td></tr>
<tr><td>① 이해가능성
③ 비교가능성</td><td>② 적시성
④ 검증가능성</td></tr>
<tr><td colspan="2" rowspan="2">유용한 재무보고에 대한 포괄적 제약</td><td colspan="3">재무제표요소의 인식과 측정</td></tr>
<tr><td colspan="2">인식요건</td><td>측정기준</td></tr>
<tr><td colspan="2">원가</td><td colspan="2">① 구성요소의 정의 충족
② 미래경제적효익
③ 신뢰성 있는 측정</td><td>① 역사적원가
② 현행원가
③ 실현가능가치
④ 현재가치</td></tr>
<tr><td rowspan="3">하층부</td><td colspan="5">자본 및 자본유지의 개념</td></tr>
<tr><td colspan="2">재무자본 유지개념의 이익</td><td colspan="3">실물자본 유지개념의 이익</td></tr>
<tr><td colspan="2">① 명목 재무자본 유지
② 불변구매력 재무자본 유지</td><td colspan="3">명목 실물자본 유지</td></tr>
</table>

* 한국채택국제회계기준 개념체계의 내용을 저자가 학습목적으로 구조화시킨 것임

[그림 2-2] **일반 목적 재무보고를 위한 개념체계**

3. 일반목적 재무보고의 목적

일반목적 재무보고(general purpose financial reporting)의 목적은 현재 및 잠재적 투자자(existing and potential investors)와 대여자(lenders) 및 기타 채권자

(other creditors)가 기업에 자원을 제공하는 것에 대한 의사결정을 할 때 유용한 보고기업 재무정보를 제공하는 것이다.[1] 일반목적 재무보고의 주요이용자(primary users)인 현재 및 잠재적 투자자와 대여자 및 기타 채권자의 의사결정은 지분상품 및 채무상품을 매수, 매도 또는 보유하는 것과 대여 및 기타 형태의 신용을 제공 또는 결제하는 것을 포함한다.

1) 정보의 수요

투자자, 대여자 및 기타 채권자의 수익[2]에 대한 기대는 기업에 유입될 미래 순현금유입의 금액(amount), 시기(timing) 및 불확실성(uncertainty)의 전망에 대한 그들의 평가에 달려 있다. 따라서 현재 및 잠재적 투자자, 대여자 및 기타 채권자는 기업에 유입될 미래 순현금유입에 대한 전망을 평가하는 데 도움을 주는 정보를 필요로 한다.

2) 정보의 제공

일반목적재무보고서는 보고기업의 ① 경제적 자원(자산)과 이에 대한 청구권(부채, 자본)에 관한 재무상태정보를 제공한다. 또한 일반목적 재무보고서는 보고기업의 ② 경제적 자원과 청구권을 변동시키는 거래와 그 밖의 사건의 영향에 대한 정보도 제공한다. 이 두 유형의 정보는 기업에 대한 자원 제공 관련 의사결정에 유용한 투입요소를 제공한다.

(1) 경제적 자원과 청구권에 관한 정보(economic resources and claims)

보고기업의 경제적 자원과 청구권의 성격 및 금액에 대한 정보는 정보이용자가 보고기업의 재무적 강점과 약점을 식별하는 데 도움을 줄 수 있다. 그 정보[3]는

---

1) 일반목적재무보고에 대비되는 개념이 특수목적(special purpose)재무보고이다. 예를 들어 과세당국이나 규제기관에 제출하는 재무보고서, 기업공개를 위해서 작성하는 재무보고서 등이 특수목적 재무보고에 해당하는데, '개념체계'가 이와 같은 특수한 정보수요를 충족시키기 위한 재무보고에 적용되는 것은 아니다.

2) 현재 및 잠재적 투자자가 특정기업의 지분상품 및 채무상품을 매수, 매도 또는 보유하는 것에 대한 의사결정은 해당 금융상품 투자를 통해서 그들이 기대하는 수익(배당, 원금 및 이자의 회수와 금융상품의 시장가격상승)에 의존한다. 마찬가지로, 현재 및 잠재적 대여자 및 기타 채권자가 특정기업에 대여 및 기타 형태의 신용을 제공 또는 결제하는 것에 대한 의사결정도 그들이 기대하는 수익〈원금 및 이자의 회수와 수수료)에 의존한다.

3) 현재 청구권의 우선순위와 지급 요구사항에 대한 정보는 정보이용자가 보고기업에 청구권(대여자가

정보이용자가 보고기업의 유동성과 지급능력[4], 추가적인 자금 조달의 필요성 및 그 자금 조달이 얼마나 성공적일지를 평가하는 데 도움을 줄 수 있다. 이러한 정보는 후술하는 재무상태표를 통해서 제공된다.

(2) 경제적 자원 및 청구권의 변동에 관한 정보 (changes in economic resources and claims)

보고기업의 경제적 자원과 청구권의 변동은 주로 그 기업의 ① 재무성과로 인해 발생하며, ② 재무성과 이외의 사건 또는 거래에서도 발생할 수 있다. 보고기업의 미래 현금흐름에 대한 전망을 올바르게 평가하기 위하여 정보이용자는 이 두 변동을 구별할 수 있는 능력이 필요하다.[5] 여기서 재무성과(financial performance)를 자세히 살펴보면 다음과 같다.

재무성과에 대한 정보는 그 기업의 경제적 자원에서 해당 기업이 창출한 수익[6]을 정보이용자가 이해하는 데 도움을 준다. 보고기업의 과거 재무성과와 그 경영진이 책임을 어떻게 이행했는지에 대한 다음의 두 가지 형식의 정보는 기업의 경제적 자원에서 발생하는 미래 수익을 예측하는 데 일반적으로 도움이 된다.

지분보유자(주주)보다 우선 청구권을 갖으며 기업의 지분보유자는 잔여재산에 대한 청구권을 갖는다.)이 있는 자들 간에 미래 현금흐름이 어떻게 분배될 것인지를 예상하는 데 도움이 된다. 다른 유형의 경제적 자원은 미래 현금흐름에 대한 보고기업의 전망에 관한 정보이용자의 평가에 다르게 영향을 미친다. 어떤 미래 현금흐름은 수취채권과 같은 현재의 경제적 자원에서 직접적으로 발생한다. 다른 현금흐름은 재화 또는 용역을 생산하고 고객에게 판매하기 위해 몇 가지 자원을 결합하여 사용하는 데에서 발생한다. 비록 그 현금흐름을 개별적인 경제적 자원 (또는 청구권)과 관련지을 수는 없을지라도 재무보고서의 이용자는 보고기업의 영업에 이용가능한 자원의 성격과 금액을 알 필요가 있다.

4) 유동성과 지급능력은 다음과 같은 재무비율 분석으로 평가 한다.

구 분	유동성 비율	구 분	안전성 비율
유동성	유동비율 = $\frac{\text{유동자산}}{\text{유동부채}}$ *유동비율은 높을수록 유동성이 좋다.	지급능력	부채비율 = $\frac{\text{부채}}{\text{자본}}$ *부채비율이 낮을수록 지급능력이 좋다.

5) 예를 들어 기말 순자산이 기초 순자산에 비해 증가하였을 때 순자산의 증가가 재무성과(예: 당기순이익)로부터 비롯된 것일 수도 있고, 주식 발행 등 자본거래로부터 비롯된 것일 수도 있다. 정보이용자는 재무성과와 그 이외의 사건에 따른 변동을 구별함으로서 미래 현금흐름을 보다 정확하게 평가할 수 있을 것이다.

6) 기업이 창출한 수익에 대한 정보는 경영진이 보고기업의 자원을 효율적이고 효과적으로 사용해야 하는 책임을 얼마나 잘 이행하였는지를 보여준다. 특히 미래 현금흐름의 불확실성을 평가하는 데 있어서는 그 수익의 변동성 및 구성요소에 대한 정보도 역시 중요하다. 즉, 포괄손익계산서에 영업활동과 관련하여 반복적으로 발생하는 수익과 그렇지 않은 수익을 구분표시 해준다면 미래 현금흐름을 평가하는데 도움이 될 수 있다.

① 발생기준 회계가 반영된 재무성과

보고기업의 경제적 자원과 청구권 그리고 기간 중 그 변동에 관한 발생주의[7] 정보가 그 기간 동안의 현금의 수취와 지급만을 반영하는 현금주의 정보보다 기업의 과거 및 미래 성과를 평가하는 데 더 나은 근거를 제공한다.[8] 발생기준 회계에 따른 재무성과에 대한 정보는 후술할 포괄손익계산서를 통해서 제공된다.

② 과거 현금흐름이 반영된 재무성과

보고기업의 어느 한 기간 동안의 현금흐름에 대한 정보도 정보이용자가 기업의 미래 순현금유입 창출 능력을 평가하는 데에 도움이 된다.[9] 이러한 정보는 후술하는 현금흐름표를 통해서 제공된다.

한편, 보고기업의 경제적 자원과 청구권은 추가적인 채무상품과 지분상품의 발행과 같이 재무성과에 기인하지 않는 사유로도 변동될 수 있다. 이러한 유형의 변동에 관한 정보는 보고기업의 경제적 자원과 청구권이 변동된 이유와 그 변동이 미래 재무성과에 주는 의미를 정보이용자가 완전히 이해하는 데 필요하며, 현금흐름표 및 자본변동표를 통해서 제공된다.

---

7) 발생기준회계(accrual accounting)는 거래와 그 밖의 사건 및 상황이 보고기업의 경제적 자원과 청구권에 미치는 영향을 비록 그 결과로 발생하는 현금의 수취와 지급이 다른 기간에 이루어지더라도 그 영향이 발생한 기간에 보여주는 것을 말한다. 이에 대해서는 후술하는 절에서 자세히 언급한다.

8) 즉, 투자자와 채권자에게서 직접 추가적인 자원을 획득한 것이 아닌 경제적 자원과 청구권의 변동이 반영된 한 기간의 보고기업의 재무성과에 대한 정보는 기업의 과거 및 미래 순현금유입 창출 능력을 평가하는 데 유용하다. 그 정보는 보고기업이 이용가능한 경제적 자원을 증가시켜온 정도, 그리고 그 결과로 투자자와 채권자에게서 직접 추가적인 자원을 획득하지 않고 영업을 통하여 순현금유입을 창출할 수 있는 능력을 증가시켜온 정도를 보여준다.

9) 즉, 채무의 차입과 상환, 현금 배당 등 투자자에 대한 현금 분배 그리고 기업의 유동성이나 지급능력에 영향을 미치는 그 밖의 요인에 대한 정보를 포함하여, 보고기업이 어떻게 현금을 획득하고 사용하는지 보여준다. 현금흐름에 대한 정보는 정보이용자가 보고기업의 영업을 이해하고, 재무활동과 투자활동을 평가하며, 유동성이나 지급능력을 평가하고, 재무성과에 대한 그 밖의 정보를 해석하는 데 도움이 된다.

주요 정보이용자	정보의 수요	정보의 제공 (일반목적 재무보고)
① 현재 및 잠재적 투자자 : 특정기업의 지분상품, 채무상품의 매수·매도·보유에 대한 의사결정(기대수익 : 배당, 자본이득, 원금·이자회수) ② 대여자 및 기타 채권자 : 신용제공, 결제에 대한 의사결정(기대수익: 원금·이자회수, 수수료) 경제적 의사결정에 유용한 정보	기업에 유입될 미래 순현금유입의 ① 금　액 ② 시　기 ③ 불확실성의 전망에 대한 수요	(1) 경제적 자원과 청구권에 관한 정보 (재무상태에 관한 정보) – B/S 통해 제공 (2) 경제적 자원과 청구권의 변동에 관한 정보 (재무상태 변동에 관한 정보) ① 재무성과로 인한 변동 ⓐ 발생기준 정보 – I/S 통해 제공 ⓑ 과거 현금흐름정보 – C/F 통해 제공 ② 기타사유로 인한 변동 – C/F, C/E 통해 제공

[그림 2–3] 일반목적 재무보고의 목적

3) 일반목적 재무보고의 유용성과 한계[10]

(1) 일반목적 재무보고의 유용성

경영진의 책임 이행에 대한 정보는 경영진의 행동에 대해 의결권을 가지거나 다른 방법으로 영향력을 행사하는 현재 및 잠재적 투자자, 대여자 및 기타 채권자의 의사결정에 유용하다. 하지만 많은 현재 및 잠재적 투자자, 대여자 및 기타 채권자는 그들에게 직접 정보를 제공하도록 보고 기업에 요구할 수 없고, 그들이 필요로 하는 재무정보의 많은 부분을 일반목적재무보고서에 의존 해야만 한다. 따라서 현재 및 잠재적 투자자, 대여자 및 기타 채권자가 일반목적재무보고서가 대상으로 하는 주요 이용자[11]이다.

(2) 일반목적 재무보고의 한계

일반목적재무보고서는 현재 및 잠재적 투자자, 대여자 및 기타 채권자가 필요로 하는 모든 정보를 제공하지는 않으며 제공할 수도 없다. 일반목적재무보고서는

---

10) 현재 및 잠재적 투자자, 대여자 및 기타 채권자가 기업의 미래 순현금유입에 대한 전망을 평가하기 위해서는 기업의 자원, 기업에 대한 청구권, 그리고 기업의 경영진 및 이사회가 기업의 자원을 사용하는 그들의 책임을 얼마나 효율적이고 효과적으로 이행해 왔는지에 대한 정보를 필요로 한다. 이런 측면에서 일반목적 재무보고는 유용성과 한계를 가지고 있다.

11) 현재 및 잠재적 투자자, 대여자 및 기타 채권자는 재무보고서의 정보에 대해 가장 중요하고 즉각적인 수요가 있으나 다수가 그 정보를 그들에게 직접 제공하도록 기업에 요구할 수 없고 국제회계기준위원회의 책임은 그들이 현재의 투자자뿐만 아니라 잠재적 투자자와 현재 및 잠재적 대여자 및 기타 채권자를 포함한 자본시장 참여자의 수요에 초점을 맞출 것을 요구하기 때문에 국제회계기준위원회는 일반목적 재무보고의 주요 이용자 집단을 보고기업의 현재 및 잠재적 투자자, 대여자 및 기타 채권자이어야 한다고 결론을 내렸다.

보고기업의 가치를 보여주기 위해 고안된 것이 아니며, 현재 및 잠재적 투자자, 대여자 및 기타 채권자가 보고기업의 가치를 추정하는 데 도움이 되는 정보를 제공하기 때문이다. 따라서, 정보이용자들은 일반 경제적 상황 및 기대, 정치적 사건과 정치 풍토, 산업 및 기업 전망과 같은 다른 원천에서 입수한 관련 정보를 추가로 고려하여 의사결정을 하게 된다.

또한, 각 주요 이용자들의 정보 수요 및 욕구는 다르고 상충되기도 한다. 회계기준위원회는 재무보고기준을 제정할 때 주요 이용자 최대 다수의 수요를 충족하는 정보를 제공하기 위해 노력한다. 그러나 공통된 정보 수요에 초점을 맞춘다고 해서 보고기업으로 하여금 주요 이용자의 특정한 일부에게 가장 유용한 추가적인 정보를 포함하지 못하게 하는 것은 아니다.

재무보고서는 정확한 서술보다는 상당 부분 추정, 판단 및 모형에 근거한다. 개념체계는 그 추정, 판단 및 모형의 기초가 되는 개념을 정한다. 그 개념은 회계기준위원회와 재무보고서의 작성자가 노력을 기울이는 목표[12)]이다.

보고기업의 경영진도 해당 기업에 대한 재무정보에 관심이 있다. 그러나 경영진은 그들이 필요로 하는 재무정보를 내부에서 구할 수 있기 때문에 일반목적재무보고서에 의존할 필요가 없다. 기타 당사자들(감독당국이나 투자자, 대여자 및 기타 채권자가 아닌 일반대중)도 일반목적재무보고서가 유용하다고 여길 수 있다. 그렇더라도 일반목적재무보고서는 이러한 기타 집단을 주요 대상으로 한 것이 아니다.

구 분	내 용
유용성	주요 정보이용자는 직접 정보를 제공하도록 요구할 수 없어, 필요로 하는 재무정보를 일반목적재무보고서에 의존 해야만 한다. 즉, 정보이용자가 필요로 하는 정보의 많은 부분을 일반목적재무보고서가 제공한다.
한 계	① 정보이용자가 필요로 하는 모든 정보를 제공하지는 않으며 제공할 수도 없다. ② 보고기업의 가치를 추정하는데 도움만 줄 뿐 가치를 보여주지는 못한다. ③ 정보이용자의 최대 다수의 수요를 충족하는 정보만을 제공한다. ④ 재무보고서는 정확한 서술보다는 상당 부분 추정, 판단 및 모형에 근거한다. ⑤ 주요 정보이용자를 위한 것이지 감독당국이나 일반대중 등 기타집단을 주요 대상으로 정보를 제공하는 것이 아니다.

[그림 2-4] 일반목적 재무보고의 유용성과 한계

12) 대부분의 목표가 그러한 것처럼 이상적 재무보고에 대한 개념체계의 비전은 적어도 단기간 내에 완전히 달성될 가능성은 낮다. 왜냐하면 거래와 그 밖의 사건을 분석하는 새로운 방식을 이해하고, 수용하며, 실행하는 데 시간이 걸릴 것이기 때문이다. 그렇지만 재무보고가 그 유용성을 개선하기 위해 발전해야 한다면 지향할 목표를 수립하는 것은 필수적이다.

제2절 유용한 재무정보의 질적특성

질적특성(qualitative characteristics)이란 일반목적 재무보고를 통해 제공되는 정보가 그 목적을 달성하기 위해 갖추어야 할 주요 속성을 말한다. 따라서 질적특성은 현재 및 잠재적 투자자, 대여자 및 기타 채권자가 재무보고서에 포함된 정보에 근거하여 보고기업에 대한 의사결정을 할 때 정보의 유용성을 판단하는 기준이 된다. 개념체계에서는 질적특성을 ① 근본적 질적특성(fundamental qualitative characteristics)과 ② 보강적 질적특성(enhancing qualitative characteristics)으로 구분하고 있으며, 이에 대한 포괄적 제약요인으로 원가를 제시하고 있다.

근본적으로 재무정보가 유용하기 위해서는 목적 적합해야 하고 나타내고자 하는 바를 충실하게 표현해야 한다. 더불어 재무정보가 비교가능하고, 검증가능하며, 적시성 있고, 이해가능한 경우에는 그 재무정보의 유용성은 보강된다. 보강적 질적특성은 만일 어떤 두 가지 방법이 현상을 동일하게 목적적합하고 충실하게 표현하는 것이라면 이 두 가지 방법 가운데 어느 방법을 현상의 서술에 사용해야 할지를 결정하는 데에도 도움을 줄 수 있다.

보강적 질적특성은 가능한 한 극대화되어야 한다. 그러나 보강적 질적특성은, 정보가 목적 적합하지 않거나 충실하게 표현되지 않으면, 개별적으로든 집단적으로든 그 정보를 유용하게 할 수 없다. 보강적 질적특성을 적용하는 것은 어떤 규정된 순서를 따르지 않는 반복적인 과정이다. 때로는 하나의 보강적 질적특성이 다른 질적특성의 극대화를 위해 감소되어야 할 수도 있다.[13)]

13) 예를 들어, 새로운 재무보고기준의 전진 적용으로 인한 비교가능성의 일시적 감소는 장기적으로 목적적합성이나 충실한 표현을 향상시키기 위해 감수할 수도 있다. 적절한 공시는 비교가능성의 미비를 부분적으로 보완할 수 있다.

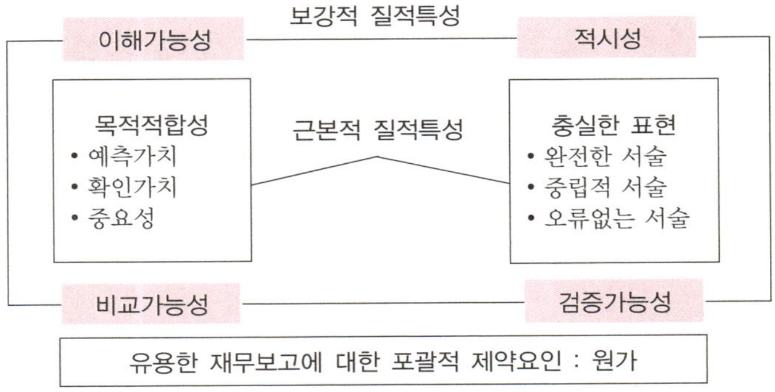

[그림 2-5] **유용한 재무정보의 질적특성 및 제약요인**

1. 근본적 질적특성

1) 목적적합성

목적적합성(relevance)은 의사결정에 유용한 정보가 되려면 재무정보가 정보이용자의 경제적 의사결정에 차이가 나도록 할 수 있어야 하는 특성이다. 정보는 일부 정보이용자가 이를 이용하지 않기로 선택하거나 다른 원천을 통하여 이미 이를 알고 있다고 할지라도 의사결정에 차이가 나도록 할 수 있다. 재무정보가 목적적합성 있는 정보가 되기 위해서는 ① 예측가치와 확인가치 또는 이 둘 모두가 있다면 그 재무정보는 의사결정에 차이가 나도록 할 수 있다. 또한 ② 중요성이 고려되어야 한다.

(1) 예측가치와 확인가치

예측가치(predictive value)는 정보이용자가 미래 결과를 예측하기 위해 사용하는 절차의 투입요소로 사용될 수 있는 재무정보의 가치를 말한다. 한편, 확인가치(confirmatory value)는 정보이용자가 과거의 평가를 확인하거나 변경하는데 사용될 수 있는 재무정보의 가치를 말하며 피드백가치라고도 한다.

회계정보는 과거의 예측을 확인 또는 수정하게 해줌으로써 이와 유사한 미래에 대한 의사결정에 도움을 주기 때문에 재무정보의 예측가치와 확인가치는 상호 연관되어 있다.[14] 여기서 주의할 점은 재무정보가 예측가치를 갖기 위해서 그 자체가 예측치 또는 예상치일 필요는 없다는 것이다. 그러나 과거 거래나 사건이 표시되는 방법에 따라 재무제표의 예측능력이 제고될 수 있다.[15)]

(2) 중요성

중요성(materiality)은 정보가 누락되거나 잘못 기저되어 특정 보고기업의 재무정보에 근거한 정보이용자의 의사결정에 영향을 미칠 수 있는 정보의 특성을 말한다. 즉, 어떤 정보가 누락되거나 왜곡표시 되어, 재무지표에 기초한 이용자의 경제적 의사결정에 영향을 미친다면 이는 중요한 정보이다. 중요성은 개별 기업 재무보고서 관점에서 해당 정보와 관련된 항목의 성격이나 규모[16)] 또는 이 둘 모두에 근거하여 해당 기업에 특유한 측면의 목적적합성을 의미한다. 따라서 중요성은 회

---

14) 예를 들면, 반기재무제표의 반기이익정보를 이용하여 연간이익을 예측하는데 활용하였다면 당해 반기 이익은 예측가치가 있는 것이며 당기 이익이 당초 예측치보다 낮아 차기 이익 예상치를 하향 수정했다면 당해 당기이익은 확인가치가 있다고 할 수 있다.

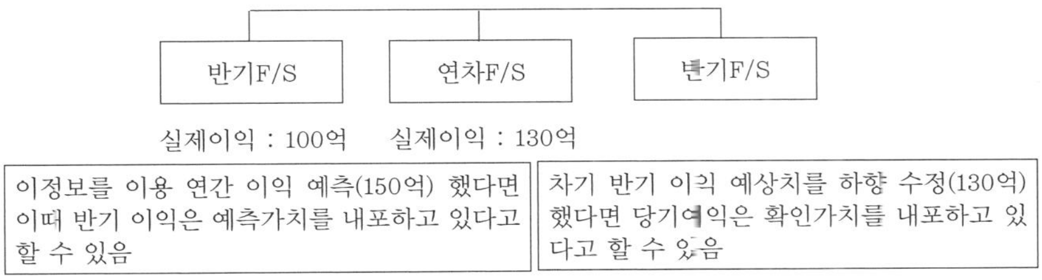

15) 예를 들면, 중단이 결정된 사업부문에서 발생하는 수익이나 비용이 계속사업부문에서 발생하는 수익과 비용과 구분되어 중단사업손익으로 표시되는 경우 포괄손익계산서의 예측가치는 제고된다. 만일 가전제품 사업부문과 휴대폰 사업부문을 영위하던 S전자가 2014년 중 가전제품 사업부문을 매각하였다고 가정해 보자, 이때 S전자가 가전제품 사업부문에서 발생한 손실을 중단영업손실로 구분하여 표시한다면 휴대폰 사업부문에서 발생한 이익이 계속영업이익으로 표시되어 미래이익을 예측하는데 보다 유용한 정보를 제공하게 된다. 왜냐하면 가전제품 사업부문에서 발생할 손실은 2015년 이후에는 다시는 발생하지 않을 손실이기 때문이다.또한 매각예정으로 결정된 일부 비유동자산이 매각예정비유동자산으로 구분하여 표시되는 경우 재무상태표의 예측가치는 제고될 수 있다. 예측가치를 갖는 재무정보는 정보이용자 자신이 예측하는 데 사용되는 것이다.

16) 이를 질적(성격) 중요성과 양적(규모) 중요성으로 구분할 수도 있다. ① 질적 중요성은 정보의 성격(nature)이 의사결정에 미치는 영향을 의미한다. 예를 들어, 신규 사업부문의 이익수치가 영(0)에 가까울 정도로 작아 기업이 전체부분에 대한 정보만 제공하고 신규사업부문에 대한 부문별 정보를 제공하지 않는다면 기업이 직면하고 있는 위험과 기회를 평가하는 데 영향을 미칠 수 있다. 이는 질적 중요성을 고려한 결과이다. 또한 어떤 기업이 특수관계자와 거래를 하였는데, 거래 금액의 규모가 크지 않더라도 특수관계자와의 거래를 통하여 재무제표의 왜곡이 발생할 수 있으므로 이러한 정보는 재무제표 주석을 통하여 보고하는 것이 목적적합성 측면에서 바람직하다. ② 양적 중요성은 정보가 제공하는 금액의 상대적 비중을 의미한다. 예를 들어 재무제표의 금액표시단위를 천원, 백만원 등으로 하여 일정금액 미만의 정보를 생략하는 것과 장기간 수익창출에 기여하는 취득 자산의 원가는 사용기간에 배분(상각)하여 비용처리하나 간단한 소모품은 바로 비용처리 하는 것은 양적 중요성을 고려한 결과이다.

계처리의 수행여부와 관계없이 재무제표 표시와 관련된 정보이용자 입장의 임계치(threshold)나 판단기준(cut-off point)으로 작용한다. 그러므로 회계기준위원회는 중요성에 대한 획일적인 계량 임계치를 정하거나 특정한 상황에서 무엇이 중요한 것인지를 미리 결정할 수 없다.

2) 충실한 표현

충실한 표현(representational faithfulness)은 의사결정에 유용한 정보가 되기 위해 목적적합한 현상을 표현하는 것뿐만 아니라 나타내고자 하는 현상을 충실하게 표현해야 하는 특성이다. 재무보고서는 경제적 현상을 글과 숫자로 나타내는 것이다. 따라서 완벽하게 충실한 표현을 하기 위해서는 서술이 완전하고, 중립적이며, 오류가 없어야 할 것이다. 물론 완벽함은 달성하기 어려우므로, 회계기준위원회의 목적은 가능한 정도까지 그 특성을 극대화하는 것이다.

(1) 완전한 서술

완전한 서술(complete depiction)은 필요한 기술과 설명을 포함하여 정보이용자가 서술되는 현상을 이해하는 데 필요한 모든 정보를 포함하는 것이다.[17)]

(2) 중립적 서술

중립적 서술(neutral depiction)은 재무정보의 선택이나 표시에 편의가 없는 것이다. 중립적 서술은, 정보이용자가 재무정보를 유리하게 또는 불리하게 받아들일 가능성을 높이기 위해 편파적이 되거나, 편중되거나, 강조되거나, 경시되거나 그 밖의 방식으로 조작되지 않는다. 중립적 정보는 목적이 없거나 행동에 대한 영향력이 없는 정보를 의미하지 않는다. 즉, 편의가 없어야지 의미 자체가 없어서는 안 된다. 오히려 목적적합한 재무정보는 정의상 정보이용자의 의사결정에 차이가 나도록 할 수 있는 정보이다.

---

17) 예를 들면, 자산 집합의 완전한 서술은 적어도 집합 내 자산의 특성에 대한 기술과 집합 내 모든 자산의 수량적 서술, 그러한 수량적 서술이 표현하고 있는 기술 내용(최초 원가, 조정 원가 또는 공정가치)을 포함한다. 일부 항목의 경우 완전한 서술은 항목의 질 및 성격, 그 항목의 질 및 성격에 영향을 줄 수 있는 요인과 상황, 그리고 수량적 서술을 결정하는 데 사용된 절차에 대한 유의적인 사실의 설명을 수반할 수도 있다. 즉, 주석 같은 것을 이용하여 여러 가지 정보를 제공해 주는 것은 완전한 서술을 위한 것이다.

(3) 오류없는 서술

오류없는 서술(depiction free from error)은 현상의 기술에 오류나 누락이 없고, 보고 정보를 생산하는 데 사용되는 절차의 선택과 적용 시 절차 상 오류가 없음을 의미한다. 하지만 충실한 표현이 모든 면에서 정확한 것을 의미하지는 않는 것이기에, 오류가 없다는 것이 모든 면에서 완벽하게 정확하다는 것을 의미하는 것은 아니다. 즉, 오류가 없다는 것은 절차상의 오류가 없다는 것이지 정확하다는 표현은 아니다.[18)]

여기서 주의할 점은 충실한 표현 그 자체가 반드시 유용한 정보를 만들어 내는 것은 아니라는 것이다. 즉, 아무리 표현이 충실해도 목적적합성이 확보되는 것은 아니다. 보고기업이 적절한 절차를 올바르게 적용하였고, 추정치를 올바로 기술했으며, 추정치에 유의적으로 영향을 미칠 수 있는 불확실성을 기술하였다면, 그 추정치는 충실한 표현이 될 수 있다. 그러나 그러한 추정치에 불확실성의 수준이 충분히 크다면, 그 추정치가 별로 유용하지는 못할 것이다.즉, 충실히 표현된 자산이라도 목적적합성이 의문스러운 경우가 있다는 것이다. 더 충실한 다른 표현을 할 수 없다면, 그 추정치가 최선의 이용가능한 정보를 제공하는 것일 수는 있다.[19)]

2. 보강적 질적특성

1) 비교가능성

비교가능성(comparability)은 의사결정에 더욱 유용한 정보가 되려면 제공되는 정보 항목 간의 유사점과 차이점을 정보이용자가 식별하고 이해할 수 있어야 하는 특성이다. 정보이용자의 의사결정은 여러 대안들 중에서 선택을 하는 것이다. 따

---

18) 예를 들면, 관측가능하지 않은 가격이나 가치의 추정치는 정확한지 또는 부정확한지 결정할 수 없다. 그러나 추정치로서 금액을 명확하고 정확하게 기술하고, 추정 절차의 성격과 한계를 설명하며, 그 추정치를 도출하기 위한 적절한 절차를 선택하고 적용하는 데 오류가 없다면 그 추정치의 표현은 충실하다고 할 수 있다.

19) 예를 들면, 보고기업은 정부보조금으로 유형자산을 받을 수 있다. 기업이 아무런 대가 없이 자산을 취득했다고 보고한다면 그 원가를 충실히 표현한 것은 분명하지간 그 정보는 아마도 매우 유용하지는 않을 것이다. 좀 더 미묘한 사례는 자산의 장부금액이 자산 가치의 손상을 반영하여 조정되어야 하는 금액의 추정치인 경우이다.

라서 보고기업에 대한 정보는 다른 기업에 대한 유사한 정보와 비교(기업간 비교가능성)[20]할 수 있고, 해당 기업에 대한 다른 기간이나 다른 일자의 유사한 정보와 비교(기간간 비교가능성)[21]할 수 있다면 더욱 유용하다. 다른 질적 특성과 달리 비교가능성은 단 하나의 항목에 관련된 것이 아니므로, 비교하려면 최소한 두 항목이상이 필요하다.

여기서 주의할 점은 일관성(consistency)은 비교가능성과 관련은 되어 있지만 동일하지는 않다는 것이다. 일관성은 한 보고기업 내에서 기간 간 또는 같은 기간 동안에 기업 간, 동일한 항목에 대해 동일한 방법을 적용하는 것을 말한다. 즉, 비교가능성은 목표이고 일관성은 그 목표를 달성하는 데 도움을 준다. 한편, 비교가능성은 통일성(uniformity)이 아니다. 정보가 비교가능하기 위해서는 비슷한 것은 비슷하게 보여야 하고 다른 것은 다르게 보여야 한다. 재무정보의 비교가능성은 비슷한 것을 달리 보이게 하여 보강되지 않는 것처럼, 비슷하지 않은 것을 비슷하게 보이게 한다고 해서 보강되지 않는다. 근본적 질적 특성을 충족하면 어느 정도의 비교가능성은 달성될 수 있을 것이다. 목적적합한 경제적 현상에 대한 충실한 표현은 다른 보고기업의 유사한 목적적합한 경제적 현상에 대한 충실한 표현과 어느 정도의 비교가능성을 자연히 가져야 한다. 단, 하나의 경제적 현상을 충실하게 표현하는 데 여러 방법이 있을 수 있으나 동일한 경제적 현상에 대해 대체적인 회계처리방법을 허용하면 비교가능성이 감소한다.

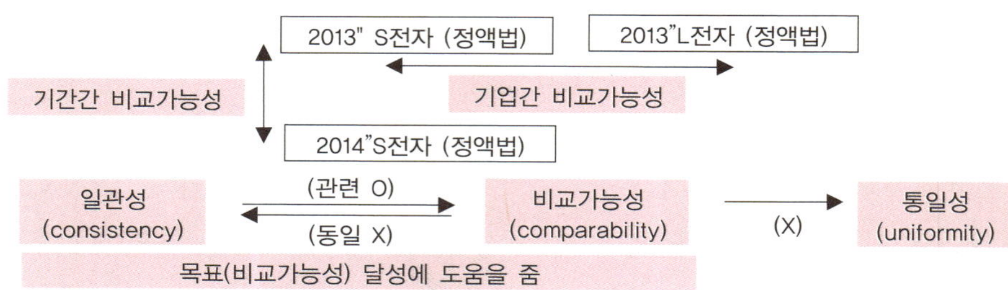

[그림 2-6] 비교가능성

---

20) 특정 기업의 상대적(동일 산업 내 비교, 경쟁기업과의 비교)인 재무상태와 성과 및 재무상태변동을 평가하기 위해 재무제표를 기업간(inter-company)으로 비교할 수 있는 특성으로 횡단면 분석(cross-sectional analysis)을 가능하게 한다.

21) 기업에서는 회계원칙, 회계절차, 회계처리방법을 적용하는 데 있어서 매년 동일하게 계속적으로 적용하여야 하며 타당한 이유 없이는 변경해서는 안된다는 특성이다. 특정 기업의 재무상태와 성과의 추세를 식별하기 위해 재무제표를 기간별(inter-period)로 비교할 수 있는 특성으로 시계열 분석(time-series analysis)을 가능하게 한다. 이는 비교 재무제표 작성공시 의무의 배경이기도 하다.

2) 검증가능성

검증가능성(verifiability)은 의사결정에 더욱 유용한 정보가 되려면 제공되는 정보에 대하여 합리적인 판단력이 있고 독립적인 서로 다른 관찰자가 어떤 서술이 충실한 표현이라는데 의견이 일치할 수 있어야 하는 특성이다. 즉, 동일한 거래나 사건에 대하여 동일한 측정 방법을 적용할 경우 다수의 독립적인 측정자들이 유사한 결론에 이르는 정도가 높아야 한다는 것을 의미한다. 물론 반드시 완전히 일치하지는 않을 수는 있다. 따라서 계량화된 정보가 검증가능하기 위해서 단일 점추정치 이어야 할 필요는 없다. 가능한 금액의 범위 및 관련된 확률도 검증될 수 있기 때문이다.[22)]

3) 적시성

적시성(timeliness)은 의사결정에 더욱 유용한 정보가 되려면 제공되는 정보가 의사결정에 영향을 미칠 수 있도록 정보이용자가 제때에 이용가능하게 할 수 있어야 하는 특성이다. 즉, 정보능력을 상실하기 전에 의사결정자에게 정보가 전달되어야 한다는 것이다.[23)] 일반적으로 정보는 오래될수록 유용성이 낮아진다. 그러나 일부 정보는 보고기간 말 후에도 오랫동안 적시성이 있을 수 있다.[24)]

4) 이해가능성

이해가능성(understandability)은 의사결정에 더욱 유용한 정보가 되려면 제공되는 정보가 이용자에게 쉽게 이해될 수 있도록 제공되어야 하는 특성이다. 정보를 명확하고 간결하게 분류하고, 특징지으며, 표시하면 이해가능하게 된다. 일부 현상은 본질적으로 복잡하여 이해하기 쉽게 할 수 없다. 그 현상에 대한 정보를 복잡하다는 이유만으로 재무보고서에서 제외하면 그 재무보고서의 정보를 더 이해하기 쉽게 할 수 있다. 그러나 그 보고서는 불완전하여 잠재적으로 오도할 수 있다.

---

22) 예들 들면, 공인회계사의 회계감사를 받아 검증가능성을 높이는 것이며 기말재고자산의 검증을 위해 투입요소인 수량과 원가를 확인하고 보고기업과 같은 원가흐름가정을 사용하여 재고자산의 장부금액을 검증하는 것이다.

23) 예를 들면, 연차보고서 보다는 반기보고서, 반기보고서 보다는 분기보고서가 더 적시성이 높은 정보이다.

24) 예를 들면, 일부 정보이용자는 과거의 정보를 이용하여 추세를 식별하고 평가할 필요가 있을 수 있기 때문이다.

다시 말해, 단순히 정보가 이해하기 어렵다는 이유로 정보를 누락시키는 것은 정당화가 될 수 없다.

재무보고서는 사업활동과 경제활동에 대해 합리적인 지식이 있고, 부지런히 정보를 검토하고 분석하는 정보이용자를 위해 작성된다. 때로는 박식하고 부지런한 정보이용자도 복잡한 경제적 현상에 대한 정보를 이해하기 위해 자문가의 도움을 받는 것이 필요할 수 있다.

구 분			내 용
근본적 질적 특성	목적 적합성	예측가치	미래 예측을 위한 정보로서의 가치
		확인가치	과거 의사결정의 확인과 수정을 위한 정보로서의 가치
		중 요 성	의사결정에 영향을 미칠수 있는 정보로서의 가치
	충실한 표현	완전한 서술	정보이용자가 현상을 이해하는데 필요한 모든 정보의 제공
		중립적 서술	정보의 선택이나 표시에 편의가 없는 재무정보의 제공
		오류없는 서술	현상의 기술이나 절차상에 오류나 누락이 없는 정보의 제공
보강적 질적 특성	비교가능성		기업간 비교가능성과 기간간 비교가능성이 있는 정보의 제공
	검증가능성		나타난 현상에 대해 정보이용자가 검증가능 할 수 있는 정보의 제공
	적 시 성		의사결정에 영향을 미칠 수 있도록 적시성 있는 정보의 제공
	이해가능성		정보이용자에게 쉽게 이해될 수 있는 정보의 제공

[그림 2-7] **근본적 질적특성과 보강적 질적특성**

3. 유용한 재무보고에 대한 포괄적 제약 : 원가

원가(cost)는 재무보고로 제공될 수 있는 정보에 대한 포괄적 제약요인이다. 재무정보의 보고에는 원가가 소요되고, 해당 정보 보고의 효익이 그 소요된 원가를 정당화한다는 것이 중요하다. 즉, 특정 정보에서 기대되는 효익(회계정보의 유용성)이 그 정보의 이용을 위하여 소요되는 원가(정보산출 및 사용비용)보다 커야 한다는 것이다. 재무정보의 보고에는 고려해야 할 다음과 같은 유형의 원가와 효익이 있다.

1) 재무정보의 원가

재무정보의 제공자는 재무정보의 수집, 처리, 검증 및 전파에 대부분의 노력을 투입하면서 원가가 발생한다. 한편, 정보이용자도 궁극적으로 수익 감소의 형태로 그 원가를 부담하게 된다. 또한, 재무정보의 이용자는 제공된 정보를 분석하고 해석하는 데에도 원가가 발생한다. 필요한 정보가 제공되지 않으면, 그 정보를 다른 곳에서 얻거나 그것을 추정하기 위한 추가적인 원가가 정보이용자에게 발생한다.

2) 재무정보의 효익

목적적합하고 나타내고자 하는 바가 충실하게 표현된 재무정보를 보고하는 것은 정보이용자가 더 확신을 가지고 의사결정하는 데 드움을 주게 된다. 이것은 자본시장이 더 효율적으로 기능하도록 하고, 경제 전반적으로 자본비용을 감소시키면서 효익을 제공하게 된다. 개별 투자자, 대여자 및 기타 채권자도 더 많은 정보에 근거한 의사결정을 함으로써 효익을 얻는다. 그러나 정보이용자 각자가 목적적합하다고 보는 모든 정보를 일반목적재무보고서에서 제공하는 것은 가능하지 않다.

원가 제약요인을 적용함에 있어서, 회계기준위원회도 특정 정보를 보고하는 효익이 그 정보를 제공하고 사용하는 데 발생한 원가를 정당화할 수 있을 것인지 평가해야 한다. 제안된 재무보고기준을 제정하는 과정에 원가 제약요인을 적용할 때, 회계기준위원회는 그 기준의 예상되는 효익과 원가의 성격 및 양에 대하여 재무정보의 제공자, 정보이용자, 외부감사인, 학계 등에서 정보를 구한다.

제3절 재무제표의 가정 및 요소의 정의

1. 재무제표 작성의 기본가정

재무제표는 일정한 가정 하에서 작성된다. 이러한 가정은 기업실체를 둘러싼 환경으로부터 귀납적으로 도출된 것으로 재무제표를 작성하거나 회계이론을 전개할 때 연역적으로 적용된다. 기본가정(underlying assumptions)은 기본전제, 회계공준(accounting postulates)이라고도 하며 개념체계에서는 계속기업을 유일하게 가정하고 있다. 재무제표는 그 목적에 부합하기 위하여 기업이 계속기업(going concern)이며 예상 가능한 기간 동안 영업을 계속할 것이라는 가정 하에 작성된다. 그러나 실제로 많은 기업들이 설립된 후 수년 내에 파산하여 영업을 계속하지 못하는 경우가 다반사이다. 그러므로 여기서 계속(going)의 의미는 영구적(permanent)이라는 뜻이 아니라 예상 가능한(the foreseeable future) 충분할 정도의 기간을 의미한다. 즉, 기업실체가 조만간 청산되지 않고 그 목적과 의무를 이행하기에 충분할 정도로 미래에 계속적으로 장기간 존속한다고 가정하는 것이다. 따라서 기업은 그 경영활동을 청산하거나 중요하게 축소할 의도나 필요성을 갖고 있지 않다는 가정을 적용하여 재무제표를 작성하며, 만약 이러한 의도나 필요성이 있다면 재무제표는 계속기업을 가정한 기준과는 다른 기준(청산기업을 가정한 기준)을 적용하여 작성하여야 하며, 이때 적용한 기준은 별도로 공시하여야 한다.

한편, 계속기업의 가정은 다음과 같은 원칙과 실무를 정당화 시킨다. ① 역사적원가[25]의 근거를 제공한다. 계속기업의 가정에 따르면 기업은 당장 청산되지 않으므로 자산을 역사적 원가로 평가 할 수 있는 근거를 제공한다. 즉, 기업이 계속적으로 존재한다는 가정 하에 역사적 원가는 객관적이고 신뢰성 있는 평가 기준이 된다. 만약, 계속기업을 가정하지 않으면 기업의 청산을 가정하게 되어 청산시 현금가액인 청산가치(liquidation value)가 더 의미 있는 가치가 될 것이다. ② 원가배

25) 자산을 취득할 때 취득당시에 지급한 현금 또는 그 밖의 대가의 공정가치를 말한다. 예를 들어 2014년 6월16일에 토지를 ₩1,000,000의 현금을 지급하고 취득하였다면 토지의 역사적 원가는 ₩1,000,000이 되는 것이다.

분절차의 근거를 제공한다. 수익과 직접적인 인과관계를 확인할 수는 없으나 자산으로부터의 효익이 여러 기간에 걸쳐 기대되는 경우 수익·비용대응의 원칙에 따라 각 회계기간에 비용을 인식하기 위해 원가를 기간배분 한다. 예를 들어, 내용연수에 걸친 유형자산의 감가상각, 무형자산의 상각과 같이 원가를 배분하여 감가상각비, 무형자산상각비 등의 비용을 인식하게 된다. 만약, 계속기업을 가정하지 않고 청산을 가정한다면 취득원가를 미래 특정기간 동안 비용으로 배분한다는 것은 그 자체로 의미가 없게 된다. ③ 유동성 배열법의 근거를 제공한다. 유동성이란 영업활동을 통한 현금화의 속도를 말하며 계속기업의 전제하에 자산·부채를 유동성 순위에 따라 배열할 수 있게 된다. 만약, 계속기업을 가정하지 않는다면 청산순위로 배열해야 할 것이다. 청산을 가정하면 모든 자산이 곧 현금화되고, 모든 부채가 곧 결제될 것이므로 자산과 부채를 유동항목과 비유동항목으로 구분하는 것도 의미가 없게 된다.

2. 재무제표의 요소

재무제표는 거래나 그 밖의 사건의 재무적 영향을 경제적 특성에 따라 대분류(broad classes)하여 나타낸다. 이러한 대분류를 재무제표의 요소(elements of financial statement)로 정의한다. 재무상태표에서 재무상태의 측정과 직접관련된 요소는 자산, 부채 및 자본이다. 그리고 포괄손익계산서에서 재무성과의 측정과 직접관련된 요소는 수익과 비용이다. 재무상태변동표는 일반적으로 재무상태표요소의 변동과 포괄손익계산서요소를 반영하므로 이 개념체계에서는 재무상태변동표의 고유한 요소에 대해 별도로 식별하지 아니한다. 따라서 재무제표의 요소는 자산, 부채, 자본, 수익, 비용의 다섯 가지 이다.

재무제표	구성 요소
재무상태표	자산, 부채, 자본
포괄손익계산서	수익, 비용
재무상태변동표	일반적으로 재무상태표 요소의 변동과 포괄손익계산서 요소를 반영하므로 개념체계에서는 재무상태변동표의 고유한 요소에 대해 별도로 식별하지 않고 있다.

[그림 2-8] 개념체계의 재무제표 요소

1) 재무상태

재무상태의 측정에 직접 관련되는 요소는 자산, 부채 및 자본이다. 이러한 요소의 정의는 다음과 같다.

(1) 자산(asset)은 과거 사건의 결과로 기업이 통제하고 있고 미래 경제적효익이 기업에 유입될 것으로 기대되는 자원
(2) 부채(liability)는 과거 사건에 의하여 발생하였으며 경제적효익을 갖는 자원이 기업으로부터 유출됨으로써 이행될 것으로 기대되는 현재의무
(3) 자본(equity)은 기업의 자산에서 모든 부채를 차감한 후의 잔여지분[26)]

위에서 기술한 자산과 부채의 정의는 그 본질적 특성을 식별하기 위한 것이지, 재무상태표에 인식하기 위해 충족될 필요가 있는 기준을 정하는 것은 아니다. 따라서 이러한 정의는 이후에 설명할 재무제표의 인식기준(criteria for the recognition)을 충족하는 경우에만 재무상태표에 자산·부채로 인식된다. 또한 특정 항목이 자산·부채 또는 자본의 정의를 충족하는지를 판단할 때에 단순한 법률적 형식이 아닌 거래의 실질과 경제적 현실을 고려하여야 한다.

	과 거	현 재	미 래
자 산	(사건발생)	(통제 자원) → 결 과	(미래 경제적효익) ←- - - - - 유 입
부 채	(사건발생)	(부담 의무) → 결 과	(미래 경제적효익) - - - - -→ 유 출
자 본		자산 − 부채	

[그림 2-9] **자산과 부채 및 자본의 정의**

26) IFRS 원문의 표현 : ① An asset is a resource controlled by the entity as a result of past events and from which future economic benefits are expected to flow to the entity. ② A liability is a present obligation of the entity arising from past events, the settlement of which is expected to result in an outflow from the entity of resources embodying economic benefits. ③ Equity is the residual interest in the assets of the entity after deducting all its liabilities.

(1) 자산의 특성

① 기업의 자산은 과거의 거래나 그 밖의 사건에서 창출[27]된다. 기업은 일반적으로 구매(purchasing)나 생산(producing)을 통하여 자산을 획득하지만 다른 거래나 사건도 자산을 창출할 수 있다.[28] 반면에 미래에 발생할 것으로 예상되는 거래나 사건 자체만으로는 자산이 창출되지 아니한다.[29] 한편, 자산의 정의를 통해 재무회계의 보고관점은 과거지향적 이라는 속성을 말해주고 있다.

② 일반적으로 지출의 발생과 자산의 취득은 밀접하게 관련되어 있으나 양자가 반드시 일치하는 것은 아니다. 따라서 기업이 지출을 한 경우 이는 미래 경제적효익을 추구했다는 증거(evidence)가 될 수는 있지만 자산의 정의를 충족시키는 어떤 항목을 취득했다는 확정적인 증거는 될 수 없다. 마찬가지로 관련된 지출이 없더라도 특정 항목이 자산의 정의를 충족할 경우 재무상태표의 인식대상이 되는 것을 배제하지는 못한다.[30]

③ 자산으로 인식하기 위해서는 당해 자산을 통제(control)하고 있어야 한다. 수취채권과 부동산을 포함한 많은 종류의 자산은 소유권 등 법률적 권리(legal rights)와 관련되어 있다. 그러나 소유권이 자산의 존재를 판단함에 있어 필수적인 것은 아니다. 예를 들어, 기업이 리스계약에 따라 점유하고 있는 부동산에서 기대되는 경제적효익을 통제할 수 있다면 그 부동산은 기업의 자산이다. 일반적으로는 경제적효익에 대한 통제력은 법률적 권리의 결과이지만 경우에 따라서는 법률적 통제(legal control)가 없어도 자산의 정의를 충족시킬 수 있다.[31] 즉, 법률적 권리(소유권)가 없어도 실질적으로 사용하고 있다면 자산으로 인식한다.

---

27) 거래(transaction)는 거래상대방이 존재하는 경제적사건을 말하며, 사건(events)은 거래상대방이 존재하지 않는 경제적사건을 말한다.

28) 그러한 예로는 지역의 경제성장을 장려하기 위한 정부의 프로그램에 따라 증여받은 자산(received property)이나 매장된 광물의 발견(the discovery of mineral deposits) 등이 포함된다.

29) 예를 들어, 재고자산을 구입하고자 하는 의도 그 자체는 자산의 정의를 충족하지 못한다.

30) 예를 들어, 증여받은 재화는 자산의 정의를 충족할 수 있다.

31) 예를 들어, 기업이 개발활동에서 습득한 핵심지식(know-how)은 이를 독점적으로 보유함(keeping secret)으로써 그로부터 유입될 것으로 기대되는 효익을 통제한다면 자산의 정의를 충족할 수 있다.

④ 자산으로 인식하기 위해서는 당해 자산에 미래경제적효익(future economic benefit)이 내재되어 있어야 한다. 자산이 갖는 미래경제적효익이란 직접(유입되는 것, 예; 미수수익)으로 또는 간접(유출을 막아주는 것, 예; 선급비용)으로 미래 현금 및 현금성자산의 기업에의 유입에 기여하게 될 잠재력(potential)을 말한다. 이 잠재력은 기업의 영업활동의 일부인 생산과 관련될 수 있다. 또한, 현금이나 현금성자산으로의 전환 능력의 형태이거나 대체적인 제조과정의 도입으로 생산원가가 절감되는 경우와 같이 현금유출을 감소시키는 능력일 수도 있다.[32)]

⑤ 유형자산을 포함한 많은 종류의 자산은 물리적 형태(physical form)를 가지고 있다. 그러나 자산의 존재를 판단하기 위해서 물리적 형태가 필수적인 것은 아니다.[33)] 즉, 물리적 형체가 있으면 유형자산이고 물리적 형체가 없으면 무형자산으로 인식된다.

(2) 부채의 특성

① 부채는 과거의 거래나 그 밖의 사건에서 발생한다.[34)]

② 부채의 본질적 특성은 기업이 현재 의무(present obligation)를 갖고 있다는 것이다. 의무란 특정방법으로 실행하거나 수행할 책무(duty) 또는 책임(responsibility)을 말하며 의무에는 법적의무(책무)와 의제의무(책임)가 있다. 법적 의무(legal obligation)란 제공받은 재화와 용역에 대한 미지급채무와 같이 구속력 있는 계약이나 법규에 따라 법률적 강제력이 있는 의무를 말하며, 의제의무(constructive obligation)는 정상적인 거래실무, 관행 또는 원활한 거래관계를 유지하거나 공평한 거래를 하려는 의도에서 발생한 의무를 말한다. 만일 어떤 기업이 보증기간이 명백히 경과한 후에 발생하는

---

32) 미래경제적효익이 기업에 유입될 수 있는 다양한 형태의 예는 ① 기업이 판매하는 재화나 용역의 생산(production)에 개별적으로 또는 그 밖의 자산과 복합적으로 사용 ② 다른 자산과의 교환(exchange) ③ 부채의 상환(settlement) ④ 기업의 소유주에게 배분(distribution)이 있다.

33) 예를 들어, 특허권과 저작권도 미래에 그로부터 경제적 효익이 창출되어 기업에 귀속되고 기업이 통제한다면 자산이다.

34) 예를 들어, 재화를 구입하거나 용역을 제공받는 경우 매입채무가 발생하며, 은행대출을 받은 경우에는 상환의무가 발생한다. 또한 기업이 고객의 연간 매입액에 따라 미래에 지급할 환불액을 부채로 인식할 경우 고객에 대한 과거의 매출이 부채를 발생시키는 거래가 된다.

제품하자에 대해서도 수리해 주기로 방침을 정한 경우에 이미 판매된 제품과 관련하여 지출될 것으로 예상되는 금액은 의제의무에 해당하므로 부채(제품보증충당부채)이다.

③ 현재의무와 미래의 약속은 구별되어야 한다. 미래에 특정 자산을 취득하겠다는 경영진의 의사결정(future commitment) 그 자체만으로는 현재의무가 발생하지 아니한다. 의무는 일반적으로 그 자산이 인도되는 때(예; 매입채무) 또는 기업이 자산획득을 위한 취소불능계약(irrevocable agreement)[35]을 체결하는 때(예; 확정계약손실충당부채)에 발생한다. 기업이 거래상대방의 요구에 따라 현재의무를 이행하기 위해서는 일반적으로 미래경제적효익이 내재된 자원을 희생하게 된다. 현재의무는 다양한 방법으로 이행될 수 있으며 채권자의 권리포기나 권리상실 등 다른 방법에 의해서 소멸되기도 한다.[36]

④ 일부 부채는 상당한 정도의 추정을 해야만 측정이 가능할 수 있다. 이러한 부채는 충당부채(liabilities as provisions)라고도 한다. 일부 국가에서는 이러한 충당부채를 부채에서 제외하는데, 이는 부채를 추정의 필요 없이 확정할 수 있는 금액만 포함되도록 협의의 개념으로 정의하기 때문이다. 하지만 개념체계상의 부채 정의는 광의의 접근법에 따른 것이다. 따라서 어떤 충당부채가 현재의무를 수반하며 부채의 나머지 정의를 충족한다면 금액을 추정해야 하더라도 부채이다.[37] 즉, 부채는 정확한 측정이 가능한 확정부채(법적 의무)와 정확한 측정이 불가능한 충당부채(의제의무)로 나눌 수 있다. 여기서 주의할 것은 자산은 과대계상을 막기 위해 추정해서는 안되고 측정해야하지만, 부채는 보수주의 특성으로 과소계상하면 안되기에 추정할 수 있다는 것이다.

---

35) 의무불이행의 결과에 따른 상당한 위약금 때문에 거래상대방에 대한 자원의 유출을 회피할 여지가 거의 없는 계약을 말한다.

36) 미래경제적효익이 기업에 유출될 수 있는 다양한 형태의 예는 ① 현금 지급(payment)을 통한 부채의 상환
② 다른 자산의 이전(transfer)을 통한 부채의 상환 ③ 용역의 제공(provision of services)을 통한 부채의 상환 ④ 다른 의무로 대체(replacement)를 통한 부채의 상환 ⑤ 부채의 자본 전환(conversion)을 통한 부채의 상환이 있다.

37) 그러한 예로는 제품보증에 따른 충당부채와 연금지급의무에 대한 충당부채가 있다.

(3) 자본의 특성

자본(equity)이란 기업의총자산에서 총부채를 차감한 잔여지분 즉, 소유주의 잔여청구권이다. 부채는 채권자의 청구권이고 자본은 소유주의 청구권이다. 자본은 주주지분, 자기자본, 순자산 등으로 불려지기도 한다. 다만 자본은 독립적으로 산정되는 것이 아니고 자산총액에서 부채총액을 차감하여 산정되며 일반적으로 자본총액은 그 기업이 발행한 주식의 시가총액[38], 또는 기업순자산의 공정가치와는 일치하지 않는다. 즉, 자산과 부채는 정의를 내리는 것이고 자본은 자산과 부채의 정의가 내려진 후 정의가 내려지는 것이다.

2) 재무성과

이익(profit)은 흔히 성과의 측정치(measure of performance)로 사용되거나 투자수익률이나 주당이익과 같은 측정치의 기초(the basis for other measures)로 사용된다. 이익의 측정과 직접 관련된 요소는 수익과 비용이다. 수익과 비용의 인식과 측정, 그리고 그에 따른 이익은 부분적으로는 기업의 재무제표 작성에 적용된 자본과 자본유지개념에 따라 결정된다. 수익과 비용은 다음과 같이 정의[39]한다.

(1) 수익(income)은 자산의 유입이나 증가 또는 부채의 감소에 따라 자본의 증가를 초래하는 특정 회계기간 동안에 발생한 경제적효익의 증가로서, 지분참여자에 의한 출연과 관련된 것(자본거래)[40]은 제외한다.
(2) 비용(expense)은 자산의 유출이나 소멸 또는 부채의 증가에 따라 자본의 감소를 초래하는 특정 회계기간 동안에 발생한 경제적효익의 감소로서, 지분참여자에 대한 분배와 관련된 것(자본거래)은 제외한다.

---

38) 시가총액(market capitalization)은 증권 거래소에서 상장된 증권 모두를 그날의 종가로 평가한 금액으로 각 상장 종목의 상장 주식 수에 각각의 종가를 곱한 후 이를 합계하여 산출한다. 즉, 개별기업의 시가총액은 유통발행주식수×그날의 종가로 산출 한다

39) IFRS 원문의 표현 : ① Income is increases in economic benefits during the accounting period in the form of inflows or enhancements of assets or decreases of liabilities that result in increases in equity, other than those relating to contributions from equity participants. ② Expenses are decreases in economic benefits during the accounting period in the form of outflows or depletions of assets or incurrences of liabilities that result in decreases in equity, other than those relating to distributions to equity participants.

40) 자본거래(capital transaction)는 기업실체와 소유주와의 거래로 거래(소유주에 의한 투자[금전출자 등]와 소유주에 대한 분배[현금배당])로 인하여 그 결과가 기업 자본의 증 · 감 요인이 되는 거래를 말하며 자본거래의 결과는 이익에 포함될 수 없다. 한편, 손익거래(profit and loss transaction)는 기업실체와 주주 이외의 자와 거래(즉, 경영활동)로 수익이나 비용이 되는 거래로 그 결과가 기업 자

위에서 기술한 수익과 비용의 정의는 그 본질적 특성을 식별하기 위한 것이지, 포괄손익계산서에 인식하기 위한 충분조건은 아니다 위의 수익과 비용의 정의를 충족하는 거래도 이후에 설명할 인식기준(criteria for the recognition)을 충족하는 경우에만 포괄손익계산서에 수익·비용으로 인식된다.

(1) 수익의 특성

광의의 수익(income)의 정의에는 기업의 정상영업활동의 일환으로 발생하는 협의의 수익(revenue)뿐만 아니라 차익(gains)이 포함되며, 시장성있는 유가증권의 재평가나 장기성자산의 장부금액증가로 인한 미실현이익(기타포괄이익)도 포함된다. 수익(revenue)은 기업의 정상영업활동의 일환으로 발생하며 매출액, 수수료수익, 이자수익, 배당수익, 로열티수익 및 임대료수익 등 다양한 명칭으로 구분된다.

한편, 차익(gains)[41]은 광의의 수익(income)의 정의를 충족하는 그 밖의 항목으로 기업의 정상영업활동의 일환이나 그 이외의 활동에서 발생할 수 있다. 차익(gain)도 경제적 효익의 증가를 나타내므로 본질적으로 수익(revenue)과 차이가 없다. 따라서 개념체계에서는 차익을 별개의 요소로 보지 않고 차익과 수익을 광의의 수익(income)으로 설명하고 있다. 다만 정보이용자의 경제적 의사결정에 도움을 주기위해 차익은 포괄손익계산서에 수익과 구분 표시한다. 즉, 기준서에는 수익과 차익을 구분하여 회계처리 한다. 또한, 일반적으로 수익은 관련비용과 함께 총액으로 보고되지만, 차익은 흔히 관련 비용을 차감한 금액으로 보고된다.

(2) 비용의 특성

광의의 비용(expense)의 정의에는 기업의 정상영업활동의 일환으로 발생하는 협의의 비용(expense)뿐만 아니라 차손(losses)이 포함되며, 기업의 외화차입금에 관련된 환율상승의 영향으로 발생하는 미실현손실(기타포괄손실)도 포함된다. 기업의 정상영업활동의 일환으로 발생하는 비용(expense)의 예는 매출원가, 급여 및 감가상각비 등이다. 비용은 일반적으로 현금 및 현금성자산, 재고자산 또는 유형

본의 증·감 요인이 되는 거래를 말하며 총포괄이익의 대상이 된다. 이와 같은 자본거래와 손익거래가 혼동되는 경우에는 증자된 자본이 이익과 혼합되어 배당으로 사외유출 되므로 자본잠식이 생기게 되며 반대로 이익이 자본에 혼합되어 비밀적립금이 되기도 하기 때문에 기업회계에서는 양 거래를 명확히 구분해야 한다. 자본거래의 자세한 설명은 자본편을 참조하기 바란다.

41) 예를 들면, 차익은 비유동자산의 처분에서 발생한다.

자산과 같은 자산의 유출이나 소모의 형태로 나타난다.

한편, 차손(losses)[42]은 비용의 정의를 충족하는 그 밖의 항목으로 기업의 정상영업활동의 일환이나 그 이외의 활동에서 발생할 수 있다. 차손도 경제적효익의 감소를 나타내므로 본질적으로 다른 비용과 차이가 없다. 따라서 개념체계에서는 차손을 별개의 요소로 보지 아니한다. 다만 정보이용자의 경제적 의사결정에 도움을 주기위해 차손은 포괄손익계산서에 비용과 구분 표시한다.[43] 즉, 기준서에는 비용과 차손을 구분하여 회계처리 한다. 또한, 차손의 경우에도 차익과 마찬가지로 관련 수익을 차감한 금액으로 보고된다.

구 분 (개념체계)			발생원천	미래지속가능성	측 정	기준서
광의의 수익 (income)	협의의 수익 (revenue)	미실현 이익 포함	정상영업활동	높음	총액으로 측정	구분 표시 (I/S)
	차익 (gains)		정상영업활동 및 기타활동	낮음	순액으로 측정	
광의의 비용 (expense)	협의의 비용 (expense)	미실현 손실 포함	정상영업활동	높음	총액으로 측정	구분 표시 (I/S)
	차손 (losses)		정상영업활동 및 기타활동	낮음	순액으로 측정	

[그림 2-10] 수익과 비용의 개념

42) 예를 들면, 차손은 화재나 홍수와 같은 자연재해 또는 비유동자산의 처분에서 발생한다.

43) 개념체계와는 다르게 기준서에서는 포괄손익계산서의 정보유용성을 높이기 위해 수익과 비용 중에서 차익과 차손을 분리하여 표시한다. 차익과 차손을 수익과 비용으로부터 분리하는가의 여부는 기업실체의 순자산에 아무런 영향을 주지 않지만, 차익과 차손을 구분하여 표시하게 되면 이익의 발생원천에 대해 보다 유용한 정보를 제공할 수 있으며 미래 현금흐름의 예측가능성이 증가된다.

제4절 재무제표 요소의 인식과 측정

1. 재무제표 요소의 인식 (Timing)

인식(recognition)은 재무제표요소의 정의(definition)에 부합하고 인식기준을 충족하는 항목을 재무상태표나 포괄손익계산서에 반영하는 과정을 갈한다. 즉, 회계적 거래로 인정하는 과정이다. 이 과정은 해당 항목을 서술하는 계정명칭과 화폐금액으로 기술하고 그 금액을 재무상태표 또는 포괄손익계산서 총계에 산입하는 것을 포함한다. 인식기준을 충족하는 항목은 재무상태표나 포괄손익계산서에 인식되어야 한다. 관련된 회계정책의 공시(disclosure), 주석(foot-note) 또는 설명 자료만으로는 그러한 항목의 인식누락을 정당화할 수 없다. 한편, 어떤 항목이 재무제표 요소에 부합하는 본질적 성격을 가지고 있으나 인식기준을 충족하지 못하는 경우에도 해당 항목은 주석, 설명자료 또는 부속명세서에 공시될 수 있다.

1) 인식기준

재무회계에서는 발생기준이 인식과 측정의 기저를 이루고 있으며 특정 항목을 인식하기 위해서는 다음 세 가지 기준[44]을 모두 충족하여야 한다.[45]

① 재무제표 요소 정의 부합 (Definition)
② 미래경제적 효익의 유입(유출)가능성이 높음 (Benefit)
③ 신뢰성 있는 측정 (Measurable)

한편, 어떤 항목이 이러한 기준을 충족하여 재무제표에 인식해야 하는지를 평가할 때 중요성을 고려할 필요가 있다. 즉, 특정항목의 성격 및 크기가 정보이용자

44) 원문에 따르면 재무제표 요소의 정의와 두 개의 인식기준이지만 정의를 하나의 기준으로 보아 저자가 세 가지로 표현한 것이다.
45) 위 기준에 따라 재무제표에 계상한다는 것은 기본적으로 계정과목(재무제표 요소의 정의)이 있어야 하고, 금액(신뢰성 있게 측정)이 있어야 하며 미래 경제적 효익 개념에 입각한 유출 또는 유입 가능성이 높아야 한다. 예를 들면 재무상태표 본문에 '유형자산 ₩1,000'이라고 계상하는 것이 인식이다.

의 의사결정에 영향을 미칠 정도로 중요한 것이 아니라면 당해 항목이 재무제표에 별도로 인식될 필요는 없다.

(1) 미래 경제적 효익의 발생가능성 (probability of future economic benefit)

인식기준에는 특정 항목과 관련된 미래 경제적 효익이 기업에 유입되거나 기업에서 유출될 불확실성의 정도를 의미하는 확률의 개념(즉, 높은 발생가능성 : 50%초과)이 사용된다. 이 확률개념은 영업활동이 수행되는 기업환경의 특성을 반영하는 불확실성을 고려하고자 하는 것이다. 미래 경제적 효익의 유입과 유출에 대한 불확실성 정도의 평가는 재무제표를 작성할 때 이용 가능한 증거에 기초하여야 한다.[46]

(2) 측정의 신뢰성 (reliability of measurement)

특정 항목을 인식하기 위해서는 특정 항목이 신뢰성 있는 측정이 가능한 원가 또는 가치를 갖고 있어야 한다는 것이다. 많은 경우에 원가 또는 가치가 추정되어야 하는데 이 경우 재무제표를 작성할 때 합리적인 추정을 사용해야 하며 합리적 추정이 신뢰성을 훼손하지는 않는다. 그러나 합리적인 추정을 할 수 없는 경우 해당 항목은 재무상태표나 포괄손익계산서에 인식될 수 없다.[47] 여기서 주의할 것은 금액이 반드시 확정되어 있어야 함을 의미하지는 않으며 충당부채처럼 추정에 의한 측정치도 합리적인 근거가 있다면 당해 항목의 인식에 이용이 가능하다는 것이다.

2) 자산, 부채, 수익, 비용의 인식

(1) 자산의 인식

자산은 미래 경제적효익이 기업에 유입될 가능성이 높고 해당 항목의 원가 또

46) 예를 들면, 기업이 보유하는 특정 매출채권과 관련하여 대손가능성에 대한 증거가 없고 회수가능성이 높다면 해당 매출채권을 자산으로 인식하는 것이 정당화 된다. 그러나 다수의 매출거래처가 존재 한다면 어느 정도 대손이 발생할 가능성이 높은 것이 일반적이므로 예상되는 경제적 효익의 감소를 나타내는 비용(대손상각비)을 인식하여야 한다.

47) 예를 들면, 소송으로부터 예상되는 배상금이 자산과 수익의 정의에 부합하고 인식을 위한 발생가능성 기준을 충족한다 하더라도 그 금액을 신뢰성 있게 측정할 수 없는 경우에는 이를 자산이나 수익으로 인식할 수 없다. 그러나 이와 같은 배상금의 존재는 주석, 설명 자료 또는 부속명세서에 공시될 수 있다.

는 가치를 신뢰성 있게 측정할 수 있을 때 재무상태표에 인식한다. 만약, 지출이 발생하였으나 당해 보고기간 후에는 경제적효익이 기업에 유입될 가능성이 높지 않다고 판단되는 경우에는 재무상태표에 자산으로 인식하지 않고 포괄손익계산서에 비용으로 인식해야 한다.

(2) 부채의 인식

부채는 현재 의무의 이행에 따라 경제적효익을 갖는 자원의 유출가능성이 높고 결제될 금액에 대해 신뢰성 있게 측정할 수 있을 때 재무상태표에 인식한다.

자 산	당해 항목에 내재된 미래의 경제적효익이 기업에 유입될 가능성이 높고 그 금액이 신뢰성 있게 측정될 수 있으면 재무상태표에 인식
부 채	기업실체가 현재 부담하는 의무를 미래에 이행할 때 당하 실체로부터 경제적효익이 유출될 가능성이 높고, 그 금액을 신뢰성 있게 측정될 수 있으면 재무상태표에 인식

주의 : 자본의 인식은 재무제표요소의 정의에 따라 인식하는게 아니라 인식되어지는 것이다.

[그림 2-11] 자산과 부채의 인식

(3) 수익의 인식

수익의 인식(recognition of revenue)이란 수익의 보고 또는 수익의 기간귀속(timing of revenue)이라고 한다. 즉, 수익의 발생시점, 인식시점, 보고시점에 관한 것으로써 수익이 귀속되는 회계기간을 결정하는 문제이다. 수익은 자산의 증가나 부채의 감소와 관련하여 미래 경제적효익이 증가하고 이를 신뢰성 있게 측정할 수 있을 때 포괄손익계산서에 인식한다. 이는 실제로 수익의 인식이 자산의 증가나 부채의 감소에 대한 인식과 동시에 이루어짐을 의미[48]한다. 따라서 수익의 인식은 실현주의(realization basis)에 따라 인식한다.[49]

48) 예를 들어, 재화나 용역의 매출에 따라 자산의 순증가가 인식되며 미지급채무의 면제에 따라 부채의 감소가 인식된다.

49) 기업이 생산하는 재화의 경제적 가치는 원재료구입, 재화의 생산과 판매, 대금회수 등 일련의 수익가득과정을 거쳐 점차적으로 증가한다. 따라서 수익은 가득(earned)되고, 실현된(realized) 기간에 인식하는데 이를 실현주의(realization basis)라고 한다. 실현주의에 대해서는 수익 인식편을 참조하기 바란다.

(4) 비용의 인식 - 수익 · 비용 대응의 원칙(matching principle)

비용의 인식(recognition of expense)이란 비용의 보고 또는 비용의 기간귀속(timing of expense)이라고 한다. 즉, 비용의 발생시점, 인식시점, 보고시점에 관한 것으로써 수익이 귀속되는 회계기간을 결정하는 문제이다. 비용은 자산의 감소나 부채의 증가와 관련하여 미래 경제적효익이 감소하고 이를 신뢰성 있게 측정할 수 있을 때 포괄손익계산서에 인식한다. 이는 실제로 비용의 인식이 부채의 증가나 자산의 감소에 대한 인식과 동시에 이루어짐을 의미[50]한다. 즉, 비용은 수익이 인식된 시점에서 수익과 관련하여 인식되는 것으로 이를 수익 · 비용대응의 원칙(matching principle)이라한다. 따라서 수익의 인식 · 보고를 먼저하고, 그 다음 이에 따라 관련된 비용을 인식하여 대응시키는 것으로 '비용은 수익을 따라 다닌다(expense follows revenue)'라고 할 수 있다. 비용을 수익에 대응 시키는 방법은 다음과 같다.[51]

① 직접적인 대응(direct matching)에 따른 인식 – 직접대응

비용은 발생된 원가와 특정수익항목의 가득 간에 존재하는 직접적인 관련성을 기준으로 포괄손익계산서에 인식한다. 수익에 원가를 대응시키는 과정에는 동일한 거래나 그 밖의 사건에 따라 직접 그리고 공통으로 발생하는 수익과 비용을 동시에 또는 통합하여 인식하는 것이 포함된다. 재화의 판매에 따라 수익이 발생됨과 동시에 매출원가를 구성하는 다양한 비용요소가 인식되는 것이 그 예이다. 그러나 이 개념체계 하에서 대응개념을 적용한다 하더라도 자산이나 부채의 정의를 충족하지 못하는 항목을 재무상태표에 인식하는 것은 허용되지 아니한다.

---

50) 예를 들어, 종업원급여의 발생에 따라 부채의 증가가 인식되며 설비의 감가상각에 따라 자산의 감소가 인식된다.

51) 예를 들어 회계처리하면 다음과 같다.

① 1/2 상품 @₩100를 10개 매입해서 @₩200에 현금 받고 판매하다.

차변	금액		대변	금액	
현 금	2,000	/	매 출	2,000	직접 대응
매출원가	1,000	/	상 품	1,000	

② 1/20 광고선전비 ₩100 현금으로 지급하다

차변	금액		대변	금액	
광고선전비	100	/	현 금	100	대응 실패

③ 1/31 건물에 대한 감가상각비 ₩50을 인식하다.

차변	금액		대변	금액	
감가상각비	50	/	감가상각누계액	50	간접 대응

② 체계적이고 합리적인 배분(systematic and rational allocation)에 따른 인식 – 간접대응

경제적효익이 여러 회계기간에 걸쳐 발생할 것으로 기대되고 수익과의 관련성이 단지 포괄적으로 또는 간접적으로만 결정될 수 있는 경우 비용은 체계적이고 합리적인 배분절차를 기준으로 포괄손익계산서에 인식된다. 이 배분절차는 해당 항목과 관련된 경제적효익이 소비되거나 소멸되는 회계기간에 비용을 인식하는 것을 목적으로 한다. 이러한 예로는 유형자산, 영업권, 특허권과 상표권 같은 자산의 사용과 관련된 비용인 감가상각비나 무형자산상각비와 여러 기간에 걸쳐 배분하는 보험료, 임차료 등이 여기에 속한다.

③ 즉시 비용(expense as incurred)인식 – 대응실패(기간대응)

미래경제적효익이 기대되지 않는 지출이거나, 미래경제적효익이 기대되더라도 재무상태표에 자산으로 인식되기 위한 조건을 원래 충족하지 못하거나 더 이상 충족하지 못하는 부분은 즉시 포괄손익계산서에 비용으로 인식되어야 한다. 이런 비용에는 급여, 광고선전비, 소모품비 등이 있다. 또한 제품보증에 따라 부채가 발생하는 경우와 같이 자산의 인식을 수반하지 않는 부채가 발생하는 경우에는 포괄손익계산서에 비용을 동시에 인식한다. 즉, 어떤 지출이 수익창출에 기여할 것은 확실하나 특정한 수익과 관련짓기가 어렵거나 혹은 수익창출을 하리라고 기대하기 어려울 것으로 판단되면 지출시의 비용으로 인식한다.

직접적인 대응	수익과 직접관련하여 발생한 비용은 수익인식시점에 대응하여 인식. 즉, 동일한 거래나 사건과 직접적으로 결부되어 발생하는 비용의 인식기준
	ex) 매출액에 대응하여 매출원가, 판매수수료 인식 등
체계적이고 합리적인배분	자산으로부터의 효익이 여러 기간에 걸쳐 기대되는 경우 체계적이고 합리적인 배분절차에 따라 각 회계기간에 비용으로 인식. 즉, 수익과 직접적인 인과관계를 확인할 수는 없으나 비용으로부터 효익이 장기간 예상되는 경우의 비용인식기준
	ex) 유형자산의 감가상각비, 무형자산상각비
즉시 비용	수익과 직접 대응할 수 없는 비용은 재화 및 용역의 사용으로 현금이 지출되거나 부채가 발생하는 회계기간에 인식 즉, 미래 경제적 효익이 매우 불확실하거나 발생 즉시 소비되는 재화·용역에 대한 비용인식기준
	ex) 광고선전비, 보험료, 급여, 소모품비 등

[그림 2-12] 비용의 인식유형

2. 재무제표 요소의 측정 (Amount)

1) 의의

측정(measurement)은 재무상태표와 포괄손익계산서에 인식되고 평가되어야 할 재무제표 요소의 화폐금액을 결정하는 과정이다. 측정은 특정 측정기준의 선택 과정을 포함한다. 이익측정은 자산·부채의 평가방법에 따라 달라진다. 즉, 이익측정을 위해서는 자산·부채의 평가가 선행되어야 하며, 평가를 위해서는 측정기준을 선택하여야 한다. 따라서 측정기준은 자산·부채 등의 특성을 식별하기 위하여 이를 화폐적 가치로 나타내는 것을 말한다.[52]

2) 측정기준의 종류

측정을 위해서는 측정대상이 되는 일정한 속성을 선택 하여야 하는데 재무제표를 작성하기 위해서는 다수의 측정기준이 다양한 방법으로 결합되어 사용된다. 그러한 측정기준의 예는 다음과 같다.

(1) 역사적 원가

역사적 원가(Historical Costs; H.C)는 기업이 과거에 유입시장에서 자산을 취득할 때 지불한 현금 또는 현금성자산 또는 기타지급수단의 공정가치(교환가액)를 말하며 취득원가(: acquisition costs; AC)라고도 한다. 따라서 ① 자산은 취득의 대가로 취득 당시에 지급한 현금 또는 현금성자산이나 그 밖의 대가의 공정가치로 기록한다. ② 부채는 부담하는 의무의 대가로 수취한 금액으로 기록한다. 어떤 경우(예; 법인세)에는 정상적인 영업과정에서 그 부채를 이행하기 위해 지급할 것으로 기대되는 현금이나 현금성자산의 금액으로 기록할 수도 있다. 역사적 원가는 취득 당시의 공정가치를 반영하므로 검증가능성이 높고 객관적인 반면에 취득 이후 공정가치의 변동을 반영하지 못함에 따라 물가상승시 실물자본 유지가 어렵게 된다.

---

52) 자본과 수익·비용의 측정기준은 존재하지 않는데 ① 자본은 자산에서 부채를 차감한 잔여분으로 정의되어진다. 따라서 자산과 부채를 측정 속성으로 측정한 후 잔여분으로 결정하기 때문에 독립적으로 측정이 불가능 하기 때문이며 ② 수익·비용은 자산의 증가를 측정하는 과정에서 수익과 이익이 결정되며, 부채의 증가를 측정하는 과정에서 비용과 손실이 결정되기 때문이다.

(2) 현행원가

현행원가(Current Costs; C.C)는 기업이 현재 소유하고 있는 자산과 동일하거나 유사한 자산을 현재시점에서 재취득 한다고 할 때 지불하여야 할 현금 및 현금성자산을 말한다. 현행원가는 현행유입가치 또는 현행대체원가라고도 한다. 자산을 취득하는 시점에서는 모두 유입시장에서 형성된 가격으로서 역사적원가가 바로 현행원가가 되지만, 그 이후 시간이 경과함에 따라 물가의 상승 때문에 양자의 차이가 발생하게 된다.[53] 따라서 ① 자산은 동일하거나 또는 동등한 자산을 현재시점에서 취득할 경우에 그 대가로 지불하여야 할 현금이나 현금성자산의 금액으로 평가한다. ②부채는 현재시점에서 그 의무를 이행하는 데 필요한 현금이나 현금성자산의 할인하지 아니한 금액으로 평가한다. 현행원가는 현행수익에 현행원가가 대응되므로 수익과 비용의 대응[54]이 비교적 잘 이루어지는 반면에 자산의 가치결정과 이익측정과정에 주관이 개입되어 신뢰성이 낮다.

(3) 실현가능가치 또는 이행가치

실현가능가치(Realizable Value; R.V)는 현행유출가치(current exit value)의 한 종류로써 기업이 현재 소유하고 있는 자산을 현재시점에서 처분할 때 수취할 수 있는 현금 및 현금성자산을 말한다. 현행유출가치에는 정상적인 처분을 가정하는 실현가능가치와 비정상적인 처분을 가정하는 청산가치(liquidation value)가 있다. 따라서 ① 자산은 정상적으로 처분하는 경우 수취할 것으로 예상되는 현금이나 현

53) 물가상승시 시간에 따른 역사적원가와 현행원가의 관계는 다음과 같으며 여기서 보유손익(holding gains and losses)은 자산의 보유시 가격의 변동에 따라 발생하게 되는 손익(역사적원가와 현행원가의 차액)을 말한다.

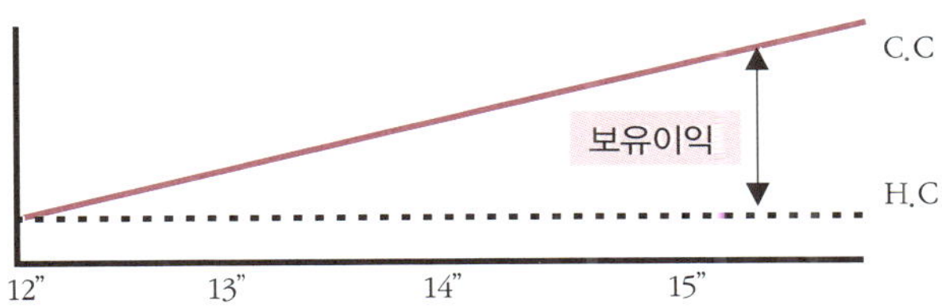

54) 역사적 원가는 수익과 비용의 대응이 불완전 대응되지만 현행원가는 비교적 수익과 비용의 대응이 잘 이루어진다. 예를 들면 역사적 원가는 수익의 실현은 주로 판매시점에 인식되어 최근 가격으로 측정되지만 비용의 인식은 취득시점에 과거투입가격(역사적 원가)으로 측정되어 현행수익에 과거원가가 대응되는 문제점이 있다. 하지만 현행원가는 비용의 인식이 취득시점의 과거투입가격이 아닌 물가상승분이 반영된 현재시점의 재구매 가격으로 측정되므로 현행수익에 현행원가가 대응되어 수익과 비용의 대응이 잘 이루어지게 된다.

금성자산의 금액으로 평가한다. ② 부채는 이행가치(settlement value)로 평가하는데 이는 정상적인 영업과정에서 부채를 상환하기 위해 지급될 것으로 예상되는 현금이나 현금성자산의 할인하지 아니한 금액으로 평가한다. 현행유출가치는 보유자산의 현금창출능력을 명확하게 파악할 수 있는 반면에 측정에 주관이 개입되어 신뢰성이 낮다.

(4) 현재가치

현재가치(Present Value; P.V)는 현금흐름할인가치라고도 하며 ① 자산은 정상적인 영업과정에서 그 자산이 창출할 것으로 기대되는 미래 순현금유입액의 현재할인가치로 평가한다. ② 부채는 정상적인 영업과정에서 그 부채를 상환할 때 필요할 것으로 예상되는 미래 순현금유출액의 현재할인가치로 평가한다. 현재가치는 자산의 정의에 가장 충실한 측정기준이므로 실질가치를 정확히 반영할 수 있는 반면에 미래 현금흐름의 크기와 시기 및 할인율을 알아야 하므로 이를 추정하는데 주관이 개입되어 신뢰성이 낮다.

재무제표를 작성할 때 기업이 가장 보편적으로 채택하고 있는 측정기준은 역사적 원가이다. 역사적 원가는 일반적으로 다른 측정 기준과 함께 사용된다.[55]

Price= f (Market, Time)

시장 \ 시간	과거가격	현행가격	미래가격
유입시장(투입가치) -자산의 취득 또는 부채의 상환에 초점	역사적원가	현행원가	N/A*
유출시장(산출가치) -자산의 처분 또는 부채의 상환에 초점	N/A**	실현가능가치 (이행가치)	현재가치

* 미래에 유입되는 자산은 현재의 기업실체와는 관계가 없으므로 측정의 의미가 없음
** 과거에 기업실체로부터 유출된 자산은 이미 기업실체의 자산이 아니므로 측정할 필요가 없음

[그림 2-13] **측정기준**[56]

---

55) 예를 들어, 재고자산은 통상 역사적 원가와 순실현가능가치를 비교하여 저가로 평가되고, 시장성 있는 유가증권은 시가로 평가되기도 하며 연금부채는 현재가치로 평가된다. 일부 기업은 비화폐성 자산에 대한 가격변동효과를 반영하지 못하는 역사적 원가 모형에 대한 대응책으로 현행원가기준을 사용하기도 한다.

56) 가격은 시장과 시간의 함수로 표현될 수 있는데 여기서 기업실체가 활동을 하면서 직면하는 시장은 유입시장과 유출시장으로 대별된다. 유입시장은 생산에 필요한 재화나 용역을 구입하는 시장을 말하고, 유출시장은 생산된 재화나 용역을 판매하는 시장을 말한다.

제5절 자본유지개념과 기타 이론

1. 자본유지개념

1) 자본유지개념의 의의

자본유지개념(concept of capital maintenance)[57]은 투하자본을 잠식시키지 않고 기초와 동일한 자본을 유지하려는 개념으로 기업의 기말자본을 투하자본이 회수된 부분과 투자이익(return on capital)부분으로 구분하는 데에 필요한 개념이다. 즉, 이익은 자본이 유지된 후에 나타난다고 하는 개념으로써 [그림 2-14]와 같이 기초의 자본이 유지해야 할 자본(return of capital)이며, 기초의 자본 초과액(투자이익)을 이익으로 보는 것이다.

순수한 자본의 증감만을 이익으로 측정(기초자본 유지)하여야 한다.

[그림 2-14] 자본유지개념의 이해

위 [그림 2-14]의 이익의 결정을 식으로 표시하면 이익[58] = 기말자본 − 기초자본과 같다. 따라서 자산과 부채를 먼저 정의 · 측정 하고, 그 차액으로 계산되는 자본(순자산)을 이용한 기초와 기말의 순자산가액을 비교하여 산출한 순자산의 증가

57) 이익이 부(wealth)의 일부이고, 자본의 손상 없이 소비될 수 있는 것이라는 사고는 아담 스미스(Adam Smith)로부터 나온 것으로, 자본유지개념의 출발이라고 할 수 있다. 이로써 경제학에서 자본유지개념은 이익측정과 관련하여 설명되었다. 그 후 경제학적 이익은 "기초와 동일한 만족상태(well-offness)를 유지하면서 일정기간 동안 소비할 수 있는 최대금액"으로 정의내린 힉스(Hicks)에 의해 완성되었는데, 자본유지개념의 틀에서 측정된 것이었다. 경제학적 이익의 개념을 회계에 도입하여 이를 회계학적 관점에서 적용한다면 기초자본을 유지하고도 남는 부분이 이익이 된다.

58) 여기서 이익은 당기순이익과 기타포괄이익이 모두 포함된 총포괄이익의 개념이며 자세한 설명은 재무제표편을 참조하기 바란다.

금액에서 자본거래로 인한 순자산증가금액을 차감하여 이익을 결정하는 방법이다.

여기서 문제가 되는 것은 기초자본을 무엇으로 정의하느냐 이다. 유지해야 할 기초자본이 결정되면 이에 따라 이익이 결정된다. 이때 기업이 유지하려고 하는 자본을 어떻게 정의하는지와 관련되어 이익이 측정되는 준거기준을 제공함으로써 자본개념과 이익개념 사이의 연결고리를 제공한다.

2) 자본의 개념

유지해야할 자본의 개념(concept of capital)은 재무적 개념과 실물적 개념으로 구분할 수 있다. 자본의 ① 재무적 개념(financial concept of capital) 이란 투자된 화폐액(명목화폐)또는 투자된 구매력(불변구매력)을 자본으로 보는 것을 말하고 자본의 ② 실물적 개념(physical concept of capital)이란 1일 생산수량과 같은 기업의 생산능력을 자본으로 보는 것을 말한다. 대부분의 기업은 자본의 재무적 개념에 기초하여 재무제표를 작성한다. 각 나라마다 상황에 따라 다르므로 기업은 재무제표이용자의 정보요구에 기초하여 적절한 자본개념을 선택[59]해야 한다.

3) 자본유지개념의 종류

유지해야 할 자본개념은 재무자본유지(financial capital maintenance)와 실물자본유지(physical capital maintenance)로 구분할 수 있다.

(1) 재무자본유지개념

재무자본유지 개념 하에서 이익은 해당 기간 동안 소유주에게 배분하거나 소유주가 출연한 부분을 제외하고 기말순자산의 재무적 측정금액(화폐자본: monetary capital)이 기초 순자산의 재무적 측정금액을 초과하는 경우에만 발생한다. 측정단위로는 명목화폐단위[60] 또는 불변구매력단위[61]를 이용하여 측정할 수 있다.

---

59) 따라서 재무제표의 이용자가 주로 명목상의 투하자본이나 투하자본의 구매력 유지에 관심이 있다면 재무적 개념의 자본을 채택하여야 한다. 그러나 이용자의 주된 관심이 기업의 조업능력 유지에 있다면 실물적 개념의 자본을 사용하여야 한다. 비록 자본개념을 실무적으로 적용하는 데는 측정의 어려움이 있을 수 있지만 선택된 자본개념에 따라 이익의 결정 목표가 무엇인지 알 수 있게 된다.

60) 명목적으로 동일한 화폐단위는 시간의 변화와 관계없이 동일한 구매력을 유지한다고 보는 것

61) 명목화폐단위를 일반물가수준으로 수정한 화폐단위

(2) 실물자본유지개념

실물자본유지개념 하에서 이익은 해당기간 동안 소유주에게 배분하거나 소유주가 출연한 부분을 제외하고 기업의 기말실물생산능력(실물자본)이나 조업능력, 또는 그러한 생산능력을 갖추기 위해 필요한 자원이나 기금(실물자본 : physical capital)이 기초 실물생산능력을 초과하는 경우에만 발생한다. 측정단위로는 명목화폐단위 또는 불변구매력단위를 이용하여 측정할 수 있다.

실물자본유지개념을 사용하기 위해서는 현행원가기준에 따라 측정해야 한다. 그러나 재무자본유지개념은 특정한 측정기준의 적용을 요구하지 아니한다. 재무자본유지개념 하에서 측정기준의 선택은 기업이 유지하려는 재무자본의 유형과 관련이 있다. 위의 자본유지개념을 정리하면 다음과 같이 나타낼 수 있다.

구 분		측정단위	측정기준
재무자본 (화폐금액)	① Inflation 고려 ×	명목재무자본	특정되지 않음
	② Inflation 고려 O	불변구매력재무자본	
실물자본 (실물가액)	① Inflation 고려 ×	명목실물자본	현행원가
	② Inflation 고려 O	불변구매력실물자본유지	

* 명목재무자본이 가장 많이 사용하는 전통적인 개념이며 나머지는 물가변동을 반영하는 대체적 모형이며 불변구매력실물자본은 사용하지 않는다.

[그림 2-15] 자본유지개념

4) 자본유지개념과 측정기준 및 이익

재무자본유지개념과 실물자본유지개념의 주된 차이는 기업의 자산과 부채에 대한 가격변동 영향의 처리방법에 있다. 일반적으로 기초에 가지고 있던 자본만큼을 기말에도 가지고 있다면 이 기업의 자본은 유지된 것이며, 기초 자본을 유지하기 위해 필요한 부분을 초과하는 금액이 이익이다. 이때, 각각의 자본유지 개념하에서 가격변동의 영향은 ① 명목화폐단위(nominal monetary units)로 정의한 재무자본유지개념 하에서 이익은 해당기간 중 명목화폐자본의 증가액을 의미한다. 따라서 기간 중 보유한 자산가격의 증가부분, 즉 보유이익은 개념적으로 이익에 속한다. 그러나 보유이익은 자산이 교환거래에 따라 처분되기 전에는 이익으로 인식되지 않을 것이다. ② 불변구매력단위(constant purchasing power units)로 정의한 재무자본유지개념 하에서 이익은 해당기간 중 일반물가수준에 따른 가격상승을 초과하는 자산가격의 증가액을 의미하며 그 이외의 가격증가부분은 자본의 일부인 자본유지조정으로 처리된다. ③ 실물생산능력(the physical productive capacity) 으로 정의한 실물자본유지개념 하에서 이익은 해당기간 중 실물생산능력의 증가를 의미한다. 기업의자산과 부채에 영향을 미치는 모든 가격변동은 해당 기업의 실물생산능력에 대한 측정치의 변동으로 간주되어 이익이 아니라 자본의 일부인 자본유지조정으로 처리된다.

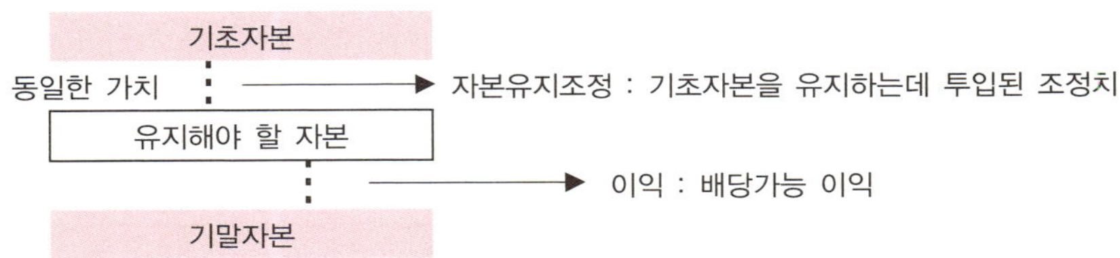

[그림 2-16] **자본유지조정과 이익 결정**

예제 1

고려㈜는 2010년 1월 1일 현금 ₩1,000을 투자하여 주류도매업을 개시 하였다. 1/1 현재 참이슬 2병을 개당 ₩500에 구입하였다. 고려㈜는 구입한 참이슬을 개당 ₩800에 판매하여 12/31 현재 현금 ₩1,600을 보유하고 있다. 2010년 물가상승률은 10%이며, 12월 31일 현재 참이슬의 개당 구입가격은 ₩700이다.

물음

명목재무자본유지개념, 불변구매력재무자본유지개념 및 실물자본유지개념에 따라 유지해야 할 자본과 이익 및 자본유지조정항목으로 처리할 금액을 각각 계산하시오.

풀이

<table>
<tr><th colspan="2"></th><th colspan="2">명목</th><th colspan="2">불변구매력</th><th colspan="2">실물자본</th></tr>
<tr><td>기초자본</td><td></td><td colspan="2">₩1,000</td><td colspan="2">₩1,000</td><td colspan="2">₩1,000</td></tr>
<tr><td rowspan="2">유지해야 할 자본</td><td>자본유지조정</td><td rowspan="2">₩1,000</td><td>₩0</td><td rowspan="2">₩1,100[1]</td><td>₩100</td><td rowspan="2">₩1,400[2]</td><td>₩400</td></tr>
<tr><td>이익</td><td>₩600</td><td>₩500</td><td>₩200</td></tr>
<tr><td>기말자본</td><td></td><td colspan="2">₩1,600</td><td colspan="2">₩1,600</td><td colspan="2">₩1,600</td></tr>
</table>

[1]₩1,000 + (₩1,000 × 10%) = ₩11,00
[2]참이슬 2병 × @₩700 = ₩1,400

2. 기타 이론

1) 원가와 자산·비용·차손의 관계

원가와 자산 · 비용 · 차손의 관계는 개념체계의 내용은 아니나 회계이론 측면에서 중요하므로 본장에서 설명한다. 여기서 원가(cost)란 특정 재화나 서비스를 획득하기 위해 포기한 경제적 자원을 화폐가치로 측정한 것이다. 즉, 특정 재화나 용역을 얻기 위해 치르는 경제적 희생으로서 특정지출이 자산 · 비용 · 차손으로 분류 되기 이전 상태를 말한다. 한편, 원가는 자산의 취득에 대한 경제적 희생인 취득원가와 제품의 제조에 대한 경제적 희생인 제조원가로 구분한다. ① 취득원가는 주로 상기업과 관련하여 많이 발생하며, ② 제조원가는 주로 제조기업과 관련하여 많이 발생한다고 생각하면 되겠다. 발생한 원가 중 미래경제적효익을 기대할 수 없거나 불확실한 것은 발생한 기간에 비용으로 인식하는데, 이러한 비용 중에는 판매수수료나 판매운임처럼 수익획득과 직접적인 관련이 있는 것도 있으며, 일반관리비나 광고선전비처럼 수익획득과 직접적인 관련이 없는 것도 있다. 그리고 발생한 원가로부터 미래경제적효익을 기대할 수 있는 것은 자산으로 계상하였다가 미소멸원가는 자산으로 소멸원가는 그것이 수익획득과 직접적인 관련이 있는 것은 수익을 인식하는 시점에서 비용(매출원가)으로 인식하고, 그렇지 못한 것은 합리적이고 체계적인 방법에 따라 기간비용(감가상각비)으로 인식한다. 그러나 수익을 창출하는데 아무런 기여를 하지 못한 채 부수적인 거래나 사건에 의해서 미래경제적효익이 감소하면 이를 차손으로 처리하여야 한다. 이러한 차손의 예로는 유형자산처분손실, 재해손실, 재고자산감모손실 등이 있다.[62]

---

62) 예를 들면, 상품을 취득하기 위해 ₩10,000(10개 × @1,000)이 지출되었다면 ₩10,000은 상품의 취득원가가 되며 상품은 미래경제적효익이 있으므로 자산으로 인식한다. 그 후 영업활동 과정 중 6개는 소멸(사용)되고 4개는 미소멸(미사용)되었다면 미소멸원가 ₩4,000(4개 × @₩1,000)은 기말 상품으로 인식하고 소멸된 6개 중 수익창출에 기여하며 소멸된 ₩5,000(5개 × @ 1,000)은 비용인 매출원가로 인식하며 아무런 수익을 창출하지 못하고 소멸된 상품 1개는 차손인 재고자산감모손실 ₩1,000으로 인식한다.

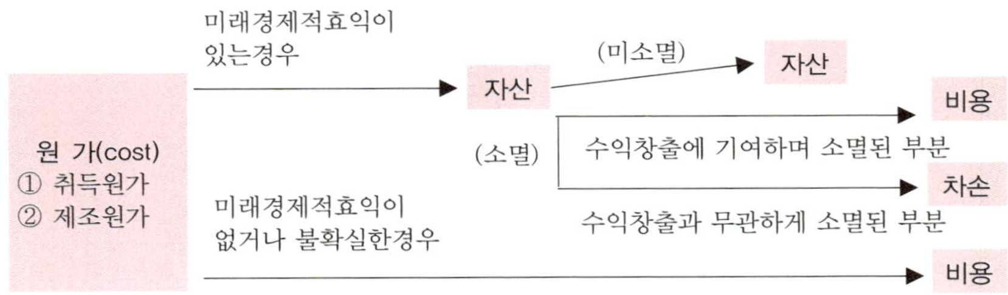

[그림 2-17] **원가 및 자산 · 비용 · 차손의 상호 관계**

2) 한국채택국제회계기준의 기타 측정기준

앞에서 살펴본 자산·부채의 측정기준 외에도 개념체계에는 없지만 한국채택국제회계기준기준서에서 규정하고 있는 자산·부채의 측정기준에 대해서 살펴보면 다음과 같다.

(1) 순실현가능가치

순실현가능가치(net realizable value)는 정상적인 영업과정의 예상판매가격에서 예상 되는 추가완성원가와 판매비용을 차감한 금액을 말한다. 즉, 정상적인 영업과정에서 재고자산의 판매를 통해 실현될 것으로 기대하는 순매각금액을 말한다. 개념체계 실현가능가치와의 차이점은 다음과 같다.

실현가능가치	순실현가능가치
전환에 직접소요되는 비용(예;추가완성원가와 처분부대원가)을 차감하지 않은 금액	전환에 직접소요되는 비용(예;추가완성원가와 처분부대원가)을 차감한 금액
모든 자산에 적용	재고자산에만 적용가능

[그림 2-18] **실현가능가치와 순실현가능가치의 차이**

(2) 공정가치

공정가치(fair value)는 측정일에 시장참여자 사이의 정상거래에서 자산을 매도하면서 수취하거나 부채를 이전(상환)하면서 지급하게 될 가격을 말한다.[63] 공

63) 공정가치의 정의는 자산과 부채에 중점을 두는데 이는 자산과 부채가 회계에서 측정의 주요 대상이

정가치는 시장에 근거한 측정치이며 기업 특유의 측정치가 아니다. 일반적으로 자산·부채의 공정가치는 활성시장(예; 유가증권시장과 코스닥시장)이 존재하는 경우 활성시장에서 공시되는 가격을 이용하고, 활성시장이 없는 경우 합리적인 가치평가기법을 사용한 금액을 공정가치의 추정치로 사용하기도 한다. 개념체계에서 실현가능가치(이행가치)가 공정가치에 해당한다.

(3) 순공정가치

순공정가치(net fair value)는 공정가치에서 처분부대원가(자산을 매도하거나 부채를 이전하기 위한 원가로써 '거래원가'라고도 한다.)를 차감한 금액을 말한다. 앞의 순실현가능가치와의 차이점은 다음과 같다.

순실현가능가치	순공정가치
전환에 직접소요되는 비용(추가완성원가와 처분부대원가)을 차감한 금액	전환에 직접소요되는 비용 중 처분부대원가만을 차감한 금액
재고자산에만 적용가능	모든 자산에 적용

[그림 2-19] 순실현가능가치와 순공정가치의 차이

(4) 기업특유가치

기업특유가치(entity-specific value)는 자산의 계속적 사용으로부터 또는 자산을 처분함에 따라 발생할 것으로 기대되는 현금흐름의 현재가치를 말한다. 현재가치와 순실현가능가치가 해당된다.

(5) 상각후원가

상각후원가(amortized cost)는 금융자산이나 금융부채의 최초인식시점의 측정금액에서 상환된 원금을 차감하고, 최초인식금액과 만기금액의 차액에 유효이자율법을 적용하여 계산된 상각누계액을 가감한 금액을 말한다. 즉, 금융자산이나 금융부채의 최초 인식시점의 측정금액과 당해 자산이나 부채로부터 발생하는 미래명목현금흐름의 현재가치를 일치시키는 유효이자율을 측정하고, 이 유효이자율을 이

기 때문이며, 공정가치로 측정되는 자기지분상품에도 적용된다.

용하여 당해 자산이나 부채에 대한 현재의 금액을 측정할 때 이를 상각후원가라 한다.

3) 발생기준 – 수익 · 비용 인식시점의 결정원칙(Timing)

수익과 비용의 인식에 있어서 중요한 기준으로 현금기준과 발생기준이 있다. 이들 기준은 특히 기간손익(periodic income)의 계산에 중요한 기준이 되고 있다. 먼저 현금기준(cash basis of accounting)은 수익은 현금을 받을 경우에만 인식하고, 비용은 현금이 지출될 경우에만 인식하는 기준이다. 여기에 반해 발생기준(accrual basis of accounting)은 수익은 획득시점에서 인식하고, 비용은 발생된 시점에서 인식하는 기준이다. 즉, 발생기준은 기업실체의 경제적 거래나 사건에 대해 현금의 유 · 출입이 이루어진 시점이 아니라 그 거래나 사건이 발생한 시점에 인식하는 것을 말한다. 발생기준을 적용하여 작성한 재무제표는 현금의 수지를 수반한 과거의 거래뿐만 아니라 미래에 현금을 지급해야 하는 의무와 현금의 수취가 기대되는 자원에 대한 정보를 이용자에게 제공한다. 따라서 발생기준하에서는 현금을 아직 못받았으나 기간의 경과로 수익의 획득과정이 완료되었으면 수익으로 인식하고, 현금이 지출되었더라도 비용이 발생되지 않았으면 비용으로 계상하지 않는다. 재무제표는 그 목적에 부합하기 위하여 발생기준을 적용하여 작성한다. 즉, 재무상태표와 포괄손익계산서 및 자본변동표는 발생기준에 의하여 작성되며 현금흐름표는 현금기준에 의하여 작성한다. 한편, 발생기준은 발생(accruals)과 이연(deferrals)의 개념을 포함한다. 이는 발생기준의 인식시점이 현금주의 인식시점보다 앞서거나 늦어진다는 의미에서 파생되었다.[64]

---

64) 발생과 이연의 사례는 다음과 같다.

	당기 (발생시인식)				차기이후 (현금수취 · 지급)			
발생의 예	매출채권	100	매 출(수익)	100	현 금	100	매출채권	100
	미수수익	100	이자수익(수익)	100	현 금	100	미수수익	100
	급여(비용)	100	미지급비용	100	미지급비용	100	현 금	100
	당기 (현금수취 · 지급)				차기이후 (발생시 인식)			
이연의 예	현 금	100	선수수익	100	선수수익	100	임 대 료(수익)	100
	선급비용	100	현 금	100	보 험 료 (비용)	100	선급비용	100

① 발 생 (선 수익·비용 발생, 후현금거래)

관련 이익활동이 현금흐름에 앞서 이루어진 것을 말한다. 즉, 수익·비용의 인식시점이 현금유입·현금유출시점보다 앞선다는 개념이다. 발생의 예로는 미지급비용, 미수수익, 매출채권, 매입채무 등이 있다.

② 이 연 (선현금거래, 후 수익·비용 발생)

현금흐름이 관련 이익활동보다 선행되는 것을 말한다. 즉, 현금유입·현금유출시점보다 수익·비용을 늦게 인식한다는 개념이다. 한편, 이연에는 수익과 비용의 기간별 배분이 수반된다. 기간별 배분은 상각이라고도 하며, 이는 대 기간에 일정한 방식에 따라 금액을 감소시켜가는 회계과정을 말한다. 이연의 예로는 선급비용, 선수수익, 선수금, 선급금, 감가상각비 등이 있다.

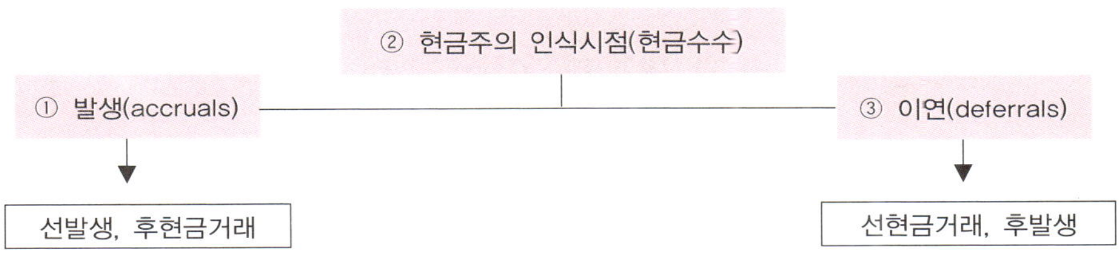

[그림 2-20] 발생과 이연

발생기준이 왜 지지되는 지를 이해하기 위해 다음 사례를 통해 현금기준과 발생기준에 따라 손익계산서를 작성해 보자 ㈜ABC는 2012년 20억원의 상품을 신용매입하고 매입대금은 그 후 2012년 중에 지급하였다. 이 상품 전부를 같은 2012년에 고객에게 신용판매하고 판매대금 30억원은 2013년에 현금으로 받았다고 하자.

현금기준		
	2012년	2013년
수 익: 매출액	0	30
비 용: 매출원가	20	0
순이익	−20	30

발생기준		
	2012년	2013년
수 익: 매출액	30	0
비 용: 매출원가	20	0
순이익	10	0

	2012년				2013년
발생기준 회계처리	매출채권	30	매 출(수익)	30	회계처리 없음
	매출원가(비용)	20	상 품	20	

[그림 2-21] 발생기준과 현금기준의 비교

현금기준하에서의 2012년 순이익 수치(−20억원)는 당해 연도에 이루어진 영업활동(즉, 상품의 판매)을 반영하지 못하고 있다. 또한 2013년에는 상품의 판매활동이 없었음에도 불구하고 순이익이 30억원으로 계상되고 있어 이러한 순이익 수치들은 각 연도의 재무성과를 잘 나타내지 못하고 있다. 이에 비해 상품의 인도를 기준[발생기준]으로 수익과 비용을 인식하면 순이익 수치들이 각 연도의 재무성과를 제대로 나타내게 된다.

보론 측정기준과 이익측정

자산을 취득한 이후 먼저 각 측정기준으로 평가한 후 기업실체에 유입되는 것이며, 기업실체로부터 유출되기 전에 먼저 각 측정기준으로 평가한 후 판매하는 것이다. 자산의 평가시점별 이익의 측정을 정리하면 다음과 같다.

측정속성	자산평가시점		
	취득시 (취득직후 재평가)	처분시 (처분직전에 재평가)	기말보유 (12/31에 재평가)
역사적원가	평가손익 X(zero)	평가손익 X(zero)	평가손익 X(zero)
현행원가	평가손익 X(zero)	평가손익 o	평가손익 o
현행유출가치	평가손익 o	평가손익 o	평가손익 o
현재가치	평가손익 o	평가손익 o	평가손익 o
	취득손익		보유손익

*zero의 의미 : 개념은 있지만 zero이기에 평가손익이 없는 것임

[그림 2A-1] 자산의 평가시점과 측정기준

1) 역사적원가 이익의 측정

역사적원가에 의하여 자산을 평가하는 경우에는 상품의 취득시점과 판매시점에만 거래를 인식하고 가격의 변동은 거래로 인식하지 않는다. 따라서 판매가격과 취득가액의 차이가 처분손익으로 인식되고 가격변동에 대한 보유손익은 전혀 인식하지 않는다.

2) 현행원가 이익의 측정

현행원가에 의하여 자산을 평가하는 경우에는 자산의 보유에 따라 가격이 변동하면 보유자산에 대하여 현행원가로 평가하여 보유이익(holding gains)을 인식한다. 따라서 판매시에는 판매분에 대하여 먼저 실현보유이익(realized holding gains)을 인식한 후에 판매가격에 현행원가를 대응시켜서 현행원가영업이익을 산정한다. 그리고 기말에 미판매분에 대하여 미실현보유이익(unrealized holding gains)을 인식한다.

3) 실현가능가치 이익의 측정

실현가능가치로 자산을 평가하는 경우에는 취득하는 시점부터 실현가능가치로 자산을 평가한다. 따라서 불완전시장(정보불균형시장)의 경우에는 자산취득시점에 취득원가와 실현가능가치에 차이가 발생할 수 있는데 이를 자산취득손익으로 인식한다. 판매시에는 판매분에 대하여 먼저 실현보유이익을 인식한 후에 판매가격과 실현가능가치의 차이를 실현가능가치영업이익으로 처리한다. 그런데 판매시점의 판매가격과 실현가능가치는 동일하므로 영업이익은 항상 '0'이 된다. 그리고 기말에 미판매분에 대하여 미실현보유이익을 인식한다. 한편, 역사적원가순이익과 현행원가영업이익의 관계는 다음과 같다.

- 실현보유손익(판매분) = 처분시의 현행원가 – 취득시의 현행원가(즉, 취득원가)
- 미실현보유손익(미판매분) = 결산일의 현행원가 – 취득시의 현행원가(즉, 취득원가)
- 현행원가영업이익 = 처분가액 – 처분시의 현행원가
- 현행원가순이익 = 현행원가영업이익 + 보유이익
  = 현행원가영업이익 + 실현보유이익 + 미실현보유이익
  = 역사적원가순이익 + 미실현보유이익

  즉, 역사적원가순이익 = 현행원가영업이익 + 실현보유이익
  = 현행원가순이익 – 미실현보유이익

[그림 2A-2] **현행원가기준 순이익과 역사적원가기준 순이익의 관계**

현행원가회계에서는 현행판매가격으로 측정된 수익에 판매시점의 현행원가를 비용으로 계상하여 현행원가영업이익을 측정한다. 그러므로 역사적원가순이익에는 실현보유손익이 포함되어있다. (역사적원가는 판매시[실현시] 실현된 이익을 인식[판매가에 반영])

예제 2

성균관㈜는 2012년 6월 1일 설립된 회사로 설립과 동시에 재고자산을 구입하여 사업을 개시하였다. 다음의 자료는 2012년 6월 중 성균관㈜가 거래한 재고자산의 내역들이다

	구 분	수 량	현행원가	실현가능가치
06/01	매 입	20개	₩100	₩120
06/16	매 출	10개	₩130	₩160
06/30	기말재고	10개	₩150	₩180

물음

1. 역사적원가로 재고자산을 측정하는 경우 취득이익, 보유이익 및 순이익을 각각 계산하라.
2. 현행원가와 실현가능가치로 재고자산을 측정하는 경우 취득이익, 보유이익 및 영업이익을 각각 계산하라. 단, 보유이익과 취득이익은 실현분과 미실현분으로 구분할 것
3. 역사적원가, 현행원가 및 실현가능가치에 따른 재무상태표와 손익계산서를 작성하라. 단, 보유이익과 취득이익은 실현분과 미실현분으로 구분할 것

풀이

1. 역사적원가

*10개 × @₩60 = ₩600

∴ ① 영업이익 : ₩600 ② 보유이익 : ₩0 ③ 취득이익 : ₩0

2. 1) 현행원가

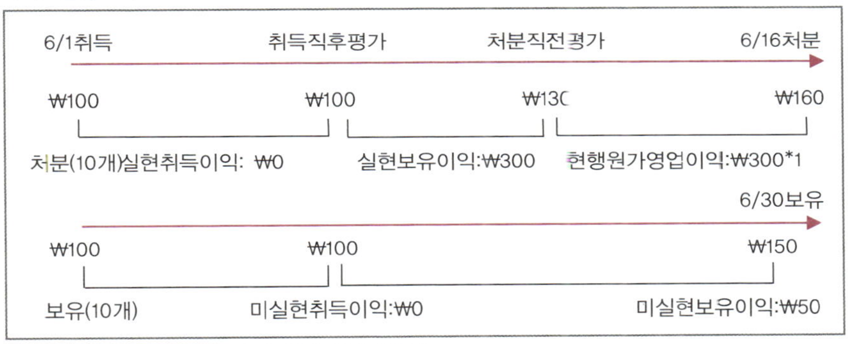

*[1]10개X@₩30=₩300 *[2]10개X@₩50=₩500

∴ ① 현행원가영업이익 : ₩300 ② 실현보유이익 : ₩300
③ 미실현보유이익 : ₩500 ④ 취득이익 : ₩0

2. 2) 실현가능가치

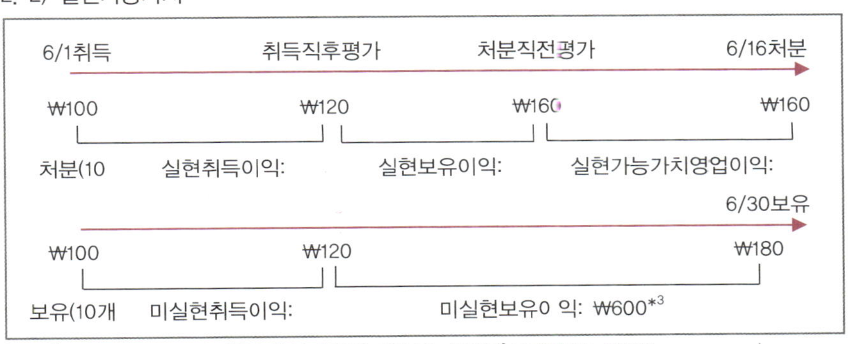

*[1]10개 × @₩20=₩200 *[2]10개 × @₩40=₩400 *[3]10개 × @₩60=₩600

∴ ① 현행유출가치영업이익 : ₩0 ② 실현보유이익 : ₩400 ③ 미실현보유이익 : ₩600
④ 실현취득이익 : ₩200 ⑤ 미실현취득이익 : ₩200

3. 1) 손익계산서

	역사적원가	현행원가	실현가능가치
매 출	₩1,600*	₩1,600	₩1,600
매출원가	(₩1,000)**	(1,300)	(1,600)
매출총이익(영업이익)	₩600	₩300	₩0
실현보유이익	–	300	400
미실현보유이익	–	500	600
실현취득이익	–	–	200
미실현취득이익	–	–	200
당기순이익	₩600	₩1,100	₩1,400

3. 2) 재무상태표

역사적원가		현행원가		실현가능가치	
현 금 1600 재고자산 1000	자본금 2,000*[1] R/E 600	현 금 1600 재고자산 1500	자본금 2,000 R/E 1,100	현 금 1,600 재고자산 1,800	자본금 2,000 R/E 1,400

*[1] 20개×@₩100 (여기서 R/E는 이익잉여금)

01 **다음은 한솔(주)의 상품매매와 관련된 자료이다. 현행원가회계제도에 의할 경우 한솔(주)의 현행원가영업이익은 얼마인가?** (7급 중앙인사위 2005)

> 2005년 1월 1일 상품 2개를 개당 ₩100에 구입하였다.
> 2005년 12월 31일 상품 1개를 ₩250에 판매하였으며, 결산일 현재 상품의 현행원가는 개당 ₩150이었다.

① ₩50 ② ₩100 ③ ₩150 ④ ₩250

정답 ②

현행원가영업이익 : 처분가액 – 처분시의 현행원가 = ₩250 – ₩150 = ₩100

02 **다음 중 현행원가의 가장 큰 장점에 해당하는 것은?**

① 거래가 객관적 자료에 의하여 입증되므로 검증가능성이 높다.
② 보유중인 자산의 실현가능가치를 잘 나타내준다.
③ 환경변화에 대한 기업의 적응능력을 잘 표시해준다.
④ 개인의 경제적 의사결정과 경제행위를 잘 설명해준다.
⑤ 현행영업이익과 보유손익을 구분함으로써 경영성과의 평가에 유용하다.

정답 ⑤

현행원가란 기업이 소유하고 있는 자산과 동일하거나 유사한 자산을 현시점에서 재취득한다고 할 때 지불해야 하는 현금액 또는 현금성자산이다. 기업의 순수 경영활동과 자산의 보유로 인한 손익을 구별함으로써 기업 및 경영자의 경영성과를 적절히 측정할 수 있으며, 기간별 비교가능성의 제고 등 보다 유용한 정보가 제공된다.

03 **역사적원가에 의한 순이익과 현행원가에 의한 순이익 사이의 관계로 올바른 것은?**

(공인회계사 1999 수정)

① 현행원가 영업이익 = 역사적 원가하의 순이익 – 실현보유이익
② 현행원가 순이익 = 역사적 원가하의 순이익 – 실현보유이익 – 미실현보유이익
③ 현행원가 영업이익 = 역사적 원가하의 순이익 – 실현보유이익 – 미실현보유이익
④ 현행원가 영업이익 = 역사적 원가하의 순이익 – 미실현보유이익
⑤ 현행원가 순이익 = 역사적 원가하의 순이익 – 미실현보유이익

정답 ①
역사적원가순이익 = 현행원가영업이익 + 실현보유이익

04 **(주)가천은 2012년 8월 1일에 100개의 전자제품을 대당 ₩1,600,000에 매입하였다. 2012년 12월 31일에 동 제품 중 50대를 대당 ₩2,000,000에 판매하였다. 당시의 현행원가는 ₩1,800,000이었다. 2013년 5월 5일에 나머지 제품을 대당 ₩2,200,000에 판매하였는데, 이때의 현행원가는 ₩2,040,000이었다. 현행원가기준에 의한 2012년의 당기순이익은 다음 중 어느 것인가?**

① ₩20,000,000
② ₩25,000,000
③ ₩30,000,000
④ ₩35,000,000
⑤ ₩50,000,000

정답 ③
2013년의 판매는 2012년의 이익계산과는 무관하므로 2012년의 순이익만 계산하면 된다.

거래일자		현행원가	판매가격
2012/08/01	100개 매입	₩1,600,000	
2012/12/31	50개 판매	₩1,800,000	₩2,000,000

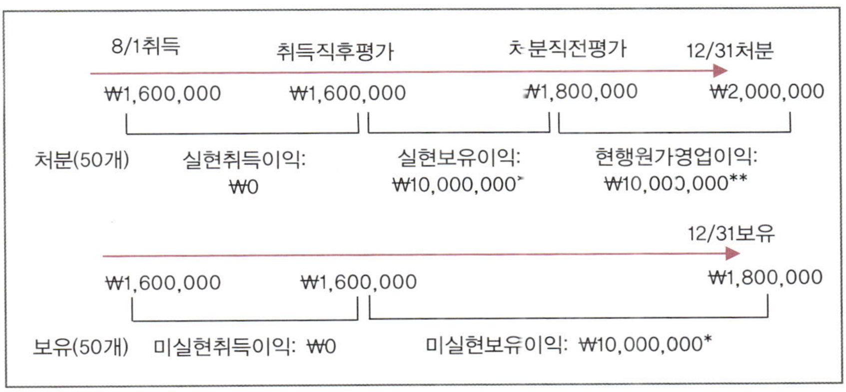

*50개 × @₩200,000 = ₩10,000,000 **50개 × @₩200,000 = ₩10,000,000
∴ 현행원가 순이익 = ₩10,000,000 + ₩20,000,000 = ₩30,000,000

객관식 연습문제

exercises

▶▶ Ⅰ. 이론형 객관식 문제

01 다음 중 발생주의에 의한 회계처리에 해당하지 않는 것은?

(7급 국가직 2004 수정)

① 재고자산의 장부금액과 실지재고조사액의 차이를 조정함
② 건물에 대한 감가상각비를 계상함
③ 상품의 인도시점에서 상품매출액을 인식함
④ 종업원에 대한 퇴직급여부채(확정급여제도)를 계상함

정답 ①

기말상품의 실제재고와 장부상 실제재고의 차이를 조정하는 것은 발생주의 개념보다는 자산의 정의에 입각하여 기말재고자산을 순실현가치로 표시하고자 하는 것이다.

02 현행 기업실무에서 중간재무제표의 및 결산속보 등과 관련 있는 회계정보의 질적특성은?

(7급 중앙인사위 2004 수정)

① 중립성
② 충실한 표현
③ 적시성
④ 검증가능성

정답 ③

분기재무제표와 반기재무제표를 중간재무제표라고 한다. 중간재무제표를 공시하면 재무보고의 주기가 단축되어 회계정보의 적시성이 높아진다.

03 의사결정에서 유용한 정보가 되기 위해 재무제표 정보가 갖추어야 할 질적특성인 목적적합성과 관련이 가장 적은 것은?

(9급 지방직 2011, 국가직 2007 수정)

① 예측가치 ② 확인가치
③ 중요성 ④ 검증가능성

정답 ④

목적적합성의 하부속성에는 예측가치, 확인가치, 중요성이 있다.

04 자산과 관련된 내용을 설명한 다음 항목 중 옳지 않은 것은?

(9급 국가직 2000 수정)

① 자산은 기업이 통제하고 있는 경제적 자원이다.
② 자산은 기업에 미래의 경제적 효익을 가져다 줄 수 있어야 한다.
③ 자산은 소멸되지 않은 원가이다.
④ 타인자본과 자기자본의 합계는 자산의 합계와 같다.
⑤ 자산합계는 자본합계에서 부채합계를 차감한 금액이다.

정답 ⑤

자산합계는 부채합계에 자본합계를 가산한 금액과 일치한다.

05 한국채택 국제회계기준 의 개념체계에서 재무제표 작성과 관련된 기본 가정으로 옳은 것은?

(9급 관세직 2011 수정)

① 재무제표는 일반적으로 기업이 계속기업이며 예상 가능한 기간 동안 영업을 계속할 것이라는 가정 하에 작성된다.
② 전체 재무제표는 적어도 1년마다 작성한다. 다만, 보고기간이 1년을 초과하거나 미달하는 경우에는 그 기간과 사유, 재무제표에 표시된 금액이 완전하게 비교가능하지 않다는 사실을 추가로 공시하여야 한다.
③ 기업을 소유주와는 독립적으로 존재하는 회계단위로 간주하고, 이 회계단위의 관점에서 그 경제활동에 대한 재무정보를 측정·a보고한다.
④ 한국채택 국제회계기준 이 달리 허용하거나 요구하는 경우를 제외하고는 당기 재무제표에 보고되는 모든 금액에 대해 전기 비교정보를 공시한다.

정답 ①

국제회계기준의 재무회계개념체계에 규정된 회계의 기본가정은 계속기업이다. 보기 ①은 계속기업에 대한 설명이다.

06 **일반적으로 인정된 회계원칙에 따르면, 제품의 판매 이후에 예상되는 품질보증비는 실제 현금이 지출되는 시점이 아닌 제품의 판매시점에서 계상된다. 이와 가장 관련이 있는 원칙은?** (9급 행정안전부 2008)

① 수익 · 비용 대응의 원칙
② 중요성의 원칙
③ 취득원가 계상의 원칙
④ 수익실현의 원칙

정답 ①

매출액에 대한 품질보증비의 인식은 수익·비용 대응의 원칙에 따른다.

07 **다음 중 회계정보의 질적 특성에 대한 설명으로 잘못된 것은?** (서울시 수정 2007)

① 회계정보의 질적 특성이란 정보이용자의 의사결정에 유용한 정보가 되기 위하여 회계정보가 갖추어야 할 특성이다.
② 회계정보의 근본적 질적 특성으로 목적적합성과 충실한 표현이 있으며, 이들을 보강하는 질적 특성으로 비교가능성, 검증가능성, 적시성, 이해가능성이 있다.
③ 비교가능성이란 기업의 회계정보가 기간별 혹은 기업별로 비교가능해야 한다는 정보특성이다.
④ 목적적합성의 하위속성으로 예측 및 확인의 역할, 중요성이 있다.
⑤ 중요성이란 정보가 생략되거나 잘못 기재됨으로써 재무제표를 기초로 한 경제적 의사결정에 영향을 미칠 수 있는 제약요인이다.

정답 ⑤

중요성은 제약요인이 아니라 목적적합성의 하부속성이다.

08 성격과 경제환경이 다른 두 개의 기업에 대해 동일한 회계처리방법을 적용한다면, 이 결과 작성되는 재무제표는 다음 중 회계정보의 어떤 특성이 상실될 가능성이 가장 높은가? (7급 행자부 2001 수정)

① 검증가능성 ② 충실한 표현
③ 이해가능성 ④ 중요성

정답 ②

기업의 경제환경을 적절히 반영할 수 있는 회계처리방법을 선택하여 회계처리할 때 재무상태와 경영성과를 적절히 반영할 수 있다. 경제적 환경이 서로 다른 기업에 동일한 회계처리방법을 적용한다면 경제환경을 적절히 표현할 수 없는 방법을 사용한 기업은 충실한 표현이 상실된다.

09 다음 회계정보의 질적 특성 중에서 보강적 질적 특성에 해당하지 않는 항목은? (9급 관세직 2007 수정)

① 비교가능성 ② 검증가능성
③ 중립적 서술 ④ 적시성
⑤ 이해가능성

정답 ③

회계정보의 근본적 질적특성으로 목적적합성과 충실한 표현이 있으며, 이들을 보강하는 질적특성으로 비교가능성, 검증가능성, 적시성, 이해가능성이 있다. 중립적 서술은 충실한 표현을 위한 속성이다.

10 계속기업의 가정이 성립하지 않는 경우, 자산으로서의 의미를 상실하게 되는 계정과목은? (7급 세무직 2007)

① 현금 및 현금성자산 ② 유가증권
③ 매출채권 ④ 개발비

정답 ④

계속기업의 가정으로부터 도출되는 이론에는 1. 역사적 원가주의 2. 감가상각 3. 유동성배열법 4. 개발비(무형자산)

11 다음 중 발생주의 회계처리로 볼 수 없는 것은? (9급 세무직 2010)

① 상품을 판매하기로 하고 수취한 계약금을 매출수익으로 계상하다.
② 기말에 미지급된 급여를 당해 연도 비용으로 계상하다.
③ 매출채권에 대한 대손충당금을 설정하다.
④ 기말에 보험료 미경과액을 계상하다.

정답 ①

발생주의에서 매출액은 재화의 인도시점에 기록하는 것이다. 재화를 인도하지 않은 상황에서 현금수령액을 매출액으로 인식한 것은 현금주의에 의한 회계처리이다.

12 다음 중 기간비용에 대한 설명으로 옳지 않은 것은? (9급 서울시 2011)

① 발생하는 기간의 비용으로 계상한다.
② 손익계산서에 판매비와 관리비로 계상된다.
③ 제품제조와 직접 관련이 없는 활동들에 대한 원가로 이루어진다.
④ 기간비용의 원가배분 개선으로 제품별 수익성의 정확성을 높일 수 있다.
⑤ 손익계산서상에 수익과 비용의 기간별 대응이 효과적으로 이루어질 수 있다.

정답 ⑤

기간비용은 수익과 비용의 기간별 대응이 적절하지 않을 수 있다.

13 다음 중 '재무보고를 위한 개념체계'에 대한 설명으로 타당하지 않은 것은?

(공인회계사 2011 수정)

① 측정은 재무상태표와 포괄손익계산서에 인식되고 평가되어야 할 재무제표 요소의 화폐금액을 결정하는 과정으로 재무제표를 작성하기 위해서는 다수의 측정기준이 다양한 방법으로 결합되어 사용된다.
② 한국채택국제회계기준개념체계는계속기업을 기본가정으로 하고 있다. 따라서 재무제표는 일반적으로 기업이 계속기업이며 예상가능한 기간 동안 영업을 계속할 것이라는 가정 하에 작성된다.
③ 한국채택국제회계기준 개념체계는 질적 특성을 근본적 질적 특성과 보강적 질적 특성으로 구분하며, 근본적 질적 특성은 목적적합성과 검증가능성이다.

④ 완벽하게 충실한 표현을 하기 위해서는 서술에 세 가지의 특성이 있어야 할 것이다. 서술은 완전하고, 중립적이며, 오류가 없어야 할 것이다.

⑤ 중요성은 개별 기업 재무보고서 관점에서 허당 정보와 관련된 항목의 성격이나 규모 또는 이 둘 모두에 근거하여 해당기업에 특유한 측면의 목적적합성을 의미한다. 회계기준위원회는 중요성에 대한 획일적인 계량 임계치를 정하거나 특정한 상황에서 무엇이 중요한 것 인지를 미리 결정할 수 없다.

정답 ③

근본적 질적 특성은 목적적합성과 충실한 표현이다. 비교가능성, 검증가능성, 적시성 및 이해가능성은 목적적합하고 충실하게 표현된 정보의 유용성을 보강시키는 질적 특성이다.

14 재무보고를 위한 개념체계에 관한 내용으로 옳지 않은 것은?

(세무사 2010 수정)

① 한국채택국제회계기준과 개념체계가 상충되는 경우 한국채택국제회계기준이 개념체계보다 우선한다.

② 재무정보가 유용하기 위해서는 목적적합해야 하고 나타내고자 하는 바를 충실하게 표현해야 한다. 재무정보가 비교가능하고, 검증가능하며, 적시성 있고, 이해가능한 경우 그 재무정브의 유용성은 보강된다.

③ 수익은 기업의 정상영업활동의 일환으로 발생하는 반면, 차익은 기업의 정상영업활동의 일환이나 그 이외의 활동에서 발생할 수 있다. 그러나 개념체계에서는 차익을 수익과 별개의 요소로 보지 않는다.

④ 자산의 취득은 지출의 발생과 밀접한 관련이 있으므로 취득 시 지출이 발생하지 않은 증여받은 재화는 자산의 정의를 충족하지 않는다.

⑤ 재무상태표와 포괄손익계산서에 인식되고 평가되어야 할 재무제표 요소의 화폐금액을 결정하는 과정을 측정이라 한다.

정답 ④

일반적으로 지출의 발생과 자산의 취득은 밀접하게 관련되어 있으나 양자가 반드시 일치하는 것은 아니다. 따라서 기업이 지출을 한 경우 이는 미래경제적효익을 추구했다는 증거가 될 수는 있지만 자산의 정의를 충족시키는 어떤 항목을 취득했다는 확정적인 증거는 될 수 없다. 마찬가지로 관련된 지출이 없더라도 특정 항목이 자산의 정의를 충족할 경우 재무상태표의 인식대상이 되는 것을 배제하지는 못한다. 예를 들어, 증여받은 재화는 자산의 정의를 충족할 수 있다.

15 다음은 '재무보고를 위한 개념체계'상의 자산과 관련된 설명이다. 타당하지 않은 것은?

(공인회계사 2010 수정)

① 수취채권과 부동산을 포함한 많은 종류의 자산은 소유권 등 법률적 권리와 관련되어 있다. 그런데 자산을 인식함에 있어서 소유권을 가지고 있는가의 여부가 필수적인 것은 아니다.

② 기업이 개발활동에서 습득한 핵심지식을 독점적으로 보유하고 그로부터 미래에 유입될 것으로 기대되는 효익을 통제한다면 자산의 정의를 충족할 수 있다.

③ 일반적으로 지출의 발생과 자산의 취득은 밀접하게 관련되어 있다. 따라서 무상으로 증여받은 자산은 자산의 정의를 충족할 수 없다.

④ 자산은 과거의 거래나 그 밖의 사건에서 창출된다. 미래에 발생할 것으로 예상되는 거래나 사건 자체만으로는 자산이 창출되지 않는다.

⑤ 자산에 내재된 미래경제적 효익이란 미래 현금 및 현금성자산이 기업에 유입되도록 기여하게 될 잠재력을 말한다. 기업의 현금유출을 감소 시키는 능력, 예를 들어 대체적인 제조과정의 도입으로 생산원가가 절감되는 경우도 이 잠재력에 포함될 수 있다.

정답 ③

일반적으로 지출의 발생과 자산의 취득은 밀접하게 관련되어 있으나 양자가 반드시 일치하는 것은 아니다. 따라서 기업이 지출을 한 경우 이는 미래경제적 효익을 추구했다는 증거가 될 수는 있지만 자산의 정의를 충족시키는 어떤 항목을 취득했다는 확정적인 증거는 될 수 없다. 마찬가지로 관련된 지출이 없더라도 특정 항목이 자산의 정의를 충족할 경우 재무상태표의 인식대상이 되는 것을 배제하지는 못한다. 예를 들어, 증여받은 재화는 자산의 정의를 충족할 수 있다.

16 다음은 재무보고를 위한 개념체계에서 설명된 자산 · 부채의 정의 및 인식과 측정에 관련된 설명이다. 타당한 것은 무엇인가?

(공인회계사 2007 수정)

① 부채는 과거 사건에 의하여 발생하였으며 경제적효익을 갖는 자원이 기업으로부터 유출됨으로써 이행될 것으로 기대되는 현재의무이며, 현재시점에 경제적 효익이 유출되어야 한다.

② 소유주의 투자는 소유주가 기업실체에 자산을 납입하거나 부채를 전환하는 것과 같은 형태로 이루어지지만 용역의 제공으로는 이루어지지 않는다.

③ 인식은 재무제표 요소의 정의에 부합하고 인식기준을 충족하는 항목을 재무상태표나 포괄손익계산서에 반영하는 과정을 말하고, 측정은 재무상태표와 포괄손익계산서에 인식되고 평가되어야 할 재무제표 요소의 화폐금액을 결정하는 과정이다.

④ 수익의 인식에서 가득기준이란 수익의 발생과정에서 수취 또는 보유한 자산이 일정액의 현금 또는 현금청구권으로 전환될 수 있음을 의미한다.

⑤ 비용은 자산의 유출이나 소멸 또는 부채의 감소에 따라 발생한 경제적 효익의 감소를 말한다.

정답 ③

재무제표 요소의 정의에 부합하는 항목이 다음 기준을 모두 충족한다면 재무제표에 인식되어야 한다. ① 그 항목과 관련된 미래 경제적효익이 기업에 유입되거나 기업으로부터 유출될 가능성이 높다. ② 그 항목의 원가 또는 가치를 신뢰성 있게 측정할 수 있다.

17 **재무보고를 위한 개념체계를 따를 경우 자산과 부채의 측정에 사용될 수 있는 측정속성에 관한 설명으로 옳지 않은 것은?** (세무사 2007 수정)

① 자산의 실현가능가치는 정상적으로 처분하는 경우 수취할 것으로 예상되는 현금이나 현금성자산의 금액을 말한다.

② 부채의 이행가치는 정상적인 영업과정에서 부채를 상환하기 위해 지급될 것으로 예상되는 현금이나 현금성자산의 할인한 금액을 말한다.

③ 부채의 현행원가는 현재시점에서 그 의무를 이행하는 데 필요한 현금이나 현금성자산의 할인하지 아니한 금액이다.

④ 부채의 역사적원가는 부담하는 의무의 대가로 수취한 금액 또는 정상적인 영업과정에서 그 부채를 이행하기 위해 지급될 것으로 기대되는 현금이나 현금성자산의 금액을 말한다.

⑤ 자산의 현행원가는 동일하거나 또는 동등한 자산을 현재시점에서 취득할 경우에 그 대가로 지불하여야 할 현금이나 현금성자산의 금액을 말한다.

정답 ②

부채의 이행가치는 정상적인 영업과정에서 부채를 상환하기 위해 지급될 것으로 예상되는 현금이나 현금성자산의 할인하지 아니한 금액이다.

18 다음 중 재무제표의 질적 특성에 대한 설명으로 타당하지 않은 것은?

(공인회계사 2010 수정)

① 목적적합한 재무정보는 정보이용자의 의사결정에 차이가 나도록 할 수 있다. 정보는 일부 정보이용자가 이를 이용하지 않기로 선택하거나 다른 원천을 통하여 이미 이를 알고 있다고 할지라도 의사결정에 차이가 나도록 할 수 있다.

② 완벽하게 충실한 표현을 하기 위해서는 서술에 세 가지의 특성이 있어야 할 것이다. 서술은 완전하고, 중립적이며, 오류가 없어야 할 것이다. 물론 완벽함은 달성하기 어렵다. 회계기준위원회의 목적은 가능한 정도까지 그 특성을 극대화하는 것이다.

③ 관측가능하지 않은 가격이나 가치의 추정치는 정확한지 또는 부정확한지 결정할 수 없다. 그러나 추정치로서 금액을 명확하고 정확하게 기술하고, 추정절차의 성격과 한계를 설명하며, 그 추정치를 도출하기 위한 적절한 절차를 선택하고 적용하는 데 오류가 없다면 그 추정치의 표현은 충실하다고 할 수 있다.

④ 비교가능성은 정보이용자가 항목 간의 유사점과 차이점을 식별하고 이해할 수 있게 하는 질적 특성이다. 다른 질적특성과 달리 비교가능성은 단 하나의 항목에 관련된 것이 아니다. 비교하려면 최소한 두 항목이 필요하다.

⑤ 적시성은 의사결정에 영향을 미칠 수 있도록 의사결정자가 정보를 제때에 이용가능하게 하는 것을 의미한다. 일반적으로 정보는 오래될수록 유용성이 낮아진다. 따라서 정보는 보고기간 말 후에는 일정기간이 지나면 적시성을 갖지 않는다.

정답 ⑤

그러나 일부 정보는 보고기간 말 후에도 오랫동안 적시성이 있을 수 있다.

19 회계정보의 질적 특성에 대한 다음 설명 중 옳지 않은 것은?

(공인회계사 2007 수정)

① 중간재무보고는 회계정보의 적시성 제고를 위한 필수적인 수단이지만 작성대상기간이 단기이기 때문에 거래의 인식과 측정과정에 배분이나 추정이 많이 개재되어 회계정보의 충실한 표현이 되지 않을 가능성이 있다.

② 중단영업과 계속영업을 구분하여 보고하는 목적은 투자 및 영업계획등의 기초가 되는 미래의 손익을 예측하는데 유용한 회계정보를 제공하기 위함에 있다.

③ 정보를 명확하고 간결하게 분류하고, 특징지으며, 표시하면 이해가능하게 된다. 일부현상은 본질적으로 복잡하여 이해하기 쉽게 할 수 없다. 그 현상에 대한 정보를 재무보고서에서 제외하면 그 재무보고서의 정보를 더 이해하기 쉽게 할 수 있다. 그러나 그 보고서는 불완전하여 잠재적으로 오도할 수 있다.

④ 특정 회사의 투자자가 그 회사의 당해연도 이익실적치를 분석하고 그 다음 연도에 대한 자신의 당초 이익예측치를 확인한 후 종전의 예측치를 수정 없이 그대로 유지하기로 결정하였다면 회사의 당해연도 이익실적치는 확인역할을 갖지 않는다.

⑤ 검증가능성은 합리적인 판단력이 있고 독립적인 서로 다른 관찰자가 어떤 서술이 충실한 표현이라는 데, 비록반드시 완전히 일치하지는 못하더라도, 의견이일치할 수 있다는 것을 의미한다. 계량화된 정보가 검증가능하기 위해서 단일 점추정치이어야 할 필요는 없다. 가능한금액의범위및관련된확률도검증될수있다. 어느 미래기간 전까지는 어떤 설명과 미래전망 재무정보를 검증하는 것이 전혀 가능하지 않을 수 있다.

정답 ④

재무정보가 과거 평가에 대해 피드백을 제공한다면 (과거 평가를 확인하거나 변경시킨다면) 확인가치를 갖는다.

20 **한국채택국제회계기준 재무보고를 위한 개념체계를 따를 경우 회계정보의 질적특성에 대한 설명 중 옳지 않은 것은?** (세무사 2007 수정)

① 정보를 명확하고 간결하게 분류하고, 특징지으며, 표시하면 이해가능하게 된다. 일부 현상은 본질적으로 복잡하여 이해하기 쉽게 할 수 없다. 그 현상에 대한 정보를 재무보고서에서 제외하면 그 재무보고서의 정보를 더 이해하기 쉽게 할 수 있어 더 목적적합한 정보가 될 수 있다.

② 재무정보에 예측가치, 확인가치 또는 이 들 모두가 있다면 그 재무정보는 의사결정에 차이가 나도록할 수 있다. 재무정보의 예측가치와 확인가치는 상호 연관되어 있다. 예측가치를 갖는 정보는 확인가치도 갖는 경우가 많다.

③ 보강적 질적 특성을 적용하는 것은 어떤 규정된 순서를 따르지 않는 반복적인 과정이다. 때로는 하나의 보강적 질적 특성이 다른 질적 특성의 극대화를 위해 감소되어야 할 수도 있다. 예를 들어, 새로운 재무보고기준의 전진 적용으로 인한 비교가능성의 일시적 감소는 장기적으로 목적적합성이나 충실한 표현을 향상시키기 위해 감수할 수도 있다.

④ 보강적 질적 특성은 가능한 한 극대화되어야 한다. 그러나 보강적 질적 특성은 정보가 목적적합하지 않거나 충실하게 표현되지 않으면, 개별적으로든 집단적으로든 그 정보를 유용하게 할 수 없다.

⑤ 완전한 서술은 필요한 기술과 설명을 포함하여 정보이용자가 서술되는 현상을 이해하는데 필요한 모든 정보를 포함하는 것이다. 중립적 서술은 재무정보의 선택이나 표시에 편의가 없는 것이다. 중립적 정보는 목적이 없거나 행동에 대한 영향력이 없는 정보를 의미하지 않는다.

정답 ①

정보를 명확하고 간결하게 분류하고, 특징지으며, 표시하면 이해가능하게 된다. 일부 현상은 본 질적으로 복잡하여 이해하기 쉽게 할 수 없다. 그 현상에 대한 정보를 재무보고서에서 제외하면 그 재무보고서의 정보를 더 이해하기 쉽게 할 수 있다. 그러나 그 보고서는 불완전하여 잠재적으로 오도할 수 있다. 재무보고서는 사업활동과 경제활동에 대해 합리적인 지식이 있고, 부지런히 정보를 검토하고 분석하는 정보이용자를 위해 작성된다. 때로는 박식하고 부지런한 정보이용자도 복잡한 경제적 현상에 대한 정보를 이해하기 위해 자문가의 도움을 받는 것이 필요할 수 있다.

21 재무보고를 위한 개념체계에 관한 설명으로 옳지 않은 것은?

(세무사 2011 수정)

① 오류가 없다는 것은 현상의 기술에 오류나 누락이 없고, 보고 정보를 생산하는 데 사용되는 절차의 선택과 적용 시 절차 상 오류가 없음을 의미한다. 이 맥락에서 오류가 없다는 것은 모든 면에서 완벽하게 정확하다는 것을 의미하지는 않는다.

② 일반목적재무보고서는 현재 및 잠재적 투자자, 대여자 및 기타 채권자가 필요로 하는 모든 정보를 제공하지는 않으며 제공할 수도 없다.

③ 중요성은 개별 기업 재무보고서 관점에서 해당 정보와 관련된 항목의 성격이나 규모 또는 이 둘 모두에 근거하여 해당 기업에 특유한 측면의 목적적합성을 의미한다.

④ 재무보고서는 사업활동과 경제활동에 대해 합리적인 지식이 없고, 부지런히 정보를 검토하고 분석하지 않는 정보이용자도 이해할 수 있도록 작

성되어야 한다.

⑤ 추정치로서 금액을 명확하고 정확하게 기술하고, 추정 절차의 성격과 한계를 설명하며, 그 추정치를 도출하기 위한 적절한 절차를 선택하고 적용하는 데 오류가 없다면 그 추정치의 표현은 충실하다고 할 수 있다.

정답 ④

재무보고서는 사업활동과 경제활동에 대해 합리적인 지식이 있고, 부지런히 정보를 검토하고 분석하는 정보이용자를 위해 작성된다.

22 '재무보고를 위한 개념체계'에 관한 설명으로 옳지 않은 것은?

(세무사 2011 수정)

① 일반목적재무보고의 목적은 현재 및 잠재적 투자자, 대여자 및 기타 채권자가 기업에 자원을 제공하는 것에 대한 의사결정을 할 때 유용한 보고기업 재무정보를 제공하는 것이다.

② 수익이나 비용의 비경상적, 비정상적 그리고 비반복적인 항목이 구분 표시되는 경우 포괄손익계산서의 예측가치는 제고된다.

③ 재무제표를 작성할 때 기업이 가장 보편적으로 채택하고 있는 측정기준은 공정가치이다. 재고자산을 시가로 평가하는 것이 이에 대한 적절한 예가 될 수 있다.

④ 재무정보가 유용하기 위해서는 목적적합하여야 하고 나타내고자 하는 바를 충실하게 표현해야 한다. 재무정보가 비교가능하고, 검증가능하며, 적시성 있고, 이해가능한 경우 그 재무정보의 유용성은 보강된다.

⑤ 측정기준으로 현행원가에 의할 때 부채는 현재시점에서 그 의무를 이행하는데 필요한 현금이나 현금성자산의 할인하지 아니한 금액으로 평가한다.

정답 ③

재무제표를 작성할 때 기업이 가장 보편적으로 채택하고 있는 측정기준은 역사적 원가이다. 역사적 원가는 일반적으로 다른 측정 기준과 함께 사용된다. 예를 들어, 재고자산은 통상 역사적원가와 순실현가능가치를 비교하여 저가로 평가되고, 시장성 있는 유가증권은 시가로 평가되기도 하며 연금부채(장기성채무를 말함)는 현재가치로 평가된다. 일부 기업은 비화폐성자산에 대한 가격변동효과를 반영하지 못하는 역사적 원가 모형에 대한 대응책으로 현행원가기준을 사용하기도 한다.(예 유형자산 재평가모형)

23 다음 중 재무보고를 위한 개념체계의 내용으로 옳지 않은 것은?

(관세사 2010 수정)

① 개념체계와 한국채택 국제회계기준이 상충되는 경우에는 한국채택 국제회계기준이 개념체계보다 우선한다.

② 유용한 회계정보가 되기 위한 근본적 질적 특성은 목적적합성과 충실한 표현이다.

③ 기업이 그 경영활동을 청산할 의도가 있더라도 재무제표는 계속기업을 가정한 기준을 적용하여 작성해야 한다.

④ 비용은 자산의 감소나 부채의 증가와 관련하여 미래경제적 효익이 감소하고 이를 신뢰성있게 측정할 수 있을 때 인식한다.

⑤ 실물자본유지 개념에서 자산과 부채에 영향을 미치는 모든 가격변동은 자본유지조정으로 처리한다.

정답 ③

경영자는 계속기업을 전제로 재무제표를 작성하여야 한다. 그러나 청산할 의도가 있는 경우에는 계속기업을 전제로 재무제표를 작성해서는 안 된다.

24 다음 중 재무보고를 위한 개념체계에 대한 설명으로 옳지 않은 것은?

(공인회계사 2012)

① 어떤 항목이 재무제표 요소에 부합하는 본질적 성격을 가지고 있으나 인식기준을 충족하지 못하는 경우에도 해당 항목은 주석, 설명자료 또는 부속명세서에 공시될 수 있다.

② 지출이 발생하였으나 당해 회계기간 후에는 관련된 경제적효익이 기업에 유입될 가능성이 높지 않다고 판단되는 경우에도 재무상태표에 자산으로 인식할 수 있다.

③ 경제적효익이 여러 회계기간에 걸쳐 발생할 것으로 기대되고 수익과의 관련성이 단지 포괄적으로 또는 간접적으로만 결정될 수 있는 경우 비용은 체계적이고 합리적인 배분절차를 기준으로 포괄손익계산서에 인식된다.

④ 미래경제적효익이 기대되지 않는 지출이거나, 미래경제적효익이 기대되더라도 재무상태표에 자산으로 인식되기 위한 조건을 원래 충족하지 못하거나 더 이상 충족하지 못하는 부분은 즉시 포괄손익계산서에 비용으로 인식되어야 한다.

⑤ 제품보증에 따라 부채가 발생하는 경우와 같이 자산의 인식을 수반하지 않는 부채가 발생하는 경우에는 포괄손익계산서에 비용을 동시에 인식한다.

정답 ②

자산을 재무상태표에 인식하기 위해서는 미래경제적효익이 기업에 유입될 가능성이 높고 해당 항목의 원가 또는 가치를 신뢰성 있게 측정할 수 있어야 한다. 만약, 지출이 발생하였으나 당해 보고기간 후에는 경제적효익이 기업에 유입될 가능성이 높지 않다고 판단되는 경우에는 재무상태표에 자산으로 인식하지 않고 포괄손익계산서에 비용으로 인식해야 한다.

▶▶ II. 계산형 객관식 문제

01 **(주)백제는 당기 초에 현금 ₩10,000을 출자하여 영업을 개시하였다. 기초에 재고자산 1개를 ₩10,000에 구입하여 기중에 ₩15,000에 판매하였다. 기초 물가지수는 100%이였고, 기말 물가지수는 120%이며, 기말 현재 동일한 재고자산의 구입가격은 ₩14,000이다. 자본유지개념과 관련된 아래의 설명 중 틀린 것은?**

① 명목재무자본유지개념에서의 순이익은 ₩5,000이다.
② 불변재무자본유지개념에서의 순이익은 ₩3,000이다.
③ 불변재무자본유지개념에서 자본유지조정으로 유보시킬 금액은 ₩2,000이다.
④ 실물재무자본유지개념에서 유지해야할 자본총계는 ₩10,000이다.
⑤ 실물재무자본유지개념에서의 순이익은 ₩1,000이다.

정답 ④

		명목재무자본		불변구매력 재무자본		실물자본	
기초자본			₩10,000		₩10,000		₩10,000
유지해야할 자본	자본유지조정	₩10,000	₩0	₩12,000[1]	₩2,000	₩14,000[2]	₩4,000
	이익		₩5,000		₩3,000		₩1,000
기말자본			₩15,000		₩15,000		₩15,000

[1]₩10,000 + (₩10,000 × 20%) = ₩12,000

[2]재고자산 1개 × @₩14,000 = ₩14,000

각각의 자본유지개념에서 기초자본과 동일한 가치를 유지하기 위하여 조정한 금액(₩0, ₩2,000, ₩4,000)을 제외한 나머지 금액(이익)이 각각의 자본유지개념에서의 이익 된다.

02 대구(주)는 2011년 3월 초에 ₩10,000을 투자하여 설립한 후 곧바로 상품을 매입하고 ₩7,500을 현금으로 지급하였다. 그 후 3월 말까지 매입 상품 중 일부를 ₩8,200에 판매하였는데 그 중 ₩5,000은 3월 말까지 외상으로 남아 있다. 판매된 상품의 매출원가는 ₩4,800이었다. 또한 3월 말일에 ₩1,500의 상품을 외상으로 매입한 거래 외에 다른 거래는 없었다. 3월의 이익 또는 손실로 옳은 것은?

① 발생주의에 의해 계산한 손실이 ₩6,600이다.
② 현금주의에 의해 계산한 이익이 ₩5,700이다.
③ 발생주의에 의해 계산한 이익이 ₩1,900이다.
④ 현금주의에 의해 계산한 손실이 ₩4,300이다.
⑤ 발생주의에 의한 순이익과 현금주의에 의한 순이익은 같다.

정답 ④

현금주의의 수익과 비용은 현금을 기준으로 현금이 유입되면 수익을 현금이 유출되면 비용을 인식한다. 그러나 발생주의는 현금의 유·출입을 고려하지 않고 결정적인 사건이 발생하면 수익을 인식하며 비용은 여기에 대응을 시킨다. 현금주의와 발생주의에 따른 각각의 당기손익은 다음과 같다.

현금주의		발생주의	
수 입	₩3,200	매 출 액	₩8,200
지 출	7,500	매출원가	4,800
순손실	₩4,300	순 이 익	₩3,400

03 서강(주)는 2010년 중에 ₩1,000,000의 상품을 현금으로 매입한 후, 2010년 중에 모두 ₩1,500,000에 매출하였다. 매출액 중 ₩800,000은 2010년에 회수하고, 잔액은 2011년에 회수하였다. 발생주의에 의한 2010년과 2011년의 손익은 얼마인가?

	2010년	2011년		2010년	2011년
①	₩500,000	₩0	②	₩800,000	₩700,000
③	₩500,000	₩700,000	④	₩800,000	₩0
⑤	₩1,500,000	₩0			

정답 ①

2010년 ₩1,500,000(수익) – ₩1,000,000(비용) = ₩500,000
2011년 수익과 비용이 발생 되지 않았으므로 ₩0

3장

재무제표와 화폐의 시간가치

제1절 재무제표의 표시

개념체계는 재무제표의 틀을 나타내지만 한국채택국제회계기준 기준서 1001호 "재무제표의 표시"는 재무제표의 기간간 비교가능성과 기업간 비교가능성을 제고하기 위하여 한국채택국제회계기준에 의한 일반목적 재무제표의 표시에 관한 기준을 정하고 있다. 이 기준서는 재무제표의 표시에 관한 전반적인 요구사항과 재무제표의 구조에 대한지침, 그리고 재무제표의 내용에 대한 최소한의 요구사항에 대해서만 규정하고 있다. 구체적인 거래나 그 밖의 사건에 대한 인식, 측정 및 공시에 대한 요구사항은 이후에 학습하게 될 다른 한국채택국제회계기준 기준서에서 규정하고 있다. 한편, 제2장의 개념체계는 지침을 나타내므로 한국채택국제회계기준 기준서 제1001호 "재무제표의 표시"와 상충시 기준서 제1001호를 적용한다.

1. 전체 재무제표

앞서 설명 했듯이 재무제표(Financial Statements)는 재무보고의 중심적인 수단으로써 기업의 재무상태와 재무성과에 관한 '체계적인 표현(structured representation)'이다. 재무제표의 목적은 재무제표의 목적[1]은 광범위한 정보이용자의 경제적 의사결정에 유용한 기업의 재무상태, 재무성과와 재무상태변동에 관한 정보를 제공하는 것이다. 또한 재무제표는 위탁받은 자원에 대한 경영진의 수탁책임 결과도 보여준다. 한국채택국제회계기준 기준서 제1001호 "재무제표의 표시"의 전체재무

---

1) 이러한 목적을 충족하기 위하여 재무제표는 다음과 같은 기업 정보를 제공한다.

① 자산
② 부채
③ 자본
④ 차익과 차손을 포함한 광의의 수익과 비용
⑤ 소유주로서의 자격을 행사하는 소유주에 의한 출자와 소유주에 대한 배분
⑥ 현금흐름

제표(complete set of financial statements)는 다음과 같으며 각각의 개별재무제표는 전체재무제표에서 동등한 비중(equal prominence)으로 표시하며 아래에서 사용하는 재무제표의 명칭이 아닌 다른 명칭을 사용할 수 있다.[2)]

① 기말 재무상태표 (statement of financial position as at the end of the period) B/S
② 기간 손익과 기타포괄손익계산서 (statement of profit or loss and other comprehensive income for the period); 또는 기간 포괄손익계산서 (statement of comprehensive income) I/S
③ 기간 자본변동표 (statement of changes in equity for the period)
④ 기간 현금흐름표 (statement of cash flows for the period)
⑤ 주석 (유의적인 회계정책의 요약 및 그 밖의 설명으로 구성) (foot-notes ; comprising a summary of significant accounting policies and other explanatory information)
⑥ 회계정책을 소급하여 적용하거나, 재무제표의 항목을 소급하여 재작성 또는 재분류하는 경우 가장 이른 비교기간의 기초 재무상태표 (statement of financial position as at the beginning of the earliest comparative period when an entity applies an accounting policy retrospectively or makes a retrospective restatement of items in its financial statements, or when it reclassifies items in its financial statements).[3)]

많은 기업은 재무제표 이외에도 그 기업의 경영성과와 재무성과의 주요특성 및 기업이 직면한 주요 불확실성을 설명하는 경영진의 재무검토보고서(financial review by management)[4)]를 제공한다. 또한 많은 기업은 특히 환경 요인이 유의적인 산업에 속해 있는 경우나 종업원이 주요 재무제표이용자인 경우에 재무제표 이

---

2) 따라서, 어느 재무제표가 특별히 중요하다고 할 수 없으며 실무적으로 'Statement of Financial Position' 라는 용어보다는 'Balance Sheet'라는 용어가 더 많이 사용되고 있다. 이렇게 명칭의 사용을 강제하지 않는 것은 기업에게 새로운 명칭에 보다 친숙해지면서 점차적으로 변경하게 하기 위함이다. 또한, '포괄손익계산서(statement of comprehensive income)'와 '손익과 기타포괄손익계산서(statement of profit or loss and other comprehensive income)'가 모두 사용 가능하며 '손익과 기타포괄손익계산서'의 명칭은 동등하게 중요성을 가지는 'profit or loss'와 'other comprehensive income'로 포괄손익계산서가 구성된다는 것을 외견상 명시하기 위함이다.

3) 재무제표의 공시는 후술할 '비교정보'로 공시가 되어야 하므로 ⑥ 이른 비교기간의 기초 재무상태표는 회계정책을 소급하여 적용하거나, 재무제표의 항목을 소급하여 재작성하는 경우에만 전기 초의 재무상태표를 공시하면 되는 것이다. 예를 들면 2012년이 당기라면 2012년 기말 재무상태표와 2011년 기말 재무상태표 및 2011년 기초 재무상태표를 비교하는 형식으로 공시하면 된다.

4) 이러한 보고서는 ① 재무성과의 주요 결정 요인과 영향. 이에는 기업이 처한 영업환경의 변화, 그 변화와 영향에 대한 기업의 대응계획 및 재무성과를 유지하고 향상시키기 위한 기업의 투자정책 및 배당정책 ②기업의 자금 조달원천과 자본 대 부채의 목표비율 ③ 한국채택국제회계기준에 따라 재무상태표에 인식되지 아니한 기업의 자원에 대한 검토를 포함할 수 있다.

외에도 환경보고서(environmental reports)나 부가가치보고서와 같은 보고서를 제공한다. 그러나 이러한 재무제표 이외의 보고서는 한국채택국제회계기준의 적용범위에 해당하지 않는다.

위의 전체재무제표 중 재무상태표는 일정시점의 재무상태를 나타내는 정태적 재무보고서(Stock의 개념)이고, 나머지는 일정기간 동안의 기업의 활동을 요약·보고하는 동태적 재무보고서(Flow의 개념)이다. 또한 현금흐름표는 현금기준 회계로 작성이 되고 나머지 재무제표는 발생기준 회계로 작성이 된다. 한편, 전체재무제표는 상호간에 연계성을 가지고 있다. 즉, 각각의 재무제표는 상호간에 여러 가지 형태로 연결이 되어있어 각 재무제표의 계정과목의 금액은 서로 영향을 주고받으며 결정된다.

2. 재무제표 작성과 표시의 일반사항

재무제표를 작성하고 구성요소를 표시하는 방법과 원칙에는 다음과 같은 일반사항들이 있다.

1) 공정한 표시와 한국채택국제회계기준의 준수

① 재무제표는 기업의 재무상태, 재무성과 및 현금흐름을 공정하게 표시(fair presentation)해야 하며, 한국채택국제회계기준을 준수(compliance with K-IFRS)하여 작성되어야 한다. 공정한 표시를 위해서는 '개념체계'에서 정한 자산, 부채, 수익 및 비용에 대한 정의와 인식요건에 따라 거래, 그 밖의 사건과 상황의 효과를 충실하게 표현해야 한다. 원칙적으로 한국채택국제회계기준에 따라 작성된 재무제표는 공정하게 표시된 재무제표로 본다. 따라서 ② 한국채택국제회계기준을 준수하여 재무제표를 작성하는 기업은 그러한 준수 사실을 주석에 명시적이고 제한 없이 기재하며, 재무제표가 한국채택국제회계기준의 요구사항을 모두 충족한 경우가 아니라면 한국채택국제회계기준을 준수하여 작성되었다고 기재하여서는 아니 된다. 또한 ③ 한국채택국제회계기준을 준수하여 작성된 재무제표는 국제회계기준을 준수하여 작성된 재무제표임을 주석으로 공시할 수 있다. ④ 한국채택국제회계기

준의 규정과 일치하지 않는 부적절한 회계정책은 이에 대하여 공시나 주석 또는 보충 자료를 통해 설명하더라도 정당화될 수 없다. 하지만, 극히 드문 상황으로서 한국채택국제회계기준의 요구사항을 준수하는 것이 오히려 '개념체계'에서 정하고 있는 재무제표의 목적과 상충되어 재무제표이용자의 오해를 유발할 수 있다고 경영진이 결론을 내리는 경우에는, 관련 감독체계가 이러한 요구사항으로부터의 일탈(departure)을 의무화하거나 금지하지 않는 경우[5)]에 한하여, 관련 항목을 공시하고 한국채택국제회계기준을 달리 적용할 수 있다.

2) 계속기업

경영진이 기업을 청산하거나 경영활동을 중단할 의도를 가지고 있지 않거나, 청산 또는 경영활동의 중단 외에 다른 현실적 대안이 없는 경우가 아니면 계속기업(going concern)을 전제로 재무제표를 작성한다. 다만, 계속기업으로서의 존속능력에 유의적인 의문이 제기될 수 있는 사건이나 상황과 관련된 중요한 불확실성을 알게 된 경우, 경영진은 그러한 불확실성을 공시하여야 한다. 만약, 재무제표가 계속기업의 기준 하에 작성되지 않는 경우에는 그 사실과 함께 재무제표가 작성된 기준 및 그 기업을 계속기업으로 보지 않는 이유를 공시하여야 한다. 따라서 경영진은 계속기업의 가정이 적절한지의 여부를 평가할 때 적어도 보고기간말로부터 향후 12개월 기간에 대하여 이용가능한 모든 정보를 고려하여 각 상황의 사실내용에 따라 존속가능성을 평가해야 한다.

3) 발생기준 회계

기업은 현금흐름 정보를 제외하고는 발생기준(accrual basis)회계를 사용하여 재무제표를 작성한다. 발생기준 회계를 사용하는 경우, 각 항목이 '개념체계'의 정의와 인식요건을 충족할 때 자산, 부채, 자본, 광의의 수익 및 비용으로 인식한다.

---

5) ① 재무제표가 기업의 재무상태, 재무성과 및 현금흐름을 공정하게 표시하고 있다고 경영진이 결론을 내렸다는 사실 ② 공정한 표시를 위해 특정 요구사항을 달리 적용하는 것을 제외하고는 한국채택국제회계기준을 준수했다는 사실 ③ 기업이 달리 적용하는 해당 한국채택국제회계기준의 제목, 그 한국채택국제회계기준에서 요구하는 회계처리의 방법과 이에 대한 일탈의 내용, 그러한 회계처리가 해당 상황에서 재무제표이용자의 오해를 유발할 수 있어 '개념체계'에서 정한 재무제표의 목적과 상충되는 이유, 그리고 실제로 적용한 회계처리방법 ④ 표시된 각 회계기간에 대해, 한국채택국제회계기준 요구사항으로부터의 일탈이 이를 준수하였다면 보고되었을 재무제표의 각 항목에 미치는 재무적 영향

따라서 현금흐름표는 기준서 제1007호 "현금흐름표"에 따라 재무제표를 작성해야 한다.

4) 중요성과 통합표시

유사한 항목일지라도 중요성(materiality) 분류에 따라 재무제표에 구분하여 표시한다. 다만, 중요하지 않은 항목은 성격이나 기능이 유사한 항목과 통합(aggregation)하여 표시할 수 있다. 따라서 한국채택국제회계기준은 재무제표는 간단명료하게 주석은 상세히 표시하는 입장을 취하고 있다.

5) 상계

한국채택국제회계기준에서 요구하거나 허용하지 않는 한 자산과 부채 그리고 수익과 비용은 상계(offsetting)하지 아니한다. 상계표시로 거래나 그 밖의 사건의 실질이 반영되는 경우[6]를 제외하고는 포괄손익계산서, 재무상태표에서, 별개의 손익계산서(표시하는 경우)의 상계표시는 발생한 거래, 그 밖의 사건과 상황을 이해하고 기업의 미래현금흐름을 분석할 수 있는 재무제표이용자의 능력을 저해할 수 있기 때문이다.

다만, 재고자산에 대한 재고자산평가충당금과 매출채권에 대한 대손충당금과 같은 평가충당금을 차감하여 관련자산을 순액으로 측정하는 것은 상계표시에 해당하지 아니한다.[7] 또한 외환손익 또는 단기매매 금융상품에서 발생하는 손익과 같이 유사한 거래의 집합에서 발생하는 차익과 차손은 순액으로 표시한다. 그러나 그러한 차익과 차손이 중요한 경우에는 구분하여 표시한다.

---

6) 동일 거래에서 발생하는 수익과 관련비용의 상계표시가 거래나 그 밖의 사건의 실질을 반영한다면 그러한 거래의 결과는 상계하여 표시한다. 예를 들면 다음과 같다.

> ① 투자자산 및 영업용자산을 포함한 비유동자산의 처분손익은 처분대금에서 그 자산의 장부금액과 관련처분비용을 차감하여 표시한다.
> ② 기업회계기준서 제1037호 '충당부채, 우발부채 및 우발자산'에 따라 인식한 충당부채와 관련된 지출을 제3자와의 계약관계(예: 공급자의 보증약정)에 따라 보전 받는 경우, 당해 지출과 보전 받는 금액은 상계하여 표시할 수 있다.

7)

재무상태표(차감하는 형식)				재무상태표(차감후 순액 형식)		
건 물	₩10,000			건 물	₩8,000	
감가상각누계액	(2,000)	₩8,000				

구 분	내 용
원칙	자산과 부채 및 수익과 비용은 상계하지 않음
유의 사항	평가충당금을 차감하여 관련자산을 순액으로 측정하는 것은 상계표시가 아님
	외환손익 또는 단기매매 금융상품에서 발생하는 손익은 상계 표시 (단, 중요한 경우에는 구분하여 표시)

[그림 3-1] 상계 표시

6) 보고빈도

전체 재무제표(비교정보를 포함)는 적어도 1년(또는 52주마다)을 보고빈도(frequency of reporting)로 하여 작성한다. 보고기간종료일을 변경하여 재무제표의 보고기간이 1년을 초과하거나 미달하는 경우 재무제표 해당 기간뿐만 아니라 ① 보고기간이 1년을 초과하거나 미달하게 된 이유 ② 재무제표에 표시된 금액이 완전하게 비교가능하지는 않다는 사실을 추가로 공시한다. 즉, 원칙은 1년이나 1년 초과나 미달도 가능하다.

7) 비교정보

정보의 기간별 비교가능성이 제고되면 특히 예측을 위한 재무정보 추세분석이 가능하여 재무제표이용자의 경제적 의사결정에 도움을 준다. 따라서 한국채택국제회계기준이 달리 허용하거나 요구하는 경우를 제외하고는 당기 재무제표에 보고되는 모든 금액에 대해 전기 비교정보(comparative information)를 공시한다. 어떤 경우에는 전기 재무제표에 공시된 서술형 정보가 당기에도 계속 관련될 수 있다.[8] 이 경우 당기 재무제표를 이해하는데 목적적합하다면 서술형정보의 경우에도 비교정보를 포함하여 공시한다. 비교정보를 공시하는 기업은 적어도 두 개의 재무상태표(당기말, 전기말)와 두 개씩의 그 밖의 재무제표(당기, 전기) 및 관련 주석을 표시해야 한다. 회계정책을 소급하여 적용하거나 재무제표의 항목을 소급하여 재작성 또는 재분류하는 경우에는 적어도 세 개의 재무상태표(당기말, 전기말, 가장 이른 비교기간의 기초), 두 개씩의 그 밖의 재무제표 (당기, 전기)및 관련 주석을 표시해야 한다.

8) 예를 들면, 법률 분쟁의 결과가 직전기 보고기간말 현재 불확실하였고 당기에도 아직 해결되지 않은 경우에는 그 상세한 내용을 당기에 공시한다.

시 점	전기 초	전기 중	전기 말	당기 중	당기 말
재무상태표			B/S		B/S
포괄손익계산서		I/S		I/S	
자본변동표		C/E		C/E	
현금흐름표		C/F		C/F	
만약 전기 F/S 소급 적용	B/S		B/S		B/S

[그림 3-2] **재무제표의 비교공시**

8) 표시의 계속성

재무제표 항목의 표시와 분류는 매기 동일하여야 비교가능성이 제고되어 회계정보가 유용해진다. 따라서 재무제표 항목의 표시는 계속성(consistency of presentation)을 유지해야 한다. 다만, ① 사업내용의 유의적인 변화(예; 기업인수, 매각)나 재무제표를 검토한 결과 다른 표시나 분류방법이 더 적절한 것이 명백한 경우, ② 한국채택국제회계기준에서 표시방법의 변경을 요구하는 경우처럼 변경된 표시방법이 재무제표이용자에게 신뢰성 있고 더욱 목적적합한 정보를 제공하며, 변경된 구조가 지속적으로 유지될 가능성이 높아 비교가능성을 저해하지 않을 것으로 판단할 때에만 재무제표의 표시방법을 변경한다.

제2절 재무제표의 종류

1. 재무상태표

1) 재무상태표의 의의

재무상태표(statement of financial position)는 일정시점(as a specific point in time)에서 기업실체의 재무상태(financial position)를 나타내는 정태보고서(static statement)로서 기업의 유동성, 재무 탄력성, 수익성과 위험을 평가하는데 유용한 정보를 제공한다. 여기서 재무상태란 보고기간 말(결산일) 시점(특정시점)의 자산, 부채 및 자본의 구성내용과 크기를 의미한다. 재무상태표의 구성요소는 자산(Assets), 부채(Liabilities) 및 자본(Equity)이며 이러한 재무상태표의 3가지 구성요소는 항상 일정한 관계를 가지게 되는데 이를 재무상태표 등식(B/S equation) 또는 회계등식(accounting equation)이라고 부르며 다음과 같다.

자산 (Assets) = 부채 (Liabilities) + 자본 (Equity)

이 등식에 의하면 부채와 자본의 합은 자산과 같게 된다. 즉, 기업이 소유하고 있는 자원(자산)은 채권자들이 회사에 제공한 자본인 타인자본과 소유주(주주)가 제공한 자본인 자기자본의 자원에 대한 청구권과 같다.

2) 재무상태표에 표시되는 정보[9)]

재무상태표에는 적어도 다음에 해당하는 금액을 나타내는 항목을 표시한다.

---

9) 한국채택국제회계기준 기준서 제1001호 '재무제표 표시'에서는 구체적인 재무상태표의 형식을 제시하지 않고 있으며 대신에 최소한의 항목을 대분류수준에서만 제시하고 있으며, 재무상태표 또는 주석에 표시하는 세부적인 항목들은 실무적용지침에 사례를 제시하였다. 따라서 한국채택국제회계기준에 의하여 재무상태표를 작성하는 기업은 해당기업의 상황에 맞추어 당해 재무상태표를 작성하고 이를 일관성 있게 표시하여야 한다.

〈자산〉

1) 현금및현금성자산
2) 매출채권 및 기타 채권
3) 재고자산
4) 생물자산
5) 금융자산(단, 1), 2) 및 6)을 제외)
6) 지분법에 따라 회계처리하는 투자자산
7) 투자부동산
8) 유형자산
9) 무형자산
10) 기업회계기준서 제1105호 '매각예정비유동자산과 중단영업'에 따라 매각예정으로 분류된 자산과 매각예정으로 분류된 처분자산집단에 포함된 자산의 총계

〈부채〉

1) 매입채무 및 기타 채무
2) 충당부채
3) 금융부채(단, 1)과 2) 제외)
4) 기업회계기준서 제1012호 '법인세'에서 정의된 당기 법인세와 관련한 부채와 자산
5) 기업회계기준서 제1012호 '법인세'에서 정의된 이연법인세부채 및 이연법인세자산
6) 기업회계기준서 제1105호에 따라 매각예정으로 분류된 처분자산집단에 포함된 부채

〈자본〉

1) 자본에 표시된 비지배지분[10)]
2) 지배기업의 소유주에게 귀속되는 납입자본과 적립금

여기서 주의할 점은 위의 항목별 분류는 성격이나 기능면에서 명확하게 상이하여 재무상태표에 구분하여 표시하기 위한 사례일 뿐 재무상태표에 표시되어야 할 항목의 순서나 형식을 규정하는 것은 아니라는 것이다. 따라서 위의 항목별 분류 이외에도 한 항목 또는 통합된 유사 항목의 크기, 성격 또는 기능상 기업의 재무상태를 이해하기 위해 구분표시가 필요한 경우 그러한 항목을 추가로 재무상태표에 구분하여 인식할 수 있다. 또한 기업이 재무상태표에 유동자산과 비유동자산, 그리고 유동부채와 비유동부채로 구분하여 표시하는 경우, 이연법인세자산(부채)[11)]은 유동자산(부채)으로 분류하지 아니한다.

---

10) 합병은 사업결합을 위하여 상대방 지분의 100%를 인수하지만, 연결회계에서는 인수하지 못한 잔여 지분이 있으며, 이를 비지배지분(non-controlling interest)라 한다. 따라서 사업결합의 결과인 자산·부채는 합병과 동일하게 처리하지만 그 원인은 지배기업의 소유주지분과 비지태지분으로 나누어야 한다. 즉, 한국채택국제회계기준에서는 연결재무제표가 기본재무제표이므로 비지배지분도 재무상태표에서 별도로 표시하는 항목으로 제시하고 있다. 만약 연결재무상태표가 아닌 경우에는 표시하지 않는다.

재무상태표

당기 : 2012년 12월 31일 현재
전기 : 2011년 12월 31일 현재

㈜윤사마 (단위: 원)

과 목	당 기		전 기	
유동자산	×××		×××	
현금및현금성자산		×××		×××
단기금융자산		×××		×××
매출채권 및 기타채권				
재고자산		×××		×××
기타 유동자산		×××		×××
비유동자산	×××		×××	
장기금융자산		×××		×××
관계기업투자주식		×××		×××
투자부동산		×××		×××
유형자산		×××		×××
무형자산		×××		×××
기타 비유동자산		×××		×××
자산총계	×××		×××	
유동부채	×××		×××	
매입채무 및 기타채무		×××		×××
단기차입금		×××		×××
단기충당부채		×××		×××
비유동부채	×××		×××	
장기금융부채		×××		×××
이연법인세부채		×××		×××
퇴직급여부채		×××		×××
장기충당부채		×××		×××
부채총계	×××		×××	
납입자본		×××		×××
이익잉여금		×××		×××
기타자본구성요소		×××		×××
자본총계	×××		×××	
부채와 자본 총계	×××		×××	

[그림 3-3] **재무상태표의 작성사례 1**

한편, 실무적으로는 아래와 같이 비유동항목을 상단에 위치시키고 유동항목을 하단에 위치시키는 방법을 사용하기도 한다.

11) 이연법인세부채는 일시적차이(temporary differences)로 인한 미래 법인세액의 '증분'을 나타내며 이연법인세자산은 일시적차이로 인한 미래 법인세액의 '감소분'을 나타낸다. 일시적 차이는 재무상태표상 자산/부채의 장부금액이 세무상의 자산/부채 금액 (즉, 세무기준액: tax bases)과 상이하여서 발생한다.

과　　　목	당　　기		전　　기	
비유동자산	×××		×××	
유동자산		×××		×××
자산총계		×××		×××
자본총계		×××		×××
비유동부채		×××		×××
유동부채		×××		×××
부채총계		×××		×××
자본 및 부채 총계		×××		×××

[그림 3-4] **재무상태표의 작성사례 2**

3) 자산과 부채의 배열방법

한국채택국제회계기준은 재무상태표에 자산과 부채를 공시하는 방법으로 다음과 같은 세 가지 구분표시법을 허용하고 있다.

(1) 유동성·비유동성 구분법 - 원칙(만기를 가지고 배열)

한국채택국제회계기준의 경우 자산과 부채를 원칙적으로 유동성·비유동성 구분법에 의한 구분 표시방법을 인정하고 있다. 유동성·비유동성 구분법(current and non-current presentation) 은 자산과 부채의 실현 예정일에 따라 유동성항목과 비유동성항목을 구분하여 자산과 부채를 표시하는 방법이다. 명확히 식별 가능한 영업주기(operating cycle)내에서 재화나 용역을 제공하는 기업 즉, 일반상거래 기업과 제조기업 등은 재무상태표의 자산과 부채를 유동성·비유동성 구분법으로 표시하는 것이 합리적이다.

(2) 유동성순서 배열법 - 예외(환금성을 가지고 배열)

유동성·비유동성 구분법 보다 유동성 순서에 따른 표시방법이 신뢰성 있고 더욱 목적적합한 정보를 제공하는 경우에는 모든 자산과 부채를 유동성의 순서에 따라 표시할 수도 있다.

유동성[12)]순서 배열법(presentation based on liquidity)은 자산과 부채를 오름

---

12) 여기서 유동성(liquidity)이라 함은 가까운 미래기간의 금융약정을 고려한 후의 그 기간의 현금 가용성(availability of cash)을 말하는 것이다.

차순이나 내림차순의 유동성 순서에 따라 자산과 부채를 표시하는 방법이다. 재화나 서비스를 명확히 식별 가능한 영업주기 내에 제공하지 않기 때문에 금융회사의 경우에는 오름차순이나 내림차순의 유동성순서에 따른 표시방법으로 자산과 부채를 표시하는 것이 유동성·비유동성 구분법보다 신뢰성 있고 더욱 목적적합한 정보를 제공한다.[13)]

(3) 혼합표시방법

위의 두 가지 공시방법보다 신뢰성 있고 더욱 목적적합한 정보를 제공한다면 자산과 부채의 일부는 유동성·비유동성 구분법으로, 나머지는 유동성 순서에 따른 표시방법으로 표시할 수도 있다. 기업이 다양한 사업을 영위하는 지주회사의 경우에 필요할 수 있다.

구 분	유동성 분류방법	적용기업
원 칙	유동성·비유동성 구분법	영업주기내 재화나 용역을 제공하는 경우 (일반적 상거래 기업과 제조기업)
유동성·비유동성 구분법보다 신뢰성 있고 목적적합한 경우	유동성순서 배열법	금융업
위의 두 가지 방법보다 신뢰성 있고 목적적합한 경우	혼합표시방법	다양한 사업을 영위하는 지주회사

[그림 3-5] 재무상태표의 유동성분류 방법

4) 유동자산과 유동부채의 분류

다음의 경우에는 유동자산(current asset)으로 분류하며, 그 밖의 모든 자산은 비유동자산(non-current asset)으로 분류한다.

13) 예를 들어 만기에 따라 배열하면 일반적으로 재고자산은 유동자산에 장기정기적금은 비유동자산으로 분류하나 환금성에 따라 배열을 하면 재고자산 보다는 장기정기적금이 환금성이 높으므로 유동자산으로 분류 될 수 있다. 이는 재고자산은 당장 현금화하기 어렵지만 장기정기적금은 해약으로 당일 현금화가 가능하기 때문에 환금성은 높게 된다.

① 기업의 정상영업주기 내에 실현될 것으로 예상하거나, 정상영업주기 내에 판매하거나 소비할 의도가 있다.
② 주로 단기매매 목적으로 보유하고 있다.
③ 보고기간 후 12개월 이내에 실현될 것으로 예상한다.
④ 현금이나 현금성자산으로서, 교환이나 부채 상환 목적으로의 사용에 대한 제한 기간이 보고기간 후 12개월 이상이 아니다.

이때, 정상영업주기(normal operating cycle)는 영업활동을 위한 자산의 취득 시점부터 그 자산이 현금이나 현금성자산으로 실현되는 시점까지 소요되는 기간[14]을 말하며 대부분의 경우 정상영업주기는 12개월 이나 이나 그 기간을 명확히 식별할 수 없는 경우에는 12개월인 것으로 가정한다. 한편 재고자산 및 매출채권과 같이 정상영업주기의 일부로서 판매, 소비 또는 실현되는 자산의 경우에는 보고기간 후 12개월 이내에 실현될 것으로 예상되지 않는 경우에도 유동자산으로 분류한다.

다음의 경우에는 유동부채(current liability)로 분류하며, 그 밖의 모든 자산은 비유동부채(non-current liability)로 분류한다.

① 정상영업주기 내에 결제될 것으로 예상하고 있다.
② 주로 단기매매 목적으로 보유하고 있다.
③ 보고기간 후 12개월 이내에 결제하기로 되어 있다.
④ 보고기간 후 12개월 이상 부채의 결제를 연기할 수 있는 무조건의 권리를 가지고 있지 않다.

한편, 매입채무 그리고 종업원 및 그 밖의 영업원가에 대한 미지급비용과 같은 유동부채는 기업의 정상영업주기 내에 사용되는 운전자본의 일부이다. 이러한 항목은 보고기간 후 12개월 후에 결제일이 도래한다 하더라도 유동부채로 분류한다. 또한 단기매매항목으로 분류된 일부금융부채, 당좌차월, 비유동금융부채의 유동성대체부분, 미지급배당금, 법인세 및 기타지급채무는 정상영업주기 이내에 결제되지는 않더라도 보고기간 후 12개월 이내에 결제일이 도래하는 경우에는 기타 유동부채로 분류한다.[15]

---

14) 예를 들면, 재고자산을 들여와서 판매하는데 까지 소요된 기간과 판매후에 그 매출채권이 회수되기까지 소요된 기간을 더한 기간을 말한다. (현금보유 → 상품구매 → 신용판매 → 현금회수)
15) 한편, 부채에 대한 유동성 분류를 하는 경우에 유의할 사항은 다음과 같다.
① 보고기간후 12개월내에 결제해야 하는 채무

5) 자본

한국채택국제회계기준에서는 자본을 납입자본, 이익잉여금 및 기타자본구성요소로 분류하고 있다.

① 납입자본(contributed capital) : 회사와 소유주와의 자본거래에서 소유주가 회사에 납입한 자본금액을 말하는 것으로 자본금과 자본잉여금으로 구분할 수 있다.
② 기타자본구성요소(other components of equity) : 회사의 자본 중 납입자본과 이익잉여금으로 분류되지 않는 자본항목들이다. 여기에는 자본조정과 기타포괄손익누계액이 있다.
③ 이익잉여금(retained earnings) : 기업의 경영활동에서 발생한 이익 중 주주에 대한 배당 등을 통하여 처분된 금액을 차감한 후에 사내에 유보된 잉여금이다.

6) 재무상태표 또는 주석에 표시되는 정보

기업은 재무제표에 표시된 개별항목을 기업의 영업활동을 나타내기에 적절한 방법으로 세분류 하고, 그 추가적인 분류 내용을 재무상태표 또는 주석에 공시한다. 따라서 재무상태표에 세분류 항목으로 표시하거나 재무상태표에는 대분류 항목으로 표시하고 그 세분류항목은 주석으로 공시 할 수 있다. 한국채택국제회계기

원래의 결제기간이 12개월을 초과하는 경우 또는 보고기간 후 재무제표 발행승인일 전에 장기로 차환하는 약정또는 지급기일을 장기로 재조정하는 약정이 체결된 경우에도 금융부채가 보고기간 후 12개월 이내에 결제일이 도래하면 이를 유동부채로 분류한다.

② 만기연장가능한 단기성채무
기업이 기존의 대출계약조건에 따라 보고기간 후 적어도 12개월 이상 부채를 차환하거나 연장할 것으로 기대하고 있고, 그런 재량권이 있다면, 보고기간 후 12개월 이내에 만기가 도래한다 하더라도 비유동부채로 분류한다. 그러나 기업에게 부채의 차환이나 연장에 대한 재량권이 없다면(예를 들어, 차환약정이 없는 경우), 차환가능성을 고려하지 않고 유동부채로 분류한다.

③ 약정위반 장기차입금
보고기간말 이전에 장기차입약정을 위반했을 때 대여자가 즉시 상환을 요구할 수 있는 채무는 보고기간 후 재무제표 발행승인일 전에 채권자가 약정위반을 이유로 상환을 요구하지 않기로 합의하더라도 유동부채로 분류한다. 그 이유는 기업이 보고기간말 현재 그 시점으로부터 적어도 12개월 이상 결제를 연기할 수 있는 무조건적 권리를 가지고 있지 않기 때문이다. 그러나 대여자가 보고기간말 이전에 보고기간 후 적어도 12개월 이상의 유예기간을 주는 데 합의하여 그 유예기간 내에 기업이 위반사항을 해소할 수 있고, 또 그 유예기간 동안에는 대여자가 즉시 상환을 요구할 수 없다면 그 부채는 비유동부채로 분류한다.

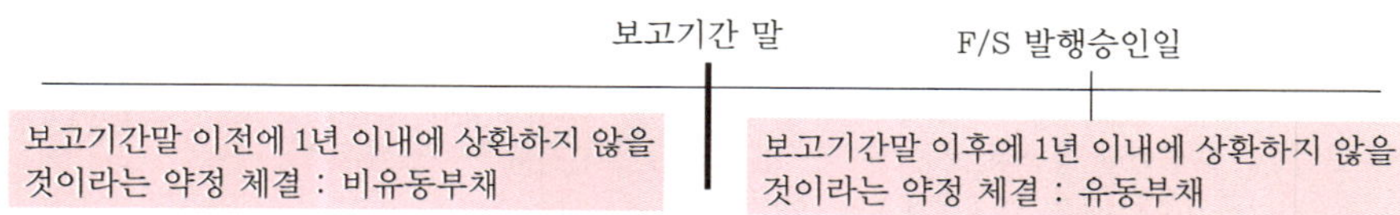

준에서 예시하는 세분류 내용은 다음과 같다.

①	유형자산	토지, 토지와 건물, 기계장치, 선박, 항공기, 차량운반구, 집기, 비품 등
②	채 권	일반상거래 채권, 특수관계자 채권, 선급금과 기타 금액
③	재고자산	상품, 소모품, 원재료, 재공품 및 저품 등
④	충당부채	종업원급여 충당부채와 기타 항목 충당부채
⑤	납입자본과 적립금	자본금, 주식발행초과금, 적립금

2. 포괄손익계산서

1) 포괄손익계산서의 의의

포괄손익계산서(statement of profit or loss and other comprehensive income)는 일정기간 동안 기업실체의 경영성과(performance)를 나타내는 동태보고서(dynamic statement)이다. 포괄손익계산서의 포괄손익(comprehensive income)은 기업실체의 일정기간동안의 재무성과에 대한 정보를 제공함과 동시에, 기업의 미래현금흐름과 수익창출능력 등의 예측에 유용한 정보를 제공한다.

2) 포괄손익계산서에 표시되는 정보[16)]

포괄손익계산서에는 적어도 다음에 해당하는 금액을 나타내는 항목을 표시하여야 한다.

16) 한국채택국제회계기준인 기업회계기준서 제 1001호 '재무제표 표시'에서는 구체적인 포괄손익계산서의 형식을 제시하지 않고 있으며 대신에 최소한의 항목을 대분류수준에서만 제시하고 있으며, 포괄손익계산서 또는 주석에 표시하는 세부적인 항목들은 실무적용지침에 사례를 제시하였다. 따라서 한국채택국제회계기준에 의하여 포괄손익계산서를 작성하는 기업은 해당 기업의 상황에 맞추어 당해 포괄손익계산서를 작성하고 이를 일관성 있게 표시하여야 한다.

1) 수익
2) 금융원가
3) 지분법 적용대상인 관계기업과 조인트벤처의 당기순손익에 대한 지분
4) 법인세비용
5) 세후 중단영업손익과 중단영업에 포함된 자산이나 처분자산집단을 순공정가치로 측정하거나 처분함에 따른 세후 손익
6) 당기순손익[17]
7) 성격별로 분류되는 기타포괄손익의 각 구성요소 ((8)의 금액은 제외)
8) 지분법 적용대상인 관계기업과 조인트벤처의 기타포괄손익에 대한 지분
9) 총포괄손익

이상의 항목은 포괄손익계산서에 표시될 최소한의 항목들이므로, 기업은 재무성과를 이해하는데 목적적합한 경우에는 포괄손익계산서와 별개의 손익계산서에 항목, 제목 및 중간합계(예; 매출총이익, 법인세비용차감전이익 등)를 추가하여 표시한다. 또한 재무성과의 구성요소를 설명하는데 필요하다면 추가항목을 포괄손익계산서에 포함하고 사용된 용어와 항목의 배열도 수정이 가능하며, 한국채택국제회계기준에서 요구하거나 허용하지 않는 한 수익과 비용은 상계하지 아니한다.

단, 수익과 비용은 어느 항목도 포괄손익계산서 또는 주석에 특별손익항목(extra-ordinary items)은 별도로 구분표시 하는 것이 금지되어 있다. 따라서, 특별손익은 구분표시 하지 않으며 중단영업손익만을 구분 표시 한다.

3) 포괄손익계산서의 표시방법

한국채택국제회계기준은 포괄이익개념으로 손익을 접근한다. 이 경우 당기순손익(profit or loss)의 구성요소는 단일포괄손익계산서의 일부로 표시하거나 별개의 손익계산서에 표시할 수 있다. 당기손익에 대한 손익계산서를 별도로 표시하는 경우 그 손익계산서는 전체 재무제표의 일부이며 포괄손익계산서의 바로 앞에 표시한다.

17) 한국채택국제회계기준에서는 연결재무제표가 기본재무제표 이므로 포괄손익계산서의 하단에는 당기순손익과 포괄손익을 지배회사지분에 귀속되는 이익과 비지배지분에 귀속되는 이익으로 구분하여 표시해야 한다.

① 단일 포괄손익계산서(a single statement of comprehensive income)

② 두 개의 보고서(two statement) : 당기순손익의 구성요소를 배열하는 보고서(별개의 손익계산서)와 당기순손익(profit or loss)에서 시작하여 기타포괄손익(other comprehensive income)의 구성요소를 가산하여 공시하는 보고서(포괄손익계산서)

포괄손익계산서

당기 : 2012년 1월 1일부터 2011년 12월 31일까지

전기 : 2011년 1월 1일부터 2010년 12월 31일까지

윤사마㈜ (단위: 원)

	구 분	당 기	전 기
	수 익	×××	×××
−	매출원가 (Cost of Good Sold)	(×××)	(×××)
=	**매출총이익** (Gross Profit)	×××	×××
+	기타수익	×××	×××
−	물류원가	(×××)	(×××)
−	관 리 비	(×××)	(×××)
−	기타비용	(×××)	(×××)
−	금융원가	(×××)	(×××)
−	관계기업의 이익에 대한 지분	×××	×××
=	**법인세비용차감전순이익**	×××	×××
−	법인세비용	(×××)	(×××)
=	**계속영업이익**	×××	×××
±	중단영업손익	×××	(×××)
=	**당기순이익** (profit for the year) 세후금액임	×××	×××
±	기타포괄손익 (other comprehensive income) 세후금액임	×××	×××
=	**총포괄이익** (comprehensive income)	×××	×××

[그림 3-6] **포괄손익계산서 양식 1 : 단일 포괄손익계산서 (통합형식)**

별개의 손익계산서

당기 : 2012년 1월 1일부터 2011년 12월 31일까지

전기 : 2011년 1월 1일부터 2010년 12월 31일까지

윤사마㈜ (단위: 원)

구 분	당 기	전 기
수 익	×××	×××
매출원가	(×××)	(×××)
매출총이익	×××	×××
기타수익	×××	×××
기타비용	(×××)	(×××)
법인세비용차감전순이익	×××	×××
법인세비용	(×××)	(×××)
계속영업이익	×××	×××
중단영업손익	×××	(×××)
당기순이익	×××	×××

포괄손익계산서

당기 : 2012년 1월 1일 부터 2011년 12월 31일 까지

전기 : 2011년 1월 1일 부터 2010년 12월 31일 까지

윤사마㈜ (단위: 원)

구 분	당 기	전 기
당기순이익	×××	×××
기타포괄손익	×××	×××
총포괄이익	×××	×××

[그림 3-7] 포괄손익계산서 양식 2 : 두 개의 보고서 (분리형식)

4) 포괄손익계산서의 비용 표시방법

기업은 포괄손익계산서에 비용을 분류하는 경우 성격별(nature of expense)비용으로 표시하는 방법과 기능별(function of expense)비용으로 표시하는 방법 중에서 신뢰성 있고 더욱 목적적합한 정보를 제공할 수 있는 방법을 선택하여 공시할 수 있다.

(1) 성격별 비용분류방법

성격별 비용분류법은 비용항목의 유형(types)에 초첨을 맞추는 방법으로 당기손익에 포함된 비용을 그 성격(예; 종업원급여비용, 감가상각비, 광고비, 운송비,

원재료사용액)별로 통합하여 공시하는 방법이다. 즉, 원가배분 전의 비용분류에 의한 방법이다.[18]

수　익		×××
기타수익		×××
제품과 재공품의 변동	(×××)	
원재료와 소모품의 사용액	(×××)	
종업원급여비용	(×××)	
감가상각비와 기타 상각비	(×××)	
기타비용	(×××)	
총비용		(×××)
법인세비용차감전순이익		×××

[그림 3-8] **성격별 비용분류법**

(2) 기능별 비용분류방법

기능별 비용분류법은 비용을 그 기능(예; 매출원가, 물류원가, 관리비 등)별로 통합하여 공시하는 방법으로 적어도 매출원가를 다른 비용과 분리하여 공시한다. 즉, 원가배분 후의 비용분류에 의한 방법이다. 기능별 비용분류법은 성격별 분류법보다 재무제표이용자에게 더욱 목적적합한 정보를 제공할 수 있다는 장점이 있는 반면에, 비용을 기능별로 배분하는데 자의적인 배분과 상당한 정도의 판단이 개입될 수 있다는 단점이 있다. 그러나 성격별 비용분류가 기능별 비용분류보다 미래현금흐름 예측에 더 유용하기 때문에 비용을 기능별로 분류하는 경우에는 성격별 비용분류에 대한 추가적인 정보를 공시하여야 한다.

18) 예를 들어 본사(관리직 직원 : 전체 직원의 40% 비중)와 공장(생산직 직원 : 전체 직원의 60% 비중)에 직원이 있는 기업이 급여가 ₩10,000발생 되었다면 ① 성격별 비용분류방법은 원가배분을 하기 전의 상태로 포괄손익계산서 '종업원의급여비용'으로 ₩10,000 전액을 보고하는 방법이 이고 ② 기능별 비용분류방법은 급여 중 생산직 직원 발생 분 ₩6,000(60%)은 매출원가에 관리직 직원의 발생 분 ₩4,000(40%)은 관리비로 원가배분 한 후 각각 포괄손익계산서 '매출원가'와 '관리비'로 보고하는 방법이다.

수　　익	×××
매출원가	(×××)
매출총이익	×××
기타수익	×××
물류원가	(×××)
관 리 비	(×××)
기타비용	(×××)
금융원가	(×××)
=법인세비용차감전순이익	×××

[그림 3-9] **기능별 비용분류법**

5) 포괄손익계산서 또는 주석에 표시되는 정보

포괄손익계산서에 공시하는 수익과 비용 항목이 중요한 경우, 그 성격과 금액을 별도로 공시한다. 한편, 한국회계기준원 회계기준위원회는 포괄손익계산서에 영업손익을 구분하여 기재하지 않은 경우 영업손익과 관련된 다음의 내용을 주석으로 공시하도록 하였다.

(1) 영업손익
(2) 영업손익 산출에 포함된 주요 항목과 그 금액
(3) 영업손익 산출에 포함된 항목이 과거회계기준을 적용한 경우와 달라졌다면 그 주요 항목과 금액

3. 기타 재무제표

기타 재무제표로 자본변동표와 현금흐름표가 있는데 주된 설명은 각각의 해당 장에서 하기로 한다.

1) 자본변동표

자본변동표 (statement of change in equity)는 일정기간 동안의 자본의 크기와

변동에 관한 정보를 제공하는 재무제표이다. 즉, 납입자본, 이익잉여금, 기타자본요소의 각 항목별로 기초잔액, 당기 변동사항, 기말잔액이 일목요연하게 나타난 있다.

2) 현금흐름표

현금흐름표(statement of cash flow)는 일전기간 동안의 기업실체의 현금유입과 현금유출에 대한 정보를 제공하는 재무제표이다. 즉, 현금흐름표에는 일정기간 동안 기업실체의 영업활동을 통한 현금창출에 관한 정보, 자본조달을 위한 재무활동 및 투자활동에 관한 현금흐름정보가 일목요연하게 나타나 있다.

3) 주석 및 부속명세서

(1) 주석

주석(foot-notes)은 재무상태표, 포괄손익계산서, 자본변동표 및 현금흐름표에 표시하는 정보에 추가하여 제공된 정보를 말한다. 이는 재무제표에 표시된 항목을 구체적으로 설명하거나 분화하며, 재무제표 인식요건을 충족하지 못하는 항목에 대한 추가적인 정보를 제공한다. 표시방법은 재무제표상 해당과목 또는 금액에 기호를 붙이고 난외 또는 별지에 동일한 기호를 표시하여 그 내용을 간결 명료하게 기재하는 형태로 공시한다.

재무상태표

토 지	×××		
정부보조금(주석1)	(×××)		
자산총계	×××	부채와 자본총계	×××

(별지)

재무제표에 대한 주석

1. 동사는 2012년 6월에 공장을 이전하면서 지방중소기업육성에 관한 법률에 따라 전라북도로부터 3천만원을 수령하여 공장부지 구입대금으로 사용하였습니다.

[그림 3-10] 주석

(2) 부속명세서

부속명세서(supplementary schedules)는 재무제표에 첨부되는 서류로써 재무상태표나 포괄손익계산서에 기재된 항목 중에서 중요한 항목에 대한 보조적인 자료를 내용으로 하는데, 예를 들면 어떤 항목의 전기이월액, 당기증가·감소액 그리고 차기이월액 등을 자세히 기록하는 서류이다. 여기서 주의할 점은 주석과 부속명세서는 재무제표에 포함되나 이사회보고서, 이사회의사록, 경영진 검토분석자료 등은 재무제표에 포함되지 않음에 유의해야 한다.

제3절 이익의 측정방법과 포괄이익

1. 이익의 측정방법

이익을 측정하는 방법에는 크게 거래접근법과 자본유지접근법이 있는데, 현행 회계에서는 거래접근법에 의하여 이익을 측정한다.

1) 거래접근법

거래접근법(transaction approach)에 의하면 이익은 경제적 사건의 결과로 기업에서 발생한 거래 중 일정기간의 수익거래와 비용거래를 가려내고, 이를 측정하여 수익총액에서 비용총액을 차감하여 이익을 계산하는 방법이다. 즉, 실현주의에 의하여 수익을 인식하고 수익·비용대응의 원칙에 따라 비용을 인식하여 그 차액을 이익으로 본다. 이는 경영자의 성과평가를 위한 재무회계의 이익측정방법이며 수익·비용법 또는 손익법이라고도 한다.

이익 = 수익 – 비용

거래접근법은 거래라는 객관적인 사실에 근거를 두고 있으며, 이익의 구체적인 내용 파악이 가능하고 수익·비용에 관한 상세한 정보를 제공한다는 장점이 있는 반면에, 거래누락 등에 의한 부정확한 이익산출가능성이 있다는 점과 실현주의와 수익·비용대응의 원칙에 대한 개념이 모호하여 정확한 이익의 산정이 어려움이 있다는 단점이 있다.

2) 자본유지접근법

자본유지접근법(capital maintenance approach)에 의하면 이익은 기말에도 기초와 동일한 상태를 유지하면서 일정기간 동안 소비할 수 있는 최대금액을 의미하며 자산·부채법 또는 재산법이라고도 한다. 다만, 당기 중에 추가출자나 소유주에 대한 분배 등 자본거래가 있었다면 이익은 다음과 같이 산정할 수 있다.[19]

이익 = (기말자본 − 기초자본) − 자본거래

이 방법은 대응이라는 개념을 사용하지 않아도 이익을 산출할 수 있고 기업에 투하된 자본의 움직임을 파악 할 수 있다는 장점이 있는 반면에, 수익과 비용을 구체적으로 파악 할 수 없어 기업의 구체적인 이익의 원천을 내용별로 파악할 수 없는 단점이 있다.

19) 회계기간 중에 발생한 수익과 비용의 차이인 순이익으로 인해 기말시점의 자본은 기초시점의 자본과 다르게 된다. 기말자본은 기초자본에 당해 기간의 순이익을 더한 것과 같다. 즉, 기초자본 + 당기순이익 = 기말자본 자본은 소유주의 청구권으로서 재무상태표의 요약적 정보이고, 당기순이익은 손익계산서의 요약적 정보로서 자본의 증가를 가져온다. 이러한 관점에서 위의 등식은 재무상태표와 손익계산서의 연계관계(articulation)를 나타내고 있다. 만일 회계기간 중에 소유주의 추가출자(실무에서 '유상증자'라고 부른다)가 있었으면 이 역시 기말자본을 증가시킨다. 소유주의 추가출자는 수익이 아니므로 손익계산서를 거치지 않고서 기말자본을 증가시킨다. 한편, 기업이 소유주에게 이익배당을 하면 배당 지급액만큼 자산(현금)이 감소하고 동시에 소유주의 청구권인 자본이 감소하게 된다. 배당은 기업이 획득한 순이익을 소유주에게 분배하는 것이다. 따라서 배당금 지급은 손익계산서를 거치지 않고서 자본을 감소시킨다. 회계기간 중에 추가출자와 배당금 지급이 있었을 경우 재무상태표와 손익계산서의 연계관계 등식은 기초자본 + 당기순이익 + 추가출자액 − 배당금 = 기말자본 같이 된다.

2. 포괄이익

1) 포괄이익과 당기순이익의 개념

포괄이익(comprehensive income)은 기업실체가 일정기간 동안 소유주와의 자본거래 이외의 모든 거래 및 사건에서 인식된 자본의 변동을 말한다. 따라서 자본을 구성하는 항목 중에서 자본거래로 인한 부분의 증감을 제외한 나머지의 항목(기타포괄손익누계액, 이익잉여금)의 증감이 포괄이익[20]이다. 즉, 포괄손익은 당기순손익과 기타포괄손익의 합계액을 말하며 이를 산식으로 정리 하면 다음과 같다.

총포괄손익 = 당기순손익 ± 기타포괄손익 (재분류조정 포함)

여기서 기타포괄손익(other comprehensive income)은 다른 한국채택국제회계기준에서 요구하거나 허용하여 당기손익으로 인식하지 않은 수익과 비용항목(재분류조정[21] 포함)으로 모두 장기미실현보유손익에 해당하는 금액을 말한다. 기타포괄손익을 즉시 당기손익에 반영하게 되면 이익잉여금의 증가로 배당가능이익(미래의 성과가 될 부분이기에 기타포괄손익은 배당을 줄 수 없음)이 증가하게 되어 실물자본유지가 어려워지게 된다. 따라서 한국채택국제회계기준에서는 기타포괄손익 항목은 재무상태표에 기타포괄손익누계액으로 관리 한 후 관련 자산이 처분 등으로 실현되는 경우에 당기 손익으로 재분류하도록 규정하고 있다. 이러한 항목들의 예는 다음과 같다.

---

20) 포괄이익과 당기순이익의 관계는 다음과 같다.

<table>
<tr><th></th><th>K-IFRS분류</th><th>세부구성</th><th>설 명</th><th>자본증감거래</th><th></th></tr>
<tr><td rowspan="6">자본</td><td rowspan="2">납입자본</td><td>자본금</td><td rowspan="3"></td><td rowspan="3">자본거래
(주주와의 거래)</td><td rowspan="3">소유주와의
자본거래</td></tr>
<tr><td>자본잉여금</td></tr>
<tr><td rowspan="2">기타자본
구성요소</td><td>자본조정</td></tr>
<tr><td>기타포괄손익누계액</td><td>Σ기타포괄손익
(미실현손익의 누계액)</td><td rowspan="3">(포괄)손익거래
(주주이외의
자와의 거래)</td><td rowspan="3">포괄이익</td></tr>
<tr><td rowspan="2">이익잉여금</td><td>일반적립금</td><td rowspan="2">Σ당기순이익
(실현손익의 누계액)</td></tr>
<tr><td>미처분이익잉여금</td></tr>
</table>

21) 재분류조정에 대해서는 바로 후술 한다.

① 매도가능금융자산의 재측정손익 (매도가능금융자산평가손익)
② 해외사업장의 재무제표 환산으로 인한 손익 (해외사업장환산외환차이)
③ 현금흐름위험회피의 위험회피수단의 평가손익 중 효과적인 부분 (현금흐름위험회피 파생상품평가손익)
④ 관계기업이나 공동기업의 기타포괄손익에 대한 지분 (관계기업기타포괄손익)
⑤ 유·무형자산의 재평가잉여금의 변동 (재평가잉여금)
⑥ 순확정급여부채(자산)의 재측정요소 (재측정손익)

또한 이러한 총포괄손익은 다음과 같이 자본유지접근법에 의해서도 측정할 수 있다.

이익 = (기말자본 − 기초자본) − 자본거래

순자산 변동액 중 자본거래를 제외한 나머지 변동분이 포괄이익이다. 따라서 아래 산식이 가능하다.

총포괄이익 = (기말자본 − 기초자본) − 자본거래

한편, 주식배당, 무상증자는 자본거래이기는 하지만 순자산에 영향을 미치지 않으므로 고려하지 않는다. 따라서 아래 산식이 가능하다.

총포괄이익 = 기말자본 − 기초자본 − (유상증자 − 현금배당)

여기서, 총포괄이익 = 수익 − 비용 ± 기타포괄손익

예제 1

연세㈜는 2012년 당기순이익이 ₩1,000,000 이었으며 다음과 같은 자본 항목의 변동이 있었다.

	2012년 초	2012년 말
매도가능금융자산평가손익	₩100,000	₩150,000
확정급여제도의 재측정요소	₩30,000	(₩20,000)
해외사업장환산외환차이	(₩100,000)	₩100,000

물음

2012년의 총포괄손익을 구하시오.

풀이

총포괄손익 = 당기순이익 ± 기타포괄손익이며 기타포괄손익누계액의 시점(stock)의 개념을 기간(flow)으로 전환하여 풀이해야 한다. 기타포괄손익의 변동은 매도가능금융자산평가손익의 변동 ₩50,000 + 확정급여제도의 재측정요소의 변동 − ₩50,000 + 해외사업장환산외환차이의 변동 ₩200,000으로 ₩200,000 이다. ∴ ₩1,000,000 + ₩200,000 = ₩1,200,000

예제 2

다음은 백석㈜의 기초 및 기말 재무상태표와 기중 자본거래에서 추출한 자료이다.

	2012년 초	2012년 말
자 산	₩1,800,000	₩2,500,000
부 채	800,000	1,000,000

〈추가자료〉

1) 당기 중에 유상증자로 ₩200,000의 자금을 조달하고 현금배당으로 ₩50,000을 지급하였다.
2) 당기에 보유하고 있던 매도가능금융자산에서 평가이익이 ₩20,000 발생하였다.

물음

2012년의 당기순이익과 기타포괄손익 및 총포괄손익을 계산하고 약식 포괄손익계산서를 작성하시오. 단, 법인세 효과는 무시한다.

풀이

1) 총포괄이익 = 기말자본 − 기초자본 − 유상증자 + 현금배당
  = 1,500,000 − 1,000,000 − ₩200,000 + ₩50,000 = ₩350,000
2) 기타포괄이익 : 매도가능금융자산평가이익 ₩20,000
3) 총포괄이익(350,000) = 당기순이익 + 기타포괄이익(20,000)
  ∴ 당기순이익 : ₩330,000
4) 포괄손익계산서

포괄손익계산서	
당기순이익	₩330,000
기타포괄이익	
매도가능금융자산평가이익	20,000
총포괄이익	₩350,000

2) 재분류조정

재분류조정(reclassification adjustment)이란 당기나 과거기간에 기타포괄손익으로 인식한 금액을 당기손익으로 재분류하는 것을 말한다. 재분류조정은 그 조정액이 당기손익으로 재분류되는 기간의 기타포괄손익의 관련 구성요소에 포함되는데 다음과 같은 경우에 발생한다.

구 분	기타포괄손익의 항목
재분류 되는 경우	① 매도가능금융자산의 재측정손익 ② 해외사업장의 재무제표 환산으로 인한 손익 ③ 현금흐름위험회피의 위험회피수단의 평가손익 중 효과적인 부분 ④ 관계기업이나 공동기업의 기타포괄손익에 대한 지분
재분류 금지항목	① 유 · 무형자산의 재평가잉여금의 변동 ② 순확정급여부채(자산)의 재측정요소

[그림 3-11] 기타포괄손익의 재분류 허용 여부

그런데 기타포괄손익 중 재평가잉여금의 변동이나 순확정급여부채(자산)의 재측정요소는 실현이 되면 당기손익을 거치지 않고 직접 재무상태표 이익잉여금에 대체(재분류조정금지)가 된다. 이와 같이 이익잉여금에 직접 대체를 하면 포괄손익계산서를 거치지 않기 때문에 당기 손익에 어떠한 영향도 미치지 않게 된다.

3) 기타포괄손익의 공시

기타포괄손익은 당기손익으로 재분류되지 않는 항목과 당기손익으로 재분류되는 항목으로 각각 구분하여 포괄손익계산서에 기타포괄손익으로 표시하며 재무상태표에서는 자본의 기타자본요소 중 기타포괄손익누계액(accumulated other comprehensive income)으로 공시된다. 기타포괄손익의 구성요소는 당기손익에 비해 법인세효과가 중요하지 않으므로 다음 중 한 가지 방법으로 표시할 수 있으나 총액표시(즉, ②번)를 선택하여 표시하는 경우에는 법인세는 후속적으로 당기손익의 부분으로 재분류되는 항목과 재분류되지 않는 항목 간에 배분한다.

① 관련 법인세 효과를 차감한 순액(net of tax)으로 표시 한다.
② 기타포괄 손익의 구성요소와 관련된 법인세효과 반영 전 금액으로 표시하고, 각 항목들에 관련된 법인세효과를 단일금액으로 합산하여 표시한다. 즉, 총액(gross of tax)으로 표시한다.

예들 들면, 기타포괄이익이 ₩10,000이고 세율이 30%라면 다음과 같이 2가지 방법으로 표시가 가능하다.

순액표시 방법(세후금액)		총액표시 방법	
기타포괄이익	₩7,000	기타포괄이익	₩10,000
		− 기타포괄손익 법인세비용	(3,000)
		= 기타포괄이익	₩7,000

[그림 3-12] **기타포괄손익의 표시 방법**

포괄손익계산서

당기 : 2012년 1월 1일 부터 2011년 12월 31일 까지

전기 : 2011년 1월 1일 부터 2010년 12월 31일 까지

윤사마㈜ (단위: 원)

구 분	당 기	전 기
당기순이익	×××	×××
기타포괄손익		
당기손익으로 재분류되지 않는 항목		
재평가잉여금	×××	×××
순확정급여부채(자산)의 재측정요소	×××	×××
당기손익으로 재분류되는 항목		
매도가능금융자산평가손익	×××	×××
해외사업장환산외환차이	×××	×××
현금흐름위험회피 파생상품평가손익	×××	×××
관계기업기타포괄손익	×××	×××
법인세비용차감후 기타포괄손익	×××	×××
= 총포괄이익	×××	×××

[그림 3-13] **재분류조정을 고려한 기타포괄손익의 표시 (순액표시)**

제4절 화폐의 시간가치 및 현재가치평가

1. 화폐 시간가치의 의의

화폐의 시간가치(time value)란 화폐가 시간에 따라 가치가 변한다는 의미이

다. 화폐의 시간가치의 이해를 위해 다음의 상황에 대해 생각해보자.

만약 여러분이 받을 돈 ₩10,000이 있다면 오늘 받는 거와 1년 뒤에 받는 거에 대해 어느 방안이 더 유리한 의사결정인지를 생각해보자. 아래 표는 시간의 흐름에 따른 현금흐름을 나타낸 표이다.

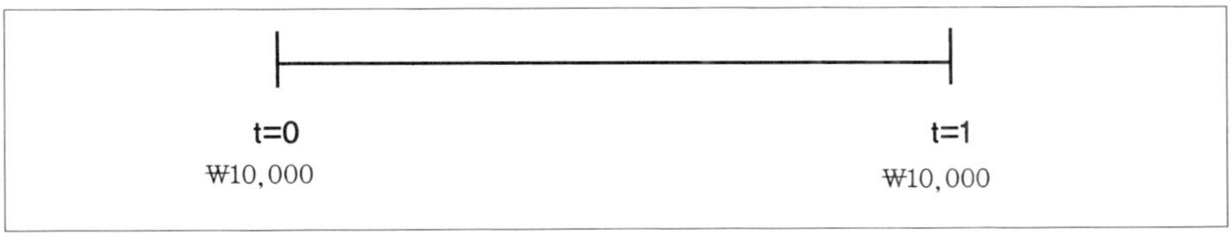

정답은 지금 ₩10,000을 받는 것이 1년 후 ₩10,000을 받는 것보다 더 유리한 의사 결정이다. 그 이유는 지금 ₩10,000을 받아서 이자가 발생하는 금융상품에 투자를 한다면 1년 후 금액은 ₩10,000보다 더 큰 금액이 되기 때문이다.

즉, 이와 같이 화폐는 시간에 따라 가치가 달라지게 되는데, 이는 돈을 사용함에 따라 이자라는 비용이 발생하기 때문이다. 이 이자를 다른 말로는 화폐의 시간가치라고 한다. 돈을 빌리는 사람 입장에서는 현재보다 미래에 빌린 금액 보다 더 많은 금액을 갚아야 하는데 현재금액과 미래금액의 차이가 이자이고 돈을 빌려준 사람의 입장에서는 현재보다 미래에 더 많은 금액을 회수해야 하는데 현재금액과 미래금액의 차이가 이자이다. 따라서 현재 ₩10,000의 가치와 미래 ₩10,000의 가치는 동일하지 않다. 이제 다음 상황에 대해 생각해 보기로 하자.

여러분이 현재 받을 돈 ₩10,000과 1년 후 받을 돈 ₩11,000이 있다면 오늘 ₩10,000을 받는 것과 1년 뒤 ₩11,000을 받는 것에 대해 어느 방안이 유리한 의사 결정인지 생각해보자. 아래 표는 시간의 흐름에 따른 현금흐름을 나타낸 표이다.

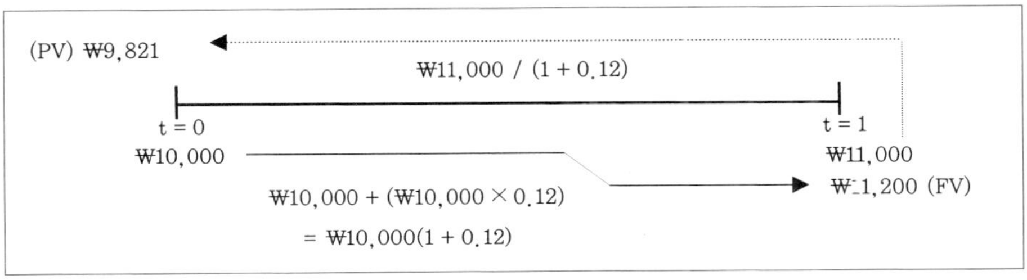

위 질문에 답변을 할 때 비교의 시점이 다르기 때문에 현재 ₩10,000과 1년 후

의 ₩11,000을 단순히 비교해서 미래 ₩11,000이 더 크다고 할 수는 없다. 이에 대한 판단은 이자가 얼마인가 더 구체적으로 말하면 이자율이 얼마인가에 따라 달라진다. 만일 현재 시장이자율이 12%라면 위 질문에 의사결정 방법은 1년 후의 ₩11,000의 금액을 현재 시점의 금액으로 전환하든지, 현재의 ₩10,000을 1년 후의 금액으로 전환하여 양자의 크기를 비교하여 결정하면 된다. 이때 현재의 ₩10,000은 1년 후의 ₩11,200(₩10,000×1.12)과 동일한 가치(미래가치 개념)를 가지며 1년 후의 ₩11,000을 현재 시점으로 전환(현재가치 개념)하면 ₩9,821(=₩11,000/1.12)밖에 되지 않기 때문에 현재 ₩10,000을 받는 것이 1년 후에 ₩11,000을 받는 것보다 더 유리한 의사결정 이다. 이때 미래가치(future value; FV)란 현재시점의 일정금액이 미래시점의 얼마에 해당하는지를 의미하는 것이다.[22] 한편, 현재가치(present value; PV)란 미래시점의 일정금액이 현재시점의 얼마에 해당하는지를 의미하는 것이다. 미래가치 계산과정을 역으로 생각하면 현재가치를 계산할 수 있다.[23] 따라서, 화폐의 시간가치는 다음과 같이 4가지로 대변될 수 있겠다.

① 단일금액의 현재가치 (Present Value; PV)
② 단일금액의 미래가치 (Future Value; FV)
③ 연금의 현재가치 (Present Value of Annuity; PVA)
④ 연금의 미래가치 (Future Value of Annuity; FVA)

이때 단일금액이란 현금흐름이 한 번만 있는 것을 의미하고 연금은 일정기간마다 매기간 말에 일정한 금액을 지불하거나 받는 것을 의미한다.

22) 예를 들면, 현재 ₩100,000을 연 10%의 이자율로 은행에 예입하는 경우 1년 후, 2년 후, 3년 후의 원리금(원금과 이자의 합계)을 계산하는 과정이 미래가치를 산출하는 것이다.

23) 예를 들면, 이자율이 10%인 경우에 3년 후의 ₩133,100은 현재시점의 얼마에 해당하는가? 이는 곧 얼마를 은행에 예입하면 3년 후 에 ₩133,100이 되는지를 계산하는 것과 동일하다. 이를 계산하는 과정이 현재가치를 산출하는 것이다.

2. 이자계산 방식 및 현재가치의 적용

1) 이자계산방식

이제 이자계산방식에 대해 알아보자. 이자계산 방식에는 단순이자계산과 복리이자계산 방식이 있다. 단순이자(simple interest)계산이란 최초 원금에 대해서만 이자를 계산하는 방법을 말하고 복리이자(compound interest)계산이란 원금뿐만 아니라 이자에도 이자를 계산하는 방법이다. 기업이 의사결정을 할 때나 금융기관이 이자를 계산할 때는 일반적으로 복리이자가 적용된다. 다음 상황을 가지고 이자계산 방법과 미래가치 및 현재가치 산식을 설명 하기로 한다. 만약 현재 ₩10,000을 연이율 10%, 은행에 2년간 넣어둔다면 2년 후에는 얼마가 될지 이자를 계산하는 방법인 단리와 복리를 각각 적용하여 계산해 보자. 아래 표는 시간의 흐름에 따른 현금흐름을 나타낸 표이다.

t=0	t=1	t=2
₩10,000(이자율 10%)		
단리	₩11,000	₩12,000
복리	₩11,000	₩12,100

단순이자계산방법으로 계산하면 다음과 같이 계산된다.

이자 : ₩10,000 × 0.1 × 2년 = ₩2,000

원금 : ₩10,000

합계 : ₩10,000 × (1 + 0.1 × 2) = ₩12,000

위 식을 일반화시키기 위해 원금을 PV0, 이자율을 r, 기간을 n, 미래가치를 FV라고 한다면, $FV_n = PV_0 \times (1 + r \times n)$과 같이 나타낼 수 있다.

한편, 복리이자계산방법으로 계산하면 다음과 같이 계산된다.

1년 후 : ₩10,000(원금) + ₩10,000 × 0.1(이자) = ₩10,000 × (1 + 0.1)

2년 후 : 위식의 구조를 보면 '원금 + 원금 × 이자'인 것을 알 수 있다. 2년 후부터는 원금이 ₩10,000 × (1 + 0.1)이므로 '₩10,000 × (1 + 0.1) + ₩10,000 × (1 + 0.1) × 0.1'이 되는 구조를 확인할 수 있을 것이다. 원금 요소를 앞으로 빼내면 '원금(1 + 이자)'로 정리되므로 위 식은 '10,000 × (1 + 0.1) × (1 + 0.1)'로 정리 된다. 이 식을 단순화 시키면 '10,000 × $(1 + 0.1)^2$'로 나타낼 수 있겠다.

이제 위 식을 일반화시켜 보자. 일반화를 시키기 위해 원금을 PV_0, 이자율을 r, 기간을 n, 미래가치를 FV라고 한다면, n기간 후의 미래가치

= 현재가치(즉, 원금) × $(1 + \text{이자율})^n$

$$\text{즉, } FV_0 = PV_0 \times (1+r)^n$$

이것을 잘 이해하면 미래의 금액이 현재가치로는 얼마인지도 계산할 수 있겠다.

$$\text{즉, } PV_0 = \frac{FV_n}{(1+r)^n}$$

위의 일반화된 식에 의하여 현재가치(미래가치)를 구할 수 있으나 이를 직접 계산하는 것이 번거롭기 때문에 다음과 같이 미리 각 이자율과 기간에 대한 ₩1의 현재가치(미래가치) 값을 구해둔 표가 있는데 이를 현재가치계수표(미래가치계수표) 또는 현가표(종가표)라 한다. 본 서의 부록에는 1원에 대한 현재가치표 및 연금의 현재가치표가 제시되어 있다.

기간		1원의 현재가치					정상연금 1원의 현재가치			
		4%	5%	7%	10%		4%	5%	7%	10%
1		.9615	.9524	.9346	.9091		0.9615	0.9524	0.9346	0.9091
2		.9246	.9070	.8734	.8264		1.8861	1.8594	1.8080	1.7355
3		.8890	.8638	.8163	.7513		2.7751	2.7232	2.6243	2.4868
4		.8548	.8227	.7629	.6830		3.6299	3.5460	3.3872	3.1699

기간		1원의 미래가치					정상연금 1원의 미래가치			
		4%	5%	7%	10%		4%	5%	7%	10%
1		1.0400	1.0500	1.0700	1.1000		1.0000	1.0000	1.0000	1.0000
2		1.0816	1.1025	1.1449	1.2100		2.0400	2.0500	2.0700	2.1000
3		1.1249	1.1576	1.2250	1.3310		3.1216	3.1525	3.2149	3.3100
4		1.1699	1.2155	1.3108	1.4641		4.2465	4.3101	4.4399	4.6410

[그림 3-14] **현가표 예시**

2) 회계학에서의 적용

$$\text{단순현금흐름의 현재가치}(PV) = \frac{C_n}{(1+r)^n} = \text{미래현금흐름의 총액(명목가액)} - \text{이자요소*}$$

*이자요소=명목가액−현재가치 [C=현금흐름, n=기간, r=할인율]

이와 같이 현금흐름이 지금 당장 이루어지지 않고 미래에 이루어질 경우 단순현금흐름의 절대금액(명목가액)으로 자산이나 부채를 측정하면 실질적인 비교가 이루어지지 못한다. 미래현금흐름의 현재가치는 자산 및 부채의 평가에 모두 적용할 수 있다. 현재가치는 이론적으로 가장 우월하며 미래경제적 효익이라는 자산의 정의에 가장 충실한 측정 속성이다. 모든 자산과 부채를 현재가치 평가하는게 가장 목적적합성을 높일 수 있겠지만 사용하지 못하는 것은 미래현금흐름의 금액 및 시기의 추정에 따른 신뢰성이 심하게 훼손되기 때문이다. 이에 한국채택국제회계기준에서는 계약 등에 의해서 미래에 수령하거나 지불할 현금의 크기 및 시점을 명확하게 알 수 있는 자산 및 부채만을 현재가치 평가대상으로 삼고 있다.

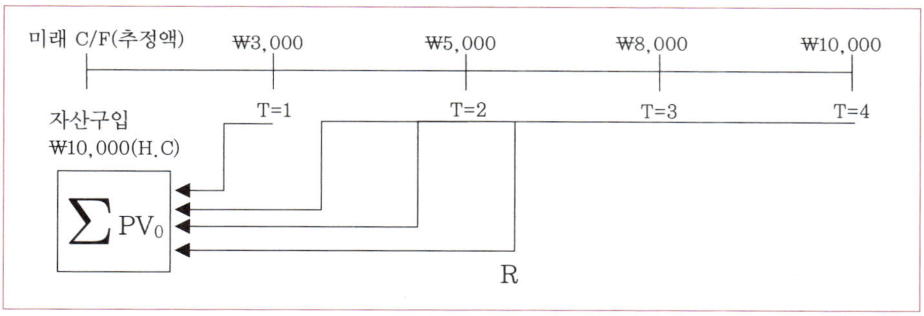

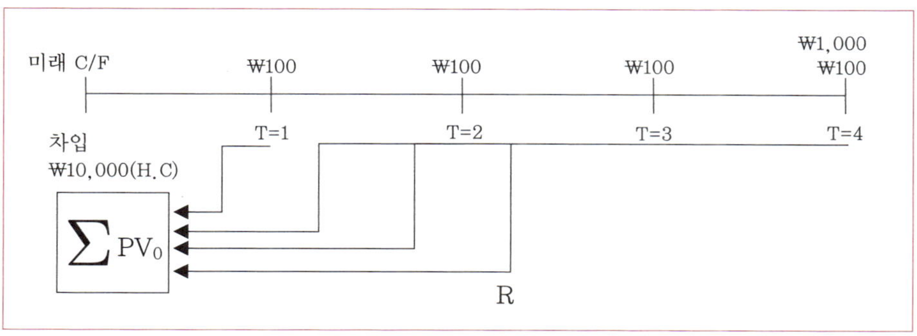

[그림 3-15] 자산과 부채의 현재가치 평가

3. 한국채택국제회계기준의 현재가치평가

기업이 재화나 용역을 제공하고 자금을 대여한 경우에 그 대가로 미래에 현금을 수취할 권리를 채권(receivables)이라 하고, 기업이 재화나 용역을 제공받거나 자금을 차입한 경우에 그 대가로 미래에 현금을 지급할 의무를 채무(payables)라 한다. 채권의 회수와 채무의 지급이 장기간에 걸쳐 이연되는 경우 미래에 회수하거나 지급할 금액에는 일반적으로 시간가치에 대한 대가인 이자요소가 포함되어 있다. 이 경우 미래현금흐름에 포함된 이자요소는 거래발생일 이후 후속적으로 대금이 회수되거나 지급되는 기간에 이자수익이나 이자비용으로 인식하여야 적절한 기간손익의 배분이 가능해 진다. 왜냐하면 화폐의 시간가치를 무시하고 미래현금흐름(명목가액)으로 계상하면 채권과 채무가 과대평가되고 그 결과 수익과 비용도 과대평가되기 때문이다. 따라서 장기성 채권·채무는 미래현금흐름에서 이자요소를 분리하여 적정한 이자율로 할인한 현재가치로 평가한 후 재무상태표에 계상해야 한다. 단, 명시된 이자율이 없는 단기수취채권과 단기지급채무는 미래에 수취 또는 지급할 금액과 현재가치의 차이가 유의적이지 않으므로 중요성 관점에서 현재가치평가를 하지 않으며 송장(invoice)의 원본금액으로 측정한다.

현재가치평가의 대상은 장기연불조건의 매매거래와 장기금전대차거래로 나누어 볼 수 있는데 ① 장기연불조건의 매매거래는 거래의 대상이 재화나 용역인 경우를 말하며, 일반적 상거래에서 발생하는 재화의 매매거래, 용역의 수수거래 및 유형자산의 매매거래 등을 포함한다. ② 장기금전대차거래는 거래의 대상이 금전인 경우를 말하며, 투자채무증권(매도가능금융자산 또는 만기보유금융자산), 장기대여금, 사채 및 장기차입금 등의 계정들이 나타난다.

<table>
<tr><th></th><th>장기연불조건의 매매거래에서 발생한
채권 · 채무 (매매거래 + 금융거래)</th><th>장기금전대차거래에서 발생한 채권 · 채무
(순수금융거래)</th></tr>
<tr><td>거래의
대상</td><td>재화나 용역(유형자산 매매거래, 재고자산 매매거래, 용역수수 거래)</td><td>금 전</td></tr>
<tr><td>계정
과목</td><td>장기매출채권, 장기매입채무 장기미수금, 장기미지급금</td><td>장기대여금, 장기차입금, 투자채무증권, 사채</td></tr>
<tr><td>주의</td><td colspan="2">모든 장기 채권 · 채무가 현가가치 대상은 아니며 다음과 같은 채권 · 채무는 현재가치 평가 대상에서 제외 한다.
① 장기선수금과 장기선급금 등과 같이 미래에 현금이 아닌 재화나 용역을 주고 받을 권리나 의무
② 이연법인세자산(부채) 등 미래현금흐름액을 정확히 예측하기 어려운 채권 · 채무</td></tr>
</table>

[그림 3-16] **현재가치 평가 항목**

4. 현재가치평가의 적용

1) 현재가치평가에 적용할 이자율

장기성 채권 · 채무에 대한 현재가치는 당해 미래현금흐름의 총수취(지급)액을 적절한 이자율로 할인하여 측정한다. 여기서 적절한 이자율은 당해 거래의 유효이자율(effective interest rate)을 적용하며, 여기서 유효이자율은 매매되는 자산의 공정가치(수취채권 · 지급채무의 경우) 또는 수수된 현금액(대여금 · 차입금의 경우)과 미래현금흐름의 현재가치를 일치시켜 주는 할인율, 즉 내재이자율(imputed rate of interest)을 말한다. 한편, 재무회계에서 내재이자율은 내부수익률(internal rate of return; IRR)과 동일한 의미로 사용된다.

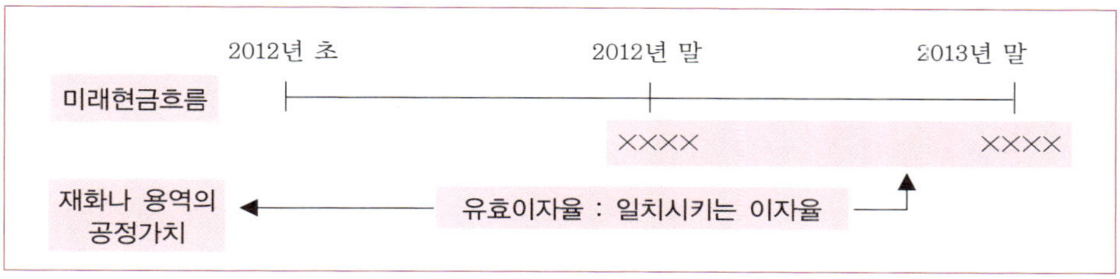

[그림 3-17] **유효이자율**

2) 미래현금흐름의 현재가치

미래현금흐름의 현재가치(present value of future cash flow)란 미래현금흐름을 적절한 할인율로 할인한 가액으로 이는 일반적으로 해당 재화나 용역의 공정가치와 일치한다. 이때 미래 현금흐름(명목금액)과 현재가치의 차액을 현재가치할인차금(present value discount)이라 하며, 현재가치할인차금은 당해채권과 채무에서 차감하는 형식으로 기재하고 유효이자율법을 적용하여 상각한 금액을 이자수익이나 이자비용으로 처리한다.

채권 · 채무의 명목금액 − 채권 · 채무의 현재가치 = 현재가치할인차금

A사		부분B/S
비유동자산		
장기성채권	₩10,000	
현재가치할인차금	(1,000)	
	₩9,000	

[그림 3-18] 현재가치할인차금의 표시

3) 최초인식일 이후의 이자의 인식

장기성채권·채무는 최초인식시 내재이자율을 적용한 현재가치로 측정된다. 또한 현재가치와 미래현금흐름의 차이는 만기까지 기간에 걸쳐 이자수익(이자비용)으로 인식한다. 이를 인식하는 방법에는 정액법(straight line method)과 유효이자율법(effective interest method)이 있으나 한국채택국제회계기준 기준서 제1039호 '금융상품 : 인식과 측정'에서는 장기성채권·채무 성격의 금융상품은 유효이자율법을 사용하여 상각후원가로 측정하고 이자수익(이자비용)을 인식하도록 규정하고 있다.

(1) 정액법

정액법은 장기성 채권·채무의 상환기간내 걸쳐 현재가치할인차금을 균등안분한 금액을 상각액으로 하는 방법이다. 정액법에서 이자비용은 표시이자에 균등안분한 현재가치할인차금 상각액을 가산한 금액이 된다.

① 현재가치할인차금 상각액 = 총현재가치할인차금 × (각 회계연도의 기간 / 장기성 채무의 상환기간)
② 각 회계연도의 이자비용 = 표시이자 + 현재가치할인차금 상각액

(2) 유효이자율법

유효이자율[24)]법은 장기성 채권·채무의 상각후원가를 계산하고 관련 기간에

24) 유효이자율은 금융상품의 기대기간이나 적절하다면 더 짧은 기간에 예상되는 미래현금유출과 유입의 현재가치를 금융자산 또는 금융부채의 순장부금액과 정확히 일치시키는 이자율이며, 이는 내재이자율의 정의와 동일하다.

걸쳐 이자수익이나 이자비용을 배분하는 방법이다. 한편, 유효이자율을 이용하여 실질이자를 계산하고, 동 실질이자와 표시이자와의 차액을 현재가치할인차금 상각액으로 계산하는 방법을 말한다.

현재가치할인차금 상각액 = 실질이자 − 표시이자

여기서 실질이자는 직전 이자지급일 현재 채권 · 채무의 장부금액 × 유효이자율로 계산하며 표시이자는 채권 · 채무의 명목금액 × 표시이자율로 계산한다.

유효이자율법을 적용하기 위해서는 채권 · 채무의 연도별 장부금액의 변동을 파악하여야 하므로 다음과 같은 상각표를 작성하는 것이 편리하지단 상각표를 반드시 만들어야 하는 것은 아니며 상각표는 수단일 뿐이다.

일자	채권의 장부금액 (전기말BV + 당기상각액)	유효이자 (기초BV × 유효이자율)	표시이자 (액면가 × 표시이자율)	현재가치할인차금상각 (유효이자 − 표시이자)
발행일		−	−	−
만기일	어음의 액면금액			
계	−	₩×××	₩×××	₩××× (현재가치할인차금)

*형식이자 = 액면이자 = 현금이자 = 표시이자
*실질이자 = 유효이자 = 내재이자 = 시장이자

[그림 3-19] **유효이자율법 상각표**

5. 현재가치평가의 유형

여기서는 재무회계 분야에서 자주 활용되는 현재가치 평가의 유형을 예제를 통해 살펴보기로 한다.

1) 원금만기상환형(사채형)의 현재가치평가

원금만기상환형(사채형)은 매기 일정기간마다 이자(액면이자)를 수취(지급)하고 만기에 원금을 일시에 수취(상환)하는 유형으로서 사채의 현금흐름과 유사하며 다음과 같이 원금은 만기에만 현금흐름이 있고 액면이자가 구분되어 매기 일정액으로 지급된다는 특징이 있다.

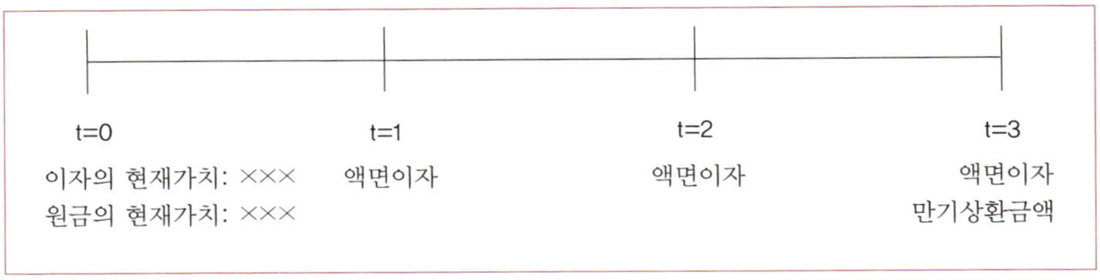

이 현금흐름은 매기 일정액의 이자에 대하여는 연금현가계수를 적용하고, 만기 원금에 대하여는 단일금액의 현가계수를 적용하여 현재가치를 산정한다. 이를 토대로 이자수익 또는 이자비용을 인식한다.

예제 3

한양㈜는 2012년 초 상품을 판매하고 그 대가로 액면가 ₩100,000, 액면이자율 연2%(매년말 지급), 만기 2년의 어음을 수령하였다. 당해 거래에 적용된 내재이자율은 10%였다. 단, 10% 2기 현가계수는 0.82645이고, 10% 2기 연금현가계수는 1.73554이다.

물음

한양㈜가 인식할 매출액을 구하고 2012년 초와 2012년 말의 회계처리를 하시오. 단, 유동성대체는 생략하시오.

풀이

1) 미래현금흐름(FCF)의 도식화

= 명목금액(₩100,000) − PV(₩86,116)

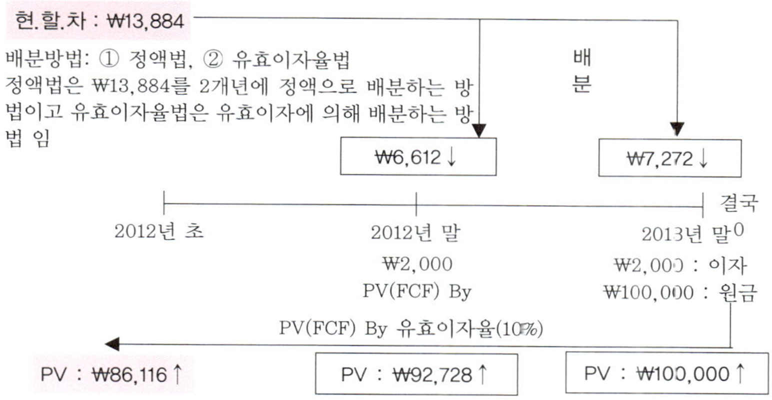

⇒ 만약 지금 돈 받고 처분했다면 가액

결국 현재가치할인차금을 조정하여 매기 현재가치평가를 하고 있는 것임. 시장이자율이 10%인데 현금이자를 2%만 주기에 만기에 그 차액인 8%를 보상해주는 것이기도 하다.

2) 미래현금흐름의 현재가치 계산 (어음의 현재가치)

이자의 현재가치 : ₩2,000 × 1.73554 (2년, 10% 연금현가) = ₩3,471

원금의 현재가치 : ₩100,000 × 0.82645 (2년, 10% 현가) = 82,645 ₩86,116

3) 현재가치할인차금 계산

₩100,000 − ₩86,116 = ₩13,884

4) 유효이자율법 상각표

일 자	장 부 금 액 (액면가액−할인차금)	유 효 이 자 (장부금액×시장이자율)	액 면 이 자 (액면금액×액면이자율)	상 각 액 (유효이자-액면이자)
12년초	₩86,116			
12년말	92,728	₩8,612	2,000	6,612
13년말	100,000	9,272*	2,000	7,272
계		₩17,884	₩4,000	₩13,884

*단수차이조정

5) 회계처리[25)]

일 자	상품 판매자	B/S
2012년초	장기매출채권 100,000① / 매 출 86,116② (명목가액) 현재가치할인차금 13,884③ (차감적평가계정)	장기매출채권 ₩100,000 현.할.차 (₩13,884) ₩86,116 (BV=PV)
2012년말	현 금 2,000① / 이자수익 8,612② 현재가치할인차금 6,612③ *86,116 × 10% = 8,612	장기매출채권 ₩100,000 현.할.차 (₩7,272) ₩92,728 (BV=PV)

참고로 2013년 말의 회계처리는 다음과 같다.

일 자	상품 판매자	B/S
2013년말	현　　　　금 2,000① / 이자수익 9,272③ 현재가치할인차금 7,272② 현　　　　금 100,000 / 장기메출채권 100,000 *92,728 × 10% = 9,272	장기매출채권 ₩100,000 현.할.차 (0) ₩100,000 (BV=PV)

2) 원금분할상환형(할부형)의 현재가치평가

원금분할상환형(할부형)은 매기 액면이자와 원금을 포함한 일정액의 현금흐름이 있는데 액면이자와 원금부분이 명시적으로 구분되어 있지 않는 현금흐름을 갖는 유형으로서 다음과 같이 액면이자가 구분되지 않는다는 특징이 있다.

이 현금흐름은 매기 일정액의 현금흐름에 대하여 연금현가계수를 적용하여 현재가치를 산정한다. 이를 토대로 이자수익 또는 이자비용을 인식한다.

---

25) 어음수취시점에서는 2년 뒤에 수령하게 될 ₩100,000 이 ₩86,116의 가치를 가지고 있다는 것 이다. 현재가치할인차금은 장기채권·채무의 차감적 평가계정이며 재무상태표에 차감하는 형식으로 표시한다. 또한 아래와 같이 현재가치할인차금은 평가하는 대상에 따라 위치가 달라진다.

상품 구입자		2012년 초 B/S
2012년초	기 계 장 치 86,116 / 장기미지급금 100,000 현재가치할인차금 13,884	장기미지급금 100,000 현,할,차 (13,884) ₩86,116
2012년말	이 자 비 용 9,272 / 현　　　금 2,000 현재가치할인차금 6,612	
2013년말	이 자 비 용 9,272 / 현　　　금 2,000 현재가치할인차금 7,272 장기미지급금 100,000 / 현　　　금 100,000	

예제 4

숭의㈜는 2012년 초 3년간 매년 말에 ₩100,000씩 3회에 걸쳐 분할하여 회수하는 조건으로 상품을 판매하였다. 할부대금의 회수는 판매시점 1년 후부터 시작하여 회수하기로 약정하였다. 당해 판매거래에 적용된
내재이자율은 12%이며, 12% 연금현가계수는 2.401830이다.

물음

숭의㈜가 인식할 매출액을 구하고 2012년 초와 2012년 말의 회계처리를 하시오. 단, 유동성 대체는 생략하시오

풀이

1) 미래현금흐름의 도식화

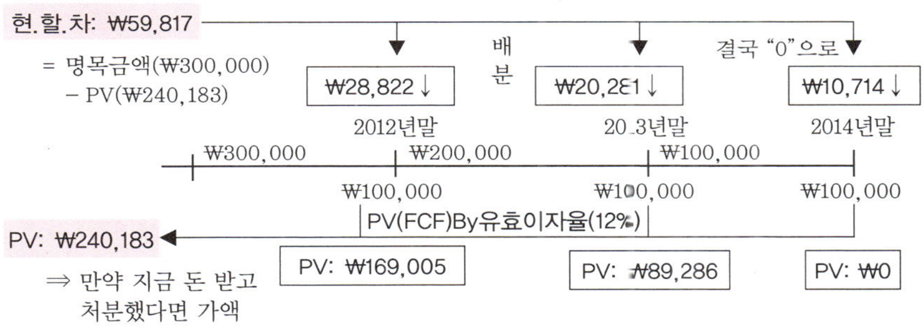

2) 미래현금흐름의 현재가치 계산 (어음의 현재가치)
₩100,000 × 2.40183 (3년, 12% 연금현가) = ₩240,183

3) 현재가치할인차금 계산
₩300,000 − ₩240,183 = ₩59,817

4) 유효이자율법 상각표

일자	장부금액 (액면가액−할인차금)	원금 회수액	유효이자 (장부금액×시장이자율)	액면이자 (액면금액×액면이자율)	상각액 (유효이자−액면이자)
12년 초	₩240,183				
12년 말	169,005	(−)100,000	₩28,822	−	₩28,822
13년 말	89,286	(−)100,000	20,281	−	20,281
14년 말	−	(−)100,000	10,714	−	10,714
계					

5) 회계처리

일 자	판매자	B/S
2012 년 초	장기매출채권 300,000① / 매 출 240,183② 현재가치할인차금 59,817③	장기매출채권 ₩300,000 현.할.차 (₩59,817) ₩240,183 (BV=PV)
2012 년 말	현재가치할인차금 28,822② / 이자수익 28,822① 현 금 100,000 / 장기성매출채권 100,000 *240,183 × 12% = 28,822	장기매출채권 ₩200,000 현.할.차 (₩30,995) ₩169,005 (BV=PV)

참고로 2013, 2014년 말의 회계처리는 다음과 같다.

2013 년말	현재가치할인차금 20,281② / 이자수익 20,281① 현 금 100,000 / 장기성매출채권 100,000 *169,005 × 12% = 20,281	장기매출채권 ₩100,000 현.할.차 (₩10,714) ₩89,286 (BV=PV)
2014 년말	현재가치할인차금 10,714② / 이자수익 10,714① 현 금 100,000 / 장기성매출채권 100,000	

보론 관계기업과 연결재무제표의 이해

1) 관계기업 투자

(1) 관계기업과 지분법의 의의

관계기업(associates)은 투자자가 당해 기업에 대하여 유의적인 영향력을 행사하고 있는 기업을 말한다. 다만 투자자가 피투자자에 대하여 지배력을 행사하는 종속기업(subsidiary)과 피투자자에 대하여 공동지배력을 행사하는 조인트벤처(joint venture)는 관계기업의 범위에 포함되지 않는다. 여기서 유의적인 영향력(significant influence)이라 함은 피투자자의 재무정책과 영업정책에 관한 의사결정에 참여할 수 있는 능력을 말한다.

B사	◀────────	A사
IFRS : 관계기업	20%~50%	투자자
IFRS : 종속회사	50% 이상	지배회사

[그림 3A-1] 용어의 구분

(2) 지분법의 의의

투자자(investor)가 다른 피투자자(investee)에 유의적인 영향력을 행사할 수 있는 지분을 소유하고 있는 경우 당해 피투자자를 관계기업이라 한다. 이 경우 투자자는 관계기업의 경영의사결정에 영향을 미칠 수 있다. 따라서 관계기업에 대한 투자지분에 대하여는 일반적인 지분상품과 달리 투자자의 전략적 의도와 그러한 경제적 실질을 반영할 수 있는 회계처리가 필요하며, 이를 충족할 수 있는 회계처리가 바로 지분법이다. 지분법(equity method)은 투자자산을 최초에 원가(cost)로 인식하고, 취득시점 이후에 발생한 피투자자의 당기순손익(순자산 변동액) 중 투자자의 지분에 해당하는 금액을 투자자산(장부금액)에 가감하여 보고하는 회계처리 방법이다. 따라서 지분취득일 이후에는 투자자의 당기순손익에 피투자자의 당기순손익 중 투자자의 지분에 해당하는 금액이 포함되게 된다. 투자자와 관계기업은 법률적으로는 별개의 법적 실체(legal entity)이지만, 회계적 관점에서는 하나의 통합된 경제적 실체(economic entity)로 보는 것이 이러한 지분법회계의 기본 출발점이다. 정확하게 표현하면 투자자와 관계기업에 대한 투자기업의 지분율에 해당하는 부분을 하나의 통합실체로 간주하여 회계처리 하는 것이 지분법이다. 이 방법은 투자자와 관계기업간의 경제적 관련성을 중시하여 관계기업의 경제적 실질을 올바르게 나타낼 수 있으며 투자자와 관계기업간의 부당한 내부거래와 배당정책을 통한 이익조작행위를 방지할 수 있다는 장점이 있다. 이와 같이 주식이 지분율에 따라 회계처리 방법이 다른 이유는 영향력을 행사하여 분식을 할 수 있기 때문이다.

0% 20% 50% 100%

피투자자(B사)			
투자지분율(A사)	None	Influence	Control
이해관계	영향력 없음	유의적인 영향력	지배력
투자지분평가방법 (A사 주식 평가법)	원가법 or 공정가치법	지분법	연결F/S작성
관련규정	금융상품기준서	관계기업투자 기준서	연결재무제표기준서

[그림 3A-2] **지분율에 따른 투자지분의 회계처리**

2) 사업결합의 의의

사업결합(business combination)은 크게 합병(merger)과 주식인수(acquisition)로 구분된다. 합병이란 A회사가 B회사를 지배하기 위해 자산을 취득하고 부채를 인수하며, 이전대가를 B회사의 소유주에게 지급하는 사업결합방법 이다. 이때 B회사는 법적 실체가 소멸하게 된다. 그런데 사업결합에는 A회사가 단순히 B회사의 지분의 전부 또는 일부를 취득하여 B회사를 지배하는 경우가 보다 일반적이다. 이때 A회사를 지배기업이라고 하며, B회사를 종속기업이라고 한다. 이러한 경우에는 A회사와 B회사는 법적으로는 독립된 실체이지만 경제적으로는 하나의 실체로 보는 것이 합리적이다. 따라서 A회사와 B회사를 하나의 기업으로 간주하고 재무제표를 작성해야 하는데, 이를 연결재무제표(consolidated financial statements)라고 한다.

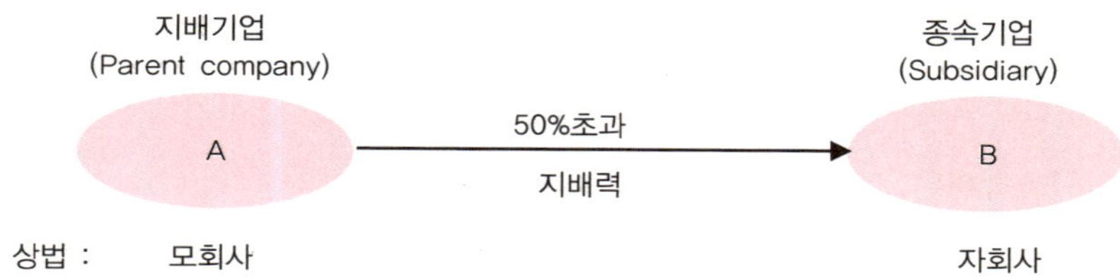

[그림 3A-3] **지배기업과 종속기업**

합병은 법률적으로 독립된 둘 이상의 기업이 법률적으로 하나의 기업체를 형성하는 것을 말하는 것으로, 결합하는 기업 중 일부 또는 전부가 청산과정 없이 소멸하게 된다.

주식인수(acquisition)는 취득자가 다른 기업의 주식매수를 통하여 다른 기업에 대한 지배력을 확보하는 사업결합방법이다.

구 분	합 병	주식인수
법률적실체	1개	2개 이상
경제적실체	1개	1개
사업결합방법	자산 · 부채의 포괄인수	주식의 취득(50%초과)
정보제공수단	합병재무제표	연결재무제표
비지배주주 유무	–	비지배주주 존재

[그림 3A-4] 합병과 주식인수의 비교

3) 연결재무제표와 별도재무제표 및 개별재무제표

모든 기업은 재무제표를 작성하여 기업의 이해관계자에게 회계정보를 제공해야 한다. 이때 타 기업에 대한 지분투자의 여부와 그 정도를 기준으로 작성하는 재무제표의 종류가 달라진다. 재무제표의 종류에는 개별재무제표(individual financial statements), 연결재무제표(consolidated financial statements), 별도재무제표(separate financial statements)가 있다. ① 개별재무제표란 특정기업이 타 기업에 대한 지분투자가 없거나 지분투자가 있더라도 지배력이나 유의적인 영향력을 행사할 수 없는 경우 작성되는 재무제표를 말한다. 한국채택국제회계기준에서는 연결재무제표를 작성하는 지배회사의 개별재무제표 작성방식이 별도재무제표 방식으로 변경된다. ② 연결재무제표란 특정 기업이 타 기업의 지분투자를 통해 지배력을 행사하는 경우 작성되는 재무제표를 말한다. ③ 별도재무제표란 지배기업, 관계기업의 투자자 또는 공동지배기업의 참여자가 투자자산을 피투자자의 보고된 성과와 순자산에 근거하지 않고 직접적인 지분투자에 근거한 회계처리로 표시한 재무제표를 말한다. 즉, 지배회사가 자신의 개별재무제표 작성시 종속/관계회사 지분을 지분법이 아닌 원가법이나 공정가치로 평가하여 작성하는 재무제표를 의미한다.

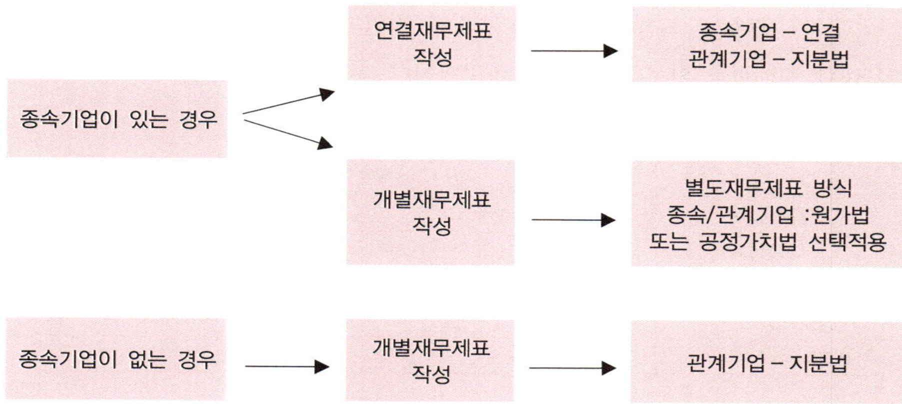

[그림 3A-5] **연결재무제표와 별도재무제표 및 개별재무제표**

객관식 연습문제

exercises

▶▶ Ⅰ. 이론형 객관식 문제

01 **다음 보기 중 포괄손익계산서상 당기순이익과 포괄이익의 차이를 발생시키는 항목은 몇 개인가?** (9급 지방직 2011, 행정안전부 2008 수정)

① 매도가능금융자산평가손실	② 해외사업환산외환차이	③ 재해손실
④ 주식선택권	⑤ 현금흐름위험회피 파생상품평가손익	
⑥ 감자차손	⑦ 주식선택권	⑧ 배당건설이자
⑨ 자기주식처분이익	⑩ 주식할인발행차금	

① 4개
② 3개
③ 2개
④ 1개
⑤ 없음

정답 ②

포괄이익은 기업실체가 일정 기간 동안 소유주와의 자본거래를 제외한 모든 거래나 사건에서 인식한 자본의 변동을 말한다. 매도가능금융자산평가손익, 해외사업장환산외환차이, 현금흐름위험회피형 파생상품평가손익, 재평가잉여금의 변동, 순확정급여부채(자산)의 재측정요소, 관계기업기타포괄손익이 당기순이익에 반영되지 않고 기타포괄손익누계액의 항목으로 자본에 표시되는 경우 포괄이익과 당기순이익은 일치하지 않는다. 감자차손과 주식선택권, 배당건설이자, 자기주식처분이익은 자본유지조정 항목이다.

02 **다음은 재무제표에 관한 설명이다. 옳지 않은 것은?** (9급 세무직 2007)

① 재무상태표는 일정 시점 현재 기업실체가 보유하고 있는 경제적 자원인 자산과 경제적 의무인 부채의, 그리고 자본에 대한 정보를 제공하는 재무보고서이다.

② 포괄손익계산서는 일정기간 동안 기업실체의 경영성과에 대한 정보를 제공하는 재무보고서이다.
③ 현금흐름표는 일정시점의 기업실체애 대한 현금유입과 현금유출에 대한 내용을 제공하므로 기업실체의 미래현금흐름을 전망하는 데 충분한 정보를 제공하지 못한다.
④ 자본변동표는 기업실체애 대한 자본의 크기와 그 변동에 관한 정보를 제공하는 재무보고서로써 소유주의 투자와 소유주에 대한 분배 그리고 포괄이익에 대한 정보를 포함한다.

정답 ③

현금흐름표는 일정기간의 현금흐름에 대한 내용이다.

03 다음은 재무상태표에 대하여 설명한 것이다. 옳지 않은 것은?

① 재무상태표는 특정시점의 기업의 경제적 자원과 경제적 자원에 대한 청구권인 부채와 자본의 상태를 표시하는 재무제표이다.
② 재무상태표는 특정시점의 자본구조, 기업의 유동성 및 지급능력, 수익성과 위험을 평가하는 데 유용한 정보를 제공할 수 있다.
③ 재무상태표는 유동항목과 비유동항목으로 구분하며, 배열순서는 반드시 유동성순서배열법을 사용하여야 한다.
④ 재무상태표에 자산과 부채를 세분류하여 표시하는 것도 가능하지만 이 경우에는 중간합계 등을 표시하여야 한다.
⑤ 정상영업주기는 영업활동을 위한 자산의 취득시점부터 그 자산이 현금이나 현금성자산으로 실현되는 시점까지 소요되는 기간으로 정상영업주기를 명확히 식별할 수 없는 경우에는 그 기간이 12개월인 것으로 가정한다.

정답 ③

재무상태표는 유동성순서배열법, 유동성·비유동배열법, 혼합표시방법이 모두 가능하다.

04 다음은 재무제표 표시와 관련된 한국채택국제회계기준의 내용들이다. 이들 내용 중 옳지 않은 설명은 어느 것인가?

① 당기순손익의 구성요소는 단일 포괄손익계산서의 일부로 표시하거나 별개의 손익계산서에 표시할 수 있다.

② 재무제표가 한국채택국제회계기준의 요구사항을 모두 충족한 경우가 아니라면 한국채택국제회계기준을 준수하여 작성되었다고 기재하여서는 아니 된다.
③ 한국채택국제회계기준에서 요구하거나 허용하지 않는 한 자산과 부채 그리고 수익과 비용은 상계하지 아니한다.
④ 외환손익 또는 단기매매 금융자산에서 발생하는 손익과 같이 유사한 거래의 집합에서 발생하는 차익과 차손은 순액으로 표시한다.
⑤ 재고자산에 대한 재고자산평가충당금과 매출채권에 대한 대손충당금과 같은 평가충당금을 차감하여 관련 자산을 순액으로 측정하는 것은 상계표시에 해당한다.

정답 ⑤

재고자산에 대한 재고자산평가충당금과 매출채권에 대한 대손충당금과 같은 평가충당금을 차감하여 관련 자산을 순액으로 측정하는 것은 상계표시에 해당하지 아니한다.

05 한국채택국제회계기준 '재무제표 표시'에 따르면 포괄손익계산서에 반드시 표시되어야 할 항목이 아닌 것은? (국가직 2001 수정)

① 관계기업 당기순손익에 대한 지분
② 법인세비용
③ 금융원가
④ 주주에게 배당된 배당금액
⑤ 답 없음

정답 ④

주주에게 배당된 배당금액은 더 이상 포괄손익계산서에 표시되지 않는다.

06 한국채택국제회계기준에 의해 보고할 때, 해당하는 금액이 있을 경우 재무상태표에 적어도 표시해야 할 항목이 아닌 것은? (9급 관세직 2011)

① 생물자산
② 유동자산
③ 투자부동산
④ 지분법에 따라 회계처리하는 투자자산

정답 ②

유동자산은 필수적 기재항목은 아니다.

07 재무상태표의 기본요소에 대한 설명으로 적절하지 않은 것은?

(9급 관세직 2007)

① 자산의 과거의 거래나 사건의 결과로서 현재 기업실체에 의해 지배되고 미래에 경제적 효익을 창출할 것으로 기대되는 자원이다.

② 부채는 과거의 거래나 사건의 결과로서 현재 기업실체가 부담하고 미래에 자원의 유출또는 유입이 예상되는 의무이다.

③ 재무상태표표에 표시되는 자본의 총액은 발생주식의 시가총액으로서, 자본잉여금의 발생금액 및 이익잉여금의 총액에 의해 결정된다.

④ 기업실체의 재무상태에 대한 정보를 제공하는 재무상태표의 기본요소는 자산, 부채 및 자본이다.

정답 ③

재무상태표상의 자본은 주식의 시가 총액과는 일치하지 않는 것이 일반적이다.

08 한국채택국제회계기준에 의해 보고할 때, 포괄손익계산서에 구분하여 표시하지 않아도 되는 항목은?

(감정평가사 2011)

① 금융원가

② 법인세비용

③ 감가상각비용

④ 세후중단영업손익

⑤ 지분법에 적용대상인 관계기업의 당기순손익에 대한 지분

정답 ③

감가상각비는 필수표시항목이 아니다.

09 다음 경영활동 중에서 2010년도 포괄손익계산서의 당기순이익에 영향을 미치지 않는 것은?

(관세사 2010)

① 2010년 4월 1일에 주당 액면 ₩5,000인 보통주 200주를 주당 ₩7,000에 발행하였다.

② 2010년 4월 2일에 단위당 ₩100에 매입한 상품 20개를 개당 ₩150에 판매하였다.

③ 2010년 5월 1일에 장부금액이 ₩500,000인 창고에 화재가 발생하여 창고 전체가 불에 타버렸다. 회사는 이 건물에 대해 어떤 보험에도 가입되어 있지 않다.

④ 2010년 1월 1일에 ₩1,000,000에 취득한 토지를 2010년 4월 2일에 ₩900,000에 처분하였다.

⑤ 2010년 2월 1일에 은행으로부터 ₩1,000,000을 2년 후에 상환하기로 하고 차입하였다. 이자는 연 10%이며, 매년 말에 지불하다.

정답 ①

주식의 발행은 포괄손익계산서의 당기순이익에 영향을 주지 않는 자본거래이다.

10 다음 중 포괄손익계산서의 내용으로 옳지 않은 것은? (관세사 2010)

① 당기순손익의 구성요소는 단일포괄손익계산서의 일부로 표시되거나 별개의 손익계산서로 표시될 수 있다.

② 당기순손익과 총포괄손익은 지배기업의 소유주와 비지배지분에 귀속되는 금액을 구분하여 포괄손익계산서에 공시한다.

③ 비용을 기능별로 분류하는 것이 성격별 분류보다 더욱 목적적합한 정보를 제공하므로, 비용은 기능별로 분류한다.

④ 포괄손익계산서에서 세후 중단영업손익은 구분되어 표시된다.

⑤ 수익과 비용의 어느 항목도 특별손익항목으로 표시할 수 없다.

정답 ③

기업은 비용의 기능별 또는 성격별 분류방법 중에서 신뢰성 있고 더욱 목적적합한 정보를 제공할 수 있는 방법을 적용하여 당기손익으로 인식한 비용의 분석내용을 표시한다.

11 다음 중 재무제표의 표시와 작성에 대한 설명으로 옳은 것은? (공인회계사 2010)

① 재무상태표에 표시되는 자산과 부채는 반드시 유동자산과 비유동자산, 유동부채와 비유동부채로 구분하여 표시해야 한다.

② 자본의 구성요소인 기타포괄손익누계액과 자본잉여금은 포괄손익계산서와 재무상태표를 연결시키는 역할을 한다.

③ 손익계산서는 당기손익을 구성하는 요소와 기타포괄손익을 구성하는 요소로 구분 표시하여 반드시 하나의 보고서로 작성해야 한다.

④ 기타포괄손익은 관련 자산과 부채의 미실현평가손익을 당기손익에 반영하지 않고 자본에 별도의 항목으로 잠정적으로 분류했다가 나중에 전부 이익잉여금에 직접 반영될 예정인 항목이다.

⑤ 재분류조정(reclassification adjustments)은 당기나 과거 기간에 인식한 기타포괄손익을 당기의 손익으로 재분류하는 회계처리이다.

정답 ⑤

재분류조정은 재평가잉여금이나 확정급여제도의 보험수리적손익에 의해서는 발생하지 않는다. 재평가잉여금은 자산이 사용되는 후속기간 또는 자산이 제거될 때 이익잉여금으로 대체될 수 있다. 보험수리적손익은 기타포괄손익으로 인식된 기간에 이익잉여금으로 보고된다.

12 다음 중 '재무제표 표시와 작성'에 관한 내용으로 옳지 않은 것은?

(세무사 2011)

① 한국채택국제회계기준을 준수하여 작성된 재무제표는 국제회계기준을 준수하여 작성된 재무제표임을 주석으로 공시할 수 있다.

② 보고기간말 이전에 장기차입약정을 위반했을 때 대여자가 즉시 상환을 요구할 수 있는 채무는 보고기간 후 재무제표 발생승인일 전에 채권자가 약정위반을 이유로 상환을 요구하지 않기로 합의한다면 비유동부채로 분류한다.

③ 비용을 기능별로 분류하는 기업은 감가상각비, 기타 상각비와 종업원급여비용을 포함하여 비용의 성격에 대한 추가 정보를 공시한다.

④ 정상영업주기 내에 사용되는 운전자본의 일부인 매입채무 그리고 종업원 및 그 밖의 영업원가에 대한 미지급비용은 보고기간 후 12개월 후에 결제일이 도래한다 하더라도 유동부채로 분류한다.

⑤ 재고자산에 대한 재고자산평가충당금과 매출채권에 대한 대손충당금과 같은 평가충당금을 차감하여 관련 자산을 순액으로 측정하는 것은 상계표시에 해당하지 아니한다.

정답 ②

차입약정을 위반했기 때문에 대여자가 즉시 상환을 요구할 수 있는 장기금융부채는 보고기간 후 재무제표 발행승인일 전에 채권자가 약정위반을 이유로 상환을 요구하지 않기로 합의하더라도 유동부채로 분류한다. 그러나 대여자가 보고기간말 이전에 보고기간 후 적어도 12개월 이상의 유예기간을 주는 데 합의하여 그 유예기간 내에 기업이 위반사항을 해소할 수 있고 또 그 유예기간 동안에는 대여자가 즉시 상환을 요구할 수 없다면 그 부채는 비유동부채로 분류한다.

13 기업은 비용을 분류하는 방식에 따라 성격별 포괄손익계산서와 기능별 포괄손익계산서를 선택할 수 있다. 다음 항목 중 성격별 포괄손익계산서와 기능별 포괄손익계산서에 공통으로 나타나지 않는 것은?

(세무사 2010)

① 매출원가
② 수익
③ 금융원가
④ 지분법 적용대상인 관계기업과 공동기업의 당기순손익에 대한 지분
⑤ 법인세비용

정답 ①

기업은 비용의 성격별 또는 기능별 분류방법(매출원가법) 중에서 신뢰성 있고 더욱 목적적합한 정보를 제공할 수 있는 방법을 적용하여 당기손익으로 인식한 비용의 분석내용을 표시한다. 비용의 성격별 분류는 상품매입, 상품의 변동, 감가상각비, 원재료의 구입, 운송비, 종업원 급여와 광고비 등으로 표시하는 것이며, 비용의 기능별 분류는 매출원가, 물류원가와 관리원가 등으로 분류하는 것이다. 금융원가, 법인세비용 및 관계기업 지분의 이익에 대한 지분(지분법손익)은 성격별 분류와 기능별 분류에 똑같이 표시된다.

14 다음 중 재무제표의 작성과 표시에 대한 설명으로 타당하지 않은 것은 어느 것인가?

(공인회계사 2011)

① 해당 기간에 인식한 모든 수익과 비용 항목은 (1) 별개의 손익계산서와 당기순손익에서 시작하여 기타포괄손익의 구성요소를 표시하는 보고서 또는 (2) 단일포괄손익계산서 중 한 가지 방법으로 표시한다.
② 유동성 순서에 따른 표시방법을 적용할 경우에는 모든 자산과 부채를 유동성의 순서에 따라 표시한다.
③ 영업활동을 위한 자산의 취득시점부터 그 자산이 현금이나 현금성자산으로 실현되는 시점까지 소요되는 기간이 영업주기이다.
④ 매입채무 그리고 종업원 및 그 밖의 영업원가에 대한 미지급비용과 같은 기업의 정상영업주기 내에 사용되는 운전자본 항목은 보고기간 후 12개월 후에 결제일이 도래한다 하더라도 유동부채로 분류한다.
⑤ 비용의 기능에 대한 정보가 미래현금흐름을 예측하는 데 유용하기 때문에, 비용을 성격별로 분류하는 경우에는 비용의 기능에 대한 추가 정보를 공시하는 것이 필요하다.

정답 ⑤

비용을 기능별로 분류하는 기업은 감가상각비, 기타 상각비와 종업원급여비용을 포함하여 비용의 성격에 대한 추가 정보를 공시한다.

1. 정상영업주기를 명확히 식별할 수 없는 경우에는 그 기간이 12개월인 것으로 가정한다.
2. 한국채택국제회계기준에서 요구하거나 허용하지 않는 한 자산과 부채 그리고 수익과 비용은 상계하지 아니한다.
3. 재고자산에 대한 재고자산평가충당금과 매출채권에 대한 대손충당금과 같은 평가충당금을 차감하여 관련 자산을 순액으로 측정하는 것은 상계표시에 해당하지 아니한다.
4. 투자자산 및 영업용자산을 포함한 비유동자산의 처분손익은 처분대금에서 그 자산의 장부금액과 관련처분비용을 차감하여 표시한다.

15 재무제표에 관한 설명으로 옳지 않은 것은? (감정평가사 2011)

① 기업이 경영활동을 청산 또는 중단할 의도가 있거나, 경영활동을 계속할 수 없는 상황에 처한 경우를 제외하고는 계속기업을 가정하여 재무제표를 작성해야 한다.

② 상이한 성격이나 기능을 가진 항목은 구분하여 표시하되 중요하지 않은 항목은 성격이나 기능이 유사한 항목과 통합하여 표시할 수 있다.

③ 일반적으로 재무제표는 일관성 있게 1년 단위로 작성하여야 하나, 실무적인 이유로 52주의 보고기간을 적용할 수도 있다.

④ 재무제표의 기간별 비교가능성을 제고하기 위하여 재무보고를 할 때 전기와 당기를 비교하는 형식으로 보고해야 한다.

⑤ 계속기업의 가정이 적절한지의 여부를 평가할 때 경영진은 적어도 보고기간 말로부터 향후 6개월 기간에 대하여 이용가능한 모든 정보를 고려해야 한다.

정답 ⑤

계속기업의 가정이 적절한지의 여부를 평가할 때 경영진은 적어도 보고기간 말로부터 향후 12개월 기간에 대하여 이용가능한 모든 정보를 고려한다.

16 재무제표에 표시에 관한 설명으로 옳지 않은 것은? (관세사 2011)

① 부적절한 회계정책은 이에 대하여 공시나 주석 또는 보충 자료를 통해 설명하더라도 정당화 될 수 없다.

② 기업은 현금흐름 정보를 제외하고는 발생기준 회계를 사용하여 재무제표를 작성한다.

③ 한국채택국제회계기준에서 요구하거나 허용하지 않는 한 자산과 부채 그리고 수익과 비용은 상계하지 아니한다.

④ 외환손익 또는 단기매매 금융상품에서 발생하는 손익과 같이 유사한 거래의 집합에서 발생하는 차익과 차손은 중요하지 않을 경우 순액으로 표시한다.

⑤ 기업이 재무상태표에 유동자산과 비유동자산, 유동부채와 비유동부채로 구분하여 표시하는 경우, 이연법인세자산(부채)은 유동자산(부채)으로 분류한다.

정답 ⑤

기업의 재무상태표에 유동자산과 비유동자산, 그리고 유동부채와 비유동부채로 구분하여 표시하는 경우, 이연법인세자산(부채)은 유동자산(부채)으로 분류하지 아니한다.

17 다음 중 재무제표 표시에 대한 설명으로 옳지 않은 것은?

(공인회계사 2012)

① 기업이 재무상태표에 유동자산과 비유동자산, 유동부채와 비유동부채로 구분하여 표시하는 경우, 이연법인세자산(부채)은 유동자산(부채)으로 분류한다.

② 기타포괄손익은 재평가잉여금의 변동, 해외사업장의 재무제표 환산으로 인한 손익, 매도가능금융자산의 재측정 손익, 현금흐름위험회피의 위험회피수단의 평가손익 중 효과적인 부분 등을 포함한다.

③ 유동자산에는 보고기간 후 12개월 이내에 실현될 것으로 예상되지 않는 경우에도 재고자산 및 매출채권과 같이 정상영업주기의 일부로서 판매, 소비 또는 실현되는 자산이 포함된다.

④ 재무제표가 계속기업의 가정하에 작성되지 않는 경우에는 그 사실과 함께 재무제표가 작성된 기준 및 그 기업을 계속기업으로 보지 않는 이유를 공시하여야 한다.

⑤ 회계정책을 적용하는 과정에서 추정에 관련된 공시와는 별도로, 재무제표에 인식되는 금액에 유의적인 영향을 미친 경영진이 내린 판단은 유의적인 회계정책의 요약 또는 기타 주석사항으로 공시한다.

정답 ①

기업의 재무상태표에 유동자산과 비유동자산, 그리고 유동부채와 비유동부채로 구분하여 표시하는 경우, 이연법인세자산(부채)은 유동자산(부채)으로 분류하지 아니한다.

▶▶ II. 계산형 객관식 문제

01 **기초자산총액 ₩40,000, 기초부채총액 ₩18,000, 기말부채총액 ₩39,000이다. 기중에 경영활동으로 수익총액 ₩33,000, 비용총액 ₩24,000이 발생하였다면 기말자산총액과 기말자본총액은?**

(9급 관세직 2007, 행자부 2001, 2002 수정)

	기말자산총액	기말자본총액		기말자산총액	기말자본총액
①	₩70,000	₩31,000	②	₩61,000	₩31,000
③	₩70,000	₩22,000	④	₩61,000	₩22,000

정답 ①

이익 = 기말자본 − 기초자본
기초자본 : ₩40,000 − ₩18,000 = ₩22,000
당기순이익 : ₩33,000 − ₩24,000 = ₩9,000
기말자본 : ₩22,000 + ₩9,000 = ₩31,000
그러므로 기말자산 : ₩39,000 + ₩31,000 = ₩70,000

02 **(주)대한의 2012 회계연도 기초자산 총계는 ₩4,000,000이며, 기초와 기말시점의 부채총계는 각각 ₩2,000,000과 ₩1,500,000이다. 또한, 당기 포괄손익계산서상 수익총액이 ₩7,000,000, 비용총액이 ₩6,500,000이고, 당기중 주주의 출자액이 ₩1,000,000일 때 기말자산총계는? (단, 기타포괄손익은 없는 것으로 가정한다.)** (9급 세무직 2011)

① ₩2,500,000　　② ₩3,000,000
③ ₩3,500,000　　④ ₩5,000,000

정답 ④

순자산 변동액 중 자본거래를 제외한 나머지 변동분이 포괄이익이다. 따라서 아래 산식이 가능하다.

(1) 포괄이익 = (기말자본 − 기초자본) − 자본거래
한편, 주식배당, 무상증자는 자본거래이기는 하지만 순자산에 영향을 미치지 않으므로 고려하지 않는다. 따라서 아래 산식이 가능하다.
(2) 포괄이익 = 기말자본 − 기초자본 − (유상증자 − 현금배당)
기타포괄손익이 없을 경우 포괄이익은 당기순이익과 동일하다. 따라서 아래 산식이 가능하다.
(3) 당기순이익 = 기말자본 − 기초자본 − (유상증자 − 현금배당)
당기순이익 : 수익(₩7,000,000) − 비용(₩6,500,000) = ₩500,000

기초자본 : 기초자산(₩4,000,000) − 기초부채(₩2,000,000) = ₩2,000,000이므로
₩500,000 = 기말자본 − ₩2,000,000 − 추가출자(₩1,000,000)에서 기말자본 = ₩3,500,000
그러므로 기말자산 − 기말부채(₩1,500,000) = ₩3,500,000 ∴ 기말자산 = ₩5,000,000

03 **경북(주)의 당기 부채총계가 회계기간의 기초에는 ₩160,000이었고, 기말에는 ₩180,000이었다. 기말의 순자산이 ₩200,000이고, 기말의 자산총계는 기초보다 ₩80,000만큼 증가하였다. 당기 중에 자본금이 주식의 추가발행으로 인하여 ₩60,000만큼 증가하였고 배당금으로 ₩20,000 지급하였다면 당기순이익은 얼마인가?** (9급 세무직 2009, 서울시 2007 수정)

① ₩10,000　② ₩20,000
③ ₩30,000　④ ₩40,000

정답 ②

기타포괄손익이 없을 경우 포괄이익은 당기순이익과 동일하다. 따라서 아래 산식이 가능하다.
당기순이익 = 기말자본 − 기초자본 − (유상증자 − 현금배당)
₩200,000 − (₩300,000 − ₩160,000) − (₩60,000 − ₩20,000) = ₩20,000
*기말, 기초의 부채총계는 문제에 제시되어 있고 기말의 순자산이 ₩200,000이므로 기말 자산총계는 ₩380,000이 된다. 또한 기말의 자산총계가 기초보다 ₩80,000만큼 증가하였다고 하였으므로 기초자산총계는 ₩380,000에서 ₩80,000이 차감되어 ₩300,000이 된다.

04 **다음은 덕성(주)의 재무제표 정보 중 일부이다. 2012년 12월 31일 자산총계는 얼마인가?** (공인회계사 2003)

	2012년 12월 31일	2012년 1월 1일
자산총계	?	30,000
부채총계	38,000	23,000
이익잉여금	?	5,000
2012년 중 자본변동내역	당기순이익	₩8,000
	매도가능금융자산평가이익	2,000
	유상증자	3,000
	무상증자	2,000
	현금배당	4,200

① ₩55,800　② ₩53,300
③ ₩15,800　④ ₩51,300
⑤ ₩53,800

정답 ⑤

주식배당, 무상증자는 자본거래이기는 하지만 순자산에 영향을 미치지 않으므로 고려하지 않는다.
당기순이익 ± 기타포괄손익 = 기말자본 − 기초자본 − (유상증자 − 현금배당)에서
기초자본 = 기초자산(₩30,000) − 기초부채(₩23,000) = ₩7,000
₩8,000 + ₩2,000 = 기말자본 − ₩7,000 − ₩3,000 + 4,200 ∴ 기말자본 = ₩15,800
₩15,800 = 기말자산 − 기말부채(₩38,000) ∴ 기말자산 = ₩53,800

05 (주)한국의 2010년 초 자산총계와 부채총계는 각각 ₩40,000과 ₩10,000이고, 2010년 말 자산총계와 부채총계는 각각 ₩60,000과 ₩20,000이다. 한편, (주)한국은 2010년 중에 ₩2,000의 현금배당을 실시하였으며, 2010년도 당기순이익으로 ₩5,000을 보고 하였다. (주)한국이 2010년도 포괄손익계산서에 인식한 기타포괄손익과 총포괄손익은 얼마인가? (단, 2010년 중 현금배당 이외의 자본거래는 없었다고 가정한다.)

(감정평가사 2010)

① 기타포괄이익 ₩3,000 총포괄이익 ₩7,000
② 기타포괄이익 ₩5,000 총포괄이익 ₩7,000
③ 기타포괄이익 ₩5,000 총포괄이익 ₩12,000
④ 기타포괄이익 ₩7,000 총포괄이익 ₩10,000
⑤ 기타포괄이익 ₩7,000 총포괄이익 ₩12,000

정답 ⑤

당기순이익 ± 기타포괄손익 = 기말자본 − 기초자본 − (유상증자 − 현금배당)에서
기초자본 = ₩40,000 − ₩10,000 = ₩30,000
기말자본 = ₩60,000 − ₩20,000 = ₩40,000
당기순이익(₩5,000) + 기타포괄이익 = ₩40,000 − ₩30,000 + ₩2,000
∴ 기타포괄이익 = ₩7,000
총포괄이익 = 당기순이익(₩5,000) + 기타포괄이익(₩7,000) = ₩12,000

06 (주)계명은 2012년 말 장부마감 후 다음과 같은 주요 재무상태 변동이 2011년 중에 발생하였음을 알게 되었다. (세무사 2001)

자산	₩576,000(증가)	부채	₩178,000(증가)

(주)계명의 자본은 자본금과 이익잉여금만으로 구성되어 있으며, 주당액면가액은 ₩10이다. 만일 2012년 중 회사가 ₩100,000의 신주를 액면으로 발행하였고, 현금배당 없이 5%의 주식 배당만을 하였다면 ㈜계명의 2012년도 이익 얼마인가?

① ₩398,000 ② ₩654,000

③ ₩798,000 ④ ₩254,000

⑤ ₩298,000

정답 ⑤

순자산 변동액 중 자본거래를 제외한 나머지 변동분이 포괄이익이다. 따라서 아래 산식이 가능하다.

(1) 포괄이익 = (기말자본 − 기초자본) − 자본거래

한편, 주식배당, 무상증자는 자본거래이기는 하지만 순자산에 영향을 미치지 않으므로 고려하지 않는다. 따라서 아래 산식이 가능하다.

(2) 포괄이익 = 기말자본 − 기초자본 − (유상증자 − 현금배당)

포괄이익은 당기순손익과 기타포괄손익의 합계이다. 따라서 아래 산식이 가능하다.

(3) 당기순이익 ± 기타포괄손익 = 기말자본 − 기초자본 − (유상증자 − 현금배당)

한편, 기타포괄손익이 없을 경우 포괄이익은 당기순이익과 동일하다. 따라서 아래 산식이 가능하다.

(4) 당기순이익 = 기말자본 − 기초자본 − (유상증자 − 현금배당)

그러므로 ₩576,000 − ₩178,000 − ₩100,000 = ₩298,000

*기말자본 − 기초자본은 결과적으로 자산의 증가분에서 부채의 증가분을 차감한 것과 동일하다.

4장

수익인식 및 건설계약

제1절 수익의 인식

1. 수익의 의의와 인식

1) 수익의 의의

수익(revenue)은 회계기간의 정상적인 활동을 통하여 자본의 증가(자산의 증가 또는 부채의 감소)를 수반하는 것으로서 기업이 받았거나 받을 경제적 효익의 총유입을 말한다. 이러한 경제적 효익의 증가는 자본참여자의 출자관련 증가분(자본거래)을 제외한다. 즉, 기업 등 실체가 재화의 생산·인도, 용역의 제공으로 얻는 화폐액(자산유입액)을 말하며 매출액이 그 대표적인 것이며, 그밖에 이자수익, 수수료수익, 배당수익, 로열티수익 등 여러 가지 종류가 있다. 수익은 이익과 마찬가지로 흐름(flow)의 개념으로 제2장 개념체계에서 설명했듯이 광의의 수익(income)은 수익(revenue)과 차익(gain)을 포괄하는 개념이다.[1]

2) 수익의 인식 (Timing) – 실현주의(realization basis)

수익의 인식(recognition of revenue)이란 수익의 보고 또는 수익의 기간귀속(timing of revenue)이라고 한다. 즉, 수익의 발생시점, 인식시점, 보고시점에 관한 것으로써 수익이 귀속되는 회계기간을 결정하는 문제이다. 수익은 경영활동의 전 과정에 걸쳐 발생하는 것으로, 생산활동에 의해 가치가 부가(value added)되는 연속적인 과정이다. 실제로 수익은 가득과정(earning process)동안 점진적이고 계속적으로 창출된다. 즉, 기업이 생산하는 재화의 경제적 가치는 원재료구입, 재화의 생산과 판매, 대금회수 등 일련의 수익가득과정을 거쳐 점차적으로 증가한다. 따라서 수익은 가득(earned)되고, 실현된(realized) 기간에 인식하는데 이를 실현주의

1) 한편, 개념체계와는 다르게 기준서에서는 포괄손익계산서의 정보유용성을 높이기 위해 수익과 비용 중에서 차익(gain)와 차손(loss)을 분리하여 표시한다. 차익(차손)이란 기업실체의 주요 경영활동을 제외한 부수적인 거래나 사건으로서 소유주의 투자가 아닌 거래나 사건의 결과로 발생하는 순자산의 증가(감소)를 말한다. 차익과 차손을 수익과 비용으로부터 분리하는가의 여부는 기업실체의 순자산에 아무런 영향을 주지 않지만, 차익과 차손을 구분하여 표시하게 되면 이익의 발생원천에 대해 보다 유용한 정보를 제공할 수 있으며 미래 현금흐름의 예측가능성이 증가된다.

(realization basis)[2]라고 한다. 실현주의에서는 가치가 증가하였다고 단정할 수 있을 정도로 명확하고 객관적인 시점에서 수익을 인식한다. 즉, 가득기준(발생요소)과 실현기준(측정요소)을 모두 충족하는 시점에서 수익을 인식한다.

(1) 가득기준(발생요소)－의무의 이행

가득과정(주요영업활동)이 완료되었다(earned)는 것은 수익창출(재화・용역의 인도・제공 등)에 따른 경제적효익을 이용할 수 있다고 주장하기에 충분한 정도의 활동을 수행하였기 때문에 미래 경제적효익의 유입가능성이 높아졌다는 것을 의미한다. 수익은 재화의 판매, 용역의 제공, 이자수익, 배당금, 로열티 등 다양한 형태의 거래로 발생하므로 일반적인 기준에 의하여 가득이 완료된 시점을 정할 수 없다. 따라서 거래유형별로 수익인식시점은 상이하다. 즉, 수익은 생산계획의 수립, 원재료의 구입, 제품의 생산・보관・판매 및 판매대금의 회수 등 수익창출과정(earning process) 전반에 걸쳐 가득된다.

(2) 실현기준(측정요소)－권리의 측정

수익은 실현되었거나(realized) 또는 실현가능(realizable)한 시점에 인식한다. 여기서 실현되었다(realized)는 것은 제품, 상품 또는 기타 자산이 현금 또는 현금청구권과 교환되었다는 것을 의미(현금수취)하고 실현가능하다(realizable)는 것은 수익의 발생과정에서 수취 또는 보유한 자산이 일정액의 현금 또는 현금청구권으로 즉시 전환될 수 있음을 의미(채권확보) 한다. 즉, 실현기준은 제품 등이 현금 또는 현금청구권과 교환되거나 즉시 전환될 수 있으므로 수익금액을 신뢰성 있게 측정할 수 있다는 것을 의미한다. 여기서 신뢰성 있게 측정할 수 있다는 것은 수익금액이 반드시 확정되어야 한다는 의미는 아니며, 합리적인 근거에 의해 추정 가능하다는 의미이다. 따라서 채권금액을 합리적으로 추정할 수 있게 되기 이전에는 수익을 인식할 수 없다.

3) 수익의 측정

수익의 측정(measurement of revenue)이란 수익에 수(數)를 부여하는 것, 즉

---

2) 한편, 비용은 수익이 인식된 시점에서 수익과 관련하여 인식되는 것으로 이를 수익・비용대응의 원칙(matching principle)이라 한다. 이에 대해서는 2장 개념체계를 참조하기 바란다.

수익의 금액을 결정하는 것이다. 일반적인 경우 수익은 재화의 판매, 용역의 제공이나 자산의 사용에 대하여 받았거나 또는 받을 대가의 공정가치로 측정한다. 수익측정과 관련 하여 유의할 사항은 다음과 같다.

① 수익금액은 일반적으로 판매자와 구매자 또는 자산의 사용자 간의 합의에 따라 결정되며, 판매자에 의해 제공된 매매할인(trade discounts) 및 수량리베이트(volume rebate)를 고려하여 받았거나 받을 대가의 공정가치로 측정하며, 사후적으로 매출에누리와 매출할인 및 매출환입은 수익에서 차감한다.

② 수익은 기업이 받았거나 받을 경제적 효익의 총유입만을 포함한다. 따라서 판매세, 특정재화나 용역과 관련된 세금, 부가가치세와 같이 제3자를 대신하여 받는 금액(예; 예수금)은 기업에 유입되어 자본의 증가를 수반하는 경제적 효익이 아니므로 수익에서 제외한다.

③ 대리관계에서 본인을 대신하여 대리인인 기업이 받는 금액은 경제적 효익의 총유입에 해당하지만 대리인인 기업의 자본을 증가시키지 않으므로 수익이 아니다. 이 경우 수익은 수수료 금액이다.[3]

④ 대부분의 경우 판매대가는 현금이나 현금성자산의 형태가 된다. 따라서 수익금액은 받았거나 받을 현금이나 현금성자산의 금액이 된다. 그러나 현금이나 현금성자산의 유입이 이연되는 경우, 대가의 공정가치는 받았거나 받을 현금의 명목금액보다 작을 수 있다. 예를 들어, 무이자로 신용판매하거나 표면이자율이 시장이자율보다 낮은 어음을 판매대가로 받는 경우이다. 대금지급약정이 실질적으로 자금대여거래에 해당하는 경우, 그 대가의 공정가치는 미래 총수취액을 내재이자율로 할인하여 결정한다.[4]

⑤ 성격과 가치가 유사한 재화나 용역의 교환이나 스왑거래는 수익이 발생하는 거래로 보지 아니한다.[5] 그러나 성격이나 가치가 상이한 재화나 용역의 교환은 수익이 발생하는 거래로 본다. 이때 수익은 교환으로 수취한 재화나 용역의 공정가치로 측정하되 현금이나 현금성자산이 이전되면 이를 반영하여 조정한다. 만일 수취한 재화나 용역의 공정가치를 신뢰성 있게 측

3) 위탁판매의 경우가 이에 해당되며 후술한다.
4) 할부판매의 경우가 이에 해당되며 후술한다.
5) 예를 들어, 원유나 우유와 같은 일반 상품의 경우, 공급기업들이 특정지역의 수요를 적시에 충족시키기 위하여 여러 지역에 있는 재고자산을 서로 교환하거나 스왑거래를 하는 경우가 있다.

정할 수 없는 경우에는, 수익은 제공한 재화나 용역의 공정가치로 측정하되 현금이나 현금성자산이 이전되면 이를 반영하여 조정한다.[6)]

3) 수익의 인식시점 및 거래의 식별

수익의 인식 문제는 수익이 어떤 시점에서 인식되어야 하는지를 결정하여야 하는 것에서 생기는 것이다. 기업이 생산하는 재화의 경제적 가치는 원재료구입, 재화의 생산과 판매, 대금회수 등 일련의 수익가득과정을 거쳐 점차적으로 증가하므로 발생주의[7)]에서는 수익이 창출되는 각 단계에서 수익을 인식해야 한다. 그러나 이는 계산이 복잡하고 객관적인 측정이 어려우므로 실현주의에서는 가장 결정적인 사건(most critical event)이 발생한 시점에서 수익가득과정(earning process)이 완료된 것으로 보고 수익을 인식한다. 일반적으로 수익창출과정상 가장 결정적인 사건은 생산의 진행, 생산의 완료, 제품 등의 인도 및 판매대금의 회수로 나누고, 이들 각 시점에서 수익을 다음과 같이 인식한다.

---

6) 교환거래의 경우가 이에 해당되며 유형자산편에서 서술한다.

7) 상품매매기업 (주)서울의 상품 관련 거래를 가지고 발생주의 수익인식을 살펴보면 다음과 같다.

①	②	③	④
2/14 상품 신용 구입	3/14 판매계약체결	4/14 신용 판매	5/14 현금수취
@₩100X10개=₩1,000	@₩150X10개	@₩150X10개=₩1,500	₩1,500

① 상　품 1,000 / 매입채무 1,000
③ 매출채권 1,500 / 매　출 1,500
　 매출원가 1,000 / 상　품 1,000
② 회계거래 아님
④ 현　금 1,500 / 매출채권 1,500

위의 사례를 통해 수익과 비용의 인식 시점을 살펴보면 발생기준 하에서 실현주의와 수익·비용대응의 원칙이 모두 충족되는 시기는 ③ 4/14 이다. 4/14은 상품의 판매가 완료되어 가득기준을 만족하며 비록 현금을 수취하지는 못하였지만 채권이 확보되어 실현기준을 만족시키므로 4/14에 수익을 인식하게 된다. 한편, 비용은 4/14에 매출과 매출원가가 직접적으로 대응되고 있으므로 4/14에 비용을 인식하게 된다.

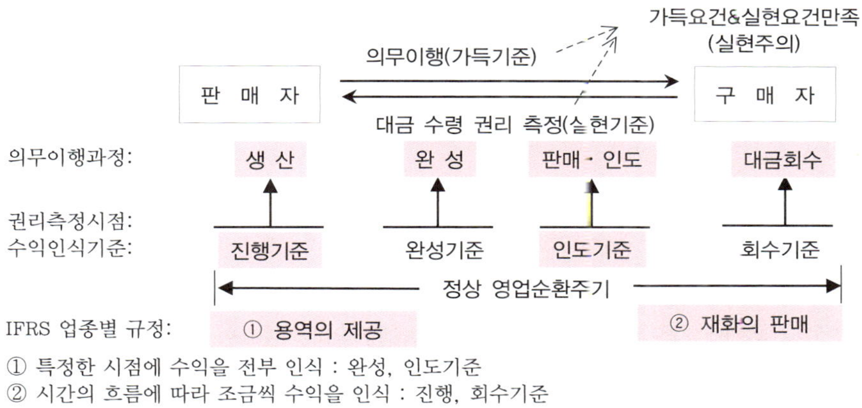

[그림 4-1] **수익창출과정과 수익인식시점**[8)]

한편, 한국채택국제회계기준은 이들의 구분을 업종별로 다음과 같이 3가지로 규정하며 수익 인식기준은 각 거래별로 적용하도록 되어있다.[9)] 따라서 진행기준은 용역의 제공 거래에 적용하고 인도기준은 재화의 판매 거래에 적용하며 회수기준은 진행기준과 인도기준의 사용 중 대금의 회수가능성이 불확실할 경우에 적용한다.

① 재화의 판매 (sale of goods)
② 용역의 제공 (rendering services)
③ 이자 · 배당금 · 로열티 (interest, royalties and dividends)

---

8) 실현기준과 가득기준을 모두 충족시키는 가장 일반적인 시점은 제품이나 상품의 판매시점이다. 왜냐하면 판매시점에서 상품이 인도되므로 의무이행이 완료되고, 이로 인하여 제품이나 상품이 현금 또는 현금청구권과 교환되거나 즉시 전환될 수 있기 때문이다. 그러나 판매시점 이전에도 수익인식요건을 충족하는 경우에는 수익을 인식(early recognition)할 수 있으며[진행,완성기준], 판매시점 이후에도 대금회수에 상당한 불확실성이 존재한다면 회수시점까지 수익인식을 이연하여 대금을 회수하는 시점에서 수익을 인식(delay recognition)할 수도 있다[회수기준]. 이 중 완성기준은 일반적인 상거래 기업(농작물이나 귀금속관련만 적용)에서 인정 하지 않으며 회수기준은 현금주의하의 기준이기에 학습목적 상 필요가 없다.

9) 그러나 거래의 실질을 반영하기 위해서 하나의 거래를 개별적으로 식별할 수 있는 부분으로 나누어 수익인식기준을 각각 적용해야 할 경우도 있다. 예를 들어, 제품판매가격에 제품판매 후 제공할 용역에 대한 식별가능한 대가가 포함되어 있는 경우에는, 그 금액을 이연하여 용역수행기간에 걸쳐 수익으로 인식한다. 반대로, 둘 이상의 거래가 서로 연계되어 있어 경제적 효과가 일련의 거래 전체를 통해서만 파악되는 경우에는 그 거래 전체에 대하여 수익인식기준을 적용한다. 예를 들어, 재화를 판매하고 동시에 당해 재화를 나중에 재구매하기로 하는 별도의 약정을 체결함으로써 판매거래의 실질적 효과가 상쇄되는 경우에는 두 개의 거래를 하나의 거래로 보아 회계처리한다.

제2절 재화의 판매

1. 인식요건 – 인도기준 원칙

재화는 판매목적으로 생산한 제품과 판매를 위해 취득한 상품 등을 말한다. 재화는 인도한 시점에서 수익을 인식하는 것이 일반적인데 이를 인도기준 판매기준이라고 한다. 여기서 인도란 물리적 인도가 아니라 당해 재화의 소유에 따른 경제적 위험과 보상의 실질적 이전을 의미한다. 재화의 판매로 인한 수익은 다음 조건이 모두 충족될 때 인식한다. 만약 충족하지 못한다면 충족될 때까지 인식을 금지 한다.

① 재화의 소유에 따른 중요한 위험과 보상이 구매자에게 이전된다. (Definition)
② 판매자는 판매된 재화의 소유권과 결부된 통상적 수준의 관리상 지속적 관여를 하지 않을 뿐만 아니라 효과적인 통제를 하지도 아니한다. (Definition)
③ 수익금액을 신뢰성 있게 측정할 수 있다. (Measurable)
④ 거래와 관련하여 발생했거나 발생할 원가를 신뢰성 있게 측정할 수 있다. (Measurable)
⑤ 거래와 관련된 경제적효익의 유입가능성이 높다. (Benefit)

1) 재화의 소유에 따른 위험과 보상의 이전

소유에 따른 유의적인 위험과 보상이 구매자에게 이전되는 시점을 결정하기 위해서는 거래상황을 분석하여야 한다. 대부분의 경우, 소유에 따는 위험과 보상의 이전(the significant risks and rewards of ownership of the goods)은 일반적으로 법적 소유권의 이전이나 재화의 물리적 이전과 동시에 이루어진다. 대부분의 소매판매가 그러한 경우이다. 그러나 경우에 따라서는 소유에 따른 위험과 보상의 이전시점이 법적 소유권의 이전시점이나 재화의 물리적 이전시점과는 다를 수 있다. 판매자가 소유에 따른 중요한 위험을 부담하는 경우에는 당해 거래를 판매로 보지 아니하며, 수익을 인식하지 아니한다.[10] 즉, 물리적 이전이 중요한게 아니라 위험과 보상의 이전이 중요하다. 그러나 판매자가 부담하는 소유에 따른 위험이 중요하지 않은 경우에는 해당 거래를 판매로 보아 수익을 인식한다.

구 분	수익인식
판매자가 중요한 위험 부담	인식하지 않음
판매자가 중요하지 않은 위험 부담	인식함

[그림 4-2] 위험과 보상의 이전여부에 따른 수익인식 방법

2) 측정의 신뢰성

수익은 수익금액과 관련원가를 모두 신뢰성 있게 측정(measured reliably)할 수 있는 시점에 인식한다. 이 경우 수익금액이 반드시 확정되어야 한다는 의미는 아니며 합리적인 근거에 의하여 추정이 가능한 경우에는 신뢰성 있게 측정 가능한 것으로 본다. 한편, 동일한 거래나 사건에 관련된 수익과 원가는 동시에 인식한다. 이러한 과정을 보통 수익과 비용의 대응이라고 한다. 일반적으로 재화의 인도 이후 예상되는 품질보증비와 기타 비용은 다른 수익요건들이 충족되는 시점에 신뢰성 있게 측정할 수 있다. 그러나 관련된 원가를 신뢰성 있게 측정할 수 없다면 수익을 인식할 수 없다. 이 경우에 재화의 판매로 이미 받은 대가는 부채(예; 선수금)로 인식한다.

3) 경제적효익의 높은 유입가능성

수익은 거래와 관련된 경제적효익의 유입가능성이 높은(probable) 경우에만 인식한다. 판매대가를 수취하거나 불확실성이 해소되기 전까지 거래와 관련된 경제적효익의 유입가능성이 높지 않을 수도 있다.[11] 그러나 이미 수익으로 인식한

---

10) 판매자가 재화의 소유에 따른 유의적인 위험을 부담하는 예는 다음과 같다.
  (1) 품질보증조건부판매 : 인도된 재화의 결함에 대하여 정상적인 품질보증범위를 초과하여 책임을 지는 경우
  (2) 재판매조건부판매 : 판매대금의 회수가 구매자의 재판매에 의해 결정되는 경우
  (3) 설치조건부판매 : 설치조건부 판매에서 계약의 중요한 부분을 차지하는 설치가 아직 완료되지 않은 경우
  (4) 반품조건부판매 : 구매자가 판매계약에 명시된 사유에 따라 구매를 취소할 권리가 있고, 해당 재화의 반품가능성을 예측하기 어려운 경우

11) 예를 들면, 해외 판매시 판매대금의 송금에 대한 외국 정부의 허가여부가 불확실한 경우에는 송금

금액에 대해서는, 추후에 회수가능성이 불확실해지는 경우에도 이미 인식한 수익 금액을 조정하지 아니하고, 회수불가능한 금액이나 더 이상 회수가능성이 높다고 볼 수 없는 금액을 비용(예; 대손상각비)으로 인식한다. 즉, 경제적효익의 유입가능성이 높아서 수익을 인식했다면 사후에 회수가능성이 불확실해지더래도 매출을 수정하지 않고 별도의 비용으로 인식한다.

구 분	수익인식
유입가능성이 높음	인식함
유입가능성이 높지 않음	인식하지 않음

[그림 4-3] **경제적효익의 유입가능성에 따른 수익인식 방법**

2. 거래형태별 구체적인 수익인식

1) 할부판매

할부판매(installment sale)란 상품 등을 고객에게 인도하고 대금은 분할하여 회수하기로 한 판매를 말하며 판매시점에 수익을 인식한다. 할부판매의 경우에는 이자수익에 해당하는 부분을 제외한 판매가액 즉, 현재가치로 평가한 금액을 수익으로 인식한다. 이때, 판매가격은 미래 수취하게 될 총할부금을 내재이자율로 할인한 현재가치이다. 즉, 현재가치로 산정한 공정가치를 수익으로 인식하고 할부금의 명목가액을 장기매출채권으로 인식하는 것이며, 둘 간의 차이는 현재가치할인차금으로 계상한 후에 상각을 통하여 이자수익으로 처리하는 것이다. 이때, 장기매출채권은 비유동자산으로 분류하며, 보고기간말로부터 1년 이내에 만기가 도래하는 부분은 유동자산으로 공시 한다.

이 허가되어 불확실성이 제거된 때에 수익을 인식한다.

판매시	(차) 장기매출채권 (명목가액) [1]PV(미래총할부금) by 내재이자율	×××[1]	(대) 매 출 현재가치할인차금	××× ×××[1]
회수시	(차) 현 금 현재가치할인차금	××× ×××	(대) 이자수익 장기성매출채권	×××[2] ×××
	[2]장기매출채권의 현재가치 × 내재이자율			

예제 1

숭의㈜는 2012년 초 3년간 매월 말에 ₩100,000씩 3회에 걸쳐 분할하여 회수하는 조건으로 제품을 판매하였다. 동 제품의 원가는 ₩200,000이다. 당해 판매거래에 적용된 내재이자율은 12%이며, 12% 연금현가계수는 2.40183이다. 동 회사는 재고자산을 계속기록법으로 회계처리하고 있다.

물음

매출로 인식할 금액을 계산하고 각 시점별로 필요한 회계처리를 제시하시오. 단, 유동성 대체는 생략

풀이

1) 미래현금흐름의 도식화

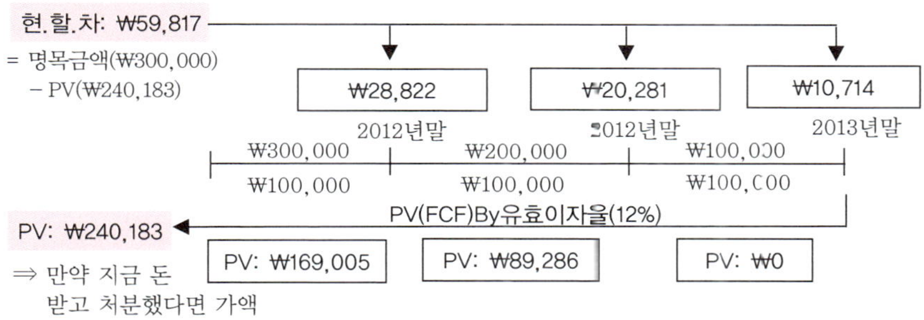

2) 미래현금흐름(FCF)의 현재가치 계산 (매출로 인식할 금액)
₩100,000 X 2.40183 (3년, 12% 연금현가) = ₩240,183

3) 유효이자율법

일자	장 부 가 액	원금회수액	유효이자	액면이자	상 각 액
12년초	₩240,183				
12년말	169,005	(−)100,000	₩28,822	−	₩28,822
13년말	89,286	(−)100,000	20,281	−	20,281
14년말	−	(−)100,000	10,714	−	10,714
계					

4) 회계처리

일 자	판매자	B/S
2012년 초	장기매출채권 300,000① / 매 출 240,183② 현재가치할인차금 59,817③ 매출원가 200,000 / 재고자산 200,000	장기매출채권 ₩300,000 현.할.차 (₩59,817) ₩240,183 (BV=PV)
2012년 말	현재가치할인차금 28,822② / 이자수익 28,822① 현 금 100,000 / 장기매출채권 100,000 *240,183 × 12% = 28,822	장기매출채권 ₩200,000 현.할.차 (₩30,995) ₩169,005 (BV=PV)
2013년 말	현재가치할인차금 20,281② / 이자수익 20,281① 현 금 100,000 / 장기매출채권 100,000 *169,005 × 12% = 20,281	장기매출채권 ₩100,000 현.할.차 (₩10,714) ₩89,286 (BV=PV)
2014년 말	현재가치할인차금 10,714② / 이자수익 10,714① 현 금 100,000 / 장기매출채권 100,000	

2) 위탁판매

위탁판매(consignment sales)란 위탁자(consignor)가 수탁자(consignee)에게 상품이나 제품 등의 재화를 위탁하여 판매하고 수탁자에게 판매수수료를 지급하는 판매유형이다. 위탁자는 이 재화를 위탁품 또는 적송품이라 하고 수탁자는 이 재화를 수탁품이라 한다.

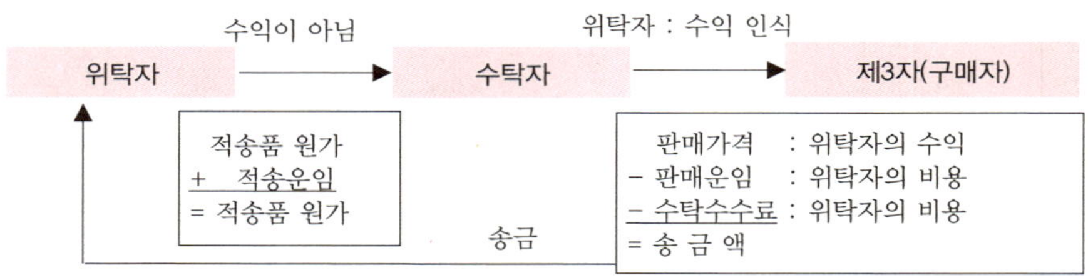

[그림 4-4] 위탁판매의 구조

위탁자는 적송품의 효율적인 관리를 위하여 다른 상품과 구별하여 적송품계정으로 관리한다. 적송품 발송시에 발생하는 운송비(적송운임)는 판매비로 보지 않고 적송품의 취득원가에 포함한다. 왜냐하면 상품을 판매가능한 상태에 이르게 하기 위해 발생한 부대비용으로 보기 때문이다.

적송시	(차) 적송품(재고자산)	×××	(대) 재고자산 현 금(적송운임)	××× ×××

위탁자는 재화를 수탁자에게 적송한 시점이 아니라 수탁자가 그 재화를 제3자에게 판매한 시점에서 수익을 인식한다. 왜냐하면 수탁자에게 적송하는 시점에서는 위험과 보상이 실질적으로 이전되지 않기 때문이다. 한편, 수탁자는 제3자에게 판매하는 시점에 수탁수수료만을 수익으로 인식한다.12)

구분	차변	금액	대변	금액
상품판매	(차) 매출채권 지급수수료(위탁수수료) (차) 매출원가	××× ××× ×××	(대) 매 출 (대) 적 송 품	××× ×××
대금수령	(차) 현 금	×××	(대) 매출채권	×××

예제 2

2012년 동덕㈜의 상품매매거래내역은 다음과 같다.

4월 1일 : 상품 600개를 ₩300,000에 현금 매입하였다.

7월 1일 : 동덕㈜는 성신㈜와 위탁매매계약을 체결하고 500개(원가 ₩250,000) 상품을 적송 하였으며 적송운임 ₩10,000은 현금 지급하였다.

10월 1일 : 성신㈜로부터 적송품과 관련하여 다음과 같은 매출계산서를 받았다.

매출계산서		
매 출 액	400개 × ₩700	₩280,000
수탁수수료		(20,000)
송금할 금액		₩260,000

11월 1일 : 성신㈜로부터 판매대금 ₩260,000을 현금으로 받았다.

물음

1. 동덕㈜의 2012년 위탁판매와 관련하여 인식할 순이익은 얼마인가?
2. 동덕㈜의 위탁판매와 관련하여 필요한 회계처리를 제시하시오. 단, 계속기록법을 적용한다.

12) 수탁자가 적송품을 제3자에게 판매하기 이전에는 수익을 인식하지 않으므로 수탁자가 보유하고 있는 적송품은 비록 위탁자의 창고에 보관되어 있지 않더라도 위탁자의 재고자산에 포함한다.

풀이

1.

매 출 액 매출원가[1]	₩280,000(208,000)
매출총이익	₩72,000
물류원가(판매수수료)	(20,000)
당기순이익	₩52,000

[1](₩250,000 + ₩10,000) / 500개 = @₩520, @₩520 × 400개 = ₩208,000

4/1	(차)	재고자산	300,000	(대)	현 금	300,000
7/1	(차)	적 송 품	260,000	(대)	재고자산 현 금	250,000 10,000
10/1	(차)	매출채권 판매수수료 매출원가	260,000 20,000 208,000	(대)	매 출 적 송 품	280,000 208,000
11/1	(차)	현 금	260,000	(대)	매출채권	260,000

3) 상품권의 발행 (선수금 판매)

상품권(gift certificate)[13)]과 관련된 수익은 지정된 재화나 용역을 인도하고 상품권을 회수하는 시점에서 인식한다. 따라서 상품권을 발행하고 현금으로 수령하는 경우 수익으로 인식하지 않고 상품권의 액면금액을 선수금(부채)으로 처리한다. 만일 상품권을 할인 발행하는 경우에는 상품권의 액면금액과 수령한 현금의 차액을 상품권할인액의 과목으로 인식하고 선수금의 차감계정으로 재무상태표에 공시한다.

상품권판매	(차) 현 금 ××× 상품권할인액 ×××	(대) 선수금 (액면가액) ×××

상품권 발행회사는 고객이 상품권을 제시하는 경우 상품을 고객에게 제공하고, 상품의 판매금액과 상품권 액면금액과의 차액은 현금으로 수수한다. 상품권 발행회사는 상품권의 회수시 선수금을 매출로 대체하고 상품권할인액은 매출에누리로 대체한다. 이때 고객에게 현금을 지급하였다면 차감하여 매출액을 산정한다.[14)]

13) 유가증권으로 백화점상품권, 주유상품권, 제화상품권, 도서문화상품권 등이 있다.

구분	차변	금액	대변	금액
상품권회수	(차) 선 수 금 매출에누리	××× ×××	(대) 매　출 현　금 (현금지급액) 상품권할인액	××× ××× ×××
잔액환급	(차) 선 수 금	×××	(대) 현　금	×××

한편, 상품권의 유효기간이 경과하였으나 상법상의 소멸시효가 완성되지 않은 경우에는 유효기간이 경과된 시점에서 상품권에 명시된 비율(즉, 현금, 물품, 또는 용역을 제공하겠다는 비율을 제외하고)에 따라 기타수익(기간경과이익)을 인식하고, 상법상의 소멸시효가 완성된 경우에는 잔액을 전부 기타수익(기간경과이익)으로 인식한다.

구분	차변	금액	대변	금액
유효기간경과	(차) 선 수 금	×××	(대) 상품권할인액 기간경과이익	××× ×××

예제 3

이화백화점㈜는 상품권을 발행하고 있으며 당기 중 상품권과 관련된 거래내역은 다음과 같다.

3월 10일 : 액면가액 ₩50,000 유효기간 6개월의 상품권 100매를 매당 ₩45,000에 발행하였다.

6월 30일 : 발행된 상품권 중 98매가 회수되었으며 회수과정에서 판매 후 잔액 ₩10,000을 현금 지급하였다.

9월 30일 : 상품권 2매의 유효기간이 경과하였다.

물음

1. 매출액을 구하시오.
2. 기간경과이익을 구하시오.
3. 상품권과 관련하여 필요한 회계처리를 제시하시오.

---

14) 본래 선수금 전액이 매출로 인식되어야 하지만 할인액과 현금지급액이 존재하고 상품권의 일부만 회수가 되었다면 매출액의 계산은 회수된 상품권의 액면가에서 매출에누리(회수된 상품권의 할인액 부분) – 현금지급액을 차감해서 산정 한다.

풀이

1.

선수금 중 회수된 상품권부분	98매 × ₩50,000	₩4,900,000
회수된 상품권의 할인액 부분 (매출에누리)	98매 × (₩50,000 − ₩45,000)	(490,000)
현금지급액	₩10,000	(10,000)
매 출 액		4,400,000

2. 기간경과이익 : ₩100,000(미회수된 2매의 판매금액) − ₩10,000(매출에누리) = ₩90,000

3. 회계처리

3/10 상품권 판매시	(차)	현 금 상품권할인액	4,500,000 500,000	(대)	선 수 금	5,000,000
6/30 상품권 회수시	(차)	선 수 금 매출에누리	4,900,000 490,000	(대)	매 출[1] 현 금 상품권할인액[2]	4,890,000 10,000 490,000
		[1]98매 × ₩50,000 − ₩10,000 = ₩4,890,000 [2]98매 × (₩50,000 − ₩45,000) = ₩490,000				
9/30 유효기간 경과시	(차)	선 수 금	100,000	(대)	상품권할인액[1] 기간경과이익	10,000 90,000
		[1]2매 × (₩50,000 − ₩45,000) = ₩10,000				

4) 시용판매

시용판매(sales on approval)란 상품을 먼저 발송한 후에 고객이 시험적으로 사용하고 매입의사표시를 하면 판매가 성립되는 유형이다. 시용판매의 경우에는 고객이 매입의사표시를 하여야 당해 재화에 대한 위험과 보상이 실질적으로 이전되므로 상품의 발송시점에서는 회계처리하지 않고(비망기록), 고객이 매입의사표시를 한 시점에서 수익을 인식한다. 따라서 기말에 매입의사표시가 없는 부분에 대하여는 비록 창고에 보관하고 있지 않더라도 재고자산에 포함한다. 시용판매의 경우 상품 발송은 취득 과정이 아니라 판매과정이기 때문이다.

5) 제한적인 반품권이 부여된 판매

구매자에게 제한적인 반품권을 부여한 판매(sales with limited right of return)는 거래 이후에도 판매자가 소유에 따른 위험의 대부분을 부담하므로 ① 미래의 반품금액을 신뢰성 있게 예측할 수 있을 경우에만 판매시점에서 수익을 인식하고 추정반환금액을 충당부채로 설정하여야 한다. ② 미래의 반품금액을 예측 못하는 경우에는 구매자가 재화의 선적을 공식적으로 수락한 시점 또는 재화가 인도된 후 반품기간이 종료된 시점에 수익을 인식한다.

구분	차변	금액	대변	금액
판매시점	(차) 매출채권	×××	(대) 매　　출	×××
	(차) 매출원가	×××	(대) 재고자산	×××
결산시점	(차) 매　　출	×××*	(대) 매출원가	×××
	* 반품예상액		반품충당부채	×××

6) 판매 후 재매입 약정

판매자가 판매와 동시에 당해 재화를 나중에 재매입할 것에 동의하거나 재매입 할 수 있는 콜옵션(call option)을 보유하거나 구매자가 판매자에게 재매입을 요구할 수 있는 풋옵션(put option)이 있는 약정을 한 경우가 있다. 판매 후 재매입 약정의 경우에는 법적 소유권이 이전되었다 하더라도 판매자가 소유에 따는 위험과 보상을 계속하여 보유하고 있으므로 이러한 거래는 수익을 발생시키는 거래가 아니라 금융거래(차입거래)로 본다.

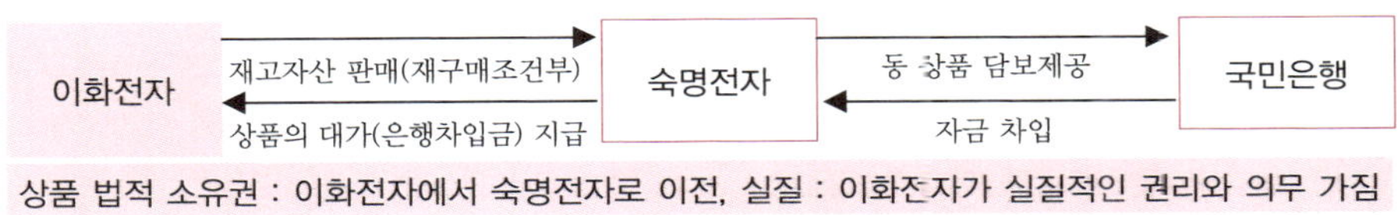

[그림 4-5] 판매 후 재매입 약정의 구조

7) 출판물 및 이와 유사한 품목의 구독

출판물 등에 대하여 구독료(subscriptions to publications)를 미리 받은 경우에는 현금은 유입되었으나 출판물을 발송하지 않아 가득기준이 충족되지 않았기 때문에 구독료수령 시점에서 수익을 인식하지 않고 ① 그 가액이 매기 비슷한 품목을 구독신청에 의해 판매하는 경우에는 구독기간에 걸쳐 정액기준으로 수익을 인식하며 ② 구독신청에 의해 판매하는 품목의 가액이 기간별로 다른 경우에는 발송된 품목의 판매가액이 구독신청을 받은 모든 품목의 추정 총판매가액에서 차지하는 비율에 따라 수익을 인식한다.

8) 설치 및 검사 조건부 판매

설치 및 검사조건부판매(sales on installation and inspection)는 보통 구매자가 재화의 인도를 수락하고 설치와 검사가 완료된 때 수익을 인식한다. 그러나 설치과정이 성격상 단순한 경우(예; 포장의 개봉과 전원의 연결만이 필요한 경우)나 이미 결정된 계약가액을 최종적으로 확인하기 위한 목적만으로 검사가 수행되는 경우(예; 무연탄이나 곡물)에는 재화의 인도를 수락한 시점에서 즉시 수익을 인식한다.

한편, 재화의 판매와 관련하여 거래형태별 수익 인식을 정리하면 다음과 같다.

구 분	수 익 인 식 기 준
할 부 판 매	판매시점 : 이자수익에 해당하는 부분을 제외한 판매가격(현재가치)로 인식
위 탁 판 매	수탁자가 해당 재화를 제3자에게 판매한 시점
상 품 권 발 행	상품권을 회수하고 재화를 판매한 시점
시 용 판 매	고객이 매입의사표시를 한 시점
제한된 반품권 부여 판매	① 반품률 추정가능 : 판매시점 ② 반품률 추정불가 : 구매자의 인수수락 시점, 반품기간 종료시점
판매후 재매입 약정	판매자가 위험과 보상을 보유하고 있는 경우 수익거래가 아닌 금융약정에 해당
출판물의 구독	① 출판물의 판매가액 유사 : 발송기간에 걸쳐 정액기준으로 수익인식 ② 출판물의 판매가액 상이 : 추정 총판매가액에 대한 발송품목가액의 비율로 수익인식
설치 및 검사 조건부 판매	① 원칙 : 설치와 검사가 완료된 때 ② 설치과정이 단순하거나 계약가액을 최종적으로 확인하기 위한 목적으로만 검사가 수행되는 경우 : 구매자가 재하의 인도를 수락한 시점

[그림 4-6] 재화의 수익인식

제3절 용역의 제공 및 기타 수익

1. 인식요건 – 진행기준 원칙

용역(services)의 제공은 일반적으로 계약상 합의된 과업을 합의한 기간에 수행하는 것을 말한다. 용역의 제공으로 인한 수익인식방법에는 완성기준과 진행기준이 있다. 완성기준(completion method)은 용역제공이 완료된 시점에서 수익을 인식하는 방법이고 진행기준(percentage of completion)은 거래의 진행률에 따라 수익을 인식하는 방법을 말한다. 이 중 완성기준은 한국채택국제회계기준에서는 일부 농작물이나 귀금속에만 적용하므로 용역의 제공으로 인한 수익은 일반적으로 진행기준에 따라 인식한다.[15] 한편, 용역제공거래의 수익인식은 ① 용역제공거래의 결과를 신뢰성 있게 추정할 수 있는 경우에는 진행기준을 적용하여 인식하지만 ② 용역제공거래의 결과를 신뢰성 있게 추정할 수 없는 경우에는 진행기준을 적용할 수 없으며 회수기준을 적용한다. 이에 대한 설명은 다음과 같다.

1) 용역제공거래의 결과를 신뢰성 있게 추정할 수 있는 경우 – 진행기준

용역의 제공으로 인한 수익은 용역제공거래의 결과를 신뢰성 있게 추정(estimated reliably)할 수 있을 때 보고기간 말에 그 거래의 진행률에 따라 인식한다. 다음 조건이 모두 충족되는 경우 용역제공거래의 결과를 신뢰성 있게 추정할 수 있다.

15) 진행기준에 따르면 수익은 용역이 제공되는 회계기간에 인식하게 되므로 진행기준으로 인식한 수익은 특정 회계기간의 용역활동과 성과의 정도에 대한 유용한 정보를 제공한다. 진행기준은 법적 형식보다는 경제적 실질을 반영하여 수익을 인식하는 방법이다. 법적인 관점에서의 판매는 계약이 완료된 시점에 발생하지만, 진행기준에서는 작업진행을 연속적인 판매로 해석하여 작업의 진행에 따라 판매가 연속적으로 발생함으로써 수익가득과정이 실질적으로 완료된다고 본다. 용역제공거래에서는 쌍방간의 구속력 있는 계약으로 인하여 수익금액과 고객(거래처)이 이미 정해져 있기 때문에 생산 그 자체가 수익가득과정에서의 결정적인 사건에 해당되며, 생산활동에 따라 수익을 인식하고 동시에 관련 비용을 결정할 수 있다. 용역의 제공으로 인한 수익인식요건은 인도전에 수익을 인식하기 때문에 재화의 판매로 인한 수익인식요건 보다 더 엄격한 기준을 제시하고 있다.

① 수익금액을 신뢰성 있게 측정할 수 있다. (Measurable)
② 보고기간 말에 그 거래의 진행률을 신뢰성 있게 측정할 수 있다. (Measurable)
③ 이미 발생한 원가 및 거래의 완료를 위한 원가를 신뢰성 있게 측정할 수 있다. (Measurable)
④ 거래와 관련된 경제적효익의 유입가능성이 높다. (Benefit)

(1) 진행률의 신뢰성 있는 측정

거래의 진행률은 다양한 방법으로 결정할 수 있다. 기업은 수행된 용역을 신뢰성 있게 측정할 수 있는 방법을 사용하여야 한다. 거래의 성격에 따라 다음과 같은 방법 등으로 진행률을 결정할 수 있다. 여기서 주의할 점은 고객으로부터 받은 중도금이나 선수금은 용역수행정도를 반영하지 못하므로 진행률로 사용할 수 없다는 것이다. 한편, 용역제공이 특정 기간 내에 불특정 다수의 활동에 의하여 수행되는 경우 그 진행률을 더 잘 나타낼 수 있는 다른 방법이 없다면 실무적 편의를 위하여 정액기준으로 수익을 인식할 수 있다.[16)]

① 원가비율법에 의한 진행률 : 총추정원가 대비 현재까지 발생한 누적원가의 비율 (원칙)
② 투하노력법에 의한 진행률 : 총예상용역량 대비 현재까지 수행한 누적용역량의 비율

(2) 경제적 효익의 유입가능성

수익은 거래와 관련된 경제적 효익의 유입가능성이 높은 경우에만 인식한다. 그러나 이미 수익으로 인식한 금액에 대해서는, 추후에 회수가능성이 불확실해지는 경우에도 이미 인식한 수익금액을 조정하지 아니하고, 회수불가능한 금액이나 더 이상 회수가능성이 높다고 볼 수 없는 금액을 비용(예; 대손상각비)으로 인식한다.

2) 용역제공거래의 결과를 신뢰성 있게 추정할 수 없는 경우 – 회수기준

거래의 초기단계에서는 용역제공거래의 성과를 신뢰성 있게 추정할 수 없는 경우가 자주 있으며 이러한 경우에도 발생한 원가의 회수가능성에 따라 ① 발생원가의 회수가능성이 높은 경우에는 발생한 원가의 회수가능한 범위 내(the extent

16) 여기에 대해서는 제4절 건설계약편에서 자세히 설명한다.

of the expenses recognized that are recoverable)에서의 금액만을 수익으로 인식한다(회수기준). ② 발생원가의 회수가능성이 높지 않은 경우에는 수익은 인식하지 아니하고 발생한 원가만을 비용으로 인식한다. 즉, 재화의 판매는 수익인식요건을 만족 하지 않으면 요건 만족시 까지 기다리며 인식을 하지 않으나 용역의 제공은 수익인식요건을 만족하지 않으면 회수가능한 범위 내에서 수익을 인식한다. 따라서 발생원가의 회수가능한 범위 내에서의 금액만을 수익으로 인식한다.

〈용역의 제공 거래〉

1) 용역거래의 결과를 신뢰성 있게 추정 가능 – 진행기준
2) 용역거래의 결과를 신뢰성 있게 추정 불가능
– 회수기준 (회수가능범위 내 : 발생원가의 회수가능성이 높은 경우)
만약, 높지 않다면 수익인식 ×, 비용인식

〈 조건 〉
① 수익금액 측정 (Measurable)
② 진행률 측정 (Measurable) – ① 원가비율법 ② 투하노력법
③ 원가 측정 (Measurable)
④ 경제적효익 유입가능성이 높다 (Benefit)

〈재화의 판매 거래〉 – 인도기준

〈 조건 〉
① 위험과 보상 이전 (Definition)
② 지속적 관여 및 통제 아니한다 (Definition)
③ 수익금액 측정 (Measurable)
④ 원가 측정 (Measurable)
⑤ 경제적효익의 유입가능성이 높다 (Benefit)

[그림 4-7] **재화의 판매와 용역의 제공 거래의 인식 조건**

2. 거래형태별 구체적인 수익인식

1) 설치수수료

재화를 판매하고 설치용역을 제공하기로 한 경우에는 당해 설치용역이 재화판매에 부수적으로 제공되는지의 여부에 따라 다음과 같이 수익을 인식한다.

① 설치용역이 재화판매와 별도로 제공되는 경우 : 재화판매거래와 용역제공

거래로 구분하고 설치용역수수료(installation fees)는 진행기준으로 수익인식

② 설치용역이 재화판매에 부수적으로 제공되는 경우 : 전체를 재화의 판매거래로 보아 판매시점에 수익인식

예제 4

숙명㈜는 미국에서 수입한 자동설비를 국내에 판매하는 회사이다. 숙명㈜의 결산일은 매년 12월 31일이며, 관련 자료는 다음과 같다.

(1) 숙명㈜가 판매하는 자동설비는 설치과정이 복잡하기 때문에 설치전담팀을 별도 운영하고 있다.

(2) 숙명㈜는 2012년 12월 28일에 효성㈜에 자동설비 2대를 ₩10,000,000에 판매하였는데, 자동설비를 설치하는데 총 1,000시간을 투입해야 한다. 2012년에 설치에 투입된 시간은 700시간이고 나머지는 2013년에 투입하여 설치를 완료했다.

물음

1. 자동설비 판매가격에 설치용역의 대가가 포함된 경우 2012년과 2013년에 인식할 수익금액을 계산하시오.
2. 자동설비 판매가격 ₩10,000,000 중 ₩3,000,000이 설치용역에 대한 대가인 경우 2012년과 2013년에 인식할 수익금액을 계산하시오.

풀이

1. 설치용역이 재화의 판매에 부수적으로 제공되는 경우

	2012년	2013년
재화판매수익	₩10,000,000	₩0
용역제공수익	0	0
계	₩10,000,000	₩0

2. 설치용역이 재화의 판매와 별도로 제공되는 경우

	2012년	2013년
재화판매수익	₩7,000,000	₩0
용역제공수익	2,100,000[1]	900,000[2]
계	₩9,100,000	₩900,000

[1]₩3,000,000 × 700시간 / 1,000시간 = ₩2,100,000
[2]₩3,000,000 − ₩2,100,000 = ₩900,000

2) 광고수수료

광고제작사의 광고용역에 대한 ① 광고제작수수료는 광고제작의 진행률에 따라 인식하고 방송사나 신문사와 같은 광고매체의 광고용역에 대한 ② 광고매체수수료(advertising commissions)는 광고 또는 상업방송이 대중에게 전달 될 때 인식한다.

예제 5

이화㈜는 광고제작사인 제일기획㈜와 광고계약을 체결하였다. 모든 회사의 결산일은 매년 12월 31일이며, 관련 자료는 다음과 같다.

(1) 제일기획㈜는 2012년 10월에 이화㈜로부터 라디오광고물을 제작하는 계약을 ₩10,000,000에 체결하였다.

(2) 제일기획㈜은 이 광고물 제작에 총 ₩5,000,000의 원가를 예상하였고, 2012년에 ₩3,500,000과 2013년에 ₩1,500,000의 원가가 발생하였다. 광고제작대금은 제작완료 시점에 전액 수령하였다.

(3) SBS는 제일기획㈜이 제작한 이화㈜의 광고물을 총 10회 방영하는 계약을 체결하였다. 광고료는 회당 ₩1,000,000이며 2013년에 6회가 방영되고 나머지는 2014년에 방영되었다. 광고료는 모든 광고가 종료되는 시점에 회수한다.

물음

이화㈜의 광고물과 관련하여 제일기획㈜과 SBS가 인식할 연도별 수익을 계산하시오.

풀이

1) 제일기획(주)

2012년	₩10,000,000 × 70%[1] = ₩7,000,000
2013년	₩10,000,000 − ₩7,000,000 = ₩3,000,000

[1] ₩3,500,000 / ₩5,000,000

2) SBS

2013년	6회 × ₩1,000,000 = ₩6,000,000
2014년	4회 × ₩1,000,000 = ₩4,000,000

3) 제품판매가격에 포함된 용역수수료 (복합거래)

제품판매가격에 판매 후 제공할 용역(servicing fees included in the price of

the product)에 대한 식별 가능한 금액이 포함되어 있는 경우에는 그 금액을 이연하여 용역수행기간에 걸쳐 수익으로 인식 한다. 이연되는 금액은 약정에 따라 제공될 용역의 예상원가에 이러한 용역에 대한 합리적인 이윤을 가산한 금액이다. 이러한 경우의 예로는 소프트웨어를 판매 시 판매 후 지원 및 제품개선 용역까지 포함하여 가격이 결정되는 경우를 들 수 있다.

예제 6

배화㈜는 소프트웨어 판매 및 서비스 공급업체이다. 배화㈜의 결산일은 매년 12월 31일이다. 배화㈜는 2012년 1월 3일에 회계소프트웨어를 ₩5,000,000에 판매하였는데, 동 금액에는 2년간 소프트웨어 업그레이드와 관련된 용역제공의 대가 ₩1,000,000이 포함되어 있다. 배화㈜는 소프트웨어 업그레이드와 관련하여 예상하는 총원가는 ₩800,000이며, 이 중 2012년에 발생한 원가는 ₩500,000이다.

물음

배화㈜가 2012년과 2013년에 인식할 수익금액을 계산하시오.

풀이

	2012년	2013년
재화판매수익	₩4,000,000	₩0
용역제공수익	625,000[1]	375,000[2]
계	₩4,625,000	₩375,000

[1]₩1,000,000 × (₩500,000 / ₩800,000) = ₩625,000 [2]₩1,000,000 − ₩625,000 = ₩375,000

4) 프렌차이즈 수수료

프랜차이즈(franchise)는 기업이 일정한 지역에서 자기 상품을 독점적으로 판매할 수 있는 권리를 가맹점에게 주고, 각종 경영지도 등의 용역을 제공하고 그에 대한 대가로 수수료를 수수하는 방식의 판매를 말한다. 프랜차이즈수수료는 창업지원용역과 운영지원용역, 설비와 기타 유형자산 및 노하우(know-how) 제공에 대한 대가를 포함할 수 있다. 따라서 프랜차이즈 수수료는 부과되는 목적을 반영하는 기준에 따라 수익으로 인식한다. 프랜차이즈 수수료의 적정한 인식방법은 다음과 같다.

(1) 창업지원용역에 따른 수수료

창업지원용역(initial franchise service)수수료는 프랜차이즈 본사가 모든 창업지원용역과 그 밖의 의무(예; 가맹점입지선정, 종업원교육, 자금조달, 광고에 대한 지원)를 실질적으로 이행(substanially accomplished)한 시점에 수익으로 인식한다. 만일 창업지원용역 수수료가 장기간에 걸쳐 회수되고 모두 회수하는 데 유의적인 불확실성이 존재하는 경우에는 할부금을 현금으로 수취하는 시점에 수익으로 인식한다.

(2) 운영지원용역에 따른 수수료

운영지원용역(continuing franchise service)수수료는 용역이 제공됨에 따라 수익으로 인식한다. 다만, 별도의 수수료가 운영지원용역의 원가를 회수하고 합리적인 이윤을 제공하는 데 불충분하고, 창업지원용역 수수료의 일부가 이러한 운영지원용역의 원가를 회수하고 합리적인 이윤을 제공한다면, 창업지원수수료의 일부를 이연하여 운영지원용역이 제공됨에 따라 수익으로 인식한다.

(3) 설비와 기타 유형자산의 제공에 따른 수수료

설비와 기타 유형자산의 제공에 따른 수수료는 해당 자산을 인도하거나 소유권을 이전할 때 제공하는 자산의 공정가치에 기초한 금액을 수익으로 인식한다. 한편, 계약에 따라 프랜차이즈 본사는 제3자에게 판매하는 가격보다 저렴한 가격 또는 적정이윤이 보장되지 않는 가격으로 설비, 재고자산, 또는 기타 유형자산을 가맹점에 제공할 수 있다. 이 경우 추정원가를 회수하고 적정이윤을 보장할 수 있도록 창업지원용역 수수료의 일부를 이연한 후, 설비 등을 가맹점에 판매할 것으로 기대되는 기간에 걸쳐 수익으로 인식한다.

구 분	수 익 인 식 기 준
창업지원용역 수익	대부분의 창업지원 용역이 제공된 시점에 인식
운영지원용역 수익	용역이 제공됨에 따라 인식
설비 등 제공 수익	해당 자산을 인도하거나 소유권을 이전하는 시점에 인식

[그림 4-8] **프랜차이즈 수익**

5) 입회비, 입장료 및 회원가입비

입회비(initiation fees), 입장료(entrance fees) 및 회원가입비(membership fees)는 제공되는 용역의 성격에 따라 수익인식이 결정된다. ① 만일 회비가 회원가입만 위한 것이고 기타 모든 용역이나 제품의 제공대가가 별도로 수취되거나 별도의 연회비가 있다면, 이러한 회비는 회수에 유의적인 불확실성이 없는 시점에 수익으로 인식한다. ② 만일 회비를 납부하고 회원가입기간 동안 무상으로 용역이나 간행물을 제공받거나 재화나 용역을 비회원보다 저렴한 가격으로 구매할 수 있는 경우에는 이러한 효익이 제공되는 시기, 성격 및 가치를 반영하는 기준으로 수익을 인식한다.

6) 입장료와 수강료

예술공연, 축하연, 기타 특별공연 등에서 발생하는 수익은 행사가 개최되는 시점에 인식한다. 하나의 입장권으로 여러 행사에 참여 할 수 있는 경우의 입장료수익은 각각의 행사를 위한 용역의 수행된 정도가 반영된 기준에 따라 각 행사에 배분하여 인식한다. 수강료는 강의기간에 걸쳐 수익으로 인식한다.

7) 주문형 소프트웨어의 개발 수수료

주문개발하는 소프트웨어의 대가로 수취하는 수수료는 진행기준에 따라 수익을 인식한다. 이 때 진행률은 소프트웨어의 개발과 소프트웨어 인도 후 제공하는 지원용역을 모두 포함하여 결정한다.

3. 기타 수익인식

자산을 타인에게 사용하게 함으로써 창출되는 로열티수익, 이자수익 및 배당수익은 다음 조건을 모두 충족하는 경우에 수익을 인식한다.

① 수익금액을 신뢰성 있게 측정할 수 있다.
② 거래와 관련된 경제적 효익의 유입가능성이 높다.

1) 로열티수익

로열티수익이란 상표권, 특허권, 소프트웨어, 음반저작권, 영화필름 등의 자산을 사용하게 한 대가로 발생한 수익을 말한다. 이러한 로열티수익은 관련된 계약의 실질을 반영하여 발생기준에 따라 인식한다. 로열티수익은 일반적으로 계약조건에 따라 발생하므로 그 계약조건을 반영하여 인식한다. 그러나 계약의 실질을 고려할 때 다른 체계적이고 합리적인 기준을 적용하는 것이 보다 적절한 경우에는 그 기준을 적용한다.

예제 7

상명㈜는 영화를 제작하여 판매하는 회사이다. 상명㈜의 결산일은 매년 12월 31일 이다. 상명㈜는 2012년 6월 1일에 '윤자민버튼'의 상영권을 영화배급사 효성㈜에 제공하기로 계약을 맺고 ₩3,000,000을 수령하였다. 효성㈜의 영화 상영 계약기간은 2012년 6월 1일부터 2013년 5월 31일 까지이다. 상명㈜가 로열티계약과 관련하여 2012년에 행할 회계처리를 하시오.

풀이

12.6/1	(차)	현 금	3,000,000	(대)	선수로열티수익	3,000,000
12.12/31	(차)	선수로열티수익	1,750,000[1]	(대)	로열티수익	1,750,000

[1]₩3,000,000 × 7 / 12 = ₩1,750,000

2) 이자수익

이자수익은 원칙적으로 유효이자율을 적용하여 발생기준에 따라 수익을 인식한다. 즉, 시간의 경과에 따른 진행기준으로 수익을 인식하며 여기서 주의할 점은 정액법이 아니라는 것이다.

3) 배당금수익

배당금과 관련해서는 일반적으로 ① 주주를 확정짓는 시점인 배당기산일(기준일) ② 주주로서 배당을 받을 권리가 확정되는 시점인 배당선언일(주주총회일) ③

실제 배당금을 수취하는 시점인 배당금수령일로 나누어 볼 수 있다. 여기서 배당금수익은 주주로서 배당을 받을 권리가 확정되는 시점에 인식한다.

한편, 용역의 제공과 기타 수익과 관련하여 거래형태별 수익 인식을 정리하면 다음과 같다.

구 분	수 익 인 식 기 준
설치용역 수수료	① 설치용역이 재화판매와 별도로 제공되는 경우 : 재화판매거래와 용역제공거래로 구분하고 설치용역수수료는 진행기준으로 수익인식 ② 설치용역이 재화판매에 부수적으로 제공되는 경우 : 전체를 재화의 판매거래로 보아 판매시점에 수익인식
광고용역 수수료	① 광고제작용역에 따른 제작수수료 : 진행기준에 따라 수익인식 ② 광고매체수수료수익 : 해당광고, 상업방송이 대중에게 전달될 때 수익인식
재화판매가격에 추후 제공될 용역포함	용역에 대한 식별가능한 금액이 포함되어 있는 경우에는 그 금액(원가 + 이윤)을 이연시켜 용역이 제공되는 기간 동안 수익인식
프랜차이즈 수수료	용역의 대부분을 제공하거나 당해 자산을 인도(소유권이전)한 시점
입회비, 회원가입비	① 회원자격만 유지 : 회수가 확실하게 되는 시점 ② 저가구매 권리가 부여 : 가입기간 동안 제공되는 효익에 따라 인식
입장료와 수강료	① 입장료 : 행사가 개최되는 시점에 인식 ② 수강료 : 강의기간에 걸쳐 수익 인식
주문형 소프트웨어	주문개발하는 소프트웨어의 대가로 수취하는 수수료는 진행기준에 따라 수익을 인식 단, 진행률은 소프트웨어의 개발과 소프트웨어 인도 후의 지원용역을 포함하여 결정
로열티수익	계약의 경제적 실질을 반영하여 발생기준에 따라 수익인식
이자수익	유효이자율을 적용하여 발생기준으로 수익인식
배당금수익	배당금을 받을 권리가 확정되는 시점에 수익인식

[그림 4-9] **용역 및 기타 수익인식**

제4절 건설계약

1. 건설계약의 의의

1) 건설계약의 정의

건설계약(construction contract)은 교량, 건물, 댐 파이프라인, 도로, 선박 또는 터널과 같은 단일자산이나 정제시설과 기타 복합생산설비나 기계장치의 건설과 같은 설계, 기술 및 기능 또는 그 최종 목적이나 용도에 있어서 밀접하게 상호 연관되거나 상호의존적인 복수자산의 건설을 위해 구체적으로 협의된 계약을 말한다. 건설계약의 예는 다음과 같다.

① 건물이나 교량, 댐, 파이프라인, 도로, 터널 등의 건설계약
② 선박이나 항공기, 레이더 · 무기 · 우주장비 등의 주문생산형 공사계약
③ 자산의 철거나 원상회복, 자산의 철거에 따르는 환경의 복구에 관한 계약
④ 공사관리나 설계용역의 계약과 같이 자산의 건설에 직접 관련된 용역제공 계약

한편, 여기서 주의할 점은 한국채택국제회계기준은 위와 같이 건설을 위하여 구체적으로 협의된 계약을 건설계약으로 정의하고 있다. 따라서 건설사업자가 계약자의 명세(buyer's specification)대로 건설공사를 수행하는 경우에만 건설계약에 해당한다. 그러므로 우리나라에서 흔히 볼 수 있는 주거용 부동산의 완성전 판매(분양공사)는 건설계약에 해당하지 않으며 재화의 판매거래로 보아 실제로 자산을 완성하고 법적소유권을 이전하는 시점에 인도기준으로 수익을 인식해야 한다.

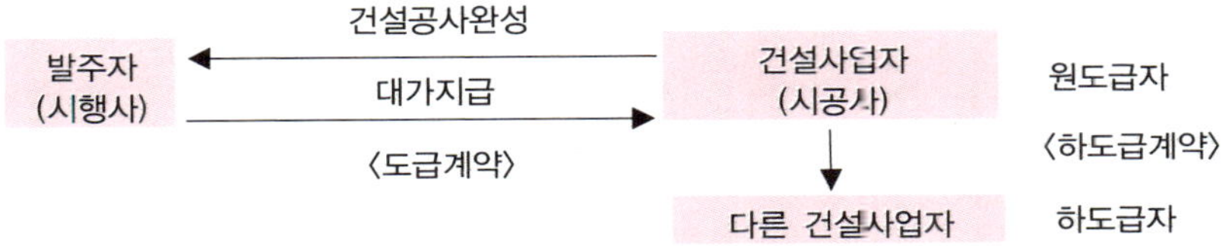

[그림 4-10] 건설계약의 이해[17]

2) 건설계약의 형태

건설계약은 정액계약(fixed price contract)과 원가보상계약(cost plus contract)으로 분류할 수 있다. ① 정액계약은 계약금액을 정액으로 하거나 산출물 단위당 가격을 정액으로 하는 건설계약을 말하며, 경우에 따라서는 물가연동조항을 포함한다. 즉, 시행사(발주회사)가 정액의 자금을 제공하면 시공사가 제공된 자금내에서 마진(margin)을 남기는 계약을 말하며 일반적인 건설계약의 형태이다. 반면, ② 원가보상계약은 원가의 일정비율이나 정액의 수수료를 원가에 가산하여 보상받는 건설계약을 말한다. 즉, 시공사가 먼저 건설을 하면 일정액의 마진을 가산하여 공급되는 형태로 주로 방위산업에 나타난다.

정액계약	계약금액을 정액으로 하는 건설계약 (물가연동조항 포함)
원가보상계약	원가의 일정비율이나 확정된 이윤을 원가에 가산하여 보상받는 건설계약

[그림 4-10] 건설계약의 형태

2. 계약손익의 인식[18)]

1) 진행률

계약의 진행률(percentage of completion)은 다양한 방식으로 결정될 수 있으며, 건설사업자는 수행한 공사를 신뢰성 있게 측정하는 방법을 사용한다. 계약의 성격에 따라 다음과 같은 방법 등으로 측정할 수 있으나 발주자에게서 수령한 기성금(progress payments)[예:중도금]과 선수금(advances)은 흔히 수행한 공사의 정도를 반영하지 못하므로 진행률로 사용할 수 없다.

---

17) 건설업에서는 도급계약과 하도급계약이란 용어를 많이 사용하는데, 도급계약이란 건설사업자(시공사-예; 대우,삼성건설)가 건설공사의 완성을 약정하고, 발주자(시행사-예;서울시)가 그 결과에 대하여 대가의 지급을 약정한 계약인 반면에, 하도급계약이란 건설사업자(원도급자)가 도급계약의 전부 또는 일부를 다른 건설사업자(하도급자)로 하여금 수행하도록 하는 계약을 말한다.

18) 건설계약의 수익인식은 앞에서 설명한 용역제공 거래의 수익인식과 같이 ① 건설계약의 결과를 신뢰성 있게 추정할 수 있는 경우에는 진행기준을 적용하여 인식하지만 ② 건설계약의 결과를 신뢰성 있게 추정할 수 없는 경우에는 진행기준을 적용할 수 없으며 발생한 계약원가의 범위 내에서 회수가능한 금액을 수익으로 인식하고 계약원가는 발생한기간의 비용으로 인식하는 회수기준을 적용한다. 이후의 설명은 건설계약의 일반적 경우인 건설계약의 결과를 신뢰성 있게 추정할 수 있는 경우만을 가정하고 설명하기로 한다.

① 원가비율법 : 수행한 공사에 대하여 발생한 누적계약원가를 추정총계약원가로 나눈 비율 (원칙)
② 투하노력법 : 수행한 공사의 측량 (예; 노동시간비례법)
③ 완성단위법 : 계약 공사의 물리적 완성비율

위 방법 중 가장 많이 사용하는 원가비율법에 의한 진행률은 다음과 같이 산정하며 여기서 주의할 점은 누적발생원가에는 수행한 공사를 반영하는 계약원가만을 포함한다는 것이다. 예를 들어, 건설현장에 사용하기 위하여 시멘트나 벽돌을 야적해 놓은 경우 당해 시멘트나 벽돌의 원가는 아직 실제 건설에 투입되지 않았으므로 누적발생원가에 해당하지 않는다.

$$진행률 = \frac{누적발생계약원가(실제치)}{추정총계약원가(예상치)} = \frac{누적발생계약원가}{누적발생계약원가 + 추가계약원가}$$

건설계약과 관련한 계약수익과 계약원가는 보고기간말 현재 계약활동의 진행률(percentage of completion)을 기준으로 각각 수익과 비용으로 인식한다. 진행기준은 진행률에 비례하여 수익, 비용 및 이익이 보고되며 계약수익은 공사가 수행된 회계기간의 당기손익에 수익으로 인식하며, 계약원가도 통상적으로 관련 공사가 수행된 회계기간의 당기손익에 비용으로 인식한다.

2) 계약수익

계약수익(contract revenue)[19]은 일반적 상기업의 매출로서 건설사업자가 발주자로부터 지급받을 건설계약금액에 근거하여 계상함을 원칙으로 한다. 계약수익은 수령하였거나 수령할 대가의 공정가치로 측정한다. 한편, 진행기준은 건설계약금액을 진행률에 따라 각 회계기간에 배분한 금액을 수익으로 인식한다. 건설계약의 진행률은 누적진행률 이므로 당기계약수익은 총계약금액에 당기 진행률을 곱한 당기누적계약수익에서 전기말까지 인식한 전기누적계약수익을 차감하여 산출한다.

19) 계약수익의 구성항목은 다음과 같다.
① 최초에 합의된 계약금액
② 공사변경, 보상금 및 장려금에 따라 추가되는 금액으로서 수익으로 귀결될 가능성이 높고, 신뢰성 있게 측정할 수 있는 금액

당기계약수익 = 당기누적계약수익 − 전기까지 인식한 누적계약수익
= (총계약금액 × 당기 진행률) − 전기까지 인식한 누적계약수익

3) 계약원가

계약원가(contract cost)[20]는 일반적 상기업의 매출원가로서 계약체결일로부터 계약의 최종완료일까지의 기간에 당해 계약에 귀속될 수 있는 원가를 포함한다. 단, 공사계약체결전에 발생한 원가(costs incurred in securing a contract)는 개별적으로 식별이 가능하며 신뢰성 있게 측정할 수 있고 계약의 체결가능성이 높은 경우 계약원가의 일부로 포함한다.

계약원가의 인식은 계약수익에 대응하는 계약원가를 인식한다. 따라서 추정총계약원가를 진행률에 따라 각 회계기간에 배분한 금액이 계약원가로 인식된다. 이때 추정총계약원가는 각 회계연도마다 변경될 수 있으므로 당기에 계약원가로 인식할 금액은 당기말 추정총계약원가에 당기 진행률을 곱한 당기누적계약원가에서 전기말까지 인식한 전기누적계약원가를 차감하여 산출한다. 여기서 주의할 점은 실제지출원가가 아닌 계약원가를 인식해야 하는 점과 진행기준을 적용하는 경우 계약수익뿐 아니라 계약원가도 진행률에 의하여 인식한다는 것이다.

당기계약원가 = 당기누적발생계약원가 − 전기까지 인식한 누적발생계약원가
= (당기말 추정총계약원가 × 당기진행률) − 전기까지 인식한 누적발생계약원가

4) 계약이익

진행기준에서는 건설계약금액을 진행률에 따라 계약수익으로 인식하듯이 추정총계약원가도 진행률에 따라 계약원가로 인식한다. 따라서 계약이익은 총계약이익을 진행률에 따라 인식한 금액과 일치하게 된다.

---

20) 계약원가의 구성항목은 다음과 같다.
① 특정계약에 직접 관련된 원가
② 계약활동 전반에 귀속될 수 있는 공통원가로서 특정계약에 배분할 수 있는 원가
③ 계약조건에 따라 발주자에게 청구할 수 있는 기타원가

당기계약이익 = 당기계약수익 − 당기계약원가
= 당기총계약이익 × 당기 진행률 − 전기총계약이익 × 전기 진행률

예제 8

한국건설㈜는 2012년 초 경희㈜와 계약금액 ₩3,000,000인 건설도급공사계약을 체결하였다. 공사기간은 3년이며 관련자료는 다음과 같다.

	2012년	2013년	2014년
당기발생계약원가	₩600,000	₩900,000	₩1,100,000
추가계약원가	1,800,000	1,000,000	−
추정총계약원가	2,400,000	2,500,000	2,600,000

물음

1. 각 연도별 누적진행률을 산정하시오.
2. 진행기준을 적용하여 각 연도별 계약수익, 계약원가 및 계약이익을 계산하시오.

풀이

1. 누적진행률

	2012년	2013년	2014년
① 누적발생계약원가	600,000	1,500,000	2,600,000
② 추정총계약원가	2,400,000	2,500,000	2,600,000
③ 누적진행률(①/②)	25%	60%	100%

2. 계약손익

	2012년	2013년	2014년
④ 당기누적계약수익	750,000	1,800,000	3,000,000
⑤ 전기누적계약수익	−	750,000	1,800,000
⑥ 당기계약수익(④−⑤)	750,000	1,050,000	1,200,000
⑦ 당기계약원가	600,000	900,000[1]	1,100,000[2]
⑧ 당기계약이익(⑥−⑦)	150,000	150,000	100,000

④ 당기누적계약수익 = 총계약금액 × 누적진행률③
⑥ 당기계약수익 = 당기누적계약수익④ − 전기까지 인식한 누적계약수익⑤
= (총계약금액 × 누적진행률) − 전기까지 인식한 누적계약수익 이므로
⑦ 당기계약원가 = 당기누적발생계약원가 − 전기까지 인식한 누적발생계약원가
[1]1,500,000 − 600,000 = 900,000 [2]2,600,000 − 1,500,000 = 1,100,000

해설

문제에서는 매년의 추가계약원가와 추정총계약원가가 제시가 되어 있지만 다음과 같이 story를 연결 지어 이해하면 편합니다. ₩3,000,000의 계약금액을 가지고 2012년도에 공사

를 수행해보니 2012년도에는 실제 ₩600,000의 원가가 발생하였으며 향후 ₩1,800,000(추가예정원가)의 원가가 추가로 발생될 것으로 예상하여 총 ₩2,400,000(추정총계약원가)이면 공사가 완공될 것으로 예상한 것입니다. 따라서 2012년 시점 진행률은 ₩600,000 ÷ ₩2,400,000 = 25%로 산정하여 계약이익을 산정하면 되고 2013년에는 실제 ₩900,000의 원가가 발생(2012년 추정치 ₩1,800,000에 훨씬 못미치게 발생한 것임)하였으며 향후 ₩1,000,000(추가예정원가)의 원가가 추가로 발생되면 공사와 완공될 것으로 예상한 것입니다. 그러므로 추정총계약원가는 2012년 실제원가발생액 ₩600,000과 2013년 실제원가발생액 ₩900,000 그리고 2013년 추정치 ₩1,000,000의 합인 ₩2,500,000으로 계산이 됩니다. 즉, 공사가 ₩2,500,000으로 완공될 것으로 예상한 것입니다. 따라서 2013년 시점 누적진행률은 ₩1,500,000 ÷ ₩2,500,000 = 60%로 산정하여 계약이익을 계산 하면 됩니다. 한편, 2014년도는 실제 ₩1,100,000의 원가가 발생(2013년 추정치 ₩1,000,000에 근접하게 발생한 것임)하였으며 공사완공 연도이므로 추가예정원가는 발생하지 않습니다(공사가 끝나므로 추정할 필요가 없음). 그러므로 추정총계약원가(사실 2014년은 추정이 아니라 실제 발생된 원가임)는 2012년 실제원가발생액 ₩600,000과 2013년 실제원가발생액 ₩900,000 그리고 2014년 실제원가발생액 ₩1,100,000의 합인 ₩2,600,000으로 계산되며 2014년 시점 누적진행률은 ₩2,600,000 ÷ ₩2,600,000 = 100%(공사가 모두 완공되었으므로 항상 100%임)로 산정하여 계약이익을 계산하면 됩니다.

〈별해〉

결국 총계약이익에 대하여 진행률만큼씩 이익을 인식하는 논리이므로 다음 같이 풀이가 가능하다.

	↓ 당기계약수익	↓ 당기계약원가		
	₩750,000	− ₩600,000		당기계약이익
'12 누적계약이익 (25%)	= 3,000,000 × 25%	− 2,400,000 × 25%	= 150,000	
	₩1,050,000	− ₩900,000		₩150,000
'13 누적계약이익 (60%)	= 3,000,000 × 60%	− 2,500,000 × 60%	= 300,000	
	₩1,200,000	− ₩1,100,000		₩100,000
'14 누적계약이익 (100%)	= 3,000,000 × 100%	− 2,600,000 × 100%	= 400,000	

5) 계약손실이 예상되는 경우

전체공사에서 계약이익이 예상될 때는 진행기준에 따라 수익을 인식하고 그에 대응하여 비용을 인식한다. 한편, 건설계약은 일반적으로 장기간에 걸쳐 공사를 수행하므로 총계약원가의 추정에 많은 어려움이 따른다. 경우에 따라서는 공사계약시에는 이익이 예상되었으나 공사가 진행되는 도중에 원자재 가격의 상승 등으로 인하여 공사전체에 손실이 발생할 것으로 예측되는 경우가 있다. 따라서 진행기준을 적용하는 경우에도 추정총계약원가가 총계약금액을 초과할 가능성이 높은 경우에는 향후에 예상되는 손실을 이연하지 않고 즉시비용으로 인식한다.[21] 따라서 손실이 예상되는 회계연도의 계약원가 인식액은 당기발생 계약원가에 예상손실을 가산한 금액이 된다. 여기서 예상손실은 차기이후의 기간에 손실로 계상되리라고 예측되는 금액으로 차기이후에 발생이 예상되는 계약원가의 합계액이 차기 이후에 인식될 계약수익의 합계액을 초과하는 금액이 된다. 차기이후에 인식할 계약수익은 당기말 현재의 건설계약금액에서 당기까지 인식한 누적계약수익을 차감하여 계산하며, 차기이후에 예상되는 계약원가는 추정총계약원가에서 당기까지 발생한 누적발생계약원가를 차감하여 계산한다. 특정 회계연도말 현재 전체 계약손실액 중 당기 진행률에 해당하는 금액은 이미 인식하였으므로, 차기이후의 손실예상액은 총예상손실액에서 당기까지 이미 인식한 계약손실액을 차감하여 계산할 수도 있다. 따라서 차기 이후에 예상되는 계약손실은 당기 총계약손실예상액에 (1−누적진행률)을 곱한 금액으로 계산된다. 손실이 예상되는 회계연도에 당기비용으로 인식한 손실예상액은 차기이후의 기간에 발생하는 계약원가에서 동 금액만큼 차감하여 인식한다.

손실예상 회계연도의 계약원가 인식액 = 당기발생 계약원가 + 예상손실
여기서, 예상손실 = 차기이후 예상계약원가 − 차기이후 인식할 계약수익
= 추정총계약원가 × (1 − 누적진행률) − 총계약수익 × (1 − 누적진행률)
= (추정총계약원가 − 총계약수익) × (1 − 당기 진행률)
(추정총계약원가 − 총계약수익) ▶ 당기 총계약손실예상액

21) 이는 채권자를 보호하기위해서 이익이 예상된다면 이익은 가능한 늦게 인식하고 손실이 예상된다면 손실은 가능한 빨리 인식하는 보수적인 회계처리를 하기 위한 조치이다. 한편, 추정총계약원가가 총계약금액에 미달하는 경우는 손실이 예상되는 건설계약이 아니다.

예제 9

한국건설㈜는 2012년 초 경희㈜와 계약금액 ₩3,000,000인 건설도급공사계약을 체결하였다. 공사기간은 3년이며 관련자료는 다음과 같다.

	2012년	2013년	2014년
당기발생원가	₩600,000	₩1,260,000	₩1,240,000
추가예정원가	1,800,000	1,240,000	–
추정총계약원가	2,400,000	3,100,000	3,100,000

물음

1. 각 연도별 누적진행률을 산정하시오.
2. 진행기준을 적용하여 각 연도별 계약수익, 계약원가 및 계약이익을 계산하시오.

풀이

1. 누적진행률

	2012년	2013년	2014년
① 누적발생계약원가	600,000	1,860,000	3,100,000
② 추정총계약원가	2,400,000	3,100,000	3,100,000
③ 누적진행률(①/②)	25%	60%	100%

2. 계약손익

	2012년	2013년	2014년
④ 당기누적계약수익	750,000	1,800,000	3,000,000
⑤ 전기누적계약수익	–	750,000	1,800,000
⑥ 당기계약수익(④–⑤)	750,000	1,050,000	1,200,000
⑦ 당기계약원가	600,000	1,260,000[1]	1,240,000[2]
⑦ 손실 전입 · 환입	–	40,000[3]	(40,000)
⑧ 당기계약이익(⑥–⑦) 당기계약손실	150,000	(250,000)	0

④ 당기누적계약수익 = 총계약금액 × 누적진행률③
⑥ 당기계약수익 = 당기누적계약수익④ – 전기까지 인식한 누적계약수익⑤
= (총계약금액 × 누적진행률) – 전기까지 인식한 누적계약수익 이므로
⑦ 당기계약원가 = 당기누적발생계약원가 – 전기까지 인식한 누적발생계약원가
[1]1,860,000 – 600,000 = 1,260,000 [2]3,100,000 – 1,860,000 = 1,240,000
[3]예상손실 : (추정총계약원가 – 총계약수익) × (1 – 진행률)로 남은 손실을 조기에 인식
= (3,100,000 – 3,000,000) × (1–60%) = 40,000
또는 차기이후 예상계약원가(1,240,000) – 차기이후 인식할 계약수익(1,200,000) = 40,000
여기서, 차기이후 예상계약원가 = 3,100,000 – 1,860,000 = 1,240,000
차기이후 인식할 계약수익 = 3,000,000 – 1,800,000 = 1,200,000

〈별해〉

결국 총계약이익에 대하여 진행률만큼씩 이익을 인식하는 논리이므로 다음 같이 풀이가 가능하다.

	↓ 당기계약수익	↓ 당기계약원가			
	₩750,000	− ₩600,000		합계	당기계약이익
12"누적계약 이익(25%)	= 3,000,000 × 25%	− 2,400,000 × 25%		= 150,000	
	₩1,050,000	− ₩1,260,000	− ₩40,000		−₩250,000
13"누적계약 이익(60%)	= 3,000,000 × 60%	− 3,100,000 × 60%	−100,000 × 40%	= −100,000	
	₩1,200,000	− ₩1,240,000	₩40,000		₩0
14"누적계약 이익(100%)	=3,000,000 × 100%	−3,100,000 × 100%	−	= −100,000	

3. 건설계약의 회계처리

1) 회계처리

한국채택국제회계기준에 의한 건설계약의 회계처리는 상당히 복잡하고 이해하기 어렵다. 회계처리 하나하나를 이해하려고 하는 것 보다는, 그러한 회계처리를 통해 나타내고자 하는 재무제표의 형태가 무엇인지를 이해하려고 한다면, 의외로 쉽게 개념을 정리할 수 있다. 다음은 건설계약의 시점별 회계처리 사례이다.

(1) 계약원가발생시

공사계약전에 발생한 원가와 공사가 진행됨에 따라 발생한 원가는 미성공사계정에 부과된다. 즉, 건설계약과 관련하여 건설원가가 투입되면 당해 원가투입액을 미성공사의 계정과목으로 자산을 인식한다. 여기서 미성공사(construction in progress)란 미완성공사를 칭하는 용어로 제조기업의 재공품(work in progress)과 동일한 성격의 계정과목이다.

(차) 미성공사	×××	(대) 현 금 등	×××

(2) 계약대금청구시[22]

건설회사는 공사에 필요한 자금을 마련하기 위하여 계약수익금액의 일부를 발주자에게 청구하게 되는데, 이때 청구금액을 계약미수금 계정에 차기하고 진행청구액(process billings)계정에 대기한다. 즉, 건설사업자가 거래상대방에게 건설대금을 청구하면 건설사업자는 당해 청구금액을 계약미수금과 진행청구액의 계정과목으로 인식 하게 된다. 여기서 진행청구액이란 계약서에 명시되어 있는 금액이며 임시계정으로써 미성공사계정의 차감항목으로 표시한다. 따라서 미성공사계정금액보다 적은 경우에는 자산으로 표시되지만, 미성공사계정금액보다 큰 경우에는 부채로 표시된다.

(차) 계약미수금	×××	(대) 진행청구액	×××

(3) 계약대금회수시

발주자로부터 계약수익금액의 일부를 회수한 경우에는 계약미수금계정에 대기한다. 즉, 계약대금이 회수되면 계약미수금을 감소시킨다.

(차) 현 금	×××	(대) 계약미수금	×××

(4) 기말결산시

보고기간 말까지 진행률을 측정하여 당기의 계약수익과 계약원가를 인식하며 당기계약수익과 당기계약원가와의 차액인 당기계약이익은 미성공사계정으로 처리한다. 즉, 건설사업자는 결산시에 진행률에 의하여 계약수익과 계약원가를 인식하고 두 금액의 차이인 계약손익에 해당하는 부분을 미성공사로 처리한다. 이 경우 미성공사에는 기중에 실제로 발생한 원가뿐만 아니라 결산일에 진행기준에 따라

---

22) "계약대금청구액"과 "계약대금회수액"을 이해하면 보통 건설업은 발주자가 돈을 주고 그 돈으로 건설자재를 구입하는 것이지만 여러 번거롭고 불편함 때문에 일단 건설사업자가 자기 돈을 투입하고 나중에 마진(margin)까지 추가하여 청구하게 되는 구조이기에 "계약대금청구액"과 "계약대금회수액"이 등장하게 된다.

인식되는 계약손익이 반영되는 금액이 된다. 즉, 기말 현재 미성공사계정은 계약수익으로 인식한 금액과 동일한 금액이 된다.

(차) 계약원가	×××	(대) 계약수익	×××
미성공사	×××		

(5) 공사완공시

건설계약과 관련된 공사가 완공되면 미성공사계정과 진행청구액계정의 장부금액은 건설계약금액과 일치하게 된다. 따라서 공사가 완공되는 시점에 미성공사계정과 진행청구액계정을 서로 상계하여 재무상태표에서 제거한다.

(차) 진행청구액	×××	(대) 미성공사	×××

2) 건설계약의 재무제표 공시

건설계약과 관련하여 재무상태표에는 미성공사에 진행청구액의 계정이 차감하는 형식으로 공시되며 공사미수금 계정도 공시된다. 또한 포괄손익계산서에는 계약수익과 계약원가가 총액으로 공시되어 진행기준에 의한 공사계약의 성과를 보고하게 된다.

재무상태표에 공시되는 미성공사 계정은 이미 발생한 누적 계약원가에 누적계약이익을 가산한 금액으로 건설사업자가 보고기간 말까지 계약의 진행에 따라 청구 가능한 계약수익(총계약수익×누적진행률)을 의미하고 진행청구액계정은 보고기간 말까지 실제 청구한 계약수익을 의미하므로, 미성공사의 순장부금액은 미청구채권을 의미하게 된다. 또한 공사미수금은 청구된 채권 중에 아직 회수하지 못한 미수채권을 의미하게 된다. 보고기간 말 '미성공사계정－진행청구액계정'이 양(+)의 금액으로 계산되는 경우에는 청구하지 않은 계약수익이므로 재무상태표에 자산(미청구공사)으로 공시한다. 이 경우 공사미수금은 공사계약의 내용에 따라 대금청구가 되었으나 회수하지 못한 실제 채권을 의미한다. 한편, 보고기간말 '미성공사계정 − 진행청구액계정'이 부(−)의 금액으로 계산되는 경우에는 과다 청구한 계약수익에 해당하므로 재무상태표에 부채(초과청구공사)로 공시한다.

① 미성공사 〉 진행청구액 : 미청구공사 (유동자산) = 미성공사 − 진행청구액 〉 0
② 미성공사 〈 진행청구액 : 초과청구공사 (유동부채) = 미성공사 − 진행청구액 〈 0

[미성공사 > 진행청구]

재무상태표

유동자산		
미성공사	×××	
진행청구액	(×××)	
미청구공사	×××	
공사미수금	×××	

[미성공사 < 진행청구]

재무상태표

		유동부채	
		진행청구액	×××
		미성공사	(×××)
		초과청구공사	×××
공사미수금	×××		

[그림 4-11] **미성공사와 진행청구공사의 공시**

예제 10

한국건설㈜는 2012년 초 경희㈜와 계약금액 ₩3,000,000인 건설도급공사계약을 체결하였다. 공사기간은 3년이며 관련자료는 다음과 같다. (예제 8과 동일한 자료 임)

	2012년	2013년	2014년
당기발생계약원가	₩600,000	₩900,000	₩1,100,000
추가계약원가	1,800,000	1,000,000	−
추정총계약원가	2,400,000	2,500,000	2,600,000

또한 공사대금청구내역과 회수내역은 다음과 같다.

	2012년	2013년	2014년
공사대금청구액	₩700,000	₩1,000,000	₩1,300,000
공사대금회수액	500,000	800,000	1,700,000

물음

1. 각 연도별 필요한 회계처리를 제시하시오.
2. 2012년 12월 31일과 2013년 12월 31일의 건설계약과 관련된 부분재무상태표를 작성하시오.

풀이

1.1) 계약손익 파악 (자세한 풀이는 앞의 예제 8 참조)

	2012년	2013년	2014년
④당기누적계약수익	750,000	1,800,000	3,000,000
⑤전기누적계약수익	−	750,000	1,800,000
⑥당기계약수익(④−⑤)	750,000	1,050,000	1,200,000
⑦당기계약원가	600,000	900,000	1,100,000
⑧당기계약이익(⑥−⑦)	150,000	150,000	100,000

1.2) 연도별 회계처리

① 2012년

원가발생 I	(차) 미성공사	600,000 ②	(대) 현 금 등	600,000 ①
대금청구 III	(차) 공사미수금	700,000 ①	(대) 진행청구액	700,000 ②
대금회수 IV	(차) 현 금	500,000 ①	(대) 공사미수금	500,000 ②
기말결산 II	(차) 계약원가 미성공사(margin)	600,000 ② 150,000 ③	(대) 계약수익	750,000 ①

② 2013년

원가발생	(차) 미성공사	900,000	(대) 현 금 등	900,000
대금청구	(차) 공사미수금	1,200,000	(대) 진행청구액	1,200,000
대금회수	(차) 현 금	800,000	(대) 공사미수금	800,000
기말결산	(차) 계약원가 미성공사	900,000 150,000	(대) 계약수익	1,050,000

③ 2014년

원가발생	(차) 미성공사	1,100,000	(대) 현 금 등	1,100,000
대금청구	(차) 공사미수금	1,100,000	(대) 진행청구액	1,100,000
대금회수	(차) 현 금	1,700,000	(대) 공사미수금	1,700,000
기말결산	(차) 계약원가 미성공사	1,100,000 100,000	(대) 계약수익	1,200,000
계약종료	(차) 진행청구	3,000,000	(대) 미성공사	3,000,000

2. 부분재무상태표

재무상태표(2012.12.31)

차변		대변	
현 금	500,000		
공사미수금	200,000		
미성공사	750,000		
진행청구액	(700,000)		
미청구공사	50,000		

재무상태표(2013.12.31)

차변		대변	
현 금	1,300,000		
공사미수금	600,000		
		진행청구액	1,900,000
		미성공사	(1,800,000)
		초과청구공사	100,000

객관식 연습문제

exercises

▶▶ Ⅰ. 이론형 객관식 문제

01 **다음 중 한국채택국제회계기준의 재화의 판매로 인한 수익의 인식 조건이 아닌 것은?** (7급 2006 수정)

① 재화의 소유에 따른 중요한 위험과 보상이 구매자에게 이전된다.
② 판매자는 판매된 재화의 소유권과 결부된 통상적 수준의 지속적인 관여를 하지 않을 뿐만 아니라 효과적인 통제를 하지도 아니한다.
③ 거래와 관련하여 발생했거나 발생할 원가를 신뢰성 있게 측정할 수 있다.
④ 거래와 관련된 경제적 효익의 유입가능성이 매우 높다.

정답 ④

거래와 관련된 경제적 효익의 유입가능성이 매우 높은게 아니라 높으면 된다.

02 **다음 중 한국채택국제회계기준의 수익과 관련된 내용으로 옳지 않은 것은?** (7급 2011)

① 대금지급약정이 실질적으로 자금대여거래에 해당하는 경우, 그 대가의 공정가치는 미래 총수취액을 내재이자율로 할인하여 결정한다.
② 수익은 받았거나 받을 대가의 공정가치로 측정한다.
③ 재화를 판매하고 동시에 당해 재화를 나중에 재구매하기로 하는 별도의 약정을 체결함으로써 판매거래의 실질적 효과가 상쇄되는 경우에는 두 개의 거래를 하나의 거래로 보아 회계처리 한다.
④ 배당수익은 주주로서 배당지급기일에 인식한다.

정답 ④

배당수익은 배당금이 확정된 시점에 수익으로 인식한다.

03 다음 중 한국채택국제회계기준의 위탁판매수익인식으로 올바른 것은?

(9급 서울시 2007 수정)

① 외형상 수탁자가 판매하므로 수탁자가 전액매출로 인식
② 위탁자는 수탁자에게 위탁품 발송한 날 수익인식
③ 수탁자는 합의된 수수료를 수익으로 인식
④ 위탁자는 매입의사표시일에 수익 인식한다
⑤ 인터넷 상 중개판매사업자는 인터넷을 통한 매출이므로 판매대금 전액을 매출로 인식하고 매출원가를 기록한다

정답 ③

① 실질적으로 위탁자가 판매하므로 위탁자가 전액매출로 인식
②, ④ 위탁자는 수탁자가 위탁품을 판매한 날 수익인식
⑤ 인터넷 상 중개판매사업자는 중개수수료만 수익으로 인식한다.

04 한국채택국제회계기준의 수익인식과 관련된 내용으로 옳지 않은 것은?

(9급 중앙인사위 2008)

① 상품권을 판매한 때 현금수령액은 선수금으로 처리하고 상품권 회수 시점에 이를 수익으로 인식한다.
② 임대업을 영위하는 회사는 임대매장에서 발생하는 매출과는 무관하므로 임차인으로부터 수취하는 임대료만을 수익으로 인식해야 한다.
③ 수출업무를 대행하는 종합상사는 판매를 위탁하는 회사를 대신하여 상품을 수출하므로 판매수수료만을 수익으로 인식해야 한다.
④ 방송사의 광고수익은 해당 광고계약을 체결하는 시점에 수익을 인식해야 한다.

정답 ④

방송사의 광고수익은 해당광고를 대중에게 전달하는 시점에 수익으로 인식한다.

05 공사기간을 3년으로 하여 수주한 장기건설공사의 계약이익을 공사진행기준에 따라 인식하려고 한다. 제2차년도 계약이익의 계산에 필요한 정보가 아닌 것은?

(7급 행자부 2006 수정)

① 2차년도 이후에 발생할 것으로 예상되는 실제계약원가
② 총공사의 계약대금

③ 1차년도에 발생된 실제계약원가
④ 2차년도에 수령한 공사청구대금

정답 ④

계약수익 − 계약원가 = 계약이익
누적진행률 = 누적계약원가/(누적계약원가 + 추가예상원가)
계약수익 = 공사계약대금 × 누적진행률 − 전기까지 누적계약수익
공사대금수령액은 진행률에 아무런 영향을 미치지 못하므로 계약이익 계산과 관련이 없다.

06 한국채택국제회계기준의 '수익'에 대한 다음의 설명 중 타당한 것은?

(공인회계사 2008 수정)

① 소유에 따른 위험과 보상의 이전은 반드시 법적 소유권의 이전이나 재화의 물리적 이전과 동시에 이루어진다.
② 로열티수익은 관련된 계약의 경제적 실질을 반영하여 현금기준에 따라 인식할 수 있다.
③ 판매자가 구매자에게 판매한 재화에 대하여 소유권이 있을 때 통상적으로 행사하는 정도의 관리나 효과적이 통제를 할 수 있는 경우에도 재화의 소유에 따른 위험과 효 익의 대부분이 구매자에게 이전된다면 재화의 판매로 인한 수익을 인식한다.
④ 주문개발하는 소프트웨어의 대가로 수취하는 수수료는 진행기준에 따라 수익을 인식한다. 이 때 진행률은 소프트웨어의 개발과 소프트웨어 인도 후 제공하는 지원용역을 모두 포함하여 결정한다.
⑤ 광고제작사의 광고제작수익은 해당 광고가 대중에게 전달되는 시점에 인식한다.

정답 ④

① 대부분의 경우, 소유에 따른 위험과 보상의 이전은 일반적으로 법적 소유권의 이전이나 재화의 물리적 이전과 동시에 이루어진다. 대부분의 소매판매가 그러한 경우이다. 그러나 경우에 따라서는 소유에 따른 위험과 보상의 이전시점이 법적 소유권의 이전시점이나 재화의 물리적 이전시점과 다를 수 있다.
② 로열티수익은 관련된 계약의 실질을 반영하여 발생기준에 따라 인식한다.
③ 재화의 판매로 인한 수익은 다음 조건이 모두 충족될 때 인식한다.
  (1) 재화의 소유에 따른 중요한 위험과 보상이 구매자에게 이전된다.
  (2) 판매자는 판매된 재화의 소유권과 결부된 통상적 수준의 지속적인 관여를 하지 않을 뿐만 아니라 효과적인 통제를 하지도 아니한다.
  (3) 수익금액을 신뢰성 있게 측정할 수 있다.
  (4) 거래와 관련된 경제적 효익의 유입가능성이 높다.
  (5) 거래와 관련하여 발생했거나 발생할 원가를 신뢰성 있게 측정할 수 있다.

07 **(주)진해는 소프트웨어 판매 및 서비스 공급회사이다. 이 회사는 2012년 1월 1일 (주)창원에 원가 ₩700,000인 ERP소프트웨어를 ₩1,000,000에 판매하고 ERP 운용과 관련된 용역을 ₩1,200,000에 2년 동안 제공하기로 약정하였다. 이 용역제공과 관련하여 예상되는 총원가는 ₩800,000이며 이 중에서 2012년도에 실제 발생한 원가는 ₩600,000이다. 수익인식에 관한 한국채택국제회계기준에 근거할 때 2012년의 회계처리로 타당하지 않은 것은?** (공인회계사 2006 수정)

① 소프트웨어와 용역이 별개로 취급되어 그 제공이 각각 총거래가격에 영향을 미치므로 소프트웨어 매출과 용역매출은 구분하여 별도로 회계처리되어야 한다.

② ERP 소프트웨어 판매액 ₩1,000,000은 소프트웨어 인도시점인 2012년 1월 1일 모두 수익으로 인식한다.

③ ERP 소프트웨어 원가 ₩700,000은 관련 용역이 제공되는 2년에 걸쳐 상각되어야 한다.

④ 용역제공거래는 진행기준에 의하여 수익을 인식한다. 따라서 용역제공과 관련하여 2012년에 인식할 수익은 ₩900,000이다.

⑤ 용역제공과 관련하여 2012년도에 실제로 발생한 원가는 매출원가로 처리한다.

정답 ③

소프트웨어와 용역의 대가가 식별가능하므로 소프트웨어매출과 용역매출로 구분하여 수익을 인식한다. 소프트웨어관련 수익은 소프트웨어의 인도시점에 수익을 인식하고, 용역의 제공은 진행기준에 따라 수익을 인식한다. 한편, 소프트웨어 원가는 관련된 수익을 2012년의 인도시점에 전액 인식하므로 원가도 2012년에 전액 매출원가로 인식한다.

08 **용역의 제공으로 인한 수익은 용역제공거래의 성과를 신뢰성 있게 추정할 수 있을 때 진행기준에 따라 인식한다. 한국채택국제회계기준의 '수익'하에서 다음의 조건 중 어떠한 조건이 충족되면 용역제공거래의 성과를 신뢰성 있게 추정할 수 있는가?** (공인회계사 2005)

(가) 수익금액을 신뢰성 있게 측정할 수 있다.
(나) 경제적 효익의 유입 가능성이 높다.
(다) 진행률은 신뢰성 있게 측정할 수 있다.
(라) 이미 발생한 원가 및 거래의 완료를 위하여 투입하여야 할 원가를 신뢰성 있게 측정할 수 있다.

① (가), (나), (다), (라)　　② (가), (나), (다)
③ (가), (나), (라)　　④ (가), (다), (라)
⑤ (가), (나)

정답 ①

다음 조건이 모두 충족되는 경우 용역제공거래의 결과를 신뢰성 있게 추정할 수 있다.
(1) 수익금액을 신뢰성 있게 측정할 수 있다.
(2) 거래와 관련된 경제적 효익의 유입가능성이 높다.
(3) 보고기간 말에 그 거래의 진행률을 신뢰성 있게 측정할 수 있다.
(4) 이미 발생한 원가 및 거래의 완료를 위한 원가를 신뢰성 있게 측정할 수 있다.

09 **수익인식에 관한 다음 사례 중 타당하지 않은 것은?** (공인회계사 2010)

① 제과프랜차이즈사업을 하는 ㈜파로베이커리는 가맹점 운영과 관련하여 계속적인 용역(continuing service)을 제공한다. ㈜파로베이커리는 운영지원용역에 대한 수수료를 가맹점으로부터 수령하는 시점에 수익으로 인식한다.
② 소프트웨어 개발회사인 ㈜일진소프트는 ㈜대성으로부터 급여처리시스템에 대한 소프트웨어 개발을 주문받았다. ㈜일진소프트는 소프트웨어 개발대가로 수취하는 수수료를 진행기준에 따라 수익으로 인식한다.
③ 구두를 제조하는 ㈜금동제화는 매출향상을 위하여 상품권을 현금으로 판매하지만 수익은 고객이 상품권으로 구두를 구입하는 시점에 인식한다.
④ 영화를 제작하는 ㈜대박필름은 제작 완료한 영화 '고시탈출'을 20X1년 6월 배급사인 ㈜일성시네마에 1년간 상영할 수 있는 권리를 판매함과 동시에 수익을 인식했다. ㈜대박필름은 상영권 판매 후 동 권리의 판매와 관련하여 추가의무가 없고 ㈜일성시네마를 통제할 수 없으며 흥행수익으로부터 추가적인 수익을 수취하지 않는다.
⑤ (주)일산신문사는 의류회사인 ㈜대일통상과 지면광고계약을 맺고 광고수수료를 받았다. ㈜일산신문사는 동 광고수수료를 신문에 광고가 게재되어 독자에게 전달될 때 수익으로 인식했다.

정답 ①

운영지원용역의 제공에 대한 수수료는 창업지원용역의 수수료의 일부이거나 별도의 수수료임에 상관없이 용역이 제공됨에 따라 수익으로 인식한다.

10 재화판매에 대한 수익인식기준의 설명으로 옳지 않은 것은? (관세사 2011)

① 제한적인 반품권이 부여된 판매의 경우 반품가능성을 예측하기 어렵다면, 구매자가 공식적으로 재화의 선적을 수락한 시점이나 재화를 인도받은 후 반품기간이 종료된 시점에 수익을 인식한다.

② 판매 후 재매입 약정이 있는 경우 법적 소유권이 이전된 시점에 수익을 인식한다.

③ 위탁판매의 경우에는 수탁자가 수탁한 재화를 고객에게 판매한 시점에 수익으로 인식한다.

④ 출판물 구독의 경우 해당 품목의 가액이 매기 비슷한 경우에는 발송기간에 걸쳐 정액기준으로 수익을 인식한다.

⑤ 판매대금의 회수가 구매자의 재판매에 의해 결정되는 경우에는 판매시의 수익으로 인식하지 않는다.

정답 ②

재매입약정조건으로 판매한 경우 수익을 인식하지 않는다.

11 판매자는 여러 가지 방식으로 소유에 따른 위험을 부담할 수 있는데, 다음은 그 예이다. 이 중 수익을 인식할 수 없는 경우를 모두 포함한 답안을 고르시오. 단, 재화의 판매에 따른 다른 수익인식조건들은 충족되었다고 가정한다. (공인회계사 2012)

(가) 고객에게 인도된 재화의 결함에 대하여 정상적인 품질보증범위를 초과하여 책임을 질 때
(나) 판매대금의 회수가 구매자의 재판매에 의해 결정될 때
(다) 설치조건부 판매에서 계약의 중요한 부분을 차지하는 설치가 아직 완료되지 않을 때
(라) 구매자가 판매계약에 명시된 사유에 따라 구매를 취소할 권리가 있고 해당 재화의 반품가능성을 예측하기 어려울 때
(마) 고객이 만족하지 않는 경우에 판매대금을 반환하는 소매판매의 경우 과거의 경험과 기타 관련 요인에 기초하여 미래의 반환금액을 신뢰성 있게 추정할 수 있을 때

① (가), (나), (마)　② (가), (나), (다)
③ (가), (나), (라)　④ (가), (나), (다), (라)
⑤ (가), (나), (다), (라), (마)

정답 ④

(가) 고객에게 인도된 재화의 결함에 대하여 정상적인 품질보증범위를 초과하여 책임을 질 때 수익을 인식할 수 없다.
(나) 판매대금의 회수가 구매자의 재판매에 의해 결정될 때 수익을 인식할 수 없다.
(다) 설치조건부 판매에서 계약의 중요한 부분을 차지하는 설치가 아직 완료되지 않을 때 수익을 인식할 수 없다.
(라) 구매자가 판매계약에 명시된 사유에 따라 구매를 취소할 권리가 있고 해당 재화의 반품가능성을 예측하기 어려울 때에는 수익을 인식할 수 없다.

▶▶ II. 계산형 객관식 문제

01 **12월 결산법인인 동덕상사는 2010년 12월초 당위당 원가 ₩1,000인 상품 400개를 광주의 광주상사에 위탁판매를 위해 적송하였다. 적송운임 ₩20,000은 현금으로 지급하였다. 수탁자인 광주상사는 12월 중 위의 위탁상품 중 200개의 매출을 완료하고 2010년 12월 28일에 다음과 같은 매출계산서와 함께 현금 ₩244,000을 동덕상사에 보내왔다.**

수탁품 매출계산서

매 출 액	200개 × @1,400 =	₩280,000
판매수수료		(36,000)
송 금 액		₩244,000

동덕상사는 재고자산을 기록하기 위한 회계시스템으로서 계속기록법을 적용하고 있다. 동덕상사가 위의 매출계산서를 받았을 때 인식하여야 할 매출수익과 2010년 12월 31일 결산일에 기록할 적송품계정 잔액은 얼마인가? (세무사 2002)

	매 출	적송품계정 잔액
①	₩280,000	₩200,000
②	₩280,000	₩210,000
③	₩259,000	₩200,000
④	₩70,000	₩210,000
⑤	₩290,000	₩200,000

정답 ②

(1) 매출수익 : 위탁판매는 수탁자가 고객에게 판매한 시점에 수익을 인식하므로 매출계산서상의 매출액 ₩280,000이 매출수익이다.
(2) 위탁자가 수탁자에게 상품을 보내는데 발생한 적송운임은 적송품을 판매가능한 상태로 만드는데 필요한 지출이므로 취득원가에 해당한다.
(3) 적송품계정 잔액 (₩1,050[1]X 400개) × 200개 / 400개 = ₩210,000
[1]₩1,000 + (₩20,000 / 400개) = ₩1,050

02 경상(주)는 2011년 12월 10일 제철설비를 부산(주)에 ₩1,410,000에 판매하고, 동 설비를 사용가능한 상태로 설치해 주기로 하였다. 설치수수료의 총계약액은 ₩450,000이다. 설치는 설비판매에 부수적으로 제공되는 것은 아니며, 2011년도에 진행된 설치율은 20%이다. 경상파(주)가 2011년도의 수익으로 인식할 설치수수료는 얼마인가? (감정평가사 2010)

① ₩90,000
② ₩300,000
③ ₩450,000
④ ₩1,500,000
⑤ ₩350,000

정답 ①

설치용역이 재화판매와 별도로 제공되는 경우 설치용역수수료는 진행기준으로 인식한다.
설치용역제공수익 : ₩450,000 × 20% = ₩90,000

03 제일기획(주)는 4개월 동안 TV광고 6편을 제공하고 방송시간을 대리 구입하는 계약을 고객과 체결하였다. 이 계약하에서, 제일기획(주)는 광고 6편 제작 대가로 ₩6,000,000(원가는 ₩4,800,000 발생 예상)을 수령할 것이며 방송시간 구입 수수료로 매회 방송시간 구입가격 ₩40,000의 10%의 수수료를 수령할 예정이다. 방송시간은 총 30회이다. 제일기획(주)와 방송국의 회계기간은 1.1.~12.31. 이다. 2011년 12월 31일 현재 4개월 계약 중 2개월이 경과되었고, 4편의 광고제작이 완료되었으며 나머지 2편은 제작이 시작되지 않았다. 한편 방송국은 2011년 12월 31일 까지 2편의 방송시간(매편 30회)을 구입 완료하였으며 2011년 12월 31일 까지 각 편당 10회의 광고방송이 전파되었다. 한국채택국제회계기준의 '수익'하에서, 2011년 제일기획(주)가 인식하여야 할 수익금액과 방송국이 인식하여야 할 수익금액은 얼마인가?

	제일기획(주)	방송국		제일기획(주)	방송국
①	₩4,080,000	₩2,400,000	②	₩4,240,000	₩800,000
③	₩3,000,000	₩800,000	④	₩3,000,000	₩2,400,000
⑤	₩3,000,000	₩2,400,000			

정답 ②

방송사 등의 광고수익은 해당광고를 대중에게 전달하는 시점에 수익으로 인식하고, 광고제작사등의 광고 제작용역수익은 진행기준에 따라 수익으로 인식한다. 제일기획(주)의 광고제작용역수익 진행률은 제작편수가 가장 신뢰성 있는 측정기준 이므로 광고제작용역수익은

₩6,000,000 × 4/6 = ₩4,000,000이다.
제일기획(주)의 광고시간 대리구입 용역수익의 진행률은 방송시간 예약완료 편수가 가장 신뢰성 있는 측정 기준 이므로 광고시간 대리구입 용역수익은 ₩40,000 × 10% × 2편 × 30회 = ₩240,000이다.
방송국의 광고수익은 대중에게 전달하는 시점에 인식하므로 ₩40,000X 2편 × 10회 = ₩800,000이다.

04 (주)서울은 2011년 7월 1일에 액면금액 ₩100,000인 상품권 1,000매를 한 매당 ₩95,000에 발행하였다. 고객은 상품권 금액의 80%이상을 사용하면 잔액을 현금으로 돌려받을 수 있다. 상품권의 만기는 발행일로부터 5년이다. 2011년 12월 31일까지 상품권 사용에 의한 매출로 200매가 회수되었으며, 그 매출과정에서 ₩2,500,000이 거스름돈으로 지급되었다. 2011년에 (주)서울이 상품권과 관련하여 수익(순매출액)으로 인식할 금액은? (감정평가사 2011)

① ₩16,500,000　② ₩17,500,000
③ ₩19,000,000　④ ₩20,000,000
⑤ ₩95,500,000

정답 ①

선수금 중 회수된 상품권부분	200매 × ₩100,000	₩20,000,000
회수된 상품권의 할인액 부분 (매출에누리)	200매 × (₩100,000 − ₩95,000)	(1,000,000)
현금지급액	₩2,500,000	(2,500,000)
매 출 액		16,500,000

05 무등상사는 2012년 1월 1일에 가맹점인 관악상사로부터 ₩200,000의 창업지원용역 프랜차이즈 수수료를 받고 계약기간 15년의 프랜차이즈계약을 체결하였다. 관악상사는 계약기간 중에 매년 프랜차이즈 영업을 통해 실현된 수익의 10%를 무등상사에 정기수수료로 지불하여야 한다. 무등상사는 22012년 7월 1일 까지 제공자로서 약속한 모든 창업지원용역 의무의 수행을 완료하였으며, 관악상사는 이날부터 영업활동을 시작하였다. 만일 관악상사의 2012년도 수익이 ₩2,500,000이었다면, 무등상사가 프랜차이즈계약과 관련하여 2012년도 포괄손익계산서에 계상하여야 할 수익은 얼마인가? (감정평가사 1995 수정)

① ₩400,000　　② ₩450,000
③ ₩500,000　　④ ₩700,000
⑤ ₩900,000

정답 ②

창업지원용역수수료는 2012년 7월 1일에 모든 관련용역 의무를 수행하였으므로 2012년에 수익으로 인식하며 로열티수익을 추가로 인식한다.
₩200,000(창업지원용역수수료) + ₩2,500,000 × 10% (로열티수익) = ₩450,000

06 (주)한국은 2010년 1월 1일에 2010년말부터 매년 말 ₩100,000씩 3년간 총 ₩300,000을 수취하기로 하고 상품을 할부판매하였다. 이 금액은 취득 당시의 시장이자율 10%를 반영하여 결정된 것으로, 이 상품의 현금판매가격은 ₩248,690이다. 채권의 명목금액과 현재가치의 차이는 중요하다. 유효이자율법을 적용하여 회계처리하는 경우, 2010년 12월 31일 판매대금 ₩100,000을 회수할 때 인식하여야 하는 이자수익은? (9급 지방직 2010)

① ₩24,869　　② ₩30,000　　③ ₩51,310　　④ ₩100,000

정답 ①

장기매출채권 관련 현재가치 평가임 즉, 현금판매가격은 장기매출채권의 현재가치이므로 이후 이자수익은 유효이자율법으로 인식하면 된다. ₩248,690 × 10% = ₩24,869

07 다음은 (주)서울건설의 도급공사와 관련된 자료이다. 본 공사의 공사계약액은 ₩10,000,000이며, (주)서울건설은 진행기준에 따라 수익을 인식하고 있다. (주)서울건설이 2008년도에 계약이익으로 보고하는 금액은 얼마인가? (9급 서울시 2008 수정, 지방직 2010 유사)

	2007년	2008년	2009년
당기발생원가	₩1,000,000	₩2,000,000	₩2,000,000
추가예정원가	4,000,000	2,000,000	

① ₩2,000,000　　② ₩2,500,000
③ ₩3,000,000　　④ ₩3,500,000
⑤ ₩4,000,000

정답 ①

	2007년	2008년
누적발생계약원가	₩1,000,000	₩3,000,000
추가계약원가	4,000,000	2,000,000
추정총계약원가	5,000,000	5,000,000
누적진행률	20%	60%
당기계약수익	₩2,000,000	₩4,000,000
당기계약원가	(1,000,000)	(2,000,000)
당기계약이익	₩1,000,000	₩2,000,000

08 12월말 결산법인인 (주)한국은 2006년 초에 계약금액이 ₩160,000인 건설공사를 수주하였다. 동 공사는 2008년도 말에 완공할 예정이며, 용역제공 거래에 대한 수익인식은 진행기준을 적용한다. 다음의 자료를 기초로 (주)한국이 2007년도 인식해야 할 계약이익은 얼마인가? (단, 공사진행률 계산은 발생원가기준에 따른다) (9급 중앙인사위 2007 수정)

구 분	2006년	2007년	2008년
각 연도 발생한 계약원가	₩40,000	₩30,000	₩40,000
각 연도말 추정 예상추가계약원가	₩40,000	₩30,000	

① ₩2,000 ② ₩5,000

③ ₩ 10,000 ④ ₩ 12,000

정답 ①

	2006년	2007년
누적발생계약원가	₩40,000	₩70,000
추정총계약원가	80,000	100,000
누적진행률	50%	70%
당기계약수익	₩80,000	₩32,000
당기계약원가	(40,000)	(30,000)
당기계약이익	₩40,000	₩2,000

09 금강제화(주)는 2012년 초에 ₩10,000권 상품권 10매를 1매당 ₩9,000에 발행하였다. 상품권의 만기는 발행일로부터 3개월이며, 2012년 3월 31일까지 회수된 상품권은 7매이다. 유효기간이 지난 상품권 3매는 상법상 소멸시효가 완성되었다. 위의 상품권 판매와 관련하여 인식한 매출액과 기간경과이익은 얼마인가?

	매출액	기간경과이익		매출액	기간경과이익
①	₩70,000	₩21,000	②	₩70,000	₩22,000
③	₩63,000	₩23,000	④	₩63,000	₩24,000
⑤	₩63,000	₩27,000			

정답 ⑤

(1) 매출액 : ₩10,000 × 7매 − ₩7,000(매출에누리) = ₩63,000
(2) 상품권기간경과이익 : ₩30,000(미회수된 3매의 판매금액) − ₩3000 = ₩27,000

10 **2월 결산법인인 남서울(주)는 2011년 초에 계약금이 ₩20,000,000인 건설공사를 수주하였으며 이와 관련된 자료는 다음과 같다. 남서울(주)가 진행기준을 적용하여 수익을 인식하는 경우 2012년도의 계약손익은 얼마인가?** (7급 2009 수정)

	2011년	2012년	2013년
누적발생계약원가	₩4,000,000	₩11,000,000	₩21,000,000
추가예정원가	12,000,000	10,000,000	0

① 계약손실 ₩1,000,000
② 계약손실 ₩2,000,000
③ 계약이익 ₩1,000,000
④ 계약이익 ₩2,000,000

정답 ②

	2011년	2012년	2013년	계
누적발생계약원가	₩4,000,000	₩11,000,000	₩21,000,000	
추정총계약원가	16,000,000	21,000,000	21,000,000	
누적진행률	25%	52%	100%	
당기계약수익	₩5,000,000	₩5,400,000	₩9,600,000	₩20,000,000
당기계약원가	(4,000,000)	(6,920,000)	(10,080,000)	(21,000,000)
손실 전입·환입	−	(480,000)[1]	480,000	−
당기계약이익	₩1,000,000	(₩2,000,000)	₩0	(1,000,000)

(총계약수익 − 추정총계약원가) × (1 − 누적진행률)로 남은 손실을 조기에 인식

[1](20,000,000 − 21,000,000) × (1 − 52%) = ₩480,000

이는 손실을 미리 인식하여 실제 손실이 발생할 때 ₩480,000을 기록 마지막 연도에 '0'의 효과를 만들기 위한 것임

11 (주)대우건설은 2011년 1월 1일에 서울시로부터 계약금액 ₩7,000,000인 축구경기장 건설계약을 수주 하였다. 동 공사는 2013년 말에 완공되었으며, 동 건설계약과 관련된 자료는 다음과 같다. 아래의 건설계약과 관련하여 진행기준으로 수익을 인식하는 (주)대우건설이 2012년 포괄손익계산서에 인식할 손실은 얼마인가? 단, 주어진 자료에서 구할 수 있는 진행률을 사용하여 계산한다. (세무사 2010)

구 분	2011년	2012년	2013년
추정총계약원가	₩6,000,000	₩7,500,000	₩7,500,000
당기발생원가	1,500,000	4,500,000	1,500,000
계약대금청구	2,000,000	2,500,000	2,500,000
계약대금회수	1,800,000	2,500,000	2,700,000

① ₩100,000　② ₩250,000
③ ₩500,000　④ ₩650,000
⑤ ₩750,000

정답 ⑤

(1) 2011년 누적진행률 : 1,500,000÷6,000,000=25%
(2) 2012년 누적진행률 : 6,000,000÷7,500,000=80%
(3) 2011년 누적이익 : 7,000,000×25%−6,000,000×25%=250,000
(4) 2012년 누적이익 : 7,000,000×80%−7,500,000×80%−손실전입액 500,000×20%=△500,000
(5) 2012년 당기손익 : △500,000−250,000=△750,000

12 (주)한국은 2012년 초에 한국도로공사와 고속도로 1구간의 건설계약을 ₩800,000에 체결하였다. 해당 고속도로는 2014년 말에 완공되었으며, 동 건설계약과 관련된 자료는 다음과 같다. (주)한국이 이 건설 계약과 관련하여 2013년에 해야 할 회계처리에 대한 설명으로 옳지 않은 것은? (단, 공사진행률은 주어진 자료를 사용하여 계산한다.) (7급 2011)

	2012년	2013년	2014년
당기발생계약원가	₩130,000	₩380,000	₩340,000
추정총계약원가	650,000	850,000	850,000
계약대금청구	150,000	350,000	300,000
계약대금회수	120,000	360,000	320,000

① 인식할 계약수익은 ₩320,000이다.
② 인식할 계약손실은 ₩60,000이다.

③ 계약 미수금의 기말 장부금액은 ₩20,000이다.

④ 초과청구공사의 기말 장부금액은 ₩40,000이다.

정답 ③

	2012년	2013년	2014년
누적발생계약원가	₩130,000	₩510,000	₩850,000
추정총계약원가	650,000	850,000	850,000
누적진행률	20%	50%	100%
당기계약수익	₩160,000	₩320,000	₩320,000
당기계약원가	130,000	380,000	340,000
손실전입		₩20,000	₩1,500
손실환입			(₩20,000)
계약손익	이익₩30,000	손실 ₩80,000	손익 ₩0
누적원가 + 누적이익	₩160,000	₩540,000	₩880,000
진행청구액 + 누적손실	₩150,000	₩580,000	₩880,000
미청구공사(자산) 또는 초과청구공사(부채)	미청구공사 ₩10,000	초과청구공사 ₩40,000	

2013년 말 계약미수금 = 누적청구액(₩500,000) − 누적회수액(₩480,000) = ₩20,000

13 **(주)갑은 장기건설계약에 대하여 진행기준을 적용하고 있다. 2011년도에 계약금액 ₩20,000의 사무실용 빌딩 건설계약을 하였다. 2011년말 현재 공사진행률은 20%, 인식한 이익의 누계액은 ₩1,000이고, 추정 총계약원가는 ₩15,000이다. 또한, 2012년말 현재 공사진행률은 60%, 인식한 이익의 누계액은 ₩2,400이고, 추정 총계약원가는 ₩16,000이다. 2012년도에 발생한 계약원가는 얼마인가?** (공인회계사 2012)

① ₩6,400

② ₩6,600

③ ₩7,000

④ ₩9,600

⑤ ₩14,800

정답 ②

	2011년	2012년
누적진행률	20%	60%
당기계약수익	₩20,000 × 20% = ₩4,000	₩20,000 × 60% − ₩4,000 = ₩8,000
당기계약원가	₩15,000 × 20% = ₩3,000	×
당기계약이익	₩1,000	₩2,400

∴ 공사원가(χ) = ₩8,000 − ₩2,400 = ₩6,600

5장

재고자산 및 농림어업

제1절 재고자산의 인식 및 취득원가

1. 재고자산의 의의 및 흐름

1) 재고자산의 의의

재고자산(inventory)은 정상적인 영업활동과정에서 판매를 목적으로 보유하는 상품(merchandise)과 제품(finished goods), 판매를 위하여 생산과정에 있는 자산인 재공품(work in progress) 및 생산 또는 용역 제공과정에 투입될 원재료(raw material)나 소모품(supplies)의 형태로 존재하는 자산을 말한다. 재고자산은 기업의 주요 영업활동에 따라 과목의 분류가 달라진다. 예를 들어, 일반 기업은 토지와 건물을 유형자산으로 분류하지만 부동산매매를 목적으로 하는 기업은 재고자산인 용지와 완성주택으로 분류한다. 그리고 일반기업에서는 유가증권을 금융자산으로 분류하지만, 증권회사에서는 재고자산인 상품유가증권으로 분류한다.

기업의 분류	토지 · 건물	유가증권
상기업	유형자산	금융자산
부동산매매기업	재고자산 (용지, 완성주택)	금융자산
금융기관	유형자산	재고자산 (상품유가증권)

[그림 5-1] 기업의 영업활동 성격에 따라 분류

한편, 한국채택국제회계기준에서 분류하고 있는 각 재고자산의 유형별 정의는 다음과 같다.

계정명	정 의
상 품	판매를 목적으로 보유하고 있는 자산 (상기업)
제 품	판매를 목적으로 보유하고 있는 자산 (제조기업)
반제품	자가제조한 중간제품과 부분품
재공품[1]	판매를 목적으로 제품을 생산하는 과정에 있는 자산 (제조기업)
원재료	생산 또는 서비스제공과정에 투입 혹은 사용될 자산 (제조기업)
소모품	유형자산이나 단기간 사용되므로 유동자산 항목인 재고자산으로 분류

[그림 5-2] 재고자산의 분류

일반적으로 재고자산은 기업의 총자산에서 차지하는 비중이 크다. 이에 대한 적정수준의 관리는 기업의 이윤극대화 전략에 영향을 주게 되므로 경영관리목적으로 중요하며, 기말재고자산의 측정 및 평가방법에 따라 재무상태표의 자산의 크기뿐만 아니라 포괄손익계산서의 기간손익(매출원가)에 영향을 주게 되므로 재무회계목적으로도 중요하다.

	매 출
① 기말상품재고 VS 당기순이익 – 항상 같은 방향으로 움직임 ② 기초상품재고 VS 당기순이익 – 항상 반대 방향으로 움직임 ③ 기말상품재고 VS 매출원가 – 항상 반대 방향으로 움직임 ④ 기초상품재고 VS 매출원가 – 항상 같은 방향으로 움직임	– 매출원가 1) 기초재고 2) +당기매입 3) - 기말재고 = 당기순이익

[그림 5-3] **재고자산과 이익 및 매출원가의 관계**

2) 재고자산의 원가흐름(Life Cycle)

상품매매기업의 경우 판매가능한 재고자산은 기초 재고자산(Beginning Inventory; BI)에 당기매입(Purchase; P)액을 합산한 금액으로 계산된다. 판매가능한 재고자산(goods available for sale)은 기중 판매된 부분에 해당하는 매출원가와 결산일 까지 판매되지 않은 부분에 해당하는 기말재고자산(Ending Inventory; EI)으로 나누어진

---

1) 제조업의 재고자산은 기본적으로 원재료, 재공품, 제품 계정을 사용하며 이들의 흐름은 다음과 같으며 여기에 대한 자세한 내용은 원가관리회계 서적을 참고하기 바란다.

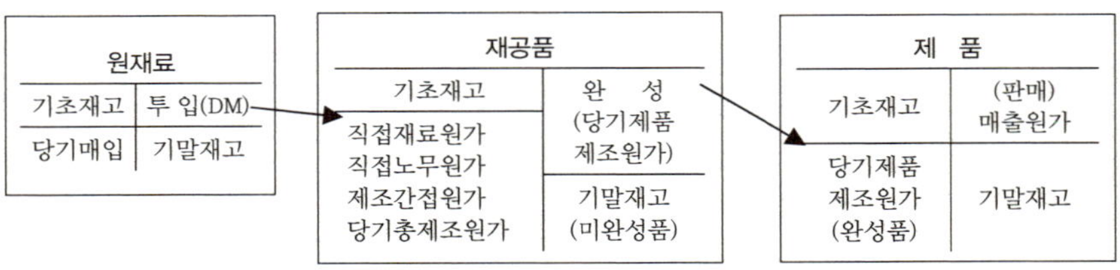

► 직접재료원가(DM) = 기초원재료재고액 + 당기원재료매입액 – 기말원재료재고액
► 당기총제조원가 (Total Manufacturing Cost) = 직접재료원가(Direct Material Cost : DM) + 직접노무원가(Direct Labor Cost : DL) + 제조간접원가(Overhead Cost : O.H)
► 당기제품제조원가 (Cost of Goods Manufactured) = 기초재공품재고액 + 당기총제조원가 – 기말재공품재고액
► 매출원가 = 기초제품재고액 + 당기제품제조원가 – 기말제품재고액

다. 기말 재고자산의 평가는 매출원가(Cost of Good Sold; CGS)로 인식할 금액을 결정하는 것과 같으며 이는 곧 바로 당기순이익에 영향을 미친다. 기말재고자산은 기말 현재 회사가 보유하고 있는 재고자산수량을 계산하고 동 수량에 일정한 방법으로 결정된 단가를 곱한 금액으로 평가한다. 한편, T-계정을 통해 재고자산의 흐름을 파악하는 단계는 첫째, 기초재고액와 당기매입액을 확정한다. 둘째, 기말재고액을 확정한다. 셋째, 매출 이외의 재고감소액[2]을 확정한다. 넷째, 매출로 인한 재고감소를 대・차 차액(매출원가)으로 확정한다. 즉, 매출원가는 계산 되어 지는 것이다. 한편, 기말재고자산평가액은 수량(Quantity; Q)과 가격(Price; P)의 곱으로 측정되는데 이때, 수량의 결정방법에는 ① 계속기록법과 ② 실지재고조사법이 영향을 미치고 가격의 결정방법에는 ① 개별법, ② 선입선출법, ③ 가중평균법, ④ 후입선출법과 같은 원가흐름의 가정이 영향을 미치게 된다. 이는 절을 달리 하여 설명한다. 다음은 위의 관계를 그림으로 나타낸 것이다.

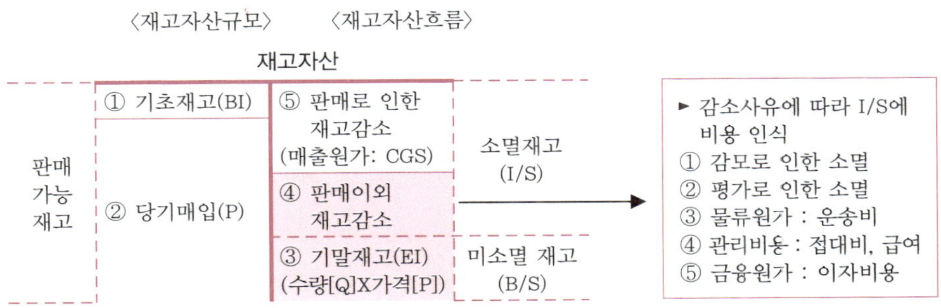

[그림 5-4] **재고자산의 원가흐름도**

2. 재고자산 취득원가의 결정

재고자산의 취득원가는 매입원가, 전환원가 및 재고자산을 현재의 장소에 현재의 상태로 이르게 하는 데 발생한 기타 원가 모두를 포함한다.

2) 여기에서 매출 이외 재고 감소는 ① 재고자산의 감모에 의한 소멸과 ② 재고자산의 평가에 의한 소멸 ③ 회사의 재고자산이 견본이나 판촉 또는 물납(현물에 의한 대납), 현물배당으로 사용되어 소멸되는 것을 말한다. 단, 법인세(법인세법)는 물납이 금지되어 있다.

구 분	재고자산의 취득원가
① 외부구입(상기업)	매입원가 = 매입가격 + 기타원가(단, 매입할인, 매입환출, 리베이트 차감)
② 자가제조(제조업)	직접재료원가(원재료의 매입원가) + 전환원가(직접노무원가, 제조간접원가)

[그림 5-5] 재고자산의 취득원가

1) 매입원가

외부로부터 구입하는 재고자산(상품, 원재료)의 취득원가는 매입원가로 한다. 매입원가(cost of purchase)는 매입가격(purchase price)에 수입관세와 제세금(과세당국으로부터 추후 환급받을 수 있는 금액은 제외), 매입운임, 하역료 그리고 완제품, 원재료 및 용역의 취득과정에 직접 관련된 기타원가를 가산한 금액이다. 한편, 매입과 관련된 매입할인[3](purchase discounts), 매입에누리(purchase allowances), 매입환출(purchase returns) 리베이트 및 기타 유사한 항목은 매입원가를 결정할 때 차감한다.

2) 전환원가

자가제조하는 재고자산(제품, 반제품, 재공품)의 취득원가는 원재료의 매입원가와 전환원가의 합계로 한다. 전환원가(cost of conversion)는 직접노무원가 등 생산량과 직접 관련된 원가와 원재료를 완제품으로 전환하는데 발생하는 고정제조간접원가(fixed production overheads) 및 변동제조간접원가(variable production overheads)의 체계적인 배부액을 포함한다.[4]

3) 기타원가

기타원가(other cost)는 재고자산을 현재의 장소에 현재의 상태로 이르게 하는 데 발생한 범위 내에서만 취득원가에 포함된다. 예를 들어 특정한 고객을 위한 비제조간접원가 또는 제품 디자인원가를 재고자산의 원가에 포함하는 것이 적절할 수도 있다. 그 이유는 이러한 원가들의 발생으로 자산의 서비스가 증대되어 자산

3) 여기서 매입할인은 매입자가 외상매입금을 조기에 지급한 경우 판매자가 현금할인을 해주는 것을 말하며 매입에누리는 매입한 상품에 파손이나 결함이 있어 판매자가 값을 깎아주는 것을 말한다. 또한 매입환출은 매입한 상품에 파손이나 결함이 있어 매입한 상품을 반환하는 것을 말한다.
4) 전환원가에 대한 체계적인 배부절차는 원가회계영역이다. 따라서 원가회계 서적을 참고하기 바란다.

의 유용성이 커지기 때문이다. 다만 다음의 원가는 재고자산의 취득원가에 포함할 수 없으며 발생기간의 비용으로 인식하여야 한다.

① 재료원가, 노무원가 및 기타 제조원가 중 비정상적으로 낭비된 재고자산의 원가
② 보관원가, 단, 후속 생산단계에 투입하기 전에 보관이 필요한 경우의 보관원가는 취득원가에 포함
③ 재고자산을 현재의 장소에 현재의 상태로 이르게 하는데 기여하지 않은 관리간접원가
④ 판매원가

4) 취득과정에서 발생한 금융비용

재고자산을 의도된 용도로 사용하거나 판매가능한 상태에 이르게 하는 데 상당한 기간(substantial period of time)[1년 이상]을 필요로 하는 경우 이와 직접 관련된 차입원가(borrowing costs)는 재고자산의 취득원가에 산입하여야 한다. 반면에 취득을 완료하는데 상당한 기간을 필요로 하지 않는 경우 재고자산과 관련된 차입원가는 취득원가에 산입하지 않고 즉시 금융비용으로 인식한다.[5)]

5) 한국채택국제회계기준 기준서 1023호 "차입원가"를 살펴보면 일정한 요건을 만족하는 적격자산의 취득, 건설 또는 제조와 직접 관련된 차입원가는 당해 자산 원가의 일부로 자본화하도록 규정하고 있으며, 적격자산과 관련이 없는 기타차입원가는 발생기간에 비용으로 인식하도록 규정하고 있다. 즉, 타인자본에 대한 차입원가만을 자본화하는 입장에 있다. 여기에서 차입원가란 자금의 차입과 관련하여 발생하는 이자 및 기타원가를 말하며 적격자산(qualifying asset)은 의도된 용도로 사용하거나 판매가능한 상태에 이르게 하는데 상당한 기간을 필요로 하는 재고자산, 유형자산, 무형자산, 투자부동산을 말한다. 다만, 금융자산(financial asset)이나 생물자산 또는 단기간 내에 생산되거나 제조되는 재고자산은 적격자산에 해당하지 않는다. 이는 재고자산은 판매를 목적으로 하므로 당기에 취득하여 당기에 판매한다면 자본화의 의미가 없기 때문이다.

제2절 재고자산의 원가배분

재고자산과 관련하여 재무상태표일 현재 자산, 부채 및 포괄손익계산서에 표시될 매출액과 매출원가를 적정하게 계상하기 위해서는 어느 보고기간의 매입 또는 매출거래인지를 결정해야 한다. 재고자산의 원가배분이란 판매가능재고(기초재고 + 당기매입)를 매출원가와 기말재고자산으로 안분하는 것을 말한다. 기말재고자산이 결정되면 매출원가는 자동으로 결정된다. 그런데 기말 현재 회사가 창고에 보관하고 있는 재고자산 또는 장부상 기록된 재고자산이 그대로 기말재고자산이 되는 것은 아니다. 왜냐하면 기말 현재 회사 창고에 보관하고 있는 재고자산 중에 실질소유권이 없는 것도 있으며 창고에 보관하고 있지 않는 재고자산 중에 실질소유권이 있는 것도 있기 때문이다.

1. 수량의 산정

1) 재고자산의 수량결정(재고자산의 기록방법)

회사는 재고자산의 수량을 결정하여 기초재고수량과 당기 매입수량을 판매된 수량과 기말에 보유하고 있는 수량으로 배분하고, 이를 회계적으로 기록한다. 재고자산의 수량을 파악하고 이에 대한 회계기록을 유지하는 방법에는 계속기록법과 실지재고조사법 및 병행법이 있다.

(1) 실지재고조사법

실지재고조사법(periodic inventory system)이란 기중에 재고자산 구입시 입고기록만으로 관리하고 출고기록은 관리하지 않다가 기말에 정기적으로 재고조사를 실시하여 기말의 재고수량을 파악하는 방법이다. 즉, 당기판매가능수량(기초재고수량 + 당기매입수량)에서 기말실지재고수량을 차감하여 계산한다. 이는 기말재고자산가액이 먼저 결정되고 매출원가가 나중에 간접적으로 도출되는 방법으로 재고실사에 포함되지 않은 재고자산은 모두 판매된 것으로 가정한다.

기초재고수량 + 당기매입수량 － 실지재고수량(기말) = 당기판매수량

수량이 파악되면 적절한 단가를 적용하여 기말재고금액을 산정하고, 이를 근거로 당기 매출원가를 결정한다. 이 방법에 의할 경우에는 매출원가를 계산하기 위해서 반드시 결산조정분개(수정분개)를 해야 한다. 실지재고조사법의 특징과 회계처리는 다음과 같다.

① 기말재고량을 장부가 아닌 창고에서 직접 눈으로 파악하는 방법
② 상품매입을 임시계정인 매입계정에 기록함
③ 상품매출시 매출 분개만 하고, 매출원가 분개는 하지 않음
④ 상품계정은 기초재고액을 나타냄
⑤ 장부에서는 상품의 기말재고액과 매출원가를 알 수 없음
⑥ 재고감모손실분이 당기판매수량에 포함됨으로 인해 재고감모손실을 파악할 수 없다.

구 분	회계처리	
구매시	(차) 매 입 ×××	(대) 매입채무 ×××
판매시	(차) 매출채권 ×××	(대) 매 출 ×××

기말 수정분개 (결산조정분개)	(차) 매출원가 ××× (대) 상품(기초) ××× → 기초상품재고액을 매출원가계정으로 대체 (차) 매출원가 ××× (대) 매 입 ××× →당기상품매입액을 매출원가계정으로 대체 (차) 상품(기말) ××× (대) 매출원가 ××× →기말상품재고액을 매출원가계정에서 차감

재고자산

기초재고액	매출원가	② 자동으로 산출
당기매입액	기말재고액	① 실사를 통하여 먼저 확정

(2) 계속기록법

계속기록법(perpetual inventory system)이란 재고자산을 입고하거나 출고할 때마다 그 금액과 수량을 계속적으로 기록하는 방법으로 장부상 남아있는 재고수량을 기말재고수량으로 결정하는 방법이다. 즉, 당기판매가능수량(기초재고수량+당기매입수량)에서 당기판매수량을 차감하여 계산한다. 이는 매출원가가 먼저 결정되고 기말재고자산이 간접적으로 도출 된다.

기초재고수량 + 당기매입수량 − 당기판매수량 = 기말재고수량

수량이 파악되면 적절한 단가를 적용하여 당기 매출원가를 산정하고, 이를 근거로 기말재고금액을 결정한다. 실지재고조사법의 특징과 회계처리는 다음과 같다.

① 기말재고량을 장부에서 파악하는 방법임
② 상품매입을 자산증가로 보고, 자산계정인 상품계정에 기록함
③ 상품매출시 매출분개 외에 매출원가를 추가적으로 분개함
④ 기말의 상품계정 차변 잔액은 상품의 기말재고액을 나타냄
⑤ 매출원가계정을 통하여 당기 매출원가를 즉시 계산할 수 있음
⑥ 기말에 매출원가계정의 차변금액을 합계하여 당기 매출원가를 즉시 계산할 수 있음

구 분	회계처리			
구매시	(차) 상 품	×××	(대) 매입채무	×××
판매시	(차) 매출채권 매출원가	××× ×××	(대) 매 출 상 품	××× ×××

재고자산

기초재고액	매출원가	① 판매될 때마다 일일이 매출원가 기록
당기매입액	기말재고액	② 자동으로 산출

(3) 병행법

병행법(modified perpetual inventory system)이란 계속기록법과 실지재고조사법을 병행하는 방법으로 계속기록법에 의하여 상품재고장의 기록을 유지하고, 일

정시점에서 실지재고조사도 실시하는 방법이며 실무에서 주로 사용한다.

예제 1

다음은 인천㈜의 재고자산 관련 거래이다. 매입 · 매출은 외상거래이며 재고자산 계정은 매출원가계정을 통해서 마감하고 있다. 기말재고의 실사결과 130개가 창고에 남아있다.

적 요	수 량	단 가	총 액
기초재고	120	₩300(원가)	= ₩36,000
당기매입	240	300(원가)	72,000
매입환출	20	300(원가)	6,000
당기매출	210	500(판매가)	105,000

물음

계속기록법과 실사법에 의해 회계처리하고 재무상태표에 계상될 기말 재고자산과 포괄손익계산서에 계상 될 매출원가를 구하시오.

풀이

1. 수량관리

(1) 계속기록법

재고자산

차변	대변	
기초재고수량 120개	매출원가 210개	① 판매될 때마다 일일이 매출원가 기록
당기매입수량 220개	기말재고액 130개	② 자동으로 산출
340개	340개	

(2) 실사법

재고자산

차변	대변	
기초재고수량 120개	매출원가 210개	② 자동으로 산출
당기매입수량 220개	기말재고액 130개	① 실사를 통하여 먼저 확정
340개	340개	

2. 회계처리

거 래	계속기록법	실지재고조사법
매 입	재고자산 72,000 / 매입채무 72,000	매 입 72,000 / 매입채무 72,000
매입환출	매입채무 6,000 / 재고자산 6,000	매입채무 6,000 / 매입에누리와환출 6,000
판 매	매출채권 105,000 / 매 출 105,000 매출원가 63,000[1]/ 재고자산 63,000 [1] @₩300 × 210개	매출채권 105,000 / 매 출 105,000
기말마감	분개 없음	매입에누리와환출 6,000 / 매 입 6,000 ① 매출원가 36,000 / 재고자산(기초) 36,000

거 래	계속기록법	실지재고조사법
		② 매출원가 66,000 / 매 입 66,000 ③ 재고자산(기말) 39,000[1] / 매출원가 39,000 [1] @₩300 × 130개
F/S 공시	① 기말재고자산 ₩39,000 (₩36,000 + ₩72,000 − ₩6,000 − ₩63,000) ② 매출원가 ₩63,000	① 기말재고자산 ₩39,000 ② 매출원가 ₩63,000 (₩36,000 + ₩66,000 − ₩39,000)

2) 기말재고자산에 포함할 항목의 결정

기말재고자산의 포함여부는 실질소유권에 따라 판단하여야 한다. 특히 대부분의 재고자산은 판매를 목적으로 보유하므로 실질소유권의 판단은 수익인식기준과 연계되어 있다. 따라서 수익인식기준에 따라 수익으로 인식하면 실질소유권은 상대방에게 이전되었다는 의미이므로 기말재고자산에 포함하지 않고, 수익으로 인식하지 않으면 실질소유권은 상대방에게 이전되지 않았다는 의미이므로 기말재고자산에 포함한다. 즉, 상품의 매입과 매출거래는 연속적으로 이루어지기 때문에 결산일 전후 발생한 거래에 있어서 어느 회계기간의 매입·매출거래인지를 결정해야 하는데 이는 법적소유권의 유무, 점유여부, 계약조건, 상관습 등을 고려하여 정확한 매출과 매출원가 및 재고자산을 파악해야 한다.

(1) 미착상품 – 운송중인 재고자산

미착상품(goods in transit)은 상품을 주문하였으나 운송중에 있어 아직 도착하지 않은 상품으로 법률적인 소유권의 유무에 따라서 재고자산 포함여부를 결정한다. 법적 소유권의 이전 여부는 선적지인도조건과 도착지인도조건과 같은 매매계약조건에 따라 결정된다.

① FOB 선적지 인도조건(Free On Board shipping point)인 경우 미착상품은 선적된 시점에 소유권이 매입자에게 이전 되므로 매입자의 재고자산에 포함된다. 이때 매입운임 발생액은 매입액에 포함한다. 주로 외국과의 거래 행태에서 나타난다.

② FOB 도착지 인도조건(Free On Board destination)인 경우 미착상품은 목적

지에 도착하여 매입자가 인수한 시점에서 소유권이 매입자에게 이전되므로 도착 시까지 판매자의 재고자산이며 매입자의 재고자산에 포함되지 않는다. 이때 매입운임은 없게 되며 판매자가 운임을 부담하게 된다(운반비: 물류원가 처리). 주로 국내거래에서 나타난다.

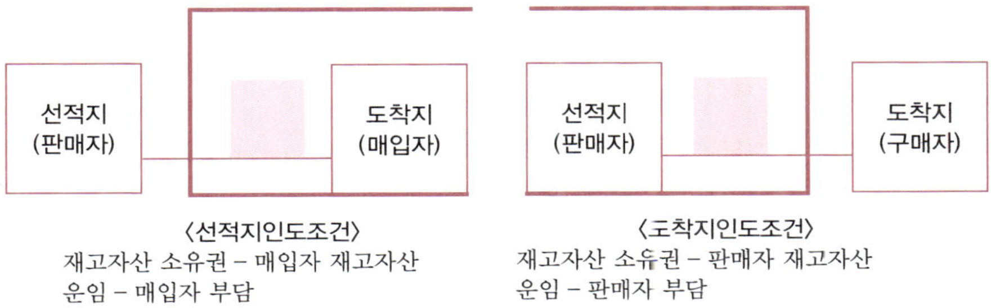

[그림 5-6] **인도조건 분류**

(2) 적송품(위탁품)

적송품(goods on consignment)은 위탁자가 수탁자에게 판매를 위탁하기 위하여 수탁자에게 보낸 상품을 말한다. 수탁자가 보관하고 있는 적송품을 제3자에게 판매하기 전까지는 수익을 인식하지 않으므로 위탁자의 재고자산에 포함한다. 이때 적송품은 적송운임을 포함한다. 따라서 위탁자 입장에서는 결산일 까지 판매되지 않은 위탁품은 창고에 없다 할지라도 기말재고자산에 포함시켜야 한다.

(3) 시송품

시송품(goods on approval)은 매입자로 하여금 일정기간 사용한 후에 매입여부를 결정하라는 조건으로 판매한 상품을 말한다. 이는 시용판매(sales on approval)로 매입자가 매입의사를 표시하기 전까지는 수익을 인식하지 않으므로 매입의사표시가 없는 시송품은 창고에 없다 할지라도 기말재고자산에 포함시켜야 한다.

(4) 저당상품

저당상품(goods on mortgage)은 금융기관 등으로부터 자금을 차입하고 그 담보로 제공된 상품으로 저당권이 실행되어 소유권이 이전되기 전(즉, 단순히 저당만 잡힌 상태)까지는 담보제공자의 재고자산에 포함시켜야한다. 또한 이때는 회계처리 없이 단순히 주석으로 공시한다.

(5) 반품률이 높은 재고자산

반품률이 높은 상품의 판매(sales with high rates of return)에 있어서는 반품률을 합리적으로 추정할 수 있는지의 여부에 따라 재고자산의 포함여부를 결정한다.

① 합리적으로 추정할 수 있는 경우
상품 인도시에 반품률을 적절히 반영하여 수익을 인식하므로 인도시점에서 판매한 것으로 보아 판매자의 재고자산에서 제외한다.

② 합리적으로 추정할 수 없는 경우
구매자가 상품의 인수를 수락하거나 반품기간이 종료되는 시점까지는 수익을 인식하지 않으므로 판매자의 재고자산에 포함한다.

(6) 할부판매

할부판매(sales on installment)는 재고자산을 고객에게 인도하고 대금을 미래에 분할하여 회수하기로 한 경우를 말한다. 할부판매는 대금이 모두 회수되지 않았다고 하더라도 상품의 인도시점에 수익을 인식하므로 판매시점에서 판매자의 재고자산에서 제외한다.

(7) 완성전 판매되는 주거용 부동산(분양용주택)

아파트 등과 같이 완성전 판매되는 주거용 부동산의 경우에는 인도기준에 따라 수익을 인식한다. 따라서 주거용 부동산은 인도되어 수익을 인식하기 전까지는 판매자의 재고자산에 포함한다.

한편, 기말재고자산에 포함할 항목을 요약 정리하면 다음과 같다.

구 분	기말재고자산 포함 여부
미착품	선적지인도조건 – 매입자재고자산, 도착지인도조건 – 판매자재고자산
적송품	수탁자가 판매하기 전까지 위탁자 재고자산
시송품	매입자의 매입의사표시 전 까지 판매자 재고자산
저당상품	저당권이 실행되기 전 까지는 담보제공자의 재고자산 (자금의 차입거래)
반품조건부판매	반품률 추정불가능 – 반품기간이 종료되는 시점까지 판매자의 재고자산에 포함
할부판매	판매시점에서 판매자의 재고자산에서 제외
주거용부동산	인도 되기 전의 부동산만을 포함

[그림 5–7] **기말재고자산에 포함할 항목**

예제 1

2012년 12월 31일의 재고조사결과 아주㈜의 창고에 보관 중인 기말재고자산의 원가는 ₩2,000,000으로 파악되었는데, 다음은 아주㈜의 2012년의 회계기록에서 입수한 자료이다.

(1) 2012년 12월 31일 아주㈜에서 인하㈜로 운송 중인 상품이 있다. 이 상품의 원가와 판매가격은 각각 ₩35,000과 ₩50,000이며 도착지인도조건이다.

(2) 아주㈜는 위탁판매를 하고 있는데 수탁자에게 적송한 시점에서 매출 회계처리를 하고 있다. 당기 적송품의 판매가는 ₩1,500,000이며 기말 현재 수탁자가 보관하고 있는 적송품재고액은 판매가로 ₩400,000이다. 위탁판매의 경우 원가에 25%의 이익을 가산하여 판매하고 있다.

(3) 아주㈜가 시용판매를 하고 있는데 2012년 말 현재 고객이 구입의사를 표시하지 않은 금액은 판매가로 ₩1,250,000이며, 시용매출의 경우 매출총이익률은 20%이다. 회사는 고객이 구입의사를 표시한 시점에서 매출을 인식하고 있다.

(4) 아주㈜는 2012년 12월 3일에 원가 ₩50,000의 상품을 판매하면서 반품가능기간을 2개월로 하였는데, 동 상품의 반품률을 합리적으로 예측할 수 없는 상태이다.

(5) 거래처에 담보로 제공한 재고자산이 ₩300,000이 타처에 보관 중이다. 기말 현재 이 중 ₩100,000은 담보권이 실행되었으나, 차입금과 상계하지 않은 상태이다.

물음

아주㈜의 정확한 기말재고액은 얼마인가?

풀이

재고실사액	₩2,000,000
(1) 미착상품(도착지인도조건)	₩35,000
(2) 적 송 품	320,000
(3) 시 송 품	1,000,000
(4) 반품가능상품	50,000
(5) 저당상품	200,000
합 계	₩3,605,000

〈SCM Method〉

	(2)	(3)
Sales	125	100
Cost	(100)	(80)
Margin	25	20

적송품(2) ₩400,000(Sales) $\times \frac{100}{125}$ = ₩320,000

시송품(3) ₩1,250,000(Sales) $\times \frac{80}{100}$ = ₩1,000,000

(2), (3)번은 SCM법을 이용하여 접근하면 쉽게 풀이 할 수 있다. 이 법은 S(Sales)에서 C(Cost)를 차감하면 M(Margin)이 산출된다는 간단한 이론에 입각한 방법이다.

2. 재고자산의 취득단가결정 방법

기말재고액은 기말재고수량에 단가를 곱하여 계산할 수 있다. 이때 기말 현재 재고상품이 모두 동일한 단가로 구입한 것이라면 어렵지 않을 것이나 기업은 서로 다른 시점에서 서로 다른 가격으로 상품을 구입하는 것이 일반적이다. 이때 재고자산의 취득단가는 재고자산별로 개별적인 취득단가를 확인하여 결정 하는 것이 가장 합리적이다. 그러나 회계기간동안 물가상승 등의 이유로 재고자산의 취득단가가 변동하는 상황 에서 개별 재고자산별로 취득단가를 확인한다는 것은 현실적으로 쉬운 일이 아니므로 이에 대한 대안으로 재고자산의 실제물량흐름(physical flow)과 상관없이 일정한 가정을 하는데, 이를 원가흐름의 가정(cost flow assumption)이라고 한다. 따라서 실제 물량흐름과 관계없이 재고자산 장부상 입고 및 출고의 흐름을 가정하여 매출원가와 기말재고로 배분한다.[6] 이론적인 원가흐름의 가정은 다음과 같다.

6) 다음의 사례를 통해 원가흐름의 가정이 왜 필요한지 파악해보자.

일 자	활 동	수량×단가
5월 14일	매 입	2개 × @₩100
6월 14일	매 입	2개 × @₩200
7월 14일	매 출	3개

위 사례에서 수량은 알지만 취득 시 마다 단가가 상이하여 단가 파악이 불가능하기 때문에 기말재고(1개)와 매출원가(3개)의 금액산정이 불가능하다. 이 문제의 해결 방법은 모든 상품에 개별적으로 가격표를 붙이면 해결이 가능하다(개별법). 예를 들어 3개 매출의 구성이 2개는 @₩100, 1개는 @₩200이면 매출원가는 ₩400이다. 그러나 위 방법은 상품의 종류가 다양하고 상품의 구입과 판매가 빈번하게 발생하는 경우에는 이 방법을 적용하는 것이 현실적으로 불가능하다. 따라서 실제물량흐름과 상관없이 일정한 가정을 통하여 판매가능상품원가를 매출원가와 기말재고로 배분하게 된다. 이러한 이유로 원가흐름을 가정 하는 것이다.

가정 \ 수량	실지재고조사법	계속기록법
선입선출법	실사법하의 선입선출법	계속기록법하의 선입선출법
후입선출법	실사법하의 후입선출법	계속기록법하의 후입선출법
가중평균법	총평균법	이동평균법

[그림 5-8] 이론적인 원가흐름의 가정

각각의 방법의 설명에 앞서 개별법(specific identification method)을 먼저 알아보면 개별법은 식별되는 재고자산별로 특정한 원가를 부과하는 방법이다. 즉, 재고자산에 가격표를 붙여 매입상품별로 매입가격을 알 수 있도록 함으로써 매입가격별로 판매된 것과 재고로 남은 것을 구별하여 매출원가와 기말재고로 구분하는 방법이다. 개별법의 장점은 원가흐름과 실물흐름이 일치하여 수익·비용대응이 잘 이루어 진다는 점이다. 반면, 실무적으로 번거롭고 의도적으로 이익을 조작할 가능성이 있는 단점이 있다. 통상적으로 특정 프로젝트별로 생산되고 분리되는 재화 또는 용역의 원가는 개별법을 사용하여 결정된다.

한편, 개별법이 적용되지 않는 재고자산의 단위 원가는 선입선출법이나 가중평균법 및 후입선출법 을 사용하여 결정한다. 성격과 용도 면에서 유사한 재고자산에는 동일한 단위원가 결정방법을 적용하여야 하며 성격이나 용도 면에서 차이가 있는 재고자산에는 서로 다른 단위원가 결정방법을 적용할 수 있다.[7] 각각의 방법들을 살펴보면 다음과 같다.

1) 선입선출법

선입선출법(first-in first-out method; FIFO) 은 먼저 매입 또는 생산된 재고자산이 먼저 판매되고 결과적으로 기말에 재고로 남아 있는 항목은 가장 최근에 매입 또는 생산된 항목이라고 가정하는 방법이다. 기말재고자산과 매출원가는 실사법하의 선입선출법과 계속기록법하의 선입선출법에 의한 금액이 일치한다. 선입선출법의 장점은 기말재고액이 현행원가를 반영학 있으며 선입선출 가정자체가 실제의 원가흐름과 일치한다는 점이다. 반면, 매출(현행원가)과 매출원가(과거의 구입

7) 예를 들어, 동일한 재고자산이 동일한 기업내에서 영업부문에 따라 서로 다른 용도로 사용되는 경우도 있다. 그러나 재고자산의 지역별 위치나 과세방식이 다르다는 이유만으로 동일한 재고자산에 다른 단위원가 결정방법을 적용하는 것이 정당화될 수는 없다.

원가)의 대응이 부적절 하다는 점과 이로 인해 매출총이익에 재고자산의 보유이익이 포함되어 이익이 과대계상되어 이익에 근거한 배당금이나 법인세가 커지며 결국 실물자본의 유지에 어려움이 있는 단점이 있다.

2) 가중평균법

가중평균법(average cost method; AM)은 기초 재고자산과 회계기간 중에 매입 또는 생산된 재고자산의 원가를 가중평균하여 재고항목의 단위원가를 결정하는 방법이다. 이 경우 평균은 기업의 상황에 따라 주기적으로 계산하거나 매입 또는 생산할 때마다 계산할 수 있다. 가중평균법에는 계속기록법을 적용한 평균법인 이동평균법(moving average cost method; MAM) 과 실지재고조사법을 적용한 평균법인 총평균법(weighted average cost method; WAM)으로 구분된다.

(1) 이동평균법 [계속기록법]

이동평균법은 구입이 이루어질 때마다 가중평균단가를 구하고 상품출고시마다 판매가능상품을 매출원가와 기말재고에 배분하는 방법이다. 이동평균법의 장점은 화폐가치변동에 민감하게 반영할 수 있다는 점이다. 반면, 거래가 빈번하면 계산이 복잡해지는 단점이 있다.

(2) 총평균법 [실지재고조사법]

총평균법은 일전기간 동안의 판매가능상품원가를 판매가능상품수량으로 나눈 평균원가를 계산하여 판매가능상품을 매출원가와 기말재고에 배분하는 방법이다. 총평균법의 장점은 간편하고 객관적이며 이익조작가능성이 없는 점이다. 반면, 기초 원가가 기말의 원가에 영향을 미치는 점과 기말에 가서야 평균단가를 구 할 수 있기 때문에 기중에는 상품의 판매시마다 단가를 기록할 수 없는 단점이 있다. 평균단가를 구하는 식은 다음과 같다.

$$\text{총평균단가} = \frac{\text{판매가능상품총액 (기초재고금액 + 당기순매입액)}}{\text{판매가능상품수량 (기초재고수량 + 당기순매입수량)}}$$

3) 후입선출법

후입선출법(last-in first-out method; LIFO)은 가장 최근에 매입 또는 생산한 재고항목이 가장 먼저 판매된다고 원가흐름을 가정하는 방법이다. 따라서 매출원가는 최근에 구입한 상품의 원가로 구성되며, 기말재고는 오래전에 구입한 상품의 원가가 된다. 후입선출법은 물가 상승시 물가상승의 영향을 완화시키기 때문에 물가 상승시에 대단히 각광을 받는 방법이다. 실제 우리나라 기업들은 총평균법을 가장 많이 사용하며 후입선출법은 거의 사용하지 않고 있는 실정이며 한국채택국제회계기준 기준서 제1002호 "재고자산"에서도 아래 단점들로 인하여 후입선출법을 사용할 수 없도록 하고 있다. 한편, 후입선출법의 장·단점은 다음과 같다.

(1) 장점

① 최근에 구입한 원가를 현행 판매가격과 대응시키므로 현행수익과 현행원가간의 대응이 가능하다.

② 이익감소로 세금의 이연효과 가능하여 현금흐름 개선에 도움을 준다.

③ 재무상태표 기말재고층이 오래 전 원가로 구성되어 추후 구입원가 감소로 인한 재고자산평가손실의 인식 가능성이 낮다.

(2) 단점

① 순이익의 과소 표시로 인하여 경영자 보수에 영향을 줄 수도 있다

② 재무상태표 기말재고자산의 과소평가로 재두유동성이 저하 될 수 있다.

③ 원가흐름과 실제 물량흐름이 불일치 된다.

④ 일시적으로 높은 이익을 보고하게 되어 세금이 과다해질 수 있다.

⑤ 재고자산을 일부러 고갈시켜 후입선출청산(LIFO liquidation)[8)]을 통해 이익을 왜곡시킬 수 있다.

---

8) 후입선출 청산(LIFO liquidation)이란 오래 전에 구입한 저렴한 재고층(old layer)이 팔리게 되면 오히려 매출원가가 낮아져 순이익이 증가하게 된다. 즉, 노동쟁의 같은 불가항력적인 이유로 재고자산의 구입이 감소하게 되면 오래전의 원가로 구성된 기초재고층 중 당기감소분(후입선출청산분)만큼 매출원가로 흘러가게 되어 매출원가는 오히려 작아지고 세전이익은 그만큼 크게 계상된다. 그 결과 법인세유출액도 커지게 된다. 이는 과거기간의 절세효과가 재고청산(반대작용)을 통하여 소멸되는 것을 의미한다. 즉, 세금 증가는 후입선출법의 사용목적에 어긋나며, 이익조작 또한 가능해진다. 이를 방지하기 위해서는 재고를 높게 유지하여야 하며 따라서 재고유지비용이 많이 발생할 수 있다.

결론적으로 한국채택국제회계기준에서 인정하고 있는 재고자산의 취득원가 결정방법은 다음과 같다.

수량 / 가정	실지재고조사법	계속기록법
개 별 법	실사법하의 개별법	계속기록법하의 개별법
선입선출법	실사법하의 선입선출법	계속기록법하의 선입선출법
가중평균법	총평균법	이동평균법

[그림 5-9] 한국채택국제회계기준이 채택하고 있는 원가흐름의 가정

예제 3

다음은 인하㈜의 1월 중 재고자산과 관련된 자료이다.

일 자	구 분	수 량	단 가
1/01	전기이월(기초)	300개	@₩70
1/10	매 출	250개	@₩120
1/11	매 입	550개	@₩85
1/20	매 입	400개	@₩90
1/25	매 출	500개	@₩140
1/31	기말재고	500개	

물음

다음의 각 방법에 따라 실사법과 계속기록법에 의한 1월말의 재고자산금액을 계산하라.

(1) 선입선출법

(2) 가중평균법

풀이

(1) 선입선출법

① 실사법

1월 11일분 100개 × @₩85 = ₩8,500
1월 20일분 400개 × @₩90 = 36,000
기말재고금액 ₩44,500

② 계속기록법

일 자	입고(출고)			잔 고		
	수 량	단 가	금 액	수 량	단 가	금 액
전기이월				300	70	₩21,000
1/10	(250)	(70)	(₩17,500)	50	70	₩3,500
1/11	550	85	₩46,750	50 550	70 85	3,500 46,750 ₩50,250
1/20	400	90	₩36,000	50 550 400	70 85 90	3,500 46,750 36,000 ₩86,250
1/25	(50) (450)	(70) (85)	(3,500) (38,250) (₩41,750)	100 400	85 90	8,500 36,000 ₩44,500

(2) 가중평균법

① 실사법(총평균법)

평균단가 : 300개 × @₩70 + 550개 × @₩85 + 400개 × @₩90 = @₩83/개
1,250개

기말재고금액 : 500개 × @₩83 = ₩41,500

② 계속기록법(이동평균법)

일 자	입고(출고)			잔 고		
	수 량	단 가	금 액	수 량	단 가	금 액
전기이월				300	70	₩21,000
1/10	(250)	(70)	(₩17,500)	50	70	₩3,500
1/11	550	85	₩46,750	600	83.75[1]	₩50,250
1/20	400	90	₩36,000	1,000	86.25[2]	₩86,250
1/25	(500)	(86.25)	(₩43,125)	500	86.25	₩43,125

[1] (3,500 + 46,750) / 600개 = @₩83.75

[2] (50,250 + 36,000) / 1,000개 = @₩86.25

3. 원가흐름의 가정과 당기순이익 및 현금흐름의 크기 비교

지금까지 일반적인 단가결정방법에 대해서 살펴보았는데 ① 취득원가의 계속적인 상승 즉, 물가 상승과 ② 후입선출 청산이 발생하지 않는다는 가정 하에서 원가흐름의 가정에 따른 기말재고자산, 당기순이익 및 현금흐름 등의 크기는 다음과 같다. 아래에서 이동평균법은 총평균법에 비해 최근 구입원가에 보다 높은 가중치를 두기 때문에 기말재고액이 상대적으로 높게 계상 된다. 한편, 원가흐름의 가정

차이는 현금흐름에 영향이 없으나, 법인세가 있는 경우에는 동 금액에 법인세율을 곱한 세금효과 만큼 현금흐름의 차이가 발생한다. 즉, 당기순이익이 크면 법인세 부담액이 증가하므로 현금흐름은 감소하게 된다.

기말재고자산	FIFO	〉	MAM	〉	WAM	〉	LIFO
매출원가	FIFO	〈	MAM	〈	WAM	〈	LIFO
당기순이익	FIFO	〉	MAM	〉	WAM	〉	LIFO
법인세비용	FIFO	〉	MAM	〉	WAM	〉	LIFO
현금흐름	FIFO	〈	MAM	〈	WAM	〈	LIFO

[그림 5-10] **원가흐름의 가정에 따른 당기순이익과 현금흐름의 비교**

제3절 재고자산의 감모와 평가

기초재고와 당기매입재고는 원가배분을 통해 소멸원가는 포괄손익계산서에 비용으로, 미소멸원가는 재무상태표에 기말재고자산으로 배분된다. 일반적으로 재고자산은 판매로 인하여 소멸하지만, 감모와 평가 등 판매이외의 목적으로도 소멸할 수가 있다. 장부상 수량을 Q, 실제수량을 Q′, 취득원가를 P, 하락한 단가(순실현가능가치)를 P′라 하면 재고자산의 수량부족과 단가하락의 인식방법은 다음과 같이 ① 그림으로 접근하는 방법과 ② 공식으로 접근하는 방법이 있다. 여기서 주의할 점은 재고자산평가손실은 실제수량에 하락한 단가(순실현가능가치)를 적용한다는 것이다.

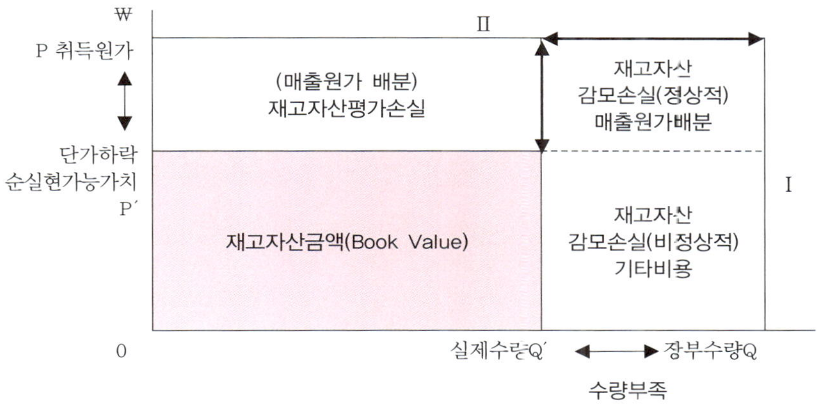

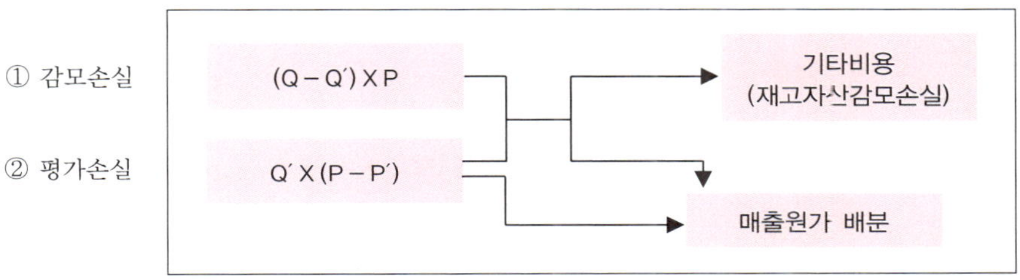

[그림 5-11] **재고자산의 수량부족과 단가의 하락 인식방법**

1. 재고자산의 수량부족 (재고자산감모손실)

재고자산수량부족은 계속기록법에 의한 장부수량과 실지재고조사에 의한 실제수량과의 차이를 말한다. 수량부족의 원인에는 자연감도나 파손, 도난, 훼손 등이 있다. 재고자산의 수량부족이 발생한 경우에 이를 기말재고자산가액에서 직접 차감[9]시키고 재고자산감모손실로 처리한다. 이때 재고자산의 장부상 수량과 실제수량과의 차이에서 발생한 손실은 원가성[10]에 따라 다음과 같이 구분하여 회계처리[11] 한다.

9) 감모손실은 다음에서 서술하고 있는 평가손실과 같이 재고자산평가충당금 계정을 설정하지 않고 직접 재고자산 계정에서 차감하여 회계 처리한다. 이는 한번 감모된 것은 회복될 가능성이 없기 때문이다.

10) 원가성의 의미
① 원가성이 있는 감모
- 재고자산을 취급하는 과정에서 경상적으로 발생하는 파손, 마모, 증발 등으로 인한 수량 감소
② 원가성이 없는 감모

① 원가성이 있는 경우(정상감모손실) : 당해 재고자산에서 직접차감하여 매출원가로 인식

② 원가성이 없는 경우(비정상감모손실) : 당해 재고자산에서 직접차감하여 기타비용으로 인식

<table>
<tr><td rowspan="2">결산일[12)]</td><td>매출원가 ×××[2] / 재고자산 ×××[1]
기타비용 ×××[3]</td></tr>
<tr><td>[1] (장부수량 – 실제수량) × 단위당 취득원가
[2] 감모손실총액 × 정상감모비율
[3] 감모손실총액 × 비정상감모비율</td></tr>
</table>

2. 재고자산의 평가 (재고자산평가손실)

판매를 목적으로 보유하고 있는 재고자산은 외부에 판매됨으로써 기업에 효익을 제공한다. 그러나 재고자산의 순실현가능가치가 취득원가에 미달하여 원가의 회수가 어려워지면, 동 미달액은 자산으로서의 의미를 상실하게 된다. 이는 미래 효익이 당해 재고자산의 장부금액을 초과하는 경우에만 자산으로서의 의미를 가지게 되기 때문이다. 따라서 보고기간말 재무상태표의 재고자산은 취득원가와 순실현가능가치 중 낮은 금액으로 측정해야 하며, 수익 창출 능력 상실분에 대해서는 "재고자산평가손실"로 인식한다. 만약 취득원가 보다 순실현가능가치가 상승한다면 이때는 취득원가로 평가하여 "재고자산평가이익"을 인식하지 아니한다. 이를 저가법(lower of cost or market; LCM)이라 하며 한국채택국제회계기준에서도 재고자산

– 재고자산을 취급하는 과정에서 비경상적으로 발생하는 도난, 분실 등으로 인한 수량 감소

11) 한국채택국제회계기준에는 재고자산감모손실에 대한 비용의 분류방법에 대한 구체적인 규정이 없다. 그러나 정상적 감모는 재고자산의 매입이나 제조과정에서 발생하는 회피불가능한 지출이다. 따라서 정상적인 감모손실은 매입부대비용으로 간주하여 매출원가에 가산하는 것이다. 또한 경험적으로 예측가능한 정상적인 감모손실은 이미 판매가에 반영되어 있으므로, 매출과 매출원가의 대응 관점에서도 이를 매출원가에 반영하는 것이 논리적 일관성이 있다.

12) 계속기록법으로 회계처리시는 비정상감모와 정상감모가 모두 파악이 가능하므로 회계처리를 해주면 된다. 한편 실사법으로 회계처리시에는 비정상감모분 발생 시에는 즉각 회계처리하나 정상감모 발생 시에는 회계처리 할 필요가 없다. 왜냐하면 정상감모분은 기말의 매출원가에 자동적으로 포함되기 때문이다.

을 저가법으로 평가하도록 하고 있다. 이는 보수주의(conservatism)[13] 관점에 따른 것이다.

1) 순실현가능가치

재고자산을 저가법으로 평가하는 경우 순실현가능가치(Net Realizable Value; NRV)는 정상적인 영업과정의 예상판매가격에서 예상되는 추가완성원가와 판매비용을 차감한 금액을 말한다. 다만, 원재료의 경우 현행 대체원가가 순실현가능가치에 대한 최선의 이용가능한 측정치가 될 수 있다. 여기서 주의할 점은 완성될 제품이 원가이상으로 판매될 것으로 예상하는 경우에는 그 생산에 투입하기 위해 보유하는 원재료 및 기타소모품을 감액하지 아니한다는 것이다. 즉, 원재료는 사용목적이 제품에 투입되는 것이므로 완성된 제품이 취득원가 이상으로 판매될 것이라고 예상하는 경우에는 저가법을 적용하지 아니하는 것이다. 그러나 원재료 가격이 하락하였으며, 제품의 원가가 순실현가능가치를 초과할 것으로 예상된다면 해당 원재료를 순실현가능가치로 감액해야 한다.

(1) 원칙 : 순실현가능가치(예상판매가액 – 판매비용 추정액)
⇒ 판매목적 재고자산 (제품, 상품, 재공품, 반제품)
(2) 예외 : 현행대체원가(현행원가) ⇒ 사용목적 (원재료)

13) 보수주의는 불확실성이 존재하는 경우(두 가지 이상의 회계처리 방법이 있는 경우) 재무적 기초를 견고히 하는 관점에서 가급적 이익은 적게 비용은 많이, 자산은 적게 부채는 많이 계상하려는 방법을 선택하는 회계관습을 말한다.

예제 4

2012년 초에 영업을 개시한 세명㈜의 기말 상품과 관련된 자료는 다음과 같다.

재고자산	원 가	현행대체원가	순실현가능가치
제 품	₩25,000	₩22,000	₩20,000
재공품	₩18,000	₩20,000	₩16,000
원재료	₩15,000	₩10,000	₩11,000

물음

다음 물음은 각각 독립적이다.

1. 2012년 말 재무상태표에 계상될 재고자산의 장부가액은 얼마인가?
2. 기본자료와 달리 2012년 말 제품의 순실현가능가치가 ₩30,000인 경우라면 재무상태표에 계상될 재고자산의 장부가액은 얼마인가?

풀이

1. ₩46,000 원재료의 현행대체원가가 취득원가보다 낮고, 제품의 순실현가능가치도 취득원가 보다 낮으므로 원재료에 대하여 현행대체원가(₩10,000)로 평가한다.

재고자산	원 가	현행대체원가	순실현가능가치	재무상태표가액
제 품	25,000	22,000	20,000	20,000
재공품	18,000	20,000	16,000	16,000
원재료	15,000	10,000	11,000	10,000
총 계	₩57,000			₩46,000

2. ₩56,000 원재료의 현행대체원가가 취득원가보다 낮으나, 제품의 순실현가능가치가 취득원가 보다 높으므로 원재료에 대하여 취득원가(₩15,000)로 평가한다.

재고자산	원 가	현행대체원가	순실현가능가치	재무상태표가액
제 품	25,000	22,000	30,000	25,000
재공품	18,000	20,000	16,000	16,000
원재료	15,000	10,000	11,000	15,000
총 계	₩57,000			₩56,000

2) 저가법의 적용방법

재고자산을 저가법으로 평가하는 방법에는 항목별(individual item)기준, 조별(major category)기준, 총계(total inventory)기준이 있다. 한국채택국제회계기준에 의하면 재고자산에 대한 저가법 평가는 항목별로 적용하는 것을 원칙으로 한다. 다만, 재고자산항목이 유사한 목적 또는 용도를 갖는 동일한 제품군과 관련되고, 동일한 지역에서 생산되어 판매되며, 실무적으로 동일한 제품군에 속하는 다른 항목과 구분하여 평가할 수 없는 경우에는 서로 유사하거나 관련 있는 항목들을 통합하여 조별로 적용하는 것이 적절할 수 있다. 그러나 완제품 또는 특정 영업부문에 속하는 모든 재고자산과 같은 분류에 기초하여 총계기준으로 저가법을 적용하는 것은 인정하지 않고 있다. 그 이유는 일부 항목의 순실현가능가치가 하락하면 다른 항목의 순실현가능가치가 상승하여 어느 정도 순실현가능가치의 변화가 서로 상쇄되기 때문이다.

(1) 저가법 적용 원칙 : ① 항목별 기준 – 개별항목에 대해 적용
  예외 : ② 조별 기준 – 유사한 재고자산 집단에 적용
  불인정 : ③ 총액 기준 – 전체 재고자산에 적용
(2) 재고자산평가액의 크기 : 항목별기준 평가액 〈 조별기준 평가액 〈 총액기준 평가액

예제 5

2012년 12월 31일의 한밭㈜의 재고자산에 관련된 자료는 다음과 같다.

재고자산	원 가	순실현가능가치
A조		
Aaa상품	₩20,000	₩17,000
Aab상품	30,000	32,000
Aac상품	40,000	38,000
B조		
Bba상품	₩27,000	₩20,000
Bbb상품	28,000	50,000

물음

재고자산에 대한 저가법을 항목별 기준, 조별기준, 총계기준으로 각각 적용할 경우 재고자산의 장부가 액을 계산하시오.

풀이

재고자산	원 가	순실현가능가치	항목별기준	조별기준	총계기준
A조					
Aaa상품	₩20,000	₩17,000	₩17,000		
Aab상품	30,000	32,000	30,000		
Aac상품	40,000	38,000	38,000		
계	₩90,000	₩87,000		₩87,000	
B조					
Bba상품	₩27,000	₩20,000	₩20,000		
Bbb상품	28,000	50,000	28,000		
계	₩55,000	₩70,000		₩55,000	
합 계	₩145,000	₩157,000	₩133,000	₩142,000	₩145,000

3) 순실현가능가치의 하락과 회복

재고자산을 저가법으로 평가하는 경우 평가손실이 발생하면 기업의 선택에 따라 매출원가에 합산하여 보고[14]하거나 별도의 비용인 재고자산평가손실의 과목으로 하여 인식하고 동금액을 재고자산평가충당금[15]의 과목으로 하여 재고자산의 차감계정으로 표시한다. 한편, 판매가격의 하락 때문에 순실현가능가치로 감액한 재고자산을 후속기간에도 계속 보유하고 있다면 매 후속기간에 재평가하여야 한다. 재고자산의 감액을 초래했던 상황이 해소되거나 경제상황의 변동으로 순실현가능가치가 상승한 명백한 증거가 있는 경우에는 최초의 장부금액을 초과하지 않는 범위 내에서 평가손실을 환입한다. 재고자산평가손실의 환입은 환입이 발생한 기간의 비용으로 인식된 매출원가의 차감액으로 인식한다.

---

14) 한국채택국제회계기준에 구체적인 규정은 없지만, 기능별 표시방법에 의할 경우 재고자산평가손실은 감액이 발생한 기간에 재고자산에서 차감하여 매출원가로 인식하는 것이 타당하다. 재고자산평가손실을 매출원가로 인식하는 이유는 재고자산평가손실은 미래에 당해 재고자산을 처분하는 경우 인식할 매출원가를 보수주의의 논리를 적용하여 조기 인식하는 개념이다. 따라서 재고자산평가손실은 매출원가에 가산하여 포괄손익계산서에 보고하여야 논리적으로 타당하다.

15) 재고자산에 차감하는 방법으로는 직접차감하거나 차감하는 형식으로 보고하는 두 가지 방법이 있다. 한국채택국제회계기준에서는 직접차감하거나 차감하는 형식으로 보고하는 방법에 대해 규정이 없으나 "재고자산평가충당금"(차감하는형식) 계정을 이용하여 보고하는 것이 보다 더 유용한 회계정보를 제공할 수 있기에 충당금설정법을 이용한다.

순실현가능가치 하락	매출원가(평가손실) ×××　/　재고자산평가충당금 ×××[1] (자산의 차감적 평가계정) [1]기말재고자산평가충당금 − 기초재고자산평가충당금
순실현가능가치 회복	재고자산평가충당금 ×××　/　매출원가(평가손실환입) ×××

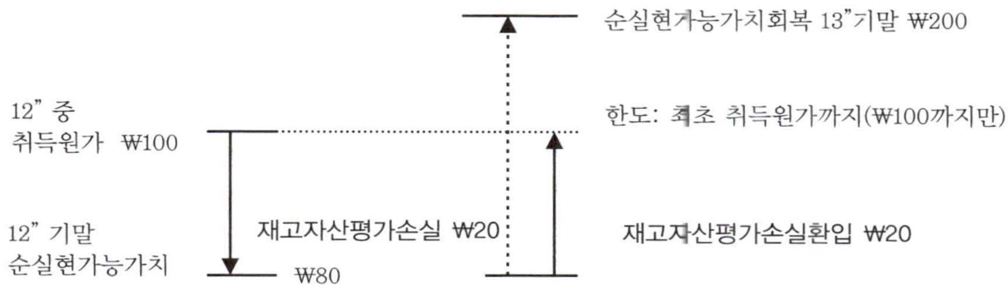

〈공 시〉
2012년 재무상태표

재고자산	₩100
재고자산평가충당금 (20)	₩80

[그림 5-12] 평가손실과 평가손실환입

예제 6

실사법을 사용하는 서강㈜의 2010년 기말재고자산 관련된 자료는 다음과 같다. 동 회사의 결산일은 12월 31일 이다. 단, 서강㈜는 재고자산의 비정상적인 감모를 기타비용으로 인식하는 회계정책을 선택하고 있다.

(1) 기초상품재고는 ₩500,000이다.
(2) 당기 상품매입액은 ₩8,500,000이다.
(3) 장부상 기말상품재고수량은 1,500개이며 단위당 취득원가는 ₩1,000이다.
(4) 기말 현재 창고에 보관 중인 상품재고수량은 1,200개이다.
(5) 기말 상품의 단위당 순실현가능가치는 ₩900이다.
(6) 재고감모수량 중 80%는 원가성이 있는 것으로 본다.

물음

1. 기말결산분개를 제시하시오.
2. 부분재무상태표와 부분포괄손익계산서를 작성하시오.

풀이

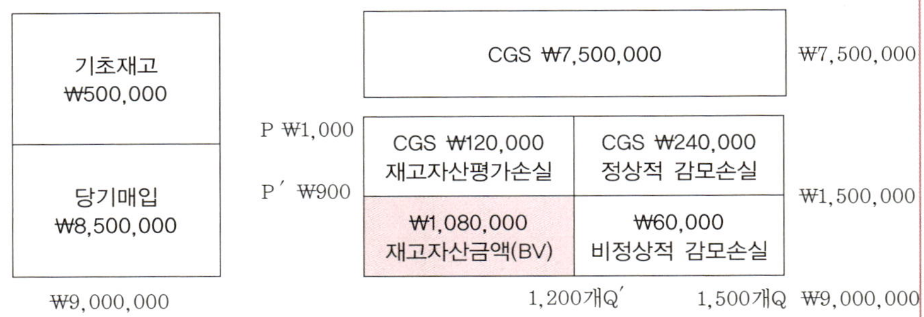

1. 회계처리

거 래	회계처리
2012"초	매 입 8,500,000 / 현 금 8,500,000
12/31	① 매출원가 500,000 / 재고자산(기초) 500,000 ② 매출원가 8,500,000 / 매 입 8,500,000 ③ 재고자산(기말) 1,500,000 / 매출원가 1,500,000
감모손실	매출원가 240,000 / 재고자산 300,000 기타비용 60,000
평가손실	매출원가(평가손실) 120,000 / 재고자산평가충당금 120,000

2. 부분재무상태표와 부분포괄손익계산서

부분재무상태표

유동자산
재고자산 ₩1,200,000
재고자산평가충당금 (120,000) ₩1,080,000 ◀ 감모손실을 고려한 가액 (∵ 실체가 없으므로)

부분포괄손익계산서

매출원가:	₩7,860,000
기초재고액	₩500,000
당기매입액	8,500,000
매출이외 감소액	(60,000)
기말재고액(순액)	(1,080,000)
기타비용	60,000

→ 재무상태표의 ₩1,080,000과 기말재고액(순액) (1,080,000)은 항상 같다.

해설

① 감모손실을 먼저 계산한 후에 평가손실을 계산한다. 기말 현재 있지도 않는 재고자산을 평가하는 것은 의미가 없다.
② 비정상감모손실은 기타비용으로 처리되고 재고자산평가손실은 매출원가에 가산된다. 따라서 감모분에 대하여는 원가성 유・무에 따라 매출원가 또는 기타비용으로 처리하고 재고자산평가손실은 매출원가로 처리한다.
③ 만약 광고선전 목적으로 사용한 재고자산이 있는 경우라면 이는 매출원가가 아니라 물류원가나 관리비에 포함되어야 하므로 매출이외의 재고감소로 하여 판매가능액에서 차감하여 해당 비용으로 인식한다.

제4절 재고자산의 추정

재고자산의 추정이란 재고자산의 수량이나 단가를 파악하는 것이 불가능하거나 비경제적인 경우에 정상적인 원가배분이 아닌 추정에 의하여 재고자산을 평가하는 것을 말한다. 즉, 기말재고액은 실사를 통해 수량을 파악하고 여기에 적정한 단가를 곱하여 산출해 내는데 기말실사가 불가능 하다면 기말재고 파악이 안되므로 기말재고의 금액을 추정하여야 한다. 기말 재고자산의 추정방법에는 다음과 같이 매출총이익률법과 소매재고법이 있다. 한편, 매출총이익률법은 한국채택국제회계기준에서 인정을 하지 않고 있다.[16] 반면, 소매재고법은 재고자산의 실물은 존재하나 너무 종류가 다양하고 많아 실사가 비경제적인 경우에 재고자산을 추정하는 것으로 한국채택국제회계기준에서 인정 하는 방법이다.

추정방법	K-IFRS 인정여부	기말재그 실사 불가능 사유
① 매출총이익률법	불인정	재고멸실(화재, 폭발, 도난), 회계감사시 기말재고 적정성 판단
② 소매재고법	인정	다품종소량생산 (예: 백화점, 할인점)

1. 매출총이익률법

매출총이익률법(gross profit method)은 매출총이익률을 이용하여 재고자산의 가액을 추정하는 방법이다. 매출총이익률법은 화재나 도난 등으로 인하여 기말재고에 대한 적절한 자료를 이용할 수 없는 경우나, 재고실사를 하지 않고 내부관리 목적으로 결산을 실시하는 경우에 이용가능한 방법이다. 이 방법은 과거의 매출총이익률이 당기에도 유효하다는 가정하에 과거의 매출총이익률을 이용하여 당기의

16) 이는 화재 등으로 인하여 재고자산의 실물이 존재하지 않기에 재고자산을 추정하여 재무제표에 계상하면 안되기 때문이다. 즉, 실사를 할 수 없는 경우이다.

매출원가를 추정한 후, 기말재고자산을 차액으로 확정하는 방법이다. 즉, 과거의 평균매출총이익률을 이용하여 매출액에서 매출원가를 구하고, 판매가능상품원가에서 매출원가를 차감하여 기말상품재고액을 구하는 방법이다. 여기서 매출총이익률이나 원가이익률은 앞에서 학습한 SCM[17]법을 이용한다.

재고자산

기초재고	×××	매출원가	③×××(?)
당기매입	×××	기말재고	④×××(?)
계	×××	계	×××

← 매출액 ① ×××

↓ ②(원가율) $\frac{Cost}{Seles}$ ×

[그림 5-13] **매출총이익률법의 이해**

한편, 매출총익률법 적용시 유의사항은 다음과 같다.

① 매출총이률 : $\frac{Margin}{Seles}$ 이나 원가이익률 : $\frac{Margin}{Cost}$ 이 주어진 경우 $\frac{Cost}{Seles}$ 로 환산한다.

② 당기매입액의 계산은 순매입액을 의미하므로 매입환출 및 에누리, 매입할인을 차감하고 매입운임은 가산한다. 다만, 매입액에 대한 자료가 없고, 매입채무의 증감과 매입채무 현금지급액이 제시되는 경우에는 매입채무계정을 분석하여 순매입액을 계산한다.

③ 매출액은 순매출액을 의미하므로 매출환입 및 에누리, 매출할인을 차감하여 계산한다. 또한 판매운임은 물류원가로 매출액과는 무관하다. 다만, 매출액에 대한 자료가 없고, 매출채권의 증감과 매출채권 현금회수액이 제시되는 경우에는 매출채권계정을 분석하여 순매출액을 계산한다.

예제 8

수원㈜는 2012년 6월 16일 창고에 화재가 발생하여 재고자산의 대부분이 소실되었다. 화재로 인하여 조금 손상된 재고를 처분하면 ₩15,000을 받을 수 있을 것으로 평가된다. 회사의 장부를 검토한 결과 다음과 같은 자료를 얻었다. 화재손실액을 계산하시오.

매출채권 현금회수액	₩450,000	매출채권증가액	50,000
매출운임	18,000	기초상품재고액	100,000
당기매입액	380,000	매입할인	10,000
매입운임	40,000	매출총이익률	20%

17) SCM Method는 S(Sales)에서 C(Cost)를 차감하면 M(Margin)이 산출된다는 간단한 이론에 입각한 방법이다.

풀이

재고자산			
기초재고	100,000	매출원가	③400,000
당기매입	410,000	기말재고	④110,000
계	510,000	계	510,000

← 매출액①500,000

② $\frac{C: 80}{S: 100} \times$

① 순매출액 = ₩450,000 + ₩50,000 = ₩500,000
② 순매입액 = ₩380,000 + ₩40,000 − ₩10,000 = ₩410,000
③ 매출총이익률 20% 이므로 이다. 그러므로 cost는 80이 된다.
④ 매출운임 ₩18,000 → I/S 물류원가(운반비)처리
∴ 화재손실액 = ₩110,000 − ₩15,000 = ₩95,000

2. 소매재고법

1) 의의

소매재고법(retail inventory method; RIM)은 판매가로 표시된 기말상품재고액에 당기 원가율을 곱하여 기말상품재고액을 구하는 방법으로 매출가격환원법이라고도 하며, 이익률이 유사하고 품종변화가 심한 다품종상품을 취급하는 유통업에서 실무적으로 다른 원가측정법을 사용할 수 없는 경우에 사용한다. 소매재고법에서 재고자산의 원가는 재고자산의 판매가격을 적절한 총이익률을 반영하여 환원하는 방법으로 결정한다. 다음의 사례를 가지고 소매재고법을 이해해보자.

기초재고액 : ₩50 (매가 : ₩80)
당기순매입액 : ₩100 (매가 : ₩170)
매출액 : ₩180

재고자산

	원가	매가		원가		매가
기초	50	80	판매	④108(CGS)		180(매출액)
매입	100	170	기말	③:42	②:60%	①:70
판매가능재고	150	250	판매가능재고	150		250

소매재고법을 사용하는 경우 재고자산은 아래와 같이 판매가격으로 관리하며 원가율을 이용하여 기말재고자산의 원가를 추정한다.

1단계 : 판매가 기준(price tag)에 의한 기말재고액 계산 (∵차 · 대는 같으므로)
기말재고액(매가)① = 판매가능액(매가) – 매출액
₩250 – ₩180 = ₩70
2단계 : 원가율 계산 (60% 가정)
원가율② = 원가 / 매가 여기서는 평균법을 가정 ₩150 / ₩250 = ₩60%
3단계 : 원가기준에 의한 기말재고액 계산(판매가 기준 기말재고액을 원가 기준 기말재고액으로 환원)
기말재고(원가)③ = 기말재고(매가)① × 원가율②
₩70 × 60% = ₩42
4단계 : 매출원가 계산
매출원가 = 판매가능액(원가) – 기말재고(원가)③
₩150 – ₩42 = ₩108

한편, 상품의 판매가 조정 즉, 순인상(가격인상–가격인상취소)이나 순인하(가격인하–가격인하취소)가 있는 경우 순인상(+)과 순인하(–)의 조정을 당기매입의 판매가에서 조정[18]하여 원가율에 반영한다.

2) 원가율 계산

소매재고법 적용시 원가율 산정방법은 다음과 같이 원가흐름의 가정에 따라 평균원가법, 선입선출법 등이 있다.

① 평균원가법 – 평균원가소매재고법(AM–RIM)
② 선입선출법 – 선입선출소매재고법(FIFO–RIM)
③ 후입선출법 – 후입선출소매재고법(LIFO–RIM) (K–IFRS 인정하지 않음)[19]
④ 저가기준 – 저가기준 평균원가소매재고법 (전통적소매재고법)(LCM–AM–RIM)

① 평균원가법을 적용하는 경우

기말재고액(매가)이 기초재고(매가) 및 당기매입분(매가)으로 구성 되었다고 가정하는 방법이다. 즉, 기초층과 당기매입층이 평균적으로 골고루 판매되었다고 가정하고 기말재고층(매가)이 기초층과 당기매입층으로 구성되었다고 본다.

18) 매입 후 잘 팔리면 판매가격인상을 안 팔리면 판매가격인하를 하므로 당기매입의 판매가에 반영한다.
19) 재고자산에서 후입선출법을 적용할 수 없으므로 소매재고법에서도 후입선출법을 적용할 수 없다.

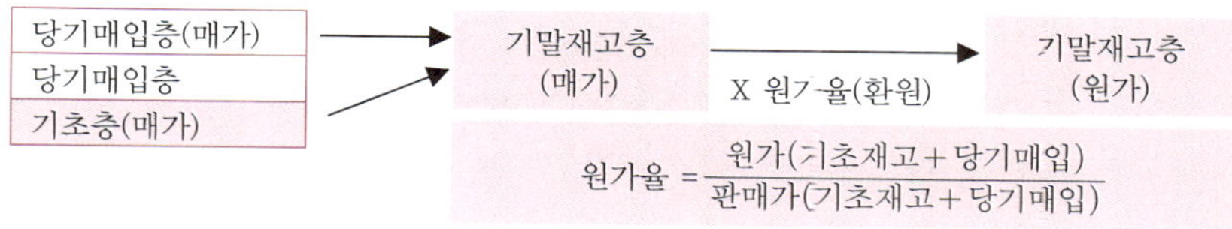

[그림 5-14] **가중평균법 원가율의 이해**

② 선입선출법을 적용하는 경우

기말재고액(매가)이 대체로 당기매입분(매가)으르 구성 되었다고 가정하는 방법이다. 즉, 기초층이 먼저 판매되었다고 가정하므로 기말재고층(매가)이 당기매입층으로만 구성되었다고 본다.

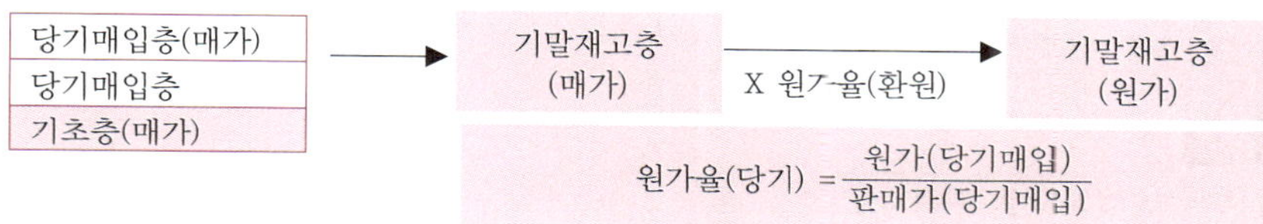

[그림 5-15] **선입선출법 원가율의 이해**

③ 저가기준을 적용하는 경우

저가기준 평균원가소매재고법은 평균원가소매재고법에 저가주의를 적용한 방법으로 전통적 소매재고법이라고도 한다. 저가기준이란 기말재고자산의 원가를 낮게 계상하고자 하는 방법 이므로 원가율을 낮게 산정하여야 한다. 원가율이란 매가분 중 원가가 차지하는 비율(원가율 = 원가/매가)을 나타내는 것으로 원가율이 낮아지면 기말재고자산(매가)이 기말재고자산(원가)으로 환원되는데 있어 기말재고자산(원가)이 낮아지게 된다. 이때 저가기준은 원가율 산정시 분모를 크게 만드는 방법을 택하는데, 그러기 위하여 매가를 산정할 때 순인하액을 차감하지 않고 순인상액만을 고려하는 것이다. 즉, 원가율 감소(분고가 커짐으로) ⇒ 기말재고액 감소 ⇒ 매출원가 증가 ⇒ 이익 감소 효과를 보고자 하는 방법이다. 한편, 순인상 및 순인하 발생시 소매재고법 계산구조에서는 이미 매가기준당기매입액에 순인상액과 순인하액이 반영되어 있으므로 순인하액을 고려하지 않기 위해 차감한 순인하액을 다시 더해주면 된다.

$$원가율 = \frac{원가(기초재고 + 당기매입)}{판매가(기초재고 + 당기매입 + 순인하액)}$$

예제 9

한경㈜는 재고자산평가에 있어서 매출가격환원법을 사용하고 있다. 2010년 재고자산과 관련된 자료는 다음과 같다.

	원 가	판매가
기초재고	₩6,000	₩11,500
매 입 액	₩61,000	₩118,000
가격 순인상		₩600
가격 순인하		₩1,350
매 출 액		₩82,000

물음

1. 기말재고(매가)를 구하시오.
2. 다음 각각의 방법에 따른 소매재고법법에 의한 기말재고(원가)와 매출원가를 구하시오. 단, 원가율의산정시 소수점 첫째 자리에서 반올림하시오.
   ① 평균원가소매재고법 ② 선입선출소매재고법 ③ 전통적소매재고법

풀이

재고자산

	원가	매가		원가	매가
기 초	₩6,000	₩11,500	판 매		₩82,000
매 입 순매입액	₩61,000	₩118,000			순매출액
순 인 상		₩600	기 말	③×××	← ①××× ②원가율
순 인 하		(₩1,350)			
판매가능액	₩67,000	₩128,750	판매가능액	₩67,000	₩128,750

1. 기말재고액(매가)① = 판매가능액(매가) − 매출액
   = ₩128,750 − ₩82,000 = ₩46,750
2. ① 평균원가소매재고법

   $$원가율② = \frac{원가(기초재고+당기매입)}{판매가(기초재고+당기매입)}$$

   = 원가(₩67,000) / 매가(₩128,750) = 52%
   기말재고(원가)③ = 기말재고(매가)① × 원가율② = ₩46,750 × 52% = ₩24,310
   매출원가 = 판매가능액(원가) − 기말재고(원가)③ = ₩67,000 − ₩24,310 = ₩42,690

   ② 선입선출소매재고법

   $$원가율② = \frac{원가(당기매입)}{판매가(당기매입)}$$

= 원가(₩61,000) / 매가(₩128,750 − ₩11,500) = 52%
기말재고(원가)③ = 기말재고(매가)① × 원가율② = ₩46,750 × 52% = ₩24,310
매출원가 = 판매가능액(원가) − 기말재고(원가)③ = ₩67,000 − ₩24,310 = ₩42,690

③ 전통적소매재고법

$$원가율② = \frac{원가(기초재고+당기매입)}{판매가(기초재고+당기매입+순인하액)}$$

= 원가(₩67,000) / 매가(₩128,750 + ₩1,350) = 51%
기말재고(원가)③ = 기말재고(매가)① × 원가율② = ₩46,750 × 51% = ₩23,842
매출원가 = 판매가능액(원가) − 기말재고(원가)③ = ₩67,000 − ₩23,842 = ₩43,158

3) 특수한 항목의 고려

매입의 가감항목이나 매출의 가감항목이 있는 특수한 경우에는 소매재고법 적용을 위한 원가율 산정 시 이를 고려하여야 한다. 특수한 항목을 고려하는 경우 원가로 기록된 계정과 매가로 기록된 계정을 한꺼번에 나타내면 다음과 같다.

재고자산

	원가	매가		원가	매가
기 초	×××	×××	판 매	④×××	×××(매출액)
매 입	×××	×××	매출에누리와환입		(×××)
매입운임	×××		매출할인		(×××)
매입에누리할인	(×××)		정상파손		×××
매입환출	(×××)	(×××)	종업원할인		×××
순 인 상		×××			
순 인 하		(×××)	기 말(미판매)	③××× ◀	①××× (②원가율)
비정상파손	(×××)	(×××)			
계	×××	×××	계	×××	×××

* 순매입액과 순매출액을 계산한다고 생각하면 쉽게 접근할 수 있다.

각각의 항목별 조정방향 및 이유는 다음과 같다.

[순매입액 고려 항목]
① 매입운임 : 매입운임은 취득 부대비용이므로 매입의 원가에 가산한다.
② 매입에누리, 매입할인 : 할인 받은 것 이므로 매입의 원가에서 차감한다.
③ 매입환출 : 환출(반품)을 하면 상품자체가 반품이 되므로 매입의 원가, 매가에서 모두 차감한다.
④ 비정상파손(비정상감모) : 비정상파손은 비정상적으로 발생한 파손, 감손, 도난 등으로 인한 손실액으로 판매가능상품에 포함될 수 없으므로 판매가능상품의 원가와 매가에서 각각 차감한다.

[순매출액 고려 항목]

① 매출환입과 매출에누리, 매출할인 : 매출액의 차감항목이므로 당기 매출액에서 차감 조정한다.

② 종업원할인 및 정상파손(정상감모) : 종업원할인은 정가에 비해 싸게 판매한 것이고 정상파손은 무상 지급한 것이기에 모두 매출액을 감소시킨다. 그런데 매출액이 감소되면 기말재고(매가)가 실체도 없는 2가지 사항 때문에 과대평가 된다. 따라서 기말재고(매가)를 적정하게 평가하기 위해 매출액에 가산하여 조정해 주는 것이다. 즉, 정상판매가 보다 싸게 팔게 되면 싸게 판 금액이 매출로 찍히면서 그 금액만큼 기말재고(매가)로 묻어 들어 갈 수 있으므로 이 현상을 방지하기 위해 조정을 해준다.[20)]

예제 10

한경㈜는 재고자산평가에 있어서 매출가격환원법을 사용하고 있다. 2012년 재고자산과 관련된 자료는 다음과 같다.

	원 가	판매가
기초재고	₩6,000	₩11,500
총매입액	₩61,000	₩118,000
매입운임	₩2,212	
매입에누리	₩200	
매입환출	₩500	₩1,200
매입할인	₩1,000	
가격 순인상		₩600
가격 순인하		₩1,350
비정상적파손	₩2,700	₩4,300
총매출액		₩82,000
매출에누리와환입		₩7,000
매출할인		₩1,000
정상적파손		₩1,450
종업원 특별할인		₩600

20) 종업원이나 일반인에게 판매시 매출원가는 같기에 원가는 고려할 필요가 없다. 종업원에게 할인해서 팔았다고 해서 원가가 낮은 것은 아니다. 다음 사례로 파악해 보자.

₩8,000(원가) ─ 일반인 판매 ₩10,000

종업원 판매 ₩9,000 원가율 : ₩8,000 / ₩10,000 = 80%

일반인에게 판매시 : 매 출 ₩10,000 × 원가율(80%) = ₩8,000(매출원가)

그러면 종업원에게 판매시 : 매 출 ₩9,000 × 원가율(80%) = ₩7,200(매출원가) → 즉, 매출원가과소계상효과(즉, 기말재고 과대)가 나타나므로 보정 : (₩9,000 + ₩1,000) × 80% = ₩8,000으로 만들어 정확한 매출원가를 계상하고자 하는 것이다. 그러므로 매출액에 종업원 할인을 가산해야 한다.

물음

1. 기말재고(매가)를 구하시오.
2. 다음 각각의 방법에 따른 소매재고법법에 의한 기말재고(원가)와 매출원가를 구하시오. 단, 원가율의산정시 소수점 다섯째 자리에서 반올림하시오.
   ① 평균원가소매재고법　　② 선입선출소매재고법　　③ 전통적소매재고법

풀이

재고자산

	원가	매가		원가	매가
기　초	₩6,000	₩11,500	판　매		₩82,000
매　입	₩61,000	₩118,000	매출에누리와환입		(₩7,000)
매입운임	₩2,212		매출할인		(₩1,000)
매입에누리할인	(₩1,200)		정상파손		₩1,450
매입환출	(₩500)	(₩1,200)	종업원할인		₩600
순 인 상		₩600	기　말	③××× ◀	①×××
순 인 하		(₩1,350)		②원가율	
비정상파손	(₩2,700)	(₩4,300)			
판매가능액	₩64,812	₩123,250	판매가능액	₩64,812	₩123,250

1. 기말재고액(매가)① = 판매가능액(매가) − (순)매출액 = ₩123,250 − ₩76,050 = ₩47,200
2. ① 평균원가소매재고법

$$\text{원가율②} = \frac{\text{원가(기초재고 + 당기매입)}}{\text{판매가(기초재고 + 당기매입)}}$$

= 원가(₩64,812) / 매가(₩123,250) = 52.59%

기말재고(원가)③ = 기말재고(매가)① × 원가율② = ₩47,200 × 52.59% = ₩24,822

매출원가 = 판매가능액(원가) − 기말재고(원가)③ = ₩64,812 − ₩24,822 = ₩39,990

② 선입선출소매재고법

$$\text{원가율②} = \frac{\text{원가(당기매입)}}{\text{판매가(당기매입)}}$$

= 원가(₩64,812 − ₩6,000) / 매가(₩123,250 − ₩11,500) = 52.63%

기말재고(원가)③ = 기말재고(매가)① × 원가율② = ₩47,200 × 52.63% = ₩24,841

매출원가 = 판매가능액(원가) − 기말재고(원가)③ = ₩64 812 − ₩24,841 = ₩39,971

③ 전통적소매재고법

$$\text{원가율②} = \frac{\text{원가(기초재고 + 당기매입)}}{\text{판매가(기초재고 + 당기매입 + 순인하액)}}$$

= 원가(₩64,812) / 매가(₩123,250 + ₩1,350) = 52.02%

기말재고(원가)③ = 기말재고(매가)① × 원가율② = ₩47,200 × 52.02% = ₩24,553

매출원가 = 판매가능액(원가) − 기말재고(원가)③ = ₩64,812 − ₩24,553 = ₩40,259

제5절 농림어업

1. 농림어업활동의 의의

농림어업활동(agricultural activity)은 판매목적으로 생물자산[21])에 생물적 변환(biological transformation)[22])을 가하여 당해 생물자산으로부터 수확물(agricultural produce) 또는 추가적인 생물자산(biological assets)을 얻기 위한 관리활동을 말한다. 농림어업활동은 예를 들어, 목축(raising livestock), 조림(forestry), 일년생이나 다년생 곡물 등의 재배(annual or perennial cropping), 과수재배(cultivating orchards)와 농원경작(plantations), 화훼원예(floriculture), 양식(aquaculture), 양어(fish farming)와 같은 다양한 활동을 포함한다. 이러한 다양한 활동의 공통적인 특성은 다음과 같다.

① 변화할 수 있는 능력 : 살아있는 동물과 식물은 생물적 변환을 할 수 있는 능력이 있다.

② 변화의 관리 : 관리는 생물적 변환의 발생과정에 필요한 조건(예; 영양 수준, 수분, 온도, 비옥도, 조도)을 향상시키거나 적어도 유지시켜 생물적 변환을 용이하게 한다. 이러한 관리는 농림어업활동을 다른 활동과 구분하는 기준이 된다. 예를 들어, 관리하지 않은 자원을 수확하는 것(예; 원양어업, 천연림 벌채)은 농림어업활동에 해당하지 않는다.

③ 변화의 측정 : 생물적 변환이나 수확으로 인해 발생한 질적(예: 유전적 장점, 밀도, 숙성도, 지방분포, 단백질 함량, 섬유의 강도) 변화나 양적(예; 개체수 증가, 중량, 부피, 섬유의 길이나 지름, 발아 수량) 변화는 일상적인 관리기능으로 측정되고 관찰된다.

---

21) 예를 들어, 서울대공원의 사자를 재고자산이나 유형자산으로 분류할 수 없기에 생물자산으로 분류한다. 우리나라의 기업에서는 나타나기 힘든 자산 이다.

22) 여기서 생물적 변환이란 생물자산에 질적 또는 양적 변화를 일으키는 성장, 퇴화, 생산 그리고 생식과정을 말한다.

한국채택국제회계기준 기준서 제1041호 "농림어업(agriculture)"은 생물자산에서 수확된 수확물에 대해서 수확시점에만 적용한다. 수확시점 후에는 한국채택국제회계기준 기준서 제1002호 "재고자산"이나 적용가능한 다른 한국채택국제회계기준 기준서를 적용한다. 따라서 이 기준서는 수확시점 후 수확물의 가공과정[23]에 대해서는 규정하지 아니한다. 이러한 과정이 농림어업활동의 필연적이고 자연스러운 연장이며 이때에 일어나는 사건이 생물적 변환과 유사한 성격이 있기는 하지만 이러한 과정은 이 기준서에서 정의하는 농림어업활동에는 포함되지 않는다. 아래의 표에서는 생물자산, 수확물 및 수확 후 가공품의 예를 제시하고 있다.

구 분	생물자산	수확물	수확 후 가공품
거래종류	양	양모	모사, 양탄자
	조림지의 나무	벌목된 나무	원목, 목재
	식물	면화	실, 의류
		수확한 사탕수수	설탕
	젖소	우유	치즈
	돼지	돈육	소시지, 햄
	관목	잎	차, 담배
	포도나무	포도	포도주
	과수	수확한 과열	과일 가공품
적용기준서	제1041호 '농림어업'		제1002호 '재고자산'

[그림 5-16] 농림어업기준서의 적용범위

2. 농림어업활동의 인식과 측정

농림어업의 결과 획득하게 되는 생물자산이나 수확물은 다음의 조건이 모두 충족되는 경우에 한하여 자산으로서 인식한다.

① 과거 사건의 결과로 자산을 통제한다.
② 자산과 관련된 미래 경제적효익의 유입가능성이 높다.
③ 자산의 공정가치나 원가를 신뢰성 있게 측정할 수 있다.

23) 예를 들어, 포도를 재배한 양조업자가 포도를 포도주로 가공하는 과정

생물자산은 최초 인식시점과 매 보고기간 말에 순공정가치[24]로 측정하고 생물자산에서 수확된 수확물은 수확시점에 순공정가치로 측정하여야 하며 이 측정치는 한국채택국제회계기준 기준서 제1002호 "재고자산"이나 적용가능한 다른 한국채택국제회계기준 기준서를 적용하는 시점의 원가가 된다.

한편, 공정가치를 신뢰성 있게 측정할 수 없는 경우에는 원가에서 감가상각누계액과 손상차손누계액을 차감한 금액으로 측정한다. 이후 그러한 생물자산의 공정가치를 신뢰성 있게 측정할 수 있게 되면 순공정가치로 측정한다.

3. 농림어업활동의 평가손익의 처리

생물자산을 최초 인식시점에 순공정가치로 인식하여 발생하는 평가손익과 생물자산의 순공정가치 변동으로 발생하는 평가손익은 발생한 기간의 당기손익에 반영한다.[25] 또한 수확물을 최초 인식시점에 순공정가치로 인식하여 발생하는 평가손익은 발생한 기간의 당기손익에 반영하며 수확의 결과로 수확물의 최초 인식시점에 평가손익이 발생할 수 있다.

구 분		공정가치 평가방법
생물자산	공정가치 측정가능	최초인식시점과 보고기간말 공정가치 평가하여 당기손익에 반영
	공정가치 측정불능	최초인식시점에 취득원가를 인식하고 상각후원가로 평가
수확시점의 수확물		최초인식시점에 공정가치로 평가하여 당기손익에 반영

[그림 5-17] **생물자산이나 수확물의 공정가치평가**

24) 여기서 순공정가치는 공정가치에서 추정 매각부대원가(point-of sale costs)를 차감한 금액으로 결정된다.

25) 생물자산의 순공정가치를 산정할 때에 추정 매각부대원가를 차감하기 때문에 생물자산의 최초 인식시점에 손실이 발생할 수 있다. 송아지가 태어나는 경우와 같이 생물자산의 최초 인식시점에 이익이 발생할 수도 있다.

예제 11

낙농기업인 건국㈜는 2012년 초에 수익을 얻을 목적으로 사슴을 ₩100,000에 구입하였다. 동 사슴은 내용연수 10년이고, 잔존가치는 없으며, 농림어업자산의 인식요건을 만족한다. 취득일 현재 사슴의 공정가치는 ₩90,000이다. 2012년 12월 14일에 사슴 새끼 1마리가 태어났으며, 순공정가치는 ₩50,000이다. 2012년 12월 31일 처음으로 녹용을 획득하였으며, 동 일자에 사슴에서 획득한 녹용의 순공정가치는 ₩20,000이다. 2012년 말 현재 사슴의 순공정가치는 ₩150,000이다.

물음

1. 2012년 당기손익에 반영할 금액을 생물자산과 수확물로 각각 구분하여 계산하시오.
2. 일자별 회계처리를 수행하시오.

풀이

1.

	생물자산	수확물
2012년 초	₩(10,000)[1]	₩ −
2012년 12월 14일	50,000	−
2012년 12월 31일 녹용획득		20,000
12월 31일 사슴	60,000[2]	
12월 31일 새끼사슴	30,000[3]	
계	₩130,000	₩20,000

[1]100,000 − 90,000, [2]150,000 − 90,000, [3]80,000 − 50,000

2.

일 자	회계처리			
2012년 초	생물자산(사슴) 생물자산평가손실	90,000 10,000	현 금	100,000
12월 14일	생물자산(새끼사슴)	50,000	생물자산평가이익	50,000
12월 31일	〈수확물 기말평가〉			
	수 확 물	20,000	수확물평가이익	20,000
	〈생물자산 기말평가〉			
	생물자산(사슴) 생물자산(새끼사슴)	60,000 30,000	생물자산평가이익 생물자산평가이익	60,000 30,000

객관식 연습문제

exercises

▶▶ Ⅰ. 이론형 객관식 문제

01 **기말재고자산이 과소계상되는 오류가 발생하였다. 이 오류의 영향으로 타당한 것은?**

① 당기에만 순이익이 과대계상된다.
② 당기에만 순이익이 과소계상된다.
③ 당기순이익이 당기에는 과대, 차기에는 과소계상되어 자동으로 조정된다.
④ 당기순이익이 당기에는 과소, 차기에는 과대계상되어 자동으로 조정된다.
⑤ 당기순이익이 당기에도 과소, 차기에도 과소계상된다.

정답 ④

전기 : 기말재고 과소계상 → 매출원가 과대계상 → 당기순이익 과소계상
당기 : 기초재고 과소계상 → 매출원가 과소계상 → 당기순이익 과대계상

02 **다음 중 재고자산 설명 중 틀린 것은?** (9급 서울시 2007 수정)

① 재고자산은 재무상태표와 포괄손익계산서에 모두 영향을 미친다.
② 시송품은 상품에 대한 점유가 이전되었으므로 매입자의 재고자산에 포함된다.
③ 선적지인도조건일 경우 상품이 선적된 시점에 소유권이 매입자에게 이전되기 때문에 미착상품은 매입자의 재고자산에 포함된다.
④ 도착지인도조건은 상품이 도착지에 도착하여 매입자가 인수한 시점에 소유권이 매입자에게 이전되기 때문에 미착상품은 매입자의 재고자산에 포함하지 않는다.

⑤ 적송품은 수탁자가 제3자에게 판매할 때 비록 수탁자가 점유하고 있으나 단순 보관에 불과하므로 소유권이전은 아니다.

정답 ②

시송품은 상품에 대한 점유가 이전되었으나 매입의사표시가 아직 이루어지지 않았으므로 판매자의 재고자산에 포함된다.

03 재고조사평가방법 중 실지재고조사법(실사법)하에서만 이용가능한 것은?

(7급 행자부 2006)

① 선입선출법　　② 후입선출법
③ 총평균법　　④ 이동평균법

정답 ③

평균법 중 총평균법은 실지재고조사법하에서 적용하는 방법이며, 이동평균법은 계속기록법하에서 적용되는 방법이다.

04 2012년 12월 10일 위탁자인 (주)한국은 수탁자인 (주)대한에 상품을 인도하고 외상매출로 회계처리 하였다. 이러한 회계처리가 (주)한국의 2012년 재무제표에 미치는 영향으로 옳지 않은 것은?(단, 상품매매거래는 계속기록법을 적용한다.) (9급 지방직 2011)

① 재고자산 과소계상　　② 매출 과대계상
③ 매출채권 과대계상　　④ 매출원가 과소계상

정답 ④

적송품을 매출로 처리하면 매출액, 매출원가, 순이익은 과대계상되고 기말재고는 과소계상된다.

05 다음은 건국(주)의 재고자산을 실지재고조사법으로 파악할 경우에 재고자산 평가방법별 매출원가, 기말재고, 매출총이익을 계산한 것이다. 물가가 지속적으로 상승한다는 가정 하에 다음 중 재고자산 평가방법과 그 대응이 올바른 것은?

재고자산평가방법	매출원가	기말재고	매출총이익
A	₩280,000	₩95,000	₩120,000
B	250,000	98,000	123,000
C	265,000	96,500	121,500

	선입선출법	총평균법	이동평균법	후입선출법
①	B	C	해당사항 없음	A
②	A	C	해당사항 없음	B
③	B	A	해당사항 없음	C
④	A	C	해당사항 없음	B
⑤	B	해당사항 없음	A	C

정답 ①

물가상승시 당기순이익이 크게 계상되는 순서는 ① 선입선출법 ② 총평균법 ③ 후입선출법이다. 따라서 이익이 가장 큰 B가 선입선출법, 이익이 가장 적은 A가 후입선출법, C는 그 중간으로 총평균법이 된다. 본 문제에서 이동평균법은 실사법을 가정하고 있으므로 고려 대상이 아니다.

06 당기말 재고자산을 과대평가 하였을 때 나타나는 현상으로 옳은 것은?

	매출원가	당기순이익
①	과대	과대
②	과대	과소
③	과소	과대
④	과소	과소
⑤	과소	일정

정답 ③

매출액	좌측의 관계에서 보면
− 매출원가 ②▼	기말재고 VS. 이익 : 정비례 관계
1. 기초재고	매출원가 VS. 기말재고 : 반비례 관계
2. 당기매입	매출원가 VS. 이익 : 반비례 관계임을 알 수 있다.
3. 기말재고 ①▲	
= 매출총이익(NI로 가정) ③▲	

∴ 기말재고가 과대평가 되면 매출원가는 과소평가 되고 당기순이익은 과대평가 됩니다.

07 재고자산의 저가법 평가와 관련된 한국채택국제회계기준의 설명으로 옳지 않은 것은? (7급 행안부 2010)

① 판매가능한 상태에 있는 재고자산의 공정가치는 현행원가를 말하며, 제조가 필요한 재고자산의 공정가치는 순실현가능액을 말한다.

② 저가법의 적용에 따라 평가손실을 초래한 상황이 해소되어 새로운 시가가 장부가액 보다 상승한 경우, 최초의 장부가액을 초과하지 않는 범위 내에서 평가손실을 환입 한다.

③ 저가법에 의한 재고자산 평가는 항목별로 적용하되, 재고항목들이 서로 유사하거나 관련있는 항목들은 통합하여 적용할 수 있다.

④ 원재료의 현행대체원가가 장부가액보다 낮더라도 원재료를 투입하여 완성할 제품의 시가가 원가보다 높을 때는 원재료에 대하여 저가법을 적용하지 아니한다.

정답 ①

상품, 제품, 재공품 등은 순실현가능가치를 말하며, 순실현가능가치란 정상적인 영업과정의 예상판매가격에서 예상되는 추가완성원가와 판매비용을 차감한 금액을 말한다. 다만, 원재료의 현행대체원가는 순실현가능가치에 대한 최선의 이용가능한 측정치가 될 수 있다.

08 한국채택국제회계기준에 대한 다음 내용 중 가장 타당하지 않은 것은? (공인회계사 2008 수정)

① 재고자산의 매입원가는 매입가액에 매입운임, 하역료 및 보험료 등 취득과정에서 정상적으로 발생한 부대비용을 가산한 금액이다.

② 재고자산의 매입과 관련된 할인, 에누리 및 기타 유사한 항목은 매입원가에서 차감한다.

③ 당기에 비용으로 인식하는 재고자산 금액은 일반적으로 매출원가로 불리우며, 판매되 는 재고자산의 원가만으로 구성된다.

④ 재고자산의 전환원가는 직접노무원가와 원재료를 완제품으로 전환하는데 발생하는 고정 및 변동 제조간접원가의 체계적인 배부액을 포함한다.

정답 ③

당기에 비용으로 인식하는 재고자산 금액은 일반적으로 매출원가로 불리으며, 판매된 재고자산의 원가와 배분되지 않은 제조간접원가 및 제조원가 중 비정상적인 부분의 금액으로 구성된다. 또한 기업의 특수한 상황에 따라 물류원가와 같은 다른 금액들도 포함될 수 있다.

09 **재고자산 회계에 관한 다음의 내용 중에서 맞는 것은?** (세무사 2001 수정)

① 선입선출법을 사용하면, 계속기록법 하에서 보다 실지재고조사법 하에서의 판매재고자산원가가 더 작게 계상된다.

② 만일 재고자산의 매입단가가 변동이 없다면, 원가흐름에 관한 어떠한 가정도 판매재고자산원가에 영향을 주지 못하지만, 기말재고의 원가에는 영향을 준다.

③ 만일 재고수준이 매 회계연도 말에 0이 된다면, 선입선출법 하의 판매재고자산원가가 가장 낮게 계상된다.

④ 재고자산의 매입단가가 계속 상승하는 경우 재고수량이 증가한다면 선입선출법에 의한 판매재고자산원가는 가중평균법보다 더 낮다.

정답 ④

판매재고자산원가는 매출원가를 말하는 것임

① 선입선출법을 사용하면, 계속기록법과 실지재고조사법 하에서의 판매재고자산원가가 동일하다.

② 원가흐름에 관한 가정은 기말재고의 원가 및 판매재고자산원가에 영향을 준다.

③ 만일 재고수준이 매 회계연도 말에 0이 된다면, 선입선출법, 평균법, 개별법 하의 판매재고자산원가가 동일하게 된다.

④ 물가상승시 매출원가의 크기는 선입선출법 < 평균법 <후입선출법 이다.

10 **기말재고조사법으로 회계처리하는 회사가 연말에 상품외상구입에 대한 기록을 하지 않았다. 이 상품이 기말재고실사시 누락되었다고 할 때 기말의 자산, 부채, 자본과 당 회계연도의 순이익에 미치는 영향은?**

(감정평가사 2001)

	자 산	부 채	자 본	순이익
①	영향없음	과소계상	과대계상	과대계상
②	영향없음	과대계상	과소계상	과소계상
③	과소계상	과소계상	영향없음	영향없음
④	과소계상	영향없음	영향없음	과소계상
⑤	과소계상	과소계상	과대계상	과대계상

정답 ③

당기매입과 기말재고가 동시에 기록되지 않았으므로 당기순이익에 대한 영향은 없다.

11 지속적으로 물가가 상승하는 경우에 재고자산 원가배분방법에 따른 매출원가의 크기의 순서가 큰 것부터 작은 것까지 순서가 올바른 것은?

(공인회계사 1999 수정, 감정평가사 2001 수정)

① FIFO – MAM – WAM – LIFO
② FIFO – WAM – MAM – LIFO
③ FIFO – LIFO – WAM – MAM
④ LIFO – WAM – MAM – FIFO
⑤ LIFO – MAM – WAM – FIFO

정답 ④

물가상승시 기말재고액의 크기
선입선출법 〉 이동평균원가법 〉 총평균원가법 〉 후입선출법 그러므로 매출원가의 크기는 반대이다.

12 다음 중 재고자산의 회계처리와 관련된 설명으로 적절한 것은?

(세무사 2003 수정)

① 도착지인도기준의 미착상품에 대한 운송비, 보험료 등을 판매자가 부담하는 경우 매입자는 이를 매입단가에 포함시켜 재고자산에 가산한다.
② 선적지인도기준의 미착상품에 대한 운송비, 보험료 등을 매입자가 부담한 경우 이를 매입자의 포괄손익계산서에 물류원가와 관리비로 보고한다.
③ 반품조건부판매시 반품액을 합리적으로 추정하는 것이 불가능한 경우에는 구매자가 상품의 인수를 수락하거나 반품기간이 종료되기 전까지는 해당 상품을 판매자의 재고자산으로 보고한다.
④ 재고자산에 저가주의를 적용함으로써 발생한 재고자산평가손실은 기타비용으로 인식하고, 재고자산의 장부가액에서 직접 차감하여 표시한다.
⑤ 재고자산의 장부상 수량과 실제수량의 차이에서 발생한 모든 재고자산감모손실은 기타비용으로 처리하고, 재고자산의 취득원가에서 차감하는 형식으로 기재하여야 한다.

정답 ③

해당 부분 교재 내용 참조

13 **다음은 재고자산의 원가배분방법 중에서 후입선출법이 갖는 단점들을 열거한 것이다. 이중 타당하지 않은 설명은?** (세무사 2004, 세무사 2003 수정)

① 재고자산의 가격이 지속적으로 상승할 때 재무상태표상에 기말재고자산이 일반적으로 과소표시됨으로써 기업의 운전자본이 감소하고, 이에 따라 기업의 지급능력이 과소평가된다.

② 후입선출법의 원가흐름이 일반적으로 재고자산의 물적 흐름을 반영하지 못한다.

③ 경영자가 보고이익을 증가시키기 위하여 재고자산을 구입하지 않고 일부러 고갈시킴으로써 비자발적 청산을 유발하게 되는 불건전한 구매습관을 조장한다.

④ 재고자산의 가격이 지속적으로 상승하는 가운데 기초재고에 비해 기말재고수량이 증가 할 경우 오래된 재고층이 감소함으로써 낮은 원가가 현행 판매가격에 대응되므로 비자발적 청산문제가 나타난다.

⑤ 재고자산의 가격이 지속적으로 상승할 때 보고이익이 과소표시 되므로 경영자 입장에서는 이 방법의 사용을 꺼릴 수 있다.

정답 ④

기초재고수량에 비해 기말재고수량이 증가하면 오래된 재고층이 감소할 수 없으므로 낮은 원가가 매출원가로 계상될 수 없다.

14 **다음 중 한국채택국제회계기준 재고자산의 내용으로 옳은 것은?** (관세사 2010)

① 재고자산은 취득원가와 순공정가치 중 낮은 금액으로 측정한다.

② 저가법에 따른 재고자산평가손실은 발생한 기간에 기타포괄손익으로 인식한다.

③ 표준원가법은 이 방법으로 측정한 결과가 실제 원가와 유사한 경우에 편의상 사용할 수 있다.

④ 재고자산의 단위원가는 개별법이 적용되지 않는 경우에는 선입선출법이나 후입선출법 또는 가중평균법을 사용하여 결정한다.

정답 ③

실제원가가 표준원가와 유사한 경우 실제원가를 사용할 수 있다.

01 (주)대전은 재고자산의 평가를 저가법에 의하여 실시하고 있다. (주)대전의 기말재고자산에 대한 자료가 다음과 같은 경우 종목기준과 총액기준에 의하여 재고자산을 평가하면 기말재고자산 가액은 각각 얼마인가?

(9급 중앙인사위 2007)

종목	재고량	단위당취득원가	추정판매단가	단위당 판매비
A	100개	₩3,000	₩4,000	₩500
B	80개	₩4,500	₩5,000	₩1,000
C	30개	₩2,000	₩3,000	₩1,000
D	20개	₩4,000	₩4,500	₩1,500

	종목기준	총액기준
①	₩740,000	₩790,000
②	₩740,000	₩800,000
③	₩790,000	₩800,000
④	₩800,000	₩790,000

정답 ①

(1) 평가액 비교

종목	재고량	단위당취득원가	취득원가	단위당순실현가치	순실현가치	종목별 저가
A	100개	₩3,000	₩300,000	₩3,500	₩350,000	₩300,000
B	80개	4,500	360,000	4,000	320,000	320,000
C	30개	2,000	60,000	2,000	60,000	60,000
D	20개	4,000	80,000	3,000	60,000	60,000
총계			₩800,000		₩790,000	₩740,000

(2) 참고

- 총계기준 평가손실 : ₩800,000 − 790,000 = ₩10,000
- 종목별기준 평가손실 : ₩800,000 − 740,000 = ₩60,000

02 다음 자료에 의하여 매출가격환원법(소매재고법)으로 기말재고자산의 원가를 추정하면 얼마인가? (단, 재고자산의 원가흐름은 평균원가법으로 한다)

(9급 중앙인사위 2008)

	원 가	매 가
기초재고	₩10,000	₩20,000
당기매입	₩50,000	₩60,000
매 출 액		₩50,000

① ₩20,500 ② ₩22,500
③ ₩25,000 ④ ₩30,000

정답 ②

기말재고(매가) : ₩20,000 + ₩60,000 − ₩50,000 = ₩30,000
평균원가율 : (₩10,000 + ₩50,000) / (₩20,000 + ₩60,000) = 75%
기말재고(원가) : ₩30,000 × 75% = ₩22,500

03 **(주)한국의 7월 상품 매매거래는 다음과 같다. 7월의 매출원가와 7월 말의 상품재고에 관한 설명으로 옳은 것은? (단, 장부상 기말재고는 실지재고수량과 일치한다.)** (7급 행안부 2010)

7월 1일	월초재고	10개 (단위당 ₩20)
7월 5일	매입	40개 (단위당 ₩21)
7월 15일	매출	30개
7월 20일	매입	50개 (단위당 ₩22)
7월 30일	매출	40개

① 7월 15일자 매출에 대한 선입선출법의 매출원가는 이동평균법의 매출원가보다 ₩4이 많다.
② 7월 30일자 매출에 대한 선입선출법의 매출원가는 이동평균법이나 후입선출법의 매출원가보다 많다.
③ 선입선출법의 월말재고액이 총평균법의 월말 재고액보다 ₩18이 많다.
④ 선입선출법의 월말재고액은 이동평균법이나 후입선출법의 월말재고액보다 적다.

정답 ③

(7월 15일자 매출원가)
선입선출법의 매출원가 : (10개 × @₩20) + (20개 × @₩21) = ₩620
이동평균법의 매출원가 : 30개 × @₩20.8* = ₩624
*이동평균단가 : ((10개 × @₩20) + (40개 × @₩21)) / (10개 + 40개) = @₩20.8
후입선출법의 매출원가 : 30개 × @₩21 = ₩630
(7월 30일자 매출원가)
선입선출법의 매출원가 : (20개 × @₩21) + (20개 × @₩22) = ₩860
이동평균법의 매출원가 : 40개 × @₩21.7* = ₩868
*이동평균단가 : ((20개 × @₩20.8) + (50개 × @₩22)) / (20개 + 50개) = @₩21.7
후입선출법의 매출원가 : 40개 × @₩22 = ₩880
(월말재고액)
선입선출법의 월말재고액 : 30개 × @₩22 = ₩660
이동평균법의 월말재고액 : 30개 × @₩21.7 = ₩651

총평균법의 월말재고액 : 30개 × @₩21.4* = ₩642
*총평균단가 : ((10개 × @₩20) + (40개 × @₩21) + (50개 × @₩22)) / (10개 + 40개 + 50개) = @₩21.4
후입선출법의 월말재고액 : (10개 × @₩20) + (10개 × @₩21) + (10개 × @₩22) = ₩630
한편, 이 문제는 금액을 떠나서 감각만 가지고도 풀 수 있는 문제이다. 단위당 구입원가가 상승하고 있으므로 월말재고액의 크기 순서는 선입선출법, 이동평균법, 총평균법, 후입선출법의 순서이며, 매출원가의 크기 순서는 그 반대이다.

04 **다음은 (주)대한의 2010년도 매출 및 매입관련 자료이다. (주)대한의 매출원가 대비 매출총이익률이 20%일 때, 2010년 기초상품재고원가는 얼마인가?**

(7급 2011 수정)

항목	금액	항목	금액
총매출액	₩1,100,000	매출에누리와환입	₩100,000
기초상품재고원가	?	기말상품재고원가	200,000
총매입액	700,000	매입에누리와 환출	30,000

① ₩330,000 ② ₩350,000
③ ₩380,000 ④ ₩400,000

정답 ①

매출총이익률 = $\frac{Margin20}{Sales100}$ 은 Sales−Cost=Margin의 관계식에서 $\frac{Cost80}{Sales100}$ 로 환산 및 순매출액(₩1,100,000 − ₩100,000), 순매입액(₩700,000 − ₩30,000)계산

상 품

기초재고	?	매출원가	③800,000
당기매입	670,000	기말재고	④200,000
계	1,000,000	계	1,000,000

← 매출액 ① ₩1,000,000
② $\frac{Cost:80}{Sales:100}$ ×

∴ 기초재고 = ₩330,000

05 **(주)제주의 2011년 12월 31일 현재 외상매입금의 장부상 잔액은 ₩89,000,000이었으나, 기말결산을 수행하는 과정에서 다음과 같은 사항을 발견하였다. 이때 (주)제주의 2011년 12월 31일 현재 재무상태표상에 계상할 올바른 외상매입금 잔액은 얼마인가? 단, 아래의 상품매입과 관련된 거래는 모두 외상거래이다.**

(세무사 2005)

1) 2011년 12월 31일 현재 ㈜태양에서 ㈜제주로 상품(송장가격 : ₩5,500,000)이 운송중에 있었는데 이에 대하여 회계처리를 하지 않았다. 이 상품은 2011년 12월 29일에 F.O.B. 선적지 조건으로 선적되었으며 2010년 1월 4일에 도착했다.
2) 2011년 12월 20일에 F.O.B. 선적지 조건으로 ㈜태양에서 ㈜제주로 상품(송장가격 : ₩2,500,000)을 선적하였는데 이에 대하여 회계처리를 하지 않았다. 이 상품은 운송도중 분실되었으며, 이에 대하여 ㈜제주는 운송회사에 대해서 ₩2,000,000의 손해배상을 청구해 놓은 상태이다.
3) 2011년 12월 21일에 ㈜태양에서 ㈜제주로 F.O.B. 도착지 조건으로 선적한 상품(송장가격 : ₩2,100,000)을 2012년 1월 6일에 받았는데 이에 대하여 회계처리를 하지 않았다.

① ₩91,500,000
② ₩94,500,000
③ ₩97,000,000
④ ₩95,000,000
⑤ ₩87,000,000

정답 ③

1. 운송 중 분실된 경우에는 운송업자와의 문제일 뿐 외상매입금은 계속 채무로 존재하게 된다.
2. 올바른 외상매입금

외상매입금의 장부상 잔액	₩89,000,000
(1) 선적지인도 조건으로 운송중	5,500,000
(2) 선적지인도 조건으로 운송중 분실	2,500,000
(3) 도착지인도 조건으로 운송중	–
외상매입금의 올바른 잔액	₩97,000,000

06 다음은 (주)서울의 2012년 단일상품거래와 관련한 자료이다.

(공인회계사 2009)

• 기초재고	₩120,000	• 당기매입	₩500,000
• 매입운임	15,000	• 보험료	2,000
• 하역료	3,000	• 매입할인	2,000
• 재고자산평가손실	1,000	• 매입에누리	13,000
• 관세납부금	7,000	• 관세환급금	5,000
• 정상감모손실	3,000	• 비정상감모손실	2,000
• 저가기준평가 및 감모손실 조정 후 기말재고			75,000

상기 자료에 의한 (주)서울의 2012년 매출원가는 얼마인가?

① ₩547,000
② ₩550,000
③ ₩552,000
④ ₩555,000
⑤ ₩557,000

정답 ②

재고자산 T계정에 도식화 하면 다음과 같다.

재고자산

차변		대변	
BI :	120,000	CGS : 546,000	
P :	507,000[1]	평가손실 ₩1,000	감모손실 ₩5,000
		EI : 7,500	
627,000		627,000	

[1]순매입원가 : 당기매입 500,000 + 매입운임 15,000 + 하역료 3,000 + 보험료 2,000 − 매입할인 2,000 − 매입에누리 13,000 + 관세납부금 7,000 − 관세환급금 5,000 = ₩507,000

∴ 매출원가 : 진정한 매출원가(₩546,000) + 매출원가로 처리하는 평가손실(₩1,000) + 매출원가로 처리하는 정상감모손실(₩3,000) = ₩550,000

07 다음은 2012년 1월 1일부터 12월 31일까지 (주)서울의 재고자산과 관련된 자료를 요약한 것이다. 다음 자료를 이용하여 (주)서울의 매출원가를 계산하면 얼마인가? (공인회계사 2007)

항　목	금액(취득원가 기준)	비　고
기초재고자산	100,000	
당기 매입액	500,000	
기말재고자산실사액	50,000	창고보유분
미착상품	30,000	㈜서울은 도착지인도조건으로 현재 매입 운송 중
적송품	100,000	60% 판매 완료
시송품	30,000	고객이 매입의사표시를 한 금액 : 10,000
재구매조건부판매	40,000	재구매일 : 2013. 1. 10, 재구매가격 : ₩45,000
저당상품	20,000	차입금에 대하여 담보로 제공되어 있고, 기말재고자산실사액에는 포함되어 있지 않음
반품가능판매	35,000	반품액의 합리적인 추정불가

① ₩365,000
② ₩395,000
③ ₩435,000
④ ₩455,000
⑤ ₩495,000

정답 ②

기초재고(100,000) + 당기매입(500,000) − 기말재고(205,000)[1] = 매출원가(395,000)

[1]기말재고실사액(50,000) + 적송품(40,000) + 시송품(20,000) + 재구매조건부판매(40,000) + 저당상품(20,000) + 반품가능판매(35,000)

*재구매조건부판매는 거래의 실질이 차입거래이므로 판매하여도 재고자산에서 제거하면 안된다.

08 **배재(주)는 전통적 소매재고법으로 재고자산을 평가한다. 2009년과 관련된 재고자산 자료가 다음과 같다. 배재(주)의 2009년 기말재고(원가)는 얼마인가?**

(공인회계사 1994 수정)

	원　　가	매　　가
기초재고	₩147,000	₩205,000
당기매입	833,000	1,155,000
인상액		45,000
인하액		10,000
인상취소액		5,000
당기판매		1,100,000

① ₩257,000　　② ₩210,000

③ ₩203,000　　④ ₩217,000

⑤ ₩182,000

정답 ③

인상액(+), 인하액(−)가 있을 경우 매가의 당기매입과 원가율 조정 필요. 당기매입에 인상액(+), 인하액(−)를 반영하여 순매입액 계산. 이때 순인상액(40,000) = 인상액(45,000) − 인상취소액(5,000)

	원 가				매 가
기초재고	₩147,000				₩205,000
당기매입	833,000				1,185,000
기말재고	기말재고(원가)	⇐	원가율	⇐	기말재고(매가)

1) 기말재고(매가) = 기초재고(매가) + 당기매입(매가) − 매출액(매가)

= ₩205,000 + ₩1,185,000 − ₩1,100,000 = ₩290,000

2) 원가율 계산(전통적소매재고법)

원가율 = 원가(기초재고 + 당기매입) / 매가(기초재고 + 당기매입) + 순인하액

$$\frac{\text{원가}(₩147,000 + ₩833,000)}{\text{매가}(₩205,000 + ₩1,185,000) + ₩10,000} = \frac{₩980,000}{₩1,400,000} =$$

3) 기말재고(원가) = 기말재고(매가) × 원가율

= ₩290,000 × 0.7 = ₩203,000

09 **(주)목원은 2012년 4월 10일 창고에 화재가 발생하여 재고자산의 대부분이 소실되었고, 화재 후 재고자산을 실사한 결과 그 원가는 5,000으로 평가 되었다. 회사는 재고자산 수량파악을 위해 실지재고조사법을 사용하며, 관련 장부를 검토한 결과 다음과 같은 자료를 얻었다. 이를 바탕으로 소실된 재고자산 원가를 계산하면 얼마인가?**

(세무사 2003, 2004, 2007 감정평가사 2001 유사)

당기 매출액	₩540,000	당기 매입액	₩350,000
기초상품재고액	80,000	매 입 운 임	20,000
매 입 할 인	10,000	매출에누리	40,000
매 출 운 임	30,000	매출총이익률	20%

① 20,000　　② 25,000
③ 30,000　　④ 35,000
⑤ 40,000

정답 ④

매출총이익률 = $\frac{Margin20}{Sales100}$ 은 Sales−Cost=Margin의 관계식에서 $\frac{Cost80}{Sales100}$ 로 환산 및 순매출액(₩540,000 − ₩40,000), 순매입액(₩350,000 − ₩10,000 + ₩20,000)계산 또한 매출운임은 "운반비"계정으로 I/S에 물류원가에 보고된다.

재고자산

기초재고	80,000	매출원가	③400,000
당기매입	360,000	기말재고	④40,000
계	440,000	계	440,000

← 매출액①500,000

② $\frac{Cost : 80}{Sales : 100}$ ×

화재손실액 = ₩40,000 − ₩5,000 = ₩35,000

10 (주)중앙의 상품에 관련된 다음 자료를 활용할 때 재무상태표상 기말재고와 포괄손익계산서상 매출원가로 계상될 금액은 각각 얼마인가?

(세무사 2004, 2005, 2006 유사)

기초재고	₩78,000
당기매입액	₩150,000
취득원가로 파악한 기말재고액	₩43,500
수량감소를 조정한 후 순실현가능가액	₩39,000
정상감모손실	₩2,000
비정상감모손실	₩1,000
재고자산평가손실	₩1,500

	기말재고	매출원가
①	₩39,000	₩185,500
②	₩40,000	₩188,000
③	₩39,000	₩188,000
④	₩40,000	₩185,000
⑤	₩39,000	₩184,000

정답 ③

차변		대변		손익계산서
기초재고자산 ₩78,000	=	매출원가 ₩184,500* (진정한 의미의 매출원가)	}	I/S 매출원가 ₩188,000
당기매입 ₩150,000		정상감모손실 ₩2,000		
		재고자산평가손실 ₩1,500		
		비정상감모손실 ₩1,000		
		기말재고자산 ₩39,000(BV)		

*₩78,000 + ₩150,000 − ₩39,000 − ₩1,000 − ₩15,00 − ₩2,000

∴ I/S에 보고할 매출원가는 ₩184,000 + ₩2,000 + ₩1,500 = ₩188,000
B/S에 보고할 (기말)재고자산은 ₩39,000 이다.

11 **(주)부산은 회계기말에 실사법에 따라서 재고자산의 수량을 결정하고 있다. 다음은 2012년 동안의 재고자산 입·출고에 관한 내용이다. (주)부산의 기말재고자산 시가가 ₩7,000일 경우 다음 중 옳지 않은 것은?**

(공인회계사 2007, 공인회계사 2004 유사)

일자	내용	단가	수량	합계
1월 1일	기초재고	@ 100	100	10,000
3월 5일	매입	@ 150	150	22,500
7월 12일	매출		130	
11월 5일	매입	@ 200	100	20,000
12월 24일	매출		170	

① ㈜부산이 평균법을 사용할 경우 재고자산 기말재고액은 ₩7,500이다.

② ㈜부산이 선입선출법을 사용할 경우 재고자산평가충당금 ₩3,000이 계상된다.

③ ㈜부산이 후입선출법을 사용할 경우 재고자산평가손실이 계상되지 않는다.

④ 재고자산의 기말 시가가 ₩7,000일 경우 재고자산평가충당금의 크기는 후입선출법, 평균법, 선입선출법의 순서로 작아진다.

⑤ ㈜부산이 후입선출법을 사용할 경우 재고자산 기말재고액은 ₩5,000이다.

정답 ④

① 평균법의 기말재고자산
평균단가 : (₩10,000 + ₩22,500 + ₩20,000) / (100개 + 150개 + 100개) = ₩150
기말재고자산 : MIN(₩150 × 50개 = ₩7,500 7,000(시가)) = 7,000

② 선입선출법 기말재고자산
취득단가 : ₩200 × 50개 = ₩10,000
재고자산평가충당금 : 10,000 − 7,000(순실현가능가치) = 3,000

③, ⑤ 후입선출법 기말재고자산
취득단가 : ₩100 × 50개 = ₩5,000
재고자산평가충당금 : 없음

④ 재고자산평가충당금의 크기 : 선입선출법(₩3,000) 〉 평균법(₩500) 〉 후입선출법(₩0)

12 2012년 초부터 2012년 말까지 1년동안 근무하였던 (주)대한의 자금담당자가 매출채권을 횡령하고 잠적하였다. 아래에 제시된 자금담당자의 근무기간 중 자료를 토대로, 매출총이익률법을 이용하여 자금담당자가 횡령한 금액을 추정하면 얼마인가? (단, 현금매출은 없으며, (주)대한의 과거 매출총이익을 매출액으로 나누어 계산된 매출총이익률 20%를 이용하시오.) (관세사 2010)

기초재고자산	40,000
기말재고자산	50,000
당기재고자산매입액	120,000
기초매출채권잔액	38,000
기말매출채권잔액	20,000
당기매출채권회수액	95,000

① 57,000
② 60,500
③ 75,000
④ 100,000

정답 ②

재고자산

기초	40,000	기말	50,000
당기매입	120,000	매출원가	A

매출채권

기초	38,000	기말	20,000
당기매출	B	회수액	?

A = 40,000 + 120,000 − 50,000 = 110,000

매출총이익률 = $\frac{Margin20}{Sales100}$ 은 Sales−Cost=Margin의 관계식에서 $\frac{Cost80}{Sales100}$ 로 환산

당기매출액(B) = 매출원가(₩110,000) × $\frac{Sales100}{Cost80}$ = ₩137 500

정확한 채권회수액 = 38,000 + 137,500 − 20,000 = 155,500

횡령액 : 155,500 − 95,000 = 60,500

13 **(주)대한은 우유 생산을 위하여 2013년 1월 1일에 어미 젖소 5마리를 마리당 ₩1,500,000 에 취득하였으며, 관련 자료는 다음과 같다. 이들 거래가 (주)대한의 2013년도 포괄손익계산서 상 당기순이익에 미치는 영향은 얼마인가?** (세무사 2011)

- 2013년 10월 말에 처음으로 우유를 생산하였으며, 동 일자에 생산된 우유 전체의 순공정가치는 ₩1,000,000이다.
- 2013년 11월 초 전월에 생산된 우유 전체를 유제품 생산업체에 ₩1,200,000에 납품하였다.
- 2013년 11월 말에 젖소 새끼 2마리가 태어났다. 이 시점의 새끼 젖소의 순공정가치는 마리 당 ₩300,000이다.
- 2013년 12월 말 2차로 우유를 생산하였으며, 동 일자에 생산된 우유 전체의 순공정가치는 ₩1,100,000이다. 또한 2013년 12월 말에도 어미 젖소와 새끼 젖소의 수량변화는 없으며, 기말 현재 어미 젖소의 순공정가치는 마리당 ₩1,550,000, 새끼 젖소의 순공정가치는 마리당 ₩280,000이다.

① 증가 ₩250,000 ② 증가 ₩640,000
③ 증가 ₩2,100,000 ④ 증가 ₩2,700,000
⑤ 증가 ₩3,110,000

정답 ⑤

10월 말 우유생산	₩1,000,000
11월 초 우유판매이익	200,000[1]
11월 말 젖소 새끼	600,000[2]
12월 말 우유생산	1,100,000
12월 말 어미 젖소 가치증가	250,000[3]
12월 말 젖소 새끼 가치감소	(40,000)[4]

[1] 1,200,000 – 1,000,000
[2] 2마리 × @300,000
[3] 5마리 × (@1,550,000 – @1,500,000)
[4] 2마리 × (@2800,000 – @300,000)

14 12월 말 결산법인인 (주)국세는 매출가격환원법에 의하여 기말재고자산의 원가를 추정하고 있다. (주)국세는 총액법을 사용하고 있으며, 매출 및 매입계정을 분할하여 장부에 기록하고 있다. 다음은 (주)국세의 2012 회계연도의 재고자산에 관한 자료이다. (주)국세는 평균법에 의한 저가기준을 적용하여 매출가격환원법(전통적 매출가격환원법)을 사용한다. (주)국세의 2012회계연도의 매출총이익으로 가장 근사한 금액은 얼마인가?

(세무사 2007 수정)

항 목	원 가	판매가	항 목	판매가
기초재고	₩360,000	₩560,000	순인상액	₩230,000
매 입	2,520,000	3,640,000	순인하액	60,000
매입환출	150,000	280,000	총 매 출	2,220,000
비정상적 감모손실	35,000	50,000	정상적 감모손실	20,000
매입할인	30,000		종업원할인	80,000

① ₩673,000 ② ₩682,000
③ ₩708,000 ④ ₩688,000
⑤ ₩665,000

정답 ①

재고자산

	원가	매가		원가	매가
기 초	₩360,000	₩560,000	판 매		₩2,220,000
매 입	2,520,000	3,640,000	정상파손		20,000
매입할인	(30,000)		종업원할인		80,000
매입환출	(150,000)	(280,000)			
순 인 상		230,000	기 말	③××× ← ②원가율	①×××
순 인 하		(60,000)			
비정상파손	(35,000)	(50,000)			
판매가능액	₩2,665,000	₩4,040,000	판매가능액	₩2,665,000	₩4,040,000

① 기말재고액(매가) = 판매가능액(매가) − (순)매출액 = ₩4,040,000 − ₩2,220,000 = ₩1,720,000

② 원가율 = $\frac{\text{원가(기초재고 + 당기매입)}}{\text{판매가(기초재고 + 당기매입 + 순인하액)}}$

= 원가(2,665,000) / 매가(₩4,040,000 + ₩60,000) = 65%

③ 기말재고(원가) = 기말재고(매가) × 원가율 = ₩1,720,000 × 65% = ₩1,118,000

④ 매출원가 = 판매가능액(원가) − 기말재고(원가) = ₩2,665,000 − ₩1,118,000 = ₩1,547,000

⑤ 매출총이익 = ₩2,220,000 − ₩1,547,000 = ₩673,000

6장

유형자산 및 투자부동산

제1절 유형자산의 인식 및 취득원가

1. 유형자산의 의의 및 흐름

1) 유형자산의 의의

유형자산(property, plant and equipment)은 재화의 생산, 용역의 제공, 타인에 대한 임대 또는 관리활동에

사용할 목적으로 보유하는 물리적 실체가 있는 자산으로서, 한 회계기간(one accounting period)을 초과하여 사용할 것이 예상되는 자산을 말한다. 유형자산은 정상적인 영업활동에 사용할 목적으로 취득한 자산이다. 따라서 판매목적, 투자목적으로 취득한 자산은 제외한다. 정상적인 영업과정에서의 판매를 목적으로 취득한 것은 재고자산으로 분류하고, 임대수익이나 시세차익 또는 두 가지 모두를 얻기 위하여 소유자나 금융리스의 이용자가 보유하고 있는 부동산은 투자부동산(investment property)으로 분류한다. 예를 들어 기업이 토지를 보유하고 있는 경우에 부동산매매업의 경우처럼 판매목적으로 보유하면 재고자산으로 분류하고, 공장건물부지로 보유하면 유형자산으로 분류하며 매매차익을 목적으로 비업무용으로 보유하는 경우는 투자부동산으로 분류한다. 또한 유형자산은 말 그대로 유형의 자산이므로 물리적 실체가 존재하여야 한다. 장기간 사용을 통하여 경제적효익을 제공한다고 하더라도 물리적 실체가 없는 경우에는 유형자산이라 하지 않고 무형자산이라 한다.

2) 유형자산의 분류 및 흐름

한국채택국제회계기준에서 분류하고 있는 각 유형자산의 과독분류는 다음과 같으며, 업종의 특성 등을 반영하여 과목을 신설하거나 통합 할 수 있다.[1]

---

1) 표에 열거되어 있지 않더라도, 당해 기업이 속한 업종의 특성상 특정 유형자산의 비중이 중요한 경우에는 별도의 과목을 신설하고, 중요하지 않다면 통합하여 적절한 과목으로 표시할 수 있다. 예를 들면, 항공회사의 경우에는 항공기를, 해운회사의 경우는 선박을 별도의 과목으로 표시할 수 있다.

계정명	정　　의
토　지	대지, 임야 등 영업활동에 사용할 목적으로 취득한 유형자산
건　물	건물, 냉난방, 전기, 통신 및 기타의 건물부속설비
구축물	교량, 궤도, 갱도, 정원설비 및 기타의 토목설비 또는 공작물
기계장치	기계장치, 운송설비(콘베이어, 기중기 등)와 기타의 부속설비
건설중인자산	유형자산의 건설을 위한 재료비, 노무비, 경비 및 지출한 도급금액
기타자산	위 항목 이외의 차량운반구, 항공기, 선박, 집기, 사무용비품, 공기구 등

[그림 6-1] 유형자산의 분류

한편, 유형자산의 흐름(Life Cycle)을 나타내면 다음과 같다.

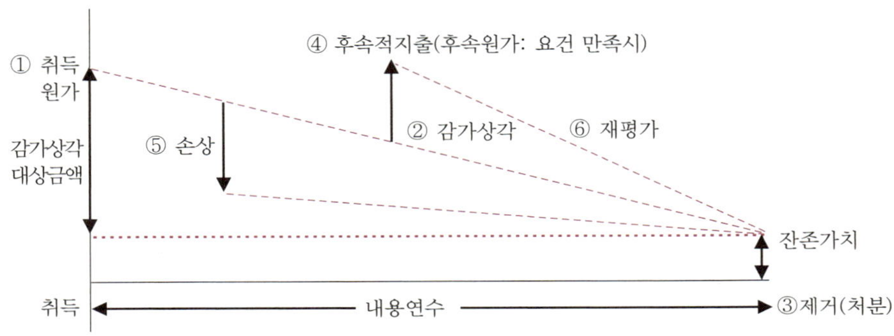

[그림 6-2] 유형자산의 흐름

3) 유형자산의 인식

유형자산으로 인식(timing)하기 위해서는 다음의 인식조건을 모두 충족하여야 한다.

① 자산으로부터 발생하는 미래 경제적효익이 기업에 유입될 가능성이 높다. (B)
② 자산의 원가를 신뢰성 있게 측정할 수 있다. (M)

한편, 예비부품(spare parts)과 수선용구(servicing equipment)는 대부분의 경우 재고자산(저장품)으로 분류하고 사용되는 시점에 당기손익으로 인식한다. 그러나 중요한 예비부품과 대기성 장비로서 한 회계기간 이상 사용할 것으로 예상되는 경우에는 이를 유형자산으로 분류한다. 이와 유사하게, 예비부품과 수선용구가 특정 유형자산에만 연계되어 사용될 수 있다면 유형자산으로 인식한다. 또한 안전 또는 환경상의 규제 때문에 취득하여야 하는 유형자산은 그 자체로는 직접적인 미래 경제적효익을 얻을 수 없지만, 다른 자산에서 미래 경제적효익을 얻기 위하여 필요할 수 있다. 이러한 유형자산은 당해 유형자산을 취득하지 않았을 경우보다 관련 자산으로부터 미래 경제적효익을 더 많이 얻을 수 있게 해주기 때문에 자산으로 인식할 수 있다. 즉, 유형자산 또는 비용처리 중 선택 할 수 있다.[2)]

2. 유형자산 취득원가의 결정

인식하는 유형자산은 원가로 측정하는 것을 원칙으로 한다. 원가(cost)는 자산을 취득하기 위하여 자산의 취득(acquisition)시점이나 건설(construction)시점에서 지급한 현금 또는 현금성자산이나 제공한 기타 대가의 공정가치를 말한다. 여기서 원가는 구입가격과 직접관련원가 그리고 추정복구원가를 모두 포함하는 개념이다.

(1) 구입가격

구입가격(purchase price)은 관세 및 환급불가능한 취득 관련 세금을 가산하고 매입할인과 리베이트 등을 차감한 순구입가격을 말한다.

(2) 직접관련원가

직접관련원가(directly attributable costs)는 경영진이 의도하는 방식으로 자산을 가동하는 데 필요한 장소와 상태에 이르게 하는 데 직접 관련되는 원가를 말하며 취득부대비용(ancillary expense)이라고도 한다. 그 예는 다음과 같다.

2) 예를 들어 화공약품 제조업체가 환경규제요건을 충족하기 위해 화공약품 취급공정설비를 설치하는 경우나 굴뚝 위의 집진기 시설을 설치하는 경우 해당 설비 자체로는 미래의 경제적효익이 없지만, 이러한 설비 없이는 시설을 사용할 수 없기 때문에 자산으로 인식한다.

① 유형자산의 매입 또는 건설과 직접적으로 관련되어 발생한 종업원급여
② 설치장소 준비원가
③ 최초의 운송 및 취급 관련 원가
④ 설치원가 및 조립원가
⑤ 유형자산이 정상적으로 작동되는지 여부를 시험하는 과정에서 발생하는 시험원가 단, 시험과정에서 생산된 재화(예; 시험과정에서 생산된 시제품)의 순매각금액은 당해 원가에서 차감
⑥ 유형자산의 취득과 관련하여 전문가에게 지급하는 수수료

여기서 주의할 점은 취득하는 과정 중에 발생한 원가의 경우에도 유형자산의 취득과 직접 관련이 없는 관리원가(administration cost) 및 기타 일반간접원가(general overhead cost)는 유형자산의 원가에 포함하지 않는다는 것이다.[3] 또한, 유형자산이 경영진이 의도하는 방식으로 가동될 수 있는 장소와 상태에 이른 후에는 원가를 더 이상 인식하지 않는다. 따라서 유형자산을 사용하거나 이전하는 과정에서 발생하는 원가는 당해 유형자산의 장부금액에 포함하여 인식하지 아니한다.[4] 다만, 유형자산을 경영진이 의도하는 방식으로 가동하는 데 필요한 장소와 상태에 이르게 하기 위해 필요한 활동은 아니지만, 유형자산의 건설 또는 개발과 관련하여 영업활동이 이루어질 수 있다. 이러한 부수적인 영업활동은 건설이나 개발이 진행되는 동안 또는 그 이전단계에서 이루어질 수 있다. 부수적인 영업은 유형자산을 경영진이 의도하는 방식으로 가동하는데 필요한 장소와 상태에 이르게 하기 위해 필요한 활동이 아니므로 그러한 수익과 관련 비용은 당기손익으로 인식하고 각각 수익과 비용항목으로 구분하여 표시한다.[5]

(3) 추정복구원가

추정복구원가(the initial estimate of the costs of restoration)는 원상복구를 위

3) 취득 문관 비용은 ① 새로운 시설을 개설하는 데 소요되는 원가 ② 새로운 상품과 서비스를 소개하는 데 소요되는 원가 (예; 광고 및 판촉활동과 관련된 원가) ③ 새로운 지역에서 또는 새로운 고객층을 대상으로 영업을 하는 데 소요되는 원가 (예; 직원 교육훈련비) ④ 관리 및 기타 일반간접원가가 있다.

4) 예를 들어 다음과 같은 원가는 유형자산의 장부금액에 포함하여 인식하지 아니한다.
① 유형자산이 경영진이 의도하는 방식으로 가동될 수 있으나 아직 실제로 사용되지는 않고 있는 경우 또는 가동수준이 완전조업도 수준에 미치지 못하는 경우에 발생하는 원가
② 유형자산과 관련된 산출물에 대한 수요가 형성되는 과정에서 발생하는 가동손실과 같은 초기 가동손실
③ 기업의 영업 전부 또는 일부를 재배치하거나 재편성하는 과정에서 발생하는 원가

5) 예를 들어 건설이 시작되기 전에 건설용지를 주차장 용도로 사용함에 따라 수익이 획득될 수 있다.

하여 유형자산으로 계상된 시설물을 제거, 해체하거나 또는 부지를 복원하는데 소요될 것으로 추정되는 원가를 말한다.

3. 유형자산별 취득원가

1) 토지

토지(land)의 취득원가는 구입가격에 취득부대비용을 가산하여 결정한다. 취득부대비용에는 소유권 이전에 필요한 경비인 등록세, 취득세, 중개수수료, 담보설정 및 해지비용 등과 토지를 사용가능 한 상태로 만드는데 발생하는 토지측량비, 구획정리비용, 배수공사비용, 개발부담금(개발이익환수에 관한법률), 하수종말처리장분담금(산업공단입주 시)등의 직접관련원가도 취득원가에 포함한다.

한편, 토지를 등기하기 위하여 지방정부로부터 국공채를 불가피하게 공정가치 이상으로 취득하는 경우에는 취득금액과 공정가치와(채권의 현재가치)의 차액(현재가치할인차금)을 토지의 원가에 가산한다.[6)]

또한 토지를 취득한 이후에 이루어지는 진입도로개설, 도로포장, 조경공사 등으로 인한 비용은 내용연수가 영구적이거나 기업이 유지 · 보수책임이 없으면(지방자치단체의 책임) 토지원가에 가산하고, 내용연수가 한정되어 있거나 기업이 유지 · 보수책임이 있는 경우(회사의 책임)에는 구축물(land improvements)로 계상한 후 감각상각 한다.

---

6) 기업이 자발적으로 채권시장에서 채권을 취득한다면 채권의 액면가액만큼 지불하는 것이 아니라 액면가액보다 적은 금액인 채권의 공정가치(채권의 현재가치)를 지급하고 취득할 것이다. 왜냐하면 일반적으로 국공채는 지급불능 위험이 거의 없기 때문에 표시이자율이 시장이자율보다 낮아 공정가치는 액면가액보다 낮기 때문이다. 한편, 국가 또는 지방자치단체에서 재정수요를 확충하기 위하여 유형자산을 취득할 때, 국공채 등을 강제적으로 매각하는 경우 각 기업은 유형자산을 취득하기 위하여 상기 국공채 등을 불가피하게 액면가액을 지급하고 현재가치보다 높은 가격으로 매입하게 된다. 따라서 국공채의 매입가액(명목가액: 액면가액)과 당해 국 · 공채의 공정가치의 차액(현재가치할인차금)은 환급불가능한 취득관련 세금으로 보아 유형자산의 원가에 가산하여야 한다.

예제 1

서강㈜는 2012년 초 토지를 ₩30,000,000에 취득하면서 취득세 ₩120,000과 등록세 ₩80,000을 지출하였다. 동 건물 취득과 관련하여 불가피하게 3년 만기 국채를 액면가액(₩200,000)으로 의무 매입하였다. 국채의 액면이자율은 5%이고, 이자는 매년 말에 후급한다. 구입당시의 시장이자율은 12%이다. 한편, 관련 현가계수는 0.7117812(12%, 3기간)이며 연금현가계수는 2.40183 (12%, 3기간)이다.

물음

토지의 취득원가를 결정하시오.

풀이

'12 '13 '14

₩10,000 ₩10,000 ₩10,000 : 이자

₩200,000 : 원금

PV by 12%

토지의	구입가격
₩30,000,000	
+직접관련원가	200,000
+현재가치할인차금	33,626
토지의 취득원가	₩30,233,626

국공채구입가격	₩200,000
−국공채 PV	(166,374)*
현재가치할인차금	₩33,626 (토지취득대가)

* 액면가의 PV : 200,000 × 0.71178 (3기간, 12%현가요소) = ₩142,356
+이자의 PV : 10,000 × 2.40183 (3기간, 12%연금현가요소) = ₩24,018 ₩166,374

2) 토지와 건물의 일괄구입[7)]

토지와 건물을 일괄구입하는 경우 ① 토지와 건물을 모두 사용할 목적이면 이들은 분리가능한 자산이므로 각 자산의 공정가치를 기준으로 취득원가를 안분계산하고, ② 토지만 사용할 목적이라면 일괄구입가액은 전액토지에 배분하고 구건물을 철거해야 토지를 사용할 수 있으므로 구건물의 철거비용도 토지의 취득원가에 가산한다. 단, 건물의 철거로 인한 폐물의 잡수익은 토지원가에서 차감한다. 한편, 계속 사용해오던 구건물을 철거하고 건물을 신축하는 경우에 기존건물의 장부금액은 처분손실에 반영하고 구건물의 철거비용은 당기비용 (유형자산처분손실)으로 처리한다.

7) 일괄구입(lump−sum purchase)이란 둘 이상의 유형자산을 동시에 취득하여 일정한 할인혜택을 얻어 구입대금을 일괄하여 지급하는 형태를 말한다.

구입목적	취득원가 결정
토지, 건물 사용	일괄구입가격을 안분하여 자산별 취득원가를 결정
토지만 사용	일괄구입가격과 순철거비용을 토지 취득원가로 한다.

[그림 6-3] **토지와 건물의 일괄구입**

예제 2

연세㈜는 건물이 세워져 있는 토지를 ₩7,000,000에 구입하였다. 구입 당시 토지와 건물의 공정가치는 각각 ₩7,000,000과 ₩3,000,000이었다.

물음

1. 건물을 철거하지 않고 그대로 사용한다면 토지와 건물의 취득원가는 얼마인가?
2. 본사 사옥을 자가건설하기 위하여 건물을 철거하기로 하였고, 건물을 철거하기 위하여 철거비용 ₩200,000과 토지정지비용 ₩80,000이 지출되었으며, 철거건물의 잔존폐물을 ₩50,000에 처분한 경우 토지와 건물의 취득원가는 얼마인가?

풀이

1. 토지와 건물의 취득원가
   토지 : ₩7,000,000 × ₩7,000,000 / (₩7,000,000 + ₩3,000,000) = ₩4,900,000
   건물 : ₩7,000,000 × ₩3,000,000 / (₩7,000,000 + ₩3,000,000) = ₩2,100,000

2. 토지의 취득원가

토지와 건물의 구입대가	₩7,000,000
건물철거비용	200,000
토지정지비용	80,000
잔존폐물가치	(50,000)
계	₩7,230,000

* 건물의 취득원가는 없음

3) 건물의 건설

(1) 외부구입과 외부위탁

기존건물을 구입하는 경우에는 구입가격과 제세공과금 등의 취득부대비용이 건물의 취득원가가 되고, 건물을 외부에 위탁하여 신축하는 경우에는 건설계약금액과 관련 부대비용이 취득원가가 된다. 관련 부대비용에는 인허가비용, 설계비용,

감리비용 및 취득세, 등록세 등 취득과 관련하여 직접 발생한 제세공과금 등이 있다. 또한 건설기간 중에 발생하는 건물 관련 보험료나 담당직원 급여 및 차입원가는 건설기간 중 발생한 금액만 당해 자산 원가의 일부를 구성한다. 한편, 건물이 계약서상의 약정일 보다 지연되어 준공된 경우에 건설회사로부터 수령하는 지체상금은 취득원가에서 차감하고, 건물이 약정일보다 조기에 준공되어 지급하는 장려금은 취득원가에 포함한다.

(2) 자가건설

자가건설(self-constructed)한 유형자산의 원가는 외부에서 구입한 유형자산에 적용하는 것과 같은 기준을 적용하여 결정한다. 어떤 기업이 유사한 자산을 정상적인 영업활동과정에서 판매를 위해 만든다면, 일반적으로 자가건설한 유형자산의 원가는 판매목적으로 건설하는 자산의 원가와 동일하다. 즉, 매입원가와 전환원가, 그리고 당해 유형자산을 현재의 장소에 현재의 상태로 이르게 하는 데 발생한 기타원가가 자가건설한 유형자산의 취득원가이다.

즉, 기업이 필요로 하는 자산을 스스로 자가건설(자가제조)을 하는 경우 건설에 소요된 직접재료원가, 직접노무원가, 제조간접원가 등의 원가는 "건설중인자산"으로 처리하였다가 건설완료시에 본 계정으로 대체한다. 다만, 자가건설에 따른 내부이익과 자가건설 과정에서 원재료, 인력 및 기타 자원의 낭비로 인한 비정상적인 원가는 자산의 원가에 포함하지 않는다.

예제 3

다음은 고려건설㈜의 유형자산 취득과 관련된 자료이다. 고려건설㈜의 결산일은 매년 12월 31일이다.

(1) 2012년 초에 보유하고 있던 토지에 본사사옥을 자가건설하기로 하였다. 2012년에 본사 사옥을 건설하는데 소요된 지출액은 ₩5,000,000이다.
(2) 본사 사옥은 2013년에 완공되었으며, 2013년에 본사 사옥을 건설하는데 소요된 지출액은 ₩2,000,000이고 본사 사옥의 취득관련 세금으로 ₩200,000을 지출하였다.

물음

위 거래의 회계처리를 나타내시오.

풀이

일 자	회계처리				
2012년	건설중인자산	5,000,000 /	현 금	5,000,000
2013년	건설중인자산	2,000,000 /	현 금	2,000,000
	건 물	7,200,000 /	건설중인자산	7,000,000
		/	현 금	200,000

제2절 취득형태별 취득원가

1. 교환에 의한 취득

교환에 의한 취득(exchanges of non-monetary assets)은 유형자산을 취득하면서 취득자가 보유하고 있는 다른 유형자산을 제공하는 것을 말한다. 한국채택국제회계기준에서는 교환거래로 자산을 취득하는 경우 당해 교환거래가 상업적 실질(commercial substance)이 존재하고[8], 교환되는 자산의 공정가치를 측정할 수 있다면 취득한 자산의 원가는 교환을 위하여 제공한 자산의 공정가치로 측정하는 것을 원칙으로 한다. 다만, 취득한 자산의 공정가치가 더 명백한 경우나 교환을 위하여 제공한자산의 공정가치가 신뢰성 있게 측정할 수 없는 경우에는 교환으로 취득

8) 상업적 실질이 존재하는 자산간의 교환거래는 당해 거래로 인하여 제공한 자산과 취득한 자산이 실질로 볼 때 각각 다른 자산이므로 구자산의 처분과 신자산의 취득이 동시에 발생한 것으로 본다. 따라서 기업실체의 상업적실질에 변화가 발생하였으며 구자산의 수익창출과정이 종료되었으므로 처분에 따른 손익을 인식한다.
다음 ① 또는 ②에 해당하면서 ③을 충족하는 경우에 교환거래는 상업적 실질이 있는 거래 이다.
① 취득한 자산과 관련된 현금흐름의 구성(위험, 유출입시기, 금액)이 제공한 자산과 관련된 현금흐름의 구성과 다르다.
② 교환거래의 영향을 받는 영업 부분의 기업특유가치가 교환거래의 결과로 변동한다.
③ 위 ①이나 ②의 차이가 교환된 자산의 공정가치에 비하여 유의적이다.

한 자산의 공정가치를 취득원가로 할 수 있다. 반면에 상업적 실질이 결여된 경우[9]나 취득한 자산과 제공한 자산 모두의 공정가치를 신뢰성있게 측정할 수 없는 경우에는 제공한 자산의 장부금액을 취득한 자산의 취득원가로 인식한다.

한편, 교환은 독립된 거래 당사자간의 합리적인 협의에 의하여 이루어진다. 따라서 등가교환을 전제로 할 때 교환되는 자산의 공정가치에 차이가 발생하는 경우에는 공정가치의 차이에 대하여 현금이 추가로 수수되어야 거래가 이루어 질 수 있다. 따라서 교환에 의한 취득 시 현금지급액은 취득원가에 가산해주고 현금수령액은 차감 해주어야 한다.[10] 교환거래를 요약하면 다음과 같다.

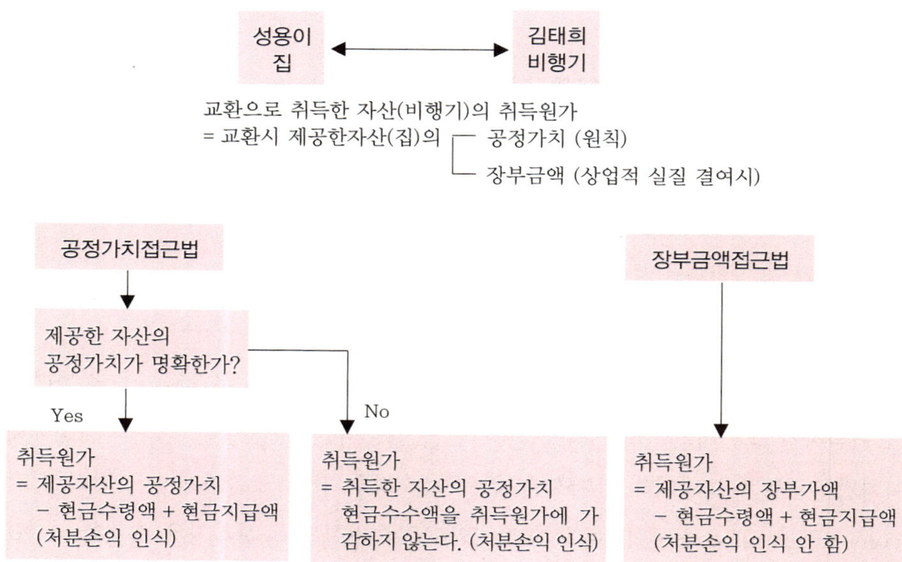

[그림 6-4] **교환에 의한 취득의 이해**

---

9) 상업적 실질이 결여된 교환거래의 경우 신자산이 구자산의 기능을 대신 수행할 뿐 기업의 경제적 실질에 변화가 전혀 없으며, 제공된 유형자산으로부터의 수익창출과정이 아직 완료되지 않았기 때문에 교환에 따른 손익을 인식하지 않는다.

10) 왜냐하면 유형자산의 취득원가는 해당 유형자산을 사용할 수 있는 상태로 만드는 모든 비용을 취득원가에 가산 해주어야 하기 때문이다. 이 원리로 생각해보면 현금지급액은 현금을 지급해야만 해당 자산을 취득할 수 있기 때문에 취득원가에 가산해주어야 한다. 반대로 현금을 수령했다면 취득원가에서는 차감해주어야 한다.

예제 4

서강㈜는 2012년 초에 한양㈜와 기계장치를 교환하였다. 서강㈜의 기계장치를 X라 하고 한양㈜의 기계장치를 Y라고 한다. 이들 자산에 관한 자료는 다음과 같다.

	자산 X	자산 Y
취득원가	₩80,000	₩100,000
감가상각누계액	40,000	80,000
공정가치	30,000	35,000
서강㈜ 현금지급액	5,000	
한양㈜ 현금수취액		5,000

물음

1. 위의 교환거래가 상업적 실질이 존재하는 경우와 상업적 실질이 결여된 경우 서강㈜의 회계처리를 나타내시오.

풀이

상업적 실질이 존재하는 경우 : 공정가치접근법

차변	금액	대변	금액
기계장치(Y)	35,000*	기계장치(X)	80,000
감가상각누계액(X)	40,000	현 금	5,000
유형자산처분손실	10,000		

*취득원가 = 제공한 자산의 공정가치 + 현금지급액 = ₩30,000 + ₩5,000 = ₩35,000

B/S

기 계 장 치(X) 80,000
감가상각누계액 (40,000) ₩40,000 → BV 취득원가와 감가상각누계액을 같이 제거

상업적 실질이 결여된 경우 : 장부금액접근법

차변	금액	대변	금액
기계장치(Y)	45,000*	기계장치(X)	80,000
감가상각누계액(X)	40,000	현 금	5,000

* 취득원가 = 제공한 자산의 장부금액 + 현금지급액 = ₩40,000 + ₩5,000 = ₩45,000

B/S

기 계 장 치(X) 80,000
감가상각누계액 (40,000) ₩40,000 → BV 취득원가와 감가상각누계액을 같이 제거

2. 정부보조에 의한 취득

정부지원(government assistance)은 정부[11]가 특정산업의 육성이나 기술개발의 촉진 등의 목적으로 일정한 요건을 충족하는 기업에게 경제적 효익을 제공하는 행위를 말한다. 이때 정부보조금(government grants)은 정부지원 중 하나의 방식이며 보조금의 지원목적에 따라 자산관련보조금과 수익관련보조금으로 구분된다.

① 자산관련보조금(grants related to asset) : 정부지원의 요건을 충족하는 기업이 장기성 자산을 매입, 건설 하거나 다른 방법으로 취득하여야 하는 일차적 조건이 있는 정부보조금
② 수익관련보조금(grants related to income) : 자산관련보조금 이외의 정부보조금

(1) 정부보조금의 인식

정부보조금은 정부보조금에 부수되는 조건의 준수와 보조금수취에 대한 합리적인 확신이 있을 경우에만 인식한다. 여기서 주의할 점은 단순히 보조금을 수취했다는 사실만으로 정부보조금을 인식할 수는 없다는 것이다. 보조금에 부수되는 조건이 이행되었거나 이행될 것이라는 합리적인 확신이 없다면 보조금을 수취한 경우에도 정부보조금을 인식할 수 없다. 또한 보조금은 현금제공이나 부채감소(예; 상환면제가능대출)[12]등 다양한 형태로 제공될 수 있는데 보조금을 수취하는 방법은 보조금에 대한 회계처리 방법의 채택에 영향을 미치지 않는다.

한편, 정부보조금은 토지나 그 밖의 자원과 같은 비화폐성자산을 기업이 사용하도록 이전하는 형식을 취할 수 있다. 이러한 상황에서는 일반적으로 비화폐성자산의 공정가치를 평가하여 보조금과 자산 모두를 그 공정가치로 회계처리한다. 경우에 따라서 대체적인 방법으로 자산과 보조금을 명목금액으로 기록하기도 한다. 정부보조금의 회계처리는 다음과 같은 두 가지 접근방법과 이에 대한 논거가 있다.[13]

---

11) 지방자치단체, 중앙정부 또는 국제기구인 정부, 정부기관 및 이와 유사한 단체
12) 상환면제가능대출이란 대여자가 규정된 일전한 조건에 따라 상환받는 것을 포기하는 경우의 대출을 말한다.
13) (1) 자본접근법을 지지하는 논거는 다음과 같다.

1) 자본접근법(capital approach) : 보조금을 당기손익 이외의 항목으로 인식한다.
2) 수익접근법(income approach) : 보조금을 하나 이상의 회계기간에 걸쳐 당기손익으로 인식한다.

(2) 정부보조금의 대응논리

한국채택국제회계기준은 정부보조금을 수익접근법에 따라 정부보조금으로 보전하려는 관련 원가나 비용을 인식하는 기간에 걸쳐 체계적인 기준에 따라 수익으로 인식하도록 규정하고 있다. 이는 보조금 관련 수익을 관련된 비용에 대응시키고자 하는 수익·비용 대응논리로 설명할 수 있다. 따라서 정부보조금의 회계처리는 자산관련보조금과 수익관련보조금으로 구분하여 회계처리 하여야 한다.

(3) 자산관련 보조금의 회계처리와 표시

정부보조금은 관련된 원가나 비용을 인식하는 기간에 보조금을 수익으로 인식한다. 따라서 감가상각자산과 관련된 정부보조금은 일반적으로 이러한 자산의 감가상각비가 인식되는 비율에 따라 인식기간에 걸쳐 당기손익으로 인식한다. 이 경우 정부보조금과 관련된 수익을 인식하는 방법은 다음의 두 가지 방법이 있다.[14]

① 이연수익법 (deferred income method)

보조금을 이연수익(부채)으로 인식하여 자산의 내용연수에 걸쳐 체계적인 기

---

① 정부보조금은 하나의 금융수단이므로 관련된 비용항목과 상계하기 위해 당기손익으로 인식하지 않고 재무상태표에 자금조달로 처리하여야 한다. 상환이 예상되지 않기 때문에 그러한 정부보조금은 당기손익 이외의 항목으로 인식한다.
② 정부보조금은 수익을 창출한 것이 아니라 관련원가 없이 정부에게서 받은 장려금이기 때문에 정부보조금을 당기손익으로 인식하는 것은 적절하지 않다.
(2) 수익접근법을 지지하는 논거는 다음과 같다.
① 정부보조금은 주주 이외의 원천으로부터 수취하기 때문에 자본으로 직접 인식할 수 없으며 적절한 기간에 당기손익으로 인식한다.
② 정부보조금은 무상으로 지급되는 경우가 거의 없다. 정부보조금은 조건을 준수하고 부여된 의무를 충족함으로 얻는다. 따라서 정부보조금으로 보전하려고 하는 관련원가를 비용으로 인식하는 기간에 걸쳐 당기손익으로 인식하여야 한다.
③ 법인세와 그 밖의 세금은 비용이기 때문에 재정정책의 일환인 정부보조금도 당기손익에 표시하는 것이 논리적이다.

14) 둘 중 어떠한 방법을 선택하든지 간에 재무상태표의 순자산에 미치는 효과는 동일하다. 하지만 이연수익법을 선택하는 경우에는 재무상태표의 부채가 자산차감법을 선택하는 경우에 비해 크게 나오기 때문에 많은 기업들은 자산차감법을 선택하여 회계처리하고 있다.

준으로 당기손익에 인식하는 방법이다. 결과적으로 보조금관련 수익을 별도로 인식하는 방법이다.

② 자산차감법 (deducting asset method)

정부보조금을 관련 자산의 장부금액에 차감하여 표시하며 자산의 내용연수에 걸쳐 감가상각비를 감소시키는 방식으로 당기손익에 인식하는 방법이다. 결과적으로 보조금관련 수익을 관련비용을 차감하면서 인식하는 방법이다.

① 이연수익법의 회계처리	
수 령 시	현 금 ××× / 정부보조금(부채) ×××
자산취득시	기계장치 ××× / 현 금 ×××
감가상각시	감가상각비 ××× / 감가상각누계액 ××× 정부보조금* ××× / 정부보조금수령이익 ××× (기타수익) *정부보조금 : 정부보조금 × 감가상각비 / 감가상각대상금액
② 자산차감법의 회계처리	
수 령 시	현 금 ××× / 정부보조금(차감계정) ×××
자산취득시	기계장치 ××× / 현 금 ×××
감가상각시	감가상각비 ××× / 감가상각누계액 ××× 정부보조금* ××× / 감가상각비 ××× *정부보조금 : 정부보조금 × 감가상각비 / 감가상각대상금액

(4) 수익관련보조금

수익관련보조금의 경우에도 관련원가와 대응이 가능하다면 관련원가를 비용으로 인식하는 기간에 보조금을 수익으로 인식하면 된다. 다만, 이미 발생한 비용이나 손실에 대한 보전 또는 향후의 관련원가 없이 기업에 제공되는 즉각적인 금융지원으로 수취하는 정부보조금은 정부보조금을 수취할 권리가 발생하는 기간에 당기손익으로 인식한다. 수익관련보조금도 자산관련보조금과 동일하게 보조금관련 수익을 인식하는 방법은 다음의 두 가지 방법이 있다.

① 수익인식법

수익(income)인식법은 정부보조금을 포괄손익계산서에 별도의 계정이나 기타수익과 같은 일반계정으로 표시하는 방법이다.

② 비용차감법

비용차감(deducting expense)법은 관련비용에서 정부보조금을 직접 차감하여 인식하는 방법이다.

	수령이유	이익인식법	회계처리
현금 ××× / 정부보조금 ×××	① 자산관련보조금	① 이연수익법	별도 수익으로 인식
		② 자산차감법	별도 비용으로 차감
	② 수익관련보조금	① 수익인식법	별도 수익으로 인식
		② 비용차감법	별도 비용으로 차감

잠재적인 이익실현 방법 ① Dep. 취소 ② 정부보조금수령이익

회계처리 방법	정부보조금 최초인식	인식 후 상각시 회계처리
별도 수익으로 인식	부채로 인식	"정부보조금수령이익"으로 잠재적인 이익 실현
별도 비용으로 차감	자산의 차감적 평가계정으로 인식	"감가상각비취소"로 비용을 줄여 잠재적인 이익실현

[그림 6-5] 정부보조금의 표시와 수익인식방법

예제 5

2012년 말에 중앙㈜는 정부로부터 연구시설 취득자금으로 각각 ₩9,000,000을 지원 받았다. 그리고 2013년초에 ₩12,000,000을 지급하고 연구관련 기계장치를 취득하였다. 동 기계장치의 내용연수는 5년, 잔존가치는 ₩2,000,000이며 회사는 정액법으로 감가상각을 한다.

물음

1. 정부보조금을 자산차감법으로 처리한다고 할 경우 2012년 말부터 2013년 말까지 필요한 회계처리를 제시하고 2013년 말의 부분재무상태표를 표시하시오.
2. 상기 자산관련보조금을 이연수익법으로 인식하는 경우 2013년 말까지 필요한 회계처리를 제시하고 2013년 말의 부분재무상태표를 표시하시오.

풀이

1. 자산차감법

시점	차변	금액	대변	금액
2012년 말	현 금	9,000,000	정부보조금(현금차감)	9,000,000
2013년 초	기계장치	12,000,000	현 금	12,000,000
	정부보조금(현금차감)	9,000,000	정부보조금(기계차감)	9,000,000
2013년 말	감가상각비[1]	2,000,000	감가상각누계액	2,000,000
	정부보조금[2]	1,800,000	감가상각비	1,800,000
	[1](₩12,000,000−₩2,000,000) / 5년 = ₩2,000,000			
	[2]₩9,000,000×₩2,000,000 / (₩12,000,000−₩2,000,000) = ₩1,800,000			

2013년 부분 B/S

기계장치	₩12,000,000		
감가상각누계액	(2,000,000)		
정부보조금	(7,200,000)*	₩2,800,000	* 잔액임(9,000,000 − 1,800,000)

2. 이연수익법

2012년 말	현　　금　　9,000,000　/　정부보조금(부채)　　9,000,000
2013년 초	기계장치　　1,200,000　/　현　　금　　1,200,000
2013년 말	감가상각비[1]　2,000,000　/　감가상각누계액　2,000,000 정부보조금[2]　1,800,000　/　정부보조금수령이익　1,800,000 (9,000,000/5년) [1] (₩12,000,000 − ₩2,000,000) / 5년 = ₩2,000,000 [2] ₩9,000,000 × ₩2,000,000 / (₩12,000,000 − ₩2,000,000) = ₩1,800,000

2013년 부분 B/S

기계장치	₩12,000,000		정부보조금(부채)　₩7,200,000*
감가상각누계액	(2,000,000)	₩10,000,000	* 잔액임(9,000,000 − 1,800,000)

3. 복구의무를 부담하는 자산의 취득

1) 의의

복구원가(restoration cost)는 원상복구를 위하여 유형자산으로 계상된 시설물을 제거, 해체하거나 또는 부지를 복원[15)]하는데 소요될 것으로 최초에 추정되는 원가를 말한다. 즉, 미래에 복구를 위한 예상원가이다. 자산을 해체, 제거하거나 부지를 복구할 의무는 해당 유형자산을 취득한 시점에 또는 해당 유형자산을 특정기간 동안 재고자산생산 이외의 목적으로 사용한 결과로서 발생하며, 복구원가도 자산을 경영진이 의도하는 방식으로 가동하는 데 필요한 필수불가결한 지출이므로 당해 유형자산의 원가에 가산되어야 한다.

유형자산의 최초인식시점에서 예상되는 자산의 복구원가는 충당부채의 인식요건[16)]을 충족하면 유형자산의 취득원가에 가산하고, 취득일 이후에 발생한 피해

15) 토양, 수질, 대기, 방사능 오염 등을 유발할 가능성이 있는 시설물(예; 원자력발전소, 해상구조물, 쓰레기매립장, 저유설비 등)에 해당하는 유형자산은 취득을 위하여 경제적 사용이 종료된 후에 환경보전을 위하여 반드시 원상복구를 해야 하는 의무를 부담하는 경우가 있다.

에 대한 복구원가도 부채의 인식요건을 충족하면 기업의 복구의무가 있는 범위 내에서 사후처리원가와 관련된 충당부채를 인식한다.

2) 회계처리

(1) 최초인식일

유형자산의 취득, 건설, 개발에 따른 복구원가에 대한 충당부채는 유형자산을 취득하는 시점에서 적정한 이자율로 할인한 현재가치금액을 복구충당부채의 과목으로 하여 부채로 인식하고 동 금액을 유형자산의 취득원가에 포함한다.[17]

자산취득	유형자산	×××	현 금 등 복구충당부채(PV)	××× ×××

(2) 매 결산일

유형자산의 취득가액에 근거하여 감가상각비를 인식하는 한편 복구충당부채에 유효이자율을 적용하여 매기 이자비용을 인식한다. 이는 유형자산의 취득시점에서는 복구원가의 현재가치만을 복구충당부채로 인식하였으므로 미래에 지출될 것으로 예상되는 복구원가와 현재 설정되어 있는 복구충당부채가 다르기 때문에 이 금액을 일치시키기 위한 것이다.

기 말	감가상각비[1] 이자비용[2]	××× ×××	감가상각누계액 복구충당부채	××× ×××

[1] 복구원가를 포함한 건물취득가액을 기준으로 계산
[2] 복구원가의 현재가치를 미래지출액과 일치시키기 위한 금액으로 유효이자율법에 의하여 산출한다.

16) 복구의무에 따라 인식하는 부채를 복구충당부채라고 하며 충당부채의 인식요건은 다음과 같다.
① 과거사건의 결과로 현재의무(법적의무 또는 의제의무)가 존재한다.
② 당해 의무를 이행하기 위하여 경제적효익이 내재된 자원이 유출될 가능성이 높다.
③ 당해 의무의 이행에 소요되는 금액을 신뢰성 있게 추정할 수 있다.
한편, 부채를 인식하는 이유는 미래에 지출이 예상되는 것으로 지금부터 기업의 의무이기 때문이다.

17) 복구원가의 현재가치를 취득원가에 가산하는 이유는 다음과 같다.
ⓐ 취득원가 = 구입가격 + 직접관련원가이다.
ⓑ 직접관련원가는 취득과 관련된 지출로서 꼭 취득시 지출하야 하는 것은 아니다.
ⓒ 복구원가는 내용연수 말에 회피할 수 없는 비용이다.
ⓓ 복구원가를 현재가치화 하면 취득시점에서 회피할 수 없는 비용이다.
ⓔ 따라서 복구원가는 직접관련원가이다.

(3) 복구공사시

내용연수 종료 후에 복구할 때는 실제로 발생한 복구원가와 복구충당부채를 상계하고 차액은 복구공사손실 또는 복구공사이익으로 하여 당해 연도의 손익으로 처리한다.

복구공사	복구충당부채 복구공사손실	××× ×××	현 금 등	×××

예제 6

한국㈜는 2012년 초에 폐기물처리장을 ₩2,000,000에 건설하였다. 동 폐기물처리장은 관계 법령에 의하여 경제적 내용연수가 종료되면 철거하여야 한다. 동 구조물의 경제적 내용연수는 5년, 잔존가치는 없으며, 정액법으로 상각한다. 경제적 내용연수 종료 후에 복구원가로 지출될 금액은 ₩500,000으로 추정되며, 현재가치계산에 사용될 적절한 할인율은 10%이다. ₩1에 대한 10%, 5기간 현가계수는 0.62092이다.

물음

1. 취득시점에 필요한 회계처리를 예시하시오.
2. 2012년 말에 필요한 회계처리를 예시하시오.
3. 2016년 말에 복구원가로 ₩550,000이 지출되었을 경우 필요한 회계처리를 제시하시오.

풀이

1. 미래지출액의 PV : ₩500,000 × 0.62092 = ₩310,460

2012년 초	건 물 건 물	2,000,000 310,460	현 금 복구충당부채	2,000,000 310,460
	〈요약식〉 건 물	2,310,460	현 금 복구충당부채	2,000,000 310,460

2. 2012년 말 회계처리

감가상각	감가상각비	462,092	감가상각누계액	462,092
	* 정액법 감가상각 : (₩2,310,460 − ₩0) / 5년 = ₩462,092			
이자비용	이 자 비 용	31,046	복구충당부채	31,046
	* 복구충당부채 전입(이자비용) : 기초BV × 유효이자율 = ₩310,460 × 10% = ₩31,046			

3. 복구공사의 회계처리(복구원가 ₩550,000)

복구공사	복구충당부채 복구공사손실	500,000 50,000	현 금	550,000

3. 기타취득

1) 장기연불조건구입(할부구입)

유형자산을 장기연불조건(deferred payment contracts)으로 구입하거나, 대금지급기간이 일반적으로 신용기간보다 긴 경우에는 취득시점의 원가는 현금가격상당액으로 한다. 대금지급이 일반적인 신용기간을 초과하여 이연되는 경우, 현금가격상당액은 미래 지급할 총액(명목가액)을 자산취득시점의 유효이자율로 할인한 현재가치로, 총지급액과 현금구입가격(현재가치)의 차액은 현재가치할인차금의 과목으로 하여 당해 채무에서 차감하는 형식으로 표시 한다. 현재가치할인차금은 유효이자율법을 적용하여 상각하고, 상각액은 이자비용으로 인식한다.

예제 7

고려㈜는 2012년 초에 기계장치를 구입하면서 ₩500,000을 지급하고 나머지 대금은 2012년 말부터 2014년 말까지 매년 말에 ₩400,000씩 지급하기로 하였다. 동 거래에 적용될 적정한 이자율은 12%이며 12%, 3기 현가계수 : 0.71178, 12%, 3기 연금현가계수 : 2.40183이다.

물음

2012년 초와 2012년 말에 필요한 회계처리를 제시하시오.

풀이

1) 미래현금흐름의 도식화

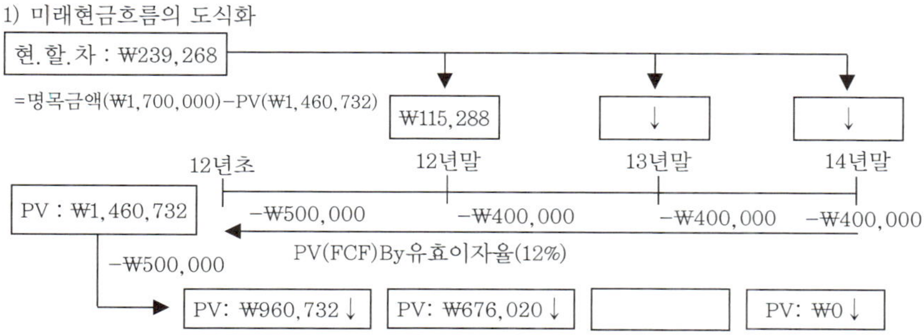

2) 현재가치 계산
₩500,000 + ₩400,000 × 2.40183(3년, 12% 연금현가) = ₩1,460,732

3) 회계처리

일자	회계처리	B/S
2012 년초	기계장치 1,460,732② / 장기미지급금 1,700,000① 현재가치할인차금 239,268③ 장기미지급금 500,000⑤ / 현 금 500,000④	장기미지급금 ₩1,200,000
	〈요약〉 기계장치 1,460,732 / 현 금 500,000 현재가치할인차금 239,268 장기미지급금 1,200,000	현.할.차 (₩239,268) ₩960,732 (BV=PV)
2012 년말	이자비용 115,288① / 현재가치할인차금 115,288② 장기미지급금 400,000 현 금 400,000③	

*기초BV × 유효이자율 = 이자비용이므로 (₩1,460,732 − ₩500,000) × 12% = ₩115,288
명목가액은 ₩500,000 + ₩400,000 × 3 = ₩1,700,000이나 현재가치는 ₩1,460,732이다. 현재 현금을 전액 지급하고 취득하는 경우에 지급할 금액에 해당하는 현재가치와 명목가액의 차이는 현재가치할인차금의 과목으로 계상한 후에 적절한 상각을 통하여 이자비용으로 처리한다.

2) 증여 등 무상취득

상대방과 특수관계에 있거나 법률상의 특권 등으로 인하여 무상으로 자산을 취득하는 경우가 있다. 유형자산의 원가는 당해자산의 현금상당액이어야 하므로 취득한 유형자산의 공정가치를 원가로 결정하고, 차액은 자산수증이익으로 처리한다. 한국채택국제회계기준에는 여기에 대한 명시된 규정은 없다.

유 형	회계처리
무상취득	유형자산(공정가치) 100 / 자산수증이익 100

3) 현물출자에 의한 취득

기업이 자산을 취득하면서 그 대가로 자사의 주식을 교부해 주는 형태를 현물출자라 한다. 현물출자로 취득한 자산의 가액은 취득하는 당해 자산의 공정가치를 취득원가로 하면된다. 그러나 취득하는 자산의 공정가치가 명확하지 않는 경우에는 제공한 대가인 발행주식의 공정가치를 당해 자산의 원가로 한다. 한국채택국제회계기준에는 여기에 대한 명시된 규정은 없다.

예) 건물을 취득하면서 자사의 보통주 5,000주(액면가액:₩500)를 발행하여 교부하였다. 취득한 건물의 공정가치가 ₩3,000,000일때 회계처리 하면 다음과 같다.

건 물	3,000,000	/ 보통주자본금	2,500,000[1]
		주식발행초과금	500,000

[1]5,000주 × ₩500

만약, 취득한 건물의 공정가치는 명확하지 않으나 발행한 보통주의 시가가 @₩800일 때 건물 취득의 회계처리는 다음과 같다.

건 물	4,000,000	/ 보통주자본금	2,500,000[1]
		주식발행초과금	1,500,000

[1]5,000주 × ₩800 → 건물의 취득원가, 차액은 주식발행초과금 처리

제3절 감가상각

1. 감가상각의 의의

토지를 제외하고 유형자산은 회사의 정상적인 영업활동에 사용되면서 미래의 경제적 효익이 감소된다. 자산의 가치가 감소되는 원인은 다음과 같다.

① 물리적 요인 : 사용 및 시간의 경과에 따른 자산의 마멸이나 우발적 사고 등으로 인한 파괴로 가치가 감소하는 것을 말하며 회사는 수선과 유지를 한다.

② 경제적 요인 : 진부화(obsolescence), 부적합화(inadequacy) 및 경제적 여건의 변동 등으로 인하여 가치가 감소하는 것

한편, 감가상각(depreciation)에는 경제적 감각상각(economic depreciation)과 회계적 감가상각(accounting depreciation)이 있다. 경제적 감가상각이란 자산을 공

정가치로 평가하여 가치감소분을 비용으로 보는 것으로 감가상각을 가치평가과정으로 보는 것이다. 회계적 감가상각은 유형자산의 사용으로 인하여 수익이 창출되는 기간에 그에 대응하는 비용을 인식하기 위하여 자산의 취득원가를 내용연수에 걸쳐 합리적이고 체계적인 방법에 따라 비용으로 배분하는 과정(a process of allocation costs in a systematic and rational manner)이다.[18] 즉, 감가상각은 자산의 평가과정이 아니라 수익 · 비용 대응의 원칙에 입각해서 인위적인 방법[상각방법]으로 비용[감가상각비]을 인식하는 과정이다.

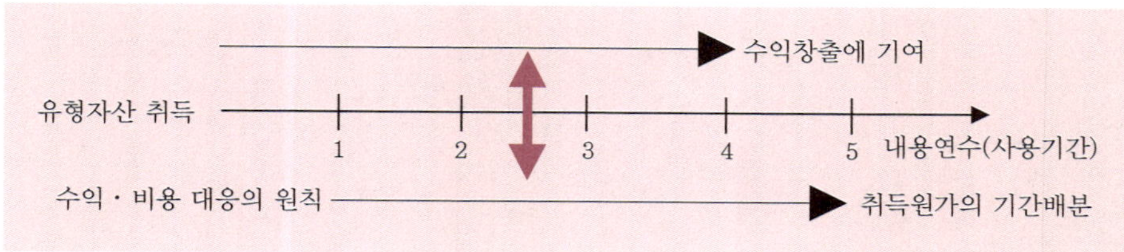

[그림 6-6] **감가상각의 의의**

감가상각비 인식에 대한 추가적인 고려사항으로 유형자산을 구성하는 일부의 원가가 당해 유형자산의 전체원가에 비교하여 유의적이라면, 해당 유형자산을 감가상각할 때 그 부분은 별도로 구분하여 감가상각한다.[19] 유형자산의 전체원가에 비교하여 해당 원가가 유의적이지 않은 경우에도 별도로 분리하여 감가상각할 수 있다. 유형자산의 일부를 별도로 구분하여 감가상각하는 경우에는 동일한 유형자산을 구성하고 있는 나머지 부분도 별도로 구분하여 감가상각한다. 나머지 부분은 개별적으로 유의적이지 않은 부분들로 구성된다. 이러한 나머지 부분에 대해 다양한 기대치가 존재한다면 각 부분들의 소비형태나 내용연수를 충실하게 반영하는 방법으로 근사치를 이용하여 감가상각할 필요가 있을 것이다.

한편, 감가상각과 관련하여 다음과 같이 유형자산은 상각자산과 비상각자산으로 구분할 수 있다.

---

18) 유형자산은 취득시점부터 처분시점까지 자산의 가치가 등락을 하는데 이를 객관적으로 측정하기가 어렵고, 감가상각을 원가배분과정으로 보는 것이 취득원가주의와 수익 · 비용대응의 원칙에 보다 충실하기 때문에 회계적 관점에서는 감가상각을 원가배분과정으로 본다. 한편, 유형자산과 같이 물리적실체가 있는 자산의 원가배분 과정은 감가상각(depreciation)이며 무형자산과 같이 물리적실체가 없는 자산의 원가배분 과정은 상각(amortization), 천연자원과 같이 감모성 자산의 원가배분 과정은 감모상각(depletion)이라 한다.

19) 예를 들면, 항공기 동체와 엔진을 별도로 구분하여 감가상각하는 것이 적절할 수 있다.

① 상각자산 : 건물, 기계장치, 비품 등과 같이 시간의 경과나 사용으로 인하여 가치가 감소하는 자산으로 상각자산의 경우에는 시간의 경과나 사용에 따라 감가상각비를 인식하여야 한다.
② 비상각자산 : 토지와 같이 시간의 경과나 사용으로 인하여 가치가 감소되지 않는 자산을 말한다.
③ 감가상각비대상 유형자산
ㄱ) 토지 : 용역잠재력이 감소되지 않은(내용연수가 무한하므로) 것으로 보기 때문
ㄴ) 건설중인자산 : 아직 수익창출과정에 사용하지 않고 있는 상태이기 때문

여기서 주의할 점은 채석장이나 매립지 등을 제외하고는 토지는 내용연수가 무한하므로 감가상각하지 아니한다. 그러나 토지의 원가에 해체, 제거 및 복구원가가 포함된 경우에는 그러한 원가를 관련 경제적효익이 유입되는 기간에 감가상각한다. 경우에 따라서는 토지의 내용연수가 한정될 수 있다. 이 경우에는 관련 경제적효익이 유입되는 형태를 반영하는 방법으로 토지를 감가상각한다.

2. 감가상각의 기본요소

감가상각비를 계산하기 위하여 필요한 자료는 감가상각대상금액, 내용연수, 감가상각방법이 있다.

1) 감가상각대상금액

감가상각대상금액(depreciation base)은 당해 유형자산을 이용하는 기간에 걸쳐 인식할 총감가상각비 의미하며 취득원가에서 잔존가치를 차감하여 산출한다.

감가상각대상금액 = 취득원가 − 잔존가치

여기서 취득원가(acquisition costs)는 자산을 취득하기 위하여 자산의 취득시점이나 건설시점에서 지급한 현금 및 현금성자산 또는 제공하거나 부담할 기타 대가의 공정가치[20]를 말하며 잔존가치(residual value)는 자산이 이미 오래되어 내용

연수 종료시점에 도달하였다는 가정하에 자산의 처분으로부터 현재 획득할 금액에서 추정 처분부대원가를 차감한 금액의 추정치로서 자산의 종류별로 합리적으로 추정해야 한다.[21)]

유형자산의 잔존가치는 해당 자산의 장부금액과 같거나 큰 금액으로 증가할 수도 있다. 이 경우에는 자산의 잔존가치가 장부금액보다 작은 금액으로 감소될 때까지는 유형자산의 감가상각액은 영(0)이 된다. 유형자산의 공정가치가 장부금액을 초과하더라도 잔존가치가 장부금액을 초과하지 않는 한 감가상각액을 계속인식한다.

유형자산의 잔존가치는 적어도 매 회계연도 말에 재검토하여야 한다. 재검토 결과 추정치가 종전 추정치와 다르다면 그 차이는 회계추정의 변경(changes in accounting estimate)으로 처리한다.

2) 내용연수

내용연수(useful life)는 자산의 예상사용 기간으로서 자산 종류별로 합리적으로 추정해야 한다. 유형자산의 내용연수는 자산으로부터 기대되는 효용에 따라 결정된다.[22)]

유형자산의 감가상각은 자산이 사용가능(available for use)한 때부터 시작한다. 즉, 경영진이 의도하는 방식으로 자산을 가동하는 데 필요한 장소와 상태에 이

---

20) 유형자산을 매입하거나 건설할 때 최초로 발생하는 원가뿐만 아니라 후속적으로 증설, 대체 또는 수선·유지와 관련하여 발생하는 후속원가를 포함한다.

21) 잔존가치를 추정하는 것은 매우 어려운 일이다. 그러므로 실무에서는 계산상의 편의와 세법의 규정을 준용하여 취득원가의 5%나 ₩0으로 추정하는 것이 일반적이다.

22) 유형자산은 기업의 자산관리정책에 따라 특정기간이 경과되거나 자산에 내재하는 미래경제적효익의 특정부분이 소비되면 처분할 수 있다. 이 경우 내용연수는 일반적 상황에서의 경제적 내용연수보다 짧을 수 있으므로 유사한 자산에 대한 기업의 경험에 비추어 해당 유형자산의 내용연수를 추정하여야 한다.

유형자산의 미래경제적효익은 주로 사용함으로써 소비하는 것이 일반적이다. 그러나 자산을 사용하지 않더라도 기술적 또는 상업적 진부화 및 마모나 손상 등의 요인으로 인하여 자산으로부터 기대하였던 경제적효익이 감소될 수 있다. 따라서 자산의 내용연수를 결정할 때에는 다음의 요소를 모두 고려해야 한다.

① 자산의 예상 생산능력이나 물리적 생산량을 토대로 한 자산의 예상사용 수준

② 자산을 교대로 사용하는 빈도, 수선 · 유지계획과 운휴 중 유지보수 등과 같은 가동요소를 고려한 자산의 예상 물리적 마모나 손상

③ 생산방법의 변화, 개선 또는 해당 자산에서 생산되는 제품 및 용역에 대한 시장수요의 변화로 인한 기술적 또는 상업적 진부화

④ 리스계약의 만료일 등 자산의 사용에 대한 법적 또는 이와 유사한 제한

른 때부터 시작한다. 감가상각은 자산이 매각예정자산으로 분류되는 날과 자산이 제거되는 날 중 이른 날에 중지한다.[23] 따라서 유형자산이 가동되지 않거나 유휴상태가 되더라도, 감가상각이 완전히 이루어지기 전까지는 감가상각을 중단하지 않는다. 그러나 유형자산의 사용정도에 따라 감가상각을 하는 경우에는 생산활동이 이루어지지 않을 때 감가상각액을 인식하지 않을 수 있다.

유형자산의 내용연수는 적어도 매 회계연도 말에 재검토하여야 한다. 재검토 결과 추정치가 종전 추정치와 다르다면 그 차이는 회계추정의 변경으로 처리한다.

3) 감가상각방법

유형자산의 감가상각방법(depreciation method)은 감가상각비를 인식하기 위해 감가상각대상금액을 내용연수 동안 배분하는 방법을 말한다. 감가상각방법은 해당 자산에 내재되어 있는 미래경제적효익의 예상 소비형태를 가장 잘 반영하는 방법에 따라 선택하고, 예상 소비형태가 변하지 않는 한 매 회계기간에 일관성 있게 적용한다. 한국채택국제회계기준이 인정하는 감가상각 방법은 다음과 같이 분류할 수 있다.

균등상각법	정액법
활동기준법	생산량비례법, 작업시간비례법
체감상각법	정률법, 이중체감법, 연수합계법

[그림 6-7] 감가상각 방법[24]

23) 한국채택국제회계기준 기준서 제1105호 '매각예정비유동자산과 중단영업' 규정에 따르면 내용연수 도중에 사용을 중단하고, 처분할 예정이며 당해 유형자산의 장부금액이 계속사용이 아닌 매각거래를 통하여 주로 회수될 것이라면 감가상각을 중단하고, 이를 매각예정비유동자산(non-current asset held for sale)으로 분류하여 재무상태표에 별도로 공시한다. 매각예정비유동자산으로 분류된 유형자산은 사용을 중단한 시점에 순공정가치와 장부금액 중 작은 금액으로 측정하고, 재분류 시점의 순공정가치의 하락액과 향후 순공정가치의 하락액을 손상차손으로 인식한다. 향후 순공정가치가 회복되는 경우 기인식손상차손을 한도로 하여 손상차손환입을 인식한다.

24) 법인세법은 과세소득을 계산하기 위한 것인데 반해, 회계기준은 외부보고목적의 당기순이익을 계산하기 위한 것이므로 그 목적이 서로 다르다. 따라서 회계기준에서는 법인세법의 규정을 적용해서는 안되며, 합리적인 방법으로 추정한 잔존가치와 내용연수, 미래경제적효익의 소멸형태를 반영하는 감가상각방법을 적용하여야 한다. 일반적으로 실무에서는 합리적인 추정의 어려움, 기장업무의 과중 등으로 인해 법인세법의 규정을 준용해서 사용한다.

기업이 선택한 유형자산의 감가상각방법은 적어도 매 회계연도 말에 재검토한다. 재검토결과 자산에 내재된 미래경제적효익의 예상되는 소비행태에 중요한 변동이 있다면, 변동된 소비형태를 반영하기 위하여 감가상각방법을 변경한다. 그러한 변경은 회계추정의 변경으로 처리한다.

3. 감가상각의 회계처리방법과 공시

유형자산의 감가상각비를 계산하고 나면 이를 인식하는 회계처리를 하여야 한다. 유형자산의 감각상각비를 회계처리 하는 방법에는 직접법과 간접법(누계액설정법)이 있다. 먼저 직접법은 감가상각비로 인식한 금액을 유형자산의 대변에 직접 기입한다. 한국채택국제회계기준은 이 방법을 인정하지 않는다.

회계기말	감가상각비	×××	유형자산	×××

한편, 간접법은 감가상가비로 인식한 금액을 감가상각누계액이라는 계정을 설정하여 대변에 기입한다. 감가상각누계액(자산의 차감적 평가계정) 계정의 잔액은 취득일로부터 특정 회계연도말까지 인식한 감가상각비의 누적액을 표시한다. 감가상각비를 간접법으로 인식하는 경우에는 유형자산의 취득원가를 별도로 파악할 수 있고 취득일로부터 인식한 감가상각비 총액을 알 수 있다는 장점이 있다. 따라서 한국채택국제회계기준은 이 방법만을 인정한다. 이때, 공장 소속 유형자산의 감가상각비는 제조간접원가에 포함 되어 판매시 매출원가로 표시되며 본사 및 영업부 소속 유형자산의 감가상각비는 포괄손익계산서 관리비용으로 분류된다. 또한 한국채택국제회계기준에서는 유형자산의 취득원가에서 동 자산의 감가상각누계액을 차감하는 형식으로 보고하거나 당해 자산의 취득원가에서 감가상각누계액을 차감한 순액으로 표시할 수도 있도록 되어 있다.

회계기말	감가상각비	×××	감가상각누계액	×××

재무상태표(차감하는 형식)			재무상태표(차감후 순액 형식)	
건 물	₩10,000		건 물	₩8,000
감가상각누계액	(2,000)	₩8,000		

각 기간의 감가상각액은 일반적으로 당기손익으로 인식한다. 그러나 유형자산에 내재된 미래경제적효익이 다른 자산을 생산하는 데 사용되는 경우 유형자산의 감가상각액은 해당 자산의 원가의 일부가 된다. 예를 들어 제조설비의 감가상각액은 재고자산의 가공원가로서 제조원가를 구성하고, 개발활동에 사용되는 유형자산의 감가상각액은 해당 무형자산의 원가에 포함될 수 있다.

4. 감가상각비의 계산

감가상각대상금액, 내용연수가 결정되면 총감가상각비를 계산해야 한다. 그런데 회사가 경제적 효익의 감소분을 직접 관찰하여 측정한다는 것은 불가능 하다. 따라서 인위적이지만 합리적이고 체계적인 원가배분방법을 매기 계속해서 적용한다면 기간손익이 왜곡표시 될 가능성은 없다고 보아도 무방하다.

1) 정액법

정액법(straight-line method)은 내용연수에 걸쳐 매기 균등하게 감가상각비를 인식하는 방법으로 시간의 경과에 따라 자산의 가치가 일정하게 감소하는 경우 적합한 방법이다. 즉, 취득원가에서 잔존가치를 차감한 감가상각대상액을 경제적 내용연수로 나누어서 감가상각비를 산정한다. 정액법은 계산과정이 간편하여 실무적용이 용이하며, 감가상각비가 이익에 미치는 영향이 동일하므로 감가상각비를 통한 이익 조작을 방지 할 수 있는 반면, 감가상각비가 매기 동일하여 특정회계기간 동안의 수익창출 정도와 그 기간의 감가상각비 간이 연관성이 떨어진다는 문제점이 있다.[25)]

25) 예를 들어 전기에 비해 당기에 기계의 가동시간이 2배 증가했다면 당기에 수익창출정도가 더 높게 되는데 이때도 감가상각비가 동일하게 인식되어 수익·비용의 적정한 대응이 이루어지지 못하게 된다.

$$\text{연간 감가상각비} = \frac{(\text{취득원가} - \text{잔존가치})}{\text{내용연수}}$$

2) 생산량비례법

생산량비례법(activity–based method)은 자산을 이용한 생산량에 따라 감가상각비를 인식하는 방법이다. 생산량비례법은 사용량에 근거하여 감가상각비를 인식하므로 수익・비용대응의 원칙에 가장 충실한 반면, 감가상각이 시간의 함수일 때는 사용 하지 못하며 총생산량의 추정이 객관적으로 이루어지기가 어렵다는 문제점이 있다.

연간 감가상각비 = 당기실제생산량(사용량) × 단위당 감가상각비
단위당 감가상각비 = (취득원가 – 잔존가액) / 총예정생산량(사용량)

3) 정률법

정률법(fixed–percentage method)은 잔존가치를 고려하여 상각률을 결정한 후에 매기 미상각잔액(기초장부금액)에 상각률을 곱하여 감가상각비를 계산하는 방법이다. 이 방법은 내용연수 초기에 많은 금액을 상각하고 내용연수가 후기로 갈수록 감가상각비를 적게 계상하는 가속상각법(accelerated depreciation method)이다. 정률법은 초반부에 가동률이 높은 기계정치에 적용하면 수익・비용대응이 잘되고, 보수적인 회계처리가 가능하다. 반면에 상각률 계산이 복잡하고 잔존가치가 없는 경우에는 적용할 수 없다는 문제점이 있다.

연간 감가상각비 = 기초장부금액 × 정률법상각률
단, 정률법상각률 = 1 – (잔존가치/취득원가)1/n
n = 내용연수, 기초장부가액 = 취득원가 – 감가상각누계액

4) 이중체감법

이중체감법(double-declining balance method)은 정률법과 동일하게 매기 미상각잔액(기초장부금액)에 일정한 상각률을 곱하여 감가상각비를 계산하는 방법이다. 다만, 정률법의 상각률 산정이 너무 복잡하므로 이중체감법에서는 정액법 상각률의 2배(1.5배, 1.8배 등)를 상각률로 사용한다. 다라서 이중체감법을 정액법의 배법이라고도 한다. 이중체감법은 정률법에 비하여 상각률 산정이 간편하지만 내용연수가 종료되는 회계연도에 잔존가치만 남도록 감가상각비를 역산해야 한다는 문제점이 있다.

연간 감가상각비 = 기초장부금액 × 상각률

단, 상각률 = $\frac{1}{\text{내용연수}} \times 2$

5) 연수합계법

연수합계법(sum-of the years'-dight method)은 정률법과 같이 내용연수 초기에 많은 금액을 상각하고 내용연수가 경과할수록 감가상각비를 적게 계상하는 가속상각법(accelerated depreciation method)으로서 취득원가에서 잔존가치를 차감한 감가상각대상액에 매기 다른 상각률을 곱하여 감가상각비를 계산하는 방법이다. 연수합계법은 정률법이나 이중체감법이 내용연수 초반부에 감가상각비를 너무 많이 계상하는 단점을 해결할 수 있으나 기중에 자산을 취득하는 경우에는 계산이 복잡하다는 문제점이 있다.

연간 감가상각비 = (취득원가 − 잔존가치) × 상각률

단, 상각률 = $\frac{\text{내용연수를 역수로 표시한 당해 연도 수}}{\text{내용연수의 합계}}$

* 주의 : 내용연수의 합은 $\frac{n\times(n+1)}{2}$ 로 계산 할 수 있다.[26] 여기서 n=내용연수

26) 예를 들면, 취득원가 ₩10,000, 잔존가치 ₩0, 내용연수 100년일 때 5차년도의 감가상각비의 계산은 $(₩10,000 - ₩0) \times \frac{96}{[100\times(100+1)]/2} = ₩10,000 \times \frac{96}{5,050} = ₩190$ 이다.

예제 8

경희㈜는 2012년 1월 1일, 내용연수 5년, 잔존가치 ₩100,000의 기계장치를 ₩1,000,000에 취득하였다.
정액법과 생산량비례법에 따라 2012년도와 2013년도의 감가상각비를 계산하고 정률법과 연수합계법에 따라 2012년부터 2016년까지의 감가상각비를 계산 하시오.
(단, 총생산제품수량은 6,000개이며 2012년 중 실제생산량은 1,200개, 2013년 중 실제생산량은 2,000개 이다. 또한 정률법에 사용될 상각률은 36.9%이다.)

풀이

1. 정액법
   연간 감가상각비 = (₩1,000,000 − ₩100,000) / 5년 = ₩180,000
   2012년 : ₩180,000,   2013년 : ₩180,000

2. 생산량비례법
   단위당감가상각비 = (₩1,000,000 − ₩100,000) / 6,000개 = @₩150
   2012년 : 1,200개 × @₩150 = ₩180,000, 2013년 : 2,000개 × @₩150 = ₩300,000

3. 정률법

연 도	기초장부가액	상각률	감가상각비	감가상각누계액	기말장부가액
2012년	₩1,000,000	36.9%	₩100,000	₩369,000	₩631,000
2013년	631,000	36.9%	232,839	601,839	398,161
2014년	398,161	36.9%	146,921	748,760	251,240
2015년	251,240	36.9%	92,707	841,467	158,533
2016년	158,533		58,533	900,000	100,000

*2016년은 기말장부가액이 잔존가치 100,000과 일치되도록 끝수 조정

4. 연수합계법

연 도	감가상각대상금액	상각률	감가상각비	감가상각누계액
2012년	₩900,000	5/15*	₩300,000	₩300,000
2013년	900,000	4/15	240,000	540,000
2014년	900,000	3/15	180,000	720,000
2015년	900,000	2/15	120,000	840,000
2016년	900,000	1/15	60,000	900,000

* 1 + 2 + 3 + 4 + 5 = 15

5. 감가상각방법이 재무제표에 미치는 영향

체감상각법은 감가상각 초기에 감가상각비는 높고 수선유지비는 낮게 계상되며 후기로 갈수록 감가상각비는 낮고 수선유지비는 높게 계상되어 내용연수 전 기간에 걸쳐서는 유형자산에 관련된 총비용이 비교적 균등하게 발생된다. 반면에 정액법에서는 감가상각비는 매기 일정하지만 수선유지비가 시간이 지남에 따라 증가하여 총비용은 시간이 경과함에 따라 증가하게 된다. 즉, 정률법과 같은 체감상각법은 초기에 감가상각비를 많이 배분함으로써 내용연수 전기간에 걸쳐 총비용을 평준화시킬 수 있다.

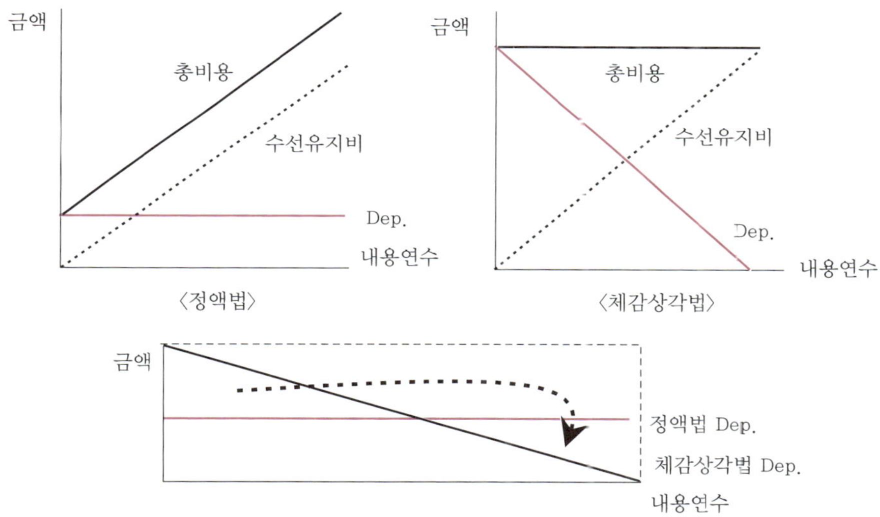

* 어떠한 감가상각 방법을 적용하든 내용연수 동안 총감가상각비는 동일하다.

[그림 6-8] 정액법과 체감상각법 비교

기업이 체감상각법을 사용하면 내용연수 초기에 보다 많은 감가상각비를 인식하게 되므로 정액법을 사용하는 경우에 비해 내용연수 초기의 당기순이익이 낮게 계상되며 재무상태표에 표시되는 유형자산의 장부금액도 낮아진다. 한편, 감가상각방법의 차이는 현금흐름에 영향이 없으나, 법인세가 있는 경우에는 동 금액에 법인세율을 곱한 세금효과 만큼 현금흐름의 차이가 발생한다. 즉, 법인세가 있는 경우에는 당기순이익이 낮게 계상됨으로써 법인세를 적게 부담하기 때문에 기업의 현금흐름은 상대적으로 높게 나타난다. 그러나 내용연수 후기로 갈수록 감가상각비가 적게 계상되어 법인세를 상대적으로 많이 부담하게 된다. 결국 어떤 감가상각방법을 적용하든 총감가상각비가 동일하기 때문에 회사가 납부하게 되는 법인세 총액은 동일하며 법인세의 납부시기(기간귀속)만 차이가 있을 뿐이다.[27]

구 분		정액법 vs. 체감상각법
감가상각비(Dep.)	초기	〈
	후기	〉
기말장부금액(BV)	초기	〉
	후기	=*
당기순이익(Profit)	초기	〉
	후기	〈
법인세유출액(Tax)	초기	〉
	후기	〈
현금흐름(Cash Flow)	초기	〈
	후기	〉

* 내용연수 말의 장부가액(BV)은 잔존가액과 동일하기 때문에 나타난다.

[그림 6-9] **정액법과 체감상각법의 상대적 크기 비교**

6. 감가상각에 관련된 기타 항목

1) 기중취득 유형자산의 감가상각

지금까지는 유형자산을 기초에 취득하는 것을 가정하여 감가상각비를 계산하였다. 그러나 대부분의 유형자산은 기중에 취득하는 것이 일반적이다. 유형자산을 기중에 취득하는 경우에는 1년치 감가상각비를 다 인식하는 것보다는 취득시점부터 기말까지의 기간에 대하여만 감가상각비를 인식하는 것이 더 합리적이다. 즉, 1년치 감가상각비를 구한 후에 두 년도에서 차지하는 기간의 비율에 따라 안분한다. 이때, 일할기준, 월할기준, 반년기준, 일년기준[28] 등을 사용할 수 있는데 특별

27) 이를 법인세이연효과(tax deferred effect)라 한다.

28) ① 일할기준 : 취득일을 기준으로 회계연도 말일까지의 날짜를 계산하여 감가상각하는 방법으로 이 방법은 수익·비용대응 면에서는 가장 정확하다고 볼 수 있으나 계산이 번거롭다는 문제점이 있다.
② 반년기준 : 회계연도 전반기에 취득하면 1년 간의 감가상각비를 계산하고 후반기에 취득하면 반

한 언급이 없는 경우에는 월할기준으로 안분한다. 이는 다음과 같다.

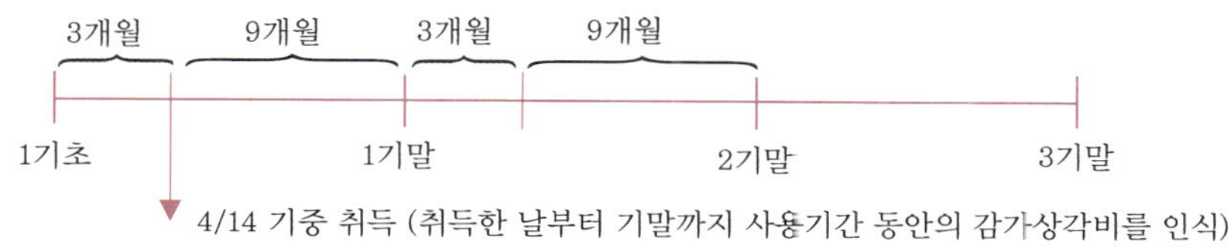

* 월할상각시 일자문제 : 1일로 간주 (예; 4/14 취득은 4/1취득으로 간주)
1기의 감가상각비 = 1차연도 감가상각비 × 9/12개월
2기의 감가상각비 = 1차연도 감가상각비 × 3/12개월 + 2차연도 감가상각비 × 9/12개월

[그림 6-10] **기중취득 자산의 감가상각**

예제 9

시립㈜ 2012년 4월 1일에 매입한 기계의 원가는 ₩30,000이다. 기계의 내용연수는 8년, 잔존가치는 ₩2,000이다. 시립㈜는 감가상각비를 월할기준으로 계산하고 있다.

물음

정액법과 연수합계법을 사용하여 2012년 12월 31일로 종료되는 회계연도와 2013년 12월 31일로 종료되는 회계연도의 감가상각비를 구하시오.

풀이

1. 정액법
   연간 감가상각비 : (₩30,000 − ₩2,000) / 8년 = ₩3,500/년
   2012년 감가상각비 : ₩3,500 × 9/12개월 = ₩2,625
   2013년 감가상각비 : ₩3,500

2. 연수합계법
   1 + 2 + 3 + ... + 7 + 8 = 36
   2012년 감가상각비 : ₩28,000 × 8/36 × 9/12개월 = ₩4,667
   2013년 감가상각비 : ₩28,000 × 8/36 × 3/12개월 + ₩28,000 × 7/36 × 9/12개월 = ₩5,639

2) 감가상각과 회계변경

회계변경이란 과거에 채택한 회계처리방법을 새로운 회계처리방법으로 변

년 간의 감가상각비를 계산하는 방법
③ 일년기준 : 취득한 시점에 관계없이 취득한 연도에 1년간의 감가상각비를 전액 계산하는 방법

경하는 것을 말한다. 감가상각의 회계변경에는 내용연수와 잔존가치추정의 변경 및 감가상각방법의 변경이 있다.

유형자산의 잔존가치와 내용연수 및 감가상각방법은 적어도 매 회계연도 말에 재검토하여야 한다. 재검토결과 잔존가치와 내용연수의 추정치가 종전 추정치와 다르거나 자산에 내재된 미래경제적효익의 예상되는 소비행태에 중요한 변동이 있다면 변동된 소비행태를 반영하여 감가상각방법을 변경 하며 그 차이는 회계추정의 변경(changes in accounting estimate)으로 처리한다. 회계추정의 변경은 전진적 조정을 하여 회계처리 하게 되는데 이는 과거의 감가상각비는 수정하지 않고 당기 이후의 감가상각비만 새로운 감가상각방법 및 내용연수, 잔존가치로 새롭게 계산하여 계상하면 되는 방법이다. 즉, 변경시점의 장부금액을 새로운 취득원가로 간주하여 변경된 조건으로 새로운 감가상각비를 계산하는 방법이다.

예제 10

숭실㈜ 2012년 초에 내용연수는 3년, 잔존가치는 ₩100,000의 기계장치를 ₩1,000,000에 취득하여 정액법으로 감가상각을 하여 왔다. 숭실㈜는 2013년부터 기계장치의 감가상각방법을 정액법에서 연수합계법으로, 내용연수를 3년에서 5년으로, 잔존가치를 ₩100,000에서 ₩300,000으로 변경하였다.

물음

한국채택국제회계기준에 의할 경우 2012년과 2013년의 감가상각비를 구하시오.

풀이

2012년
연간 감가상각비 : (₩1,000,000 − ₩100,000) / 3년 = ₩300,000/년
∴ 2012년 감가상각비 : ₩300,000
2013년
(₩700,000 − ₩300,000) × 4 / (4 + 3 + 2 + 1) = ₩160,000
∴ 2013년 감가상각비 : ₩160,000

제4절 후속원가와 제거

1. 후속원가

후속원가(subsequent costs)는 취득한 이후에 후속적으로 동 자산의 능률유지, 증진 등을 위하여 추가적으로 이루어지는 지출을 말하며 유형자산의 최초취득원가를 자산으로 인식하는 경우와 동일한 인식기준을 적용하여 인식한다. 따라서 자산 인식요건[29]을 충족하는 경우(자본적 지출)는 관련 자산의 장부금액에 가산하며 후속원가가 발생한 날부터 감가상각하여 비용으로 배분한다.

일부 유형자산의 경우 주요 부품이나 구성요소의 정기적 교체(replacements)[30]가 필요할 수 있다. 또한 유형자산이 취득된 후 반복적이지만 비교적 적은 빈도로 대체(예; 건물 인테리어 벽 대체)되거나 비반복적으로 대체되는 경우도 있다. 유형자산의 일부를 대체(교체)할 때 발생하는 원가가 인식기준을 충족하는 경우에는 이를 해당 유형자산의 장부금액에 포함하여 인식한다. 대체되는 부분의 장부금액은 재무상태표에서 제거하여야 한다. 한편, 항공기와 같은 유형자산을 계속적으로 가동하기 위해서는 당해 유형자산의 일부가 대체되는지 여부와 관계없이 결함에 대한 정기적인 종합검사(regular major inspections)가 필요할 수 있다. 정기적인 종합검사과정에서 발생하는 원가가 인식기준을 충족하는 경우에는 유형자산의 일부가 대체되는 것으로 보아 해당 유형자산의 장부금액에 포함하여 인식한다. 이 경우 직전에 이루어진 종합검사에서의 원가와 관련되어 남아있는 장부금액을 제거한다.

반면에, 자산 인식요건을 충족하지 아니하는 경우(수익적 지출)는 일상적인 수선·유지와 관련하여 발생하는 원가로 보아 해당 유형자산의 장부금액에 포함하여 인식하지 아니하고 발생시점에 당기손익으로 인식한다. 일상적인 수선·유지과

---

29) ① 자산으로부터 발생하는 미래 경제적효익이 기업에 유입될 가능성이 높다. (B)
② 자산의 원가를 신뢰성 있게 측정할 수 있다. (M)

30) 예를 들면, 용광로의 경우 일정시간 사용후에 내화벽돌의 교체가 필요할 수 있으며, 항공기의 경우에도 좌석과 취사실 등의 내부설비를 항공기동체의 내용연수 동안 여러 번 교체할 필요가 있을 수 있다.

정에서 발생하는 원가는 주로 노무비와 소모품비로 구성되며 사소한 부품원가가 포함될 수도 있다.

예제 11

동국㈜는 2012년 초에 기계장치를 ₩1,000,000에 취득하였다. 동 기계장치의 내용연수는 10년이고, 잔존가치는 없으며 감가상각 방법은 정액법이다. 2015년 초에 성능향상을 위하여 ₩200,000을 지출하였고 이로 인하여 내용연수가 1년 연장되었으며 이는 자산의 인식요건을 만족한다.

물음

2015년 초와 말에 필요한 회계처리를 제시하시오.

풀이

2015년 초	기계장치 200,000 / 현 금 200,000
2015년 말	감가상각비* 112,500 / 감가상각누계액 112,500 *2015년 말 감가상각누계액 : (₩1,000,000 / 10년) × 3 = ₩300,000 2015년 감가상각비 : (₩1,000,000 + ₩200,000 − ₩300,000) / (10년 − 3년 + 1년) = ₩112,500

2015"초 B/S

기계장치	1,200,000		
감가상각누계액	(300,000)	₩900,000	

2. 유형자산의 제거

유형자산은 매각이나 교환 등과 같이 자발적으로 처분되거나, 수용이나 재해 등과 같이 비자발적으로 폐기될 수 있다. 위와 같이 ① 유형자산을 처분하는 경우나 ② 사용이나 처분을 통하여 미래경제적효익이 기대되지 않을 때는 해당 자산의 장부금액을 재무제표에서 제거하며 순매각금액[31]과 장부금액의 차액을 당기손익으로 처리한다.

31) 유형자산의 처분대가는 최초에 공정가치로 인식한다. 유형자산에 대한 지급이 지연되면, 처분대가는 최초에 현금가격상당액으로 인식한다. 처분대가의 명목금액과 현금가격상당액의 차이는 처분으로 인하여 받을 금액에 유효이자율을 반영하여 이자수익으로 인식한다.

1) 자발적 처분

유형자산이 처분되면 감가상각누계액 및 손상차손누계액이나 정부보조금의 잔액도 제거된다. 한편, 회계연도 중에 유형자산이 처분되면 처분일 까지 사용한 기간 만큼 감가상각비를 인식하여 이를 반영한 후에 처분에 따른 손익(유형자산처분손익)을 인식한다. 이때의 장부금액은 취득원가에서 감가상각누계액, 손상차손누계액, 미상각정부보조금 등을 차감한 금액 이다. 즉, 유형자산 제거시 회계처리(처분이익 가정)는 아래와 같을 수 있다

현 금	×××	유 형 자 산	×××
감가상각누계액	×××	유형자산처분이익	×××
손상차손누계액	×××		
정부보조금	×××		

재무상태표

유형자산	×××
감가상각누계액	(×××)
정부보조금	(×××)
손상차손누계액 (×××)	×××

2) 비자발적 처분

비자발적 처분이란 홍수, 화재 등의 재난으로 회사의 의도와는 달리 유형자산의 용역잠재력이 소멸하는 경우를 말하며 기업은 이러한 재난에 대비하여 보험에 가입하는 것이 일반적이다. 만약, 홍수나 화재등의 보험사고로 인하여 유형자산의 가치가 소멸한 경우에는 소멸한 유형자산의 장부금액을 제거하고, 보험회사로부터 받은 보험금과 비교하여 그 차액만큼 차익이나 차손을 인식하게 된다.[32] 천재지변 등으로 인하여 보험회사로부터 받은 보험금이 소멸된 자산의 장부금액을 초과하면 보험차익이 발생하며, 보험회사로부터 받은 보험금이 소멸된 자산의 장부금액보다 적으면 그 차액은 재해손실로 처리하도록 하고 있다. 한편, 회계상 감가상각이 완료되었으나 유형자산은 계속 사용가능한 상태를 유지하고 있는 경우가 있다. 이 경우는 제각(폐기)될 때까지 잔존가치액 또는 비망가액으로 기재하여야 한다.

32) 한국채택국제회계기준에는 여기에 대한 명시된 규정은 없다.

예) 2012년 말 건물(취득원가 ₩1,000, 감가상각누계액 ₩500)에 화재가 발생하여 완전 소실되었다.

화재발생시	감가상각누계액 500 / 유형자산 1,000 미 결 산 500

2012년 중 보험회사로부터 확정된 보험금이 ₩600인 경우와 ₩400인 경우

보험금확정시 (장부금액<보험금)	미 수 금 600 / 미 결 산 500 보험차익 100
보험금확정시 (장부금액>보험금)	미 수 금 400 / 미 결 산 500 재해손실 100

예제 12

단국㈜는 2012년 초에 기계장치(취득원가 ₩45,000, 내용연수 5년, 잔존가치 ₩5,000)를 취득하여 정액법으로 상각하고 있으며 취득금액 중 ₩10,000은 정부로부터 보조 받았다. 단국㈜는 2016년 6월 30일에 동 기계를 ₩5,000에 매각하였다. 단, 동사는 정부보조금은 자산에서 차감하는 방법을 사용하고 있다.

물음

2016년 6월 30일 유형자산처분손익을 계산하고 제거에 필요한 회계처리를 하시오.

풀이

1) 처분일의 장부금액

기계장치의 취득원가		₩45,000
2012~2015년의 감가상각비	(₩45,000 – ₩5,000) / 5년 = ₩8,000 × 4년	(32,000)
2016년의 감가상가비	₩8,000 × 1/2	(4,000)
정부보조금		(10,000)
2012~2015년의 정부보조금 상각액	8,000 × 10,000/(45,000 – 5,000) = ₩2,000 × 4년	8,000
2016년의 정부보조금 상각액	₩2,000 × 1/2	1,000
처분일의 장부금액		₩8,000

2) 유형자산처분손익

처분금액		₩5,000
처분일의 장부금액		(8,000)
유형자산처분손실		(3,000)

3) 회계처리

구 분	회계처리			
6개월 동안의 감가상각비 및 정부보조금 상각액 인식	감가상각비 정부보조금	4,000 / 1,000	감가상각누계액 감가상각비	4,000 1,000
제거분개	현 금 감가상각누계액 정부보조금 유형자산처분손실	5,000 36,000 1,000 3,000	기계장치	45,000

제5절 유형자산의 손상

1. 유형자산의 손상차손

유형자산은 정상적인 영업활동에 사용할 목적으로 취득한 자산이므로 공정가치가 유용한 정보가 되지 않으며, 처분 목적이 아니므로 공정가치를 합리적으로 측정하기도 어렵기 때문에 유형자산 측정의 원칙은 취득원가로 기록하고 공정가치(재평가 모형일 경우는 예외)로 평가 하지 않는다. 다만, 원가모형을 선택하여 유형자산을 측정하고 있는 경우에도 자산의 진부화 또는 시장가치의 급격한 하락 등으로 인하여 유형자산의 미래경제적효익이 장부금액(BV)에 현저하게 미달하는 경우에는 실현된 손실로 보아 손상차손(impairment loss)을 인식한다.[33] 이에 매 회계기말 손상징후를 검토해야 한다.

33) 손상을 회계처리 하지 않으면 유형자산이 과대평가 되어 미래 경계적효익보다 더 큰 유형자산이 계상되는 문제가 발생한다.

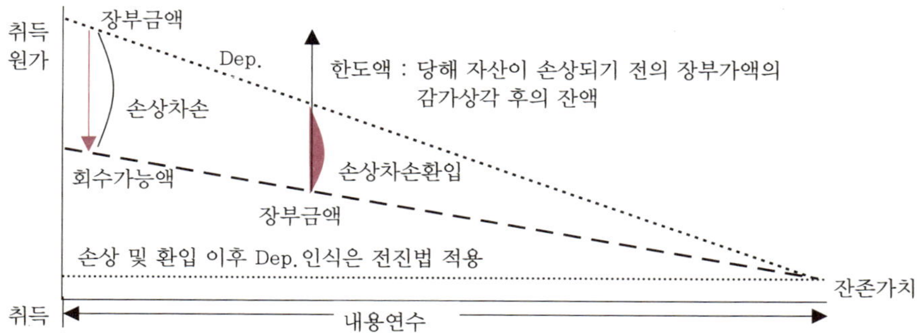

[그림 6-10] **손상차손에 대한 흐름**

1) 손상징후

유형자산은 매 보고기간 말마다 자산손상을 시사하는 징후(indication)가 있는지를 검토한다. 만약 그러한 징후가 있다면 당해 자산의 회수가능액을 추정한다. 만약 손상을 시사하는 징후가 없으면 회수가능액을 추정할 필요가 없다. 자산손상을 시사하는 징후가 있는지를 검토할 때는 다음과 같은 외부정보와 내부정보를 모두 고려한다.

〈외부정보〉

① 회계기간 중에 자산의 시장가치가 시간의 경과나 정상적인 사용에 따라 하락할 것으로 기대되는 수준보다 유의적으로 더 하락하였다.
② 기업 경영상의 기술 · 시장 · 경제 · 법률 환경이나 해당 자산을 사용하여 재화나 용역을 공급하는 시장에서 기업에 불리한 영향을 미치는 유의적 변화가 회계기간 중에 발생하였거나 가까운 미래에 발생할 것으로 예상된다.
③ 시장이자율이 회계기간 중에 상승하여 자산의 사용가치를 계산하는 데 사용되는 할인율에 영향을 미쳐 자산의 회수가능액을 중요하게 감소시킬 가능성이 있다.
④ 기업의 순자산 장부금액이 당해 시가총액보다 크다.

〈내부정보〉

⑤ 자산이 진부화되거나 물리적으로 손상된 증거가 있다.
⑥ 회계기간 중에 기업에 불리한 영향을 미치는 유의적 변화가 자산의 사용범위 및 사용방법에서 발생하였거나 가까운 미래에 발생할 것으로 예상된다. 이러한 변화에는 자산의 유휴화, 당해 자산을 사용하는 영업부문을 중단하거나 구조조정하는 계획, 예상 시점보다 앞서 자산을 처분하는 계획 그리고 비한정 내용연수를 유한 내용연수로 재평가하는 것 등을 포함한다.
⑦ 자산의 경제적 성과가 기대수준에 미치지 못하거나 못할 것으로 예상되는 증거를 내부보고를 통해 얻을 수 있다.

2) 손상차손인식

손상징후가 있으며, 회수가능액이 당해 유형자산의 장부금액에 미달한다면 장부금액을 회수가능액으로 조정하고 동 차액을 유형자산손상차손의 과목으로 하여 당기손익에 반영하고 손상차손누계액의 과목으로 하여 당해 유형자산의 차감계정[34]으로 표시한다. 여기서 주의할 것은 손상일에 감가상각비를 먼저 인식하고 손상차손은 나중에 인식한다는 점이다.[35]

손상차손 = Max[순공정가치, 사용가치] – 손상전 장부금액

손상일	유형자산손상차손 (I/S:관리비용) ××× / 손상차손누계액 (유형자산의 차감적 평가계정) ×××

부분재무상태표

유형자산	₩ ×××	
감가상각누계액	(×××)	
손상차손누계액	(×××)	₩×××

(1) 회수가능액

자산의 회수가능액(recoverable amount)은 당해 자산의 순공정가치와 사용가치 중 큰 금액으로 한다. 여기서 순공정가치(fair value less cost to sell)는 측정일

34) 평가계정은 자산, 부채, 자본, 수익, 비용이 아니며 해당 자산, 부채에 차감 또는 부가 되어 그 자산과 부채를 평가 해주는 계정이다. 이때의 장부금액은 평가계정을 차감(부가)한 순액을 의미한다. 지금까지 학습한 또는 앞으로 학습할 평가계정에 대해 정리 하면 다음과 같다.

계정과목	공시방법
현재가치할인차금	해당 장기 채권 · 채무에서 차감하는 형식으로 표시
대손충당금	해당 장 · 단기 수취채권에서 차감하는 형식으로 표시
재고자산평가충당금	해당 재고자산에서 차감하는 형식으로 표시
감가상각누계액	관련 유형자산에서 차감하는 형식으로 표시
손상차손누계액	관련 유 · 무형자산에서 차감하는 형식으로 표시
무형자산상각누계액	관련 무형자산에서 차감하는 형식으로 표시
사채할인(할증)발행차금	사채할인발행차금은 사채에서 차감하는 형식으로 표시 사채할증발행차금은 사채에 부가하는 형식으로 표시
사채상환할증금	관련 전환사채 · 신주인수권부사채에 부가하는 형식으로 표시
전환권조정, 신주인수권조정	관련 전환사채 · 신주인수권부사채에서 차감하는 형식으로 표시

35) 감가상각은 회계기간 동안 사용한 부분에 대한 원가를 비용처리하는 것이므로 회수가능액의 하락으로 인한 손상차손의 인식보다 먼저 이루어져야 한다.

에 시장참여자 사이의 정상거래에서 자산을 매도하면서 수취하거나 부채를 이전하면서 지급하게 될 가격에서 처분부대원가를 차감한 금액을 말하며 사용가치(value in use)는 자산에서 창출될 것으로 기대되는 미래현금흐름의 현재가치를 말한다. 즉, 순공정가치는 유형자산을 처분하는 경우 기업이 얻는 가치를 말하며 사용가치는 유형자산을 사용하는 경우 기업이 얻는 가치를 말한다.

(2) 장부금액

장부금액(book value)은 정상적인 감가가상각을 한 후에 손상차손을 인식하기 직전 시점에서의 장부금액을 의미한다.

2. 유형자산의 손상차손환입

손상차손을 인식한 이후에도 감가상각대상 자산의 경우에는 수정된 장부금액에서 잔존가치를 차감한 금액을 자산의 잔여내용연수에 걸쳐 감가상각비를 인식(전진적 조정)한다. 또한, 매 보고기간 말마다 유형자산에 대해 과거에 인식한 손상차손이 더 이상 존재하지 않거나 감소된 것을 시사하는 징후가 있는지를 검토하여 손상차손환입의 인식여부를 고려하여야한다.

자산에 대하여 과거기간에 인식한 손상차손은 직전 손상차손의 인식시점 이후 회수가능액을 결정하는 데 사용된 추정치에 변화가 있는 경우에만 환입한다. 이에 따라 손상된 자산의 회수가능가액이 당해 장부금액을 초과하는 경우에는 과거에 손상차손을 인식하기 전 장부금액의 감가상각잔액을 한도로 하여 그 초과액을 유형자산손상차손환입의 과목으로 하여 당기손익으로 처리한다.

이때, 한도를 설정 하지 않으면 환입 후 장부금액이 당초에 손상차손을 인식하지 않았을 경우 기말 장부금액 보다 크게 계상됨으로써 취득원가의 속성을 위배하게 된다. 즉, 재평가에 해당하기 때문이다. 한편, 손상차손 또는 손상차손환입을 인식한 이후 유형자산의 감가상각비는 전진적 조정을 적용하여 계산한다.

손상차손환입 = Min[회수가능액, 손상되지 않았을 경우의 장부금액] – 환입전 장부금액

환입일	손상차손누계액 ××× / 유형자산손상차손환입 ××× (I/S: 기타수익)

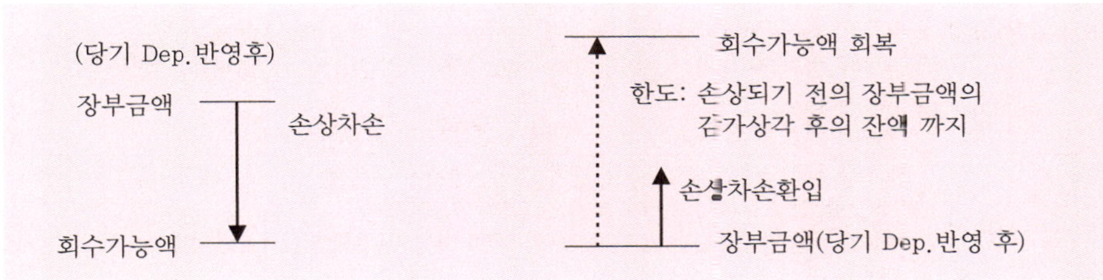

[그림 6-11] **손상차손과 손상차손환입**

예제 13

단국㈜는 2012년 1월1에 기계장치를 ₩10,000에 취득하였다. 기계의 잔존가치는 ₩0, 내용연수는 10년, 상각방법은 정액법을 사용한다. 다음은 2012년 말과 2014년 말 동 기계장치의 순공정가치 및 사용가치이며 장부금액과의 차이는 중요하다고 판단되며 손상징후에 해당한다.

연　도	순공정가치	사용가치
2012년 12/31	₩6,400	₩6,000
2014년 12/31	₩7,000	₩6,800

물음

1. 2012년 1월 1일부터 2016년 12월 31일까지 일자별 회계처리를 하시오.
2. 2013년 12월 31일과 2015년 12월 31일의 부분재무상태표를 작성하시오.

풀이

1.

일 자	회계처리	장부금액
2012/01/01	기계장치 10,000 / 현 금 10,000	
2012/12/31	감가상각비 1,000* / 감가상각누계액 1,000 *(₩10,000 − ₩0)/10년 = ₩1,000	₩9,000
2013/12/31	감가상각비 1,000 / 감가상각누계액 1,000	₩8,000
	유형자산손상차손 1,600* / 손상차손누계액 1,600 *장부금액(₩8,000) VS. 회수가능액(₩6,400) = ₩1,600 이때, 회수가능액 = MAX [순공정가치(₩6,400), 사용가치(₩6,000)]	₩6,400
2014/12/31	감가상각비 800 / 감가상각누계액 800 *전진법 적용 : (₩6,400 − ₩0) / 8년 = ₩800 이때, 내용연수 8년은 10년 중 손상 이후 미경과 내용연수가 8년이기 때문	₩5,600

일 자	회계처리	장부금액
	감가상각비 800 / 감가상각누계액 800	₩4,800
2015/12/31	손상차손누계액 1,200* / 유형자산손상차손환입 1,200 *장부금액(₩4,800) VS. 회수가능액 회복(₩7,000) 이때, 회수가능액 = MAX [순공정가치(₩7,000), 사용가치(₩6,800)] 한편, 한도액 계산 : (₩10,000 − ₩1,000 × 4년[10,11,12,13년]) = ₩6,000 ∴ 환입액 : 한도액(₩6,000) − 장부금액(₩4,800) = ₩1,200	₩6,000
2016/12/31	감가상각비 1,000 / 감가상각누계액 1,000 *전진법 적용 : (₩6,000 − ₩0) / 6년 = ₩1,000 이때, 내용연수 6년은 10년 중 환입 이후 미경과 내용연수가 6년이기 때문	₩5,000

2.

2013"12/31 B/S

기 계 장 치	₩10,000	
감가상각누계액	(2,000)	
손상차손누계액	(1,600)	₩6,400

2015"/12/31 B/S

기 계 장 치	₩10,000	
감가상각누계액	(3,600)	
손상차손누계액	(400)	₩6,000

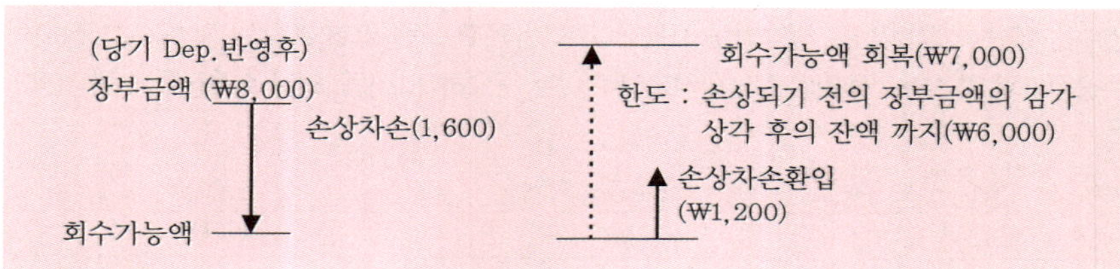

제6절 재평가모형

1. 재평가모형의 의의

기업은 유형자산의 인식일 이후의 측정방법으로 원가모형(cost model)과 재평가모형(revaluation model)중 하나를 회계정책으로 선택하여 유형자산 분류별로 동일하게 적용할 수 있다. 재평가모형이란 취득일 이후 공정가치[36]를 신뢰성 있게 측정할 수 있는 유형자산에 대하여는 재평가일의 공정가치로 해당 자산금액을 수정하고, 당해 공정가치에서 재평가일 이후의 감가상각누계액과 손상차손누계액을 차감한 금액을 장부금액으로 공시하는 방법을 말한다. 따라서 재평가모형을 사용하는 유형자산의 장부금액은 재평가일의 공정가치에서 이후의 감가상각누계액과 손상차손누계액을 차감한 금액이 된다. 재평가는 보고기간(reporting period)말에 자산의 장부금액이 공정가치와 중요하게 차이가 나지 않도록 주기적으로 수행해야 한다.[37] 이러한 재평가의 빈도는 재평가되는 유형자산의 공정가치 변동에 따라 달라진다. 따라서 매 보고기간말마다 재평가하는 것은 아니므로 보고기간말 현재 유형자산의 장부금액은 재평가하는 회계연도가 아니라면 공정가치와 일치하지 않는다. 특정 유형자산을 재평가할 때에는 해당자산이 포함되는 유형자산 분류 전체를 동시에 재평가한다.[38] 이는 유형자산별로 선택적 재평가를 하거나 서로 다른 기준일의 평가금액이 혼재된 재무보고를 하는 것을 방지하기 위함이다.

2. 재평가손익의 회계처리

유형자산을 재평가할 때, 재평가로 인하여 유형자산의 장부금액이 증가할 수도 있으며, 감소할 수도 있다. 각각의 경우 재평가손익의 회계처리는 다음과 같다.

1) 재평가이익 (공정가치>장부금액)

자산의 장부금액이 재평가로 인하여 증가된 경우에 그 증가액은 기타포괄손익

---

36) 토지와 건물의 공정가치는 공인된 감정평가인(qualified valuer)이 시장가격에 근거하여 평가한 감정가액으로 하며, 설비장치(plant)와 기계장치(equipment)의 공정가치는 감정에 의한 시장가치이다. 다만, 해당 유형자산의 특수성 때문에 공정가치에 대해 시장에 근거한 증거가 없고, 해당 자산이 계속 사업의 일부로서 거래되는 경우를 제외하고는 거의 거래되지 않아 합리적인 교환가격도 존재하지 않는다면, 공정가치평가모형인 이익접근법(income approach)이나 상각후대체원가법(depreciated replacement cost approach)을 사용해서 공정가치를 측정해야 할 필요가 있다.

37) 따라서 재평가일 이후 재평가된 자산의 공정가치가 장부금액과 중요하게 차이가 나는 경우에는 추가적인 재평가를 수행해야 한다. 중요하고 급격한 공정가치의 변동 때문에 매년 재평가가 필요한 유형자산이 있는 반면에 공정가치의 변동이 중요하지 않아 빈번한 재평가가 필요하지 않은 유형자산의 경우에는 매 3년이나 5년마다 재평가하는 것으로 충분하다.

38) 재평가가 단기간에 수행되며 계속적으로 갱신된다면, 동일한 분류에 속하는 자산을 순차적으로 재평가할 수 있다.

으로 인식하고 재평가잉여금(revaluation surplus)의 과목으로 하여 자본(기타포괄손익누계액)에 가산한다. 재평가이익이 발생한 후 이후의 재평가에서 재평가손실이 발생하는 경우에는 전기 재평가잉여금과 우선상계하고 동 금액은 기타포괄손익으로 인식하며 나머지 잔액은 재평가손실로 당기손익에 반영한다. 이때 재평가잉여금과 상계할 금액은 기업의 정책에 따라 달라질 수 있다. 만일 ① 기업이 재평가잉여금을 당해 유형자산을 사용함에 따라 이익잉여금으로 대체한 경우에는 전기 재평가잉여금 중 감가상각효과에 해당하는 금액을 제외한 금액이 재평가손실과 상계되나 ② 기업이 재평가잉여금을 이익잉여금으로 대체하지 않는 경우에는 전기 재평가잉여금이 재평가손실과 상계된다.

2) 재평가손실 (공정가치<장부금액)

자산의 장부금액이 재평가로 인하여 감소된 경우에 그 감소액을 재평가손실(revaluation loss)의 과목으로 당기손익으로 인식한다. 재평가손실이 발생한 후 이후의 재평가에서 재평가이익이 발생하는 경우에는 전기 재평가손실과 우선상계하고 동금액은 당기손익으로 인식하며 나머지 잔액은 재평가잉여금으로 기타포괄손익에 반영하고 누적액은 자본(기타포괄손익누계액)으로 표시한다. 이때 유형자산의 재평가이익 중 전기 이전에 인식한 재평가손실과 상계할 금액에 대해서는 견해의 차이가 있는바 본서에서는 여기에 대한 설명은 생략한다.

3) 재평가잉여금의 처리방법

유형자산 항목과 관련하여 자본(기타포괄손익누계액)에 계상된 재평가잉여금은 ① 당해자산이 폐기되거나 처분되어 재무제표에서 제거될 때 일괄적으로 이익잉여금으로 대체 할 수 있다. 또한 ② 당해자산을 사용하면서 재평가잉여금 일부를 이익잉여금으로 대체할 수도 있다. 이러한 재평가잉여금 대체는 임의조항이므로 반드시 대체할 필요는 없다. 재평가잉여금을 이익잉여금으로 대체하는 정책[39)]

39) 유형자산을 사용함에 따라 재평가잉여금 중 일부를 이익잉여금으로 대체하는 정책의 근거는 다음과 같다.
재평가잉여금이 발생한 경우 원가모형을 적용하는 것보다 재평가잉여금에 해당하는 감가상각비가 더 많이 계상되어 당기순이익이 적게 계상되므로 이익잉여금도 동 금액만큼 적게 계상되게 되는데 이때 재평가잉여금 중 일부를 이익잉여금으로 대체함으로써 원가모형을 적용한 경우의 이익잉여금과 동일한 금액이 되도록하기 위한 것이다.

을 채택한 경우 대체되는 금액은 재평가된 금액에 근거한 감가상각액과 최초원가에 근거한 감가상각액의 차이가 된다. 여기서 주의할 점은 재평가잉여금을 이익잉여금으로 대체하는 경우 당해금액은 어떠한 경우에드 당기손익으로 인식하지 않고 이익잉여금에 직접반영한다는 것이다. 즉, 당기손익으로 재분류하는 재분류조정의 회계처리가 없다는 것이다.

포괄손익계산서

당기 : 2012년 1월 1일 부터 2011년 12월 31일 까지

전기 : 2011년 1월 1일 부터 2010년 12월 31일 까지

윤사마㈜ (단위: 원)

구 분	당 기	전 기
재평가손실	(×××)	(×××)
당기순이익	×××	×××
기타포괄손익		
당기손익으로 재분류되지 않는 항목		
재평가잉여금	×××	×××
법인세비용차감후 기타포괄손익	×××	×××
= 총포괄이익	×××	×××

[그림 6-12] 재평가손익의 포괄손익계산서 표시 (단, 기타포괄손익은 순액으로 표시)

구 분		수익인식 방법
재평가이익	최초발생	재평가잉여금으로 기타포괄이익 인식
	추후발생	과거에 당기손실로 반영한 재평가손실과 우선상계 후 기타포괄이익 인식
재평가손실	최초발생	당기손실로 인식
	추후발생	과거에 인식한 재평가잉여금과 우선상계 후 당기손실로 인식
재평가잉여금		① 당해 자산이 제거시 이익잉여금으로 대체가능(임의규정) ② 당해자산을 사용하면서 재평가잉여금 일부를 이익잉여금으로 대체가능(임의규정)

[그림 6-13] 재평가손익의 인식방법

3. 상각비대상자산(토지)의 재평가모형 회계처리

재평가모형을 적용하는 유형자산 중 상각비대상자산인 토지에 대해 앞에 설명한 재평가손익의 회계처리에 맞추어 2개 유형의 사례를 살펴보자.

유형1은 공정가치가 상승후 하락하는 경우로서 장부금액이 ₩100인 토지의 공정가치가 ₩120이라면 재평가이익은 ₩20 (₩120 − ₩100)으로 측정 된다. 재평가이익 ₩20은 재평가잉여금의 과목으로 하여 기타포괄손익으로 처리하고 그 누적액은 자본으로 보고한다. 재평가이익이 발생한 후 이후의 재평가에서 공정가치가 ₩60으로 하락하여 재평가손실이 발생하는 경우에는 전기 재평가잉여금 ₩20과 우선상계하고 동 금액은 기타포괄손익으로 인식하며 나머지 잔액 ₩40은 재평가손실로 당기손익에 반영한다. 이후 ₩150에 처분되면 처분이익 ₩90은 당기손익으로 인식한다.

① 기업실체(business entity)의 재무활동을
② 인식(recognition), 측정(measurements), 보고(communication)하여
정보이용자(information user)들의 의사결정(decision making)에
③ 유용한 정보(useful information)를 제공하는 정보시스템(information system)이다.

유형 1 공정가치가 상승후 하락하는 경우

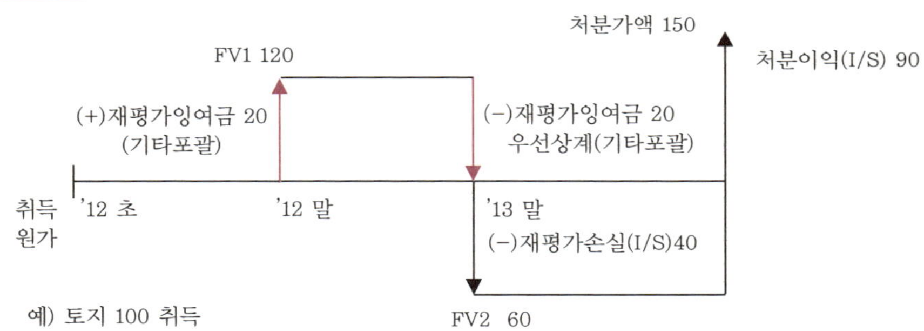

일 자	회계처리	장부금액
'12 초	토 지 100 / 현 금 100	100(취득원가)
'12 말	토 지 20 / 재평가잉여금 20	120(공정가치 상승)
'13 말	재평가잉여금 20 / 토 지 60 재평가손실 40 기존에 재평가잉여금이 있으므로 재평가잉여금과 우선상계후 취득원가 이하의 공정가치하락은 재평가손실로 인식	60(공정가치 하락)
처분시	현 금 150 / 토 지 60 유형자산처분이익 90	재평가잉여금이 존재하지 않으므로 처분이익만 인식

반면, 유형2는 공정가치가 하락후 상승하는 경우로서 장부금액이 ₩100인 토지의 공정가치가 ₩60이라면 재평가 손실은 ₩40(₩100 − ₩60)으로 측정되는데, 재평가손실 ₩40은 당기손익으로 처리한다. 재평가손실이 발생한 후 이후의 재평가에서 공정가치가 ₩120으로 상승하여 재평가이익이 발생하는 경우에는 전기 재평가손실 ₩40과 우선상계하고 동금액은 당기손익으로 인식하며 나머지 잔액 ₩80은 재평가잉여금으로 기타포괄손익에 반영하고 누적액은 자본(기타포괄손익누계액)으로 표시한다. 이후 ₩150에 처분되면 재평가잉여금 ₩80은 일괄적으로 이익잉여금으로 대체하며 처분이익 ₩30은 당기손익으로 인식한다.

유형 2 공정가치가 하락후 상승하는 경우

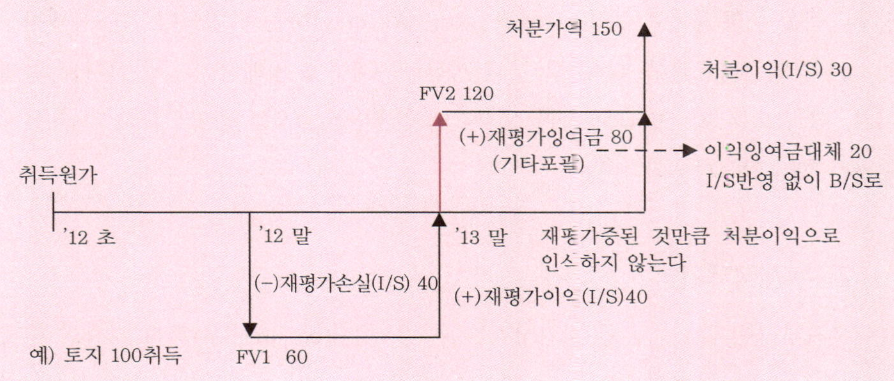

일 자	회계처리	장부금액
'12 초	토 지 100 / 현 금 100	100(취득원가)
'12 말	재평가손실 40 / 토 지 40	60(공정가치 하락)
'13 말	토 지 60 / 재평가이익 40 재평가잉여금 20 재평가손실을 재평가이익과 우선상계후 취득원가 이상의 공정가치상승은 재평가잉여금(기타포괄)으로 인식	120(공정가치 상승)
처분시	현 금 150 / 토 지 120 유형자산처분이익 30 재평가잉여금 20 / 이익잉여금 20	재평가잉여금은 당기손익이 아니라 이익잉여금에 직접 대체

4. 상각대상자산(건물, 기계장치 등)의 재평가모형 회계처리

재평가모형을 적용하는 유형자산 중 상각대상자산은 취득원가와 감가상각누계액이 구분되어 있으므로 재평가손익은 어느 계정에 반영하여야 하는지를 경정하여야 한다. 취득원가와 감가상각누계액을 수정하는 회계처리는 다음의 두 가지 방법이 있으며 모두 인정된다. 한편, 재평가한 이후의 감가상각비는 전기말의 재평가금액을 기초로 잔존내용연수에 걸쳐 선택한 감각상각방법을 적용하여 계산한다.

1) 비례수정법

재평가 후 자산의 장부금액이 재평가금액과 일치하도록 감가상각누계액과 총장부금액을 비례적으로 수정(restated proportionately)하는 방법이다. 즉, 유형자산의 장부금액증가효과를 취득원가와 감가상각누계액에 비례하여 증가시키는 방법이다. 이 방법은 지수를 적용하여 상각후대체원가를 결정하는 방식으로 자산을 재평가할 때 흔히 사용된다.[40)]

2) 누계액제거법

총장부금액에서 기존의 감가상각누계액을 제거(elimination)하여 자산의 순장부금액이 재평가금액이 되도록 수정하는 방법이다. 즉, 감가상각누계액을 제거시키면서 재평가후 장부금액을 취득원가와 일치시키면서 회계처리하는 방법이다. 이 방법은 건물을 재평가할 때 흔히 사용된다.[41)]

---

40) 예를 들어, 장부금액이 ₩100(취득원가 ₩200, 감가상각누계액 ₩100)인 기계장치의 보고기간말 현재 공정가치가 ₩300인 경우를 생각해 보면 이 경우 재평가이익으로 인식할 금액은 공정가치 ₩300과 장부금액 ₩100의 차액인 ₩200이 된다. 비례수정법에서는 감가상각누계액과 총장부금액을 비례적으로 수정하여야 한다. 즉, 장부금액에서 공정가치로 200%가 상승한 상태이므로 재평가에 관한 회계처리를 한 이후 취득원가와 감가상각누계액의 비율이 200%가 유지되어야 한다. 재평가 이후의 장부금액이 ₩300이 되어야 하므로 취득원가는 ₩600, 감가상각누계액은 ₩300으로 각각 수정되어야 한다.

계정과목	재평가전	수정비율	재평가후
기계장치	₩200	② 200%증가	₩600
감가상각누계액	(₩100)	③ 200%증가	(₩300)
장부금액	₩100	① 200%증가	₩300

41) 예를 들어, 장부금액이 ₩100(취득원가 ₩200, 감가상각누계액 ₩100)인 기계장치의 보고기간말 현재 공정가치가 ₩300인 경우를 생각해 보면 이 경우 재평가이익으로 인식할 금액은 공정가치 ₩300과 장부금액 ₩100의 차액인 ₩200이 된다. 누계액제거법에서는 재평가이익 ₩200을 인식하기 위해

예제 14

건국㈜는 2012년 초에 기계장치 1대를 ₩10,000에 구입하였다. 동 기계장치의 내용연수 5년이고, 잔존가치는 없으며 감가상각방법은 정액법이다. 건국㈜의 기계장치에 대하여 재평가모형을 이용하여 회계처리하고 있으며 연도 말 건국㈜의 기계장치의 공정가치는 다음과 같다. 단, 건국㈜는 재평가잉여금의 일부를 유형자산을 사용하면서 이익잉여금으로 대체하는 회계정책을 선택하고 있다.

2012년 말	2013년 말
₩12,000	₩4,500

물음

1. 비례수정법과 누계액제거법에 의하여 2012년부터 2013년에 필요한 회계처리를 제시하시오.
2. 재평가잉여금의 일부를 유형자산을 사용하면서 이익잉여금으로 대체하지 않는 회계정책을 선택하고 있다고 할 경우 누계액제거법에 의하여 2012년부터 2013년에 필요한 회계처리를 제시하시오.

풀이

1.1) 비례수정법

일 자	회계처리				장부금액
12년 초	기계장치	10,000 /	현　금	10,000	₩10,000
12년 말	감가상각비	2,000[1] /	감가상각누계액	2,000	₩8,000
	기계장치	5,000[3] /	감가상각누계액 재평가잉여금(기타포괄)	1,000[3] 4,000[2]	₩12,000

[1] (₩10,000 − ₩0)/5년 = ₩2,000

[2] ₩12,000(12년말 공정가치) − ₩8,000(12년말 장부금액) = ₩4,000

[3] 비례수정비율 : (₩12,000 − ₩8,000)/₩8,000 = 50%

∴ 취득원가 : ₩10,000 × 50% = ₩5,000

감가상각누계액 : ₩2,000 × 50% = ₩1,000

계정과목	2012년 말	수정비율	재평가후
기계장치	₩10,000	② 50%증가	₩15,000
감가상각누계액	(₩2,000)	③ 50%증가	(₩3,000)
장부금액	₩8,000	① 50%증가	₩12,000

서 먼저 감가상각누계액 ₩100을 전액 제거하고 대차잔액은 기계장치의 취득원가에서 수정한다. 재평가 이후의 장부금액이 ₩300이 되어야 하므로 취득원가는 ₩200에서 ₩300으로 수정되어야 한다.

계정과목	재평가전	수정금액	재평가후
기계장치	₩200	③₩100	₩300
감가상각누계액	(₩100)	②₩100	−
장부금액	₩100	①₩200	₩300

일 자	회계처리	장부금액
13년 말	감가상각비 3,000[1] / 감가상각누계액 3,000 재평가잉여금(기타포괄) 1,000[2] / 이익잉여금 1,000	₩9,000
	감가상각누계액 3,000[4] / 기계장치 7,500[4] 재평가잉여금(기타포괄) 3,000[3] 재평가손실(당기손실) 1,500[3] [1](₩12,000 − ₩0)/4년 = ₩3,000 [2]4,000/4년 = ₩1,000 [3]₩4,500(13년말 공정가치) − ₩9,000(13년말 장부금액) = △₩4,500 (재평가잉여금[₩3,000]과 우선상계 후 재평가손실 인식) [4] 비례수정비율 : (₩4,500 − ₩9,000) / ₩9,000 = △50% ∴ 취득원가 : ₩15,000 × △50% = △₩7,500 감가상각누계액 : ₩6,000 × △50% = △₩3,000	₩4,500

계정과목	2013년 말	수정비율	재평가후
기계장치	₩15,000	② 50%감소	₩7,500
감가상각누계액	(₩6,000)	③ 50%감소	(₩3,000)
장부금액	₩9,000	① 50%감소	₩4,500

해설

비례수정법의 기계장치의 장부금액 변동을 요약하면 다음과 같다.

계정과목	2012년 말	수정비율	재평가후	2013년 말	수정비율	재평가후
기계장치	₩10,000	② 50%증가	₩15,000	₩15,000	② 50%감소	₩7,500
감가상각누계액	(₩2,000)	③ 50%증가	(₩3,000)	(₩6,000)	③ 50%감소	(₩3,000)
장부금액	₩8,000	① 50%증가	₩12,000	₩9,000	① 50%감소	₩4,500

1) 장부금액이 재평가금액과 일치하도록 감가상각누계액과 총장부금액을 비례적으로 수정한다.
2) ①의 비율을 먼저 산정한 후 ②기계장치와 ③ 감가상각누계액을 동일한 비율로 산정한다.
3) 2012년 말 분개 : BV가 ₩8,000에서 ₩12,000으로 증가 되었으므로 재평가잉여금 ₩4,000 인식 한편, 재평가 후 BV(₩8,000)이 재평가금액(₩12,000)과 일치되도록 기계장치(₩10,000)와 감가상각누계액(₩2,000) 을 각각 비례적으로 ₩15,000과 ₩3,000으로 증가시켜야 하므로 각각 ₩5,000과 만큼 증가시키는 분개를 수행한다.
4) 2013년 말 분개 : BV가 ₩9,000에서 ₩4,500으로 감소되었으므로 재평가잉여금 ₩4,000을 우선 상계한 후 나머지 감소분은 재평가손실 ₩500으로 인식 한편, 재평가 후 BV(₩9,000)이 재평가금액(₩4,500)과 일치되도록 기계장치(₩15,000)와 감가상각누계액(₩6,000)은 각각 비례적으로 ₩7,500과 ₩3,000으로 감소시켜야 하므로 각각 ₩7,500과 만큼 감소시키는 분개를 수행한다.

1.2) 누계액제거법

일 자	회계처리	장부금액
12년 초	기계장치 10,000 / 현 금 10,000	₩10,000
12년 말	감가상각비 2,000[1] / 감가상각누계액 2,000	₩8,000
	기계장치 2, 00 / 재평가잉여금(기타포괄) 4,000[2] 감가상각누계액 2,000[3] *[1](₩10,000−₩0)/5년 = ₩2,000 *[2] ₩12,000(12년말 공정가치)−₩8,000(12년말 장부금액) = ₩4,000 *[3]감가상각누계액 잔액	₩12,000

계정과목	2012년 말	수정금액	재평가후
기계장치	₩10,000	₩2,000	₩12,000
감가상각누계액	(₩2,000)	₩2,000	–
장부금액	₩8,000	₩4,000	₩12,000

13년 말

감가상각비 3,000[1] / 감가상각누계액 3,000
재평가잉여금(기타포괄) 1,000[2] / 이익잉여금 1,000

장부금액: ₩9,000

감가상각누계액 3,000[4] / 기계장치 7,500
재평가잉여금(기타포괄) 3,000[3]
재평가손실(당기손실) 1,500[3]

[1](₩12,000−₩0)/4년 = ₩3,000
[2]4,000/4년 = ₩1,000
[3]₩4,500(13년말 공정가치) - ₩9,000(13년말 장부금액) = △₩4,500
(재평가잉여금[₩3,000]과 우선상계 후 재평가손실 인식)
[4] 감가상각누계액 잔액

계정과목	2013년 말	수정금액	재평가후
기계장치	₩12,000	(₩7,500)	₩4,500
감가상각누계액	(₩3,000)	₩3,000	–
장부금액	₩9,000	(₩4,500)	₩4,500

장부금액: ₩4,500

해설

누계액제거법의 기계장치의 장부금액 변동을 요약하면 다음과 같다.

계정과목	2012년 말	수정금액	재평가후	2013년 말	수정금액	재평가후
기계장치	₩10,000	₩2,000	₩12,000	₩12,000	(₩7,500)	₩4,500
감가상각누계액	(₩2,000)	₩2,000	–	(₩3,000)	₩3,000	–
장부금액	₩8,000	₩4,000	₩12,000	₩9,000	(₩4,500)	₩4,500

1) 감가상각누계액을 제거시키면서 재평가 후 장부금액을 취득원가와 일치시키면서 수정한다.
2) 2012년 말 분개 : BV가 ₩8,000에서 ₩12,000으로 증가 되었으므로 재평가잉여금 ₩4,000 인식 한편, 재평가 후 BV(₩8,000)가 재평가금액(₩12,000)으로 수정되며 수정금액(₩4,000)을 감가상각누계액(₩2,000)을 제거시키면서 전액 취득원가에 일치시켜 취득원가를 ₩12,000로 수정해야 하므로 결과적으로 기계장치 ₩2,000을 증가시키는 분개를 수행한다.
4) 2013년 말 분개 : BV가 ₩9,000에서 ₩4,500으로 감소되었으므로 재평가잉여금 ₩4,000을 우선 상계한 후 나머지 감소분은 재평가손실 ₩500으로 인식 한편, 재평가 후 BV(₩9,000)가 재평가금액(₩4,500)으로 수정되며 수정금액(₩4,500)을 감가상각누계액 (₩3,000)을 제거시키면서 전액 취득원가에 일치시켜 취득원가를 ₩4,500로 수정해야 하므로 결과적으로 기계장치 ₩7,500을 감소시키는 분개를 수행한다.

2.

일 자	회계처리	장부금액
12년 초	기계장치 10,000 / 현 금 10,000	₩10,000
12년 말	감가상각비 2,000[1] / 감가상각누계액 2,000	₩8,000
	기계장치 2,000 / 재평가잉여금(기타포괄) 4,000[2] 감가상각누계액 2,000[3]	₩12,000

12년 말

*¹(₩10,000−₩0)/5년 = ₩2,000

*² ₩12,000(12년말 공정가치)−₩8,000(12년말 장부금액) = ₩4,000

*³감가상각누계액 잔액

계정과목	2012년 말	수정금액	재평가후
기계장치	₩10,000	₩2,000	₩12,000
감가상각누계액	(₩2,000)	₩2,000	−
장부금액	₩8,000	₩4,000	₩12,000

13년 말

차변	금액	대변	금액	
감가상각비	3,000[1]	감가상각누계액	3,000	₩9,000
감가상각누계액	3,000[3]	기계장치	7,500	₩4,500
재평가잉여금(기타포괄)	4,000[2]			
재평가손실(당기손실)	500[2]			

*¹(₩12,000−₩0)/4년 = ₩3,000

*²₩4,500(13년말 공정가치) - ₩9,000(13년말 장부금액) = △₩4,500
(재평가잉여금[₩4,000]과 우선상계 후 재평가손실 인식)

*³감가상각누계액 잔액

계정과목	2013년 말	수정금액	재평가후
기계장치	₩12,000	(₩7,500)	₩4,500
감가상각누계액	(₩3,000)	₩3,000	−
장부금액	₩9,000	(₩4,500)	₩4,500

제7절 투자부동산

1. 투자부동산의 의의

투자부동산(investment property)은 임대수익이나 시세차익 또는 두 가지 모두를 얻기 위하여 소유자나 금융리스의 이용자가 보유하고 있는 부동산을 말한다. 다만, 재화의 생산이나 용역의 제공 또는 관리목적에 사용하는 목적으로 보유하는 부동산[42]은 유형자산으로 분류하며, 정상적인 영업과정에서의 판매목적으로 보유하는 부동산은 재고자산으로 분류한다.

투자부동산은 기업이 보유하고 있는 다른 자산과 거의 독립적으로 현금흐름을 창출한다는 측면에서 별도의 기준인 한국채택국제회계기준 기준서 제1040호 '투자부동산'에 따라 회계처리 하여야 한다. 투자부동산의 예는 다음과 같다.

① 장기 시세차익을 얻기 위하여 보유하고 있는 토지
② 장래 사용목적을 결정하지 못한 채로 보유하고 있는 토지
③ 직접 소유 또는 금융리스를 통해 보유하고 운용리스로 제공하고 있는 건물[43]
④ 리스제공자가 운용리스로 제공하기 위하여 보유하고 있는 미사용 건물
⑤ 미래에 투자부동산으로 사용하기 위하여 건설 또는 개발중인 부동산

그러나 다음의 사례는 투자부동산으로 보지 아니한다.

사　　례	분　류
정상적인 영업과정에서 판매하기 위한 부동산이나 이를 위하여 건설 또는 개발 중인 부동산	재고자산
제3자를 위하여 건설 또는 개발 중인 부동산	재고자산
자가사용부동산(미래에 자가사용하기 위한 부동산, 미래에 개발 후 자가사용 할 부동산, 종업원이 사용하고 있는 부동산, 처분예정인 자가사용부동산을 포함)	유형자산
금융리스로 제공한 부동산	해당사항 없음

[그림 6-14] **투자부동산으로 분류하지 않는 사례**

2. 투자부동산의 인식과 측정

1) 투자부동산의 인식(timing)

투자부동산은 다음의 조건을 모두 충족할 때 자산으로 인식한다. 인식조건은 유형자산의 인식조건과 동일하다.

42) 이를 자가사용부동산(owner-occupied property)이라 하며 재화나 용역의 생산이나 제공 또는 관리 목적에 사용하기 위하여 소유자나 금융리스이용자가 보유하고 있는 부동산을 말한다.

43) 한국채택국제회계기준은 리스거래의 경제적 실질을 반영하여, 리스자산의 소유에 따른 위험(risk)와 보상(reward)의 대부분이 리스이용자에게 실질적으로 이전되는 경우에는 금융리스(finance lease)로 분류하여 리스이용자가 자본화한다. 반면에 위험과 보상의 더부분이 리스이용자에게 실질적으로 이전되지 않는 경우에는 운용리스(operating lease)로 분류하여 리스이용자가 자본화하지 않도록 규정하고 있다.

① 투자부동산에서 발생하는 미래 경제적효익의 유입가능성이 높다.
② 투자부동산의 원가를 신뢰성 있게 측정할 수 있다.

투자부동산의 원가는 이 인식기준에 따라 발생시점에 평가한다. 투자부동산의 원가에는 취득하기 위하여 최초로 발생한 원가와 후속적으로 발생한 추가원가, 대체원가 또는 유지원가를 포함한다. 다만, 유지원가의 경우 부동산과 관련하여 일상적으로 발생하는 유지원가는 투자부동산의 원가로 인식하지 아니하고, 발생하였을 때 당기손익으로 인식한다.[44] 또한, 투자부동산의 일부분은 대체를 통하여 취득될 수 있다.[45]

2) 투자부동산의 인식시점에서의 측정 (amount)

투자부동산은 최초 인식시점에 원가로 측정하고 거래원가는 최초 측정에 포함한다. 구입한 투자부동산의 원가는 구입금액과 구입에 직접 관련이 있는 지출[46]로 구성된다. 자가건설한 투자부동산의 원가는 건설 또는 개발이 완료된 시점까지의 투입원가이다. 다만 다음의 항목은 투자부동산의 원가에 포함하지 아니한다.

① 경영진이 의도하는 방식으로 부동산을 운영하는 데 필요한 상태에 이르게 하는 데 직접 관련이 없는 초기원가
② 계획된 사용수준에 도달하기 전에 발생하는 부동산의 운영손실
③ 건설이나 개발 과정에서 발생한 비정상인 원재료, 인력 및 기타 자원의 낭비 금액

투자부동산을 후불조건으로 취득하는 경우의 원가는 취득시점의 현금가격상당액으로 한다. 현금가격상당액과 실제 총지급액의 차액은 신용기간 동안의 이자비용으로 인식한다.

한편, 금융리스계약으로 보유한 부동산에 대한 권리를 투자부동산으로 분류하

44) 예를 들면 일상적인 유지를 위한 주로 노무원가, 소모품원가와 중요하지 않은 부품의 원가의 경우 지출의 목적이 자산을 '수선유지'하는 데 있으므로 자산의 인식요건을 만족하지 않는다.
45) 예를 들면 원래의 벽을 인테리어 벽으로 바꾸는 경우에는 대체하는 데 소요되는 원가가 인식기준을 충족한다면 원가발생 시점에 투자부동산의 장부금액에 인식하고, 대체되는 부분의 장부금액은 이 기준서의 제거 규정에 따라 제거한다.
46) 직접관련이 있는 지출의 예를 들면 법률용역의 대가로 전문가에게 지급하는 수수료, 부동산 구입과 관련된 세금 및 그 밖의 거래원가 등이 있다.

는 경우, 당해 투자부동산의 최초 원가는 금융리스와 같이 동 자산의 공정가치와 최소 리스료의 현재가치 중 작은 금액으로 인식하고 동 금액을 부채로 인식한다.

3) 투자부동산 인식후의 측정

투자부동산은 최초 인식시점에 원가로 측정한 후 보고기간 말에 공정가치모형(fair value model)과 원가측정모형(cost model) 중 하나를 선택하여 모든 투자부동산에 적용한다. 따라서 보고기간 말에 보유하고 있는 일부 투자부등산에 대하여는 공정가치모형을 적용하고, 또한 일부 투자부동산에 대하여는 원가모형을 적용할 수는 없다. 다만 투자부동산이 한국채택국제회계기즌 기준서 제1105호 '매각예정비유동자산과 중단영업'에 따라 매각예정으로 분류되는 기준을 충족하는 경우에는 한국채택국제회계기준 기준서 제1105호에 따라 측정한다.

(1) 원가모형

최초 인식 이후 투자부동산의 평가방법을 원가모형으로 선택한 경우에는 모든 투자부동산에 대하여 한국채택국제회계기준 기준서 제1016호 '유형자산'에 따라 원가모형으로 측정한다. 여기서 주의할 점은 공정가치모형과는 달리 원가모형을 선택한 경우에는 감가상각을 수행하여야 한다는 것이다.

(2) 공정가치모형

최초 인식 이후 평가방법을 공정가치모형을 선택한 경우에는 모든 투자부동산에 대하여 감가상각을 수행하지 않고[47] 공정가치로 평가하여 측정한다. 다만, 공정가치를 신뢰성 있게 결정하기 어려운 경우에는 예외적으로 원가모형을 이용하여 측정한다. 투자부동산의 공정가치변동으로 발생하는 손익은 발생한 기간의 당기손익에 반영[48]한다.

---

47) 이는 감가상각을 수행하여 감가상각비를 당기손익에 반영하더라도 공정가치 평가를 통해 감가상각비의 효과가 상쇄되기 때문이다.

48) 부동산을 공정가치로 평가한다는 측면에서는 유형자산의 재평가모형과 유사하지만, 유형자산 재평가모형의 경우에는 재평가잉여금은 기타포괄손익으로 인식하고 재평가손익은 당기손익으로 인식한다는 점에서 차이가 있다.

3. 투자부동산의 대체

부동산의 사용목적 변경이 다음과 같은 사실로 입증되는 경우에만 투자부동산의 대체가 발생한다.

① 투자부동산에 대하여 자가사용의 개시하는 경우 투자부동산을 자가사용부동산(유형자산)으로 대체 한다.
② 정상적인 영업과정에서 판매하기 위하여 개발하고 있는 경우 투자부동산을 재고자산으로 대체한다.
③ 자가사용이 종료되는 경우 자가사용부동산(유형자산)을 투자부동산으로 대체한다.
④ 판매목적의 자산을 제3자에게 운용리스 제공하는 경우 재고자산을 투자부동산으로 대체한다.

1) 원가모형을 적용하는 경우의 대체

투자부동산을 원가모형을 적용하는 경우에는 투자부동산, 자가사용부동산, 재고자산 사이에 대체가 발생할 때에 대체전 자산의 장부금액을 승계하며 측정이나 주석공시목적으로 자산의 원가를 변경하지 않는다.

2) 공정가치모형을 적용하는 경우의 대체

투자부동산에 대하여 공정가치모형을 적용하는 경우에는 대체시점의 공정가치로 대체한다. 구체적으로 ① 사용목적의 변경으로 공정가치로 평가한 투자부동산을 자가사용부동산(유형자산)이나 재고자산으로 대체하는 경우, 사용목적 변경시점의 공정가치로 분류 변경한다. 분류변경에 따른 손익은 투자부동산에서 발생한 손익이므로 당기손익으로 반영한다.[49] 한편, ② 자가사용부동산(유형자산)을 공정가치로 평가하는 투자부동산으로 대체하는 경우, 사용목적 변경시점까지 감가상각을 한 후 부동산의 장부금액과 공정가치의 차액은 유형자산에서 발생한 손익이므로 유형자산의 재평가회계처리와 동일한 방법으로 회계처리한다.[50] 또한, ③

49) 예를 들어, 장부금액 ₩100, 공정가치 ₩150인 투자부동산을 자가사용부동산으로 대체하는 경우 투자부동산을 공정가치인 ₩150으로 먼저 측정하고 장부금액 ₩100과의 차이 ₩50은 대체 전의 분류가 투자부동산이므로 투자부동산평가이익으로 처리하면 된다.

50) 예를 들어, 장부금액 ₩100, 공정가치 ₩150인 자가사용부동산을 투자부동산으로 대체하는 경우 자가사용부동산을 공정가치인 ₩150으로 먼저 측정하고 장부금액 ₩100과의 차이 ₩50은 대체 전의

재고자산을 공정가치로 평가하는 투자부동산으로 대체하는 경우, 재고자산의 장부금액과 대체시점의 공정가치의 차액은 재고자산에서 발생한 손익이므로 재고자산을 매각하는 경우와 동일하게 당기손익으로 인식한다.

구분	에서	으로	회계처리
원가모형	투자부동산	자가사용부동산, 재고자산	투자부동산의 장부금액
	자가사용부동산, 재고자산	투자부동산	자가사용부동산, 재고자산의 장부금액
공정가치 모형	투자부동산	자가사용부동산, 재고자산	사용목적 변경시점의 공정가치로 대체하고 장부금액과의 차액은 당기손익으로 인식
	자가사용부동산	투자부동산	사용목적 변경시점의 공정가치와 장부금액의 차액은 유형자산의 재평가모형의 재평가손익의 처리방법과 동일하게 처리
	재고자산	투자부동산	사용목적 변경시점의 공정가치와 장부금액의 차액은 당기손익으로 인식

[그림 6-15] **투자부동산의 대체**

4. 투자부동산의 제거

투자부동산을 처분하거나, 투자부동산의 사용을 영구히 중지하고 처분으로도 더 이상의 경제적효익을 기대할 수 없는 경우에는 재무상태표에서 제거 한다. 투자부동산의 폐기나 처분으로 발생하는 손익은 순처분금액과 장부금액의 차액이며 폐기나 처분이 발생한 기간에 당기손익으로 인식한다. 투자부동산의 손상, 멸실 또는 포기로 제3자에게서 받는 보상은 받을 수 있게 되는 시점에 당기손익으로 인식한다.

분류가 자가사용부동산이므로 재평가잉여금으로 처리하면 된다.

예제 15

전북㈜는 2012년 초에 장기적인 임대수익을 얻을 목적으로 건물을 ₩100,000에 구입하였다. 동 건물의 내용연수 10년이고, 잔존가치는 없다. 전북㈜는 위의 임대용 건물을 2014년 초에 외부에 ₩135,000에 매각하였다.

	2012년 말	2013년 말
공정가치	₩180,000	₩150,000

물음

1. 임대용 건물에 대하여 원가모형을 적용할 경우 2012년 초부터 2014년 초까지 해야 할 회계처리를 제시하시오.
2. 임대용 건물에 대하여 공정가치모형을 적용할 경우 2012년 초부터 2014년 초까지 해야 할 회계처리를 제시하시오.

풀이

1. 원가모형

일 자	회계처리
2012년 초	투자부동산 100,000 / 현 금 100,000
2012년 말	감가상각비 10,000[1] / 감가상각누계액 10,000 [1](₩100,000−₩0)/10년 = ₩10,000
2013년 말	감가상각비 10,000 / 감가상각누계액 10,000
2014년 초	현 금 135,000 / 투자부동산 100,000 감가상각누계액 20,000 / 투자부동산처분이익 55,000

2. 공정가치모형

일 자	회계처리
2012년 초	투자부동산 100,000 / 현 금 100,000
2012년 말	투자부동산 80,000 / 투자부동산평가이익 80,000 (당기손익)
2013년 말	투자부동산평가손실 30,000 / 투자부동산 30,000 (당기손익)
2014년 초	현 금 135,000 / 투자부동산 150,000 투자부동산처분손실 15,000 /

객관식 연습문제

exercises

▶▶ Ⅰ. 이론형 객관식 문제

01 **다음 중 유형자산에 해당되지 않는 것은?** (7급 2011)

① 주택시장의 침체로 인하여 건설회사가 소유하고 있는 미분양 상태의 아파트
② 남해안에서 양식 중인 5년 된 양식장의 참치
③ 해양 천연가스를 발굴하기 위하여 설치한 대형 해양탐사 구조물
④ 시세가 상승할 것으로 예측하여 취득하였으나 아직 사용목적을 결정하지 못한 대도시 외곽의 토지

정답 ③

미분양아파트 : 재고자산
양식장의 참치 : 생물자산
해양 천연가스 발굴을 위한 탐사구조물 : 유형자산(탐사평가자산)
사용목적을 결정하지 못한 토지 : 투자부동산

02 **유형자산의 취득원가 구성항목으로 옳지 않은 것은?** (9급 지방직 2009 수정)

① 설치장소 준비를 위한 지출
② 유형자산의 취득과 관련하여 국채 또는 공채 등을 불가피하게 매입하는 경우 당해 채권의 매입가액
③ 자본화대상인 차입원가
④ 취득세, 등록세 등 유형자산의 취득과 직접 관련된 재세공과금

정답 ②

유형자산의 취득과 관련하여 불가피하게 매입하는 국공채의 매입가액과 현재가치의 차액은 유형자산의 취득원가에 산입한다.

03 유형자산의 취득원가에 대한 다음 설명 중 옳지 않은 것은?

(9급 국가직 2006)

① 현물출자, 증여, 무상으로 취득한 자산의 가액은 공정가액으로 한다.

② 건물을 신축하기 위하여 사용 중인 기존건물을 철거하는 경우 그 건물의 장부가액은 제거하여 처분손실로 반영하고, 철거비용은 전액 취득원가에 포함한다.

③ 장기후불조건으로 구입하거나 대금지급기간이 일반적인 신용기간보다 긴 경우 취득시점의 현금구입가격으로 한다.

④ 유형자산이 정상적으로 작동되는지 여부를 시험하는 과정에서 발생하는 원가에서 장비의 시험과정에서 생산된 시제품의 순매각금액을 차감한 금액을 취득원가에 가산한다.

정답 ②

건물을 신축하기 위하여 사용 중인 기존건물을 철거하는 경우 그 건물의 장부가액은 제거하여 처분손실로 반영하고, 철기비용은 당기비용으로 처리한다.

04 (주)한국은 2008년 5월 4일에 해상구조물을 현금 300,000에 구입하였다. 환경 관련 법률 에서는 이 구조물의 내용연수가 종료된 후에는 훼손된 환경을 원상복구하도록 하고 있다. 이를 위하여 지출될 것으로 추정되는 금액은 40,000이며 현재가치는 30,000이다. 해상구조물의 취득시점에 (주)한국이 행할 회계처리로 적절한 것은?

(7급 2008)

①	(차) 구축물	340,000	(대) 현　　금	300,000
			복구비용	40,000
②	(차) 구축물	340,000	(대) 현　　금	300,000
			복구충당부채	40,000
③	(차) 구축물	330,000	(대) 현　　금	300,000
			복구비용	30,000
④	(차) 구축물	330,000	(대) 현　　금	300,000
			복구충당부채	30,000

정답 ④

장래에 지출이 확실한복구비용은 적절한 할인율로 할인한 현재가치금액을 자산의 취득원가로 처리하고 복구충당부채로 계상한다.

05 다음 분개가 일어날 수 있는 사건은? (9급 국가직 2000)

(차) 기계감가상각누계액 5,000	(대) 현 금 5,000

① 전기에 기계의 감가상각이 5,000 과대했음을 발견하다.
② 기계를 5,000에 구입하고 대금을 현금으로 지급하다.
③ 상업적 실질이 없는 교환거래를 통하여 기계장치를 교환하고 현금 5,000을 지급하다.
④ 기계의 수명을 연장시키기 위한 수선비 5,000을 현금으로 지급하다.

정답 ③

사용하던 (구)기계장치(감가상각누계액 5,000)와 교환하여 (신)기계장치를 취득하고 현금 5,000을 지급하다.

06 유형자산의 감가상각에 관한 설명으로 옳지 않은 것은? (세무사 2010)

① 유형자산의 감가상각방법은 자산의 미래경제적효익이 소비되는 형태를 반영한다.
② 유형자산의 감가상각은 자산이 사용가능한 때부터 시작한다.
③ 유형자산에 내재된 미래경제적효익이 다른 자산을 생산하는데 사용되는 경우 유형자산의 감가상각액은 해당 자산원가의 일부가 된다.
④ 정액법으로 감가상각하는 경우 감가상각이 완전히 이루어지기 전이라도 유형자산이 가동되지 않거나 유휴상태가 되면 감가상각을 중단해야 한다.
⑤ 매 회계연도 말 재검토 결과 자산에 내재된 미래경제적효익의 예상되는 소비형태에 유의적인 변동이 있다면, 변동된 소비형태를 반영하기 위하여 감가상가방법을 변경한다.

정답 ④

사용을 중단하였으나, 장래 사용을 재개할 예정인 유형자산의 감가상각비는 당기비용으로 회계처리한다.

07 유형자산의 취득원가를 결정하는 사항으로 타당한 것은 무엇인가?

① 자산의 취득, 건설, 개발에 따른 복구원가에 대한 충당부채는 유형자산을 취득하는 시점에서 비용으로 인식하고 동시에 충당부채로 인식한다.

② 건물을 신축하기 위하여 사용중인 기존 건물을 철거하는 경우 그 건물의 장부금액은 신축건물의 취득원가에 가산한다.

③ 새 건물을 신축하기 위하여 기존 건물이 있는 토지를 취득하고 그 건물을 철거하는 경우 철거비용은 토지의 취득원가에 가산한다.

④ 유형자산을 장기후불조건으로 구입한 경우 취득원가는 취득시점에서의 현금가액이 아닌, 장기 후불금액을 모두 합한 금액으로 한다.

⑤ 유형자산의 최초 취득시 매입할인이 있는 경우 이는 취득원가에서 차감하면 매입할인의 유무에 따라서 동일한 유형자산의 취득가액이 달라질 수 있으므로 취득원가에서 차감하지 않는다.

정답 ③

① 복구원가는 자산의 취득원가에 가산한다.
② 건물을 신축하기 위하여 사용중인 기존 건물을 철거하는 경우 그 건물의 장부금액은 제거하여 처분손실로 반영하고, 철거비용은 전액 당기비용으로 처리한다.
④ 유형자산을 장기후불조건으로 구입하거나, 대금지급기간이 일반적인 신용기간보다 긴 경우 취득원가는 취득시점의 현금구입가격상당액으로 한다.
⑤ 매입할인 등이 있는 경우에는 이를 차감하여 취득원가를 산출한다.

08 다음 중 차입원가의 자본화대상자산에 해당하는 것은?

① 현재 임대중인 건물
② 생물자산
③ 단기간내에 제조된 재고자산
④ 금융자산
⑤ 신축중인 비업무용 호화주택

정답 ⑤

신축중인 비업무용 호화주택은 "투자자산"에 해당되므로 차입원가자본화대상(즉, 적격자산)에 해당한다.
① 현재 임대중인 건물 → 이미 매입, 제작이 끝난 상태
②, ③, ④ 금융자산, 생물자산, 단기간 내에 생산된 재고자산은 적격자산에 해당하지 않는다.

09 **다음 중 감가상각방법에 따른 초년도 말의 장부가액간의 관계를 가장 잘 나타낸 것은?**

① 정률법 〉 정액법 〉 연수합계법
② 정률법 〉 연수합계법 〉 정액법
③ 정액법 〉 연수합계법 〉 정률법
④ 연수합계법 〉 정액법 〉 정률법
⑤ 정액법 〉 정률법 〉 연수합계법

정답 ③

간단한 숫자(예:₩1,000)와 간단한 기간(예:3년)을 예로 들어 문제를 푸는 것이 좋은 방법일 것이다. 초년도의 감가상각비가 가장 적게 계상되는 방법을 적용하는 경우에 초년도 말의 장부금액이 가장 크게 됨에 유의한다.

10 **12월 결산법인인 (주)한국은 2006년 초에 내용연수가 5년이며, 잔존가치는 취득원가의 10%인 유형자산을 취득하여 연수합계법으로 감가상각을 해오다가, 동 자산을 2008년 말에 매각처분하였다. 만약 (주)한국이 감가상각방법으로 이중체감법을 사용한다면 연수합계법을 사용하였을 경우와 비교하여 유형자산처분이익 혹은 유형자산처분손실에 나타나는 변화는?** (7급 2009)

① 유형자산처분이익의 경우에는 감소하고, 유형자산처분손실의 경우에는 변화가 없다.
② 유형자산처분이익의 경우에는 감소하고, 유형자산처분손실의 경우에는 증가한다.
③ 유형자산처분이익의 경우에는 증가하고, 유형자산처분손실의 경우에는 변화가 없다.
④ 유형자산처분이익의 경우에는 증가하고, 유형자산처분손실의 경우에는 감소한다.

정답 ④

내용연수 5년인 경우 초기 3년간의 감가상각합계액은 이중체감법이 연수합계법보다 크다.
3년간 감가상각액 : 연수합계법 〈 이중체감법
3년 후 장부가액 : 연수합계법 〉 이중체감법
3년 후 처분시 처분손익 : 연수합계법 〈 이중체감법

11 **한국채택국제회계기준의 투자부동산과 관련된 다음의 설명 중 타당하지 않은 것은?**

① 투자부동산의 공정가치 변동으로 발생하는 손익은 한국채택국제회계기준 유형자산의 재평가 모형 회계처리와 동일하게 처리한다.
② 운용리스에서 리스이용자가 보유하는 부동산에 대한 권리를 투자부동산으로 분류하는 경우, 공정가치모형만 적용한다.
③ 공정가치는 매각이나 다른 형태의 처분으로 발생할 수 있는 거래원가를 차감하지 않고 산정한다.
④ 투자부동산에 대하여 공정가치모형을 선택한 경우에는 최초 인식 후 모든 투자부동산을 공정가치로 측정한다.
⑤ 답 없음

정답 ①

투자부동산의 공정가치 변동으로 발생하는 손익은 발생한 기간의 당기손익에 반영한다.

12 **다음의 자산 중 투자부동산으로 분류할 수 없는 자산은 무엇인가?**

(공인회계사 2011)

① 미래에 투자부동산으로 사용하기 위하여 건설 또는 개발중인 부동산
② 장래 사용목적을 결정하지 못한 채로 보유하고 있는 토지
③ 직접 소유하고 운용리스로 제공하고 있는 건물
④ 운용리스로 제공하기 위하여 보유하고 있는 미사용 건물
⑤ 금융리스로 제공한 부동산

정답 ⑤

금융리스로 부동산을 제공하면 당해 부동산을 리스제공자의 자산으로 계상할 수 없다.

13 **투자부동산의 회계처리에 관한 설명으로 옳지 않은 것은?** (세무사 2010)

① 부동산 중 일부는 시세차익을 얻기 위하여 보유하고, 일부분은 재화의 생산에 사용하기 위하여 보유하고 있으나, 이를 부분별로 나누어 매각할 수 없다면, 재화의 생산에 사용하기 위하여 보유하는 부분이 중요하다고 하더라도 전체 부동산을 투자부동산으로 분류한다.

② 금융리스를 통해 보유하게 된 건물을 운용리스로 제공하고 있다면 해당 건물은 투자부동산으로 분류한다.
③ 사무실 건물의 소유자가 그 건물을 사용하는 리스이용자에게 경미한 보안과 관리용역을 제공하는 경우 당해 부동산은 투자부동산으로 분류한다.
④ 운용리스로 제공하기 위하여 직접 소유하고 있는 미사용 건물은 투자부동산에 해당된다.
⑤ 지배기업이 보유하고 있는 건물을 종속기업에게 리스하여 종속기업의 본사 건물로 사용하는 경우 그 건물은 지배기업의 연결재무제표 상에서 투자부동산으로 분류할 수 없다.

정답 ①

분리매각이 불가능한 일부만 투자부동산에 해당하면 재화의 생산에 사용하기 위하여 보유하는 부분이 경미한 경우에만 전체 부동산을 투자부동산으로 분류한다.

▶▶ II. 계산형 객관식 문제

01 **(주)대한은 다음 자료와 같이 기계장치를 취득하였다. 기계장치의 취득원가는?** (9급 세무직 2011)

• 기계장치 구입대금	₩20,000
• 운반비	₩1,000
• 설치비	₩3,000
• 시운전비	₩2,000
• 구입 후 수선비	₩2,000

① ₩21,000　② ₩25,000
③ ₩26,000　④ ₩28,000

정답 ③

기계장치 취득원가 = 20,000 + 1,000 + 3,000 + 2,000 = 26,000
구입후 수선비는 당기비용으로 처리한다.

02 (주)한국은 공장을 신축하기 위해 토지를 구입하였는데 이 토지에는 사용불가능한 창고건물이 있었다. 다음 자료를 기초로 계산한 토지의 취득원가는? (7급 2008)

• 토지의 구입가격	₩500,000
• 토지 구입을 위한 중개인 수수료	₩20,000
• 토지취득세 및 등기비	₩30,000
• 창고건물 철거비용	₩50,000
• 창고건물 철거시 발생한 폐기물 처분가액	₩10,000
• 영구적으로 사용가능한 하수도 공사비	₩10,000
• 토지정지비용	₩20,000

① ₩610,000 ② ₩620,000
③ ₩630,000 ④ ₩640,000

정답 ②

토지의 구입가격	₩500,000
(+) 토지 구입을 위한 중개인 수수료	₩20,000
(+) 토지취득세 및 등기비	₩30,000
(+) 창고건물 철거비용	₩50,000
(−) 창고건물 철거시 발생한 폐기물 처분가액	₩10,000
(+) 영구적으로 사용가능한 하수도 공사비	₩10,000
(+) 토지정지비용	₩20,000
토지의 취득원가	₩620,000

영구적인 하수도 공사비는 영구적이므로 토지의 취득원가로 처리한다.

03 취득원가가 ₩600,000이고 내용연수가 10년이며 잔존가액은 취득원가의 10%인 비품을 정액법으로 감가상각할 때 매년 감가상각할 금액은 얼마인가? (9급 국가직 2006)

① ₩62,000 ② ₩60,000
③ ₩54,000 ④ ₩50,000

정답 ③

연간 감가상각비 = (취득원가 − 잔존가치) ÷ 내용연수

04 (주)서울은 2004년 1월 1일 ₩1,000,000에 기계장치를 구입하고 기계장치의 내용연수를 4년, 잔존가액을 ₩100,000으로 추정하였다. (주)서울은 감가상각방법으로 연수합계법을 채택하였다. 3차 연도인 2006년 말 결산일에 이 기계장치의 감가상각비로 계상할 금액은?

(9급 국가직 2006)

① ₩90,000　　② ₩180,000
③ ₩270,000　　④ ₩360,000

정답 ②

3차 연도 감가상각비 : (1,000,000 – 100,000) × (2/10) = 180,000

05 (주)종로는 2002년 1월 1일에 기계장치를 ₩5,000,000에 취득하였다. 내용연수는 5년이고, 잔존가액은 ₩500,000이었다. 2004년 초에 재무상태표상 기계장치의 취득원가는 ₩5,000,000이고 감가상각누계액이 ₩2,700,000이라면 감가상각방법은 어느 것이었겠는가? (9급 국가직 2004)

① 정액법　　② 연수합계법
③ 이중체감법　　④ 정률법

정답 ②

정률법은 정률이 문제에 제시되어 있지 않으므로 계산할 수 없다.
정액법(2년간 감가상각비) : (5,000,000 – 500,000) / 5 × 2 = ₩1,800,000
연수합계법(2년간 감가상각비) : (5,000,000 – 500,000) × (5 + 4) ÷ 15 = ₩2,700,000
이중체감법(2년간 감가상각비) : 5,000,000 × 40% + 3,000,000 × 40% = ₩3,200,000

06 (주)한국은 2007년 6월 1일에 토지와 건물을 ₩3,000,000에 일괄취득하였다. 취득시점에서 토지와 건물의 공정가액은 각각 ₩1,200,000과 ₩1,800,000이었다. (주)한국은 취득원가를 상대적 공정가액을 기준으로 배분한다. 건물의 내용연수는 5년, 잔존가치는 취득원가의 10%이며 (주)한국은 건물을 연수합계법으로 감가상각하고자 한다. (주)한국의 2007년도 건물 감가상각비는? (단, 취득연도의 감가상각비는 월할상각에 의한다.)

(7급 2007)

① ₩540,000　　② ₩600,000
③ ₩315,000　　④ ₩350,000

정답 ③

(1,800,000 – 180,000) × (5/15) × (7/12) = ₩315,000

07 2001년 12월 31일(결산일) 건물의 장부가액은 ₩1,280,000이었다. 2002년 7월 1일 이 건물을 ₩1,000,000에 처분하여 ₩100,000의 처분손실을 기록하였다. 이 건물의 감가상각방법으로 정액법이 사용되었다면 연간 감가상각비는 얼마인가? (9급 국가직 2002)

① ₩80,000 ② ₩280,000 ③ ₩360,000 ④ ₩400,000

정답 ③

2002년 7월 1일 장부가액 : 처분가액(1,000,000) + 처분손실(100,000) = ₩1,100,000
감가상각비(2002년 1월 1일~2002년 7월 1일) : 1,280,000 – 1,100,000 = ₩180,000
연간감가상각비: 180,000 × 2 = ₩360,000

08 2004년 10월 1일 ₩5,000,000에 취득한 유형자산(내용연수 9년, 잔존가치 ₩500,000)을 2007년 3월 31일에 ₩2,500,000에 처분했다. 유형자산처분이익은 얼마인가? (단, 감가상각방법은 연수합계법이다.) (9급 서울시 2007)

① ₩250,000 손실 ② ₩450,000 손실
③ ₩250,000 이익 ④ ₩450,000 이익
⑤ 이익 없음

정답 ②

2004년 10월 1일~2007년 3월 31일의 감가상각누계액 계산
: (5,000,000 – 500,000) × {(9 + 8 + 3.5)/45} = ₩2,050,000
2007년 3월 31일의 장부가액 : 5,000,000 – 2,050,000 = ₩2,950,000
∴ 유형자산처분손익 : 2,500,000 – 2, 950,000 = 처분손실 ₩450,000

09 2005년 1월 초에 (주)경기는 기계를 ₩10,000에 구입하였으며, 기계의 운반 및 설비로 ₩4,000을 지출하였다. 이 기계의 내용연수는 10년, 잔존가치는 ₩1,000으로 추정되다. 2006년 1월 이 기계의 성능개선을 위하여 ₩900을 추가 지출하였다. 이는 기계의 자산가치를 실질적으로 증가시키는 효과가 있다. 정액법에 따라 감가상각비를 계상한다면 2006년도의 기계감가상각비는 얼마인가? (9급 국가직 2007)

① ₩1,100 ② ₩1,200

③ ₩1,300 ④ ₩1,400

정답 ④

취득원가 : 10,000 + 4,000 = ₩14,000

감가상가비(2005년) : (14,000 − 1,000) ÷ 10 = ₩1,300

감가상각비(2006년) : 1,300 + (900 ÷ 9년) = ₩1,400

자본적 지출은 잔여기간 동안 동일한 방법으로 상각한다.

10 **다음은 12월 말 결산법인인 (주)갑의 설비자산에 관한 자료이다. 2009년 1월 1일(주)갑의 기계처분에 대한 회계처리로 옳은 것은?**

(9급 관세직 2009)

- 2003년 1월 1일에 ₩120,000의 기계를 취득하였고, 취득당시 운반비와 설치비 ₩30,000이 추가로 발생하였다. 내용연수는 5년이며 잔존가치는 없는 것으로 추정되었고, 감가상각방법으로 정액법을 적용하였다.
- 2006년 1월에 대대적인 유지보수를 위해 ₩40,000을 지출하였고, 이로 인하여 내용연수가 3년이 더 증가하였다. 그러나 잔존가치는 여전히 없는 것으로 추정되었다.
- 2009년 1월 1일에 이 기계를 ₩60,000에 처분하였다.

① (차)	현금	60,000	(대) 기계	190,000
	감가상각누계액	150,000	기계처분이익	20,000
② (차)	현금	60,000	(대) 기계	150,000
	감가상각누계액	90,000		
③ (차)	현금	60,000	(대) 기계	150,000
	감가상각누계액	124,800	기계처분이익	34,800
④ (차)	현금	60,000	(대) 기계	190,000
	감가상각누계액	123,333		
	기계처분손실	6,667		

정답 ①

2003년~2005년 감가상각비 : 150,000 ÷ 5년 × 3년 = ₩90,000

2006년~2008년 감가상각비 : (150,000 − 90,000 + 40,000) ÷ 5년 × 3년 = ₩60,000

처분이익 : 60,000 − (190,000 − 150,000) = ₩20,000

11 **12월 결산법인인 (주)한국은 2007년 9월 1일에 기계장치를 취득하였다. 이 기계장치의 내용연수는 3년, 잔존가치는 취득원가의 10%이다. (주)한국은 월할 기준으로 연수합계법을 사용하여 감가상각비를 계산한다. (주)한국이 이 기계장치를 2008년 11월 30일에 ₩450,000에 처분하고 유형자산처분손실 ₩25,000을 인식하였다면 이 기계장치의 취득원가는?**

(7급 2009)

① ₩1,000,000 ② ₩1,100,000
③ ₩1,200,000 ④ ₩1,500,000

정답 ①

감가상각비(2007년 9월 1일~2008년 9월 1일) : 취득원가를 x 라고 할때 0.9 × (3/6) = 0.45x
감가상각비(2008년 9월 1일~2009년 11월 30일) : 0.9x × (2/6) × (3/12) = 0.075x
처분시점의 유형자산의 장부가액 : 450,000 + 25,000 = 475,000 = x − 0.45x − 0.075x
유형자산의 취득원가(x) = 1,000,000

12 **남부상사는 2000년 1월 1일 장부가액이 ₩288,000인 기계를 매각하고, 2003년 1월 1일 만기인 액면 ₩360,000의 무이자부 약속어음을 수취하였다. 수취당시 시장이자율은 10%이며, 기간 3년인₩1에 대한 현재가치는 0.75, 연금 1에 대한 현재가치는 2.49이다. 이 거래에 대한 설명 중 옳지 않은 것은?** (9급 국가직 2003)

① 2000년도 손익계산서에 보고되는 기계처분손실은 ₩18,000이다.
② 2000년 12월 31일 현재 재무상태표에 보고되는 현재가치할인차금은 ₩60,000이다.
③ 2000년 12월 31일 현재 재무상태표에 보고되는 장기미수금의 장부가액은 ₩297,000이다.
④ 유효이자율법을 적용할 경우 2000년도 손익계산서에 보고되는 이자수익은 ₩27,000이다.

정답 ②

일자별 회계처리

(1) 2000년 1월 1일(처분일)

(차) 장기미수금	360,000	(대) 기계장치	288,000
유형자산처분손실	18,000	현재가치할인차금	90,000

* 장기미수금의 현재가치 : 360,000 × 0.75 = ₩270,000
현재가치할인차금 : 360,000 − 270,000 = ₩90,000
유형자산처분손익 : 270,000 − 2888,000 = ₩18,000 손실

(2) 2000년 12월 31일

(차) 현재가치할인차금　27,000　(대) 이자수익　27,000

*2000년 이자수익(유효이자율법) : 270,000 × 10% = ₩27,000

(3) 부분재무상태표의 표시(2000년 12월 31일)

2000년 12월 31일 B/S

장기미수금		₩360,000	
현재가치할인차금	(₩63,000)	₩297,000	

13 **고려(주)는 공장부지로 사용할 목적으로 토지를 취득하였으나 인건비 절감을 위하여 신설공장을 개성공단에 건설하기로 하여 토지를 한양(주)에 처분하였다. 고려(주)는 2011년 1월 1일 보유중인 토지를 다음과 같은 조건으로 처분하였다. 처분 시 유형자산처분손익은 얼마인가?**

> (1) 고려(주)는 토지판매대금으로 액면가액 ₩100,000, 만기 2년의 무이자부 어음을 수령하였다.
> (2) 토지 처분일의 시장이자율은 8%이다.
> (3) 처분일 현재 토지의 장부가액이 ₩20,000이다.
> (4) 8%, 2기간, 현가계수는 0.85734 이다.

① 유형자산처분이익 ₩65,734　② 유형자산처분이익 ₩72,456
③ 유형자산처분손실 ₩72,593　④ 유형자산처분손실 ₩76,154
⑤ 유형자산처분손실 ₩80,000

정답 ①

1) 미래현금흐름파악

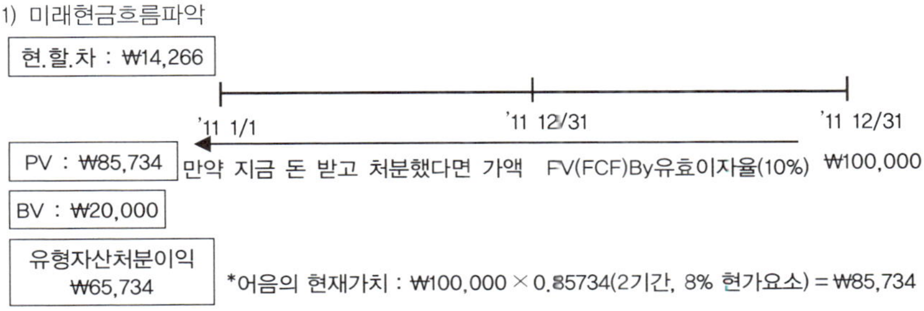

*어음의 현재가치 : ₩100,000 × 0.85734(2기간, 8% 현가요소) = ₩85,734

2) 현재가치 계산

① 액면가액의 PV : ₩1,000,000 × 0.71178 (12%, 3년 현가요소) = ₩711,780

② 이자의 PV : ₩100,000 × 2.40183 (12%, 3년 연금현가요소) = ₩240,183　₩951,963

14 서강(주)는 2011년 초에 장부가액 ₩600,000인 기계장치를 매각하고 액면가액은 ₩1,000,000, 액면이자율은 10%, 이자는 매년 말 후급, 만기 3년인 어음을 수령하였다. 처분 당시의 시장이자율은 12%였다. 기계장치 매각거래가 서강(주)의 2011년도 당기손익에 미친 영향을 계산하면 얼마인가? (단, 12% 3기 연가계수는 0.71178이고, 12% 3기 연금현가계수는 2.40183이다.)

① ₩257,995　　② ₩547,445
③ ₩785,259　　④ ₩359,258
⑤ ₩466,199

정답 ⑤

1) 미래현금흐름파악

현.할.차 : ₩48,037

'11 1/1 — '11 12/31 ₩100,000 — '12 12/31 ₩100,000 — '12 12/31 ₩100,000 : 이자, ₩100,000 : 원금

PV : ₩951,963 ← 만약 지금 돈 받고 처분했다면 가액　PV(FCF)By유효이자율(12%)

BV : ₩600,000

'11 12/31에 인식할 이자수익 : ₩951,963 × 12% = ₩114,236

유형자산처분이익 ₩351,963

2) 현재가치 계산

① 액면가액의 PV : ₩1,000,000 × 0.71178 (12%, 3년 현가요소) = ₩711,780

② 이자의 PV : ₩100,000 × 2.40183 (12%, 3년 연금현가요소) = ₩240,183　₩951,963

∴ 2011년 손익에 미친 영향 : 유형자산처분이익(₩351,963) + 이자수익(₩114,236) = ₩466,199

15 (주)영동조선은 2009년 10월 1일 상환의무가 없는 정부보조금 ₩100,000을 수령하여 기계장치(취득원가 ₩300,000, 내용연수 5년, 잔존가치 ₩20,000)을 취득하였다. 감가상각은 정액법으로 하였으며, 2012년 9월 30일 동 기계장치를 ₩120,000에 처분하였다. 유형자산처분손익은 얼마인가? 단, (주)영동조선은 정부보조금을 관련자산에서 차감하는 형식으로 회계처리하고 있다. (공인회계사 2002 수정)

① ₩28,000　　② ₩38,000
③ ₩48,000　　④ ₩58,000
⑤ ₩68,000

정답 ①

2012년 처분이익 : 120,000 – {200,000 – (200,000 – 20,000) × 3년 ÷ 5년} = 28,000
정액법, 연수합계법등과 같이 감가상각대상금액을 대상으로 감가상각을 하는 경우에는 정부보조금을 제외한 회사의 순부담액을 기준으로 감가상각비를 계산(간편법)하고 처분손익을 계산해도 결과는 동일하다.

〈별해〉

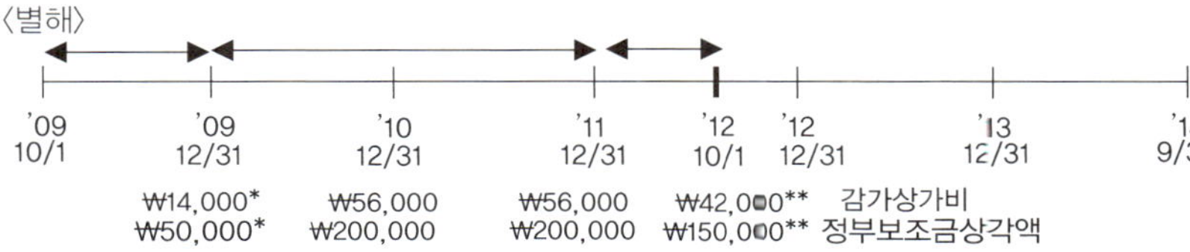

1) 감가상각누계액 계산	2) 정부보조금 미상각액 계산
연간 감가상각비 = (₩300,000 – ₩20,000)/5년 = ₩56,000	연간 정부보조금 상각액 = ₩100,000/5년 = ₩20,000
* ₩56,000 × 3/12 = ₩14,000	* ₩20,000 × 3/12 = ₩5,000
** ₩56,000 × 9/12 = ₩42,000	** ₩20,000 × 9/12 = ₩15,000
∴ ₩14,000 + ₩56,000 + ₩56,000 + ₩42,000 = ₩168,000	∴ ₩5,000 + ₩20,000 + ₩20,000 + ₩15,000 = ₩60,000
	∴ 잔액을 표시함으로 ₩100,000 – ₩60,000 = ₩40,000

그러므로 장부금액은 아래와 같다.

기 계 장 치	₩300,000
감가상각누계액	(168,000)
정부보조금	(40,000)
장 부 금 액	₩92,000

∴ 유형자산처분이익 = 처분금액(₩120,000) – 장부금액(₩92,000) = ₩28,000

16 12월 말 결산법인인 (주)한국은 2007년 10월 1일 기계장치 취득에 사용될 상환의무가 없는 정부보조금 ₩800,000을 수령하여 동 일자에 기계장치를 취득하여 사용하였다. 기계장치의 취득원가는 정부보조금을 포함하여 ₩10,000,000이며, 내용연수 10년, 잔존가치는 없으며 정액법에 따라 감가상각한다. 2007년 말 현재 재무상태표상 기계장치의 장부금액은 얼마인가? (단, 정부보조금의 회계처리는 자산에 차감하난 형식으로 표시하고 감가상각비와 차감하는 회계처리를 한다.)

(9급 세무직 2007)

① ₩8,875,000　　② ₩8,920,000
③ ₩8,950,000　　④ ₩8,970,000

정답 ④

정부보조금을 차감한 장부가액 : 10,000,000 – 800,000 = ₩9,200,000
(연간)감가상각비 : (9,200,000 – 0)/10년 = 920,000
감가상각비(207년 10월 1일~12월 31일) : 920,000 × (3/12) = ₩230,000
장부가액(2007년 12월 31일) : 9,200,000 – 230,000 = ₩8,970,000

17 **원가모형에 의하여 평가하고 있는 (주)대한의 기계장치와 관련하여 2011년 12월 31일 결산일 현재 인식해야 할 손상차손환입은?** (9급 세무직 2011)

> ㈜대한은 2010년 1월1일 잔존가치 0, 내용연수 5년인 기계장치를 ₩500,000에 구입하여 정액법으로 감가상각하기로 하였다. 2010년 12월 31일 ㈜대한은 해당 기계장치의 손상징후가 있어 손상검사를 실시하여 회수가능액을 추정한 결과 순공정가치가 ₩200,000, 사용가치가 ₩150,000이었고, 2011년 12월 31일 기계장치의 회수가능액은 ₩400,000이었다.

① ₩100,000 ② ₩150,000
③ ₩200,000 ④ ₩250,000

정답 ②

2010년 말 상각후원가 = ₩400,000
2010년 말 회수가능액 = MAX (순공정가치 200,000, 사용가치 150,000) = ₩200,000
2011년도 감가상각비 = ₩200,000 ÷ 4년 = ₩50,000
2011년 말 회복전 장부가액 = ₩200,000 − ₩50,000 = ₩150,000
2011년 말 회복후 장부가액 = MIN {회수가능액 400,000, 상각후원가 300,000}
손상차손환입액 = ₩300,000 − ₩150,000 = ₩150,000

18 **다음은 (주)봉명이 2011년 초에 취득한 토지에 관한 자료이다. (주)봉명은 토지 취득 후에 재평가모형에 의해서 토지에 대한 회계처리를 한다. 토지의 취득원가와 각 회계기간 말 현재 토지의 공정가치는 아래와 같다. 토지의 재평가와 관련하여 (주)봉명이 2013년도에 인식할 당기손실과 총포괄손실은 각각 얼마인가? (단, 법인세효과는 고려하지 않는다.)**

(공인회계사 2010)

구분	취득원가	각 회계기간 말 공정가치		
	2011년 초	2011년	2012년	2013년
토지	₩3,000	₩3,500	₩3,200	₩2,900

	당기손실	총포괄손실
①	₩300	₩300
②	₩0	₩300
③	₩200	₩500
④	₩100	₩200
⑤	₩100	₩300

정답 ⑤

• 2011년 말

(차) 토　　지 500　　(대) 재평가잉여금 500

• 2012년 말

(차) 재평가잉여금 300　　(대) 토　　지 300

• 2013년 말

(차) 재평가잉여금 200　　(대) 토　　지 300
재평가손실 100

재평가로 가치가 하락한 경우 당기손실로 처리한다. 그러나 이전에 재평가로 재평가잉여금이 있는 경우에는 재평가잉여금을 우선 감소하게 한 후 나머지 금액을 당기손실로 인식한다.

17 **(주)동방은 2009년 1월 1일 저유설비를 신축하기 위하여 기존건물이 있는 토지를 ₩1,000,000에 취득하였다. 기존건물의 철거 비용으로 ₩200,000이 발생하였으며, 2009년 7월 1일 저유설비 신축을 완료하고, 그 신축대가로 ₩800,000을 지급하였다. 이 저유설비의 잔존가치는 ₩20,000, 내용연수는 10년으로 추정되었으며 정액법으로 감가상각을 한다. 신축완료시점에 동 저유설비와 관련하여 복구충당부채 ₩288,600을 설정하였다면 2009년도 당기손익에 영향을 미치는 금액은 얼마인가? (단, 무위험이자율에 (주)동방의 신용위험을 고려하여 산출된 할인율은 연 8%이다. 또한 감가상각은 월단위로 한다.)**

(공인회계사 2006)

① ₩53,430　　② ₩64,974
③ ₩74,974　　④ ₩76,518
⑤ ₩264,974

정답 ②

위 문제에서 기말 당기손익에 영향을 미치는 항목은 감가상각비와 이자비용(복구충당부채전입액)이다.

① 토지 취득원가 = ₩1,000,000 + ₩200,000 = ₩1,200,000
② 저유설비 취득원가 = ₩800,000 + 288,600 = ₩1,088,600
저유설비 감가상각비 : (₩1,088,600 − ₩20,000) × 1/10 × 6/12 = ₩53,430
저유설비 복구충당부채전입액 : ₩288,600 × 8% × 6/12 = ₩11,544
∴ ① + ② = ₩64,974

18 (주)삼일은 사업확장용 매장을 신축하기 위해 (주)용산으로부터 장부금액이 각각 ₩50,000,000과 ₩150,000,000인 사옥과 토지를 ₩300,000,000에 일괄 구입하였다. 매입 직후 ₩5,000,000을 들여 기존 사옥을 철거하고 매장신축공사를 시작하였다. (주)삼일이 위 거래와 관련하여 계상하여야 하는 토지의 취득원가는 얼마인가? (세무사 2000)

① ₩200,000,000 ② ₩300,000,000
③ ₩305,000,000 ④ ₩205,000,000
⑤ ₩5,000,000

정답 ③

토지의 취득원가 = ₩300,000,000 + ₩5,000,000 = ₩305,000,000
건물신축목적으로 기존건물이 있는 토지를 취득한 경우에는 지불금액 전액을 토지의 취득원가로 하고 당해 건물을 철거하는 경우 기존건물의 철거관련 비용도 토지의 취득원가에 산입한다. 한편, 건물 장부금액 ₩50,000,000은 취득원가에서 감가상각누계액을 차감한 금액이다. 건물의 공정가치는 ₩50,000,000 보다 훨씬 높음에 주의하기 바람.

19 12월말 결산법인인 (주)고구려는 2009년 초에 만기 2년의 무이자부어음(액면가액 ₩2,000,000)을 발행하여 지방자치단체가 소유하고 있는 부지 상의 건물을 취득하였다. 동 어음은 2009년 말 부터 매년 말 ₩1,000,000씩 2회에 걸쳐 상환하는 조건으로 발행되었다. 또한 회사는 동 건물의 등록을 위해 5년 후 상환조건인 현재가치 ₩80,000의 무이자부 공채를 액면가액 ₩100,000에 현금 취득하였는데, 회사는 동 공채를 매도가능금융자산으로 분류하기로 하였다. 어음 발행 시 적용되는 시장이자율은 연 10%이다. (주)고구려가 2009년 초에 구입한 건물의 취득원가는 얼마인가? (금융비용 자본화는 무시) 단, 단일금액 ₩1의 현가계수(기간 1년, 연 이자율 10%)는 0.9091이며, 단일금액 ₩1의 현가계수(기간 2년, 연 이자율 10%)는 0.8264이다. (세무사 2006)

① ₩1,255,500 ② ₩1,735,500
③ ₩1,755,500 ④ ₩2,020,000
⑤ ₩2,350,000

정답 ③

① 무이자부어음의 미래현금흐름의 현재가치 ₩1,000,000 × 0.9091 (1기간, 10%)현가요소 = ₩909,100
₩1,000,000 × 0.8264(2기간, 10%)현가요소 = 826,400

₩1,735,500

② 　공채의 액면가액 　　₩100,000
　− 공채의 현재가치 　　(₩80,000)
　= 현재가치할인차금 　　₩20,000

∴ 건물의 취득원가 = ① + ② = ₩1,755,500

20 (주)한강은 2012년 초 토지를 ₩400,000에 구입하였고, 이 토지는 2012년 말에 공정가치 ₩700,000으로 재평가되었다. (주)한강이 토지에 대하여 재평가모형을 적용한다면, 위 토지에 대한 재평가가 (주)한강의 2012년 재무제표에 미치는 영향으로 옳은 것은? (취득시점 이후 토지에 대한 손상은 발생하지 않았다.) (관세사 2010)

① 재평가이익 ₩300,000만큼 자본이 증가한다.
② 재평가이익 ₩300,000만큼 당기순이익이 증가한다.
③ 재평가이익 ₩300,000만큼 이익잉여금이 증가한다.
④ 재평가이익 ₩300,000만큼 토지의 사용에 따라 이익잉여금으로 대체된다.
⑤ 재평가이익 ₩300,000만큼 자본은 증가하지만, 포괄손익계산서에 보고되지는 않는다.

정답 ①

재평가로 자산이 증가하면 재평가잉여금(자본항목−기타포괄손익누계액)으로 처리하여 당기손익에 영향을 주지 않는다.

(차) 토 　　지 300,000 　　(대) 재평가잉여금(기타포괄손익) 300,000

21 (주)강원은 2011년 초 ₩5,000,000(내용연수 5년, 잔존가치 ₩0)에 건물을 취득하고, 감가상각방법은 정액법을 적용한다. (주)강원은 건물에 대하여 재평가모형을 적용하며, 재평가의 회계처리는 재평가 후 자산의 장부금액이 재평가금액과 일치하도록 감가상각누계금액과 총장부금액을 비례적으로 수정하는 방법을 사용한다. (주)강원은 2011년 말 건물의 공정가치를₩4,800,000으로 재평가하였다. (주)강원이 2011년 말 재무상태표에 보고할 건물에 대한 감가상각누계액은 얼마인가? (단, (주)강원은 2011년도 건물의 감가상각비를 이미 인식하였다.) (관세사 2010)

① ₩0 　　② ₩600,000
③ ₩800,000 　　④ ₩1,000,000
⑤ ₩1,200,000

정답 ⑤

비례수정법

2011년도 감가상각비 : 5,000,000 ÷ 5년 = 1,000,000

계정과목	2011년 말(조정 전)	수정비율		재평가후
건 물	₩5,000,000	② 20%증가	1,000,000	₩6,000,000
감가상각누계액	(₩1,000,000)	③ 20%증가	(200,000)	(₩1,200,000)
장부금액	₩4,000,000	① 20%증가	800,000	₩4,800,000

22 **(주)국세는 2011년 1월 1일에 건물을 ₩3,000,000에 취득하여 본사 건물로 사용하였다. 동 건물의 내용연수는 5년, 잔존가치는 ₩0이며, 정액법으로 감가상각한다. 또한 (주)국세는 건물에 대하여 재평가모형을 적용하여 매년 말 감가상각 후 주기적으로 재평가를 하고 있으며, 동 건물의 연도별 공정가치는 다음과 같다.**

• 2011년 말 ₩3,200,000 • 2012년 말 ₩1,500,000

동 건물과 관련하여(주)국세가 2012년도에 당기손익으로 인식할 재평가손실은 얼마인가?(단, (주)국세는 자산의 순장부금액을 재평가금액으로 수정할 때 기존의 감가상각누계액을 모두 제거하는 방법을 적용하여 회계처리하고 있으며, 재평가잉여금을 당해 자산을 사용하면서 이익잉여금으로 대체하는 방법은 선택하지 않고 있다. 또한 손상차손은 고려하지 않는다.) (세무사 2010)

① ₩100,000
② ₩300,000
③ ₩500,000
④ ₩700,000
⑤ ₩900,000

정답 ①

• 2011년 말

(차) 감가상각비	600,000	(대) 감가상각누계액	600,000
(차) 감가상각누계액	600,000	(대) 재평가잉영금	800,000
건 물	200,000		

• 2012년 말

(차) 감가상각비	80,000	(대) 감가상각누계액	800,000
(차) 감가상각누계액	800,000	(대) 건 물	1,700,000
재평가잉여금	800,000		
재평가손실	100,000		

23 (주)국세는 2011년 초 처음으로 기계장치 1대를 ₩1,000,000(내용연수 10년, 잔존가치 ₩0, 정액법 상각)에 취득하여 재평가모형에 의해 회계처리하기로 했다. 즉, (주)국세는 위 기계장치에 대해 매년 말 공정가치로 재평가를 실시하며, 자산을 사용함에 따라 매년 말 재평가잉여금을 이익잉여금으로 대체하기로 하였다. 2011년 말 기계장치의 공정가치가 ₩990,000이고, 2012년 말의 공정가치는 ₩880,000이다. (주)국세가 2012년 말 이익잉여금으로 대체하는 재평가잉여금은 얼마인가?

(세무사 2011)

① ₩7,000　　② ₩8,500
③ ₩10,000　　④ ₩15,000
⑤ ₩20,000

정답 ③

1. 2011년 말의 재평가잉여금

건물의 공정가치			₩990,000
건물의 장부금액			(900,000)
취득금액		₩1,000,000	
2011년의 감가상각비	(1,000,000 − 0) ÷ 10 =	(100,000)	
			₩90,000

2. 재평가잉여금 중 이익잉여금으로 대체할 금액은 재평가모형에서의 감가상각비와 원가모형에서의 감가상각비의 차액이다. 만일 정액법으로 감가상각하는 경우에는 재평가잉여금을 잔존내용연수에 걸쳐 정액법을 상각한 금액과 동일한 금액이 된다.

재평가모형의 감가상각비	(990,000 − 0) ÷ 9 =	₩110,000
원가모형의 감가상각비	(1,000,000 − 0) ÷ 10 =	(100,000)
	90,000 ÷ 9 =	₩10,000

24 (주)한국은 2011년에 아래와 가이 공장과 토지 각각에 대해 손상차손을 인식할 필요가 있다고 결정하였다. 관련정보가 다음과 같을 때, 각 자산의 손상차손 인식에 대한 설명으로 옳지 않은 것은? (7급 2011)

구분	공장	토지
최초 취득가액	₩1,700,000	₩2,400,000
전기말 재평가잉여금	–	₩450,000
전기말 장부금액	₩1,700,000	₩2,850,000
당기 인식 손상차손	₩200,000	₩500,000

① 공장의 손상차손 ₩200,000을 당기순손익에 반영한다.
② 토지의 손상차손 반영 후 장부가액은 ₩2,350,000이다.

③ 공장의 손상차손 반영 후 장부가액은 ₩1,500,000이다.

④ 토지의 손상차손 반영 후 재평가잉여금의 잔액은 ₩450,000이다.

정답 ④

• 공장의 손상차손 ₩200,000은 모두 당기손익으로 처리한다.

(차) 유형자산손상차손 200,000 (대) 유형자산손상차손누계액 200,000

• 토지의 손상차손 ₩500,000은 재평가잉여금을 ₩450,000 감소하고 ₩50,000은 당기손익으로 처리한다. 따라서 손상차손 반영 후 재평가잉여금잔액은 없다.

(차) 재평가잉여금 450,000 (대) 유형자산손상차손누계액 500,000

유형자산손상차손 50,000

25 **12월말 결산법인인 수원(주)는 2012년 1월 1일에 투자부동산을 ₩380,000에 취득하였다. 이 투자부동산의 내용연수는 50년이고 2014년 12월 31일의 공정가치는 ₩460,000이다. 2015년 1월1일에 이 투자부동산은 ₩450,000에 처분되었다. 수원(주)는 투자부동산에 대하여 원가모형을 사용한다. 이 투자부동산의 처분과 관련하여 2015년 포괄손익계산서에 포함되어야 하는 손익은 얼마인가?**

① ₩92,800 이익　　② ₩85,200 이익

③ ₩10,000 손실　　④ ₩70,000 이익

정답 ①

투자부동산의 폐기나 처분으로 발생하는 손익은 순처분금액과 장부금액의 차액이며 폐기나 처분이 발생한 기간에 당기손익으로 인식 한다. 처분대가 ₩450,000 − 장부금액 ₩357,200 (₩380,000 × 47/50) = ₩92,800

7장

무형자산 및 영업권

제1절 • 무형자산의 의의와 인식

제2절 • 무형자산 일반

제3절 • 내부창출된 무형자산

제4절 • 사업결합 영업권

객관식 연습문제

제1절 무형자산의 의의와 인식

1. 무형자산의 의의

1) 무형자산의 정의

무형자산(intangible assets)은 물리적 형체는 없지만 식별가능한 비화폐성자산을 말한다. 기업은 경제적 자원을 사용하거나 부채를 부담하여 과학적·기술적 지식, 새로운 공정이나 시스템의 설계와 실행, 라이선스, 지적재산권, 시장에 대한 지식과 상표(브랜드명 및 출판표제 포함) 등의 무형자원을 취득, 개발, 유지하거나 개선한다.[1)]

무형의 자원에 대한 지출은 물리적 실체가 없기에 자산으로 인정하는 것에 보다 엄격한 기준이 필요하다. 즉, 무형의 자원에 대한 지출이 무형자산의 일정한 정의를 충족하지 않는다면 그것을 취득하거나 내부적으로 창출하기 위하여 발생한 지출은 발생시점에 비용으로 인식한다. 영업권을 제외한 무형자산으로 정의되기 위해서는 다음의 세 가지 요건을 모두 만족하여야 한다.

① 개별적인 식별이 가능 (individually identifiable)
② 기업실체가 현재 통제가능 (control)
③ 미래의 경제적효익이 존재 (future economic benefit)

일반요건뿐만 아니라 추가요건도 만족이 되어야 무형자산으로 인식한다. 그 이유는 형체가 없는 자산이므로 보수적으로 자산을 인식해야 하기 때문이다.

1) 이러한 예에는 컴퓨터소프트웨어, 특허권, 저작권, 영화필름, 고객목록, 모기지관리용역권, 어업권, 수입할당량, 프랜차이즈, 고객이나 공급자와의 관계, 고객충성도, 시장점유율과 판매권 등이 있다.

일반요건	추가요건
① 정의충족 (D) ② 측정가능 (M) → ③ 효익높다 (B)	① 식별가능성 (I) ② 통제가능성 (C) ③ 효익존재 (B)

[그림 7-1] 무형자산의 엄격한 자산 인식 요건

(1) 식별가능성

무형자산은 영업권[2]과 구별하기 위하여 식별가능할 것을 요구한다. 식별가능성(identifiability)은 특정 무형자산을 다른 자산과 구분하여 별도로 인식할 수 있음을 의미한다. 식별가능성을 충족하기 위해서 당해 자산이 ① 분리가능(separable)하거나, ② 당해자산이 계약상권리(contractual right)또는 기타 법적권리(other legal rights)로부터 발생하여야 한다. 자산이 분리가능하다는 것은 기업의 의도와는 무관하게 기업에서 분리하거나 분할할 수 있고, 개별적으로 또는 관련된 계약, 식별가능한 자산이나 부채와 함께 매각, 이전, 라이선스, 임대, 교환할 수 있다는 의미이고 자산이 계약상 권리 또는 기타 법적 권리로부터 발생하는 경우에는 그러한 권리가 이전가능한지 여부 또는 기업이나 기타 권리와 의무에서 분리가능한지 여부는 고려하지 않고 식별가능성이 있는 것으로 본다.[3]

(2) 자원에 대한 통제

통제(control)란 기초가 되는 자원에서 유입되는 미래경제적효익을 확보할 수 있고 그 효익에 대한 제3자의 접근을 제한할 수 있음을 의미한다. 무형자산의 미래 경제적효익에 대한 통제능력은 일반적으로 법원에서 강제할 수 있는 법적 권리에서 나오며, 법적 권리가 없는 경우에는 통제를 제시하기 어렵다.[4] 그러나 다른

---

2) 영업권(goodwill)은 개별적으로 식별하여 별도로 인식할 수 없으나, 사업결합에서 획득한 그 밖의 자산에서 발생하는 미래경제적효익을 나타내는 자산이다. 그 미래경제적효익은 취득한 식별가능한 자산 사이의 시너지효과나 개별적으로 재무제표 상 인식기준을 충족하지는 않는 자산으로부터 발생할 수 있다. 따라서 영업권은 자산으로서의 인식요건을 '무형자산'이 아닌 한국채택국제회계기준 기준서 제1103호 '사업결합'에서 규정하고 있다.

3) 예를 들어 제조설비를 제조공정에 대한 특허권과 함께 일괄 취득한 경우에는 그 특허권은 분리가능하지는 않지만 법적 권리를 갖기 때문에 식별가능하다.

4) 예를 들어 시장에 대한 지식과 기술적 지식에서도 미래경제적효익이 발생할 수 있다. 이러한 지식이 저작권, 계약상의 제약이나 법에 의한 종업원의 기밀유지의무 등과 같은 법적 권리에 의하여 보호된다면, 기업은 그러한 지식에서 얻을 수 있는 미래경제적효익을 통제하고 있는 것이므로 무형자산의 정의를 충족한다.

방법으로도 미래 경제적효익을 통제할 수 있기 때문에 권리의 법적 집행가능성이 통제의 충분조건이지 필요조건은 아니다. 즉, 법적인 권리가 없는 경우에도 다른 방법으로 미래경제적효익을 통제할 수 있다.5)

(3) 미래경제적효익의 존재

무형자산의 미래경제적효익(future economic benefits)이란 미래에 현금유입을 증가시키거나 현금유출을 감소시키는 능력을 말한다. 무형자산은 내용연수를 결정하기 어렵고, 평가자에 따라 가치가 다른 경우가 일반적이므로 다른 자산에 비하여 미래 경제적효익에 대한 불확실성이 높다. 그래서 무형자산으로 정의되기 위해서는 물리적 실체가 없음에도 불구하고 미래 경제적효익이 반드시 있어야 한다. 무형자산의 미래 경제적효익은 제품의 매출, 용역수익, 원가절감 또는 자산의 사용에 따른 기타 효익의 형태로 발생할 수 있다.6)

2) 무형자산의 분류

무형자산은 기업의 영업활동에서 유사한 성격과 용도를 가진 자산끼리 묶어서

---

5) 기업이 통제할 수 없어 무형자산으로 인식하지 못하는 사례는 다음과 같다.
① 숙련된 종업원과 교육훈련
기업은 숙련된 종업원으로 구성된 팀을 보유할 수 있고, 교육훈련을 통하여 습득된 미래경제적효익을 가져다 줄 수 있는 종업원의 기술 향상을 식별할 수 있다. 기업은 또한 그러한 숙련된 기술을 계속하여 이용할 수 있을 것으로 기대할 수 있다. 그러나 기업은 숙련된 종업원이나 교육훈련으로부터 발생하는 미래경제적효익에 대해서는 일반적으로 무형자산의 정의를 충족하기에는 충분한 통제를 가지고 있지 않다.
② 특정 경영능력과 기술적 재능
위①과 유사한 이유로 특정 경영능력이나 기술적 재능도 그것을 사용하여 미래경제적효익을 확보하는 것이 법적 권리에 의하여 보호되지 않거나 무형자산 정의의 기타 요건을 충족하지 않는다면 일반적으로 무형자산의 정의를 충족할 수 없다.
③ 고객관계와 고객충성도
기업은 고객구성이나 시장점유율에 근거하여 고객관계와 고객충성도를 잘 유지함으로써 고객이 계속하여 거래할 것이라고 기대할 수 있다. 그러나 그러한 고객관계나 고객충성도를 지속할 수 있는 법적 권리나 그것을 통제할 기타 방법이 없다면 일반적으로 고객관계나 고객충성도에서 창출될 미래경제적효익에 대해서는 그러한 항목(예; 고객구성, 시장점유율, 고객관계와 고객충성도)이 무형자산의 정의를 충족하기에 기업이 충분한 통제를 가지고 있지 않다. 그러나 고객관계를 보호할 법적 권리가 없는 경우에도, 동일하거나 유사한, 비계약적 고객관계를 교환하는 거래(사업결합 과정에서 발생한 것이 아닌)는 고객관계로부터 기대되는 미래경제적효익을 통제할 수 있다는 증거를 제공한다. 그러한 교환거래는 고객관계가 분리가능하다는 증거를 제공하므로 그러한 고객관계는 무형자산의 정의를 충족한다.

6) 예를 들면, 제조과정에서 지적재산을 사용하면 미래 수익을 증가시키기보다는 미래 제조원가를 감소시킬 수 있다.

분류한다. 이러한 종류의 예는 다음과 같으며 재무제표 이용자에게 더 목적적합한 정보를 제공할 수 있다면 무형자산의 분류는 더 큰 단위로 통합하거나 더 작은 단위로 구분할 수 있다.

① 브랜드명
② 제호와 출판표제
③ 컴퓨터소프트웨어
④ 라이선스와 프랜차이즈
⑤ 저작권, 특허권, 기타 산업재산권, 용역운영권
⑥ 기법, 방식, 모형, 설계 및 시제품
⑦ 개발 중인 무형자산

한편, 일부 무형자산은 컴팩트디스크(컴퓨터소프트웨어의 경우), 법적 서류(라이선스나 특허권의 경우)나 필름과 같은 물리적 형체에 담겨 있을 수 있다. 이렇게 유형의 요소와 무형의 요소를 모두 갖추고 있는 자산을 유형자산에 따라 회계처리 하는지 아니면 무형자산으로 회계처리 하는지를 결정해야 할 때에는, 어떤 요소가 더 중요한지를 판단한다. 예를 들면, 컴퓨터로 제어되는 기계장치가 특정 컴퓨터 소프트웨어가 없으면 가동이 불가능한 경우에는 그 소프트웨어를 관련된 하드웨어의 일부로 보아 유형자산으로 회계처리한다.[7] 관련된 하드웨어의 일부가 아닌 소프트웨어는 무형자산으로 회계처리한다.[8] 한편, 연구와 개발활동의 목적은 지식의 개발에 있으므로 이러한 활동으로 인하여 물리적 형체가 있는 자산(예; 시제품)이 만들어지는 경우에는 그 자산의 물리적 요소는 내재된 지식에 부수적인 것으로 보아 무형자산으로 회계처리한다.

구 분		수익인식 방법
원 칙		물리적 형체가 없지만 식별가능한 비화폐성자산
유형 + 무형 복합자산	무형자산이 중요(×)	유형자산의 일부로 간주
	무형자산이 중요(O)	유형자산과 분리하여 무형자산으로 인식
무형자산 거래에서 발생한 부수재화		무형자산의 일부로 간주

[그림 7-2] **무형자산의 범위**

7) 컴퓨터운용 프로그램인 Windows나 Linux가 여기에 해당된다.
8) 컴퓨터에 사용되는 소프트웨어인 한글, MS-Office등이 여기에 해당된다.

2. 무형자산의 인식

무형의 자원을 재무상태표에 무형자산으로 인식하기 위해서는 그 항목이 다음의 조건을 모두 충족한다는 사실을 기업이 제시하여야 한다.

① 무형자산의 정의를 충족한다.(식별가능성, 자원에 대한 통제, 미래 경제적효익).
② 자산에서 발생하는 미래 경제적효익이 기업에 유입될 가능성이 높다.
③ 자산의 취득원가를 신뢰성 있게 측정할 수 있다.

위의 조건은 무형자산을 취득하거나 내부적으로 창출하기 위하여 최초로 발생한 원가와, 취득이나 완성 후에 증가・대체・수선을 위하여 발생한 후속적으로 발생한 원가에도 적용한다. 그러나 후속적으로 발생한 원가가 무형자산의 장부금액으로 인식되는 경우는 매우 드물다. 무형자산의 후속적 지출을 사업 전체가 아닌 특정 무형자산에 직접 귀속시키기가 어려우며, 무형자산의 특성상 후속적 지출(예; 취득한 무형자산의 최초 인식 후 또는 내부적으로 창출한 무형자산의 완성 후 발생한 지출)로도 자산이 증가하지 않거나 자산의 부분 대체가 이루어지지 않는 경우가 대부분이고, 후속적 지출로 인하여 무형자산의 미래경제적효익이 증가되기보다는 기존 무형자산에 내재된 미래경제적효익이 유지(maintain)되는 것이 대부분이기 때문이다. 한편, 미래경제적효익이 기업에 유입될 가능성은 무형자산의 내용연수 동안의 경제적 상황에 대한 경영자의 최선의 추정치를 반영하는 합리적이고 객관적인 가정에 근거하여 평가하여야 한다.[9)]

9) 자산의 사용에서 발생하는 미래경제적효익의 유입에 대한 확실성 정도에 대한 평가는 무형자산을 최초로 인식하는 시점에서 이용 가능한 증거에 근거하며, 외부 증거에 비중을 더 크게 둔다.

제2절 무형자산 일반

무형자산은 유형자산과 대부분 동일한 논리로 접근하면 된다. 무형자산의 취득원가에 대하여 다음의 표로 정리하여 설명한다.

구 분			무형자산의 취득원가
식별가능 무형자산	1) 내부적으로 창출한 무형자산		인식요건을 만족하는 경우 원가를 자산으로 인식
	2) 외부구입 무형자산		
	① 개별취득	원 칙	구입가격 + 직접관련원가
		장기연불구입	미래현금흐름의 현재가치인 현금가격상당액
	② 사업결합으로 인한 한 취득	공정가치 측정가능	당해 공정가치를 영업권과 분리하여 별도로 인식
		공정가치 측정불능	영업권으로 통합하여 인식
	③ 정부보조에 의한 취득	원 칙	취득한 무형자산을 공정가치로 인식 (이연수익법, 자산차감법)
		예 외	명목상 금액 + 직접관련원가
	④ 교환에 의한 취득	원 칙	제공한 자산의 공정가치 or 취득한 자산의 공정가치
		상업적실질 결여	제공한 자산의 장부금액
영업권	3) 내부적으로 창출한 영업권		무형자산으로 인식하지 않음
	사업결합으로 취득한 영업권		

[그림 7-3] 무형자산의 취득원가

무형자산을 최초로 인식할 때에는 취득원가(costs)로 측정한다. 취득상황별 취득원가는 다음과 같다.

1. 식별가능 무형자산

1) 내부적으로 창출한 무형자산

내부적으로 창출한 무형자산(internally generated intangible assets)도 무형자

산의 인식기준을 충족하는 경우에 한해서만 자산(개발비 등)으로 인식한다. 하지만 내부적으로 창출한 무형자산이 인식기준을 충족하는지를 평가하는 것은 용이하지 않다.[10] 그러므로 내부적으로 창출한 무형자산에 대해서는 무형자산의 인식과 최초 측정에 대한 일반적 규정과 함께 추가적인 규정과 지침을 적용한다. 이는 절을 달리 하여 설명한다.

2) 외부구입 무형자산

(1) 개별 취득

개별 취득[11](separate acquisition)하는 무형자산의 원가는 구입가격과 자산을 의도한 목적에 사용할 수 있도록 준비하는 데 직접 관련되는 원가의 합계로 측정한다.[12] 한편, 다음의 사례와 같은 원가는 직접관련원가가 아니거나 경영자가 의도하는 방식으로 운영될 수 있는 상태에 이르도록 하는데 필수적으로 발생하는 활동과 관련된 원가가 아니므로 무형자산 원가에 포함하지 않는다.

① 새로운 제품이나 용역의 홍보원가, 광고 및 판매촉진원가
② 새로운 지역에서 또는 새로운 계층의 고객을 대상으로 사업을 수행하는 데서 발생하는 교육훈련원가
③ 관리원가와 기타 일반경비원가
④ 무형자산을 사용하거나 재배치하는 데 발생하는 원가
⑤ 경영자가 의도하는 방식으로 운용될 수 있으나 아직 사용하지 않고 있는 기간에 발생한 원가

---

10) 그 이유는 다음과 같다.
① 기대 미래 경제적효익을 창출할 식별가능한 자산이 있는지와 시점을 파악하기 어렵다.
② 자산의 원가를 신뢰성 있게 결정하는 것이 어렵다. 어떤 경우에는 무형자산을 내부적으로 창출하기 위한 원가를 내부적으로 창출한 영업권을 유지 또는 향상시키는 원가나 일상적인 경영관리활동에서 발생하는 원가와 구별할 수 없다.

11) 일반적으로 무형자산을 개별 취득하기 위하여 지급하는 금액은 그 자산이 갖는 기대 미래경제적효익이 기업에 유입될 확률에 대한 기대를 반영할 것이다. 즉, 기업은 유입의 시기와 금액이 불확실하더라도 미래경제적효익의 유입이 있을 것으로 기대한다. 따라서 개별 취득하는 무형자산은 자산에서 발생하는 미래경제적효익이 기업에 유입될 가능성이 높다는 인식기준을 항상 충족하는 것으로 본다. 개별 취득하는 무형자산의 원가는 일반적으로 신뢰성 있게 측정할 수 있다.

12) 개별 취득하는 무형자산의 원가는 다음과 같이 구성되며 유형자산의 취득과 동일한 논리이다.
① 구입가격(매입할인과 리베이트를 차감하고 수입관세와 환급받을 수 없는 제세금을 포함한다)
② 자산을 의도한 목적에 사용할 수 있도록 준비하는 데 직접관련되는 원가
(가) 그 자산을 사용 가능한 상태로 만드는 데 직접적으로 발생하는 종업원급여
(나) 그 자산을 사용 가능한 상태로 만드는 데 직접적으로 발생하는 전문가 수수료
(다) 그 자산이 적절하게 기능을 발휘하는지 검사하는 데 발생하는 원가

⑥ 자산의 산출물에 대한 수요가 확립되기 전까지 발생하는 손실과 같은 초기 영업손실

⑦ 부수적인 영업활동에서 발생하는 원가*

*부수적인 영업활동은 개발활동 전이나 개발활동 중에 발생할 수 있는데 이러한 부수적인 영업활동은 자산을 경영자가 의도하는 방식으로 운영될 수 있는 상태에 이르도록 하는 데 반드시 필요한 것은 아니기 때문에 부수적인 영업활동과 관련된 수익과 비용은 즉시 당기손익으로 인식하며, 각각의 해당손익계정에 분류한다.

무형자산에 대한 대금지급기간이 일반적인 신용기간보다 긴 경우 무형자산의 원가는 현금가격 상당액이 된다. 현금가격상당액과 실제 총지급액과의 차액은 차입원가를 자본화하지 않는 한 신용기간에 걸쳐 이자비용으로 인식한다.

(2) 사업결합으로 인한 취득

사업결합(business combination)[13]으로 취득하는 무형자산은 인식기준을 항상 충족하는 것으로 보며 취득원가는 사업결합기준서에 따라 취득일 공정가치로 한다. 여기서 유의할 점은 사업결합으로 무형자산을 취득하는 경우에는 취득하는 무형자산을 개별적인 식별이 가능한 무형자산과 개별적인 식별이 불가능한 무형자산인 영업권(goodwill)으로 분리해내야 한다는 것이다. 사업결합으로 취득한 당해 무형자산의 공정가치를 신뢰성있게 측정할 수 있다면, 사업결합 전에 그 자산을 피취득자(acquire)가 인식하였는지 여부에 관계없이, 취득자(acquire)는 취득일에 피취득자의 무형자산을 영업권과 분리하여 별도로 인식한다.[14]

만일, 사업결합으로 취득한 당해 무형자산의 공정가치를 신뢰성있게 측정할 수 없다면, 별도로 인식하지 않고 영업권으로 통합하여 인식한다. 이하 영업권에 대한 자세한 설명은 보론에서 한다.

(3) 정부보조에 의한 취득

정부보조(government grant)로 무형자산을 무상이나 낮은 대가로 취득할 수 있다.[15] 이 경우 무형자산과 정부보조금 모두를 최초에 공정가치로 인식할 수 있다. 최초에 자산을 공정가치로 인식하지 않기로 선택하는 경우에는, 자산을 명목

---

13) 취득자가 하나 이상의 사업에 대한 지배력을 획득하는 거래를 말한다.

14) 예를 들면, 피취득자가 진행하고 있는 연구·개발 프로젝트가 무형자산의 정의를 충족한다면 취득자가 영업권과 분리하여 별도의 자산으로 인식하는 것을 의미한다.

15) 예를 들면, 정부가 공항 착륙권, 라디오나 텔레비전 방송국 운영권, 수입면허 또는 수입할당이나 기타 제한된 자원을 이용할 수 있는 권리를 기업에게 이전하거나 할당하는 경우이다.

상금액과 자산을 의도한 용도로 사용할 수 있도록 준비하는데 직접관련되는 지출을 합한 금액으로 인식한다. 유형자산의 취득과 동일한 논리로 접근하면 된다.

(4) 교환에 의한 취득

하나 이상의 무형자산을 하나 이상의 비화폐성자산 또는 화폐성자산과 비화폐성자산이 결합된 대가와 교환하여 취득(exchanges of assets)하는 경우가 있다. 이 경우 무형자산의 원가는 제공한자산의 공정가치로 측정한다. 다만, ① 교환거래에 상업적 실질이 결여된 경우 ② 취득한 자산과 제공한 자산의 공정가치를 둘 다 신뢰성 있게 측정할 수 없는 경우는 제공한 자산의 장부금액으로 측정한다. 유형자산의 취득과 동일한 논리로 접근하면 된다.

3) 내부적으로 창출한 영업권

내부적으로 창출한 영업권(internally generated goodwill)은 어떠한 경우에도 자산으로 인식하지 아니한다. 미래경제적효익을 창출하기 위하여 발생한 지출 중에는 인식기준을 충족하는 무형자산을 창출하지 않는 경우가 있다. 그러한 지출은 대부분 내부적으로 창출한 영업권에 기여한다. 내부적으로 창출한 영업권은 원가를 신뢰성 있게 측정할 수 없고 기업이 통제하고 있는 식별가능한 자원이 아니기 때문에 자산으로 인식하지 아니한다.

2. 무형자산의 상각

유형자산과 마찬가지로 무형자산은 원칙적으로 취득일 이후 사용가능시점부터 내용연수에 걸쳐 포괄손익계산서에 비용으로 배분된다. 내용연수가 유한(definite)한지 또는 비한정(indefinite)인지를 평가하여, 내용연수가 유한하면 상각하고 내용연수가 비한정이면 상각하지 않는다. 또한 영업권은 상각을 하지 않는다.

1) 내용연수가 유한한 무형자산

무형자산의 내용연수는 경제적 요인과 법적 요인의 영향을 받는다. 경제적 요인은 자산의 미래경제적효익이 획득되는 기간을 결정하고, 법적 요인은 기업이 그 효익에 대한 접근을 통제할 수 있는 기간을 제한한다. 내용연수는 이러한 요인에 의해 결정된 기간 중 짧은 기간으로 한다. 즉, 무형자산의 내용연수는 계약상이나 법적 권리의 기간을 초과할 수는 없지만, 자산의 예상 사용기간에 따라 더 짧을 수는 있다.[16)]

무형자산의 내용연수 = Min [법적 내용연수, 경제적 내용연수]

(1) 무형자산의 상각

내용연수가 유한한 무형자산의 상각대상금액은 내용연수동안 체계적인 방법으로 배분하여야 한다. 상각은 자산이 사용가능한 때부터 시작한다. 무형자산의 상각액(amortization)은 일반적으로 당기손익으로 인식한다. 그러나 자산이 갖는 미래경제적효익이 다른 자산의 생산에 소모되는 경우, 그 자산의 상각액은 다른 자산의 원가를 구성하여 장부금액에 포함한다. 예를 들면, 제조과정에서 사용된 무형자산의 상각은 재고자산의 장부금액에 포함한다.

(2) 잔존가치

내용연수가 유한한 무형자산의 잔존가치는 다음 중 하나에 해당하는 경우를 제외하고는 영(0)으로 본다.

① 내용연수 종료 시점에 제3자가 자산을 구입하기로 한 약정이 있다.
② 무형자산의 활성시장이 있고 그 활성시장에 기초하여 결정할 수 있으며 그러한 활성시장이 내용연수 종료 시점에 존재할 가능성이 높다.

(3) 상각방법

무형자산의 상각대상금액을 내용연수 동안 체계적으로 배분하기 위해 다양한

16) 만약, 계약상 또는 기타 법적 권리가 갱신 가능한 한정된 기간 동안 부여된다면, 중요한 원가 없이 기업에 의해 갱신될 것이 명백한 경우에만 그 갱신기간을 무형자산의 내용연수에 포함한다.

방법을 사용할 수 있다. 이러한 상각방법에는 정액법, 체감잔액법과 생산량비례법이 있다. 다만, 소비되는 형태를 신뢰성 있게 결정할 수 없는 경우에는 정액법을 사용한다. 상각방법은 자산이 갖는 기대 미래경제적효익의 예상되는 소비형태를 반영하여 선택하고, 미래경제적효익의 예상되는 소비형태가 변동하지 않는다면 매 회계기간에 일관성 있게 적용한다. 또한 무형자산의 상각기간이나 상각방법의 변경은 회계추정의 변경으로 회계처리한다.

(4) 회계처리

무형자산의 상각을 회계처리하는 방법에는 상각액을 자산가액에서 직접 차감하는 직접법과 무형자산상각누계액을 별도로 사용하여 당해 자산에서 차감하는 형식으로 표시하는 간접법이 있다. 한국채택국제회계기준은 두 방법 중 간접법만을 인정하고 있다.[17)]

직접법	무형자산상각비	×××	/	무형자산	×××
간접법	무형자산상각비 (I/S:관리비용)	×××	/	무형자산상각누계액 (무형자산의 차감적 평가계정)	×××

2) 내용연수가 비한정인 무형자산

내용연수가 비한정인 무형자산은 상각하지 아니하며, 매년 또는 무형자산의 손상을 시사하는 징후가 있을 때 회수가능액과 장부금액을 비교하여 내용연수가 비한정인 무형자산의 손상검사를 수행하여야 한다. 여기서 주의할 점은 내용연수가 비한정이라는 것은 내용연수가 유형자산인 토지처럼 무한(infinite)함을 의미하는 것이 아니라는 것이다. 관련된 모든 요소의 분석에 근거할 때 그 자산이 순현금유입을 창출할 것으로 기대되는 기간에 대하여 예측가능한 제한(foreseeable limit)이 없다는 의미일 뿐이다.

내용연수가 비한정인 무형자산에 대하여는 사건과 상황이 그 자산의 내용연수가 비한정이라는 평가를 계속하여 정당화하는지를 매 회계기간에 검토한다. 사건

17) 무형자산기준서에서는 최초 인식 후에 무형자산의 장부금액을 취득원가에서 상각누계액과 손상차손누계액을 차감한 금액으로 한다고 규정하고 있으므로 간접법을 인정하고 있다.

과 상황이 그러한 평가를 정당화하지 않는 경우에 비한정 내용연수를 유한 내용연수로 변경하는 것은 회계추정의 변경으로 회계처리한다.18)

예제 1

다음 각각의 사례에 대하여 물음에 답하시오.

[사례#1] 취득한 저작권
상명㈜는 2012년 1월 1일 저작권을 권리소유자로부터 ₩1,000,000에 구입하였다. 취득한 저작권의 법적 잔여연수는 10년이나 고객의 성향과 시장동향의 분석을 통해 저작권을 가진 해당 자료가 앞으로 5년 동안만 순현금유입을 창출할 것이라는 증거가 제공된다. 내용연수 종료시점의 잔존가치는 없다.

[사례#2] 취득한 방송 라이선스로서 5년 후에 만료되는 경우
방송 라이선스는 기업이 적어도 통상적인 수준의 서비스를 고객에게 제공하고 관련 법적 규정을 준수한다면 매 10년마다 갱신이 가능하다. 이 라이선스는 거의 원가 없이 비한정으로 갱신할 수 있으며 최근의 취득 이전에 두 번 갱신되었다. 취득 기업은 라이선스를 비한정으로 갱신하려는 의도를 가지고 있으며 갱신할 수 있는 능력을 가지고 있다는 증거도 있다. 과거에 라이선스를 갱신하는 데 어려움은 없었다. 방송하는 데 사용되는 기술은 예측 가능한 미래의 어느 시점에라도 다른 기술에 의해 대체될 것으로 예상되지 않는다. 따라서 라이선스는 비한정으로 기업의 순현금유입에 기여할 것으로 기대된다.

[사례#3] [사례#2]의 방송 라이선스
라이선스 발급 기관이 방송 라이선스를 더 이상 갱신해주지 않고 이를 경매에 붙이기로 결정하였다. 라이선스 발급기관의 이러한 결정이 이루어진 시점에 당해 방송 라이선스는 그 만료시점까지 3년이 남아있다. 기업은 만료시점까지 라이선스가 순현금유입에 기여를 할 것으로 예상한다.

물음

1. [사례#1] 상명㈜가 2012년 1월 1일, 2012년 12월 31일 및 2013년 12월 31일에 해야 할 회계처리를 하시오.
2. [사례#2,3] 각 사례별로 내용연수를 결정하고 상각에 대하여 설명하시오.

---

18) 비한정 내용연수를 유한 내용연수로 재평가하는 것은 그 자산의 손상을 시사하는 하나의 징후가 된다. 따라서 회수가능액과 장부금액을 비교하여 그 자산에 대한 손상검사를 하고, 회수가능액을 초과하는 장부금액을 손상차손으로 인식한다.

풀이

1.

구분	회계처리
2012. 1. 1	저 작 권 1,000,000 / 현 금 1,000,000
2012. 12. 31	무형자산상각비 200,000 [1] / 무형자산상각누계액 200,000 [1](1,000,000 − 0) / 5년 = 200,000 무형자산의 내용연수는 경제적 요인과 법적 요인의 영향을 받는데 내용연수는 이러한 요인에 의해 결정된 기간 중 짧은 기간으로 한다. 따라서 내용연수를 5년으로 하여 상각한다.
2013. 12. 31	무형자산상각비 200,000 / 무형자산상각누계액 200,000

2.

[사례#2] 내용연수 X
방송 라이선스는 비한정으로 기업의 순현금유입에 기여할 것으로 기대되므로 내용연수가 비한정인 것으로 회계 처리한다. 따라서 당해 라이선스는 그 내용연수가 유한하다고 결정할 때까지는 상각하지 않는다. 라이선스에 대하여는 매년 그리고 자산손상을 시사하는 징후가 있을 때마다 손상검사를 하면 된다.

[사례#3] 내용연수 O
방송 라이선스가 더 이상 갱신될 수 없으므로 그 내용연수는 더 이상 비한정이지 않다. 따라서 취득한 라이선스는 3년의 잔여내용연수 동안 상각하고 즉시 손상검사를 한다.

3. 무형자산의 손상

1) 손상차손

매 보고기간말마다 자산손상을 시사하는 징후가 있는지를 검토하고 만약 그러한 징후가 있다면 당해 자산의 회수가능액을 추정하여 손상검사를 한다. 손상차손은 무형자산의 장부금액과 회수가능액을 비교하여 회수가능액이 장부금액에 미달되면 "손상차손"을 인식한다. 이는 유형자산과 동일하므로 이하 설명을 생략한다.

회수가능액 = MAX [순공정가치, 사용가치]

2) 손상차손환입

매 보고기간말마다 자산에 대해 과거에 인식한 손상차손이 더 이상 존재하지 않거나 감소된 것을 시사하는 징후가 있는지를 검토하고 징후가 있는 경우 당해 자산의 회수가능액과 장부금액의 차이를 손상차손환입으로 처리한다. 즉, 손상처리한 자산의 회수가능액이 차기 이후에 장부금액을 초과하면 "손상차손환입"을 인식한다. 다만, 자산의 손상차손환입으로 증가된 장부금액은 과거에 손상차손을 인식하기 전 장부금액의 감가상각 또는 상각 후 잔액을 초과할 수 없다. 과거에 손상차손을 인식하기 전 장부금액의 감가상각 또는 상각 후 잔액을 초과하여 자산의 장부금액이 증가한다면 그 초과증가액은 재평가에 해당한다. 손상차손환입은 다음과 같이 산정한다. 이는 유형자산과 동일하므로 이하 설명을 생략한다. 한편, 영업권은 손상 후 환입이 불가능하다.

손상차손환입 = Min [회수가능액, 손상되지 않았을 경우의 장부금액] − 환입전 장부금액

예제 2

(1) 세명㈜는 암 퇴치를 위한 신약을 개발 중에 있는데 연도별로 발생한 금액은 다음과 같다. 당해 지출은 모두 개발단계에서 발생한 것으로 자산인식요건을 충족시킨다.

구 분	2012년	2013년
현금지출비용	₩220,000	₩280,000
감가상각비	120,000	120,000

(2) 세명㈜는 2013년 1월 1일에 신약개발과 관련하여 특허권을 취득하였다. 특허권의 취득과 관련하여 변리사 등에게 지출한 비용은 50,000으로 특허권의 내용연수는 20년으로 추정하고 있으나 특허권법에서는 10년간 권리를 보장하고 있다. 특허권은 취득시 부터 사용이 가능하다.

(3) 세명㈜는 암 퇴치를 위한 신약개발활동의 성공가능성이 매우 높아 자산인식요건을 모두 충족시키는 것으로 판단하고 있다. 신약을 상용화하는 시기는 2014년 1월 1일 이후이며 개발비의 내용연수는 10년으로 추정된다.

물음

1. 세명㈜가 2012년부터 2013년 말까지 각 일자에 해야 할 회계처리를 하라.
2. 세명㈜가 각 회계연도 말 현재 개발비의 회수가능액으로 추정한 금액이 다음과 같다고

할 경우 2014년부터 2015년 말까지 개발비와 관련하여 각 일자에 해야 할 회계처리를 하라.

2014년 말	2015년 말
360,000	500,000

풀이

1. 회계처리

일 자	회계처리			
2012년도 중	(차) 개 발 비	340,000	(대) 현 금 감가상각누계액	220,000 120,000
2013 .1 .1	(차) 산 업 재 산 권	50,000	(대) 현 금	50,000
2013년도 중	(차) 개 발 비	400,000	(대) 현 금 감가상각누계액	280,000 120,000
2013. 12. 31	(차) 무형자산상각비 [1]₩50,000÷10년 = ₩5,000	5,000[1]	(대) 무형자산상각누계액	5,000

2. 개발비관련 회수가능액의 하락 및 회복시 회계처리

일 자	회계처리			
2014.12.31	(차) 무형자산상각비	74,000[1]	(대) 무형자산상각누계액	74,000
	[1]₩740,000/10년 = ₩74,000			
	(차) 개발비손상차손	306,000[1]	(대) 손상차손누계액	306,000
	[1]장부금액(₩666,000) VS. 회수가능액(₩360,000) ⇒ 손상차손 ₩306,000			
2015.12.31	(차) 무형자산상각비	40,000[1]	(대) 무형자산상각누계액	40,000
	[1]₩360,000/9년 = ₩40,000			
	(차) 손상차손누계액	180,000[1]	(대) 개발비손상차손환입	180,000
	[1]장부금액(₩320,000) VS. 회수가능액(₩500,000) ⇒ 손상차손환입 ₩180,000 한도액 : ₩592,000			

4. 무형자산의 폐기와 제거

무형자산은 ① 처분하는 때나 ② 사용이나 처분으로부터 미래경제적효익이 기대되지 않을 때는 재무상태표에서 제거한다. 무형자산의 제거로 인하여 발생하는 이익이나 손실은 순매각가액과 장부금액의 차이로 결정한다. 그 이익이나 손실은 자산을 제거할 때 당기손익으로 인식한다. 이는 유형자산의 처분과 동일하므로 이하 설명을 생략한다.

처분시	현 금 ××× 특허권상각누계액 ×××	특 허 권 ××× 무형자산처분이익 ×××

5. 무형자산의 재평가모형

무형자산도 유형자산의 경우와 마찬가지로 회계정책으로 원가모형이나 재평가모형을 선택할 수 있다. 원가모형이란 무형자산의 최초 인식 후에 원가에서 상각누계액과 손상차손누계액을 차감한 금액을 장부금액으로 기록하는 것을 말한다. 한편, 재평가모형이란 무형자산의 최초 인식 후에 재평가일의 공정가치에서 이후의 상각누계액과 손상차손누계액을 차감한 재평가금액을 장부금액으로 기록하는 것을 말한다. 무형자산의 재평가는 유형자산의 재평가와 동일하므로 설명을 생략한다.

제3절 내부창출된 무형자산

1. 연구단계와 개발단계의 구분

내부적으로 창출한 무형자산이 자산으로서의 인식기준을 충족하는지를 평가하는 것은 ① 기대 미래경제적 효익을 창출할 식별가능한 자산이 있는지와 시점을 파악하기 어렵고 ② 자산의 원가를 신뢰성 있게 결정하는 것이 어렵기 때문에 용이하지 않다.

내부적으로 창출한 무형자산이 인식기준을 충족하는지를 평가하기 위하여 무형자산의 창출과정을 연구단계(research phase)와 개발단계(development phase)로 구분하여 판단한다. 다만, 무형자산을 창출하기 위한 내부 프로젝트를 연구단계와 개발단계로 구분할 수 없는 경우에는 그 프로젝트에서 발생한 지출은 모두 연구단계에서 발생한 것으로 본다.

1) 연구단계

연구란 새로운 과학적, 기술적 지식이나 이해를 얻기 위해 수행하는 독창적이고 계획적인 탐구활동을 말한다. 연구활동의 예는 다음과 같다.

① 새로운 지식을 얻고자 하는 활동
② 연구결과나 기타 지식을 탐색, 평가, 최종 선택, 응용하는 활동
③ 재료, 장치, 제품, 공정, 시스템이나 용역에 대한 여러 가지 대체안을 탐색하는 활동
④ 새롭거나 개선된 재료, 장치, 제품, 공정, 시스템이나 용역에 대한 여러 가지 대체안을 제안, 설계, 평가, 최종 선택하는 활동

내부 프로젝트의 연구단계에서는 미래경제적효익을 창출할 무형자산이 존재한다는 것을 제시할 수 없다. 따라서 내부 프로젝트의 연구단계에서 발생한 지출은 발생시점에 비용으로 인식한다. 한편,

2) 개발단계

개발이란 상업적인 생산이나 사용 전에 연구결과나 관련 지식을 새롭거나 현저히 개량된 재료, 장치, 제품, 공정, 시스템이나 용역의 생산을 위한 계획이나 설계에 적용하는 활동을 말한다. 개발단계는 연구단계보다 훨씬 더 진전되어 있는 상태이기 때문에 어떤 경우에는 내부프로젝트의 개발단계에서는 무형자산을 식별할 수 있으며, 그 무형자산이 미래경제적효익을 창출할 것임을 제시할 수 있다. 개발활동의 예는 다음과 같다.

① 생산이나 사용 전의 시제품과 모형을 설계, 제작, 시험하는 활동
② 새로운 기술과 관련된 공구, 지그, 주형, 금형 등을 설계하는 활동
③ 상업적 생산 목적으로 실현가능한 경제적 규모가 아닌 시험공장을 설계, 건설, 가동하는 활동
④ 신규 또는 개선된 재료, 장치, 제품, 공정, 시스템이나 용역에 대하여 최종적으로 선정된 안을 설계, 제작, 시험하는 활동

다음 사항을 모두 제시할 수 있는 경우에만 무형자산으로 인식하고 그 외에는 발생시점에 비용으로 처리한다.

① 무형자산을 사용하거나 판매하기 위해 그 자산을 완성할 수 있는 기술적 실현가능성
② 무형자산을 완성하여 사용하거나 판매하려는 기업의 의도
③ 무형자산을 사용하거나 판매할 수 있는 기업의 능력
④ 무형자산이 미래경제적효익을 창출하는 방법
⑤ 무형자산의 개발을 완료하고 그것을 판매하거나 사용하는 데 필요한 기술적, 재정적 자원 등의 입수가능성
⑥ 개발과정에서 발생한 무형자산 관련 지출을 신뢰성 있게 측정할 수 있는 기업의 능력

R&D Expenditure
- 연구단계 – "연구비"(I/S) 즉시 비용인식 (∵ 인식요건 불만족 [개별적으로 식별불가능])
- 개발단계
  - 추가인식 요건 만족 × ⇒ "경상개발비"(I/S) 비용인식 (∵ 미래경제적효익 기대 못하므로)
  - 추가인식 요건 만족 O ⇒ "개발비"(B/S) 추후 사용가능시점부터 상각O

[그림 7-4] **연구개발관련 회계처리**

2. 내부적으로 창출한 무형자산의 원가

내부적으로 창출한 무형자산의 원가는 그 자산의 창출, 제조 및 경영자가 의도하는 방식으로 운영될 수 있게 준비하는 데 필요한 직접 관련된 모든 원가[19]를

19) 직접관련된 원가의 예는 다음과 같다.
① 무형자산의 창출에 사용되었거나 소비된 재료원가, 용역원가 등
② 무형자산의 창출을 위하여 발생한 종업원급여
③ 법적 권리를 등록하기 위한 수수료
④ 무형자산의 창출에 사용된 특허권과 라이선스의 상각비

포함하며, 무형자산의 인식기준을 최초로 충족시킨 이후에 발생한 지출금액의 합으로 한다. 일부 항목[20]은 내부적으로 창출한 무형자산의 원가에 프함하지 아니하고 발생시점에 즉시 비용으로 인식한다. 한편, 최초에 비용으로 인식한 무형항목에 대한 지출은 그 이후에 무형자산의 원가로 인식할 수 없으며,[21] 내부적으로 창출한 브랜드, 제호, 출판표제, 고객 목록과 이와 실질이 유사한 항목은 사업을 전체적으로 개발하는 데 발생한 원가와 구별할 수 없으므로 무형자산으로 인식하지 아니한다.

예제 3

성심㈜는 신제품의 연구 및 개발을 위하여 독립된 연구소를 운영하고 있다. 연구 및 개발활동과 관련된 자료는 다음과 같다.

	연구단계	개발단계
재료비	₩100,000	₩400,000
노무비	200,000	600,000
용역비	400,000	1,000,000
제비용	100,000	400,000

(1) 제비용에는 감가상각비가 포함되어 있지 않다. 연구단계와 개발단계에 배분될 감가상각비는 각각 ₩50,000, ₩80,000이다.
(2) 회사는 신제품과 관련하여 추가로 ₩250,000을 지출하였는데, 동 지출은 연구단계와 개발단계로 구분하기 어렵다.
(3) 개발단계에서 발생한 지출액(감가상각비 포함) 중 ₩300,000은 개발비의 자본화 요건을 충족하지 못하는 것이다.
(4) 개발활동은 기말 현재 계속 진행 중에 있다.

⑤ 자본화 대상 차입원가

20) ① 판매비, 관리비 및 기타 일반경비 지출.
② 자산이 계획된 성과를 달성하기 전에 발생한 명백한 비효율로 인한 손실과 초기 영업손실
③ 자산을 운용하는 직원의 교육훈련과 관련된 지출
④ 연구활동과 관련된 지출

21) 예를 들어, (주)혜천은 새로운 생산공정을 개발하고 있으며 2012년 동안 발생한 지출은 1,000원이었으며 그 중 900원은 2012년 12월 1일 전에 발생하였으며 100원은 2012년 12월 1일과 2012년 12월 31일 사이에 발생하였다. (주)혜천은 2012년 12월 1일에 새로운 생산공정이 무형자산의 인식기준을 충족했다는 사실을 제시할 수 있다. 이 경우 인식기준을 충족한 날 즉, 2012년 12월 1일 이후에 발생된 지출 100원의 원가는 무형자산으로 인식하지만 2012년 12월 1일 전에 발생한 900원의 지출은 비용으로 인식한다. 왜냐하면 무형자산의 인식기준이 2012년 12월 1일까지 충족되지 않았기 때문이다.

물음

연구개발 활동과 관련하여 발생한 지출 중에서 연구비와 개발비(무형자산)를 각각 계산하시오.

풀이

(1) 연구비

₩100,000 + ₩200,000 + ₩400,000 + ₩100,000 + ₩50,000 + ₩250,000
= ₩1,100,000

(2) 개발비

₩400,000 + ₩600,000 + ₩1,000,000 + ₩400,000 + ₩80,000 − ₩300,000
= ₩2,180,000

자본화 요건을 충족하지 못한 ₩300,000은 경상개발비로 비용처리한다.
연구단계와 개발단계로 구분하기 어려운 ₩250,000은 전액 연구단계로 배분된다.

제4절 사업결합 영업권[22)]

1. 사업결합의 의의

기업은 설립일 이후 설립목적을 달성하기 위해 지속적인 성장을 추구한다. 이러한 기업의 성장전략을 기업확장(business expansion)이라 하며, 기업확장전략은 다시 내적확장전략과 외적확장전략으로 구분이 가능하다. 내적확장전략(internal expansion)은 부채금융이나 자본금융으로 자금을 조달하고, 신규설비투자와 신제품 개발 등에 투자하여 기업활동을 점진적으로 확대하여 나가는 확장전략으로 기업의 내부자원에 의존한 확장전략을 말한다. 반면에 외적확장전략(external expansion)은 기업의 내부자원에 의존하지 않고 외부자원을 이용한 성장전략으로 기전의 다른 기

22) 사업결합 부분은 고급회계 분야이므로 여기서는 간략히 설명한다.

업과 결합하여 기업활동을 점진적으로 확대하여 나가는 전략을 말한다. 이러한 기업의 외적확장전략을 사업결합이라 한다.

사업결합(business combination)은 취득자가 하나 이상의 사업에 대한 지배력(control)을 획득하는 거래나 그 밖의 사건[23]을 말한다. 여기서 취득자(acquirer)는 피취득자에 대한 지배력을 획득하는 기업[24]을 말하며, 피취득자(acquiree)는 취득자가 사업결합으로 지배력을 획득하는 대상 사업 또는 사업들[25]을 말한다.

2. 합병 회계

기업의 합병은 두 개 이상의 기업이 결합하여 법률적, 경제적으로 하나의 실체가 되는 것을 의미한다. 한국채택국제회계기준에서는 합병의 회계처리를 취득법을 적용하여 다음과 같은 절차에 따라 회계처리 하도록 규정하고 있다.

(1) 식별가능한 취득자산과 인수부채에 대한 인식과 측정
(2) 이전대가의 측정
(3) 영업권 또는 염가매수차익의 인식과 측정

1) 식별가능한 취득자산과 인수부채의 인식과 측정

취득일 현재 취득자는 영업권과 분리하여 식별가능한 취득 자산과 인수 부채를 취득자의 재무제표에 자산과 부채로 각각 인식[26]하는 것을 원칙으로 한다. 다만, 사업결합으로 식별가능한 취득 자산과 인수 부채를 인식하기 위해서는 다음의 인식조건을 모두 충족하여야 한다.

---

23) Business combination is a transaction or other event in which an acquirer obtains control of one or more business
24) Acquirer is the entity that obtains control of the acquiree.
25) Acquiree is business or business that the acquirer obtains control of in a business combination.
26) As of the acquisition date, the acquirer shall recognize, separately from goodwill, the identifiable assets acquired, the liabilities assumed.

① 자산과 부채의 정의 충족

식별가능한 취득 자산과 인수 부채는 취득일에 재무제표의 작성과 표시를 위한 개념체계의 자산과 부채의 정의를 충족[27)]하여야 한다.

② 사업결합거래의 결과로 교환된 자산과 부채

식별가능한 취득 자산과 인수 부채는 별도 거래의 결과가 아니라 사업결합거래에서 취득자와 피취득자 사이에 교환된 것[28)]의 일부이어야 한다.

2) 이전대가의 측정

이전대가(transferred consideration)는 사업결합의 대가로 취득자가 피취득자의 소유주에게 제공하는 대가를 말한다. 사업결합에서 취득자는 다음과 같이 다양한 이전대가를 제공하면서 피취득자에 대한 지배력을 획득할 수 있다.

① 현금, 현금성자산이나 그 밖의 자산(사업을 구성하는 순자산 포함)의 이전
② 부채의 분담
③ 지분의 발행
④ 두 가지 형태 이상의 대가 제공
⑤ 계약만으로 이루어지는 경우를 포함하여 대가의 이전이 없는 방식

(1) 일반적인 경우

사업결합에서 취득자가 지급하는 이전대가는 공정가치로 측정[29)]하며, 그 공정가치는 취득자가 이전하는 자산, 취득자가 피취득자의 이전 소유주에 대하여 부담하는 부채 및 취득자가 발행한 지분의 취득일의 공정가치 합계[30)]로 산정한다.

---

27) 예를 들어 피취득자의 영업활동을 종료하거나 피취득자의 고용관계를 종료하거나 재배치하는 것과 같은 계획의 실행에 의해 미래에 발생할 것으로 예상되지만 의무가 아닌 원가는 취득일의 부채가 아니다. 그러므로 취득자는 취득법을 적용하면서 그러한 원가는 인식하지 않는다. 그러한 원가는 다른 한국채택국제회계기준서에 따라 사업결합 후의 재무제표에 인식 한다.

28) 취득 자산과 인수부채가 사업결합거래에 따라 발생하는 교환의 일부가 아니라면, 해당 자산과 부채에는 사업결합에 관한 한국채택국제회계기준이 아닌 관련된 별도의 한국채택국제회계기준서에 따라 회계처리를 해야 한다.

29) The consideration transferred in a business combination shall be measured at fair value.

30) 다만 사업결합의 이전대가에 포함된, 피취득자의 종업원이 보유하고 있는 보상과 교환하여 취득자가 부여한 주식기준보상은 공정가치로 측정하지 않고 한국채택국제회계기준서 제 1102호 '주식기준보상'에 따라 측정한다.

한편, 취득일에 공정가치와 장부금액이 다른 취득자의 자산과 부채(예; 취득자의 비화폐성자산 또는 사업)가 이전대가에 포함될 수 있다. 이 경우, 취득자는 이전된 자산이나 부채를 취득일 현재 공정가치로 재측정하고, 그 결과 차손익이 있다면 당기손익으로 인식한다.

그러나 때로는 이전된 자산이나 부채가 사업결합 후 결합기업에 여전히 남아 있고(예; 자산이나 부채가 피취득자의 이전 소유주가 아니라 피취득자에게 이전됨), 따라서 취득자가 그에 대한 통제를 계속 보유하는 경우가 있다. 이러한 상황에서, 취득자는 이전된 자산과 부채를 취득일 직전의 장부금액으로 측정하고, 사업결합 전과 후에 여전히 통제하고 있는 자산과 부채에 대한 차손익을 당기손익으로 인식하지 않는다.

(2) 조건부대가

조건부대가(contingent consideration)는 보통 특정 미래 사건이 발생하거나 특정 조건이 충족되는 경우에, 피취득자에 대한 지배력과의 교환의 일부로 피취득자의 이전 소유주에게 추가로 자산이나 지분을 이전하여야 하는 취득자의 의무[31]를 말한다.

취득자가 피취득자에 대한 교환으로 이전한 대가에 조건부대가 약정이 포함되는 경우에는 취득자는 당해 조건부대가를 취득일의 공정가치로 인식한다. 취득자는 조건부 대가의 지급 의무를 금융상품의 표시 규정에 따라 부채 또는 자본으로 분류[32]한다.

3) 영업권과 염가매수차익의 인식과 측정

영업권(goodwill)은 개별적으로 식별하여 별도로 인식할 수 없으나, 사업결합에서 획득한 그 밖의 자산에서 발생하는 미래경제적효익을 나타내는 자산[33]을 말한다. 영업권은 개별적인 식별이 불가능하기 때문에 다른 무형자산처럼 개별적인

31) 그러나 조건부 대가는 특정 조건이 충족될 경우 이전대가를 반환받는 권리를 취득자에게 부여할 수도 있다.

32) 반대로 취득자는 특정조건을 충족하는 경우 과거의 이전대가를 회수할 수 있는 권리를 자산으로 분류한다.

33) IFRS원문 : An asset representing the future economic benefits arising from other assets acquired in a business combination that are not individually identified and separately recognised.

취득이 불가능하다. 이에 따라 영업권은 특정 사업을 매수하는 사업결합의 경우에만 인식되며 이를 매수영업권(purchased goodwill)이라 한다.[34)]

(1) 영업권의 인식

영업권은 개별적으로 식별하여 별도로 인식과 측정을 할 수 없기 때문에, 취득자는 취득일 현재 사업결합으로 취득한 식별가능한 순자산의 공정가치와 사업결합으로 제공한 이전대가를 비교하여 이전대가가 식별가능한 순자산의 공정가치를 초과하는 경우 이를 영업권으로 최초 인식한다. 이러한 영업권의 측정방식을 종합평가계정법(master valuation method)이라 한다.

영업권 (초과지급액) = 식별가능한 취득자산과 인수부채의 공정가치 – 취득일 현재 이전대가의 공정가치

한편, 취득자와 피취득자가 지분만을 교환하여 사업결합을 하는 경우, 취득일에 피취득자 지분의 공정가치가 취득자 지분의 공정가치보다 더 신뢰성 있게 측정되는 경우가 있다. 이 경우, 취득자는 이전한 지분의 취득일의 공정가치 대신에 피취득자 지분의 취득일의 공정가치를 이용하여 영업권의 금액을 결정한다.

[그림 7-5] **영업권의 인식**

34) 한편, 영업권은 정상적인 영업활동의 과정에서 내부적으로 창출될 수도 있다. 하지만 내부적으로 창출한 영업권(internally generated goodwill)은 어떠한 경우에도 자산으로 인식하지 아니한다. 미래경제적효익을 창출하기 위하여 발생한 무형의 자원에 대한 지출 중에는 무형자산의 인식기준을 충족하지 못하는 경우가 있다. 그러한 지출은 대부분 내부적으로 창출한 영업권에 기여할 수는 있다. 내부적으로 창출한 영업권은 취득원가를 신뢰성 있게 측정할 수 없고 기업이 통제하고 있는 식별가능한 자원이 아니기 때문에(즉, 분리가능하지 않고 계약상 또는 기타 법적 권리로부터 발생하지 않기 때문에)자산으로 인식하지 아니한다.

(2) 염가매수차익의 인식

염가매수(bargain purchase)는 사업결합으로 취득한 식별가능한 순자산의 공정가치와 사업결합으로 제공한 이전대가를 비교하여 이전대가가 식별가능한 순자산의 공정가치에 미달하는 상황에서 발생한다.[35] 염가매수의 결과로 발생하는 차익을 염가매수차익이라 하며, 취득자는 염가매수차익을 즉시 당기손익으로 인식한다.

> **염가매수차익 (과소지급액) = 식별가능한 취득자산과 인수부채의 공정가치 – 이전대가의 공정가치**

여기서 주의할 점은 염가매수차익을 인식하기 전에, 취득자는 모든 취득 자산과 인수 부채를 정확하게 식별하였는지에 대해 재검토하고, 이러한 재검토에서 식별된 추가 자산이나 부채가 있다면 이를 인식하여야 한다는 것이다. 이때 취득자는 취득일에 인식하도록 요구한 모든 사항[36]에 대해, 그 금액을 측정하는 데 사용한 절차를 재검토한다. 재검토하는 목적은 취득일 현재 이용가능한 모든 정보를 고려하여 관련 측정치에 적절히 반영하였는지 확인하기 위해서이다.

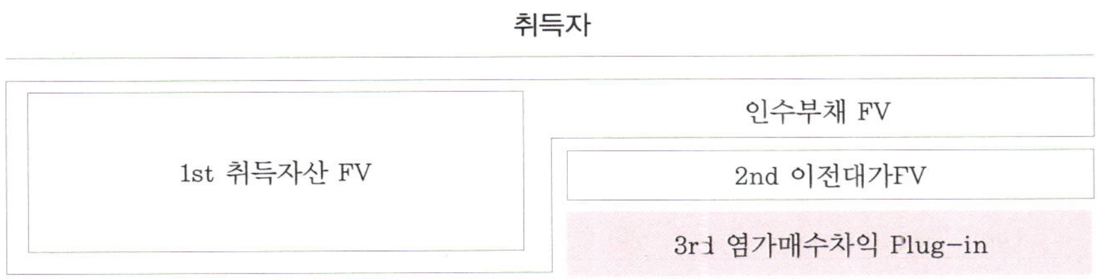

[그림 7-6] **염가매수차익의 인식**

---

35) 사업결합에서 염가매수의 발생이유는 다음과 같다.
염가매수는 취득자가 피취득자의 식별가능한 순자산을 공정가치에 미달하여 취득하는 경우에 발생하게 된다. 일반적으로 사업기업과 그 소유주는 자산이나 사업을 공정가치보다 낮은 가격으로 의도적으로 기꺼이 매도하려고 하지 않기 때문에 염가매수는 극히 이례적인 경우에 발생한다. 염가매수는 소유주가 신속히 사업을 매각할 필요가 있는(설립자나 핵심 경영자의 사망 후) 강제청산이나 투매에서 발생하며, 또한 매도자가 매각을 강요받아 행한 사업결합에서 발생할 수도 있다.

36) 식별가능한 취득 자산과 인수부채, 이전대가에 대하여 재검토 한다. 또한 단계적으로 취득한 사업결합의 경우에는 취득자가 이전에 보유하고 있던 피취득자에 대한 지분에 대하여도 재검토를 수행한다.

예제 4

㈜원광은 2012년 초 ㈜동국을 흡수 합병하였다. 취득일 현재 ㈜동국의 식별가능한 순자산 장부금액과 공정가치는 다음과 같다. 단, 취득일 현재 ㈜원광 보통주의 1주당 공정가치 1,500이며 액면금액은 500이다.

재무상태표

	장부금액	공정가치		장부금액	공정가치
현 금	80,000	80,000	부 채	630,000	580,000
재고자산	300,000	340,000	자 본 금	450,000	
금융자산	200,000	260,000	자본잉여금	100,000	
유형자산	750,000	900,000	이익잉여금	150,000	
	1,330,000			1,330,000	

물음

1. 취득일 현재 ㈜동국의 식별가능한 취득자산과 인수부채의 순공정가치를 계산하시오.
2. 이전대가로 ㈜원광이 보통주 1,000주를 발행한 경우 합병 후 재무제표에 인식할 영업권의 금액을 계산하시오.
3. [물음2]와 관련된 회계처리를 수행하시오.
4. 이전대가로㈜원광이 보통주 600주를 발행한 경우 합병 후 재무제표에 인식할 염가매수차익의 금액을 계산하고 관련된 회계처리를 수행하시오.

풀이

1. 식별가능한 순자산 공정가치
   (1) 취득자산의 공정가치 : 80,000 + 340,000 + 260,000 + 900,000 = 1,580,000
   (2) 인수부채의 공정가치 : (580,000)
   (3) 식별가능한 순자산 공정가치 : 1,000,000

2. 영업권의 계산
   (1) 식별가능한 순자산 공정가치 : 1,000,000
   (2) 이전대가의 공정가치 : 1,000주 × 1,500 = (1,500,000)
   (3) 영업권: △500,000 초과지급액

3. 합병 회계처리

2012. 1. 1	차변	금액	대변	금액
	현 금	80,000	부 채	580,000
	재고자산	340,000	자 본 금	500,000[1]
	금융자산	260,000	주식발행초과금	1,000,000[2]
	유형자산	900,000		
	영업권	500,000		

[1] 1,000주 × ₩500 = 500,000
[2] 1,000주 × (₩1,500 − ₩500) = 1,000,000

4. 염가매수차익의 계산
   (1) 식별가능한 순자산 공정가치: 1,000,000
   (2) 이전대가의 공정가치: 600주 × 1,500 = (900,000)
   (3) 염가매수차익: 100,000 과소지급액

2012. 1. 1	현　　금	80,000	부　　채	580,000
	재고자산	340,000	자 본 금	300,000[1]
	금융자산	260,000	주식발행초과금	600,000[2]
	유형자산	900,000	염가매수차익	100,000[3]
	[1] 600주×₩500=300,000 [2] 600주×(₩1,500−₩500)=600,000 [3] 한국채택국제회계기준의 절차에 따라 재검토후 당기이익으로 인식			

객관식 연습문제

exercises

▶▶ Ⅰ. 이론형 객관식 문제

01 **다음 중 무형자산의 내용으로 옳지 않은 것은?** (관세사 2010)

① 내용연수가 비한정인 경우 내용연수를 20년으로 추정하여 상각한다.
② 연구에 대한 지출은 발생시점에 비용으로 인식한다.
③ 무형자산의 회계정책으로 원가모형이나 재평가모형을 선택할 수 있다.
④ 내부적으로 창출한 영업권은 자산으로 인식하지 않는다.
⑤ 무형자산을 창출하기 위한 내부 프로젝트를 연구단계와 개발단계로 구분할 수 없는 경우 에는 그 프로젝트에서 발생한 지출은 모두 연구단계에서 발생한 것으로 본다.

정답 ①

내용연수가 비한정인 경우와 영업권은 상각을 하지 않는다.

02 **무형자산에 관한 설명으로 옳지 않은 것은?** (7급 2009)

① 무형자산은 무형자산의 정의를 충족하고 해당 자산으로부터 발생하는 미래경제적효익이 기업에 유입될 가능성이 매우 높으며, 자산의 취득원가를 신뢰성 있게 측정할 수 있을 때 인식한다.
② 프로젝트의 연구단계에서 발생한 지출은 발생한 기간의 비용으로 인식한다.
③ 내부적으로 창출된 브랜드, 고객목록 및 이와 유사한 항목에 대한 지출은 무형자산으로 인식하지 않는다.
④ 무형자산은 당해 자산을 취득한 시점부터 합리적인 기간 동안 상각하여야 한다.

정답 ④

무형자산은 사용가능한 시점부터 합리적인 기간 동안 상각하여야 한다.

03 무형자산에 관한 설명으로 옳지 않은 것은? (세무사 2010)

① 사업결합으로 취득한 연구·개발프로젝트의 경우 사업결합 전에 그 자산을 피취득자가 인식 하였는지 여부에 관계없이 취득일에 무형자산의 정의를 충족한다면 취득자는 영업권과 분리하여 별도의 무형자산으로 인식한다.

② 내부적으로 창출한 브랜드, 제호, 출판표제, 고객목록은 무형자산으로 인식하지 않는다.

③ 자산을 운용하는 직원의 교육훈련과 관련된 지출은 내부적으로 창출한 무형자산의 원가에 포함한다.

④ 무형자산을 창출하기 위한 내부 프로젝트를 연구단계와 개발단계로 구분할 수 없는 경우에는 그 프로젝트에서 발생한 지출은 모두 연구단계에서 발생한 것으로 본다.

⑤ 교환거래(사업결합과정에서 발생한 것이 아님)로 취득한 동일하거나 유사한, 비계약적 고객관계는 고객관계를 보호할 법적 권리가 없는 경우에도 무형자산의 정의를 충족한다.

정답 ③

무형자산을 운용하는 직원의 교육훈련과 관련된 지출은 무형자산의 원가로 인식하지 않는다.

04 다음 중 무형자산의 회계처리에 대한 설명으로 타당하지 않은 것은? (공인회계사 2010)

① 최초에 비용으로 인식한 무형항목에 대한 지출은 그 이후에 무형자산의 원가로 인식할 수 없다.

② 내용연수가 유한한 무형자산의 잔존가치는 해당 자산의 장부금액과 같을 수는 있으나, 장부금액보다 더 클 수는 없다.

③ 내부적으로 창출한 영업권은 무형자산으로 인식하지 않는다.

④ 내용연수가 비한정인 무형자산은 상각하지 아니하지만, 내용연수가 유한한 무형자산은 상각하고 상각기간과 상각방법은 적어도 매 보고기간 말에 검토한다.

⑤ 무형자산의 회계정책으로 원가모형이나 재평가모형을 선택할 수 있다.

정답 ②

무형자산의 잔존가치는 해당 자산의 장부금액과 같거나 큰 금액으로 증가할 수도 있다. 이 경우에는 자산의 잔존가치가 이후에 장부금액보다 작은 금액으로 감소될 때까지는 무형자산의 상각액은 영(0)이 된다.

05 **제조공정 혁신을 위한 연구개발의 지출에 대한 회계처리에 관한 설명으로 옳지 않은 것은? (단, 한국채택국제회계기준에 따른다.)**

(7급 2008 수정)

① 연구단계에서 발생한 지출은 발생한 기간의 비용으로 처리한다.

② 개발 중인 무형자산의 회수가능가액이 장부금액에 미달하는 경우 그 미달액을 손상차손으로 인식하고 장부가액에서 차감할 수 있다.

③ 소프트웨어를 자체개발한 경우 개발 중인 무형자산으로 계상할 수 있으며, 구입한 상용소프트웨어는 기타의 무형자산으로 계상할 수 있다.

④ 개발 중인 무형자산은 합리적인 기간 동안에 상각하며, 상각액은 전액 당기손익으로 처리한다.

정답 ④

무형자산상각비는 당기손익 또는 자산의 취득원가로 처리한다.

06 **다음 중 무형자산에 관한 설명으로 적절하지 않은 것은?**

(세무사 2003 수정)

① 무형자산은 해당 자산으로부터 발생하는 미래의 경제적효익이 기업에 유입될 가능성이 높고 자산의 취득원가를 신뢰성 있게 측정할 수 있을 때 인식한다.

② 프로젝트의 연구단계에서 발생한 지출은 항상 발생한 기간의 비용으로 처리한다.

③ 내부적으로 창출한 브랜드, 고객목록 및 이와 유사한 항목에 대한 지출은 무형자산으로 인식하지 않는다.

④ 생산 전 또는 사용전의 시작품과 모형을 설계, 제작 및 시험하는 활동은 연구단계로 분류한다.

⑤ 무형자산에 대한 지출로서 과거 회계연도의 재무제표나 중간재무제표에서 비용으로 인식한 지출은 그 후의 기간에 무형자산의 취득원가로 인식할 수 없다.

정답 ④

생산 전 또는 사용 전의 시작품과 모형을 설계, 제작 및 시험하는 활동은 개발단계로 분류한다.

07 무형자산에 대한 한국채택국제회계기준의 내용으로 타당하지 않은 것은?

(공인회계사 2008 수정)

① 사업결합에서 취득자는 피취득자의 재무제표에 인식되지 않았던 무형자산을 인식할 수 없다.

② 연구단계에서 발생한 지출은 모두 발생한 기간의 비용으로 인식하고, 개발단계에서 발생한 지출은 일정요건을 충족하면 무형자산으로 인식한다.

③ 무형자산에 대한 지출로서 과거 회계연도의 재무제표에서 비용으로 인식한 지출은 그 후의 기간에 무형자산의 취득원가로 인식할 수 없다.

④ 내부적으로 창출된 영업권은 무형자산으로 인식하지 않는다.

⑤ 무형자산의 상각방법으로 정액법 이외의 방법을 사용할 수 있다.

정답 ①

사업결합 전에 피취득자가 무형자산을 인식하였는지 여부에 관계없이, 취득자는 취득일에 피취득자의 무형자산을 영업권과 분리하여 인식하여야 한다.

08 내부적으로 창출된 무형자산의 취득원가에 포함될 항목으로 가장 적절하지 않은 예는 무엇인가?

(공인회계사 2006 수정)

① 법적 권리를 등록하기 위한 수수료 등 무형자산을 창출하는데 직접적으로 관련이 있는 지출

② 자본화대상 차입원가

③ 무형자산의 창출을 위하여 발생한 종업원급여와 무형자산을 운용하는 직원의 교육훈련과 관련된 지출

④ 무형자산의 창출에 사용된 특허권과 라이선스 상각비

⑤ 무형자산의 창출에 사용되었거나 소비된 재료원가, 용역원가

정답 ③

다음 항목은 내부적으로 창출한 무형자산의 취득원가에 포함하지 아니한다.

(1) 판매비, 관리비 및 기타 일반 간접 지출. 다만, 무형자산을 의도한 용도로 사용할 수 있도록 준비하는 데 직접 관련된 경우는 제외한다.

(2) 무형자산이 계획된 성과를 달성하기 전에 발생한 명백한 비효율로 인한 손실과 초기 영업손실

(3) 무형자산을 운영하는 직원의 교육훈련과 관련된 지출

▶▶ II. 계산형 객관식 문제

01 합병회사는 2005년 1월 1일자로 피합병회사를 흡수합병하고 합병회사 주식 1,000주(액면가액 ₩100, 공정가액 ₩200)를 교부하였다. 이 합병은 매수에 해당되며, 합병직전 양사의 재무상태표는 아래와 같다. 영업권 또는 부의 영업권 가치로 인식될 금액은 얼마인가? (9급 서울시 2006)

구 분	합병회사	피합병회사	
	장부가액	장부가액	공정가액
유동자산	₩100,000	₩50,000	₩50,000
비유동자산	₩200,000	₩80,000	₩100,000
자산합계	₩300,000	₩130,000	₩150,000
유동부채	₩50,000	₩10,000	₩10,000
비유동부채	₩50,000	₩20,000	₩20,000
자본금	₩100,000	₩50,000	
자본잉여금	₩70,000	₩30,000	
이익잉여금	₩30,000	₩20,000	
부채와 자본총계	₩30,000	₩130,000	

① 영업권 ₩80,000　② 부의 영업권 ₩20,000
③ 영업권 ₩50,000　④ 부의 영업권 ₩50,000
⑤ 영업권 ₩70,000

정답 ①

합병대가(1,000주 × ₩200) − 순자산공정가액(₩150,00 − ₩30,000) = 영업권 ₩80,000

02 회사는 2006년 1월 4일 사업결합에 의하여 다른 회사를 매수하였으며, 그 결과 ₩800,000의 영업권이 발생하였다. 이 영업권을 유지보호하기 위해 2006년 한 해 동안 내부적으로 ₩200,000을 추가 지출하였다. 2006년 12월 31일 재무상태표에 표시할 영업권의 장부가액으로 가장 가까운 금액은? (7급 2006 수정)

① ₩1,000,000　② ₩900,000
③ ₩800,000　④ ₩720,000

정답 ③

영업권은 상각하지 아니한다. 영업권의 유지보호를 위한 지출은 영업권으로 계상될 수 없다. 2006년 말 영업권 장부가액 = ₩800,000

03 2011년 초 (주)한국은 (주)서울의 지분 100%를 취득하여 흡수합병 하였고, 그 이전대가로 ₩100,000의 현금을 지급하였다. 또한, 합병관련 컨설팅 수수료로 ₩10,000을 현금으로 지급하였다. 합병 당시 (주)서울의 재무상태표는 다음과 같다.

재무상태표

㈜서울 2011년 1월 1일 현재 (단위:원)

매출채권	24,000	매입채무	48,000
상 품	30,000	납입자본	40,000
토 지	54,000	이익잉여금	20,000
자산총계	108,000	부채와 자본총계	108,000

2011년 초 (주)한국이 (주)서울의 자산에 대해 공정가치를 측정한 결과, 매출채권은 장부금액과 동일하며 상품은 장부금액 대비 10% 높고 토지는 장부금액 대비 50% 높은 것으로 평가되었다. 한편, 부채의 공정가치는 장부금액과 동일하다. 2011년 초 (주)한국이 영업권으로 계상할 금액은 얼마인가? (감정평가사 2010)

① ₩5,000 ② ₩10,000
③ ₩15,000 ④ ₩20,000
⑤ ₩23,000

정답 ②

자산의 공정가치 = 24,000 + 33,000 + 81,000 = ₩138,000
순자산공정가치 = 138,000 − 48,000 = ₩90,000
합병대가(100,000) − 순자산의 공정가치(90,000) = 영업권(₩10,000)
합병관련수수료는 당기비용항목으로 합병대가에 포함되지 않는다.

04 다음은 (주)국세의 2011년도 연구 및 개발활등 지출 내역이다. 이를 이용하여 물음에 답하시오. (주)국세가 2011년도 연구 활동으로 분류해야 하는 금액은 얼마인가? (세무사 2010)

- 새로운 지식을 얻고자 하는 활동 ₩100,000
- 생산이나 사용 전의 시제품과 모형을 제작하는 활동 ₩150,000
- 상업적 생산 목적으로 실현가능한 경제적 규모가 아닌 시험공장을 건설하는 활동 ₩200,000
- 연구결과나 기타 지식을 응용하는 활동 ₩300,000

① ₩100,000 ② ₩250,000
③ ₩400,000 ④ ₩450,000
⑤ ₩750,000

정답 ③

연구단계의 지출 = 새로운 지식을 얻고자 하는 활동(100,000) + 연구결과나 기타 지식을 응용하는 활동(300,000)

05 (주)대한식품은 2011년 초부터 2013년 말까지 새로운 식품생산공정의 개발을 위해 2011년 동안 ₩2,000,000을 지출하였으며, 그 생산공정은 2011년 10월 10일 무형자산의 인식 기준을 충족한다. 한편, 2011년 동안 지출된 ₩2,000,000 중 ₩500,000은 2011년 12월 31일 사이에 발생하였다. 2011년 말 그 생산공정의 노하우에 대한 회수가능액은 ₩1,000,000으로 추정된다. 또한, (주)대한식품은 그 생산공정의 계속된 개발을 위해 2012년 중 ₩3,000,000을 추가로 지출하였다. 2012년 말에 해당 생산공정의 노하우에 대한 회수가능액은 ₩2,200,000으로 추정된다. 2012년도에 (주)대한식품이 생산공정과 관련하여 재무제표에 손상차손으로 인식할 금액은 얼마인가? (단, 무형자산은 상각하지 않으며, 법인세효과는 고려하지 않는다.) (관세사 2010)

① ₩800,000 ② ₩1,300,000
③ ₩1,800,000 ④ ₩2,300,000
⑤ ₩2,800,000

정답 ②

2012년 말 장부금액 : 500,000 + 3,000,000 = ₩3,500,000
회수가능액 : ₩2,200,000
손상차손액 : 3,500,000 − 2,200,000 = ₩1,300,000

06 (주)세화의 다음 자료를 보고 무형자산으로 인식할 수 있는 개발비의 최대한도는 얼마인가? (공인회계사 2009 수정)

• 신지식 탐구를 위한 연구실 지출	₩320,000
• 연구결과 평가를 위한 지출	130,000
• 실험실에 구축된 전용시설물 구축비	190,000
• 새롭게 개선된 시스템에 대한 대체안 설계를 위한 지출	70,000
• 신기술과 관련된 공구, 금형, 주형의 설계를 위한 지출	140,000
• 상업생산 전 시작품의 설계, 제작, 시험을 위한 지출	210,000
• 상업생산 중의 품질관리비	150,000

① ₩210,000　　② ₩350,000
③ ₩420,000　　④ ₩500,000

정답 ②

• 연구활동의 예는 다음과 같다.
(1) 새로운 지식을 얻고자 하는 활동
(2) 연구결과나 기타 지식을 탐색, 평가, 최종 선택, 응용하는 활동
(3) 재료, 장치, 제품, 공정, 시스템이나 용역에 대한 여러가지 대체안을 탐색하는 활동
(4) 새롭거나 개선된 재료, 장치, 제품, 공정, 시스템이나 용역에 대한 여러 가지 대체안을 제안, 설계, 평가, 최종 선택하는 활동

• 개발활동의 예는 다음과 같다.
(1) 생산이나 사용전의 시제품과 모형을 설계, 제작, 시험하는 활동
(2) 새로운 기술과 관련된 공구, 지그, 주형, 금형 등을 설계하는 활동
(3) 상업적 생산 목적으로 실현가능한 경제적 규모가 아닌 시험공장을 설계, 건설, 가동하는 활동
(4) 신규 또는 개선된 재료, 장치, 제춤, 공정, 시스템이나 용역에 대하여 최종적으로 선정된 안을 설계, 제작, 시험하는 활동

• 개발비

신기술과 관련된 공구, 금형, 주형의 설계를 위한 지출	₩140,000
상업생산 전 시작품의 설계, 제작, 시험을 위한 지출	₩210,000
	₩350,000

07 2009년 초에 (주)서울은 내용연수 10년으로 추정되는 특허권을 ₩40,000에 구입하였다. 동 특허권의 보호를 위하여 추가비용 ₩6,000이 2013년 초에 발생하였다. 이 지출은 자산의 인식요건을 만족한다. 2013년도에 대하여 필요한 특허권상각액은 얼마인가?

① ₩0　　② ₩3,000
③ ₩4,600　　④ ₩5,000
⑤ ₩10,000

정답 ④

2012.12.31. 미상각액 : ₩40,000 × 6/10 = ₩24,000
2013. 1. 1. 후속적 지출 : 6,000
₩30,000
∴ 2013.12.31. 상각액 : ₩30,000 × 1/6 = ₩5,000

〈별해〉

회계처리								장부가치
2009년 초	차)	특허권	40,000	대)	현 금	40,000		40,000
2009년 말	차)	특허권상각비	4,000	대)	특허권상각누계액	4,000		36,000
2010년 말	차)	특허권상각비	4,000	대)	특허권상각누계액	4,000		32,000
2011년 말	차)	특허권상각비	4,000	대)	특허권상각누계액	4,000		28,000
2012년 말	차)	특허권상각비	4,000	대)	특허권상각누계액	4,000		24,000
2013년 초	차)	특허권	6,000	대)	현 금	6,000		30,000
					(자본적 지출로 취득원가에 가산)			

이후 무형자산 상각은 전진법을 사용 하여 진행 합니다.
연간 무형자산상각비 = ₩30,000 / 6년 (남은 내용연수) = ₩5,000

08 **다음은 제약회사인 (주)갑의 2011년도 독감 치료용 신약을 위한 연구, 개발 및 생산과 관련된 자료이다.** (공인회계사 2012)

- 독감의 원인이 되는 새로운 바이러스를 찾기 위한 지출 ₩300,000
- 바이러스 규명에 필요한 동물실험을 위한 지출 ₩10,000
- 상업용 신약 생산에 필요한 설비 취득을 위한 지출 ₩400,000
- 신약을 개발하는 시험공장 건설을 위한 지출 ₩500,000
  (상업적 생산목적으로 실현가능한 경제적 규모가 아님)
- 신약의 상업화전 최종 임상실험을 위한 지출 ₩60,000
- 신약 생산전 시제품을 시험하기 위한 지출 ₩20,000
- 바이러스 동물실험결과의 평가를 위한 지출 ₩30,000

(주)갑이 2011년에 당기손익으로 인식할 연구비와 자산으로 인식할 개발비는 각각 얼마인가? 단, 개발비로 분류되는 지출의 경우 2011년말 시점에 개발비 자산인식요건을 충족한다고 가정한다.

	연구비	개발비
①	₩340,000	₩580,000
②	₩340,000	₩980,000
③	₩740,000	₩580,000
④	₩740,000	₩80,000
⑤	₩840,000	₩80,000

정답 ①

구 분	연 구 비	개 발 비
독감바이러스를 찾기 위한 지출	₩300,000	
동물실험을 위한 지출	₩10,000	
신약 생산에 필요한 설비 취득을 위한 지출*	–	–
시험공장 건설을 위한 지출		₩500,000
상업화전 최종 임상실험을 위한 지출		₩60,000
시제품을 시험하기 위한 지출		₩20,000
실험결과의 평가를 위한 지출	₩30,000	
	₩340,000	₩580,000

* 유형자산의 취득원가로 인식함

8장

금융자산(I) : 현금과 수취채권

제1절 금융상품1)

1. 금융상품 의의

금융상품(financial instruments)[2]은 거래당사자 일방에게 금융자산을 발생시키고 동시에 다른 거래상대방에게 금융부채나 지분상품을 발생시키는 모든 계약(contract)을 말한다. 이는 계약상(contractual) 권리와 의무에서 발생하며 발행자와 보유자는 최초인식시점에 금융상품을 금융자산과 금융부채 또는 지분상품으로 분류하여야 한다. 즉, 금융상품은 금융자산과 금융부치를 또는 지분상품을 총칭하는 용어이다. 따라서 금융상품의 구매자는 금융자산을 보유하게 되며, 금융상품의 발행자 또는 판매자는 금융부채를 기록하게 된다. 예를 들면 외상 판매계약의 경우, 외상판매를 하는 쪽은 매출채권이라는 금융자산을 갖게 되고 외상매입을 하는 쪽은 매입채무를 부담하게 되는데 이러한 계약이 전형적인 금융상픔의 정의에 포함된다.

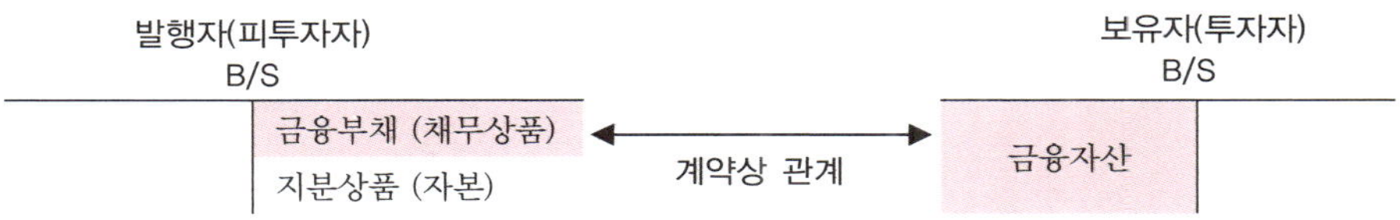

[그림 8-1] 금융상품

---

1) 금융상품은 그 내용이 방대하여 금융자산은 본장에서 금융자산(Ⅰ)을 제10장에서 금융자산(Ⅱ)를 설명 하고 금융부채는 제9장 금융부채와 충당부채에서, 지분상품은 제11장 자본에서 설명할 것이다.

2) 국제회계기준의 금융상품(financial instruments)은 광의의 금융상품을 의미 한다. 이에 반해 금융기관이 취급하는 정기예금, 정기적금, 금전신탁, 어음관리계좌, 기업어음 등의 정형화된 상품(products)을 협의의 금융상품이라 한다. 한편, 금융상품의 공시가 중요한 이유는 금융상품이 다른 비금융상품과 비교하여 볼 때 공정가치(fare value)의 변동에 대한 위험(risk)과 현금으로 전환될 수 있는 유동성(liquidity)이 상당히 높아 재무제표의 이용자가 합리적인 의사결정을 하기 위해서는 기업이 보고기간말 현재 보유하고 있는 금융상품에 대한 보다 구체적이고 자세한 공시가 필요하기 때문이다.

2. 금융자산과 금융부채 및 지분상품

1) 금융자산과 금융부채 및 지분상품의 개념

금융자산(financial asset)과 금융부채(financial liability)는 계약에 의해 현금이나 다른 금융자산을 수취하거나 지급해야할 권리와 의무를 말한다. 한편, 지분상품(equity instrument)은 기업의 자산에서 모든 부채를 차감한 후의 잔여지분(residual interest)을 나타내는 모든 계약[3]을 말한다. 여기서 계약(contract)의 의미는 명확한 경제적 결과를 가지고 있고, 법적 구속력이 있기 때문에 당사자가 그러한 경제적 결과를 자의적으로 회피할 여지가 적은 둘 이상의 당사자 간 합의를 말한다. 금융자산과 금융부채 및 지분상품은 다음과 같다.

보유자 (금융자산)	발행자 (금융부채)
① 현 금(현금및현금성자산) ② 다른 기업의 지분상품(투자주식)	
③ 거래상대방에게서 현금 등 금융자산을 수취할 계약상 권리(매출채권, 미수금, 대여금, 투자사채, 금융리스채권) ④ 잠재적으로 유리한 조건으로 거래상대방과 금융자산이나 금융부채를 교환하기로 한 계약상 권리(투자콜옵션, 투자풋옵션) ⑤ 수취할 자기지분상품(자기주식)의 수량이 확정되지 않은 비파생상품[4]계약(미확정자기주식수취계약)	① 거래상대방에게 현금 등 금융자산을 인도할 계약상 의무(매입채무, 미지급금, 차입금, 사채, 금융리스부채) ② 잠재적으로 불리한 조건으로 거래상대방과 금융자산이나 금융부채를 교환하기로 한 계약상 의무(발행콜옵션, 발행풋옵션) ③ 인도할 자기지분상품(자기주식)의 수량이 확정되지 않은 비파생상품계약(미확정자기주식발행계약)
오른쪽의 규정은 금융부채의 사례를 반대의 입장에서 다시 서술한 것이다. (보통주, 우선주, 주식선택권, 전환권대가, 신주인수권대가, 기업공개조건의 현금상환우선주)	**발행자 (지분상품)** ① 거래상대방에게 현금 등 금융자산을 인도하기로 하는 계약상 의무가 없는 계약 ② 발행자에게 잠재적으로 불리한 조건으로 거래상대방과 금융자산이나 금융부채를 교환하는 계약상 의무가 없는 계약 ③ 변동가능한 수량의 자기지분상품을 인도할 계약상 의무가 없는 비파생상품계약[5]

[그림 8-2] 금융자산과 금융부채 및 지분상품의 사례

---

3) 지분상품은 자본으로서 금융자산에서 금융부채를 차감한 것이 아닌 기업 전체 자산에서 부채를 차감한 후의 잔여지분이라는 것에 주의해야 한다.

4) 확정수량의 자기지분상품에 대하여 확정금액의 현금 등 금융자산을 교환하여 결제하는 방법이 아닌 방법으로 결제되거나 결제될 수 있는 파생상품의 경우에도 당해 권리와 의무에 따라 각각 금융자산과 금융부채로로 분류한다.

5) 확정 수량의 자기지분상품에 대하여 확정 금액의 현금 등 금융자산의 교환을 통해서만 결제될 파생상품도 지분상품으로 분류한다.

① 현금 [금융자산①]

현금(cash)은 교환의 수단이며, 동시에 재무제표에 모든 거래를 인식하고 측정하는 기준이 되므로 금융자산이다. 은행이나 이와 유사한 금융회사에 대한 예치금(deposit)은 당해 금융회사에서 현금을 인출하거나 금융부채를 지급하기 위하여 예치된 잔액에 대하여 채권자를 수취인으로 하여 수표 등을 발행할 수 있는 계약상 권리(contractual right)를 나타내므로 금융자산이다.

② 다른 기업의 지분상품 [금융자산②]

다른 기업의 지분상품(equity instrument of another entity)을 보유하고 있으면 지분상품을 발행한 기업에 대하여 현금배당 등을 요구할 수 있는 계약상의 권리가 있으므로 금융자산이다.

③ 거래상대방에게 현금 등 금융자산을 수취(인도)할 계약상 권리(의무) [금융자산③, 금융부채①]

현금뿐만 아니라 미래에 현금을 수취(인도)하는 계약상 권리(의무)도 금융자산(금융부채)이다.[6)]

④ 잠재적으로 유리(불리)한 조건으로 금융자산이나 금융부채를 교환하기로 한 계약상 권리(의무) [금융자산④, 금융부채②]

잠재적으로 유리(불리)한 조건(potentially favorable or unfavorable)으로 현금 등 금융자산이나 금융부채를 교환하기로 한 계약상 권리(의무)도 금융자산(금융부채)이다.[7)]

⑤ 수취(인도)할 자기지분상품의 수량이 확정되지 않은 비파생상품계약 [금융자산⑤, 금융부채③]

기업이 특정대가를 지급(수취)하고 이에 대한 대가로 변동가능한 자기지분상

6) 예를 들어 특정 거래당사자가 통제하고 있는 매출채권, 받을어음, 대여금과 투자사채는 미래에 현금을 수취할 계약상권리(contractual right)에 해당하므로 금융자산으로 분류하며, 이에 대응하여 다른 거래당사자가 부담하는 매입채무, 지급어음, 차입금, 사채는 미래에 현금을 지급할 계약상의무(contractual obligation)에 해당하므로 금융부채로 분류한다.

7) 예를 들어 파생상품 중의 하나인 콜옵션(call option)이나 풋옵션(put option)은 투자자에게 옵션계약의 기초항목인 금융상품의 공정가치 변동과 관련된 잠재적인 미래경제적효익을 획득할 권리를 부여하므로 금융자산이다. 이와 반대로, 옵션의 발행자에게는 기초항목인 금융상품의 공정가치 변동과 관련된 경제적효익의 잠재적인 손실을 부담하거나 잠재적인 미래경제적효익을 포기하는 의무를 부담하므로 금융부채이다.

품(자기주식)을 취득(인도)하는 경우에는 지분상품계약이 아닌 금융자산(금융부채) 계약으로 분류한다.[8)]

2) 금융자산과 금융부채의 예외

다음에 제시하는 비금융상품계약 항목은 금융자산과 금융부채로 분류하지 않는다.

비금융상품계약	금융상품계약
① 미완성계약인 운용리스계약(사용임대차계약)	금융리스계약
② 실물자산인 재고자산, 유형자산, 리스자산, 무형자산, 투자부동산	
③ 금융자산 · 부채로 결제되지 않는 선급비용, 선수수익, 선급금, 선수금	미지급비용, 미수수익, 미지급금
④ 계약에 의하지 않은 미지급법인세와 의제의무에 따른 부채(충당부채)	
⑤ 비금융항목을 매입하거나 매도하는 계약	금융항목을 매입 · 매도하는 계약

[그림 8-3] **금융자산과 금융부채의 예외**

① 금융리스의 경우, 경제적실질이 금전대 · 차거래 약정이므로 리스제공자는 미래에 수취할 현금흐름의 현재가치를 금융리스채권으로 계상하고, 리스이용자는 미래에 지급할 현금흐름의 현재가치를 금융리스부채로 계상한다.

---

8) 예를 들어 A사가 B사에게 재고자산을 판매하고 3개월 후에 B사가 가지고 있는 A사 주식으로 결제하겠다는 계약을 했다면 이는 B사가 예전에 A사가 발행한 주식(매도가능금융자산)을 보유하고 있다가 결제하겠다는 것으로 이는 A사 입장에서 자기주식을 수취한 것이 된다. 이때 매출을 하고 3개월 후에 ₩5,000,000에 상응하는 자기주식을 수령하는 계약을 체결하였다면 현재 주식의 수량을 확정 지을 수는 없게 되는데 이때 결제 계약은 자기주식수취에 따른 자본차감계약이 아니라 금융자산계약으로 본다.
① 재고자산 매출시 : 자기주식결제채권 5,000,000 / 매 출 5,000,000 ⇒ 자본이 아니라 금융자산이다.
3개월 후 A사 자기주식의 수량이 확정되어 금융자산계약에서 자본차감계약으로 전환이 되게 된다.
② 결제시 : 자기주식 5,000,000 / 자기주식결제채권 5,000,000
한편, A사가 B사로부터 재고자산 ₩5,000,000을 매입 후 3개월 후에 ₩5,000,000을 상환하는 주식발행계약을 하였을 경우 재고자산 매입시 A사 주식의 시가가 ₩10,000(액면가:₩5,000)이라면 500주 발행 수량이 되지만 3개월 후 시가 변동 위험으로 인하여 현재 주식의 수량을 확정 지을 수는 없게 되는데 이때 결제 계약은 주식발행에 따른 자본계약이 아니라 금융부채계약으로 본다.
① 재고자산 매입시 : 재고자산 5,000,000 / 자기주식결제채무 5,000,000 ⇒ 자본이 아니라 금융부채이다.
3개월 후 A사 주식의 시가가 ₩20,000 이라면 250주 발행 수량이 확정되어 금융부채계약에서 자본계약으로 전환이 되게 된다.
② 결제시 : 자기주식결제채무 5,000,000 / 자 본 금 1,250,000
주식발행초과금 3,750,000

반면에 운용리스는 경제적 실질이 임대·차거래 약정으로 리스제공자는 리스자산 자체로 회계처리하며, 계약에 따라 미래에 수취할 현금흐름의 현재가치로 회계처리 하지 아니하므로 금융상품이 아니다. 따라서 금융리스는 금융상품에 해당하지만, 운용리스는 금융상품에 해당하지 않는다.

② 재고자산이나 유형자산과 같은 실물자산, 특허권이나 상표권 같은 무형자산과 리스자산은 현금 등 금융자산을 수취할 현재의 권리를 발생시키지 않으므로 금융자산이 아니다. 이러한 자산은 당해자산의 처분으로 현금 등 금융자산을 수취할 권리가 발생하여야 금융자산으로 분류할 수 있다.

③ 선급비용이나 선급금 성격의 자산과 선수수익이나 품질보증 의무성격의 부채도 반대급부로 현금 등 금융자산을 수취하거나 인도할 계약상의무가 아니라 재화나 용역을 수취하거나 인도해야 하므로 금융자산과 금융부채가 아니다. 그러나 결제가 현금으로 이루어지는 미수수익(자산)이나 미지급비용(부채)은 금융자산과 금융부채로 분류한다.

④ 미지급법인세나 각종 부과금의 지급의무와 의제의무에 의하여 발생하는 충당부채도 현금지급의무에 해당되지만 거래상대방과의 채권·채무 계약에 의해 발생한 의무가 아니므로 금융부채가 아니다.

⑤ 비금융항목을 매입하거나 매도하는 계약도 금융상품의 정의를 충족하지 못한다. 이는 비금융자산을 수취하거나 용역을 제공받을 계약상 권리와 의무는 거래당사자에게 금융자산을 수취, 인도 또는 교환할 현재의 의무를 구성하지 않기 때문이다.

제2절 현금및현금성자산

1. 현금및현금성자산

1) 현 금

현금(cash)은 유동성이 가장 높고, 교환의 매개수단 중에서 가장 대표적인 자산이다. 회계적인 측면에서 현금이란 통화와 통화대용증권과 요구불예금을 포함하는 개념이다. 통화는 한국은행에서 발행한 화폐로 지폐나 주화 등을 말하며, 통화대용증권은 통화와 거의 동일하게 교환의 매개로 사용할 수 있는 유가증권을 말한다. 한편 요구불예금(demand deposit)이란 지급수단으로 자유로이 인출이 가능한 당좌예금이나 보통예금을 말한다. 현금을 자세히 정리하면 다음과 같다.

구 분	내 용
통 화	지폐, 주화
통화대용증권	① 타인발행수표[9] : 당좌수표, 가계수표, 자기앞수표, 송금수표, 여행자수표 ② 제 증서[10] : 우편환증서, 송금환, 지점전도금, 국세환급통지서, 배당금지급통지표, 기일이 도래한 공사채이자표
요구불예금	당좌예금, 보통예금[11]
유의사항	① 소액현금[12] 계정도 공표용 재무제표에는 현금및현금성자산으로 통합하여 보고 ② 선일자수표[13] : 매출채권 또는 미수금으로 분류 ③ 수입인지, 우표 : 소모품의 성격으로 구입시 소모품으로 분류 ④ 가불증, 차용증서 : 대여금 성격으로 단기대여금으로 분류 ⑤ 부도수표 : 매출채권으로 분류하였다가 손상확정시점에 대손처리 ⑥ 당좌차월[14] : 단기차입금으로 분류

[그림 8-4] 현금의 범위

9) 수표(check)는 발행인이 지급인(은행)으로 하여금 수표를 가지고 있는 사람에게 일정한 금액을 지급해 줄 것을 위탁하는 형식의 유가증권으로서 후술할 어음과 달리 지급기일이 없기 때문에 언제라도 은행에 지급을 위한 제시를 할 수 있기에 현금을 안전하게 전달하는 용도 및 현금을 대신하는 지급수단으로 광범위하게 사용된다. 즉, 은행에 현금을 예치하고 수표를 발행해서 주면 은행에 가서 수표를 제시하고 현금을 찾으면 된다. 이때 가계수표는 당좌수표를 발행하기 어려운 개인이 은행에 가계당좌예금을 개설하고 발행하는 수표이며 사업자간의 소액거래 및 개인적인 용도로 사용된다. 자기앞수표는 은행이 자기 앞으로 발행한 수표로서 은행이 발행인 겸 지급인이 되는 수표이다. 이러한 자기앞수표는 발행은행이 부도가 나지 않는 한 부도가 발생될 수 없기 때문에 가장 안전한 수표이다. 여러분이 일상생활에서 보는 수표는 대부분 자기앞수표이다. 또한 송금수표는 우편환증서와 동일한 개념으로서 우체국에 현금을 예치하고 우편으로 발송하여 우편환을 받은 본인에게만 우체국에서 현

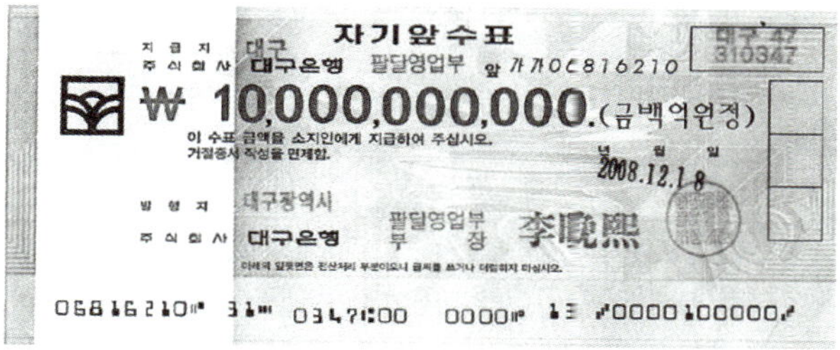

[그림 8-5] 자기앞수표

2) 현금성자산

현금성자산(cash equivalents)은 유동성이 매우 높은 단기투자자산으로서 확정된 금액의 현금으로 전환이 용이하고 가치변동의 위험이 중요하지 않은 자산을 말한다. 현금성자산은 투자나 다른 목적이 아닌 단기의 현금수요를 충족하기 위한 목적으로 보유하므로, 투자자산이 현금성자산으로 분류되기 위해서는 다음의 조건을 충족해야 한다.

금을 지급하는 증서이다. 당좌수표는 절을 달리하여 설명한다.

10) 송금환은 채무자가 채권자에 대한 채무를 결제하기 위하여 은행을 경유해 송금하는 결제방식이며, 지점전도금은 본사와 지사가 따로 있는 경우 본사에서 지사로 내려 보내주는 경비이며, 국세환급통지서는 세금을 과다징수 했을 시 세금을 돌려주겠다는 통지서이다. 또한, 기일이 도래한 공사채이자표는 이자표가 별도로 첨부되어 있는 채무증권의 이자표로 지급기일이 도래한 것을 말한다.

11) 사용이 제한된 요구불예금은 사용제한기간이 보고기간후 12개월 이내인 경우에는 현금이 아니라 단기금융자산으로 분류하며, 사용제한 기간이 12개월 이상인 경우에는 장기금융자산으로 분류한다. 사용이 제한된 예금의 예는 다음과 같다.
   ① 보상잔액(꺽기예금, 양건예금) : 금융기관이 대출금으로부터 정상적인 이자수익을 보장 받기 위하여 차입자에게 정상적인 이자율보다 낮은 이자율로 강제로 예치시키는 예금
   ② 당좌개설보증금(별단예금) : 당좌계좌 개설시 은행에 예치시키는 보증금
   ③ 감채기금 : 사채의 만기시에 필요한 사채상환 자금을 적립하기 위해 별도로 설정된 기금
   ④ 질권 설정 요구불 예금 : 질권이 설정되어 있는 금융상품 이나 예금
   참고로 토지·건물 등 부동산의 사용을 제한할 때는 저당권을 설정하고, 금융상품이나 유가증권 등 동산의 사용을 제한 할 때는 질권을 설정한다.
   ⑤ 공탁금 : 법적인 강제이행을 보장하기 위해 공탁기관에 예치해 놓은 금액

12) 소액현금제도(petty cash system)는 기업이 많은 현금을 보유하고 있으면 도난이나 분실의 위험이 발생하기 쉬우므로 기업은 위험방지 차원에서 보유현금을 은행에 당좌계좌에 예입하고 당좌수표를 발행하여 지급하는 절차를 취한다. 그러나 소액의 현금을 지출 할 때마다 당좌수표를 발행하는 것은 오히려 업무상 불편을 초래하기 때문에 소액의 비용지급을 위하여 사용하는 제도이다.

13) 선일자수표(post-dated check)는 실무에서 연수표라고도 하며 실제발행일보다 수표권면상의 발행일이 미래인 경우의 수표를 말한다. 예를 들어 실제발행일이 6월 16일인데 권면상의 발행일은 7월 14일인 경우이다. 이 경우 어음수표법상으로는 제시하면 지급하여야 하나 경제적 실질은 7월 14일에 지급 제시하는 것이므로 그때까지는 수취채권이다.

14) 당좌차월은 후술하는 절에서 설명한다.

① 확정된 금액의 현금으로 전환이 용이하고
② 이자율 변동에 따른 가치변동의 위험이 중요하지 않아야 하며
③ 취득당시(결산일 아님) 만기(또는 상환일)가 3개월 이내인 투자자산

여기서 주의할 점은 지분상품은 현금성자산에서 제외한다는 것이다. 지분상품은 단기적인 가치변동 위험이 중요해 질 수도 있고 만기일이나 상환일이 없기 때문이다. 다만, 상환일이 정해져 있고 취득일로부터 상환일까지의 기간이 단기인 상환우선주는 현금성자산에 포함한다. 현금성자산의 예는 다음과 같다.

① 취득당시 만기가 3개월 이내에 도래하는 채무증권
② 취득당시 상환일까지의 기간이 3개월 이내인 상환우선주
③ 취득당시 3개월 이내의 환매조건인 환매채 (RP)

2. 단기금융자산과 장기금융자산

금융상품 중 금융자산(financial asset)은 현금과 다른 기업의 지분상품, 현금이나 금융자산 등을 수취하거나 교환할 수 있는 계약상 권리, 기업이 자기지분상품으로 결제하거나 결제할 수 있는 계약상 권리를 말하며, 금융자산 중 금융기관에서 불특정 다수의 고객을 상대로 개발한 정형화된 금융상품[15)]인 ① 정기예금, ②

15) 정형화된 금융상품 각각의 설명은 다음과 같다.
① 신종기업어음(Commercial Paper : CP) – 우량기업이 단기적인 자금조달을 위해 금융시장 실세금리 수준으로 발행하는 어음으로 일반적으로 금융기관이 기업으로부터 수수료를 받고 인수하여 투자자에게 매각한다. 액면금액은 2000만원 이상으로 규정하고 있다
② 환매조건부채권(Repurchase agreements : RP) – 금융기관이 보유하고 있는 채권을 담보로 제공하고 투자자 등의 돈을 받아 다시 채권에 투자하는 형식의 금융상품, 금융기관은 투자자에게 채권을 일정기간 후에 일정가액으로 다시 매수할 것을 조건으로 매도하는 것으로 투자자는 일정기간이 경과한 후에 이자와 원금을 수취한다.
③ 어음관리계좌(Cash Management Account : CMA) – 고객이 맡긴 예금을 투자금융회사가 어음이나 단기 채권, 양도성예금증서 등에 투자해서 수익을 올린 후 일정 수수료를 제하고 고객에게 돌려주는 금융상품 이다.
④ 양도성예금증서(Certificate of Deposit : CD) – 정기예금에 대하여 은행이 발행하는 무기명 잔고증명서. 은행은 예금의 만기일에 예금증서 소지인에게 원금 및 약정이자를 지급한다. 이 증서는 예금의 만기일이 전에 유통시장에서 거래 할 수 있는 금융상품이다. 한편, 무기명거래가 가능하

정기적금, ③ 양도성예금증서(CD), ④ 신종기업어음(CP), ⑤ 어음관리계좌(CMA), ⑥ 초단기수익증권(MMF, MMDA), ⑦ 금전신탁(MT), ⑧ 환매조건부채권(RP)등은 기업이 단기적인 자금운용목적으로 소유하거나 재무상태표일(B/S일)을 기준으로 1년 이내에 기한이 도래하는 경우 단기금융자산(short-term financial assets)으로 분류하여 유동자산으로 공시한다. 이러한 금융자산 중에서 재무상태표일(B/S일)을 기준으로 1년을 초과하는 금융자산은 장기금융자산(long-term financial assets)이므로 비유동자산으로 공시한다. 한편, 금융자산 중 사용이 제한된 경우에는 그 내용을 주석으로 공시하여야 한다. 다만 사용이 제한되었다고 해서 단기금융자산이 장기금융자산으로 분류되는 것은 아니라는 것에 유의해야 한다.

금융자산은 만기에 따라 단기나 장기금융자산으로 분류하며 재무상태표에 인식하는 경우에는 다시 보유목적에 따라 ① 당기손익인식금융자산, ② 대여금 및 수취채권, ③ 매도가능금융자산, ④ 만기보유금융자산으로 세분되며, 이 분류에 따라 최초인식과 후속측정을 수행하여야 한다.[16]

예제 1

다음은 중앙㈜의 2012년 12월 31일 결산일 현재의 현금 및 예금 등의 내역이다.

기 때문에 비자금을 만들거나 탈세상속, 뇌물을 건네는 것으로 뉴스에 단골로 등장하고 있다.

⑤ 금전신탁(Money Trust:MT)신탁업무를 취급하는 금융기관이 고객으로부터 금전을 맡아 일정기간 법규의 범위 내에서 운용한 후 원금과 수익을 수익자(위탁자 또는 그가 지정하는 자)에게 지급하는 신탁방식의 금융상품이다.

⑥ 초단기수익증권(Money Market Funds : MMF) – 투자신탁회사가 고객들의 자금을 모아 펀드를 구성한 다음 금리가 높은 만기 1년 미만의 기업어음(CP)·양도성예금증서(CD)·콜 등 주로 단기금융상품에 집중투자하여 얻은 수익을 고객에게 되돌려주는 만기 30일 이내의 초단기금융상품이다.

한편, (Money Market Deposit Account : MMDA)는 은행이나 수협·농협에서 취급하는 금융상품의 하나이다. 본래 미국의 은행이 투자신탁회사의 단기금융상품인 MMF(money market funds)에 대응하기 위해 도입한 고금리 저축성 예금으로 보통예금처럼 입출금이 자유롭고, 실세 금리를 적용하여 보통예금보다 비교적 높은 이자를 지급하여 일시적인 목돈을 운용하는 데에 적합하다는 장점을 지닌다.

16) 이에 관련된 구체적인 설명은 제10장 금융자산(Ⅱ)에서 일괄하여 설명할 것이다.

물음

이 자료를 이용하여 현금및현금성자산으로 보고해야 할 금액을 구하시오.

지폐와 동전	₩30,000	당좌차월	₩50,000
수입인지	10,000	타인발행수표	30,000
당좌개설보증금	80,000	배당금지급통지표	20,000
만기가 2개월 이내인 채권 (2012.12.1 취득)	150,000	정기적금(1년 이내 만기도래)	300,000
양도성 예금증서(120일 만기)	500,000	기일이 도래한 공채이자표	10,000
일반적 상거래상의 선일자수표	200,000	정기적금(2년후 만기도래)	400,000
환매채(2012.11.1일 취득한 90일 환매조건)			300,000

풀이

지폐와 동전 ₩30,000
+ 타인발행수표 ₩30,000
+ 배당금지급통지표 ₩20,000
+ 만기가 2개월 이내인 채권 (2012.12.1 취득) ₩150,000
+ 기일이 도래한 공채이자표 ₩10,000
+ 환매채 (2012.11.1일 취득한 90일 환매조건) ₩300,000

= ₩540,000

3. 현금과부족

현금이 들어오고 나갈 때마다 정확하게 기록한다면 항상 장부(현금계정) 상의 현금잔액과 실제 현금잔액은 일치 할 것이다. 그러나 실수로 기록하는 것을 잊어버리거나 잘못 기록하게 되면 장부상의 잔액과 실제 현금잔액은 일치하지 않을 것이다. 이러한 경우 그 차이의 원인을 밝혀 실제잔액과 장부잔액을 일치시켜야 하는데, 그 차이의 원인이 밝혀지기 전까지 양 잔액을 일치시키기 위하여 일시적으로 사용하는 계정이 현금과부족(cash over and short) 계정이다. 현금과부족 계정은 임시적 계정으로 그 원인이 밝혀지면 적절한 계정으로 수정회계처리를 해주면 된다. 그러나 만일 회계기말까지 그 원인이 밝혀지지 않는 경우에는 잡손실 (실제액〈장부잔액) 또는 잡이익 (실제액〉장부잔액)으로 처리한다. 어떠한 경우이든 결산일 현재 현금과부족계정의 잔액은 항상 0이 되므로 재무제표에는 현금과부족계정이 표시되지 않는다.[17] 예를 들어 실제 잔액이 장부잔액보다 100,000이 적은 것을 발견했다면 아래와 같이 기록한다.

현금의 부족 (임시계정)			현금의 지출 (자산의 감소)		
(차)	현금과부족	100,000	(대)	현 금	100,000

현금과부족의 원인을 조사해 본 결과, 현금과부족액 100,000중 60,000은 도서를 구입하고도 기록을 누락하였음이 판명되었다면 아래와 같이 기록한다.

도서의 구입 (비용발생)			현금과부족 제거 (임시계정)		
(차)	도서구입비	60,000	(대)	현금과부족	60,000

나머지 현금부족액 40,000은 결산일 까지 그 원인이 밝혀지지 않는다면, 다음과 같이 회계처리한다.

원인을 찾지 못함 (비용발생)			현금과부족 제거 (임시계정)		
(차)	잡손실	40,000	(대)	현금과부족	40,000

예제 2

다음 거래를 분개하여라.

1. 현금 계정의 장부 잔액은 900,000인데, 실제 잔액은 600,000임이 발견되어 원인을 조사 중이다.
2. 결산일에 위 1의 부족액에 대한 원인으로 200,000이 수수료 지급의 누락으로 판명되었으나, 부족액 100,000의 원인은 밝혀지지 않았다.

풀이

1.	(차) 현금과부족	300,000	(대) 현 금	300,000
2.	(차) 수수료비용 (차) 잡 손 실	200,000 100,000	(대) 현금과부족	300,000

17) 현금과부족계정은 장부에만 존재하는 임시계정으로 재무제표에는 표시할 수 없으며, 현금의 장부잔액과 실제잔액의 차이조정을 위해 회계기간 중에만 일시적으로 사용된다는 점에 주의해야 한다.

4. 소액현금제도

현금은 영업 활동에서 대금의 지급 수단으로 매우 편리하지만, 보관이나 취급 시에 도난, 분실 등의 위험이 매우 크다. 그러므로 현금을 합리적으로 관리하기 위해서는, 현금수입액은 가능한 한 빨리 은행에 입금시키는 것이 좋으며, 기업이 보유하고 있는 현금액은 최소한으로 줄여야 할 필요가 있다. 대신 기업은 인터넷뱅킹이나 ATM(Automated Teller Machine)을 이용한 계좌이체 또는 결제수단으로 수표를 발행함으로써 업무를 간소화하고 현금보관에 따른 제반 위험을 감소시킬 수 있을 것이다. 그러나 일상적인 업무 처리를 위한 경비 등 소액의 비용(사무용품비 · 교통비 · 여비 · 우편요금)을 지급 할 때에도 일일이 수표를 발행하거나 신용카드를 쓰는 것이 여간 번거로운 일이 아니다. 따라서 이러한 번거로움을 피하기 위하여, 회계부서는 일상적인 소액의 경비를 지급하는 용도계에 일정한도내의 소액현금을 먼저 지급하고(이를 전도라고 한다.) 주어진 기간 내에서는 그 현금을 자유로이 사용할 수 있는 권한을 부여하는 현금관리제도를 소액현금제도(petty cash system)라고 한다. 소액현금제도 중에서 가장 대표적인 방법으로는 정액자금전도제도를 들 수 있다. 이는 기업이 매월 또는 일정한 기간에 사전에 승인된 일정규모의 금액을 미리 정하여 용도계에 수표로 지급하고, 일정기간이 지난 후에 그동안 사용된 소액현금의 명세를 보고받아 사용한 금액만을 보충해 주는 방법으로 항상 용도계의 소액현금이 일정한 규모를 유지하게 된다.[18]

예제 3

중앙상사는 소액의 경비 지급에 정액기금전도제도를 이용하고 있다. 다음을 분개하여라.

7월 1일 회계과는 용도계에 ₩1,000,000을 수표 발행하여 전도하다.

7월 31일 회계과는 소액 경비 지급 명세를 보고 받다.

교 통 비 ₩300,000	통 신 비 ₩350,000	
소모품비 ₩200,000	잡 비 ₩100,000	계 ₩950,000

18) 참고로 정액자금전도제도이외 부정액자금전도제도가 있으며 이는 소액현금의 실제 사용액만큼을 보전하지 않고, 필요에 따라 소액현금을 수시로 보전해 주는 제도이다. 따라서 부정액자금전도제에서는 소액현금계정의 금액은 수시로 변하게 되는데, 이런 점에서 이를 수시자금전도제도라고도 한다.

8월 1일 회계과는 지급명세서와 동액의 수표를 발행하여 전도하다.
위의 7월 31일에서 지급 명세 보고와 동시에 동액의 수표를 선급하는 경우를 분개하여라.

풀이

7/1	(차) 소액현금	1,000,000	(대) 당좌예금	1,000,000
7/31	(차) 교 통 비 (차) 통 신 비 (차) 소모품비 (차) 잡 비	300,000 350,000 200,000 100,000	(대) 소액현금	950,000
8/1	(차) 소액현금	950,000	(대) 당좌예금	950,000

제3절 당좌예금과 은행계정조정

1. 당좌예금

당좌예금(checking account)[19]이란 기업이 은행과 당좌계약을 체결하고 은행에 현금을 예입한 후에 필요할 때마다 당좌수표를 발행할 수 있는 예금을 말한다. 당좌예금은 기업이 요구할 때마다 언제든지 인출이 가능하므로 현금으로 분류한다. 한편, 기업의 당좌예금 계정은 당좌 예금의 입・출금을 기록하는 계정이다. 기업이 은행과 당좌 거래 계약을 맺고, 통화나 통화 대용 증권을 당좌예금에 입금하면 당좌예금 계정의 차변에 기입하고, 당좌수표를 발행하여 인출할 때에는 당좌예금 계정의 대변에 기입한다.[20] 후술할 은행계정조정표를 이해하기 위해 선행학습

19) 당좌예금에는 이자가 발생하지 않는다.
20) 따라서, 당좌예금 계정은 자산 계정으로 잔액은 항상 차변에 나타나며, 차변 잔액은 당좌예금의 현재 잔액을 나타낸다.

으로 당좌예금과 당좌수표의 흐름을 알아보자.

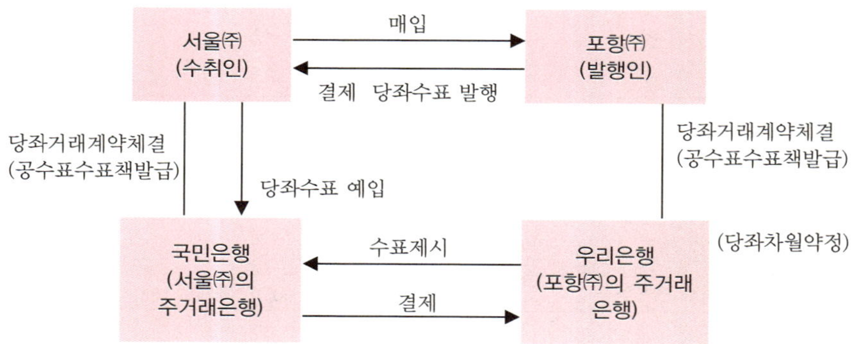

수표수취시 서울㈜의 회계처리	수표발행시 포항㈜의 회계처리
당좌예금 ××× / 매 출 ×××	매 입 ××× / 당좌예금 ×××

[그림 8-6] **당좌예금과 당좌거래**

서울㈜와 포항㈜는 각각 국민은행과 우리은행에 당좌계약(당좌차월계약 포함)을 체결하게 되면 각 은행들은 주거래은행으로서 역할을 하게 된다. 위에서 서울㈜가 포항㈜에게 ₩10,000의 상품을 매출하고 그에 대한 결제를 포항㈜가 당좌수표 ₩10,000을 발행하여 했다면 서울㈜는 수표를 받음과 동시에 위와 같이 회계처리하며 주거래은행인 국민은행에 예입하게 된다. 국민은행은 우리은행에게 수표를 제시하며 결제를 요구하게 되는데 이때 우리은행은 포항㈜의 당좌예금 잔액에 따라 처리가 달라지는데 다음과 같이 경우 1,2,3으로 나누어 살펴보자

① 경우 1 : 포항㈜의 당좌예금잔액이 ₩10,000 이상일 경우 ⇒ 결제가능

② 경우 2 : 포항㈜의 당좌예금잔액이 ₩5,000 이상일 경우 ⇒ 결제가능
(당좌차월약정 ₩5,000 가정)

③ 경우 3 : 포항㈜의 당좌예금잔액이 ₩5,000 미만일 경우 ⇒ 결제불가능 (우리은행 지급거절)
이때는 은행마감시간 까지 입금하지 못하면 포항㈜는 부도 처리 된다. 약속어음도 유사한 흐름을 갖고 있으며 어음과 부도에 대해서는 후술하는 절에서 설명한다.

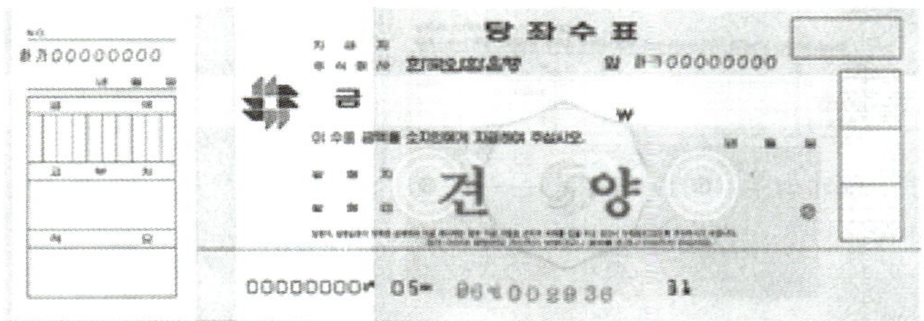

[그림 8-7] **당좌수표**[21)]

한편, 당좌수표의 발행은 당좌예금잔액의 한도 내에서 발행되는 것이 일반적이다. 만일, 기업이 예금잔액을 초과하여 수표를 발행할 경우 은행은 예금잔액을 초과하는 금액의 지급을 거절할 것이며 이러한 은행의 지급거절을 부도라 한다. 그러나 기업이 사전에 일정한도 범위 내에서 은행이 이를 지급하는 계약을 체결할 수 있는데 이를 당좌차월약정이라 한다. 당좌차월 약정이 체결된 경우 기업은 일정한 한도 내에서 예금잔액을 초과한 수표를 발행할 수 있으며, 예금잔액을 초과한 수표발행액을 당좌차월(bank overdraft)이라 한다. 즉, 당좌예금 잔액이 음(−)인 경우를 말하는데 이는 은행의 요구에 따라 즉시 상환하여야 하므로 단기차입금에 해당하는 유동부채이다.[22)]

21) 앞절의 자기앞수표와 당좌수표의 차이점은 다음과 같다.

구 분	자기앞수표	당좌수표
발 행	은 행 (해당액 + 수수료 지불)	은행에 당좌계좌 개설한 사업자
지급보증	은행 보증	은행 보증 없음 (계좌예치액으로 지급업무만 수행)
지급기일	해당 없음 (제출 즉시 지급)	해당 없음 (제출 즉시 지급)
부 도	해당 없음	부도 ⇒ 은행에서 형사 고발

22) 단, 현금흐름표를 작성하는 경우 은행 차입은 일반적으로 재무활동으로 간주된다. 그러나 금융회사의 요구에 따라 즉시 상환하여야 하는 당좌차월은 기업의 현금관리의 일부를 구성한다. 따라서 현금흐름표에서 당좌차월의 변동은 현금및현금성자산의 구성요소에 포함하여 현금흐름표에 공시한다.

예제 4

다음 거래를 분개하고, 당좌예금 계정에 전기한 후 마감하여라. (단 계속기록법을 가정한다.)
8월 1일 한강은행과 당좌거래계약을 체결하고 현금 ₩5,000,000과 당좌개설보증금 ₩500,000을 당좌 예입하다.
7일 중앙상사에서 상품 ₩1,000,000을 매입하고, 대금은 당좌수표를 발행하여 지급하다.
14일 매출채권 ₩2,000,000을 동점 발행 당좌수표로 받아 곧 당좌 예입하다.
21일 흑석상사에서 상품 ₩1,500,000을 매입하고, 대금 중 ₩1,000,000은 당좌수표를 발행하여 지급하고 잔액은 외상으로 하다.

풀이

8월 1일	(차)	당좌예금	5,000,000	(대)	현 금	5,500,000
		장기금융자산	500,000			
7일	(차)	매 입	1,000,000	(대)	당좌예금	1,000,000
14일	(차)	당좌예금	2,000,000	(대)	매출채권	2,000,000
21일	(차)	매 입	1,500,000	(대)	당좌예금	1,000,000
				(대)	매입채무	500,000

당 좌 예 금

8/ 1	현 금	5,000,000	8/ 7	매 입	1,000,000
14	매출채권	2,000,000	21	매 입	1,000,000
			31	차기이월	4,000,000
		6,000,000			6,000,000

2. 은행계정조정

은행계정조정표(bank reconciliation statement; B/R)는 당좌예금과 관련하여 회사측이 관리하고 있는 당좌예금출납장 잔액과 은행의 당좌거래원장 잔액이 일치하지 않는 원인을 파악하고 이를 조정하기 위하여 작성하는 표이다. 기업은 은행조정표작성을 통하여 오류와 누락, 부정사용(횡령) 등을 확인하고 정확한 당좌예금 잔액을 파악할 수 있다. 즉, 기업의 장부상의 당좌예금과 은행통장상의 잔액이 불일치될 경우 불일치의 원인을 조사하여 조정해 주는 작업을 통해 두 잔액을 일치시켜 정확한 당좌예금잔액을 파악하고자 작성하는 표이다. 또한 은행계정조정표의 작성 후에는 당좌예금 수정에 따른 회사측 오류를 수정해주는 수정분개가 필요하다.[23] 다음은 은행계정표의 양식을 학습목적상 수정한 양식이다.

조정 전 장부상의 잔액	회사측잔액 (장부)	은행측잔액 (통장)	수정분개 여부
	××× ≠	×××	
〈조정사항〉			
1. 기발행미인출수표 (미결제수표)*	O	−	X
2. 은행미기록예금 (운송중의 예금수표)*	O	+	X
3. 미통지입금 (미보고 받을어음 수금)	+	O	O
4. 은행수수료 (미보고수수료부과)	−	O	O
5. 이자수익 이자비용	+ −	O O	O O
6. 미보고 부도수표 발생 (소구비용포함)	−	O	O
7. 회사의 기장오류	+/−	O	O
조정 후 장부상의 잔액	××× =	×××	

* 실제 실무상 발생하는 항목이며 그 외는 흔하게 발생하지 않음

► 수정후 은행예금잔액과 수정후 기업의 예금잔액은 일치해야만 하며 만약 일치하지 않으면 불일치 금액이 횡령액이 된다.

[그림 8-8] 은행계정조정표

당좌예금의 은행측 잔액과 회사측 잔액의 불일치원인은 주로 다음과 같으며 이를 은행측 잔액이나 회사측 잔액에서 조정하여 정확한 당좌예금 잔액을 파악한다.

Type A : 회사장부상 기록되었으나 은행에 미기록된 사건	
1. 기발행미인출수표 (미결제수표) (outstanding check)	회사가 공급업자에게 대금지급을 위해 수표를 발행하여 회사는 수표 발행시 당좌예금의 감소를 장부에 이미 기록하였으나, 수표 소지자가 아직 이에 대한 대금 청구를 은행에 요청하지 않은 경우 발생
2. 은행미기록예금 (운송중의 예금수표) (deposit in transit)	은행 영업마감시간 이후에 회사측에서 예입한 거래. 이 경우 회사 장부에는 예입으로 기록되었으나 은행 마감시간관계로 인해 은행은 다음 영업일에 이 예입을 기록함으로써 발성(은행은 매일 결산)

23) 회계주체는 은행이 아니라 회사이므로 은행계정조정표상의 회사측 잔액에서 조정하는 항목만이 수정분개 대상이 된다. 그 수정분개의 특징은 다음과 같다.
① 반드시 차변과 대변 중 한쪽에 당좌예금 계정이 위치한다.
② 은행계정조정표 상 +는 당좌예금이 차변에 위치하고 −는 당좌예금이 대변에 위치한다.

Type B : 은행은 기록하였으나 회사 장부상 미기록된 사건	
3. 미통지입금 (미보고 받을어음 수금) (deposit by third parties)	은행은 기업을 대신하여 어음 추심을 담당할 수 있으므로 당해 기간에 어음의 추심되어 은행이 대금을 회수한 경우 은행은 입금을 기록하였으나 회사 장부에는 아직 매출채권으로 그대로 기록 되어 있을 때 또는 고객이 매출채권의 대금을 회사계정으로 입금하였으나 이에 대한 통지를 회사가 아직 받지 못한 경우에 발생
4. 은행수수료 (bank service charges) 5. 이자수익(interest revenue) 이자비용(interest expense)	주요 거래은행은 회사를 대신하여 여러 가지 금융서비스를 제공하며 이러한 서비스에 대한 수수료의 인출과 이자수익(비용)의 발생을 기록한다. 그러나 은행의 보고서가 도달하기 전에 회사는 그 내용을 알 수 없기에 발생
6. 미보고 부도수표 발생 (소구비용포함) (bad check)	회사가 고객으로부터 받았던 수표를 은행에 입금시키면 장부상 예금으로 기록하나 은행이 이 수표를 발행자에게 제시했을 때 자금의 부족으로 지급이 거절되는 경우. 이때 은행은 이러한 지급의 거절이 있을 때 회사의 계정에서 입금 기록을 취소하지만 회사측 입장에서는 은행보고서가 올 때까지 그 내용을 알 수 없기에 발생
7. 회사의 기장오류(entry error)	회사가 장부를 잘못 기장 한 경우 발생

[그림 8-9] **조정사항 요약**

예제 5

한성㈜의 2012년 12월 31일 현재 당좌예금 계정과 관련된 자료는 아래와 같다.

▶ 은행잔액증명서상의 잔액 : ₩12,380 ▶ 한성㈜ 장부상의 잔액 : ₩12,833

두 장부상 잔액의 차이에 관한 추가적인 정보는 아래와 같다.

1) 12월 31일 한성㈜의 부산지점에서 입금시킨 현금수입액 ₩2,500이 은행 업무 마감 후 입금처리 되었다.
2) 한성㈜가 11월, 12월에 사용한 신용카드대금 중 ₩3,930이 아직 은행에서 인출되지 않고 있다.
3) 단국㈜로부터의 받을어음 ₩3,000이 이자 ₩30과 함께 12/26로 추심되어 당좌예금구좌에 입금 되었으나 은행으로부터 통지가 없었다. 추심수수료는 ₩30이다.
4) 한성㈜가 12월 5일 동국㈜로 부터의 수표 ₩2,250을 은행에 입금하였는데, 이것이 부도나 은행은 12월 29일자로 부도수표 ₩2,250과 소구비용 ₩35을 한성㈜의 구좌에서 차감하였다.
5) 12월 15일 한성㈜은 외상매출금 ₩2,500을 추심하여 당좌예금구좌로 입금하면서 이를 ₩5,200으로 기록하였다. 한편, 한성㈜가 외상매입대금으로 지급한 수표 #1182는 ₩888인데 회사장부상에는 ₩988원으로 기록되었다.
6) 12월 중 은행수수료는 ₩250이다.

물음

은행계정조정표를 작성하고 수정분개를 하시오

풀이

〈은행계정조정표〉

	회사측	은행측	수정분개여부
수정 전 장부상의 잔액	₩12,833 ≠	₩12 380	
〈조 정 사 항〉			
1. 기발행미인출수표		② (₩3,930)	X
2. 은행미기록예금		① ₩2,500	X
3. 미통지입금	③ ₩3,000		O
4. 은행수수료	③ (₩3) ⑥ (₩25)		O
5. 이자수익	③ ₩30		O
6. 미보고 부도수표 발생	④ (₩2,285)		O
7. 기장오류[24] 은행의 오류 회사의 오류	 ⑤ (₩2,700) ⑤ ₩100		 X O
수정 후 장부상의 잔액	₩10,950 = ₩10,950		

수정분개

차변	금액	대변	금액
당좌예금	3,000	매출채권	3,000
당좌예금	30	이자수익	30
당좌예금	100	매입채무	100
부도매출채권*	2,285	당좌예금	2,285
매출채권	2,700	당좌예금	2,700
은행수수료	28	당좌예금	28

*부도매출채권(부도수표)으로 처리하였다가 손상확정시 대손처리한다.

24)

⑤ (₩2,700)	⑤ ₩100
원 거 래 : 매출채권 2,500 / 매 출 2,500	원 거 래 : 매 입 888 / 매입채무 888
올바른 분개 : 당좌예금 2,500 / 매출채권 2,500	올바른 분개 : 매입채무 888 / 당좌예금 888
회사측분개 : 당좌예금 5,200 / 매출채권 5,200	회사측분개 : 매입채무 988 / 당좌예금 988
수 정 : 매출채권 2,700 / 당좌예금 2,700	수 정 : 당좌예금 100 / 매입채무 100
(당좌예금이 대변에 있으므로 −₩2,700 조정)	(당좌예금이 차변에 있으므로 +₩100 조정)

제4절 수취채권과 지급채무

1. 수취채권과 지급채무의 분류

수취채권(receivables)은 기업이 영업활동을 수행하는 과정에서 재화나 용역을 신용으로 판매하거나 자금을 대여하는 대가로 미래에 현금을 수취할 권리를 획득하거나 어음 등을 수취하는 경우에 발생하는 채권을 통칭하는 표현이다. 주된 영업활동에서 발생하는 외상매출금이나 받을어음 등을 매출채권으로 분류하고 기타 영업활동에서 발생하는 미수금, 미수수익, 선급금, 선급비용과 금전대차거래에서 발생하는 채권인 대여금은 기타채권으로 분류한다. 수취채권을 이와 같이 구분하는 이유는 매출채권과 관련된 손익은 영업손익으로, 기타채권과 관련된 손익은 기타손익으로 하여 기능별로 공시하기 위해서이다. 한편, 지급채무(payables)는 영업활동 과정에서 재화나 용역을 외상으로 매입하거나 다른 기업으로부터 자금을 차입할 경우 발생하는 채무를 통칭하는 표현이다. 단, 여기서의 수취채권과 지급채무의 분류는 거래에 따른 분류이지 금융자산과 금융부채의 분류가 아님에 주의해야 한다. 즉, 선급비용이나 선급금, 선수수익이나 선수금은 반대급부로 현금 등 금융자산을 수취하거나 인도할 계약상의무가 아니라 재화나 용역을 수취하거나 인도해야 하므로 금융자산과 금융부채가 아니다.

구 분	수취채권 (자산)	지급채무 (부채)
일반적인 상거래 (재고자산 외상매출)	매출채권 ① 외상매출금 (accounts receivable; A/R) ② 받을어음 (note receivable)	매입채무 ① 외상매입금 (accounts payable; A/P) ② 지급어음 (note payable)
일반적 상거래 이외의 거래 (그 외의 자산 외상매출)	미수금 (other receivable)	미지급금 (other payable)
자금 금전 대·차 거래	대 여 금 (loan)	차 입 금 (borrowing)
건물의 임차와 임대	임차보증금 (leasehold deposits)	임대보증금 (leasehold deposits received)
미기록 수익·비용	미수수익 (accrued revenue)	미지급비용 (accrued expense)
상품·원재료 인도 전	선 급 금 (advanced payment)	선 수 금 (advanced receipt)
비용·수익의 선급·선수분	선급비용 (prepaid expense)	선수수익 (deferred revenue)

구 분	수취채권 (자산)	지급채무 (부채)
미처리 계정 (임시 계정)	가지급금 (temporary payment)	가 수 금 (temporary receipt)
일시적 보관		예 수 금 (reserve receipt)

[그림 8-10] 수취채권과 지급채무의 분류

한편, 수취채권과 지급채무가 장기성일 경우에는 일부 항목[25]을 제외하고 현재가치 평가를 해야 한다.

2. 어음거래와 채권·채무

어음(note)이란 발행자가 어음상에 기재되어 있는 일정금액을 지급기일에 무조건 어음소지인에게 지급할 것을 약속하거나 또는 제3자에게 지급할 것을 위탁하는 법률적 효력을 갖춘 문언적 요식증권을 말한다. 기업이 상품 등을 매입할 때 현금결제보다는 일반적으로 어음(전자어음[26] 포함)을 발행하여 대금을 결제하는 것이 대부분이다.

25) 장기매출채권, 장기미수금, 장기대여금과 장기매입채무, 장기미지급금, 장기차입금은 현재가치평가 대상이지만 장기선급금, 장기선급비용과 장기선수금, 장기선수수익은 현재가치평가 대상이 아니다.

26) 전자어음제도는 지난 2005년 9월부터 시행된 제도로 2009년 11월 9일부터 직전사업연도말 자산총액 100억원 이상 주식회사 및 상장기업에 대해 의무 시행되는 제도이다. 전자어음은 기존의 실물어음과는 달리 전자문서 형태로 작성되고 전자어음을 발행하고자 하는자가 전자어음관리기관에 등록한 약속어음을 의미한다. 따라서 전자어음은 전자유가증권으로서 기존 실물어음과 같이 이용되며 발행, 배서, 권리행사 및 소멸 등의 모든 단계가 on-line에서 전자적인 방법으로 처리된다. 기존의 실물어음과의 주요 차이는 다음과 같다.

구분	실물어음	전자어음
존재형태	서면	전자문서
종류	약속어음 및 환어음	약속어음
발행등록	없음(은행에서 어음용지를 교부받아 발행)	전자어음관리기관에 등록
발행 · 배서방법	기명날인 또는 서명	전자문서에 전자서명
배서제한	무제한	총 배서회수 20회
만기제한	무제한	발행일로부터 1년

1) 어음의 종류

(1) 약속어음과 환어음

어음에는 어음법상 약속어음과 환어음이 있다. 약속어음(promissory note)은 어음의 발행인이 어음상에 기재되어 있는 지급기일에 일정금액을 어음소지인에게 무조건 지급할 것을 약속하는 증서를 말한다. 약속어음의 발행인은 어음상의 채무자이며 수취인은 어음상의 채권자이다. 은행으로부터 교부받는 약속어음용지의 표준양식은 다음과 같으며, 모든 은행이 통일된 양식의 약속어음용지를 사용하고 있다. 반면, 환어음(bill of exchange)은 어음의 발행인이 어음상 기재되어 있는 지급기일에 일정금액을 어음수취인에게 지급하도록 제3자(지명인)에게 위탁하는 증서를 말한다. 환어음의 발행인은 제3자인 지명인에게 어음대금의 지급을 위탁하는 것이므로 약속어음의 발행인과 달리 어음상의 채무자가 되지 않는다. 환어음의 수취인은 발행인으로부터 환어음을 받음과 동시에 지명인에게 제시하녀 지급과 승낙을 받는 인수절차를 거쳐야 한다. 지명인은 어음의 인수를 함으로서 어음상의 채무자가 되며, 수취인은 어음상의 채권자가 된다. 이런 구조로 환어음을 발행하게 되면 발행인은 지명인에 대한 채권과 수취인에 대한 채무가 동시에 소멸하게 되며, 어음상의 채권·채무와는 직접적인 관계가 없게 된다. 이러한 환어음은 무역거래 외에는 거의 발생하지 않는다. 즉, 외국으로 물건을 수출한 후 환어음을 은행 앞으로 발행해 주고 현금을 받은 뒤, 은행은 수입업자로부터 그 대금을 받으라는 형식으로 사용된다.

[그림 8-11] 약속어음

〈약속어음의 흐름〉

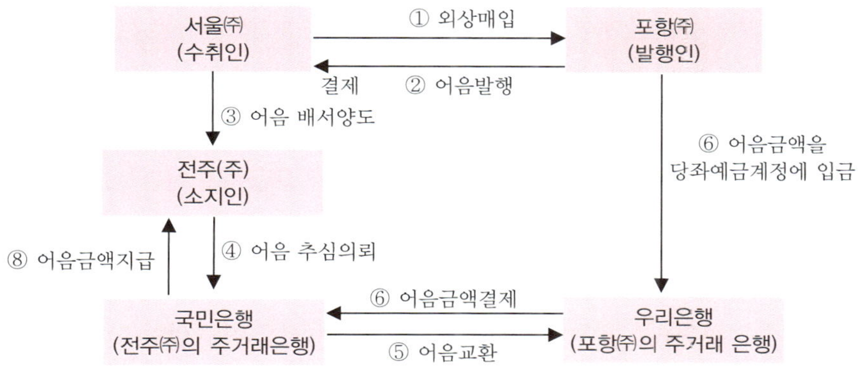

〈환어음의 흐름〉

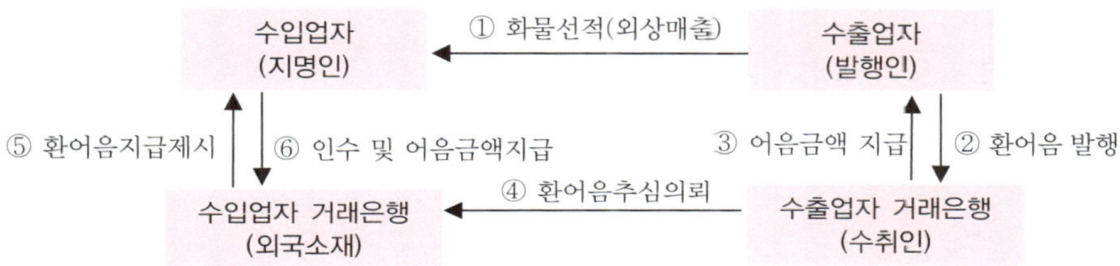

[그림 8-12] 약속어음과 환어음의 흐름

(2) 상업어음과 융통어음

어음은 상거래와의 관련 여부에 따라 상업어음과 융통어음으로 나누어진다. 상업어음(commercial bill)이란 재화 또는 용역을 공급받는 등 일반적 상거래로 인한 대가를 지급하기 위하여 발행하는 어음을 말하며 진성어음이라고도 한다. 그러므로 상업어음은 장(단)기매출채권 및 매입채무 계정으로 처리 한다. 은행에서는 원칙적으로 이러한 상업어음만을 할인해 준다. 반면, 융통어음(accommodation bill)이란 차입한 자금의 상환을 약속하기 위하여 발행한 어음을 말한다. 즉, 단지 돈을 빌려 주거나 빌리기 위하여 발행한 어음이며 금융어음이라고도 한다.[27] 그러므로 융통어음은 장(단)기대여금 및 차입금 계정으로 처리 한다.

27) 예를 들면, 일반적으로 자금사정이 좋지 않고 신용이 없어서 은행 또는 기타 금융기관으로부터 소요자금을 차입할 수 없는 기업이 평소 잘 알고 있는 기업에게 부탁하여 그 회사로부터 자신을 수취인으로 하는 어음을 발행 받는 것이다. 이것은 어음을 빌리는 것과 같지만, 그 회사에 상품을 판매하고 받은 어음처럼 꾸며 은해에 가서 할인받아 자금을 마련하는 것이다. 어음을 빌린 사람은 지급기일까지 은행으로부터 그 어음을 다시 환매해서 발행인에게 되돌려주거나 어음 금액을 발행인에게 돌려주면 사고는 생기지 않는다.

(3) 은행도어음과 개인어음

은행도어음은 은행에서 통일적으로 인쇄한 어음용지[28]를 사용하여 발행한 어음으로 일반적으로 통용되는 대부분의 어음은 은행도어음이며, 이는 지급장소를 발행자의 거래은행으로 하여 발행한 어음이다. 여기서 주의할 점은 은행도어음이라고 해서 은행이 발행한 자기앞수표처럼 은행이 지급을 보증하는 것은 아니라는 점이다. 은행도어음의 지급의무자는 발행인이지 지급장소로 표시된 은행이 아니다. 반면에 개인어음은 은행에서 교부하는 통일어음용지를 사용하지 않은 어음으로 은행이 지급사무를 담당해 주지 않으므로, 지급장소를 은행이 아니라 발행자 개인의 사업장이나 주소지로 하는 것이 일반적이고 은행이 관여되지 않는 어음이다. 개인어음은 문방구에서 살 수 있는 약속어음용지를 사용한다는 점에서 문방구 어음이라고도 한다.

(4) 이자부어음과 무이자부어음

어음은 만기일에 어음대금의 지급과 더불어 이자를 지급하느냐 그렇지 않느냐에 따라 이자부어음과 무이자부어음으로 분류된다. 이자부어음(interest bearing notes)은 표시이자율(액면이자율)에 의거 정기적으로 이자를 지급하는 어음이며 무이자부어음(no interest bearing notes)은 표시이자(액면이자)가 없는 어음이다. 하지만 무이자부어음이라도 만기가치에 이자요소가 내재되어 있으며 단지 이자율의 표시 유・무에 따라 어음은 이자부어음과 무이자부어음으로 분류된다. 우리나라의 경우 실무에서는 무이자부어음이 통용된다.

2) 어음의 발행과 수취

기업은 영업활동을 수행하는 과정에서 어음을 수취하며 또한 어음을 발행하기도 한다. 이때 어음을 수취하면 채권이 발생하고 어음을 발행하면 채무가 발생한다. 이러한 어음상의 채권채무는 거래의 성격에 따라 계정과목이 달라지며 상품의 매입이나 매출 같은 일반적인 상거래에서 발생한 어음상의 채권・채무는 기중에 받을어음(note receivable)과 지급어음(note payable)계정을 이용하여 기록하였다가 외상매출금(accounts receivable; A/R)과 외상매입금(accounts payable; A/P) 계

28) 은행에서 어음용지를 교부받으려면 은행과 당좌거래계약을 체결해야 한다.

정[29])에 통합하여 매출채권과 매입채무로 재무제표에 표시한다. 반면, 일반적 상거래 이외의 기타거래에서 발생한 어음상의 채권·채무는 미수금과 미지급금으로 기록하고 금전대·차거래와 관련된 어음상의 채권·채무는 대여금과 차입금 계정에 기록한다.

외상판매	매출채권 ××× / 매 출 ××× (받을어음)
대금회수	현 금 ××× / 매출채권 ××× (당좌예금) (받을어음)
외상매입	매 입 ××× / 매입채무 ××× (지급어음)
대금지급	매입채무 ××× / 현 금 ××× (지급어음) (당좌예금)

한편, 매출채권과 매입채무관련 문제는 다음과 같이 T-계정 분석법으로 접근하면 쉽게 해결할 수 있다.

매출채권(받을어음 + 외상매출금)

차변		대변	
기초잔액	×××	현금회수액	×××
외상매출	×××	(어음회수액)	
(어음매출)		대손발생액	×××
		기말잔액	×××
	×××		×××

매입채무(지급어음 + 외상매입금)

차변		대변	
현금지급액	×××	기초잔액	×××
(어음지급액)		외상매입	×××
기말잔액	×××	(어음매입)	
	×××		×××

[그림 8-13] T-계정 분석법

29) 상품의 매매거래는 상품의 인도, 인수와 동시에 현금을 수수하는 현금거래 및 상품을 인도한 후 차후에 거래대금을 결제하는 신용거래가 있다. 신용거래가 발생하면 판매자는 미래에 대금을 회수할 권리를 갖게 되는데 이를 외상매출금이라 하며, 매입자는 미래에 대금을 지급할 의무가 발생하는데 이를 외상매입금이라 한다. 외상매출금과 받을어음을 구분하면 외상매출금은 단기신용거래(30일 이내)에 이용되며 증서 없이 계정만 서로 유지하는 신용상의 채권인데 반해 받을어음은 외상매출금보다 장기 신용거래(90일 이상)에 이용되며 증서가 있는(약속어음) 증권상의 채권이다. 어음은 구두약속(외상매출금)에 비해 법정에서의 증거능력이 더 크기 때문에 구매자에게 어음을 요구하는 것은 채권을 법적으로 보장받기 위해서다. 그러나 경제적 관점에서 보면 외상매출금이나 받을어음은 상품대금을 외상으로 하는 것은 똑같기 때문에 매출채권으로 통합 공시하도록 하고 있다.

3) 어음의 배서

어음을 가지고 있는 사람은 어음의 만기일 이전에 다른 사람에게 어음상의 권리를 자유롭게 양도할 수 있다. 어음을 양도할 때에는 어음의 뒷면에 있는 배서란에 기명날인하여 양수인에게 교부하게 되는데, 이를 어음의 배서(endorsement)라고 한다. 어음의 배서에는 목적에 따라 ① 추심위임배서와 ② 배서양도가 있다.

(1) 추심위임배서

추심위임배서(endorsement for collection)란 기업이 소지하고 있는 어음의 만기일에 거래은행에 어음대금을 추심하기 위하여 배서하는 행위를 말한다. 추심위임배서는 추심을 위한 형식적인 행위로, 어음상의 권리가 소멸되는 것이 아니므로 회계처리대상이 아니며 추심을 위한 수수료를 지급하였다면 이를 수수료비용으로 처리한다. 추심의뢰한 어음이 추심되면 어음상의 채권은 소멸하므로 받을어음계정 대변에 기입한다.

(2) 배서양도

배서양도(transfer by endorsement)란 상품의 매입대금이나 외상매입대금 등을 지급하기 위하여 소유하고 있던 어음을 만기 이전에 타인에게 배서하여 양도하는 행위를 말한다. 어음의 배서양도는 어음상의 권리가 실질적으로 이전되어지므로 배서인은 받을어음계정 대변에 기입하고 피배서인은 어음상의 채권이 발생하므로 받을어음 계정 차변에 기록한다. 한편, 어음을 배서양도한 경우 배서인은 어음상의 채무자(약속어음 발행자)가 만기에 어음대금을 지불하지 못하여 어음이 부도처리될 경우 어음상의 채무를 지불해야 한다.

4) 어음수표의 부도

부도(dishonor)란 어음・수표를 지급 제시하였는데 은행에서 어음・수표 금액을 지급해주지 않고 지급 제시했던 어음・수표의 원본을 반환해 주는 것을 말한다.[30] 부도가 확정되면, 은행은 해당 거래처에 대해 거래정지처분[31]을 내리게 된

30) 어음・수표의 발행인은 교환 당일 은행 영업 마감시간까지 해당 금액을 자기의 당좌예금계좌에 입금해야 하는데 이를 입금시키지 못하면 1차부도 처리된다. 다음날 은행 영업마감시간까지도 입금을 시키지 못하면 확정부도 처리된다.

다. 부도는 은행과의 거래만 중지되는 것이기 때문에 부도가 발생하였다고 해서 기업이 곧바로 도산(bankruptcy)하는 것은 아니다.[32] 부도발생시 어음발행인에게는 은행의 당좌거래 정지처분과 거래처와의 민사상의 문제만 발생하지만, 수표의 경우에는 부정수표단속법에 의한 형사상의 문제가 추가로 발생한다. 즉, 수표가 부도 처리되면 거래은행은 수표발행인을 즉시 형사고발하게 되며, 발행인은 부정수표단속법에 의해 처벌을 받는다. 이때, 부도가 발생하여 현금으로 교환하지 못한 어음·수표를 부도어음(dishonor note), 부도수표(bad check)라고 한다. 어음이 부도가 되었더라도 곧바로 대손 처리하는 것이 아니라 소구비용 등을 가산하여 매출채권(부도어음) 등 수취채권으로 기록하야 한다. 이후에 회수가 이루어지면 회수에 관한 회계처리를 하고, 회수가 불가능해지면 대손에 준해 회계처리하면 된다. 대손에 대한 설명은 절을 달리 하여 설명한다.

예제 6

다음의 거래를 분개하시오. 부천㈜는 재고자산을 실사법으로 회계처리하고 있다.

1) 부천㈜는 상품을 ₩300,000에 오산㈜에 판매하고 대금은 3개월 만기 무이자부약속어음을 받았다.
2) 부천㈜는 장부금액 ₩500,000인 토지를 ₩600,000에 처분하고 대금은 3개월 만기 무이자부약속어음을 받았다.
3) 부천㈜는 상품 ₩400,000을 평택㈜로부터 매입하고 만기 1개월인 무이자부약속어음을 발행하다.
4) 부천㈜는 1),2)의 어음이 만기가 되어 거래은행에 추심을 의뢰하였다.
5) 1)의 어음은 대금이 결제되었다는 통지를 받았으나 2)의 어음이 부도로 판명되었다는 연락을 거래은행으로 받았다.

31) 거래정지처분은 당좌예금 거래를 은행이 일방적으로 중지하는 것으로서, 거래정지처분 이후에는 일체의 어음·수표를 발행할 수 없게 된다.
32) 그러나 일단 부도가 발생하면 은행을 비롯한 기존 채권자들이 법적인 수단을 동원해 채권을 확보하려고 하고, 기존 거래처에서도 추가적인 거래를 하려고 하지 않기 때문에 부도가 발생한 기업이 도산해 문을 닫는 것은 시간문제라고 할 수 있다.

풀이

1)	(차) 받을어음	300,000	(대) 매 출	300,000
2)	(차) 미 수 금	600,000	(대) 토 지 유형자산처분이익	500,000 100,000
3)	(차) 매 입	400,000	지급어음	400,000
4)	회계처리없음			
5)	(차) 당좌예금	300,000	(대) 받을어음	300,000
	(차) 부도어음	600,000	(대) 미 수 금	600,000

3. 기타 채권·채무

대여금(loan)은 차용증서나 어음 등을 받고 타인에게 현금을 빌려 줄 때에 발생하는 채권이며 차입금(borrowing)은 금전을 빌려 올 때에 발생하는 채무이다.

선급금(advanced payment)은 기업이 상품, 원재료 등의 재고자산을 미래에 공급받기로 계약하고 매입대금을 미리 지급한 것(착수금)이다. 따라서 선급금은 자산으로 분류한다. 이에 비하여 선수금(advanced receipt)은, 선급금과는 반대로, 기업이 재고자산 또는 용역을 미래에 제공하기로 약속하고 대금을 미리 받은 것이다. 따라서 선수금은 부채로 분류한다.

선급비용(prepaid expense)은 선급보험료, 선급이자, 선급임차료 등과 같이 추후에 발생할 비용을 미리 지급한 것이다. 일상생활에서도 보험료, 임차료 등은 선납해야 되기 때문에 자주 발생하는 항목이다. 선급비용 역시 보험서비스나 임차서비스를 받을 때까지 자산으로 분류한다. 이에 반해 한 선수수익(deferred revenue)은 선수이자, 선수임대료 등과 같이 미래 일정기간 동안 특정 서비스(예; 자금의 사용, 건물의 사용)를 제공하기로 약속하고 대금을 미리 받은 것이다. 선수수익은 이자수익이나 임대료(수익)를 인식할 때까지 부채로 분류한다.

미지급비용(accrued expense)은 대차대조표일 현재 발생하였지만 아직 현금으로 지급되지 않은 비용이다. 이자비용, 임차료, 법인세비용, 급여 등에 대하여 미지급비용이 발생할 수 있다. 따라서 미지급비용은 부채로 분류한다. 한편, 미수수익(accrued revenue)은 대차대조표일 현재 실현 및 가득되었지만 아직 현금으로 회수되지 않은 수익이다. 미수수익은 이자수익이나 임차료수익처럼 시간의 경과에 따라 발생하거나, 혹은 수수료수익이나 기타 용역수익처럼 관련 용역이 제공되었지만 대금이 청구되지도 않았고 회수되지도 않은 것에서 발생할 수 있다. 따라서 미수수익은 자산으로 분류한다.

가지급금(temporary payment) 은 현금이 지급되었지만 계정과목이나 금액을 확정할 수 없을 때 일시적으로 처리하는 자산계정이며, 가수금(temporary receipt)은 현금을 받았지만 계정과목인 금액을 확정할 수 없어서 일시적으로 처리하는 부채계정이다. 가지급금과 가수금은 임시적으로 사용하는 계정이기 때문에 결산시에는 그 계정의 내역을 밝혀 내어 확정계정과목으로 재무제표에 표시해야 한다.

예수금(reserve receipt)은 궁극적으로는 제3자에게 지급하여야 할 금액을 기업이 거래처나 종업원으로부터 일시적으로 보관하는 경우에 사용하는 유동부채 계정이다. 예수금의 대표적인 예로는 기업이 종업원의 급여에서 공제하여 세무서에 납부하는 소득세, 의료보험료, 국민연금 등이 있다. 이 때 예수금의 종류가 많고 금액이 클 경우에는 소득세예수금, 국민연금예수금, 건강보험료예수금 등과 같이 각 항목별로 별도의 계정을 설정하여 기입하기도 한다

예제 7

다음의 거래를 분개하시오.

1) 부천㈜는 직원에게 소모성 경비로 ₩100,000을 지급하였다. 이후에 직원이 소모품으로 ₩50,000을 사용하였음을 영수증으로 보고하고 나머지 금액은 반납하였다.
2) 부천㈜는 직원으로부터 ₩100,000이 입금되었으나 그 원인을 알지 못하였다. 이후에 직원이 거래처로부터 매출채권을 회수했음을 알게 되었다.
3) 부천㈜는 급여일에 총급여액 ₩500,000중에서 근로소득세 ₩10,000, 건강보험료 ₩5,000, 국민연금 ₩35,000을 원천징수하고 지불하였으며 일주일 후 이 금액을 납부하였다.

풀이

1)	(차) 가지급금	100,000	(대) 현 금	100,000
	(차) 소 모 품 현 금	50,000 50,000	(대) 가지급금	100,000
2)	(차) 현 금 (차) 가 수 금	100,000 100,000	(대) 가 수 금 (대) 매출채권	100,000 100,000
3)	(차) 급 여	500,000	(대) 현 금 예 수 금	450,000 50,000
	(차) 예 수 금	50,000	(대) 현 금	50,000

수취채권		지급채무	
계정과목	설 명	계정과목	설 명
대여금	여유자금을 타인에게 빌려준 돈으로 1년 이내에 회수가 예상이 되면 단기대여금, 1년 이후에 회수가 예상이 되면 장기대여금으로 분류한다. 추후에 돈 받을 권리가 있기에 자산	차입금	필요한 자금을 타인에게 빌린 돈으로 1 이내에 상환해야 하면 단기차입금, 1년 후에 상환 해야 하면 장기차입금으로 분 한다. 추후에 돈을 지급할 의무가 있기에 부채
미수수익	수익은 발생하였으나 아직 현금을 받지 못한 것. 추후에 돈 받을 권리가 있기에 자산 (기간구분과 관련된 수익) 예) 미수이자, 미수임대료	미지급비용	비용은 발생하였으나 아직 현금을 지급 지 못한 것. 추후에 돈을 지급할 의무가 기에 부채 (기간구분과 관련된 비용) 예) 미지급이자, 미지급임차료, 미지급금
선급비용	비용이 발생하기 전에 먼저 현금을 지급 한 것. 추후에 비용이 발생하기 전까지는 내돈에 대한 권리 이기에 자산 (기간구분 과 관련된 비용) 예) 선급보험료, 선급임차료	선수수익	수익이 발생하기 전에 먼저 현금을 수취한 추후에 수익활동을 해주어야 할 의무가 기에 부채 (기간구분과 관련된 수익) 예) 선수임대료
선급금	자산을 취득하기 위해 사전에 계약금으로 지불하는 금액. 계약내용을 이행시킬 수 있는 권리가 있기에 자산	선수금	자산을 판매하기 이전에 계약금으로 먼 수취 한 금액. 계약 내용대로 이행해야 할 의무가 있기 부채
임차보증금	건물을 임차하면서(빌리면서) 지급한 돈 계약기간 종료 후 돌려받을 권리가 있으므로 자산	임대보증금	건물을 임대해주면서(빌려주면서) 받은 계약기간 종료 후 돌려줄 의무가 있으므 부채
가지급금	현금이 지급되었지만 계정과목이나 금액을 확정할 수 없을 때 일시적으로 처리하는 자산계정	가수금	현금을 받았지만 계정과목인 금액을 확 할 수 없어서 일시적으로 처리하는 부채계
		예수금	궁긍적으로는 제3자에게 지급하여야 할 액을 기업이 거래처나 종업원으로부터 시적으로 보관하는 경우에 사용하는 부 계정

[그림 8-14] 기타의 수취채권과 지급채무

제5절 매출채권

1. 매출채권의 인식과 측정

매출채권(accounting receivable)은 매출을 인식할 때 인식하므로 매출채권과 매출수익의 인식시점은 동일하다. 최초 인식시 매출채권은 제공하거나 수취한 대가의 공정가치로 측정한다. 매출채권을 측정하기 위해서는 가격에 대한 개념을 정리할 필요가 있다. 정가표에 표시된 가격을 표시가격(list price)이라 하고, 표시가격에서 거래할인(trade discount)[33]이나 수량할인(quantity discount)[34]을 차감한 금액을 송장가격(invoice price)이라 한다. 거래할인과 수량할인은 송장가격을 결정할 때 이미 반영하였으므로 별도의 회계처리 없이 송정가격을 매출과 매출채권으로 인식한다. 한편, 송장가격에서 매출에누리와 환입, 매출할인을 차감한 금액을 현금가격 또는 회수가격이라 하는데 이 금액이 포괄손익계산서에 계상될 순매출액이다.

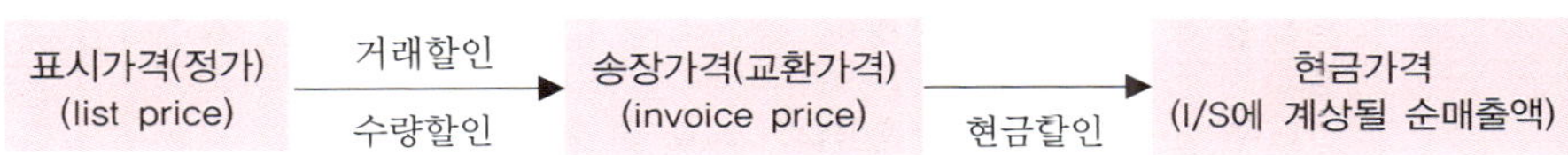

[그림 8-15] 매출채권의 측정

여기서, 매출에누리(sales allowances)는 제품의 결함이나 하자 등의 이유로 가격을 깎아주는 것을 말하고, 매출환입(sales returns)은 제품의 하자 등으로 인하여 판매한 상품이 반품되는 것을 말한다. 매출에누리와 환입은 매출에서 직접차감 한다. 즉, 매출을 감소시키는 동시에 매출채권도 감소시킨다.[35]

33) 거래할인은 특정관계(예; 도매상, 소매상 등)가 있는 고객에게 표시가격보다 낮은 가격으로 판매하는 경우에 표시가격과 판매가격의 차액을 말한다. 즉, 단골 우량고객에게 가격의 일정률을 할인하여 주는 것이다.

34) 수량할인은 주문수량이 일정수준을 초과하는 경우에 제공하는 할인을 말한다. 즉, 구매물량이 일정수준을 초과하는 경우 고객에게 가격을 할인하여 주는 것이다.

35) 다만, 내부관리목적으로는 매출에누리와 환입계정을 따로 두고 매출에누리와 환입이 발생할 때 매출에누리와 환입계정에서 별도로 관리한 후에 결산시 매출에서 차감할 수도 있다. 여하튼 결산 후

판매자	(차) 매 출 채 권	100,000	(대) 매　　출	100,000
	매출(매출에누리와환입)	10,000	매 출 채 권	10,000
구매자	(차) 매　　입	100,000	(대) 매 입 채 무	100,000
	매 입 채 무	10,000	매입(매입에누리와환출)	10,000

또한, 매출할인(sales discount)또는 현금할인(cash discount)은 매출채권을 신속하게 회수하기 위하여 일정기간 내에 대금을 지급한 고객에게 대금의 일부를 깎아주는 것을 말한다. 현금할인 조건은 "할인율/할인기간, net/신용제공기간"형식으로 표시한다.[36] 여기서 주의 할 점은 그 시점의 매출채권 잔액을 기준으로 할인가액을 산정한다는 것이다. 이에 대한 회계처리방법에는 다음과 같이 총액법과 순액법이 있다. 여기에 대해 한국채택국제회계기준에서는 명시적 규정은 없으나 회계 관습적으로 총액법을 사용하고 있다.

총액법(gross method)	순액법(net method)
판매시점에서 매출채권과 매출수익을 총액(송장가액)으로 기록(고객이 현금할인을 받지 않을 것으로 가정)	판매시점에서 매출채권과 매출수익을 현금할인액을 차감한 순액으로 기록
현금할인조건 충족 – "매출할인" 인식	현금할인이 이루어지지 않으면 "이자수익"을인식

판매자	(차) 매 출 채 권	100,000	(대) 매　　출	100,000
	매 출 할 인	10,000	매 출 채 권	10,000
구매자	(차) 매　　입	100,000	(대) 매 입 채 무	100,000
	매 입 채 무	10,000	매 입 할 인	10,000

[그림 8-16] **총액법과 순액법의 비교 및 총액법의 회계처리**

한편, 매출채권의 흐름(Life Cycle)을 나타내면 다음과 같다.

포괄손익계산서에 계상될 순매출액은 동일하다.

36) 예를 들면, 2/10, n/30 표시는 10일 이내 결제하면 2% 현금할인을 제공하며 늦어도 30일까지는 대금을 전액 결제해야 한다는 것으로 신용판매대금의 조기회수를 위한 유인책을 제시하는 것이다.

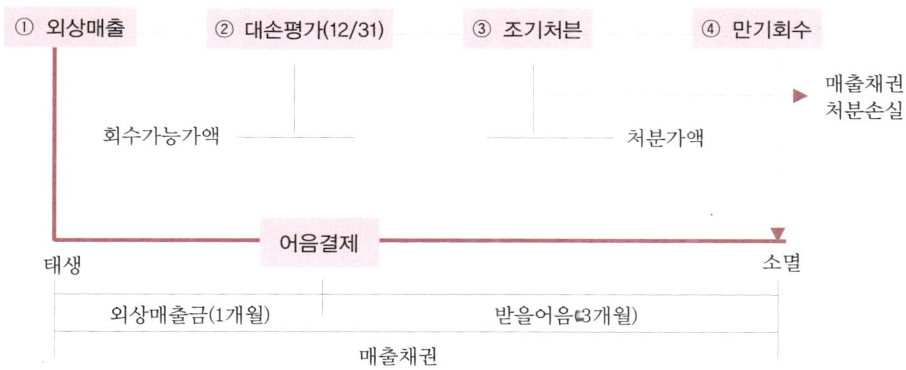

[그림 8-17] **매출채권의 순환주기**

예제 8

서경㈜는 송장가격₩10,000의 상품을 (2/10, n/30) 조건에 매출하였다. 현금할인기간 내에 40% 현금을 회수하였고 나머지는 할인기간 경과 후에 회수하였다.

물음

총액법과 순액법에 따라 분개하시오?

풀이

거 래	총액법	┃참고┃ 순액법
	판매자	판매자
매출시	매출채권 10,000 / 매 출 10,000	매출채권 9,800 / 매 출 9,800
할인기간 내 40%회수	현 금 3,920 / 매출채권 4,000 매출할인 80	현 금 3,920 / 매출채권 3,920
할인기간 후 60%회수	현 금 6,000 / 매출채권 6,000	현 금 6,000 / 매출채권 5,880 이자수익 120

2. 매출채권의 평가

매출채권은 최초 인식일에 송장가격에서 매출에누리와 환입, 매출할인 등을 차감한 순액으로 측정된다. 수취채권 및 대여금으로 분류되는 금융자산은 만기까지 보유할 의도와 관계없이 최초인식일 이후 상각후원가[37]로 후속측정 한다. 따라서 ① 장기대여금이나 장기수취채권의 경우에는 최초인식일에 유사한 신용등급을 가진 유사한 금융상품(통화, 기간, 이자율유형 및 그 밖의 요소에 관하여 유사함)의 시장이자율로 할인한 미래현금수취액의 현재가치를 공정가치로 하여 측정한다. 후속적으로 미래 현금수취액과 최초인식일의 현재가치의 차이는 만기까지의 기간에 걸쳐 유효이자율법을 적용하여 이자수익으로 인식한다. 하지만, 명시된 이자율이 없는 ② 단기수취채권은 현재가치할인효과가 중요하지 않으므로 회수가능성이 높다면, 최초인식금액에서 회수된 원금을 차감한 금액을 장부금액으로 하여 후속측정하면 된다. 이하 설명은 단기수취채권을 위주로 설명한다.

1) 대손의 인식 방법

기업이 보유하고 있는 수취채권 중 일부는 항시 회수불능의 위험이 존재하는데 거래처가 파산하거나 고객이 채무이행에 불성실하기 때문에 기업이 수취채권을 받을 수 없게 되었을 때 발생하는 손실을 대손(bad debt)[38] 또는 금융자산의 손상이라고 하며 대손에 해당하는 금액은 미래경제적효익의 유입가능성이 불확실하므로 자산의 인식요건을 만족하지 아니한다. 따라서 매출채권은 손상(대손)의 발생가능성이 높고 이에 대한 객관적인 증거가 있는 경우(즉, 손상사건이 발생한 경우) 예상되는 미래경제적효익의 감소인 손상차손금액을 당기손실(대손상각비)로 인식하고 매출채권에서 차감하여야 한다. 대손회계(accounting for bad debt)에서 핵심은 '비용을 언제 인식할 것인가'이다. 실제로 대손이 발생하는 시점에서 비용을 인식하는 방법을 ① 직접상각법(direct write-off method) 이라 하고 회계연도말에 대손예상액을 추정하여 이를 바탕으로 비용을 인식하는 방법을 ② 충당금설정법(allowance method)이라 한다. 한편, 대손상각비는 매출채권에 의한 것이면 포괄

---

37) 상각후원가(amortized cost)는 금융자산의 최초인식시점의 측정금액에서 회수된 원금을 차감하고, 최초인식금액과 만기금액의 차액인 현재가치할인차금은 유효이자율법을 적용하여 상각누계액을 가감한 현재가치개념을 말한다.

38) 기말에 시산표 상에 있는 매출채권 잔액은 기업이 회수할 수 있는 금액을 나타내지만 현실적으로 이 중 일부는 회수되지 못하는데 이런 사실을 무시하고 재무상태표에 매출채권을 기록하면 자산을 과대표시하게 된다. 그래서 당기의 외상매출 활동으로 통해 필연적으로 발생하게 되는 떼일 돈을 비용으로 처리하자는 것이며 그 금액을 정확히 알 수 없으니 추정하는 것이다. 이렇게 외상으로 매출한 금액 중 거래처의 부도나 파산으로 인해 회수불능이 되는 금액을 대손(貸損, bad debt)이라고 한다.

손익계산서 "관리비용"에 보고하며 비매출채권(상거래 이외의 채권)에서 발생한 것이면 포괄손익계산서 "기타비용"으로 보고한다.

(1) 직접상각법

직접상각법(direct write-off method)이란 실제로 대손이 발생하는 시점에서 대손확정액을 매출채권에서 직접 차감하여 비용으로 인식하는 방법으로 현금주의적인 회계처리법이다.

대손예상시 (기말)	회계처리 없음
실제 대손 발생시	대손상각비 ××× / 매 출 채 권 ×××

직접상각법은 각 회계기간 말에 대손예상액을 추정할 필요가 없으므로 실무적으로 간편한 반면 재무상태표상의 매출채권잔액이 대손될 금액을 포함하여 과대계상되어 있으므로 실현가능가치를 반영하지 못하고 매출이 이루어진 회계기간 이후에 대손이 발생하는 경우 수익이 발생한 회계기간에 대손상각비가 인식되지 않으므로 수익·비용 대응의 원칙에 어긋나는 문제점이 있다.

(2) 충당금설정법

충당금설정법(allowance method)은 각 회계기간 말에 대손예상액을 추정하여 비용으로 처리하고 대손충당금을 설정하는 방법으로 발생주의적인 회계처리법이다. 즉, 미래의 대손예상액을 추산하여 대손충당금으로 설정하고, 이를 같은 기간의 비용으로 처리하는 방법이다. 대손충당금은 부채가 아니고 매출채권에 대한 차감항목이다. 그리고 실제로 대손이 발생하는 시점에서는 매출채권을 제거하고 대손충당금을 제거한다.

대손예상시 (기말)	대손상각비 ××× / 대손충당금 ×××
실제 대손 발생시	대손충당금 ××× / 매 출 채 권 ×××

충당금설정법을 사용하면 수익이 인식되는 기간에 관련 대손상각비를 인식하

기 때문에 수익 · 비용대응의 원칙에 충실하게 되고, 매출채권잔액에서 대손충당금을 차감한 금액을 재무제표에 표시하므로 실현가능가치를 나타낼 수 있다. 반면에 대손예상액 추정시 주관이 개입될 수 있다는 문제점이 있다. 한국채택국제회계기준에서는 매출채권의 대손회계처리에 대하여 충당금설정법만을 인정하며 재무상태표에 표시 방법은 당해 자산의 장부금액에서 직접 차감하여 보고하거나 충당금계정을 사용하여 차감하는 형식으로 보고하는 것을 모두 허용하고 있다.

재무상태표(차감하는 형식)				재무상태표(차감후 순액 형식)	
매출채권	₩10,000			매출채권	₩8,000
대손충당금	(2,000)	₩8,000			

2) 회계처리

(1) 회계기말 대손추산액 산정시

회수가 불확실한 채권은 합리적이고 객관적인 기준에 따라 산출한 대손추산액을 대손충당금으로 설정하고 기 인식대손충당금과의 차이금액을 대손상각비로 인식해야한다. 여기서 주의할 점은 대손추산액의 산정인데 회계기말의 매출채권 잔액에 하나의 대손예상률을 적용하여 추정하는 것은 바람직하지 않다. 따라서 매출채권을 인식한 시점부터 경과된 기간을 기준으로 몇 개의 집단으로 나누고 각 집단별로 다른 대손예상률(즉, 채권의 발생일에 따라 연령을 부과해서 발생한지 오래될수록 더 높은 대손율을 적용)을 곱하여 대손추산액을 산정하는데 이러한 방법을 연령분석법(aging method)이라고 한다.

연령분석법에 따라 산정한 대손추산액은 회계기말에 대손충당금으로 보고되어야 하며 이 경우 반드시 대손충당금 계정의 잔액이 있다면 대손추산액과 대손충당금 장부금액의 차액만을 대손상각비나 대손충당금환입액의 과목으로 하여 당기손익으로 처리한다.(보충법)

대손추산액 〉 대손충당금잔액	대손상각비 ××× / 대손충당금 ××× : 부족분 만큼 설정
대손추산액 〈 대손충당금잔액	대손충당금 ××× / 대손충당금환입 ××× : 남는분 만큼 환입

(2) 실제 대손 발생시

매출채권이 실제로 회수불가능하게 되어 대손이 확정된 경우에는 회수가 불가능한 채권은 대손충당금과 상계하고, 대손충당금이 부족한 경우에는 그 부족액을 대손상각비로 처리한다.

구분	회계처리
대손발생액 ≤ 대손충당금잔액	대손충당금 ××× / 매 출 채 권 ×××
대손발생액 〉 대손충당금잔액	대손충당금 ××× / 매 출 채 권 ××× 대손상각비 ×××* *대손충당금 잔액 부족액

(3) 제각된 채권이 회수되었을 때

대손처리한 채권을 추후에 회수하는 경우에는 회수액 만큼 대손충당금을 증가시킨다. 이는 제각시의 회계처리를 취소하고 정상적으로 회수하는 경우의 회계처리를 상계하여 순액으로 처리 한 것과 같은 결과이다. 만일 대손처리시 대손충당금잔액이 부족하여 대손상각비로 처리한 경우에는 대손상각비를 취소하고 대손충당금을 증가시킨다.

구분	회계처리
대손발생액 ≤ 대손충당금잔액	현 금 ××× / 대손충당금 ××× 위 분개는 다음의 회계처리를 순액으로 처리한 것이다. ① 해당매출채권 회복 분개(역분개) 매출채권 ××× / 대손충당금 ××× ② 매출채권 회수 분개 현 금 ××× / 매출채권 ×××
대손발생액 〉 대손충당금잔액	현 금 ××× / 대손상각비 ××× 대손충당금 ×××

대손충당금

차변		대변		
대손상각(제각)	×××	기초잔액	×××	
		상각채권회수액	×××	
기말잔액*	×××	당기설정액*	×××	→ 기말 회계처리 대상액
	×××		×××	

* 대손충당금 기말잔액이 먼저 결정되고, 그 기말잔액이 유지되도록 당기설정액(I/S 대손상각비)을 결정한다.

► 만약 기말에 당기 대손충당금을 설정하기 전에 대변 합계가 더 큰 경우에는 차변 부분에 대손충당금환입을 기록한다.

[그림 8-18] T-계정 분석법

예제 9

명지㈜의 매출채권과 대손에 관한 자료는 다음과 같다.

(1) 2012년 초 대손충당금의 대변잔액은 ₩15,000이다.

(2) 2012년 2월, 전기에 매출한 ₩20,000의 매출채권이 회수불가능하다고 판명되었다.

(3) 2012년 3월, 당기에 매출한 ₩7,000의 매출채권이 회수불가능하다고 판명되었다.

(4) 2012년 7월, 전기에 대손처리한 매출채권 ₩3,000이 회수되었다.

(5) 2012년 8월, 2월에 대손처리한 매출채권 중 ₩6,000이 회수되었다.

(6) 2012년 9월, 3월에 대손처리한 매출채권 중 ₩4,000이 회수되었다.

(7) 2012년 12월31일의 매출채권 잔액은 ₩500,000이며, 그에 대한 연령자료는 표와 같다.

매출채권의 구분	채권금액	대손예상률	대손추정액
15일 이하	₩300,000	2%	₩6,000
16 ~ 30일	100,000	10%	10,000
31 ~ 45일	50,000	20%	10,000
46 ~ 60일	30,000	30%	9,000
61 ~ 75일	10,000	40%	4,000
76일 초과	20,000	50%	10,000
계	₩500,000		₩49,000

물음

명지㈜의 2012년 회계처리를 하고 2012년의 포괄손익계산서에 계상될 대손상각비와 2012년 말 재무상태표상 매출채권의 장부금액을 계산하시오.

풀이

(1) 회계처리

일 자	회 계 처 리	대손충당금잔액
2월	대손충당금 15,000 / 매출채권 20,000 대손상각비 5,000	₩0
3월	대손상각비 7,000 / 매출채권 7,000	₩0
7월	현 금 3,000 / 대손충당금 3,000	₩3,000
8월	현 금 6,000 / 대손상각비 5,000 대손충당금 1,000	₩4,000
9월	현 금 4,000 / 대손상각비 4,000	₩4,000
결산시	대손상각비 45,000 / 대손충당금 45,000 *₩49,000 − ₩4,000 = ₩45,000	₩49,000

〈주 1〉 7월의 분개는 순액으로 처리한 것이며 원분개는 다음과 같다.

매출채권 3,000 / 대손충당금 3,000
현　금 3,000 / 매출채권　3,000
→ 전기이기 때문에 전부 대손충당금으로 간주(∵ 대손상각비는 임시계정으로서 전기의 것을 당기에 취소불능.)

매출채권 6,000 / 대손상각비　5,000
　　　　　　　　대손충당금　1,000
현　금 6,000 / 매출채권　6,000
→ 대손처리시 대손충당금잔액이 부족하여 대손상각비 처리한 경우에는 대손상각비를 먼저 취소한다.

〈주 2〉 8월의 분개는 순액으로 처리한 것이며 원분개는 다음과 같다.

(2) 대손상각비
₩5,000 + ₩7,000 − ₩5,000 − ₩4,000 + ₩45,000 = ₩48,000

(3) 매출채권의 장부가액

매출채권	₩500,000
대손충당금	(49,000)
계	₩451,000

〈별해〉 T-계정분석 제각액은 2월분이며 회수액은 7월과 8월분임

대손충당금

차변		대변	
대손상각(제각)	15,000	기초잔액	15,000
		상각채권회수액	4,000
기말잔액	49,000	당기설정액	45,000
	64,000		64,000

3. 금융자산(매출채권)의 제거

한국채택국제회계기준에서는 매출채권의 양도와 관련된 별도의 규정이 없다. 따라서 매출채권을 포함한 수취채권은 금융자산의 범주에 속하므로 "금융자산의 제거"규정에 따라 회계처리 하여야 한다. 이하의 설명은 "금융자산의 제거"규정을 위주로 설명할 것이다.

금융자산의 제거(de-recognition)는 인식(recognition)과 반대의 개념으로서 금융자산의 권리가 소멸되거나 금융자산에 대한 권리가 양도됨으로써 재무제표에서 제거하는 것을 의미한다.

1) 금융자산제거의 사유 : 권리의 소멸

금융자산에 대한 권리는 현금을 회수하거나, 혹은 가치가 상실하는 경우에 소멸(expire)하게 된다. 금융자산에 대한 권리가 소멸하는 경우에는 자산의 인식요건을 만족하지 아니하므로 당해 금융자산을 재무제표에 즉시 제거 한다.

2) 금융자산제거의 사유 : 권리의 양도

금융자산을 양도(transfer)한 경우에는 무조건 재무제표에서 제거하는 것이 아니라는 것에 유의하여야 한다. 이 경우에는 일단 금융자산이 ① 실제 양도 되었는지의 여부를 판단(법적 형식 판단)하고, 양도된 금융자산이 ② 제거조건을 충족하는지를 추가로 판단(경제적 실질 판단)하여야 한다. 다음의 요건 중에서 하나에 속하는 경우에는 매출채권을 포함한 금융자산을 양도자가 양수자에게 양도한 것으로 본다.(법적형식 판단)

① 권리의 양도 : 양도자가 금융자산의 현금흐름을 수취할 계약상 권리를 양도(transfer)한 경우
② 의무를 부담하는 권리의 보유 : 양도자가 금융자산의 현금흐름을 수취할 계약상 권리를 보유(retain)하고 있으나, 당해 현금흐름을 하나 이상의 수취인에게 지급할 계약상 의무를 부담하는 경우[39)]

한편, 위의 조건중 하나에 속하더라도 이는 법적형식의 양도이므로 금융자산을 타인에게 양도한 것으로 판단되는 경우에도 무조건 당해 금융자산을 재무제표에서 제거하는 것은 아니다. 한국채택국제회계기준에서는 금융자산을 타인에게 양도하는 경우 법적형식이 아닌 경제적 실질에 따라 추가로 당해 양도를 금융자산의 제거요건을 충족하는 거래와 충족하지 않는 거래로 구분하여 회계처리[40)] 할 것을

---

39) 다음의 조건을 모두 충족시키는 계약에 따라 의무를 부담하여야 한다.
① 최초자산에서 회수하지 못한 금액의 상당액을 최종수취인에게 지급할 의무가 없다.
② 현금흐름을 지급할 의무의 이행을 위해 최종수취인에게 담보물로 제공하는 경우를 제외하고는, 양도자는 양도계약의 조건으로 인하여 최초자산을 매도하거나 담보물로 제공하지 못한다.
③ 양도자는 최종수취인을 대신해서 회수한 현금을 지체 없이 최종수취인에게 지급할 의무가 있으며 양도자는 해당 현금을 재투자할 권리를 가지지 아니한다.

40) 즉, 금융자산을 양도한 경우에도 경제적 실질에 따라 당해 금융자산은 재무상태표에서 제거 할 수도 있으며, 금융자산을 제거하지 않고 수취한 대가를 금융부채를 인식하는 회계처리를 수행 할 수도 있다.

규정하고 있다. 금융자산 양도자는 양도거래의 경제적 실질에 따라 금융자산과 관련된 위험(risk)과 보상(reward)이 이전하였는가의 여부에 따라 다음과 같이 판단한다.

(1) 금융자산의 양도 : 위험과 보상의 대부분을 이전하는 경우
(2) 금융자산의 양도 : 위험과 보상의 대부분을 보유하는 경우
(3) 금융자산의 양도 : 위험과 보상의 대부분을 보유하지도 않고 이전하지도 않는 경우
  ① 금융자산을 통제하고 있지 않은 경우
  ② 금융자산을 통제하고 있는 경우

(1) 금융자산의 양도 : 위험과 보상의 대부분을 이전하는 경우

양도자가 금융자산의 소유에 따른 위험과 보상의 대부분을 이전(transfer)하는 경우에는 당해 금융자산을 제거하고 이로 인해 발생하거나 보유하게 된 권리와 의무를 각각 자산과 부채로 인식한다.[41)]

(2) 금융자산의 양도 : 위험과 보상의 대부분을 보유하는 경우

양도자가 금융자산의 소유에 따른 위험과 보상의 대부분을 보유(retain)하는 경우에는 당해 금융자산을 제거하지 않고 계속하여 인식하며, 수취한 대가는 금융부채(차입금)로 인식한다.[42)]

---

41) 양도자가 소유에 따른 위험과 보상의 대부분을 이전하는 경우의 예는 다음과 같다.
  ① 금융자산을 아무런 조건 없이 매도한 경우
  ② 양도자가 매도한 금융자산을 재매입시점의 공정가치로 재매입할 수 있는 권리를 보유하고 있는 경우
  ③ 양도자가 매도한 금융자산에 대한 콜옵션을 보유하고 있거나 양수자가 당해 금융자산에 대한 풋옵션을 보유하고 있지만, 당해 콜옵션이나 풋옵션이 깊은 외가격 상태이기 때문에 만기 이전에 당해 옵션이 내가격 상태가 될 가능성이 매우 낮은 경우

42) 양도자가 소유에 따른 위험과 보상의 대부분을 보유하는 경우의 예는 다음과 같다.
  ① 양도자가 매도 후에 미리 정한 가격 또는 매도가격에 양도자에게 금전을 대여하였더라면 그 대가로 받았을 이자수익을 더한 금액으로 양도자산을 재매입하는 거래의 경우
  ② 유가증권대여계약을 체결한 경우
  ③ 시장위험을 다시 양도자에게 이전하는 총수익스왑과 함께 금융자산을 매도한 경우
  ④ 양도자가 매도한 금융자산에 대한 콜옵션을 보유하고 있거나 양수자가 당해 금융자산에 대한 풋옵션을 보유하고 있으며, 당해 콜옵션이나 풋옵션이 깊은 내가격 상태이기 때문에 만기 이전에 당해 옵션이 외가격 상태가 될 가능성이 매우 낮은 경우
  ⑤ 양도자가 양수자에게 발생가능성이 높은 대손의 보상을 보증하면서 단기 수취채권을 매도한 경우

(3) 금융자산의 양도 : 위험과 보상의 대부분을 보유하지도 않고 이전하지도 않는 경우

양도자가 금융자산의 소유에 따른 위험과 보상의 대부분을 보유하지도 아니하고 이전하지도 아니하면, 양도자가 당해 금융자산을 통제(control)하고 있는지에 따라 금융자산 제거 여부를 결정한다. 여기서 금융자산에 대한 통제 여부는 양수자가 당해 금융자산을 매도할 수 있는 능력을 가지고 있는지에 따라 결정된다.

① 금융자산을 통제하고 있지 않은 경우

양도자가 금융자산을 통제(control)하고 있지 아니하면, 당해 금융자산을 즉시 제거하고 양도함으로써 발생하거나 보유하게 된 권리와 의무를 각각 자산과 부채로 인식한다.

② 금융자산을 통제하고 있는 경우

양도자가 금융자산을 계속통제하고 있다면, 당해 금융자산에 대하여 지속적으로 관여(continuing involvement)하는 정도[43]까지는 당해 금융자산을 계속하여 인식하며, 수취한 대가를 금융부채(차입금)로 인식한다. 즉, 지속적으로 관여하지 않는 부분만 제거한다.[44]

<table>
<tr><td>제거사유</td><td colspan="2"></td><td></td></tr>
<tr><td>(만기시) ① 권리의 소멸</td><td colspan="2" rowspan="2">즉시 제거</td><td></td></tr>
<tr><td>(만기이전) ② 권리의 양도</td><td></td></tr>
<tr><td>Ⅰ. 법적형식 판단</td><td colspan="2">Ⅱ. 경제적 실질 판단</td><td></td></tr>
<tr><td rowspan="5">① 권리의 양도
② 의무를 부담하는 권리의 보유</td><td colspan="2">① 위험과 보상의 대부분 이전시</td><td>즉시제거 후 손익 인식</td></tr>
<tr><td colspan="2">② 위험과 보상의 대부분 보유시</td><td>계속인식 후 금융부채 인식</td></tr>
<tr><td rowspan="3">③ 위험과 보상을 일부 보유시</td><td>Ⅲ. 통제권 판단</td><td></td></tr>
<tr><td>① 통제권 상실</td><td>즉시제거 후 손익 인식</td></tr>
<tr><td>② 통제권 보유</td><td>즉시제거 후
지속적 관여 정도까지
계속인식</td></tr>
</table>

[그림 8-19] 금융자산제거

43) 지속적 관여의 정도란 양도자산의 가치 변동에 대하여 양도자가 부담하는 노출정도를 말한다.

44) 예를 들어 장부금액 ₩10,000의 금융상품을 양도하면서 양수자에게 최대 ₩10,000의 지급보증을 제공하였다면 이는 위험과 보상이 대부분 이전되었다고 볼 수 없으므로 전체 금융자산을 계속 인식한다. 그런데 양수자에게 ₩3,000의 지급보증만 제공하였다면 위험과 보상이 대부분 이전된 것도 아니고 보유하고 있는 것도 아니므로 지속적 관여 정도까지인₩3,000의 자산을 계속 인식한다.

한국채택국제회계기준에서는 금융자산의 제거여부와 제거정도를 평가하는 방법에 대하여 다음과 같은 순서도를 제시하고 있다.

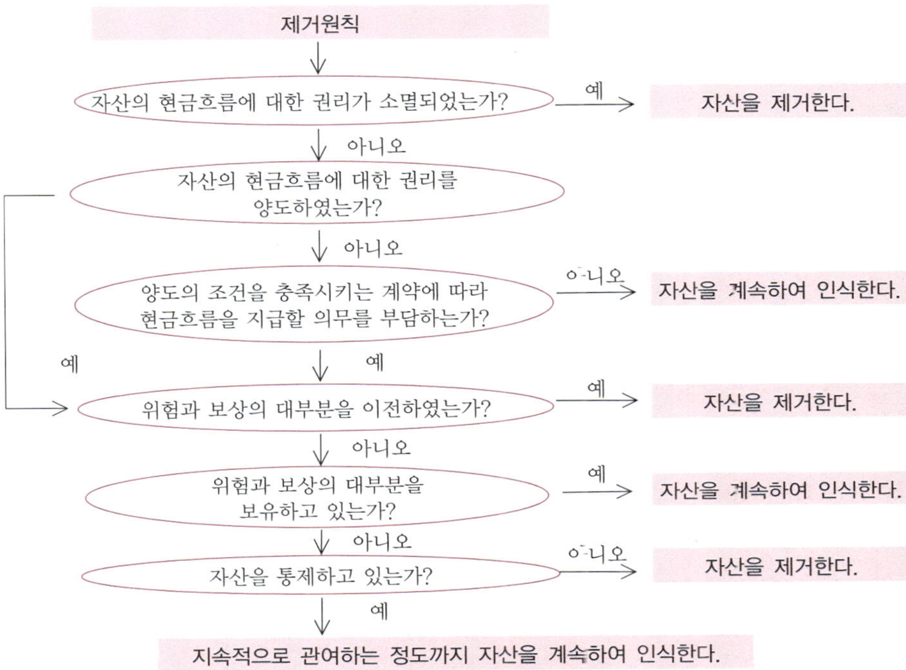

[그림 8-20] 금융자산의 제거여부와 제거정도에 대한 판단

3) 금융자산제거와 계속인식의 회계처리

(1) 금융자산제거의 회계처리

금융자산의 양도거래가 제거요건을 만족하면 당해 금융자산을 제거하고, 제거되는 금융자산의 장부금액과 수취한 대가의 차액을 당기손익으로 인식한다. 한편, 금융자산 전체가 제거 조건을 충족하는 양도로 금융자산을 양도하고, 수수료를 대가로 당해 양도자산의 관리용역을[45]을 제공한다면, 관리용역제공계약과 관련하여

45) 관리용역(servicing fee)이란 금융자산의 현금흐름의 회수와 관련된 활동 및 당해 금융자산을 다른 기업이 소유하고 있는 경우 투자자에게 현금을 배분하는 활동을 말한다. 이때 관리용역자산·부채의 인식은 다음과 같다.
① 관리용역수수료 < 용역제공의 적절한 대가 : 용역제공의무에 따른 부채를 공정가치로 인식
② 관리용역수수료 > 용역제공의 적절한 대가 : 용역제공권리에 따른 자산을 인식

자산(servicing asset) 또는 부채(servicing liability)를 인식한다. 관리용역제공계약도 현금 등 금융자산을 수취하거나 인도할 계약상 권리 또는 의무에 해당되므로 금융상품의 정의를 충족한다.

	차변		대변	
제거일	현 금	×××[2]	금융자산	×××[1]
	금융자산처분손실	×××[4]	금융부채(관리용역관련)	×××[3]

[1] 양도되는 금융자산의 장부금액
[2] 금융자산의 양도대가 수령액
[3] 양도의 직접적인 결과로 취득하거나 부담하는 금융자산이나 금융부채
[4] 대차차액

한편, 양도자가 지속적 관여의 정도까지 자산을 제거하지 않고 이를 자산으로 계속 인식할경우 관련부채(associated liability)도 함께 인식한다. 양도자는 양도자산에서 발생하는 수익을 지속적 관여의 정도까지 계속 인식하며, 관련부채에서 발생하는 모든 비용을 인식한다.

	차변		대변	
제거일	현 금	×××[2]	매출채권	×××[1]
	지속적관여자산(금융자산)	×××[3]	관련부채	×××[4]
			금융자산처분이익	×××

[1]양도되는 금융자산의 장부금액
[2]금융자산의 양도대가 수령액
[3]수취한 대가 중 상환을 요구받을 수 있는 최대금액 (한도:양도자산의 장부금액)
[4]지속적관여자산 + 양도의 직접적인 결과로 부담(보증)하는 금융부채

(2) 금융자산 계속인식의 회계처리

금융자산의 양도거래가 제거요건을 충족하지 않는다면 양도자산을 제거하지 아니한다. 이 경우 양도 자산 전체를 계속하여 인식하며 수취한 대가를 금융부채로 인식한다. 양도자는 후속기간에 양도자산에서 발생하는 모든 수익과 금융부채에서 발생하는 모든 비용을 인식한다.

	차변		대변	
양도일	현 금	×××	금융부채(차입금)	×××[1]
	이자 비용	×××		

[1]금융자산 양도로 부담하는 부채

4) 팩토링 (외상매출금의 양도)

팩토링(factoring)이란 기업이 보유하고 있는 외상매출금을 팩토링회사, 은행, 할부금융회사, 신용카드회사 등에 양도하고 자금을 조달하는 금융기법을 말한다. 팩토링회사는 외상매출금을 인수하는 과정에서 일정액 수수료(금융비용)를 받고, 동 외상매출금에 대하여 기업의 거래처로부터 채권액을 직접 회수하는 일종의 금융회사이다.

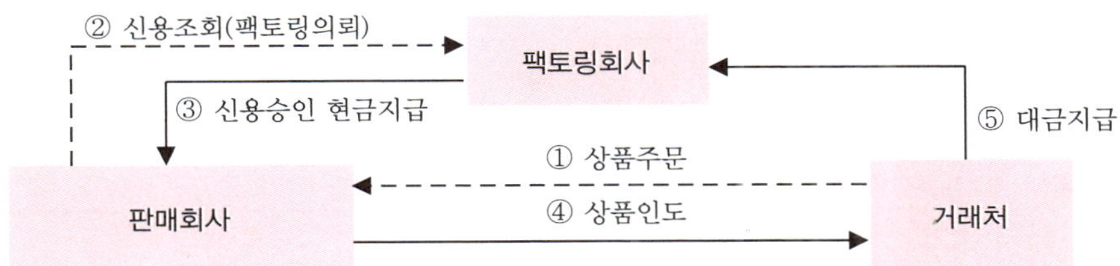

[그림 8-21] 팩토링의 거래 흐름

판매회사는 거래처로부터 외상주문을 받으면 팩토링회사에 거래처에 대한 신용상태를 조회하고 팩토링을 의뢰한다. 팩토링회사가 거래처의 신용상태를 확인하고 신용승인과 함께 현금을 지급하면 판매회사는 거래처에 상품을 인도한다. 신용승인과 동시에 외상매출금은 팩토링회사로 양도되므로 거래처는 매입대금을 팩토링회사에 직접 지급한다. 신용카드를 사용하는 경우에는 팩토링회사가 이미 신용카드소지자의 신용승인을 승인한 상태이므로 사전 승인 없이 외상매출금이 양도되고 현금지급이 이루어진다.[46)]

팩토링을 하는 경우에 팩토링회사는 외상매출금의 일정률을 금융비용으로 부과하며, 매출에누리와환입 및 매출할인 등에 대비하여 채권금액 중 일정액을 유보시킨다. 회사는 이러한 유보액을 기타 채권인 팩토링미수금(factor's hold back)으로 회계처리 하였다가 향후 매출에누리와환입, 매출할인 및 대손비용 등이 발생한 경우에 동 금액과 상계처리하고 남은 잔액은 만기정산시점에서 되돌려 받는다. 일

46) 신용카드 가맹점과 신용카드회사간의 채권양도거래가 팩토링 거래의 가장 대표적인 사례이다. 신용카드 매출은 신용카드 가맹점이 고객에 대한 채권을 신용카드회사에 양도한 거래에 해당된다. 신용카드매출로 인한 채권의 회수책임 등 전반적인 통제권이 카드회사에 있으므로 제거 조건을 충족시킨다. 따라서 신용카드 가맹점 수수료는 매출채권처분손실로 처리하여야 하지만 실무적으로 지급수수료로 처리하는 것이 일반적이다.

반적인 회계처리를 예시하면 다음과 같다.

(1) 금융자산 제거요건을 충족하는 경우

팩토링거래가 금융자산제거거래로 분류되는 경우에 양도자는 매출채권을 직접 제거하고 매출채권처분손실을 인식한다.

구분	차변	금액	대변	금액
양도시	(차) 현 금 팩토링미수금 매출채권처분손실	××× ××× ×××	(대) 매출채권	×××
환입등	(차) 매출(에누리 · 환입) 매출할인	××× ×××	(대) 팩토링미수금	×××
회수시	회계처리 없음			
정산시	(차) 현 금	×××	(대) 팩토링미수금	×××

(2) 금융자산 제거요건을 충족하지 못한 경우

팩토링거래가 금융자산을 계속 인식하는 거래로 분류되는 경우에 양도자는 수취한 대가를 단기차입금으로 계상하고 이자비용을 인식한다.

구분	차변	금액		대변	금액
양도시	(차) 현 금 팩토링미수금 이자비용	××× ××× ×××		(대) 단기차입금	×××
환입등	(차) 매출(에누리 · 환입) 매출할인	××× ×××		(대) 팩토링미수금	×××
회수시	(차) 단기차입금	×××		(대) 매출채권	×××
정산시	(차) 현 금 단기차입금	××× ×××		(대) 팩토링미수금 매출채권	××× ×××

한편, 매출채권의 양도로 수령한 총현금 수령액의 계산은 다음과 같이 회계처리 없이 간편하게 계산할 수 있다.

총현금수령액 = 만기회수액 − 할인료 − 유보금 + 유보금액 중 회수액

예제 10

2012년 10월 1일 인덕㈜는 정상채권(외상매출금) ₩50,000을 광운팩토링㈜에 양도하였다. 동 채권의 만기일은 2012년 12월 31일 이다.

〈추가자료〉

① 광운팩토링㈜는 액면가의 3%를 금융비용(할인액)으로 부과하고 증거금(매출환입, 대손발생 대비) 5%를 차감한 잔액을 인덕㈜에 지급 하였다. 대손에 대한 책임은 인덕㈜가 부담하기로 하였다.

② 동 외상매출금과 관련하여 2012년 12월 31일에 매출에누리와환입 ₩1,200과 대손발생액 ₩500을 차감한 잔액 ₩800을 현금으로 회수하였다.

물음

1. 인덕㈜의 매출채권 양도로 수령한 총금액을 계산하시오.
2. 인덕㈜의 각 일자별 회계처리를 금융자산 제거조건을 충족하는 경우와 충족하지 않은 경우로 나누어 하시오.

풀이

1. 총현금수령액 = 만기회수액 − 할인료 − 유보금 + 유보금액 중 회수액
   ₩50,000 − ₩50,000 × 3%(금융비용) − ₩50,000 × 5%(유보금액) + ₩800 = ₩46,800

2.

거 래	금융자산을 제거조건 충족	금융자산을 제거조건 미충족
10.1 양도시점	현 금 46,000 / 매출채권 50,000 팩토링미수금 2,500[2] 매출채권처분손실 1,500[1]	현 금 46,000 / 단기차입금 50,000 팩토링미수금 2,500[2] 이 자 비 용 1,500[1]
	[1] ₩50,000×3% = ₩1,500 한편, ₩1,500은 광운팩토링㈜ 입장에서는 수수료수익 또는 이자수익으로 회계처리한다. [2] 팩토링미수금 : ₩50,000×5% = ₩2,500	
12.31 기말정산	현 금 800 / 팩토링미수금 2,500 대손상각비 500 매출에누리와환입 1200	현 금 800 / 팩토링미수금 2,500 대손상각비 500 매출에누리와환입 1200 단기차입금 50,000 / 매출채권 50,000

해설

양도시점의 분개는 채권양도와 증거금 부분으로 나누어 생각할 수 있다.

〈채권양도〉 현 금 48,500 / 매출채권 50,000
매출채권처분손실 1,500

〈증거금〉 팩토링미수금 2,500 / 현 금 2,500

단기차입금 정리(매출채권 회수)는 다음과 같은 분개가 요약 된 것임

현 금 50,000 / 매출채권 50,000
단기차입금 50,000 / 현 금 50,000

5) 어음 할인 (받을어음의 양도)

어음할인(discounting)이란 받을어음을 만기까지 보유하면 만기에 어음의 액면가액과 이자를 수령하게 되지만 자금조달을 목적으로 만기 이전에 어음을 금융기관[47]에 양도하는 것을 말한다.[48] 어음할인은 만기에 수령할 액면가액과 이자에 대한 권리를 금융기관에 이전하고 조기에 현금을 수령하는 것이다. 따라서 어음할인의 출발점은 항상 만기이다.

먼저 ① 만기가치를 구한 다음 ② 어음잔여기간(미경과기간)에 대하여 금융기관의 할인율을 적용하여 할인액을 계산한다. ③ 만기가액에서 할인액을 차감한 금액이 할인시점에서 수령할 현금이 된다. ④ 그리고 어음보유기간(경과기간)에 대한 이자수익을 인식하면 필요한 자료가 산출된다. 한편, 매출채권처분손실은 할인일의 장부금액에서 현금수령액을 차감하여 산출한다.

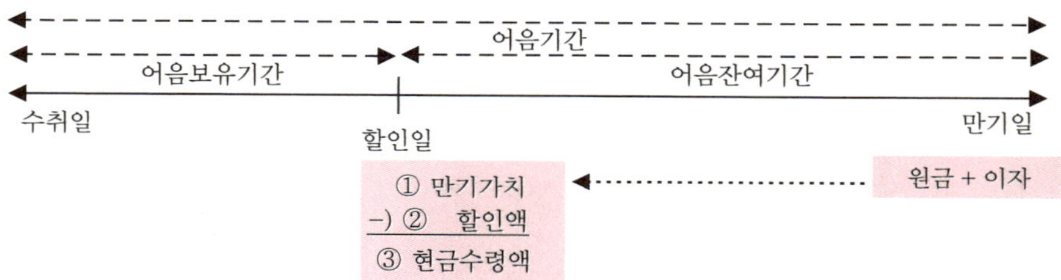

단계	계산	계산 내용 (월할기준 가정)
①	어음의 만기가치	액면가액 + (액면가액 × 액면이자율 × 어음기간/12개월)
②	할인액*	만기금액 × 할인율 × 어음잔여기간/12개월
③	양도자의 현금수령액	① - ②
④	양도자의 이자수익	액면가액×액면이자율×어음보유기간/12개월

* 어음대금을 빌려주는 기간은 할인시점부터 어음의 만기시점이기 때문에 할인액 계산시 기간은 어음의 잔여기간이다. (할인율 : 금융기관의 대출이자율 적용)

[그림 8-21] 어음할인 거래의 구조

---

47) 어음할인은 통상 거래하고 있는 시중은행을 통해 이루어지지만 은행 이외의 금융기관을 통해서도 이용할 수 있으며 일부 영세한 기업들은 사채(私債)시장을 이용하기도 한다.

48) 매출채권은 약정상 정해진 만기가 되면 현금을 회수하게 되고, 이에 따라 매출채권과 관련된 현금흐름에 대한 계약상 권리가 소멸(expire)하므로 재무상태표에서 제거하게 된다. 기업은 일반적으로 필요한 자금을 증자나 차입을 통하여 조달하나, 경우에 따라서는 매출채권을 이용하여 만기 이전에 운영자금을 조달하기도 한다. 즉, 기업의 매출(매출채권)↑ → 매출채권 회수 안됨 → 자금부족 심한 → 경영압박 → 흑자도산(자금의 회전이 안되기에)의 흐름을 보이기에 자금이 부족한 회사의 경우 매출채권을 회수하기 전에 여러 방법을 통하여 자금을 확보하게 되는데 매출채권을 이용하여 조기에 현금을 조달하는 방법이라 해서 매출채권금융(receivable financing)이라고도 한다.

금융자산 제거 거래인 경우에는 매출채권의 장부금액과 수취한 대가의 차이를 매출채권처분손실로 인식한다. 금융자산을 계속 인식 하는 거래인 경우에는 이를 이자비용으로 처리하면 된다. 그리고 금융자산 제거 거래인 경우에는 매출채권을 직접 차감하나 금융자산을 계속 인식하는 거래인 경우에는 단기차입금으로 처리한 후에 만기일에 매출채권과 단기차입금을 상계한다. 여기서 주의할 점은 무이자부어음인 경우 어음의 만기가치는 어음의 액면가액이 되지만, 이자부어음을 할인하는 경우에는 어음의 만기가치는 어음의 액면가액에 만기까지의 액면이자를 가산한 금액이 되며 매출채권의 할인액과 매출채권처분손실이 동일한 금액이 아니라는 것이다.

(1) 금융자산 제거요건을 충족하는 경우

할인시	(차) 현　　금 매출채권처분손실	××× ×××	(대) 매출채권 이자수익	××× ×××
만기시	회계처리 없음			

(2) 금융자산 제거요건을 충족하지 못한 경우

할인시	(차) 현　　금 이자비용	××× ×××	(대) 단기차입금 이자수익	××× ×××
만기시	(차) 단기차입금	×××	(대) 매출채권	×××

예제 11

연세㈜는 건물이 세워져 있는 토지를 ₩7,000,000에 구입하였다. 구입 당시 토지와 건물의 공정가치는 각각 ₩7,000,000과 ₩3,000,000이었다.

물음

1. 건물을 철거하지 않고 그대로 사용한다면 토지와 건물의 취득원가는 얼마인가?
2. 본사 사옥을 자가건설하기 위하여 건물을 철거하기로 하였고, 건물을 철거하기 위하여 철거비용 ₩200,000과 토지정지비용 ₩80,000이 지출되었으며, 철거건물의 잔존폐물을 ₩50,000에 처분한 경우 토지와 건물의 취득원가는 얼마인가?

풀이

1. 토지와 건물의 취득원가
   토지 : ₩7,000,000 × ₩7,000,000 / (₩7,000,000 + ₩3,000,000) = ₩4,900,000
   건물 : ₩7,000,000 × ₩3,000,000 / (₩7,000,000 + ₩3,000,000) = ₩2,100,000

2. 토지의 취득원가

토지와 건물의 구입대가	₩7,000,000
건물철거비용	200,000
토지정지비용	80,000
잔존폐물가치	(50,000)
계	₩7,230,000

* 건물의 취득원가는 없음

보론 현금검증표

1) 의의

현금검증표(Proof of Cash; P/C)는 4위식 은행계정조정표(four-column bank reconciliation)라고도 하며 특정 시점의 당좌예금잔액뿐만 아니라 특정기간동안의 회사측과 은행측의 당좌예금의 입금과 출금이 일치하는지를 파악하기 위해 작성하는 표이다. 회사는 은행계정조정표를 통하여 특정시점에서 회사측 잔액과 은행측 잔액의 불일치원인을 파악하여 정확한 당좌예금잔액을 산정할 수 있다. 그러나 은행계정조정표를 통하여 특정기간동안 회사측과 은행측의 출금과 입금이 일치하는지는 파악할 수 없다. 즉, 은행계정조정표는 특정일 현재 회사측 잔액과 은행측 잔액의 차이를 조정하므로 직원이 회사의 자금을 유용(流用)하는 경우 이를 밝혀내지 못한다는 단점이 있다.[49] 이에 은행계정조정표의 확장으로서 특정기간(기초,

49) 예를 들면, 한직원이 매월 초에 당좌예금에서 일정금액을 인출하여 개인적으로 사용하다가 매월 말 직전에 동 금액을 당좌예입 한다고 가정해보자. 만일 회사가 12/31에만 은행계정조정표를 작성한다면 은행계정조정표 상 회사측 올바른 잔액과 은행측 올바른 잔액은 항상 일치하므로 아무런 문제가 없는 것으로 나타난다. 그러나 직원이 인출한 금액은 1년 동안 직원의 개인적인 용도에 유용되었으

기중입급, 기중출금, 기말)의 입출금내역을 포함하여 회사측 잔액과 은행측 잔액과의 차이를 분석하는 은행계정조정표보다 상세하고 포괄적인 내용을 담은 양식으로 단순히 일정시점의 은행측 잔액과 회사측 잔액만을 조정하는 것이 아니라 기초(월초)잔액과 기중(월중)의 예입 및 인출을 포괄적으로 조정하는 표이다.[50] (예입(+)과 인출(−)의 기간귀속 조정) 한편, 일반적으로 현금검증표의 작성이유는 ① 자금의 유용여부를 밝혀내기 위해서 작성하며 ② 현금에 대한 내부통제를 강화시키기 위해서 작성한다.

2) 작성방법

① 현금검증표는 은행계정조정표를 기초와 기말에 작성하는 것이다.

② 예입(+), 인출(−)이 그 달의 잔액을 움직이는 독립변수이다.

③ 기초 및 기말시점의 은행계정조정표에서 가감한 금액은 기중 입금이나 기중 출금에서 조정된다. 조정하는 방법은 각 은행계정조정표상 입금차이(당좌예금계정이 증가되는 과정에서 발생한 차이)는 기중입금에서 출금차이(당좌예금계정이 감소되는 과정에서 발생한 차이)는 기중출금에서 조정한다.

④ 기초의 은행계정조정표상 입금차이로 가산한 항목은 기중입금액에 포함되어서는 안되는데도 불구하고 포함되어 있을 것이므로 동 금액을 기중입금액에서 차감한다. 기말의 은행계정조정표상 입금차이로 가산한 항목은 기중입금액에 포함되어야 함에도 불구하고 포함되어 있지 않으므로 동 금액을 기중입금액에 가산한다. 다른 항목도 마찬가지로 처리되므로 부호에 관해서는 일반적인 논리가 성립된다.[51]

현금검증표는 4개의 칸으로 구성되어 있으며 양식은 다음과 같다.

므로 회사에는 이자금액 만큼의 손실이 발생한다.

50) 은행계정조정표는 좌(장부),우(통장)인데 반해 현금검증표는 상(장부), 하(통장)로 은행계정조정표를 2번 작성하는 것이다.

51) ① 위치파악 : B/R에서 +조정 항목은 입금에 위치시키고 −조정항목은 출금에 위치시킨다.
② 부호조정 : 붙어 있으면 이성(+ −)이고 떨어져 있으면 동성(+ +, − −)으로 부호를 조정 한다.

조정항목		기(월)초잔액	기(월)중 변동		기(월)말잔액
			입금	출금	
회사측	수정전회사측잔액	×××	×××	×××	×××
	입금조정항목				
	기(월)초	××× →	→ (×××)		
	기(월)말		××× ←	←	← ×××
	출금조정항목				
	기(월)초	(×××) →	→	→ (×××)	
	기(월)말			××× ←	← (×××)
	수정후회사측잔액	×××	×××	×××	×××
			맡기신 금액	찾으신 금액	
은행측	수정전은행측잔액	×××	×××	×××	×××
	입금조정항목				
	기(월)초	××× →	→ (×××)		
	기(월)말		××× ←	←	← ×××
	출금조정항목				
	기(월)초	(×××) →	→	→ (×××)	
	기(월)말			××× ←	← (×××)
	수정후은행측잔액	×××	×××	×××	×××

[그림 8A-1] **현금검증표**

예제 12

세종㈜의 2012년 11월 30일, 12월 중, 12월 31일의 당좌예금과 관련된 자료는 다음과 같다.

[추가자료 1]

11월 30일 현재 회사측의 장부잔액은 ₩300,900이고, 은행측 잔액은 ₩411,100이다. 양자간의 차이의 원인은 다음과 같다.

(1) 회사가 11월 30일 오후 늦게 예입한 수표 ₩27,000을 은행에서는 12월 1일에 기입하였다.

(2) 11월 29일에 거래처가 송금해 온 외상매출금 ₩80,000이 당좌이체되었으나, 회사에서는 12월 2일에 통보를 받고 출납장에 기입하였다.

(3) 11월 30일 전에 발행한 수표 중 11월 30일까지 아직 인출되지 않은 기발행미인출수표는 ₩59,200이다. 이는 12월 중에 인출되었다.

(4) 은행원장부본에 은행수수료 ₩2,000이 11월 30일 현재 회사장부에 반영되지 않은 상태이다. 회사는 12월 2일에 회계처리하였다.

[추가자료 2]

(1) 세종㈜의 총계정원장 중 당좌예금의 기록은 다음과 같다.

12월 중의 예입 ₩1,876,900

12월 중의 인출 1,701,100

(2) 은행에서 보내온 예금잔액증명서의 내용은 다음과 같다.

12월 중의 예입 ₩1,793,900

12월 중의 인출 1,740,900

[추가자료 3]

12월 31일 현재 회사측의 장부잔액은 ₩476,700이고, 은행측 잔액은 ₩464,100이었다. 양자간의 차이에 대한 원인은 다음과 같다.

(1) 12월 31일 현재 은행에 대한 수수료 ₩1,500이 회사장부에 반영되지 않은 상태이다.

(2) 12월 중에 발행한 수표 중 ₩18,900은 12월 31일 현재 은행에서 인출되지 않았다.

(3) 12월 29일에 은행이 거래처에 추심의뢰한 어음 ₩20,000이 12월 30일에 입금되었으나, 회사에서는 12월 31일 현재 회사장부에 반영되지 않은 상태이다.

(4) 회사가 12월 31일 오후 늦게 예입한 수표 ₩50,000을 은행에서는 12월 31일 현재 미기입한 상태이다.

물음

12월의 현금검증표를 작성하시오.

풀이

〈현금검증표〉

세종㈜　　2012년 12월 1일부터 2012년 12월 31일 까지　　(단위: 원)

수정사항		11/30 은행계정 조정표	12월중		12/31 은행계정 조정표	수정사항
			입금	출금		
회사측	수정전잔액	₩300,900	₩1,876,900	₩1,701,100	₩476,700	수정전은행측 잔액
	(2) 미통지입금	80,000	(80,000)			
	(4) 수수료비용	(2,000)		(2,000)		
				1,500	(1,500)	(1) 수수료비용
			20,000		20,000	(3) 미통지입금
	수정후잔액	₩378,900	₩1,816,900	₩1,700,600	₩495,200	수정후은행측 잔액
은행측	수정전잔액	₩411,100	₩1,793,900	₩1,740,900	₩464,100	수정전은행측 잔액
	(1) 은행미기록예금	27,000	(27,000)			
	(3) 기발행미인출수표	(59,200)		(59,200)		
				18,900	(18,900)	(2) 기발행미인출수표
			50,000		50,000	(4) 은행미기입예금
	수정후잔액	₩378,900	₩1,816,900	₩1,700,600	₩495,200	수정후은행측 잔액

① 현금검증표의 첫 번째 난과 네 번째 난은 월초(12/1, 전기 말)와 월말(12/31)의 은행계정조정표이며, 두번째 난과 세 번째 난은 월 중(12월 중) 입금, 출금란으로 구성된다.
② 기초, 기말의 조정항목은 입금, 출금에 영향을 미치므로 조정하는 것이다.
- 몇 개만 예를 들어보면,

11월말 회사측 조정사항 중에서
* 외상매출금 입금액 ₩80,000은 11월의 예입액인데, 12월중에 회계처리하는 바람에 회사측에는 12월 예입액에 포함되어 있다. - 회사측 예입에서 차감
* 수수료비용 ₩2,000은 11월에 은행에서 뺀 것인데, 회사에서는 12월에 회계처리하는 바람에 회사측에서는 12월 인출금액에 포함되어 있다. - 회사측 인출에서 차감

12월말 회사측 조정사항의 예로 바꾸어보면,
* 수수료비용 ₩1,500은 12월에 은행에서 뺀 것인데, 회사에서는 12월에 인출표시 안했으므로 회사측 인출에 가산하는 조정을 해야 한다.
* 받을어음 입금액 ₩20,000은 12월에 입금된 것인데 회사에서는 12월에 예입에 기록하지 않았으므로 12월 예입에 가산해야 (은행측 12월 예입과의) 차이가 조정될 것이다.

위의 양식은 학습목적용이며 정식 현금검증표 양식으로 위 문제를 작성하면 다음과 같다.

〈현금검증표〉

세종㈜ 2012년 12월 1일 부터 2012년 12월 31일 까지 (단위: 원)

조정항목		2012.11.30 은행계정조정표	2012년 12월중		2012.12.31 은행계정조정표
			입금	출금	
회사측	수정전회사측잔액	₩300,900	₩1,876,900	₩1,701,100	₩476,700
	조정항목(11/30)				
	(2) 미통지입금	80,000	(80,000)		
	(4) 수수료비용	(2,000)		(2,000)	
	조정항목(12/31)				
	(1) 수수료비용			1,500	(1,500)
	(3) 미통지입금		20,000		20,000
	수정후회사측잔액	₩378,900	₩1,816,900	₩1,700,600	₩495,200
은행측	수정전은행측잔액	₩411,100	₩1,793,900	₩1,740,900	₩464,100
	조정항목(11/30)				
	(1) 은행미기록예금	27,000	(27,000)		
	(3) 기발행미인 출수표	(59,200)		(59,200)	
	조정항목(12/31)				
	(2) 기발행미인 출수표			18,900	(18,900)
	(4) 은행미기입 예금		50,000		50,000
	수정후은행측잔액	₩378,900	₩1,816,900	₩1,700,600	₩495,200

01 **다음 항목은은 (주)오주의 은행계정조정표 작성과 관련된 자료이다. 12월 말 기준으로 4위식 은행계정조정표를 작성할 경우 12월 중 은행의 고객원장이나 회사의 당좌예금계정에 기록되어야 할 정확한 입금액은 얼마인가?** (공인회계사 2005 수정)

> (1) 11월 30일 기준 은행계정조정표
>
> | | |
> |---|---:|
> | 은행측 잔액 | ₩46,730 |
> | 은행미기입예금 | 6,700 |
> | 기발행미인출수표 | (10,510) |
> | 수정후 잔액 | ₩42,920 |
>
> (2) 12월 중 은행의 고객원장상의 입금총액은 ₩186,480, 출금총액은 ₩187,400이었다. 입금 중에는 11월말 현재 은행미기입예금이었던 ₩6,700이 포함되어 있고, 출금 중에는 11월말 현재 기발행미인출수표 ₩10,510이 포함되어 있다.
>
> (3) 12월 31일로 만기가 도래하는 액면가액 ₩3,500의 도로공채를 만기일에 회수하였으나 은행은 이것을 다음해 1월 2일에 고객원장에 입금기록했으며, 회사의 12월 31일자 재무상태표에는 ₩3,500의 장부금액으로 만기보유금융자산이 기록되어 있다.
>
> (4) ㈜오주의 원주지점이 12월 31일 은행거래마감시간 이후에 입금한 당좌예금 ₩7,300이 은행의 고객원장 에 미기입되었다.
>
> (5) ㈜오주가 12월 중에 발행한 수표 중 아직 거래은행에서 인출되지 않은 수표의 총액은 ₩9,920이다.

① ₩183,280 ② ₩187,080 ③ ₩190,580 ④ ₩191,170 ⑤ ₩197,580

정답 ③

수정사항		11/30 은행계정 조정표	12월중		12/31 은행계정 조정표	수정사항
			입금	출금		
은행측	수정전잔액	₩46,730	₩180,480	×××	×××	
	미기입예금	6,700	(6,700)			
	기발행미결제수표	(10,510)				
			3,500		3,500	만기도래채권회수액
			7,300		7,300	마감후 입금 미기입
	수정후잔액	₩42,920	₩190,580	×××	×××	

객관식 연습문제

exercises

▶▶ Ⅰ. 이론형 객관식 문제

01 **한국채택국제회계기준에서 '현금 및 현금성자산'으로 분류하지 않는 것은?**

(9급 관세직 2011)

① 결산일 현재 만기가 3개월 이내인 특정현금과 예금
② 취득당시 만기가 3개월 이내인 상환우선주
③ 취득당시 3개월 이내의 환매조건인 환매체
④ 당좌예금

정답 ①

현금성자산은 유동성이 매우 높은 단기투자자산으로 사용제한이 없는 것이다. 따라서 특정현금과 예금은 사용제한이 있는 것으로 현금성자산으로 분류할 수 없다.

02 **대손충당금 과소설정이 재무제표에 미치는 영향으로 바르게 나타낸 것은?**

(9급 국가직 2004)

① 자산의 과소계상　　② 부채의 과소계상
③ 부채의 과대계상　　④ 당기순이익의 과대계상

정답 ④

대손충당금 과소설정 ▷ 대손상각비 과소계상 ▷ 당기순이익 과대계상

03 다음의 거래 내용과 채권 또는 채무가 잘못 연결된 것은?

	거래내용	채 권	채 무
①	상품 이외의 자산매매	미 수 금	미지급금
②	현금의 대여와 차입 거래	대 여 금	차 입 금
③	상품의 매매계약대금	매출채권	매입채무
④	거래내용의 미확정	가지급금	가 수 금
⑤	임차료 등 비용의 선급, 수익의 선수	선급비용	선수수익

정답 ③

상품의 매매계약대금은 선급금, 선수금이다

04 당좌자산의 분류 기준 및 적정성 확인에 대한 다음 설명 중 타당한 것은?

(공인회계사 2008)

① 재무상태표일 현재 만기일이 4개월 남아있는 금융상품은 현금및 현금성 자산으로 분류한다.

② 만기가 결산일로부터 1년 이내 도래하는 정기예금이 단기차입금의 담보로 제공되어 사용이 제한되어 있는 경우, 이 정기예금을 단기금융상품으로 분류할 수 있다.

③ 당좌예금에 대한 은행계정조정표를 작성하는 목적은 일정기간의 은행측과 회사측의 입출금 내역을 일치시키기 위한 것이다.

④ 결산일 현재 회사측 당좌예금 장부잔액이 은행측 당좌예금 잔액증명서상 잔액과 일치하는 경우에는 은행계정조정표를 작성할 필요가 없다.

⑤ 상품 매출과 관련하여 받은 타인발생 당좌수표는 매출채권으로 분류한다.

정답 ②

① 재무상태표일 현재 만기일이 4개월이 아니고 취득일로부터 만기가 3개월 이내인 금융상품이 현금성자산 으로 분류된다.
② 사용이 제한되어 있는지 여부와는 관계없이 보고기간말로부터 1년 이내에 만기가 도래하는 금융상품은 단기금융상품으로 분류한다.
③ 은행계정조정표는 당좌예금의 잔액을 일치시키기 의한 것이다.
④ 우연히 잔액이 일치하는 경우도 있으므로 작성할 필요는 있다.
⑤ 타인발행수표는 현금으로 분류된다.

05 다음은 어떤 계정과목에 대한 설명인가? (9급 국가직 2006)

> 금융기관이 취급하는 정기예금, 정기적금, 사용이 제한되어 있는 예금 및 기타 정형화된 상품 등으로 단기적 자금운영목적으로 소유하거나 기한이 1년 내에 도래하는 것으로 하고, 사용이 제한되어 있는 예금에 대해서는 그 내용을 주석으로 기재한다.

① 현금및현금성자산 ② 단기금융상품
③ 단기대여금 ④ 기타의 당좌예금

정답 ②

금융기관이 취급하는 정형화된 상품으로 1년 이내에 만기가 도래하는 것은 단기금융상품이다.

06 한국채택국제회계기준 '금융상품 : 표시'에 관련한 다음의 설명 중 타당하지 않은 것은?

① 잠재적으로 유리한 조건으로 거래상대방과 금융자산이나 금융부채를 교환하기로 한 계약상 권리는 금융자산에 해당한다.
② 자기지분상품으로 결제하는 계약으로 수취할 자기지분상품의 수량이 확정되지 않은 비파생상품은 지분상품에 해당한다.
③ 은행에 대한 예치금은 금융자산에 해당한다.
④ 매출채권과 받을어음은 금융자산에 해당한다.
⑤ 답 없음

정답 ②

자기지분상품으로 결제하는 계약으로 수취할 자기지분 상품의 수량이 확정되지 않은 비파생상품은 금융자산에 해당한다.

07 한국채택국제회계기준 '금융상품 : 표시'에 관련한 다음의 설명 중 타당하지 않은 것은?

① 금융상품은 거래당사자 일방에게 금융자산을 발생시키고 동시에 다른 거래상대방에게 금융부채나 지분상품을 발생시키는 모든 계약(contract)을 말한다.
② 금융상품 기준서에서 '계약'이란 (1) 명확한 경제적 결과를 가지고 있고, (2) 법적 구속력이 있기 때문에 당사자가 그러한 경제적 결과를 자의적으로 회피할 여지가 적은 둘 이상의 당사자간 합의를 말한다.

③ 금융상품을 포함하여 계약은 형태로 존재할 수 있으며, 반드시 서류로 작성되어야만 하는 것은 아니다.
④ 법인세와 관련된 부채는 금융부채에 해당한다.
⑤ 답 없음

정답 ④

계약에 의하지 않은 부채나 자산은 금융부채나 금융자산이 아니다. 이러한 예로는 정부가 부과하는 법적 요구사항에 따라 발생하는 법인세와 관련된 부채를 들 수 있다. 또한 의제의무도 계약에서 발생한 것이 아니며, 금융부채가 아니다.

08 다음 중 금융자산의 제거요건과 일치하지 않은 것은?

① 금융자산의 현금흐름에 대한 계약상 권리가 소멸한 경우
② 금융자산의 현금흐름을 수취할 계약상 권리를 양도한 경우
③ 금융자산의 현금흐름을 수취할 계약상 권리를 보유하고 있으나, 최초자산에서 회수하지 못한 금액의 상당액을 최종수취인에게 지급할 의무가 없는 경우
④ 금융자산이 부도가 났을 경우 금융자산의 양수인이 양도인에 대하여 상환청구권을 행사할 수 있어야 한다.
⑤ 양도자가 금융자산의 소유에 따른 위험과 보상의 대부분을 보유하지도 아니하고 이전하지도 아니했지만, 양도자가 금융자산을 통제하고 있지 않는 경우

정답 ④

양수자에게 상환청구권이 있으면 양도자가 지속적으로 관여하는 부분까지는 금융자산의 제거요건을 충족시키지 않은 것으로 본다.

09 금융자산의 제거에 대한 다음 설명 중 옳지 않은 것은? (공인회계사 2012)

① 금융자산의 정형화된 매도시 당해 금융자산을 매매일 또는 결제일에 제거한다.
② 금융자산의 현금흐름에 대한 계약상 권리가 소멸한 경우에는 당해 금융자산을 제거한다.
③ 금융자산의 현금흐름에 대한 계약상 권리를 양도하고 위험과 보상의 대부분을 이전하면 당해 금융자산을 제거한다.
④ 금융자산의 현금흐름에 대한 계약상 권리를 양도하고, 위험과 보상의 대부분을 보유하지도 않고 이전하지도 않으면서 당해 금융자산을 통제하고 있지 않다면 당해 금융자산을 제거한다.

⑤ 금융자산의 현금흐름에 대한 계약상 권리는 양도하였지만 양도자가 매도 후에 미리 정한 가격으로 당해 금융자산을 재매입하기로 한 경우에는 당해 금융자산을 제거한다.

정답 ⑤

금융자산의 현금흐름에 대한 계약상 권리는 양도하였지만 매도 후에 미리 정한 가격으로 당해 금융자산을 재매입하기로 한 경우는 양도자가 소유에 따른 위험과 보상의 대부분을 보뉴하는 경우, 이는 차입거래에 해당하므로 금융자산을 제거해서는 안된다.

10 **다음 여러 분개 가운데 회계연도말에 행하는 결산수정분개가 아닌 것은?** (세무사 2002)

① (차)급여	(대)미지급급여
② (차)재고자산감모손실	(대)재고자산
③ (차)대손충당금	(대)매출채권
④ (차)대손상각비	(대)대손충당금
⑤ (차)미수이자	(대)이자수익

정답 ③

매출채권을 제각하는 분개는 기중 대손확정시에 행하는 분개이고, 대손충당금을 설정하는 분개는 결산수정분개이다.

11 **다음 분개가 나타나는 거래는?** (9급 국가직 2001)

(차) 매 입 채 무 100,000	(대) 당 좌 예 금 40,000
	당 좌 차 월 60,000

① 외상매입금 ₩100,000을 수표를 발행하여 지급하다.

② 외상매입금 ₩100,000을 수표를 발행하여 지급하다. 단, 예금잔액이 ₩60,000있고 나머지는 당좌차월하다.

③ 상품 ₩100,000을 외상매입하고, 현금 ₩100,000을 당좌예금하다. 단, 당좌차월이 ₩60,000이 있다.

④ 외상매입금 ₩100,000을 수표를 발행하여 지급하다. 단, 예금잔액이 ₩40,000있고 나머지는 당좌차월하다.

정답 ④

12 거래처로부터 상품파내 대금으로 받은 약속어음 ₩1,000,000을 은행에서 할인하여 할인료 ₩50,000을 제외한 실수금을 현금으로 받다. 이 거래를 차입거래로 회계처리하는 경우 바른 분개는? (9급 서울시 2003)

① (차)	현 금	950,000	(대)	받을 어음	1,000,000
	매출채권처분손실	50,000			
② (차)	현 금	950,000	(대)	받을 어음	1,000,000
	이 자 비 용	50,000			
③ (차)	현 금	950,000	(대)	단기차입금	1,000,000
	매출채권처분손실	50,000			
④ (차)	현 금	950,000	(대)	단기차입금	1,000,000
	이 자 비 용	50,000			
⑤ (차)	현 금	950,000	(대)	받을 어음	1,000,000
	수 수 료 비 용	50,000			

정답 ④

차입거래 : (차) 현 금 ××× (대) 단기차입금 ×××
이자비용 ×××

13 서울상점은 부산상점이 주문한 ₩200,000 상당의 상품을 발송하고 조흥은행에서 ₩150,000의 화환을 취결하고 할인료 ₩2,000을 차감한 실수금을 당좌예금하다. 부산상점은 은행으로부터 제시된 어음을 인수하고 상품을 찾다. 이때 부상산점에서의 분개는? (7급 2000)

①	(차)	당좌예금 이자비용 외상매출금	148,000 2,000 50,000	(대)	매 출	200,000
②	(차)	당좌예금 할 인 료	148,000 2,000	(대)	매 출	150,000
③	(차)	매 입	150,000	(대)	지급어음	150,000
④	(차)	매 입	200,000	(대)	지급어음 외상매입금	150,000 50,000
⑤	(차)	당좌예금 매출채권처분손실 외상매출금	148,000 2,000 50,000	(대)	매 출	200,000

정답 ④

화환결제방식을 물은 것으로 매입자의 회계처리이다. 어음을 인수하면 매입채무(지급어음)가 증가한다. 나머지 금액은 외상매입금으로 회계처리하면 된다.

14 **2007년에 상품의 신용판매에 따라 ₩1,000의 매출채권이 발생하였다. 여기에 대하여 ₩100의 대손이 예상되었다. 실제로 2008년에 ₩120의 대손금이 발생하였을 때의 적절한 분개는?** (9급 국가직 2000)

① (차) 대손금 120 (대) 매출채권 120
② (차) 대손충당금 120 (대) 매출채권 120
③ (차) 대손충당금 100 (대) 매출채권 120
대손상각비 20
④ (차) 전기오류수정손실 120 (대) 매출채권 120

정답 ③

대손발생시 대손액이 대손충당금잔액보다 많은 경우에는 대손상각비로 처리한다.

15 **2000년 5월 20일 거래처인 태양상회의 부도로 외상매출금 ₩200,000이 회수불가능하여 대손처리하였다. 그러나 다행스럽게도 2001년 12월 5일 태양상회로부터 대손처리한 금액 중 ₩50,000을 현금으로 회수하였다. 2001년 12월 5일의 분개는? (다만, 결산일은 12월 말이다.)**

(9급 국가직 2001)

① (차) 대손충당금 50,000 (대) 매출채권 50,000
② (차) 현 금 50,000 (대) 대손충당금 50,000
③ (차) 현 금 50,000 (대) 매출채권 50,000
④ (차) 현 금 50,000 (대) 대손충당금환입 50,000

정답 ②

전기에 대손처리한 매출채권을 회수한 경우 대손충당금을 증가하는 회계처리를 한다.

16 현금시재액이 장부잔액보다 ₩20,000이 많은데, 그 원인을 알 수 없어서 현금과부족계정을 이용하여 회계처리하였다. 이후에 현금불일치의 원인이 외상매출금의 회수를 기장누락한 것으로 발견하였다. 다음 중 현금불일치의 원인이 발견된 시점의 회계처리로 옳은 것은? (9급 국가직 2006)

① (차) 현　　금 20,000　　(대) 외상매출금 20,000
② (차) 현금과부족 20,000　　(대) 현　　금 20,000
③ (차) 현금과부족 20,000　　(대) 외상매출금 20,000
④ (차) 외상매출금 20,000　　(대) 현　　금 20,000

정답 ③

- 차이발생(과다) : (차) 현　　금 20,000　(대) 현금과부족 20,000
- 원인발견　　: (차) 현금과부족 20,000　(대) 외상매출금 20,000

17 2007년 초 서울상회의 대손충당금잔액은 ₩60,000이었다. 2007년 5월 1일 ₩80,000의 대손이 발생하였으며, 2007년 10월 1일에 5월 1일 대손된 채권 ₩80,000을 현금으로 회수한 경우 올바른 분개는? (9급 국가직 2002)

① (차) 현　　금 80,000　　(대) 매출채권 80,000
② (차) 현　　금 80,000　　(대) 대손충당금환입 80,000
③ (차) 현　　금 80,000　　(대) 대손상각비 80,000
④ (차) 현　　금 80,000　　(대) 대손충당금 60,000
　　　대손상각비 20,000

정답 ④

대손발생시점 (2007년 5월 1일)
(차) 대손충당금 60,000 (대) 매출채권 80,000
　　대손상각비 20,000
상각채권의 회수 (2007년 10월 1일)
(차) 현금 80,000　　(대) 대손충당금 60,000
　　　　　　　　　　대손상각비 20,000
대손이 발생한 동일연도에 상각채권을 회수한 경우 대손발생시점의 차변과목이 대변에 기록된다.

▶▶ II. 계산형 객관식 문제

01 다음 자료를 이용하여 재무상태표의 현금 및 현금성자산으로 계상될 금액은 얼마인가? (9급 국가직 2006)

• 당좌예금	₩50,000
• 차용증서	₩3,000
• 당좌개설보증금	₩10,000
• 정기예금(1년 이내)	₩ 9,000
• 배당금지급통지서	₩5,000
• 우편환증서	8,000

① ₩60,000　② ₩63,000
③ ₩66,000　④ ₩74,000

정답 ②

당좌예금 + 배당금지급통지서 + 우편환증서 = ₩63,000

02 2005년 2월 말 현재 회사의 당좌예금잔액은 ₩26,000이었으나 은행예금잔액증명서상 잔액은 ₩30,000이었다. 담당자의 불일치 원인을 확인해 본 결과 기발행미인출수표가 ₩3,000이었고 은행의 회사 당좌예금계좌에 입금된 것 중 은행으로부터 회사에 통지하지 않은 것이 ₩1,000 있었다. 2월 말 현재 회사의 정확한 당좌예금잔액은? (9급 국가직 2006)

① ₩23,000　② ₩25,000
③ ₩27,000　④ ₩29,000

정답 ③

은행계정조정표를 작성하면 다음과 같다.

	회사측잔액		은행측잔액
수정전 잔액	₩26,000	≠	₩30,000
(1) 기발행미인출수표			(3,000)
(2) 미통지입금	1,000		
수정후 잔액	₩27,000	=	₩27,000

03 2001년 6월 30일 현재 은행계정잔액을 확정하기 위해 파악된 자료는 다음과 같다. 6월 30일 현재 은행계정의 정확한 잔액은?

(9급 국가직 2001)

• 거래은행으로부터 확인된 6월 30일 은행잔액	₩900,000
• 6월 30일 현재 은행 미기입예금	₩45,000
• 6월 30일 현재 은행 확인한 부도수표	₩33,000
• 6월 30일 현재 기발행 미지급수표	₩20,000
• 6월 30일 현재 은행이 확인한 은행수수료	₩1,200

① ₩890,000　　② ₩912,000

③ ₩925,000　　④ ₩945,000

정답 ③

은행계정조정

거래은행으로부터 확인된 6월 30일 은행잔액	₩900,000
6월 30일 현재 은행 미기입예금	₩45,000
6월 30일 현재 기발행 미지급수표	(₩20,000)
6월 30일 현재 정확한 은행잔액	₩925,000

04 (주)한국의 계정잔액 중 일부는 다음과 같다. 재무상태표에 보고될 금액으로 알맞지 않은 것은?

(7급 국가직 2007)

• 통화	₩713800
• 수입인지, 우표	₩3,200
• 양도성예금증서(만기:4개월 후 도래)	₩1,520,000
• 가불증	₩64,000
• 거래처발행 가계수표	₩378,000
• 소액현금	₩32,000
• 외상대금으로 받은 약속어음	₩740,000

① 현금및현금성자산은 ₩1,127,000이다.

② 단기금융자산은 ₩1,520,000이다.

③ 매출채권은 ₩740,000이다.

④ 대여금은 ₩64,000이다.

정답 ①

• 현금 및 현금성자산 = 통화 + 거래처발행 가계수표 + 소액현금
= ₩713,800 +₩378,000 + ₩32,000 = ₩1,123,800
• 양도성예금증서 : 단기금융자산
• 가불증 : 단기대여금
• 받을어음 : 매출채권
• 수입인지, 우표는 현금 및 현금성자산에 포함되지 않는다.

05 **(주)통일은 2006년 12월 31일자로 당좌예금에 대한 은행계정조정표를 작성하려고 한다. 다음 자료를 이용하여 이 회사의 조정 전 장부상 당좌예금잔액을 계산하면 얼마인가?** (9급 세무직 2007)

• 은행예금잔액증명서상의 잔액 ₩30,000
• 은행의 예금잔액증명서에는 반영되어 있으나 (주)통일의 장부에 반영되지 않은 금액
  – 예금이자수입 ₩2,000
  – 부도수표 ₩14,000
• ㈜통일이 원재료구입대금으로 수표를 지급했으나 2006년 12월 31일 현재 은행에서 출금되지 아니한 금액 ₩5,000
• ㈜통일이 2006년 12월 31일 은행에 입금하였으나 은행에서 2007년 1월 2일 입금 처리된 금액 ₩15,000

① ₩52,000 ② ₩50,000
③ ₩47,000 ④ ₩35,000

정답 ①

은행계정조정표를 작성하면 다음과 같다.

	회사측잔액		은행측잔액
수정전 잔액	(역산) ₩52,000	≠	₩30,000
(1) 기발행미인출수표			(5,000)
(2) 이자수익	2,000		
(3) 은행미기록예금			15,000
(4) 부도수표	(14,000)		
수정후 잔액	₩40,000	=	₩40,000

06 **(주)양평의 다음 2005년 12월 31일 은행계정조정표에서 기발행미인출수표 금액은 얼마인가?** (공인회계사 2006)

- 은행예금잔액증명서상의 잔액 ₩28,500
  ㈜양평의 장부상 잔액 ₩ 32,000
- 은행의 예금잔액증명서에는 반영되어 있으나 (주)양평의 장부에 반영되지 않은 금액
  - 예금이자 ₩2,000
  - 부도수표 ₩14,000
- ㈜양평에 통보되지 않은 매출채권 추심액 ₩ ₩7,500
- ㈜양평이 2005년 12월 31일 입금했으나 은행에서는 2006년 1월 2일 입금처리된 금액 ₩15,000
- 나머지 잔액 차이는 모두 기발행미인출수표에 의한 것으로 확인됨.

① ₩16,000 ② ₩23,500
③ ₩14,000 ④ ₩18,000
⑤ ₩31,000

정답 ①

	회사측잔액		은행측잔액
수정전 잔액	₩32,000	≠	₩28,500
(1) 기발행미인출수표			?
(2) 이자수익	2,000		
(3) 은행미기록예금	7,500		15,000
(4) 부도수표	(14,000)		
수정후 잔액	₩27,500	=	₩27,500

∴ 기발행미인출수표 : 28,500 + 15,000 − 27,500 = 16,000

07 **다음은 (주)서울의 2010년 말 재무상태표의 일부이다. 제시된 항목들 중 유동자산 합계는? (단, 만기보유금융자산의 만기는 2011년 6월 30일이며, 기계장비의 내용연수는 1년이 남았다.)** (9급 서울시 2011)

- 현 금 ₩1,000,000
- 상 품 ₩ 500,000
- 매출채권 ₩ 1,500,000
- 예금된 사업확장기금 ₩150,000
- 만기보유금융자산 ₩ 200,000
- 기계장비 ₩ 350,000

① ₩3,000,000 ② ₩3,200,000
③ ₩3,350,000 ④ ₩3,550,000
⑤ ₩3,700,000

정답 ②

유동자산

현 금	₩1,000,000
상 품	₩ 500,000
만기보유금융자산	₩ 200,000
매 출 채 권	1,500,000
합 계	₩3,200,000

사업확장기금(예금)은 사용제한이 있으며 사용시점이 불분명하므로 유동자산으로 볼 수 없다.

08 **다음은 2011년도 (주)한국의 매입채무와 관련된 자료이다. 2011년 말 재무상태표상 표시되는 매입채무 금액은? (단, 제시된 자료 이외의 사항은 고려하지 않는다.)** (9급 관세직 2011)

• 기초매입채무	₩80
• 당기매입액 중 현금지급액	₩350
• 기초상품재고	₩120
• 기말상품재고	₩110
• 당기매출액	₩500
• 매출총이익률	20%

① ₩110 ② ₩120

③ ₩130 ④ ₩140

정답 ②

매출원가 계산 = ₩500 × 80/100[1] = ₩400

[1]C/S, SCM법 이용 : S (100) − C (80) = M (20)

당기매입액 = 매출원가(400) + 기말재고(110) − 기초재고(120) = 390

기말매입채무 계산

매입채무

현금지급액	350	기초	80
기말	120	당기매입액	390
	470		390

09 **최근 화재로 (주)서울의 영업과 관련된 중요서류가 소실되었다. 남아 있는 자료에서 다음과 같은 내용을 추려낼 수 있었는데, 이를 근거로 화재 당시 매출채권잔액을 산출하면 얼마인가?** (9급 서울시 2011)

- 기초매출채권잔액 ₩1,000
- 기초부터 화재발생일까지 매출채권회수액 ₩4,600
- 기초부터 화재발생일까지 상품매입액 ₩3,200
- 기초상품재고액 ₩1,400
- 화재발생일 당시 상품재고액 ₩600

(상품판매가액은 원가의 25%에 해당하는 마진을 가산하여 정하며, 현금판매는 없었다.)

① ₩600 ② ₩800
③ ₩1,000 ④ ₩1,200
⑤ ₩1,400

정답 ⑤

매출원가 = 1,400 + 3,200 − 600 = 4,000
매출액 = 매출원가(4,000) + 매출총이익(1,000) = 5,000

매출채권

기초	1,000	회수	4,600
매출	5,000	대손	–
		기말	1,400
	6,000		6,000

10 **(주)한국은 상품을 신용에 의해서만 판매하는데, 경리담당자가 판매대금의 회수 과정에서 공금을 횡령하였다. 매출채권의 실제 기말잔액은 ₩50,000이고, 기중에 대손처리된 금액은 없다. (주)한국이 매출원가에 20%를 가산하여 판매가를 결정한다고 할 때, 다음 자료를 이용하여 경리담당자의 횡령액을 계산하면?** (9급 지방직 2011)

- 기초상품재고액 ₩20,000
- 당기상품매입액 ₩100,000
- 기말상품재고액 ₩10,000
- 매출채권 기초잔액 ₩30,000
- 매출채권 회수보고액 ₩40,000

① ₩60,000 ② ₩72,000
③ ₩110,000 ④ ₩122,000

정답 ②

매출원가 = 20,000 + ₩100,000 − 10,000 = ₩110,000

매출액 = 매출원가(110,000) + 매출총이익(22,000) = ₩132,000

매출채권

기초	30,000	회수	40,000
매출	132,000	대손	2,000
		기말	50,000
	162,000		162,000

11 **경북상사는 2001년 4월 1일 거래처로부터 판매대금으로 6개월 만기, 연리 10%,액면 ₩100,000의 약속어음을 받았다. 두달 뒤인 6월 1일에 경북상사는 거래은행에서 이 약속어음을 할인(할인율은 연리 12%)하였다. 이 어음의 할인을 매각거래로 보는 경우 2001년 6월 1일(할인시점)에 필요한 분개는 다음 보기 중 무엇인가? (계산의 편의상 이자비용 또는 수익은 월수로 계산할 것, 원단위 이하 반올림)** (세무사 2002 수정)

① (차)	현 금	100,800	(대)	단기 차입금	100,000
	이 자 비 용	867		이 자 수 익	1,667
② (차)	현 금	100,800	(대)	받 을 어 음	100,000
	매출채권처분손실	867		이 자 수 익	1,667
③ (차)	현 금	100,800	(대)	받 을 어 음	100,000
	이 자 비 용	1,200		이 자 수 익	2,000
④ (차)	현 금	100,800	(대)	단기 차입금	100,000
	이 자 수 익	800			
⑤ (차)	현 금	100,800	(대)	받 을 어 음	100,000
	이 자 수 익	800			

정답 ②

단계	계 산	계산 내용
1	어음의 만기가치	₩100,000 +이자(₩5,000) = ₩105,000
2	어음 할인액	₩105,000 × 12% ×(4/12) = ₩4,200
3	현금수취액	₩105,000 − 4,200) = ₩100,800
4	어음의 장부가액	₩100,000 + (100,000 × 10% × (2/12)) = ₩101,667

회계처리

(차)	현 금	100,800	(대)	받 을 어 음	100,000
	매출채권처분손실	867		이 자 수 익	1,667

12 (주)성산은 2000년 8월 1일에 (주)일출로부터 2001년 1월 31일이 만기인 액면가액 ₩300,000, 액면이자율 연 10%의 받을어음을 받았다. (주)성산은 동년 9월 15일에 상기 받을어음을 은행에서 할인하였다. 이때 할인율을 연 12%라고 할 때 어음할인으로 인한 이자비용(또는 매출채권처분손실)은 얼마인가? (1개월은 30일, 1년은 360일로 가정한다.) (세무사 1999)

① ₩2,575 ② ₩11,925
③ ₩1,575 ④ ₩14,175
⑤ ₩2,925

정답 ⑤

단계	계 산	계산 내용
1	어음의 만기가치	₩300,000 +이자(₩15,000) = ₩315,000
2	어음 할인액	₩315,000 × 12% × (135/360) = ₩14,175
3	현금수취액	₩315,000 − ₩14,175 = ₩300,825
4	어음의 장부가액	₩300,000 + (300,000 × 10% × (45/360)) = ₩303,750

회계처리

(차) 현 금	300,825	(대) 받 을 어 음	300,000
매출채권처분손실	2,925	이 자 수 익	3,750

13 당기말 대손충당금 차감 후 매출채권의 순장부가액이 ₩240이다. 당기중 순매출에 대한 대손추정액이 ₩50이며, 전기 말 대손충당금 잔액이 ₩30이고 당기중 대손확정액이 ₩20이라면, 당기말 대손충당금 차감 전 매출채권 금액은? (9급 서울시 2011)

① ₩240 ② ₩260
③ ₩280 ④ ₩300
⑤ ₩340

정답 ④

대손충당금

대손	20	기초	30
		상각채권회수	−
기말	60	I/S대손상각비	50
	80		80

∴ 대손충당금 차감전 매출채권 = ₩240 + ₩60 = ₩300

14 **기말재무상태표가 다음과 같다. 손익계산서에 나타난 대손충당금환입이 ₩20,000이었다면 수정전 대손충당금잔액은?** (9급 국가직 2002)

재무상태표

매 출 채 권		1,000,000
대 손 충 당 금	(50,000)	950,000

① ₩50,000　② ₩20,000
③ ₩30,000　④ ₩70,000

정답 ④

수정전 대손충당금 = 기말대손충당금(50,000) + 대손충당금환입(20,000) = ₩70,000

15 **(주)한국은 결산시 외상매출채권 잔액 ₩580,000의 회수가능성을 검토한 결과 ₩30,000은 회수가 불가능한 것으로 판명되어 대손처리하기로 하였으며, 회수가 불확실한 채권은 ₩80,000으로 추산되었다. 대손충당금 기초잔액은 ₩50,000 이었다. 아래 설명 중 옳지 않은 것은?** (9급 세무직 2007)

① 결산 후 재무상태표상 대손충당금은 ₩80,000이다.
② 결산 후 손익계산서상 대손상각비는 ₩60,000이다.
③ 회수불가능 채권에 대한 분개는 (차)대손상각비 30,000 (대)대손충당금 30,000이다.
④ 결산 후 재무상태표상 매출채권 순액은 ₩470,000이다.

정답 ③

대손충당금

대손	30,000	기초	500,000
		상각채권회수	-
기말	80,000	I/S대손상각비	60,000
	110,000		110,000

회수불가능채권 회계처리 및 기말설정
(차) 대손충당금 30,000　(대) 매출채권 30,000
(차) 대손상각비 60,000　(대) 대손충당금 60,000

16 다음은 A기업의 매출채권에 대한 자료이다. A기업이 2003년 말에 손익계산서 인식해야 할 대손상각비는? (7급 2003 수정)

- 2003년 1월 1일의 대손충당금 잔액은 ₩120,000이다.
- 2003년 6월 당기에 판매하였던 외상매출금 ₩30,000과 전기에 판매하였던 외상매출금 ₩50,000이 회수불능채권으로 판명되었다.
- 2003년 9월에 이미 대손처리되었던 외상매출금 ₩70,000을 회수하였는데 이중 ₩30,000은 당기에 대손처리하였던 외상매출금이며, ₩40,000은 전기에 대손처리 하였던 외상매출금이다.
- 2003년 12월 31일 외상매출금잔액은 ₩3,000,000이며, 이중에서 ₩100,000이 회 수 불능으로 판명되었다.
- 2003년 12월 31일 나머지 외상매출금잔액에 대하여 ₩87,000의 대손을 추정하였다.

① ₩77,000　② ₩74,000
③ ₩72,000　④ ₩71,000

정답 ①

6월 (차)	대손충당금	80,000	(대) 외상매출금	80,000
9월 (차)	현　　금	70,000	(대) 대손충당금	70,000
기말 (차)	대송충당금	100,000	(대) 외상매출금	100,000
	대손상각비	77,000	대손충당금	77,000

대손충당금

대손	180,000	기초	120,000
		상각채권회수	70,000
기말	87,000	I/S대손상각비	77,000
	267,000		267,000

수정전 대손충당금 = 120,000 − 80,000 + 70,000 − 100,000 = ₩10,000
대손상각비 = 기말대손추산액(87,000) − 수정전 대손충당금(10,000) = ₩77,000

17 다음은 (주)새천년 감사보고서에 나타난 재무상태표 중 매출채권과 대손충당금에 관한 부분이다. 2005년도 손익계산서상의 대손상각비가 ₩30,000이고 2005년 중 현금으로 회수한 매출채권은 ₩450,000이다. 같은 기간 중 외상으로 매출한 금액은 얼마인가? (9급 세무직 2006)

구　　분	2005. 12. 31	2004. 12. 31
매출채권	500,000	400,000
대손충당금	(70,000)	(50,000)

① ₩560,000　　　② ₩530,000
③ ₩400,000　　　④ ₩600,000

정답 ①

대손충당금

차변		대변	
대손	10,000	기초	50,000
		상각채권회수	
기말	70,000	I/S대손상각비	30,000
	80,000		80,000

매출채권

차변		대변	
기초	400,000	회수	450,000
매출	560,000	대손	10,000
		기말	500,000
	960,000		960,000

18 A회사의 2009년 말 현재 수정전시산표상의 채권잔액은 매출채권 ₩8,000,000 (대손충당금 ₩500,000), 미수금 ₩1,500,000(대손충당금 ₩150,000)이다. 이에 대한 수정사항을 조사한 바 매출채권 중 ₩400,000은 회수가 불가능한 것으로 판명되었고, 대손처리하였던 B사에 대한 매출채권 ₩300,000 이 12월 31일에 회수되었으며, 전년도 말에는 매출채권의 대손추산율이 5%였으나 올해 말에는 10%일 것으로 추산되었다. 또한 미수금 중 ₩250,000은 회수가 불확실한 것으로 추정되었다. 관리비에 계상될 대손상각비와 결산 후 매출채권의 회수가능금액은 각각 얼마인가? (세무사 2004 수정)

	대손상각비	회수가능액
①	₩360,000	₩6,840,000
②	₩370,000	₩6,830,000
③	₩380,000	₩6,820,000
④	₩390,000	₩6,800,000
⑤	₩400,000	₩6,810,000

정답 ①

1) 당기에 계상할 대손상각비
기말에 계상해야 할 대손충당금 = (₩8,000,000 − ₩400,000) × 10% = ₩760,000
당기말 수정전 대손충당금 잔액 = (₩500,000 − ₩400,000 + ₩300,000) = ₩400,000
당기에 계상할 대손상각비 = ₩760,000 − ₩400,000 = ₩360,000
*미수금에 대한 대손상각비는 관리비가 아닌 기타비용으로 보고되기 때문에 고려대상이 아니다.
2) 매출채권회수가능금액 = ₩8,000,000 − ₩400,000 − (₩8,000,000 − ₩400,000) × 10% = ₩6,840,000

19 다음 자료에 의하여 2001 회계연도 포괄손익계산서에 기입될 대손상각비는?

(9급 국가직 2000)

• 2000년 12월 31일 현재 잔액

– 외상매출금	₩1,800,000
– 받을어음	₩1,200,000
– 대손충당금	₩60,000

• 2001년 중 거래

– 외상매출금 회수액	₩4,910,000
– 상품외상매출액	₩4,500,000
– 어음대금 회수액	₩3,400,000
– 어음수취 상품매출액	₩3,500,000
– 외상매출금 대손발생액	₩90,000

• 2001년 12월 31일 기말결산시 매출채권잔액에 대하여 ₩52,000의 대손을 예상한다.

① ₩52,000　　② ₩90,000
③ ₩30,000　　④ ₩82,000

정답 ④

매출채권

전기이월	3,000,000	회수액	4,910,000
외상매출	4,500,000	어음회수액	3,400,000
어음매출	3,500,000	대손발생액	90,000
		차기이월	2,600,000
	11,000,000		11,000,000

대손충당금

대손	90,000	기초	60,000
기말	52,000	상각채권회수	
		I/S대손상각비	82,000
	142,000		142,000

매출채권의 기말잔액은₩2,600,000이고, 따라서 대손추산액은 ₩52,000(= ₩2,6000,000 × 2%)이다. 기중에 외상매출금 대손발생액 90,000을 분개하면 다음과 같다.

(차) 대손충당금 60,000　(대) 매출채권 90,000
　　대손상각비 30,000

매출채권의 기말잔액은 ₩2,600,000이고, 대손추산액은 ₩52,000이다.
설정전 대손충당금은 ₩0이므로 대손상각비는 ₩52,000이 발생한다.

(차) 대손상각비 52,000　(대) 대손충당금 52,000

∴ 2001년 대손상각비는 기중에 발생한 금액과 기말 설정액을 합한 ₩82,000 (= ₩52,000 + ₩30,000)이다.

20 12월 31일 결산법인인 (주)한국의 2009년도 외상매출금과 대손에 관한 자료는 다음과 같다. 한국채택국제회계기준에 따라 연령분석법으로 회계처리 하는 경우 2009년 포괄손익계산서에 계상될 대손상각비는 얼마인가?

(공인회계사 2005 수정)

(1) 2009년 1월 1일 : 대손충당금 기초잔액은 ₩1,000이다.
(2) 2009년 5월 8일 : 당기에 매출한 ₩1,500의 외상매출금이 회수불가능하다고 판명되었다.
(3) 2009년 10월 25일 : 전기에 대손충당금으로 대손처리한 외상매출금 ₩200이 회수되었다.
(4) 2009년 12월 31일 : 기말수정분개 전 외상매출금 잔액은 ₩40,000이며, 이에 대한 연령자료는 다음과 같다.

구분	금 액	추정대손률	대손예상액(확정액)
16일 미만	₩15,000	5%	₩750
16일부터 30일까지	9,000	15%	1,350
31일부터 45일까지	7,000	20%	1,400
46일부터 90일까지	5,000	30%	1,500
91일부터 180일까지	3,000	40%	1,200
180일 초과	1,000	100%	1,000
계	₩40,000		₩7,200

① ₩1,300 ② ₩6,200
③ ₩6,700 ④ ₩7,500
⑤ ₩7,700

정답 ④

1) 12월 31일 현재 추정대손률이 100%인 경우에는 대손이 확정된 것이므로 대손충당금을 설정하지 않고 직접 대손으로 처리한다. 수정전 대손충당금 잔액은 대손충당금의 장부금액이 부(−)의 금액을 갖는 경우와 관계없이 계산하면 다음과 같다.
₩1,000 − ₩1,500 + ₩200 − ₩1,000 = −₩1,300
2) 2009년 12월 31일 현재 대손추산액 : ₩750 + ₩1,350 + ₩1,400 + ₩1,500 + ₩1,200 = ₩6,200
3) 수정전 대손충당금 잔액이 부(−)의 금액이라는 것은 동 금액만큼 대손상각비로 계산되어야 한다는 것을 의미한다. 따라서 대손상각비로 인식할 금액은 다음과 같이 계산된다.
₩1,300(부의 금액) + ₩6,200 = ₩7,500

21 **(주)태양은 고객에게 상품을 판매하고 그 대가로 액면금액 ₩35,000,000, 만기 90일, 이자율 연9%인 약속어음을 수령하였다. ㈜태양은 이 어음을 60일간 보유한 후 사업자금이 급히 필요하여 거래은행에 연 12%의 이자율로 할인하였다. 그 결과 당해 어음과 관련된 모든 실질적인 권리와 의무는 거래은행에 이전되어 제거조건을 충족시킨다. 다음 중 동 어음의 할인과 관련한 설명으로 옳은 것은? 단, 1년은 360일로 가정한다.**

(세무사 2005)

① 현금계정 차변에 ₩35,787,500을 계상한다.
② 받을어음 계정 대변에 ₩35,429,625을 계상한다.
③ 이자수익 ₩700,000을 계상한다.
④ 매출채권처분손실 ₩95,375을 계상한다.
⑤ 미수이자계정 차변에 ₩700,000을 계상한다.

정답 ④

단계	계 산	계산 내용
1	어음의 만기금액	₩35,000,000 + ₩35,000,000 × 9% × 90일/360일 = ₩35,787,500
2	어음 할인액	₩35,787,500 × 12%X30일/360일 = ₩357,875
3	현금수취액	₩35,787,500 − ₩357,875 = ₩35,429,625
4	어음의 장부가액	₩35,000,000 + (₩35,000,000 × 9% × 60일/360일) = ₩35,525,000
5	매출채권처분손실(이자비용)	₩35,525,000 − ₩35,429,625= ₩95,375

⑤ 어음의 할인으로 경과이자부분을 거래은행으로부터 수령하였으므로 미수이자계정에 계상될 금액은 없다.

22 **다음은 서울회사의 2009년 12월 31일(결산일) 현재의 현금 및 예금 등의 내역이다. 2009년 12월 31일의 재무상태표에 현금및현금성자산으로 보고할 금액은 얼마인가?**

(공인회계사 2009 유사, 세무사 2003 유사, 9급 세무직 2011 유사)

지폐와 동전
타인발행수표
은행발행자기앞수표
수입인지
양도성예금증서(2009년 8월 1일 취득)
정기적금(2년 후 만기도래)
타인발행약속어음
직원의 가불증
배당금지급통지표
만기가 2개월 이내인 채권(2009년 12월 1일 취득)

① ₩200,000　② ₩300,000　③ ₩420,000
④ ₩520,000　⑤ ₩550,000

정답 ②

위의 항목들 중에서 현금및현금성자산이 아닌 것: 수입인지, 양도성예금증서, 정기적금, 타인발행약속어음, 직원의 가불증

9장

금융부채와 충당부채

제1절 금융부채

1. 금융부채의 의의 및 분류

금융상품(financial instrument)은 거래당사자 일방에게 금융자산을 발생시키고 동시에 다른 거래 상대방에게 금융부채나 지분상품을 발생시키는 모든 계약을 말한다.[1] 금융부채는 계약에 의해 현금이나 다른 금융자산을 지급해야할 의무를 말한다. 금융부채에 포함되는 항목으로는 매입채무, 금융리스부채, 미지급금, 차입금, 사채 등이 있다. 하지만 선수수익이나 선수금, 또는 품질보증의무 성격의 부채, 법인세나 각종 부과금의 지급의무와 의제의무에 의하여 발생하는 부채는 금융부채가 아니다.

재무제표에 인식된 금융상품을 종류별로 공시하는 경우 기업은 재무제표 이용자가 당해 기업의 재무상태와 경영성과에 대한 금융상품의 중요성을 평가할 수 있도록 하여야 한다. 금융부채는 다음의 두 가지 범주로 분류하여 공시하여야 한다. 여기서 주의할 점은 금융부채의 두 가지 범주(categcry)는 측정과 당기손익 인식을 위한 분류일 뿐이라는 것이다. 따라서 재무제표에 표시할 때는 허당 기업의 상황에 맞게 다른 계정과목을 사용할 수도 있으며 아래에 설명하는 범주와 다르게 분류할 수도 있다.

분 류		요 건
1) 당기손익인식 금융부채	단기매매금융부채	단기매매항목으로 분류된 경우
	당기손익인식지정금융부채	최초인식시점에 당기손익인식 항목으로 지정한 경우
2) 기타금융부채		당기손익인식금융부채가 아닌 경우

[그림 9-1] 금융부채의 분류

1) 금융자산(부채)의 정의 및 사례는 제8장의 내용을 참조하기 바라며 금융자산의 분류는 제10장에서 서술한다.

1) 당기손익인식금융부채

당기손익인식금융부채(financial liability at fair value through profit or loss)는 단기매매항목으로 분류되는 금융부채와 최초인식시점에 당기손익항목으로 지정되어 공정가치의 변동을 당기손익으로 인식하는 금융부채를 말한다. 당기손익인식금융부채는 ① 단기매매금융부채(financial liabilities held for trading)와 ② 당기손익인식지정금융부채(financial liabilities designated as at fair value through profit or loss)로 구분하여 표시한다. 금융부채는 다음 중 하나에 해당하면 당기손익인식금융부채로 분류된다.

1) 단기매매[2]항목으로 분류
   ① 단기간 내에 재매입할 목적으로 부담하는 금융부채
   ② 최근의 실제 운용형태가 단기적 이익획득 목적이라는 증거가 있고 공동으로 관리되는 특정 금융상품 포트폴리오를 구성하는 금융부채
   ③ 파생상품인 금융부채
2) 최초 인식시점에 당기손익인식항목으로 지정한 금융부채[3]

2) 기타금융부채

기타금융부채(other financial liability)는 당기손익인식금융부채로 분류되지 않은 모든 금융부채(매입채무, 미지급금, 차입금, 사채 등)로 상각후원가[4]로 측정하는 금융부채를 말한다.

2. 금융부채 측정과 제거

금융부채는 금융상품의 계약당사자가 되는 때에 재무상태표에 인식한다. 다만, 정형화된 매입이나 매도는 매매일 또는 결제일에 인식한다.[5] 금융부채는 최초

---

2) 단기매매는 일반적으로 매입과 매도가 적극적이고 빈번하게 이루어지는 것을 말한다.
3) 금융부채를 당기손익인식항목으로 지정하는 것은 회계정책의 선택과 유사하지만 유사한 모든 거래에 대하여 동일한 회계처리를 반드시 적용하지 않는다는 점에서 다르다.
4) 제2장 참조
5) 여기에 대해서는 제10장 금융자산에서 설명한다.

인식일과 후속측정시에 공정가치로 측정할 것을 원칙으로 하고 있다. 공정가치 정보는 금융상품을 일정시점에 매수하여 일정기간 동안 보유하려는 경영자의 의사결정에 대한 성과를 가장 잘 반영하기 때문이다.

1) 금융부채의 최초인식

금융부채는 최초 인식시 공정가치로 측정한다. 일반적으로 최초 인식시 금융부채의 공정가치는 당해 금융부채로 인해 수취한 대가의 공정가치이므로 이를 이용하면 된다. 금융부채의 발행과 직접 관련되는 부대비용인 거래원가(transaction cost)[6)]는 최초 인식하는 공정가치에 차감하여 측정한다. 이 경우 당해 금융부채의 거래원가는 유효이자율법으로 상각하여 당기손익(이자비용 인식)으로 인식하게 된다. 다만, 여기서 주의할 점은 당기손익인식금융부채의 취득을 위한 거래원가는 당기비용(즉시비용)으로 처리한다는 것이다.[7)]

구분	차변	대변
당기손익인식금융부채	(차) 현　금 XXX 수수료비용 XXX [1]거래가격, [2]거래원가	(대) 당기손익인식금융부채 XXX[1] 현　금 XXX[2]
기타금융부채	(차) 현　금 XXX 기타금융부채 XXX [1]거래가격, [2]거래원가	(대) 기타금융부채 XXX[1] 현　금 XXX[2]

2) 금융부채의 후속 측정

최초 인식 후 모든 금융부채는 원칙적으로 유효이자율법을 사용하여 상각후원가로 측정한다. 단, 당기손익인식금융부채는 공정가치로 측정하여 공정가치 평가손익을 당기손익으로 인식한다.

---

6) 거래원가(transaction cost)란 금융자산이나 금융부채의 취득, 발행 또는 처분과 직접 관련된 증분원가인 부대비용을 말한다. 이러한 거래원가에는 대리인, 고문, 중개인 및 판매자에게 지급하는 수수료와 중개수수료, 감독기관과 증권거래소의 부과금 및 양도세 등(예; 사채발행비)이 포함된다.

7) 당기손익인식금융부채는 후속적인 공정가치 평가손익을 당기손익에 반영하므로 거래원가를 취득원가에 포함시키지 않고 최초 인식시 당기비용으로 인식하여도 당기손익효과는 동일하기 때문에 거래원가 지출시점에 즉시 비용처리한다.

분 류	최초측정	거래원가 처리	후속측정
당기손익인식 금융부채	공정가치	지출시점에 즉시 당기비용 인식	공정가치 평가하여 당기손익에 반영
기타금융부채	공정가치	최초인식하는 공정가치에서 차감	유효이자율법 적용하여 상각후원가로 평가

[그림 9-2] **금융부채의 최초측정과 후속측정**

3) 금융부채의 제거

금융부채의 전체 또는 일부가 계약상 의무가 이행(discharged)되거나 취소(cancelled) 혹은 만료(expired)되어 소멸한 경우에는 재무상태표에서 제거한다. 소멸하거나 제3자에게 양도한 금융부채의 장부금액과 지급한 대가(양도한 비현금자산이나 부담한 부채를 포함)의 차액은 당기손익(상환손익)으로 인식한다. 다만, 금융부채의 일부를 재매입하는 경우에는 금융부채의 장부금액을 계속 인식되는 부분과 제거되는 부분을 재매입일 현재 각 부분의 상대적 공정가치를 기준으로 배분하여 제거되는 부분에 대하여만 당기손익(상환손익)으로 인식한다.

한편, 기존 차입자와 대여자가 실질적으로 다른 조건으로 채무상품을 교환(exchange)한 경우, 최초의 금융부채를 제거하고 새로운 금융부채를 인식한다. 이와 마찬가지로, 기존 금융부채의 조건이 실질적으로 변경된 경우(채무자의 재무적 어려움으로 인한 경우와 그렇지 아니한 경우를 포함)에도 최초의 금융부채를 제거하고 새로운 금융부채를 인식한다.

제2절 사 채

1. 사채의 기초

사채(bonds) 또는 회사채(corporate bonds)란 주식회사가 사채권이라는 유가증권을 발행하여 불특정 다수로부터 자금을 차입하고 일정기간 동안 표시이자 지급과 만기일에 원금을 상환하기로 한 정형화된 채무상품를 말한다. 사채는 발행회사의 입장에서는 당기손익인식금융부채로 분류되는 경우가 아니라면 상각후원가로 측정하는 대표적인 금융부채이나 투자회사 입장에서는 보유목적에 따라 상각후원가나 공정가치로 측정하는 금융자산이다.[8] 다음은 회사채의 일반적인 형태이다.

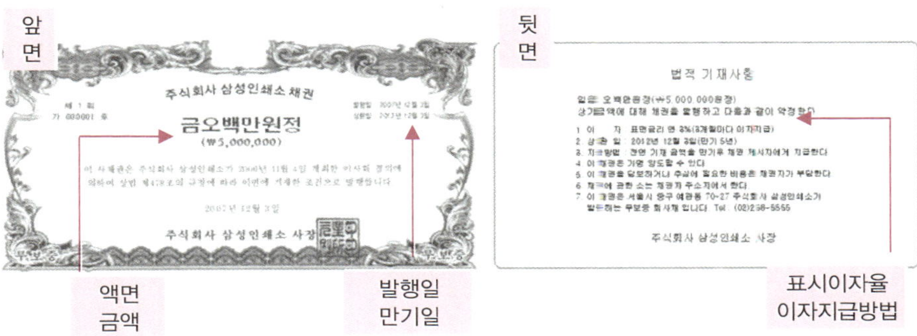

[그림 9-3] 회사채

그림 9-3에서 액면금액(par value)은 사채의 만기일에 사채발행회사가 지급해야 하는 금액이며 표시이자율(coupon rate)은 사채발행회사가 약정에 의하여 정기적으로 지급하게 될 이자율을 말한다. 또한 이자지급일(interest payment date)은 이자를 지급하기로 약정한 날로서 1년에 1회, 2회 또는 4회 등으로 구분하여 표시하는데, 주로 분기별로 지급한다. 만기일(expiration date)은 사채의 원금을 지급하기로 약정한 날을 말한다.

---

8) 여기서는 상각후원가로 측정하는 발행회사 입장의 회계처리에 대하여 검토한다. 투자회사 입장의 회계처리는 제10장에서 서술한다.

1) 표시이자율과 시장이자율

(1) 표시이자율

표시이자율(coupon rate)은 사채권면(사채의 표면)에 표시된 이자율을 말하며 액면이자율이라고도 불린다. 사채발행회사가 채권자에게 현금으로 지급하여야할 이자는 사채의 액면금액에 표시이자율을 곱하여 계산된다.

현금지급이자 = 사채의 액면금액 X 표시이자율

(2) 시장이자율

시장이자율(market interest rate)은 자금의 수요와 공급 및 사채발행회사의 신용등급(신용평가기관이 산정)에 의하여 시장에서 형성된 채권의 유통수익률을 말한다. 즉, 자본시장에 참여하고 있는 일반투자자들이 사채를 구입하는 대신 다른 곳에 자금을 투자하는 경우에 얻을 수 있는 이자율을 의미한다. 따라서 사채발행일의 시장이자율은 당해 사채에 대하여 투자자들이 요구하는 수익률로 무위험이자율(risk free rate)에 위험프리미엄(risk premium)을 가산하여 결정된다. 무위험이자율은 경제 전반적인 요인에 의해 결정되며, 위험프리미엄은 사채를 발행한 기업자체의 요인에 의해 결정된다. 기업들은 자신들의 위험프리미엄을 산정하기 위하여 신용평가기관에 사채의 신용등급평가(bond rating)를 의뢰한다. 신용등급은 일반적으로 AAA, AA+, AA, AA- 등으로 세분화[9]되는데, 각 신용등급에 따라 위험프리미엄이 다르게 결정된다. 즉, 시장이자율은 일종의 기회비용(opportunity costs)의 개념이라고 할 수 있다. 결과적으로 보면 기업들은 항상 일반투자자들에게 시장이자율을 보장해 주는데, 동일한 일자에 사채를 발행하는 경우에는 어느 기업이든지 모두 동일한 무위험이자율을 부담하지만, 위험프리미엄은 기업마다 다르므로 시장이자율은 기업에 따라 다르게 결정된다.

---

9) 회사채는 원리금 지급능력의 정도에 따라 AAA부터 D까지 18개의 신용등급으로 분류한다. 이 중에서 AAA, AA+, AA, AA-, A+, A, A-, BBB+, BBB, BBB- 는 원리금 상환능력이 인정되는 투자등급이고 BB+,BB, BB-, B, CCC, CC, C, D는 환경변화에 따라 크게 영향을 받는 투기등급이다. 등급이 낮을수록 위험성이 높은 만큼 수익률이 높다.

2) 발행금액의 결정방법

발행금액(issue price)은 발행당시 현금으로 조달한 금액으로 자금의 수요와 공급 및 발행회사의 신용등급에 의하여 시장이자율이 결정되고, 발행당시 시장이자율로 사채와 관련된 미래 현금흐름을 할인하면 사채 발행금액이 결정된다. 일반 사채의 경우 미래 현금흐름은 표시이자(액면이자)와 원금으로 구성되며, 표시이자는 기간별로 지급되고 원금은 만기에 일시상환 된다. 따라서 동일한 일자에 동일한 조건으로 사채를 발행하는 경우에도 당해 사채를 발행하는 기업의 사채신용등급에 따라 사채의 발행금액이 다르게 결정된다. 이로 인하여 사채의 할인발행 또는 할증발행이 발생한다. 즉, 미래 현금흐름이 일정하다면 사채의 발행금액은 결국 시장이자율에 의하여 결정된다. 시장이자율이 낮아지면 현재가치는 커질 것이므로 사채의 발행금액은 높아진다.[10] 반면, 시장이자율이 높아지면 현재가치는 적어질 것이므로 사채의 발행금액은 낮아진다.

> 발행금액(현금으로 조달한 금액) = 사채와 관련된 미래현금흐름의 현재가치
> = 표시이자의 현재가치 + 원금의 현재가치

발행금액	시장이자율	회사채등급
증가	감소	높음
↕	↕	↕
감소	증가	낮음

[그림 9-4] 시장이자율과 발행금액 및 회사채등급의 관계

10) 사채의 발행금액은 사채의 미래현금흐름에 시장이자율에 해당하는 현재가치계수를 곱한 금액으로 계산된다. 현재가치계수 = $1/(1+r)^n$ 에서 이자율(r)이 증가하면 현재가치계수는 감소한다.

구 분	액면금액과 발행금액의 관계	이자율간의 관계
액면발행	발행금액 = 액면금액	시장이자율 = 액면이자율
할인발행	발행금액 〈 액면금액	시장이자율 〉 액면이자율
할증발행	발행금액 〉 액면금액	시장이자율 〈 액면이자율

[그림 9-5] **이자율과 발행금액의 관계**[11]

3) 유효이자율과 사채발행비

(1) 유효이자율

유효이자율(effective interest rate)은 사채와 관련된 미래현금흐름의 현재가치를 발행가액과 일치시켜주는 이자율을 말한다. 즉, 기업이 현재 사채발행으로 얻는 현금(발행금액)과 사채와 관련된 미래현금지급액의 현재가치를 동일하게 해주는 이자율을 말한다. 유효이자율을 구하는 이유는 유효이자율이 사채발행시의 실질이자율이기 때문이다. 한편, 사채를 발행하는 회사입장에서 볼 때 사채발행수수료와 광고비, 인쇄비 등의 후술하는 사채발행비가 발생하는데 사채발행비가 없으면, 시장이자율과 유효이자율은 동일하지만 사채발행비가 있으면 시장이자율과 유효이자율이 달라진다. 따라서 유효이자율은 사채발행비를 고려한 시장이자율이라고도 볼 수 있다. 또한 유효이자율을 내재이자율 또는 내부수익률 이라고도 한다. 한편 사채발행비가 사채의 발행으로 기업이 수령하게 될 현금유입액을 감소시키므

11) ① 사채를 액면발행 하는 경우 : 사채의 발행금액을 액면금액과 동일하게 결정하는 경우이다. 이 경우는 사채발행 당시 시장이자율과 액면이자율이 동일하다. 사채에 투자할 때의 수익률(액면이자율)이 사채와 동일한 위험을 가진 다른 증권에 투자할 때의 수익률(시장이자율)과 동일하다면, 어느 증권에 투자하든 무차별하기 때문에 투자자들은 액면금액으로 사채를 사게 되고, 사채발행회사는 액면금액으로 발행하게 된다.

② 사채를 할인발행 하는 경우 : 사채의 발행금액을 액면금액보다 낮게 결정하는 경우이다. 이 경우는 사채발행 당시 시장이자율이 액면이자율보다 높다. 사채발행 당시 시장이자율이 사채의 액면이자율 보다 높은 경우에는 투자자들이 사채를 사지 않을 것이다. 왜냐하면 사채에 투자할 때의 수익률(액면이자율)이 사채와 동일한 위험을 가진 다른 증권에 투자할 때의 수익률(시장이자율)보다 낮기 때문이다. 따라서 사채발행회사는 사채의 투자수익률을 시장이자율 만큼 높여 주기 위하여 사채를 액면금액보다 낮은 가격으로 할인하여 발행하게 된다. 한편, 우리나라 실무에서는 사채가 할인발행되는 경우가 대부분이다.

③ 사채를 할증발행 하는 경우 : 사채의 발행금액을 액면금액보다 높게 결정하는 경우이다. 이 경우는 사채발행 당시 시장이자율이 액면이자율보다 낮다. 사채발행 당시 시장이자율이 사채의 액면이자율이 보다 낮기 때문에 투자자들은 사채를 서로 사려고 경쟁을 하여 사채의 가격은 올라가게 된다. 따라서 사채발행회사는 액면금액보다 높은 가격으로 할증하여 발행 하게 된다.

로 유효이자율이 시장이자율보다 높게 된다. 일반적으로는 사채발행비가 없는 경우를 중심으로 설명하므로, 특별한 경우를 제외하고는 시장이자율이 유효이자율과 같다고 생각하면 된다.

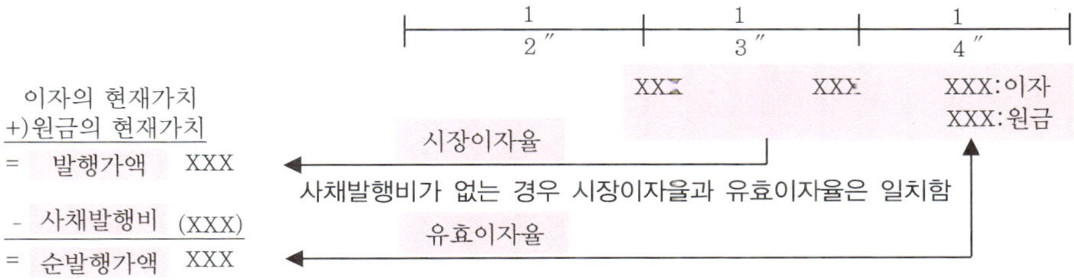

[그림 9-6] **이자율의 개념**

(2) 사채발행비

사채발행비(bond issuance cost)란 사채발행과 관련하여 직접적으로 발생하는 사채권인쇄비, 신용평가기관, 증권사 수수료 등의 직접관련원가를 말한다. 사채발행비는 사채발행금액에서 직접차감하고 사채발행차금의 상각시에는 새로운 사채발행금액과 미래현금흐름의 현재가치를 일치시키는 새로운 유효이자율을 재계산하여 동유효이자율을 적용하여 사채발행차금을 상각하면 된다.

구분	차변		대변	
구분 분개	(차) 현 금 사채할인발행차금	XXX XXX	(대) 사 채	XXX
	(차) 사채할인발행차금	XXX	(대) 현 금	XXX
통합 분개	(차) 현 금 사채할인발행차금	XXX XXX	⇩ (대) 사 채 ⇧	XXX

결과적으로 사채발행비가 있는 경우에는 사채발행비가 없는 경우에 비하여 사채의 발행금액은 감소하고 유효이자율은 상승한다. 이 결과는 발행유형(할인발행 또는 할증발행)에 관계없이 동일하다.

예제 1

㈜동덕은 2012년 초에 사채(액면 ₩1,000,000, 액면이자율 5%, 액면이자 매년 말 후급, 만기 2014년말)를 발행하였다. 현가요소는 다음과 같다.

	4%	5%	12%
3기간, ₩1의 현가요소	0.91514	0.86384	0.71178
3기간, ₩1의 연금현가요소	2.77509	2.72325	2.40183

물음

시장이자율이 각각 12%, 5%, 4%일 경우 발행가액을 계산하시오.

풀이

(1) 미래현금흐름(FCF)의 추정

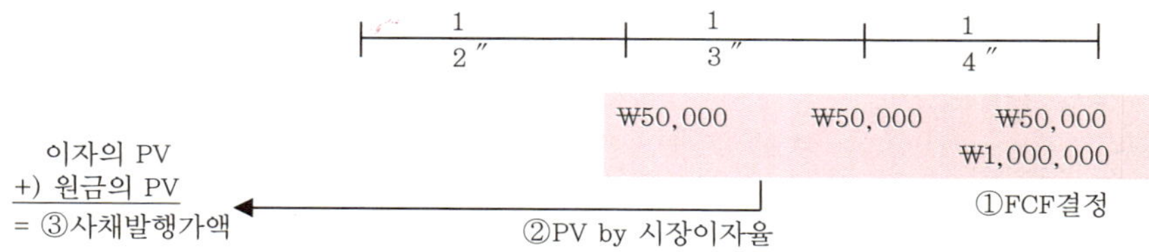

(2) 발행가액 계산

① 시장이자율 12%일 경우(할인발행)

이자의 PV : ₩50,000 × 2.40183(3기간, 12%현가요소) =	₩120,092
+) 원금의 PV : ₩1,000,000 × 0.71178(3기간, 12%연금현가요소) =	711,780
= 사채발행가액	₩831,872

② 시장이자율 4%일 경우(할증발행)

이자의 PV : ₩50,000 × 2.77509(3기간, 4%현가요소) =	₩138,755
+) 원금의 PV : ₩1,000,000 × 0.91514(3기간, 4%연금현가요소) =	915,140
= 사채발행가액	₩1,053,895

③ 시장이자율 5%일 경우(액면발행)

이자의 PV : ₩50,000 × 2.72325(3기간, 5%현가요소) =	₩136,160
+) 원금의 PV : ₩1,000,000 × 0.86384(3기간, 5%연금현가요소) =	863,840
= 사채발행가액	₩1,000,000

*액면발행은 항상 발행가액과 액면가액이 동일 하다.

2. 명목상 발행일의 사채발행

1) 사채 발행시

사채의 발행금액과 액면금액의 차액은 사채할인발행차금(discount on bond)이나 사채할증발행차금(premium on bond)의 과목으로 인식한다. 사채할인발행차금은 사채의 차감계정으로 사채에서 차감하는 형식으로 기재하고, 사채할증발행차금은 사채의 부가계정으로 사채에 가산하는 형식으로 기재한다.

할인 발행	(차)	현 금 사채할인발행차금	831,872 168,128	(대)	사 채	1,000,000
할증 발행	(차)	현 금	1,053,895	(대)	사 채 사채할증발행차금	1,000,000 53,895

재무상태표		
사 채		₩1,000,000
사채할인발행차금	(168,128)	₩831,872

재무상태표		
사 채		₩1,000,000
사채할증발행차금	53,895	₩1,053,895

2) 사채발행차금의 성격

사채를 할인발행한 경우에 매기 말에 지급되는 액면이자뿐 아니라 사채할인발행차금(사채의 차감적 평가계정)도 이자비용이다. 왜냐하면 할인발행으로 유입된 금액은 액면금액보다 작은데 만기가 되면 액면금액으로 상환하여야 하므로 액면이자뿐 아니라 발행금액과 액면금액의 차이도 이자비용이 되어야 하기 때문이다. 사채의 상환기간 동안 사채의 발행금액보다 더 지급하는 금액은 성격적으로 모두 이자에 해당한다. 따라서 사채의 발행자가 사채의 상환기간에 걸쳐 인식할 총이자비용은 다음과 같이 계산된다. 즉, 할인발행시의 사채할인발행차금은 시장이자율과의 차액을 미리 보전하여주는 선급이자의 성격이다.

총이자비용 = 사 미래현금흐름의 합계액 − 사채의 발행금액(현재가치)
= 표시이자의 합계액 + 사채할인발행차금 − 사채할증발행차금

2) 사채발행차금의 상각방법

결산일이 되면 사채이자에 대한 회계처리가 필요하며 사채의 액면금액과 발행금액의 차이인 사채할인발행차금과 사채할증발행차금은 사채기간 동안 일정한 방법으로 상각하여 이자비용에 반영하여야 한다. 매 연도에 인식할 사채할인발행차금(사채의 차감적 평가계정)의 상각액은 다음과 같이 사채이자비용에서 현금지급이자를 차감하여 산출하고, 동 상각액은 사채의 기초 장부금액에 가산하여 다음 연도의 기초 장부금액을 구성한다.

사채할인발행차금 상각액 = 사채이자비용 − 현금지급이자

한편, 매 연도에 인식할 사채할증발행차금(사채의 부가적 평가계정)의 상각액은 사채의 현금지급이자에서 사채이자비용을 차감하여 산출하고, 동 상각액은 사채의 기초 장부금액에서 차감하여 다음 연도의 기초장부금액을 구성한다.

사채할증발행차금 상각액 = 현금지급이자 − 사채이자비용

사채에 대한 현금지급이자는 액면금액에서 표시이자율을 곱하여 계산하며, 사채할인(할증)발행차금의 상각방법으로는 정액법과 유효이자율법이 있다.

(1) 정액법

정액법(straight line method)은 사채발행차금을 사채기간 동안 균등하게 상각하는 방법이다. 정액법을 적용하게 되면 사채발행차금 상각액이 기간별로 동일하므로 기간별로 이자비용도 동일하다. 그런데 사채발행차금을 상각하면 사채 순장부금액이 변동하게 되므로 부채금액의 변동에도 불구하고 이자비용을 동일하게 인식한다는 모순이 발생한다. 따라서 정액법은 간편하다는 장점이 있지만, 한국채택국제회계기준에서는 이를 인정하지 않는다.

(2) 유효이자율법

유효이자율법(effective interest rate method)은 매기 인식할 이자부담율(이자비용/부채)이 균등하도록 사채발행차금을 상각하는 방법이다. 즉, 유효이자율법은 사채발행차금의 상각으로 인하여 사채순장부금액이 변동함에 따라 매기 인식할 이자비용도 비례하여 변동하도록 함으로써 매기 부담할 이자율이 일정하게 유지되도록 하는 방법이다. 즉, 사채의 이자비용은 사채의 실질적인 가액을 나타내는 사채의 기초 장부금액에 유효이자율을 곱하여 계산한다. 유효이자율법은 계산이 복잡하다는 단점이 있으나 이론적으로 우수하므로 한국채택국제회계기준에서는 유효이자율법만을 인정하다.

> 사채이자비용 = 기초 장부금액 × 유효이자율
> 현금지급이자 = 사채의 액면금액 × 표시이자율

정액법을 적용하나 유효이자율법을 적용하나 사채기간 동안 인식하는 총 이자비용은 동일하다. 하지만 다음과 같은 차이점이 있다.

구 분	정액법		유효이자율법	
	할인발행시	할증발행시	할인발행시	할증발행시
이 자 비 용	일 정	일 정	증 가	감 소
표 시 이 자	일 정	일 정	일 정	일 정
사채발행차금상각액	일 정	일 정	증 가	증 가
사 채 장 부 금 액	증 가	감 소	증 가	감 소

[그림 9-7] 정액법과 유효이자율법의 비교

(1) 할인발행된 경우
① 할인발행된 가액이 액면가액으로 조정되어야 하므로 장부금액은 후반부로 갈수록 증가한다.
② 유효이자는 장부금액을 기준으로 결정된다. 장부금액이 후반부로 갈수록 증가하므로 유효이자도 후반부로 갈수록 증가한다.
③ 표시이자는 액면가액을 기준으로 결정되므로 항상 일정하다.
④ 상각액은 유효이자와 액면이자의 차액이므로 후반부로 갈수록 유효이자는 증가하고 액면이자는 일정하므로 그 차액인 상각액은 후반부로 갈수록 증가한다.

(2) 할증발행된 경우
① 할증발행된 가액이 액면가액으로 조정되어야 하므로 장부금액은 후반부로 갈수록 감소한다.
② 유효이자는 장부금액을 기준으로 결정된다. 장부금액이 후반부로 갈수록 감소하므로 유효이

자도 후반부로 갈수록 감소한다.

③ 표시이자는 액면가액을 기준으로 결정되므로 항상 일정하다.

④ 상각액은 유효이자와 액면이자의 차액이므로 후반부로 갈수록 유효이자는 감소하고 액면이자는 일정하므로 그 차액인 상각액은 후반부로 갈수록 증가한다. 주의할 점은 할증발행된 경우에는 유효이자보다 액면이자가 더 크므로 액면이자에서 유효이자를 차감하여 상각액을 구한다는 것이다.

예제 2

㈜덕성은 2012년 초에 사채(액면 ₩1,000,000, 액면이자율 10%, 액면이자 매년 말 후급, 만기 2014년말)를 발행하였다. 현가요소는 다음과 같다.

	8%	10%	12%
3기간, ₩1의 현가요소	0.79383	0.75131	0.71178
3기간, ₩1의 연금의 현가요소	2.57710	2.48685	2.40183

물음

시장이자율이 10%와 12%일 경우에 2012년과 2013년, 2014년에 필요한 회계처리를 하시오.

풀이 1 시장이자율이 10%인 경우

(1) 미래현금흐름(FCF)의 추정은 풀이2에서 보여주고 있으므로 생략한다.

(2) 발행가액 계산(액면발행)

이 자PV : 100,000 × 2.48685(3기간, 10%현가요소) = 248,690
+) 원 금PV : 1,000,000 × 0.75131(3기간, 10%연금현가요소) = 751,310
= 사채발행가액 ₩1,000,000

* 시장이자율과 액면이자율이 동일하므로 액면가액이 발행가액이 된다.

(3) 회계처리

일 자	회계처리			
2012년 초	(차) 현 금	1,000,000 〈발행가액〉	(대) 사 채	1,000,000 〈액면가액〉
2012년 말	(차) 이자비용	100,000 〈유효이자율10%〉	(대) 현 금	100,000 〈액면이자율10%〉
2013년 말	(차) 이자비용	100,000 〈유효이자율10%〉	(대) 현 금	100,000 〈액면이자율10%〉
2014년 말 (만기상환)	(차) 이자비용 사 채	100,000 〈유효이자율10%〉 1,000,000	(대) 현 금 현 금	100,000 〈액면이자율10%〉 1,000,000

풀이 2 시장이자율이 12%인 경우

(1) 미래현금흐름(FCF)의 추정

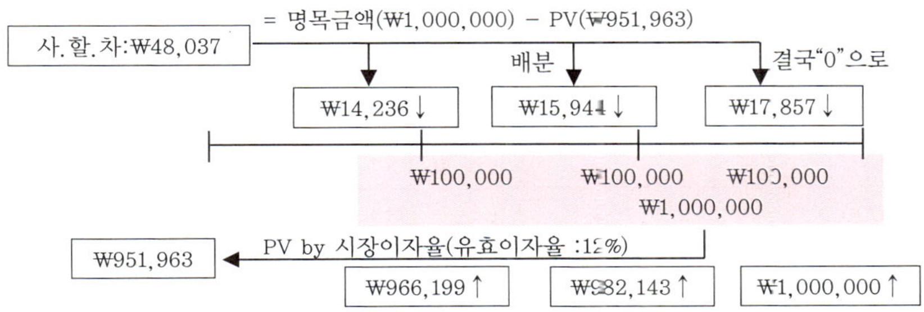

(2) 발행가액 계산 (할인발행)

이 자PV : 100,000 × 2.40183(3기간, 12% 연금현가요소) =	240,183
+) 원 금PV : 1,000,000 × 0.71178(3기간, 12% 현가요소) =	711,780
= 사채발행가액	₩951,963

(3) 회계처리

일 자	회계처리	B/S
2012 년초	현 금 951,963② / 사 채 1,000,000① 〈발행가액〉 〈액면가액〉 사채할인발행차금 48,037③ 〈차감적평가계정〉	사 채 ₩1,000,000 사.할.차 (₩48,037) ₩951,963 (BV=PV)
2012 년말	이자비용 114,236② / 현 금 100,000① 〈유효이자율12%〉 〈액면이자율10%〉 사채할인발행차금 14,236③ *이자비용= 기초BV X 유효이자율 = ₩951,963 X 12%	사 채 ₩1,000,000 사.할.차 (₩33,801) ₩966,199 (BV=PV)
2013 년말	이자비용 115,944② 현 금 100,000① 〈유효이자율12%〉 〈액면이자율10%〉 사채할인발행차금 15,944③ *이자비용= 기초BV X 유효이자율 = ₩966,199 X 12%	사 채 ₩1,000,000 사.할.차 (₩17,857) ₩982,143 (BV=PV)
2014 년말 (만기 상환)	이자비용 117,857③ / 현 금 100,000① 사채할인발행차금 15,944② *이자비용: 단수조정으로 역순으로 계산 사 채 1,000,000 / 현 금 1,000,000	〈가상 B/S〉 사 채 ₩1,000,000 사.할.차 (₩0) ₩1000,000 (BV=PV)

유효이자율법을 적용하기 위해서는 사채의 연도별 장부금액의 변동을 파악하여야 하므로 다음과 같은 상각표를 작성하는 것이 편리하지만 상각표를 반드시 만들어야 하는 것은 아니다. 상각표는 수단일 뿐이며 장부금액의 파악에 초점을 맞추어야 한다. 즉, B/S에 표시하여 장부금액을 파악해도 무방하다.

일 자	장 부 금 액	유 효 이 자(12%) (장부금액×유효이자율)	표 시 이 자(10%) (액면가액×액면이자율)	차 금 상 각 액 (유효이자-액면이자)
12년초	₩951,963			
12년말	966,199	₩114,236	₩100,000	₩14,236
13년말	982,143	115,944	100,000	15,944
14년말	₩1,000,000	117,857[1]	100,000	17,857
계			₩300,000	₩48,037

[1]단수차이조정

〈참고〉 정액법 상각

일 자	장부금액	표시이자(10%)	차금상각액	이자비용
12년초	₩951,963			
12년말	967,975	₩100,000	₩16,012[1]	₩116,012
13년말	983,987	100,000	16,012	116,012
14년말	₩1,000,000	100,000	16,013	116,013[2]
계		₩300,000	₩48,037	

[1](₩1,000,000 - ₩951,963) / 3년 = ₩16,012 [2]단수차이 조정

3. 이자지급일 사이의 사채발행

이자지급일 사이의 사채발행이란 사채권에 표시된 이자기산일(권면상 발행일)과 사채의 실제발행일(판매일)이 불일치하는 경우를 말한다. 이자지급일 사이의 사채발행은 사채의 발행자에게는 발생하지 않는다.12) 이러한 거래는 사채의 투자자가 사채를 원시취득하지 않고 중도에 취득하는 경우에 빈번히 발생하는 상황이다.

1) 발행금액의 결정

이자지급일 사이의 사채가치는 이론적으로 볼 때 직전이자지급일(또는 사채발행일)의 현재가치(발행금액)에다 이자기산일로부터 실제발행일까지의 발생이자(유효이자)를 가산한 금액으로 발행한다. 이 경우 기간경과분 이자 중 액면이자는 미지급 이자로 구분하여 회계처리한다.

발행일	(차) 현 금 사채할인발행차금	XXX XXX	(대) 사 채 미지급이자	XXX XXX

발행일의 현금유입액은 이자기산일의 발행금액에 발행일까지의 유효이자를 가산한 금액이고, 사채할인발행차금은 이자기산일의 사채할인발행차금에 발행일

12) 사채발행자 보다, 사채투자자 상황이 일반적이나 발행자측면이 학습에 용이하므로 먼저 학습하며 투자자 의 상황은 제10장에서 서술한다.

까지의 상각액을 차감한 금액이며, 미지급이자는 이자기산일로부터 발행일까지의 표시이자이다. 이자지급일 사이의 사채발행금액에 경과이자가 포함되는 것은 사채의 표시이자는 이자가 계산되는 기간 동안 보유한 투자자별로 구분되어 지급하는 것이 바람직하기 때문이다. 예를 들어 2012년 12월 31일이 이자지급일이며, 표시이자가 ₩10,000인 사채를 투자자 A가 2012년 1월 1일부터 2012년 6월 30일 까지 보유하였으며, 투자자 B는 2012년 7월 1일부터 2012년 12월 31일 까지 보유하였다고 가정해 보자. 이 경우 사채의 발행자는 투자자 A와 투자자 B에게 각각 ₩5,000씩을 이자로 지급하면 된다. 그러나 사채이자를 투자자별로 보유기간에 따라 구분하여 지급하면 사채의 발행자가 투자자들을 일일이 확인하여야 하는 등 많은 어려움이 발생한다. 따라서 사채의 발행자는 이자지급일 현재의 사채 투자자에게 표시이자 전액을 지급하는데, 위의 경우 투자자 B에게 ₩10,000을 2012년 12월 31일에 전액 지급한다. 따라서 투자자 B는 이전 기간의 보유자인 투자자 A에게서 사채를 취득할 때 이전 기간에 대한 이자 ₩5,000을 발행자를 대신하여 지급한다. 이렇게 함으로써 투자자 B는 2012년 12월 31일 수령한 표시이자 ₩10,000에서 사채의 취득시점에 투자자 A에게 지급한 ₩5,000을 차감한 잔액 ₩5,000만을 이자수익으로 획득하게 된다.

2) 유효이자율법에 따른 이자지급시의 회계처리

이자지급일 사이에 사채가 발행되면 권면상 발행일과 실제 발행일이 다르다. 이런 경우에는 사채에 대한 회계처리가 복잡해지는데 다음의 절차를 따르면 이를 해결 할 수 있다.

1단계	B/S는 항상 권면상의 이자기산일(사채발행일)을 출발점으로 하여 권면상의 이자지급일을 기준으로 작성한다.
2단계	B/S를 보고 실제 발행일을 기준으로 이자비용을 안분한다.

다음과 같은 사례를 토대로 이자지급일 사이에서의 사채발행에 대해서 자세히 살펴보기로 한다.

사　례	㈜상명은 권면상 발행일이 2012년 초인 사채(3년 만기, 이자지급일 매년 말)를 2012년 4월 1일에 발행한 경우 ㈜상명의 결산일은 12월 31일 이다.
B/S 작성	B/S는 항상 권면상의 이자기산일과 이자지급일에 따라 2012년 초, 2012년 말, 2013년 말 기준으로 작성한다.
이자비용	이자지급시 이자비용 중 2012년분은 9개월/12개월(4/1~12/31)만큼만 2012년에 이자비용으로 인식하고, 2013년은 전액 해당 연도의 이자비용으로 각각 인식한다.

No.	항 목	금 액	설 명
①	명목상 발행일의 사채발행금액 이자의 현재가치 +) 원금의 현재가치	XXX XXX XXX	2012년 1월 1일의 발행가액 실제발행일의 유효이자율 사용
②	+) 실제 발행일까지의 실질이자	XXX	유효이자의 발생액(2012년 1월 1일~4월 1일)
③	= 현금수령액	XXX	2012년 4월 1일 사채의 발행금액(미지급이자 포함)
④	-) 실제발행일까지의 경과이자	(XXX)	미지급이자발생액(미지급이자로 인식)
⑤	= 사채의 발행금액	XXX	순수한 사채의 발행금액(미지급이자 제외)

[그림 9-8] **실제발행일의 현금수령액과 사채의 발행금액**

예제 3

㈜서울은 2012년 4월 초에 사채 액면 ₩1,000,000 (동 사채의 이자기산일은 2012년 초이며, 표시이자율 10%로 매년 말 후급, 만기 2014년 말)을 발행하였다. 발행당시의 시장이자율은 12%였다.
단, 3기간 12%의 현가요소는 0.71178, 3기간 12%의 연금현가요소는 2.40183이다.

물음

위 사채와 관련하여 2012년과 2013년에 필요한 회계처리를 제시하시오.

풀이

(1) 미래현금흐름(FCF)의 추정

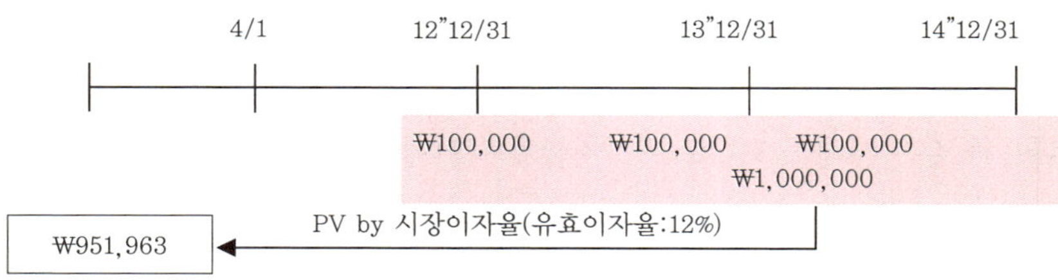

(2) 발행금액 계산

① 2012년 1월 1일의 발행금액(PV) :

이자의 PV : 100,000 × 2.40183(3기간, 12%연금현가요소) = 240,183

원금의 PV : 1,000,000 × 0.71178(3기간, 12%현가요소) = 711,780

₩951,963

② 유효이자의 발생액(2012년 1월 1일~4월 1일) :

₩951,963[1/1의 발행금액] × 12%[유효이자] × 3/12 = ₩114,236 X 3/12 = ₩28,559

③ 현금수령액(미지급이자 포함) ₩980,522

④ 미지급이자발생액 :

₩1000,000[액면금액] × 10%[액면이자] × 3/12 = (₩25,000)

⑤ 사채의 발행금액(미지급이자 제외) ₩955,522

(3) 회계처리

일 자	회계처리	B/S
2012년 4월초	현 금 980,522② / 사 채 1,000,000① 사채할인발행차금 44,478④ / 미지급이자 25,000③	사 채 ₩1,000,000 사.할.차 (₩48,037) ₩951,963 (BV=PV)
2012년 말	미지급이자 25,000② / 현 금 100,000① 이자비용 85,677③ / 사채할인발행차금 14,236④	사 채 ₩1,000,000 사.할.차 (₩33,801) ₩966,199 (BV=PV)
2013년 말	이자비용 115,944② / 현 금 100,000① 사채할인발행차금 15,944③ *이자비용 = 기초BV × 유효이자율 = ₩966,199 × 12%	사 채 ₩1,000,000 사.할.차 (₩17,857) ₩982,143 (BV=PV)

해설

모든 내용을 분개를 통하여 한꺼번에 정리해 보면 다음과 같다

〈2012년초〉

① 현금: ₩951,963 + ₩114,236 × 3/12 = ₩980,522
권면상 발행일의 발행금액에 당기 유효이자에 발행일까지의 경과 월수를 조용한 금액을 합한 것이다.

② 미지급이자: ₩100,000 × 3/12 = ₩25,000
당기 액면 이자에 발행일까지의 경과 월수를 적용한 금액이다.

③ 사채할인발행차금: ₩48,037 - ₩14,236 × 3/12 = ₩44,478
권면상 발행일의 사채할인발행차금에서 당기 상각액에 발행일까지의 경과 월수를 적용한 금액을 차감한 금액이다. 사채할인발행차금은 기간 경과에 상각되어 감소된다. 또는 대·차 차액으로 구해도 됨

〈2012년 말〉

① 액면이자는 이자지급일 사이에 취득해도 항상 전액을 지급한다.

② 미지급이자: 발행시에 설정한 금액

③ 이자비용: ₩114,236 × 9/12 = ₩85,677
당기 유효이자에 실제 이자기간의 월수를 적용한 금액이다.

④ 사채할인발행차금: ₩14,236 × 9*/12 = ₩10,677

* 당기 상각액에 실제 이자기간의 월수를 적용한 금액이다. 3개월분은 발행할 때 이미 상각하였다. 또는 대·차 차액으로 구해도 됨

〈2013년 말〉

2013년 말부터는 전액 해당 연도의 이자비용으로 인식한다.

참고 상각표

일 자	장 부 금 액	유 효 이 자(12%) (장부금액×유효이자율)	액 면 이 자(10%) (액면가액×액면이자율)	차 금 상 각 액 (유효이자-액면이자)
12년초	₩951,963			
12년말	966,199	₩114,236	₩100,000	₩14,236
13년말	982,143	115,944	100,000	15,944
14년말	₩1,000,000	117,857[1]	100,000	17,857
계			₩300,000	₩48,037

[1]단수차이조정

4. 표시이자를 1년에 2회 지급하는 경우

사채의 표시이자를 1년에 2회 지급하는 경우에는 표시이자율과 유효이자율 모두 6개월 단위로 수정하여 회계처리를 수행한다. 또한 현가계수도 6개월 단위의 현가계수를 이용하여야 한다.

예제 4

㈜경기는 2012년 1월 1일 액면 ₩1,000,000의 사채를 발행하였다. 표시이자율 10%로 이자 지급은 매년 6월 30일과 12월 31일로 나누어 지급하며, 만기는 2014년 말이다. 발행당시의 시장이자율은 12%였다.
관련 현가계수는 다음과 같다.

	6%	12%
3기간, ₩1의 현가요소	0.70496	0.71178
6기간, ₩1의 연금의 현가요소	4.91732	2.48685

물음

위 사채와 관련하여 발행금액을 계산하고 2012년의 회계처리를 제시하시오.

풀이

(1) 미래현금흐름(FCF)의 추정

12"1/1	12"6/30	12"12/31	13"6/30	13"12/31	14"6/30	14"12/31
	₩50,000	₩50,000	₩50,000	₩50,000	₩50,000	₩50,000 ₩1,000,000

(2) 발행금액 계산

이자의 PV : 50,000 × 4.91732(6기간, 6%연금현가요소) = 245,866
원금의 PV : 1,000,000 × 0.70496(6기간, 6%현가요소) = 704,960
₩950,826

(3) 회계처리

일 자	회계처리				B/S	
2012.1.1	현 금	950,826 / 사 채		1,000,000	사 채	₩1,000,000
			사채할인발행차금	49,714	사.할.차	(₩49,714) ₩950,826
2012.6.30	이자비용	57,050 / 현 금		50,000	사 채	₩1,000,000
			사채할인발행차금	7,050	사.할.차	(₩42,124) ₩957,876
2012.12.31	이자비용	57,473 / 현 금		50,000	사 채	₩1,000,000
			사채할인발행차금	7,473	사.할.차	(₩34,651) ₩965,349

참고 상각표

일 자	장 부 금 액	유 효 이 자(6%)	액 면 이 자(5%)	차 금 상 각 액
12.1.1	₩950,826			
12.6.30	957,876	₩57,050	₩50,000	₩7,050
12.12.31	965,349	57,473	₩50,000	7,473
13.6.30	973,270	57,921	₩50,000	7,921
13.12.31	981,666	58,396	₩50,000	8,396
14.6.30	990,566	58,900	₩50,000	8,900
14.12.31	₩1,000,000	59,434	₩50,000	9,434
계		₩349,714	₩300,000	49,714

5. 사채의 상환

사채의 상환은 만기상환, 조기상환으로 구분할 수 있다.

1) 만기상환

만기상환이란 위 예제 3과 같이 사채를 발행할 대 약정된 만기에 상환하는 것을 말한다. 일반사채의 경우 만기일에는 사채발행차금의 상각이 완료되어 사채의 장부금액과 상환할 액면금액이 일치하기 때문에 만기 상환하는 경우에는 상환손익이 발생하지 않는다. 즉, 만기상환시에는 이자율변동에 관계없이 약정된 액면금액으로 상환하므로 상환 손익이 발생하지 않는다.

2) 사채의 조기상환

조기상환(early redemption)이란 만기이전에 상환하는 것[13)]을 말한다. 이와 같이 사채를 조기상환하는 경우에는 사채관련 계정을 모두 제거한다. 즉, 액면금액으로 기록되어 있는 사채계정은 물론, 그 시점의 사채할인발행차금도 제거한다. 이때 사채의 상환금액과 장부금액이 일치하지 않게 되어 상환에 따른 손익이 발생하게 된다. 즉, 상환금액(공정가치)과 그 시점의 사채의 장부금액을 비교하여 사채상환손익을 기록한다. 사채상환손익은 포괄손익계산서상 기타수익과 기타비용(기능별)으로 분류한다.

(1) 사채상환손익

채권의 가격은 미래현금흐름을 현행시장이자율로 할인하여 결정하므로 사채상환금액은 미래현금흐름을 상환일 현재의 현행 시장이자율로 할인한 현재가치금액이 된다. 반면에 사채의 장부금액은 상환일 현재 사채의 미래현금흐름을 사채발행시의 시장이자율로 할인한 현재가치금액이 된다. 그러므로 사채상환손익의 발생원인은 사채발행 당시의 시장이자율(역사적 이자율)과 사채상환 당시의 현행시장이자율의 차이에 있다. 즉, 사채의 상환금액과 사채의 장부금액은 미래현금흐름을 현재가치로 평가할 때 적용하는 이자율만 다를 뿐 다른 모든 내용은 동일하다.

사채의 상환금액 = 사채의 미래현금흐름 X 현재가치계수(상환일의 현행시장이자율)
사채의 장부금액 = 사채의 미래현금흐름 X 현재가치계수(발행일의 시장이자율)

따라서 사채 발행시의 시장이자율보다 상환시의 시장이자율이 상승하는 경우, 사채의 상환금액은 장부금액에 미달하게 되어 장부금액보다 작은 금액으로 상환할 수 있어 사채상환이익이 발생한다. 즉, 미래현금흐름을 발행시의 시장이자율로 할인한 금액(장부금액) 보다 상환시의 시장이자율로 할인한 금액(상환가액)이 더 작아진다.

---

13) 조기상환은 여유자금이 발생하였으나 투자대안보다 사채상환이 유리한 경우나 이자율이 하락하여 기존사채를 상환하고 낮은 이자율의 사채를 새로 발행하는 것이 유리한 경우에 이루어진다.

시장이자율간의 관계	상환금액과 장부금액의 관계	손익의 구분
발행시 = 상환시	장부금액 = 상환금액	손익 없음
발행시 < 상환시	장부금액 > 상환금액	사채상환이익
발행시 > 상환시	장부금액 < 상환금액	사채상환손실

[그림 9-9] 시장이자율과 사채상환손익

(2) 이자지급일 사이의 사채상환

① 상환일이 이자지급일 직후라면 상환일까지의 발생이자(유효이자)가 없으므로 고려할 필요가 없으나 ② 사채를 이자지급일 사이에 상환하는 경우 사채의 장부금액은 직전이자지급일의 사채장부금액에 직전이자지급일부터 상환일까지의 사채할인발행차금상각액[즉, 발생이자(유효이자)]을 가산한 금액을 말한다. 한편, 이자지급일 사이에 사채를 상환하는 경우 사채상환으로 인한 현금유출액에는 직전이자지급일부터 실제 상환일까지의 경과이자가 포함되어 있으므로 사채의 상환금액은 경과이자를 차감한 금액이다(이자지급일 사이에 사채를 상환한 경우 사채의 상환금액은 동 일자에 사채를 발행한 경우의 발행금액과 동일하므로 이자지급일 사이에 사채를 발행한 경우에 준하여 계산하면 된다). 상환일까지의 발생이자는 포괄손익계산서에 이자비용으로 계상하여야 한다.[14)]

사채상환손익 = 사채의 장부금액[1] − 사채의 상환금액[2]

[1] 직전 이자지급일의 장부금액 + 상환일까지의 사채할인발행차금 상각액[즉, 발생이자(유효이자)]
[2] 상환으로 인한 현금유출액 − 경과이자

사채상환	(차) 사　채	XXX	(대) 사채할인발행차금	XXX
	이자비용	XXX	현　금	XXX
	사채상환손실	XXX		

14) 예를 들어 기초 장부금액이 ₩96,526이고 액면금액이 ₩100,000인 사채를 4월 1일 ₩97,000에 상환하였다고 가정해 보자 사채의 이자지급일은 매년 12월 31일이고 발행시의 시장이자율은 10%, 표시이자율 8%이다. 상환일의 장부금액을 계산하기 위해서는 기초부터 상환일까지의 사채할인발행차금 상각액을 먼저 계산한다. 기초부터 상환일까지의 사채할인발행차금상각액은 다음과 같이 계산된다.
(₩96,526 × 10% - ₩100,000 × 8%) × 3/12 = ₩413
사채 발행자가 사채상환으로 지출한 금액 ₩97,000에는 기초부터 상환일까지의 경과이자가 포함되어 있으므로 사채상환손익은 다음과 같이 계산된다.

사채의 장부금액	96,526 + 413(사채할인발행차금 상각액)	= ₩96,939
사채의 상환금액	97,000 - 100,000 × 8% × 3/12	= (95,000)
사채상환이익		₩1,939

이자 지급일 사이에 사채를 상환하는 경우, 결과적으로 직전 이자지급일의 사채할인발행차금 미상각잔액이 모두 제거 되므로 이자지급일 직후에 상환하는 것으로 회계처리하되 경과된 기간에 대한 이자비용만 인식하면 된다.[15)]

예제 5

다음 각 상황은 독립적이다. 물음에 답하시오.

(1) (주)숙명은 2012년 초 액면금액 ₩1,000, 표시이자율 5%, 3년 만기 사채를 발행하였다. 발행당시 시장이자율은 10%였고 이자지급일은 매년 12월 31일 이다. (주)숙명은 2014년 7월 1일 경과이자를 포함하여 현금 ₩950을 지급하고 이 사채를 조기 상환할 때, 사채상환손익을 계산하시오. 단, 2013년 12월 31일 현재 사채할인발행차금의 미상각잔액은 ₩40으로 가정한다.

(2) (주)이화는 2012년 초 액면금액 ₩10,000, 표시이자율 10%, 3년 만기 사채를 ₩9,520에 발행 하였으며, 발행당시 시장이자율은 12%였다. (주)이화는 2013년 12월 31일에 동 사채 전체를 매입상환하였으며 상환당시의 시장이자율은 8%였다. 사채의 상환과 관련하여 인식할 사채상환손익을 계산하고 상환일에 필요한 분개를 하시오. 단, 1기간 8%의 현가요소는 0.92590이며 단수 발생시 소수점 첫째 자리에서 반올림하시오.

(3) ㈜이화는 2012년 초에 사채 액면 ₩100,000을 발행하였다. 발행당시의 시장이자율은 10%, 액면이자율은 8%, 만기 2012년 말, 이자지급일은 매년 말이다. 2012년 9월 30일에 ㈜이화는 사채를 현금 ₩98,528에 시장에서 취득한 후 즉시 소각 하였다. 상환금액에는 경과이자가 포함되어 있지 않다. 사채의 상환과 관련하여 인식할 사채상환손익을 계산하고 사채상환일에 해야 할 회계처리를 제시하시오. 단, 3기간, 10%현가요소는 0.75131, 3기간, 10%연금현가요소는 2.48685이며 단수 발생시 소수점 첫째 자리에서 반올림하시오.

---

15) 위 분개는 다음과 같이 상환일까지의 이자비용을 먼저 인식하고 그 후에 상환에 대하여 회계처리 한것이다.

사채상환	(차) 이자비용	XXX	(대) 미지급이자	XXX
			사채할인발행차금*	XXX
	(차) 사　　채	XXX	(대) 사채할인발행차금*	XXX
	미지급이자	XXX	현　　금	XXX
	사채상환손실	XXX		

* 직전 이자지급일의 사채할인발행차금 미상각잔액을 기간경과분과 미경과분으로 안분한 것이다.

풀이

(1)

(1) 상환일의 사채 장부금액		
직전 이자지급일(13˝ 12/31)의 장부금액	₩1,000−₩40	₩960
상환일(14˝ 7/1)까지의 사채할인발행차금상각액 (6개월간 유효이자)	₩960×10%×1/2	₩48
장부금액		₩1,008

(1) 사채의 장부금액		₩1,008
(2) 사채의 상환금액		950
(3) 사채상환이익		₩58

(2)

(1) 상환일의 사채 장부금액		
12˝ 1/1 장부금액		₩9,520
12˝ 12/31 장부금액	₩9,520 + (₩9,520×12% − 10,000×10%)	9,662
상환일까지의 상각액	₩9,662 × 12% − 10,000 × 10%	159
장부금액		₩9,821

(2) 상환일의 사채 상환금액		
이자의 PV	₩10,000 × 0.9259(1기간, 8%연금현가요소)	₩9,259
원금의 PV	₩1,000 × 0.9259(1기간, 8%현가요소)	925.9
상환금액		₩10,185

(1) 사채의 장부금액		₩9,821
(2) 사채의 상환금액		10,185
(3) 사채상환손실		(₩364)

(3)

(1) 상환일의 사채 장부금액		
이자의 PV	8,000 × 2.48685(3기간, 10%연금현가요소)	₩19,895
원금의 PV	100,000 × 0.75131(3기간, 10%현가요소)	75,131
발행일의 장부금액		₩95,026
상환일까지의 상각액	(95,026 × 10% − 100,000 × 8%) × 9/12	1,227
장부금액		₩96,253

(2) 상환일의 사채 상환금액		
상환일의 현금유출액		₩98,528
경과이자	100,000 × 8% × 9/12	(6,000)
상환금액		₩92,528

(1)사채의 장부금액		₩96,253
(2)사채의 상환금액		(92,528)
(3)사채상환이익		₩3,725

2012년 9월 30일 상환시 회계처리

이자의 인식	(차) 이자비용 7,127[1] (대) 미지급이자 6,000[2] 사채할인발행차금 1,127 [1] 95,026 X 10% X 9/12 = 7,127 [2] 100,000 X 8% X 9/12 = 6,000
사채의 상환	(차) 사 채 100,000① (대)사채할인발행차금 3,747⑤ 미지급이자 6,000② 현 금 98,528③ 사채상환이익 3,725④

6. 기타사항

1) 자기사채

사채발행회사가 특정한 이유에서 자기회사 사채를 취득하여 소각하지 않고 보유하고 있는 것을 자기사채(treasury bonds)16)라 한다. 자기사채의 취득은 사채의 조기상환과 경제적 실질이 동일하므로 사채의 조기상환과 동일한 방법으로 처리한다.

자기사채를 처분하게 되면 현금이 유입되지만 자기사채는 자산성이 인정되지 않는다. 왜냐하면 자기사채를 자산으로 계상하면 스스로에 대하여 자산과 부채를 계상하는 모순이 발생하기 때문이다. 한국채택국제회계기준에서는 자기사채의 경우, 취득목적에 관계없이 부채의 상환으로 회계처리하고, 자기사채의 취득경위, 향후 처리계획 등을 주석으로 기재하도록 규정하고 있다.

2) 감채기금

사채발행회사가 만기에 사채를 일시에 상환하는 경우에 발생하는 자금부담을 완화하기 위하여 상환기금을 적립하는 것을 감채기금(sinking fund)이라 한다. 이익잉여금 처분시에 사채상환을 목적으로 감채적립금(임의적립금)을 적립하고 사채를 상환하는 경우에는 별도적립금으로 대체한다.

16) 상법에 의하면 자기주식의 취득은 엄격히 제한하나 자기사채의 취득에는 제한이 없다. 왜냐하면 자기주식의 취득은 자본감소를 유발시켜 채권자보호에 역행되나, 자기사채의 취득은 채권자보호에 역행되지 않기 때문이다.

적립시	(차) 미처분이익잉여금 X X X	(대) 감채적립금 X X X
상환시	(차) 사 채 X X X (차) 감채적립금 X X X	(대) 현 금 X X X (대) 별도적립금 X X X

감채적립금을 적립하면 이익처분을 통한 자금의 사외유출을 막을 수는 있으나 특정한 자금이 별도로 존재하는 것은 아니므로 실제로 자금을 마련하려면 일정한 자금을 예치하여야 한다.

제3절 충당부채

1. 충당부채, 우발부채, 우발자산

1) 충당부채

충당부채(provisions)[17]는 과거사건의 결과 발생한 현재의무로서 지출의 시기 또는 금액이 불확실하지만 미래경제적효익의 유출가능성이 높고(probable), 당해 의무의 이행에 소요되는 금액을 신뢰성 있게 추정할 수 있어서 부채로 인식할 수 있는 항목을 말한다. 충당부채는 부채의 인식요건을 충족하므로 재무상태표에 부채를 계상하고 포괄손익계산서에 당기손실로 인식한다.

17) 부채는 지출의 시기 또는 금액이 확정되어 있는지의 여부에 따라 확정부채와 충당부채로 분류한다. 확정부채(determinable liability)는 계약이나 법에 의하여 측정일 현재 지출의 시기와 금액이 확정되어 있는 부채를 말하고, 충당부채(provisions)는 부채의 인식요건을 충족하나 측정일 현재 지출의 시기 또는 금액이 불확실한 부채를 말한다. 예를 들어, 매입채무나 사채, 차입금 등은 지출의 시기와 금액이 확정되어 있으므로 확정부채이고, 판매보증이나 계류 중인 소송사건으로 인한 의무는 그에 대한 지출의 시기와 금액이 확정되어 있지 않으므로 충당부채이다.

2) 우발부채

우발부채(contingent liability)는 충당부채보다 불확실성의 정도가 더 높은 부채이다. 우발부채는 다음과 같은 상황에서 부담하는 의무를 말하는 것이다.

(1) 과거사건에 의하여 발생하였으나 다음에 해당하여 인식하지 아니하는 현재의무
① 당해 의무를 이행하기 위하여 경제적효익이 내재된 자원이 유출될 가능성이 높지 아니한 경우(not probable)
② 당해의무를 이행하여야할 금액을 신뢰성 있게 측정할 수 없는(cannot be measured with sufficient reliability) 경우
(2) 과거사건에 의하여 발생하였으나, 기업이 전적으로 통제할 수 없는 하나 이상의 불확실한 미래사건의 발생 여부에 의하여서만 그 존재가 확인되는 잠재적 의무(possible obligation)

즉, 우발부채는 과거사건에 의하여 발생한 현재의무이나 부채의 인식요건을 충족하지 못하여 재무상태표에 부채로 인식할 수 없는 상황과 과거사건에 의하여 발생한 잠재적 의무로 부채의 정의를 충족하지 못하여 재무상태표에 부채로 인식할 수 없는 상황을 말하는 것이다. 우발부채는 부채의 인식요건을 충족하지 못하므로 재무제표 본문에서 계상하지 못하고 주석으로 기재하는 것을 원칙으로 한다. 다만, 우발부채 중에서 자원의 유출가능성이 아주 낮은(remote) 경우에는 공시할 필요가 없다. 우발부채는 당초에 예상하지 못한 상황에 따라 변화할 수 있으므로, 경제적효익이 내재된 자원의 유출가능성이 높아졌는지 여부를 결정하기 위하여 지속적으로 검토한다. 과거에 우발부채로 처리하였더라도 미래경제적효익의 유출가능성이 높아진 경우에는 그러한 가능성의 변화가 발생한 기간의 재무제표에 충당부채로 인식한다. 우발부채에는 부채라는 말이 붙어있으나 우발부채의 정의상 이는 재무상태표에 부채로 인식되지 않음에 주의하여야 한다.[18]

18) 예를 들어, A사가 손해배상 소송에 계류 중인데 소송에서 패소했다면 손해배상금을 주지 않아도 12월 31일 자로 분개해야 된다.(충당부채 요건 만족) 그런데 패소하여 자원의 유출가능성은 높으나 금액을 아직 모른다면 분개하지 않고 주석공시 한다.(우발부채 요건 만족) 또는 패소하였는데 유출가능성도 높지 않고 금액도 모른다면 분개하지 않고 주석공시 한다.(우발부채 요건 만족) 그러나 아직 패소하지 않은 상태라면 잠재적인 의무이므로 회피가능하다. 그러므로 주석 공시만 한다(우발부채 요건 만족)

자원의 유출가능성(B)	금액의 신뢰성 있는 추정가능성(M)	
	가 능	불가능
높음(probable)*	충당부채로 인식	우발부채로 주석공시
높지 않음(possible)	우발부채로 주석공시	우발부채로 주석공시
아주 낮음(remote)	공시하지 않음	공시하지 않음

* 특정 사건이 발생할 가능성이 발생하지 아니할 가능성보다 높은 경우에 자원의 유출가능성이 높다고 본다(50% 초과)

[그림 9-10] **충당부채와 우발부채**

3) 우발자산

우발자산(contingent asset)은 과거사건에 의하여 발생하였으나 기업이 전적으로 통제할 수 없는 하나 이상의 불확실한 미래사건의 발생 여부에 의하여서만 그 존재가 확인되는 잠재적자산(possible asset)을 말한다. 일반적으로 우발자산은 경제적효익의 유입가능성을 발생시키는 사전에 계획되지 아니하였거나 기타 예기하지 못한 사건으로부터 발생한다. 우발자산은 미래에 전혀 실현되지 아니할 수도 있는 수익을 인식하는 결과를 초래할 수 있기 때문에 재무제표에 인식하지 않는다. 단, 경제적효익의 유입가능성이 높은(probable) 경우에만 주석으로 공시한다. 추후 상황변화로 인하여 경제적효익이 유입될 것이 거의 확실하게 되는 경우에는 그러한 상황변화가 발생한 기간의 재무제표에 그 자산과 관련 이익을 인식한다.

자원의 유입가능성(B)	금액의 신뢰성 있는 추정가능성(M)	
	가 능	불가능
높음(probable)	우발자산으로 주석공시	우발자산으로 주석공시
높지 않음(possible or remote)	공시하지 않음	공시하지 않음

[그림 9-11] **우발자산**

<table>
<tr><th colspan="2">구 분</th><th>정 의</th><th>F/S인식방법</th></tr>
<tr><td rowspan="3">손실예상</td><td>(1) 충당부채</td><td>① 과거사건의 결과로 발생한
② 현재의무 (D)
③ 지출시기 또는 금액이 불확실 But
⇒ 자원의 유출가능성이 높고 금액을 신뢰성있게 측정가능 (B) (M)</td><td>I/S : 손실조기 인식
B/S : 충당부채 인식</td></tr>
<tr><td rowspan="2">(2) 우발부채</td><td>Ⅰ ① 과거사건의 결과로 발생한
② 현재의무 (D)
③ 지출시기 또는 금액이 불확실 But
⇒ 자원의 유출가능성이 높지 않거나 금액을 신뢰성있게 측정불가능
(B) 탈락가능 (M) 탈락가능</td><td rowspan="2">원칙: 주석공시
예외: 무시
(만약 유출가능성이 아주 낮으면)</td></tr>
<tr><td>Ⅱ ① 과거사건의 결과로 발생한
② 잠재의무 (잠재 의무 이므로 회피가능하다) (D) 탈락</td></tr>
<tr><td>이익예상</td><td>우발자산</td><td>① 과거사건의 결과로 발생한
② 잠재자산 ((D) 탈릭</td><td>원칙: 무시
예외: 주석공시
(만약 유출가능성이 높다면)</td></tr>
</table>

[그림 9-12] **충당부채, 우발부채, 우발자산의 정의 및 인식방법**[19)]

2. 충당부채의 인식과 측정

1) 인식

충당부채는 다음의 요건을 모두 충족하는 경우에 인식한다.

① 과거사건이나 거래의 결과로 현재의무(법적의무 또는 의제의무)가 존재한다. (정의: D)
② 당해 의무를 이행하기 위하여 경제적효익이 내재된 자원이 유출될 가능성이 높다. (유출가능성: B)
③ 당해 의무의 이행에 소요되는 금액을 신뢰성 있게 추정할 수 있다. (신뢰성 있는 측정: M)

(1) 과거사건의 결과 현재의무 존재

충당부채의 정의를 충족하기 위해서는 현재의무가 과거사건의 결과로 발생하여야 한다. 현재의무(present obligation)를 발생시키는 과거사건(past event)을 의

19) 원칙은 충당부채에서 시작하여 (D)(B)(M)이 하나씩 무너지면서 우발부채로 분류가 된다. 또한 한국채택국제회계기준에서는 "높다(probable)는 분개하고, 어느 정도(possible)는 주석공시으로 공시하고, 아주낮다(remote)는 무시하는 것"으로 번역 하였으므로 해당 상황에 맞게 대응하면 된다.

무발생사건(obligating event)이라고 한다. 의무발생사건이 되기 위해서는 당해 사건으로부터 발생된 의무를 이행하는 것 외에는 실질적인 대안이 없어야 하며, 이는 의무의 이행을 법적으로 강제할 수 있는 경우(enforced by law)[법적의무(legal obligation)]나 기업이 당해의무를 이행할 것이라는 정당한 기대를 상대방이 가지게 되는 경우(valid expectations in other party)[의제의무(constructive obligation)]에만 해당한다. 의무는 언제나 당해 의무의 이행대상이 되는 상대방이 존재하게 된다. 그러나 의무의 상대방이 누구인지 반드시 알아야 하는 것은 아니며 경우에 따라서는 일반 대중도 상대방이 될 수 있다.

어떤 사건은 발생 당시에는 현재의무를 발생시키지 아니하나 추후(not immediately)에 의무를 발생시킬 수 있다. 법규가 제 · 개정됨으르써 의무가 발생하거나 기업의 행위(예; 충분할 정도로 구체적인 대외공표)에 따라 추후에 의제의무가 발생하는 경우가 있기 때문이다.[20] 입법 예고된 법규의 세부사항이 아직 확정되지 않은 경우에는 당해 법규안대로 제정될 것이 거의 확실한 때에만 의무가 발생한 것으로 본다. 일반적으로 특정 법규가 제정되기 전까지는 당해 법규제정에 대해 거의 확실하게 확신을 갖기 어렵다.

또한, 재무제표는 미래 시점의 예상 재무상태가 아니라 보고기간말의 재무상태를 표시하는 것이므로, 미래영업을 위하여 발생하게 될 비용에 대하여는 충당부채를 인식하지 아니한다. 즉 재무상태표에 인식되는 부채는 보고기간말에 존재하는 부채에 국한한다. 충당부채로 인식되기 위해서는 과거사건으로 인한 의무가 기업의 미래행위(즉, 미래 사업행위)와 독립적이어야 한다.

(2) 경제적효익을 갖는 자원의 유출가능성 판단

부채로 인식하기 위해서는 현재의무가 존재하여야 할 뿐만 아니라 당해 의무의 이행을 위하여 경제적효익을 갖는 자원의 유출가능성이 높아야 한다. 여기서 자원의 유출가능성이 높다(probable)는 것은 특정 사건이 발생할 가능성이 발생하지 아니할 가능성보다 높다(more likely than not to occur)는 의미이며 확률적으로 발생확률이 50%를 초과할 경우 충당부채로 인식한다.

---

20) 예를 들어, 발생한 환경오염에 대하여 지금 당장 복구할 의므가 없는 경우에드 추후 새로운 법규가 그러한 환경오염을 복구하도록 강제하거나 기업이 그러한 복구의무를 의제의무로서 공식적으로 수용한다면, 당해 법규의 제 · 개정 시점 또는 기업의 공식적인 수용시점에 그 환경오염은 의무발생사건이 된다.(충당부채 인식)

제품보증 또는 이와 유사한 계약 등 다수의 유사한 의무가 있는 경우 의무이행에 필요한 자원의 유출가능성은 당해 유사한 의무 전체를 고려하여 결정한다. 비록 개별항목의 의무이행에 필요한 자원의 유출가능성이 높지 않더라도 전체적인 의무이행을 위하여 필요한 자원의 유출가능성이 높을 경우에는 기타 인식기준이 충족된다면 충당부채를 인식한다.[21)]

(3) 의무에 대한 신뢰성 있는 추정

충당부채를 인식하기 위해서는 현재의무를 이행하기 위하여 필요한 금액을 신뢰성 있게 추정(reliable estimate of the obligation)할 수 있어야 한다. 즉, 정확한 측정이 아니라 신뢰성 있는 추정치를 사용하는 것은 재무제표 작성의 필수적인 과정이며 재무제표의 신뢰성을 손상시키지 아니한다. 충당부채의 성격상 다른 재무상태표 항목에 비하여 불확실성이 더 크므로 그에 대한 추정치의 사용은 특히 필수적이다. 극히 드문 경우를 제외하고는 가능한 결과의 범위를 결정할 수 있으므로 충당부채를 인식할 때 충분히 신뢰성 있는 금액을 추정할 수 있다. 다만, 신뢰성 있는 금액의 추정이 불가능한 경우에는 부채로 인식하지 아니하고 우발부채로 공시한다.

2) 측정

(1) 최선의 추정치

충당부채로 인식하는 금액은 현재의무를 보고기간말에 이행하기 위하여 소요되는 지출에 대한 최선의 추정치(best estimate)이어야 한다. 현재의무를 이행하기 위하여 소요되는 지출에 대한 최선의 추정치는 보고기간말에 의무를 이행하거나 제3자에게 이전시키는 경우에 합리적으로 지급하여야 하는 금액이다. 결과 및 재무적 효과의 추정은 유사한 거래에 대한 과거의 경험 독립적인 전문가의 보고서 및 보고기간후 사건에 의해 확인할 수 있는 추가적 증거 등을 종합적으로 고려하여 경영자가 판단한다.

충당부채로 인식하여야 하는 금액과 관련된 불확실성(uncertainty)은 상황에

21) 예를 들어, 제품에 하자가 발생하면 교환해주기로 한 경우 과거 경험에 의할 때 교환비율은 아주 낮으나(예; 0.01%) 전체 판매량에 대한 교환수량(예; 1,000,000개)으로 판단하면 자원의 유출가능성이 높을 수 있다.(예; 1,000,000개 X 0.01% = 100개)

따라 판단한다. 측정하고자 하는 충당부채가 다수의 항목과 관련되는 경우에 당해 의무는 모든 가능한 결과와 그와 관련된 확률을 가중평균하여 추정하는데 이를 기대가치(expected value)라고 한다. 따라서 특정금액의 손실이 발생할 확률에 따라 충당부채로 인식하는 금액은 다르게 된다. 가능한 결과가 연속적인 범위 내에 분포하고 각각의 발생확률이 동일할 경우에는 당해 범위의 중간 값을 사용한다. 반면, 하나의 의무를 측정하는 경우에는 가장 가능성이 높은 단일의 결과(최빈치)가 당해 부채에 대한 최선의 추정치가 될 수 있으나, 그러한 경우에도 기타 가능한 결과들도 고려한다. 만약 기타 가능한 결과들이 가장 가능성이 높은 결과보다 대부분 높거나 낮다면 최선의 추정치도 높거나 낮은 금액일 것이다.

예제 6

다음 독립된 사례에 대하여 최선의 추정치를 산정하시오.

(1) ㈜백제는 제조상의 결함이나 하자에 대하여 제품보증을 실시하고 있다. 보증수리비용과 확률에 대한 자료는 다음과 같다.

상 황	수리비용	확 률
하자 없음	–	70%
일반 하자	1,000,000	20%
중요한 하자	4,000,000	10%

(2) ㈜배제는 수주한 공사를 완공한 이후에 일정한 기간동안 하자보수를 하고 있다. 하자보수비로 지급될 금액과 확률에 대한 자료는 다음과 같다.

하자보수 횟수	수리비용	확 률
1회	1,000,000	20%
2회	1,500,000	50%
3회	1,700,000	20%
4회	2,000,000	10%

풀이

(1) ₩0 × 70% + ₩1,000,000 × 20% + ₩4,000,000 × 10% = ₩600,000
현금유출이 발생 가능한 경우가 여러 가지일 때 확률을 적용한 가중평균 현금유출액이 최선의 추정치이다.

(2) ₩1,500,000
하나의 현재의무를 이행하기 위한 현금유출이 여러 가지 금액으로 추정될 수 있는 경우에는 최빈치가 최선의 추정치이다.

(2) 위험과 불확실성

충당부채에 대한 최선의 추정치를 구할 때에는 관련된 사건과 상황에 대한 불가피한 위험(risk)과 불확실성(uncertainty)을 고려한다. 위험은 결과의 변동성(variability of outcome)을 의미한다. 위험조정으로 인하여 측정되는 부채금액은 증가할 수 있다. 불확실한 상황에서는 수익 또는 자산을 과대계상하거나 비용 또는 부채를 과소계상하지 않도록 주의하여야 한다. 그러나 불확실성을 이유로 과도한 충당부채를 계상하거나 부채를 고의적으로 과대표시하는 것은 정당화되지 아니한다.[22)]

(3) 현재가치

화폐의 시간가치로 인하여 동일한 금액이라도 보고기간 후에 즉시 지급하는 충당부채의 부담이 더 늦게 지급하는 충당부채에 비하여 더 크다. 따라서 화폐의 시간가치 효과가 중요한 경우(명목가액과 현재가치의 차이가 중요한 경우) 충당부채는 의무를 이행하기 위하여 예상되는 지출액의 현재가치(present value)로 평가한다.[23)] 현재가치를 평가할 때 사용하는 할인율은 부채의 특유위험과 화폐의 시간가치에 대한 현행 시장의 평가를 반영한 세전 이율이다. 이 할인율에 반영되는 위험에는 미래 현금흐름을 추정할 때 고려된 위험은 반영하지 아니한다. 한편, 충당부채를 현재가치로 평가하여 표시하는 경우에는 장부금액을 기간 경과에 따라 증가시키고 해당 증가 금액은 차입원가(이자비용)로 인식한다. 즉, 유효이자율법을 적용하여 차입원가를 인식하면서 당해 금액을 충당부채의 장부금액에 가산한다.

(4) 미래사건

현재의무를 이행하기 위하여 소요되는 지출금액에 영향을 미치는 미래사건(future events)이 발생할 것이라는 충분하고 객관적인 증거가 있는 경우에는 그러한 미래사건을 감안하여 충당부채 금액을 추정한다.[24)]

---

22) 예를 들어, 특정한 부정적 결과에 대해 예상원가를 신중하게 추정하였다면 고의적으로 당해 결과의 발생가능성이 실제보다 더 높은 것처럼 회계처리해서는 아니 된다. 위험과 불확실성의 이중조정(duplicating adjustments)으로 인하여 충당부채가 과대 계상되지 아니하도록 주의하여야 한다.

23) 예를 들어, 복구충당부채가 이에 해당한다.

충당부채인식	(차) 유형자산 XXX (대) 복구충당부채(PV) XXX
보고기간말	(차) 이자비용 XXX[1] 복구충당부채 XXX [1]복구충당부채의 현재가치 X 유효이자율

24) 예를 들어, 내용연수 종료 후에 부담하여야 하는 오염지역의 정화에 필요한 원가는 미래의 기술변

(5) 자산의 예상 처분이익

예상되는 자산처분(expected disposal of assets)이 충당부채를 발생시킨 사건과 밀접하게 관련되었더라도 당해 자산의 예상처분이익은 충당부채를 측정하는 데 고려하지 아니한다. 즉, 당해 자산을 처분할 때 발생할 이익을 차감하지 않고 전체 금액에 대하여 충당부채를 인식하고, 자산의 처분에 대한이익은 미래에 실제 발생하는 시점에서 별도로 인식한다.

3. 충당부채와 관련된 기타 고려사항

1) 인식과 측정기준의 적용

(1) 미래의 예상 영업손실

미래의 예상 영업손실(future operating losses)은 부채의 정의에 부합하지 아니할 뿐만 아니라 충당부채의 인식기준을 충족시키지 못한다. 따라서 미래의 예상 영업손실은 충당부채로 인식하지 않는다. 그러나 미래에 영업손실이 예상되는 경우에는 영업과 관련된 자산에 손상이 발생하였을 가능성이 있으므로 손상검사를 수행한다.

(2) 손실부담계약

손실부담계약(onerous contracts)이란 계약상의 의무이행에서 발생하는 회피불가능한 원가[25]가 그 계약에 의하여 받을 것으로 기대되는 경제적효익을 초과하는 계약을 말한다. 통상적인 구매주문과 같이 상대방에게 보상 없이 해약할 수 있는 계약은 아무런 의무가 발생하지 아니한다. 이는 미이행계약에 해당하므로 인식

화에 따라 감소할 수 있다. 이 경우 부채 인식금액은 정화시점에 이용할 수 있는 기술에 대한 모든 이용가능한 증거를 기초로 하여 자격을 갖춘 독립적인 전문가의 합리적인 예측을 반영한다. 그리고 현재 기술의 적용시 축적된 경험과 관련된 예상되는 원가감소나 과거에 수행된 것보다 광범위하고 복잡한 오염정화작업에 현재의 기술 적용시 예상되는 원가를 반영하는 것이 적절하다. 그러나 충분하고 객관적인 증거가 있지 아니하는 한 정화와 관련된 전혀 새로운 기술개발을 예상하여서는 아니된다.

25) 회피 불가능한 원가는 계약을 해지하기 위한 최소순원가로서 계약을 이행하기 위하여 소요되는 원가에 계약을 이행하지 못하였을 때 지급하여야 할 보상금 또는 위약 중에서 작은 금액을 말한다.

할 필요가 없다. 그러나 당사자간에 권리와 의무를 발생시키는 계약이 있는 상황에서 그런 계약으로 인하여 부담한 의무가 주장할 권리보다 더 큰 경우에는 현재의무가 존재하므로 충당부채를 인식한다. 손실부담계약에 대한 충당부채를 인식하기 전에 당해 손실부담계약을 이행하기 위하여 사용하는 자산에서 발생한 손상차손을 먼저 인식한다.[26)]

(3) 구조조정

구조조정(restructuring)이란 경영진의 계획과 통제에 따라 사업의 범위 또는 사업수행방식을 중요하게 변화시키는 일련의 절차를 말한다.[27)] 따라서 구조조정을 하게 되면 손실이 발생하기에 충당부채를 인식한다.

구조조정과 관련된 충당부채는 인식기준을 모두 충족하는 경우에만 인식한다. 구조조정에 대한 의제의무는 다음의 요건을 모두 충족하는 경우에만 발생된다.

① 구조조정에 대한 공식적이며 구체적인계획(detailed formal plan)에 의하여 주요내용을 확인할 수 있다.
② 기업이 구조조정 계획의 이행에 착수하였거나 구조조정의 주요 내용을 공표함으로써 구조조정의 영향을 받을 당사자가 기업이 구조조정을 이행할 것이라는 정당한 기대(valid expectation)를 가져야 한다.

영향을 받을 당사자에게 알려졌을 때 의제의무가 발생할 수 있는 충분한 구조조정계획이 되기 위해서는 당해 구조조정이 가능한 신속하게 착수될 수 있도록 계

---

26) 예를들면, 구리를 원재료로 하여 케이블을 생산하는 회사가 국제적인 구리가격의 상승을 예상하여 원재료에 대하여 2012년 12월 1일 자로 2개월 후인 2013년 1월 31일에 구리를 kg당 ₩20,000에 100kg을 구입하는 해지불가능한 확정매입계약을 거래처와 체결하였는데 2012년 12월 31일 구리의 국제시세는 kg당 ₩14,000이며 이 가격이 2013년 1월 31일 까지 유지되었다면 회계처리는 다음과 같다.

일자	회계처리
2012.12.31	(차) 확정계약손실 600,000[1] (대) 확정계약손실충당부채 600,000 [1](₩14,000−₩20,000) x 100kg = △600,000
2011. 1.31	(차) 재고자산 1,400,000[3] (대) 현 금 2,000,000[2] 확정계약손실충당부채 600,000 [2]₩20,000 x 100kg = 2,000,000 [3]₩14,000 x 100kg = 1,400,000

27) 구조조정의 정의에 해당할 수 있는 사건의 예는 다음과 같다.
① 일부 사업의 매각 또는 폐쇄
② 특정 국가나 특정 지역에 소재하는 사업체를 폐쇄하거나 다른 나라 또는 다른 지역으로 이전하는 경우
③ 특정 경영진 계층을 조직에서 없애는 등과 같은 조직구조의 변경
④ 영업의 성격과 목적에 중대한 변화를 초래하는 근본적인 사업구조조정

획되어야 하며 구조조정계획의 내용이 유의적인 변경의 여지가 없을 정도로 빠른 시기에 구조조정이 완결되어야 한다.

구조조정충당부채로 인식할 수 있는 지출은 구조조정과 관련하여 직접 발생하여야 하고 다음의 요건을 모두 충족하여야 한다.

① 구조조정과 관련하여 필수적으로 발생하는 지출
② 기업의 계속적인 활동과 관련 없는 지출

다만, 계속 근무하는 종업원에 대한 교육 훈련과 재배치, 마케팅, 새로운 제도와 물류체제의 구축에 대한 투자와 관련하여 발생하는 지출은 미래의 영업활동과 관련된 것이므로 보고기간말에 구조조정충당부채로 인식하지 않는다. 또한 구조조정을 완료하는 날까지 발생할 것으로 예상되는 영업손실과 구조조정의 일환으로 자산의 매각을 계획하는 경우 구조조정과 관련된 자산의 예상처분이익은 구조조정충당부채를 측정하는 데 반영하지 아니한다.

예제 7

다음 각 사례는 독립적이며 각 사례에서 모든 기업의 회계연도 말은 12월 31일이며 모든 경우에 예상되는 유출금액에 대한 신뢰성 있는 추정이 가능한 것으로 가정한다. 다음 사례에 대하여 재무제표에 어떻게 공시해야 하는지를 그 근거와 함께 설명하시오.

(1) 제조자는 제품을 판매하는 시점에 구매자에게 제품보증을 약속한다. 판매 후 3년 안에 제조상 결함이 명백한 경우 제조자는 판매 계약조건에 따라서 수선해 주거나 대체해 준다. 과거 경험에 비추어 보면 제품보증에 따라 일부 청구가 있을 가능성이 높다. 즉, 청구될 가능성이 청구되지 않을 가능성보다 높다.
(2) 기업은 석유사업을 영위하는 중이며 오염을 유발하고 있지만 사업이 운영되고 있는 특정 국가의 법률이 요구하는 경우에만 오염된 토지를 정화한다. 이러한 사업이 운영되고 있는 한 국가에서 오염된 토지를 정화하여야 한다는 법규가 제정되지 않았고, 기업은 몇 년에 걸쳐 그 국가의 토지를 오염시켜 왔었다. 이미 오염된 토지를 정화하는 것을 의무화하는 법률 초안이 연말 후에 곧 제정될 것이 2010년 12월 31일 현재 거의 확실하다.
(3) 한 소매상은 고객이 제품에 만족하지 못한 경우에는 법적의무가 없더라도 환불을 해주는 정책을 견지하고 있다. 이러한 환불정책은 널리 알려져 있다.

풀이

(1) 제품보증

과거 제품보증판매로 인하여 현재 법적의무가 있으며, 전체적으로 볼 때 당해 의무를 이행하기 위해 경제적 효익을 갖는 자원의 유출 가능성이 높다. 따라서 보고기간말 전에 판매된 제품의 보증을 이행하는 원가에 대한 최선의 추정치로 충당부채를 인식한다.

(2) 오염된 토지

토지 정화를 요구하는 법률 제정이 거의 확실하므로 토지의 오염에 따른 현재의무가 존재하며, 당해 의무를 이행하기 위해 경제적효익을 갖는 자원의 유출 가능성이 높다. 따라서 토지정화 원가에 대한 최선의 추정치로 충당부채를 인식한다.

(3) 환불정책

소매상의 환불정책은 소매상이 판매한 제품을 환불해 줄 것이라는 정당한 기대를 고객이 가지게 되었으므로 의제의무를 발생시키는 현재의무이며, 당해 의무를 이행하기 위해 경제적효익을 갖는 자원의 유출 가능성이 높다. 따라서 환불원가에 대한 최선의 추정치로 충당부채를 인식한다.

2) 충당부채의 변동과 사용 및 변제

(1) 충당부채의 변동 (후속측정)

매 보고기간 말마다 충당부채의 잔액을 검토하고, 보고기간말 현재 최선의 추정치를 반영하여 조정한다. 의무이행을 위하여 경제적효익을 갖는 자원이 유출될 가능성이 더 이상 높지 아니한 경우에는 관련 충당부채를 환입한다. 한편, 충당부채를 현재가치로 평가하여 표시하는 경우에는 장부금액을 기간 경과에 따라 증가시키고 해당 증가 금액은 차입원가(이자비용)로 인식한다. 즉, 유효이자율법을 적용하여 차입원가를 인식하면서 당해 금액을 충당부채의 장부금액에 가산한다.

(2) 충당부채의 사용 (제거)

충당부채는 최초인식과 관련 있는 지출에 대해서만 사용한다. 왜냐하면 당초에 다른 목적으로 인식된 충당부채를 어떤 지출에 대하여 함께 사용하게 되면 다른 두 사건의 영향이 적절하게 표시되지 않기 때문이다.[28]

28) 충당부채 사용시 회계처리는 다음과 같다.

충당부채인식	(차) 손해배상손실	XXX	(대) 손해배상충당부채	XXX
손실상황확정	(차) 손해배상충당부채	XXX	(대) 현 금	XXX

(3) 충당부채의 변제

기업이 의무이행을 위하여 지급한 금액을 보험약정이나 보증계약 등에 따라 제3자가 보전하여 주거나, 기업이 지급할 금액을 제3자가 직접 지급하는 경우가 있다. 대부분의 경우 기업은 전체 의무 금액에 대하여 책임이 있으므로 제3자가 변제할 수 없게 될 경우 당해 전체 금액을 이행해야 할 책임을 진다. 이 경우 전체 의무금액을 충당부채로 인식하고 기업이 의무를 이행한다면 변제를 받을 것이 거의 확실하게 되는 때에 한하여 당해 예상변제금액을 별도의 자산으로 인식한다. 다만, 자산으로 인식하는 금액은 관련 충당부채 금액을 초과할 수 없다. 이 경우 충당부채와 관련하여 포괄손익계산서에 인식된 비용은 제3자의 변제와 관련하여 인식한 금액과 상계하여 표시할 수 있다.[29)]

4. 충당부채의 유형별 회계처리

1) 제품보증충당부채

제품보증(product warranty)이란 제품판매 후 일정기간 내에 품질, 수량 및 성능에 결함이 있는 경우에 무상수리나 제품교환을 해 주는 것을 말한다. 이러한 제품보증은 법적인 요구에 의하여 이루어 질 수도 있고, 판촉(sales promotion)을 위해 기업이 자발적으로 수행할 수도 있다. 제품보증약정을 하고 제품을 판매한 경우 개별 매출건별로는 보증의무를 부담할 가능성이 낮다고 하더라도 전체를 기준으로 판단하면 의무발생가능성이 높을 수 있기 때문에 자원의 유출가능성이 높고 그 금액을 신뢰성 있게 추정할 수 있는 경우에는 충당부채를 인식한다.

제품보증은 일반적으로 제품의 판매와 동시에 자동적으로 제공되고 제품과 보증이 분리할 수 없는 하나의 상품으로 간주된다. 따라서 제품판매 대금 전액을 재화의 판매수익으로 인식하고 보증비용을 추정하여 판매기간의 비용으로 인식한다.[30)]

---

29) 예를 들어 ₩5,000,000 교통사고시 보험사가 80%(₩4,000,000)를 대리변제 해주겠다고 했다면 회계처리는 다음과 같다.

손해배상손실	5,000,000	/	손해배상충당부채	5,000,000
미 수 금 (대리변제자산)	4,000,000	/	손해배상손실	4,000,000

30) 이를 보증비용인식법(warranty expense approach)이라 한다.

판매시점	(차) 매출채권	XXX	(대) 매　출	XXX
보증비 지출	(차) 제품보증비	XXX	(대) 현　금	XXX
결산시점	(차) 제품보증비	XXX	(대) 제품보증충당부채	XXX
보증비 지출	(차)제품보증충당부채	XXX	(대) 현　금	XXX

예제 8

㈜세명자동차는 2012년에 영업을 개시하여 1년간 제품보증을 해주는 조건으로 자동차를 대당 ₩100에 현금 판매하고 있다. 자동차를 2012년에 1,000대, 2013년에 3,000대 판매하였다. 동종업계의 과거 경험으로 보아 보증기간 내에 평균 2%의 보증요청이 있고 보증비용은 대당 평균 ₩60이 소요된다. 2012년 판매분에 대하여 2012년 6월에 8대, 2013년 5월에 11대의 보증요청이 있었으며, 2013년 판매분에 대하여 2013년에 20대의 보증요청이 있었다.

물음

1. 2012년과 2013년에 제품보증충당부채로 재무상태표에 계상할 금액을 각각 산정하시오.
2. 2012년과 2013년에 제품보증비용으로 인식할 금액을 각각 산정하시오.
3. 2012년과 2013년에 필요한 회계처리를 제시하시오.

풀이

1. 제품보증충당부채
   ① 2012년 말 제품보증충당부채 : 1,000대 × 2% × ₩60 − 8대 × ₩60 = ₩720
   ② 2013년 말 제품보증충당부채 : 3,000대 × 2% × ₩60 − 20대 × ₩60 = ₩2,400
   * 제품보증이 판매후 1년이므로 2013년 말에는 2012년 판매분에 대한 잔여제품보증의무는 없다.

2. 제품보증비용
   ① 2012년 : 8대 × ₩60 + (1,000대 × 2% × ₩60 − 8대 × ₩60) = ₩1,200
   ② 2013년 : 31대 × ₩60 - (1,000대 × 2% × ₩60 − 8대 × ₩60)
   + (3,000대 × 2% × ₩60 − 20대× ₩60) = ₩3,540

3. 회계처리

12년 매출	(차) 현　금	100,000	(대) 매　출	100,000
12년 보증	(차) 제품보증비 [1]8대×₩60 = 480	480	(대) 현　금	480[1]
12년 결산	(차) 제품보증비 [2](20대 - 8대)×₩60 = 720	720[2]	(대) 제품보증충당부채	720
13년 매출	(차) 현　금	300,000	(대) 매　출	300,000
13년 보증	(차) 제품보증충당부채 제품보증비 [3](11대 - 20대)×₩60 = 1,860	720 1,140	(대) 현　금	1,860[3]
13년 결산	(차) 제품보증비 [4](60대 - 20대)×₩60 = 2,400	2,400[4]	(대) 제품보증충당부채	2,400

2) 경품충당부채

기업은 판촉방법으로 상품 판매시마다 경품권을 부여하고, 고객이 이를 제시하는 경우에 경품(premiums or coupons)으로 그릇이나 소형 가전제품 등을 제공한다. 경품권을 제공한 경우 경품권의 행사로 인하여 자원이 유출될 가능성이 높고 그 금액을 신뢰성 있게 추정할 수 있으므로 경품으로 제공할 금액을 추정하여 경품충당부채로 인식한다.

구분	차변	금액	대변	금액
판매 시점	(차) 매출채권	XXX	(대) 매 출	XXX
경품 구입	(차) 경 품	XXX	(대) 현 금	XXX
경품 제공	(차) 경 품 비	XXX	(대) 경 품	XXX
결산 시점	(차) 경 품 비	XXX	(대) 경품충당부채	XXX

예제 9

12월 법인인 제주백화점은 2012년도 6월 1일부터 9월 30일까지의 기간 중에 판매된 제품에 대해서는 매출액 ₩10,000당 경품권 1매씩을 제공하고, 2012년 10월 1일부터 6개월 동안 이 경품권 20매를 제시하는 고객에게 식기 1세트를 교환해 주고 있다. 제주백화점은 경품에 해당하는 식기를 10,000세트 구입해 놓고 있으며, 1세트당 구입원가는 ₩3,000이다. 이 경품제공과 관련된 자료는 다음과 같다.

(1) 제공된 경품권이 총수량(2012년 6월 1일 ~ 9월 30일) : 400,000매
(2) 경품권의 예상회수비율 : 60%
(3) 실제 회수량(2012년 10월 1일 ~ 12월 31일) : 160,000매

제주백화점은 경품비용에 대하여 발생주의에 따라 회계처리를 하며, 경품충당부채를 설정하고 있다.

물음

1. 2012년 재무상태표에 경품충당부채로 계상할 금액은 얼마인가?
2. 2012년 포괄손익계산서에 경품비용으로 인식할 금액은 얼마인가?
3. 2012년에 경품권과 관련된 회계처리를 제시하시오.

풀이

1. 제공된 경품권의 총의무 − 상환된 경품권의 의무 = 제공된 경품권의 잔여의무
: 400,000매 × 60% ÷ 20매 × ₩3,000 − (160,000매 ÷ 20매 × ₩3,000) = ₩12,000,000

2. 경품비용

: 160,000매 ÷ 20매 × ₩3,000

+ (400,000매 × 60% ÷ 20매 - 160,000매 ÷ 20매) × ₩3,000 = ₩36,000,000

3.

경품 구입	(차) 경 품	30,000,000	(대) 현 금	30,000,000
경품 제공	(차) 경 품 비	24,000,000	(대) 경 품	24,000,000
결산 시점	(차) 경 품 비	12,000,000	(대) 경품충당부채	12,000,000

객관식 연습문제

exercises

▶▶ Ⅰ. 이론형 객관식 문제

01 사채를 액면가 이하로 할인발행한 경우 회사가 한 해 동안 인식할 이자비용은 다음 중 어느 것인가? (9급 국가직 2006)

① 현금이자
② 현금이자 − 사채할인발행차금상각액
③ 현금이자 + 사채할인발행차금상각액
④ 장부가액 × 표시이자율

정답 ③

이자비용 = 기초장부가액 × 유효이자율
= 현금이자 + 사채할인발행차금상각액

02 사채에 대한 다음 설명 중 옳지 않은 것은? (9급 국가직 2002)

① 시장이자율이 표시이자율보다 높은 경우 사채의 액면가액보다 낮은 가격으로 발행된다.
② 사채할증발행차금을 유효이자율법에 의해 상각할 경우 사채할증발행차금상각액은 기간이 경과함에 따라 감소한다.
③ 사채할인발행차금을 유효이자율법에 의해 상각할 경우 이자비용은 기간이 경과함에 따라 증가한다.
④ 이미 발행한 사채의 할인발행차금상각액은 발행 후 시장이자율의 변동에 영향을 받지 않는다.

정답 ②

기간경과에 따른 추세변동

방법 \ 발행	할인발행			할증발행		
	이자비용	차금상각액	장부가액	이자비용	차금상각액	장부가액
유효이자율법	증가	증가	증가	감소	증가	감소
정액법	일정	일정	증가	일정	일정	감소

03 **다음 설명 중 옳지 않은 것은?** (9급 국가직 2006)

① 표시이자율이 시장이자율보다 클 경우 사채는 할인발행된다.

② 사채를 할인발행한 경우 유효이자율법을 사용하면 연도경과에 따라 이자비용은 매년 계속 증가한다.

③ 사채를 할인발행한 경우 유효이자율법을 사용하면 연도경과에 따라 사채할인발행차금상각액은 매년 계속 증가한다.

④ 사채를 할증발행한 경우 유효이자율법을 사용하면 연도경과에 따라 사채할증발행차금환입액은 매년 계속 증가한다.

정답 ①

표시이자율이 시장이자율보다 큰 경우 사채는 할증발행된다.

04 **(주)한국은 2011년 1월 1일 액면가액 ₩1,000,000(표시이자율 연 10%, 이자지급ㅇ리 매년 말 후급, 만기일 2013년 12월 31일)의 사채를 발행하였으며, 발행당시 유효이자율은 12%였다. 이 사채를 2012년 1월 1일에 ₩1,000,000에 상환하였다. 상환당시의 분개는?** (7급 2011)

① (차) 사채 XXX (대) 현금 XXX
사채상환손실 XXX 사채할증발행차금 XXX

② (차) 사채 XXX (대) 현금 XXX
사채할증발행차금 XXX 사채상환이익 XXX

③ (차) 사채 XXX (대) 현금 XXX
사채상환손실 XXX 사채할인발행차금 XXX

④ (차) 사채 XXX (대) 현금 XXX
사채할인발행차금 XXX 사채상환이익 XXX

정답 ③

유효이자율(12%) 〉 표시이자율(19%) ▷ 할인발행

• 발행일 :	(차) 현 금	XXX	(대) 사 채	XXX
	사채할인발행차금	XXX		
• 상환일 :	(차) 사 채	XXX	(대) 현 금	XXX
	사채상환손실	XXX	사채할인발행차금	XXX

05 사채발행차금과 사채발행비에 대한 다음 설명 중 맞는 것은?

(공인회계사 2000)

① 사채발행차금을 유효이자율법으로 상각(환입)하는 경우, 할인발행되면 이자비용은 매년 감소하고, 할증발행되면 매년 증가한다.

② 사채발행차금을 정액법으로 상각(환입)하는 경우, 장부금액에 대한 이자비용의 비율은 매년 동일하다.

③ 사채발행차금을 유효이자율법으로 상각하는 경우, 할인발행 또는 할증발행에 따른 사채발행차금의 상각(환입)액은 매년 증가한다.

④ 한국채택국제회계기준에서는 사채발행차금을 사채기간에 걸쳐 정액법으로 상각(환입)한다.

⑤ 한국채택국제회계기준에서는 사채발행비를 사채기간에 걸쳐 정액법으로 상각한다.

정답 ③

① 유효이자율법에서 할인발행된 경우 이자비용은 매년 증가하고, 할증발행된 경우 이자비용은 매년 감소한다.

② 유효이자율법에 대한 설명이다.

④ 한국채택국제회계기준은 유효이자율법만 인정한다.

⑤ 사채발행비는 사채발행가액에서 직접 차감한다.

06 한국채택국제회계기준에 의하면 모든 금융부채는 유효이자율법을 적용하여 상각후 원가로 평가하는 것을 원칙으로 하고 있다. 이와 관련된 설명 중 맞는 것은 무엇인가?

(세무사 2002)

① 유효이자율법 적용시 할증발행차금 상각액은 매기 감소한다.

② 유효이자율법 적용시 할증발행차금 상각액은 매기 감소한다.

③ 할증발행된 경우 이자비용은 매기 증가한다.

④ 할인발행된 경우 이자비용은 매기 감소한다.

⑤ 사채발행 시점에서 사채발행비가 지출된 경우 발행당시의 유효이자율은 발행당시 시장이자율보다 높다.

정답 ⑤

① 사채발행차금의 상각액은 매년 증가한다.
② 사채발행차금의 상각액은 매년 증가한다.
③ 이자비용은 매기 감소한다.
④ 이자비용은 매기 증가한다.

07 다음은 사채와 관련된 설명들이다. 올바른 설명은 어느 것인가?

① 사채발행과 관련된 거래원가의 존재여부에 관계없이 유효이자율법에서 사용할 이자율은 언제나 당해 사채가 시장에서 형성하는 시장이자율이 된다.
② 이자지급일 사이에 사채를 발행한 경우에는 사채의 발행금액을 산정할 때 사용하는 이자율은 실제 발행일의 시장이자율이다.
③ 사채상환일의 시장이자율이 사채발행일의 시장이자율과 동일한 경우 사채발행차금을 상각하는 방법에 관계없이 사채상환손익이 발생하지 않는다.
④ 사채의 시장이자율은 사채의 상환기간에 걸쳐 지속적으로 변동하므로 사채 발행자가 부담하는 이자율도 계속 변동한다.
⑤ 사채의 시장이자율이 표시이자율과 동일하다면 사채의 시장가치는 발행금액과 동일하다.

정답 ②

① 거래원가의 존재는 발행자에게 부담할 이자율을 증가시키고, 투자자에게는 수익률을 감소시켜 시장에서 형성되는 시장이자율이 유효이자율이 되지 않게 한다.
③ 사채발행차금을 정액법으로 상각하는 경우에는 사채상환손익이 발생한다.
④ 사채 발행자가 부담하는 이자율은 언제나 사채발행일의 시장이자율이 된다.
⑤ 사채의 시장이자율이 표시이자율과 동일하다면 사채의 시장가치는 액면금액과 동일하다.

08 **다음은 각 기업의 사례이다. 이중 2011년 말 재무제표에 충당부채를 인식해야 하는 사례는 무엇인가? (단, 모든 사례에 대하여 예상되는 유출금액은 중요하며, 그 금액을 신뢰성 있게 추정할 수 있다고 가정한다.)**

(공인회계사 2010)

① ㈜항공은 고객충성제도를 운영하고 있다. 이 제도의 회원이 당 회사의 여객기를 이용하면 ㈜항공은 마일리지를 부여한다. 회원은 마일리지를 이용하여 무료로 항공기에 탑승할 수 있다. 2011년 중 회원들은 1억 마일을 적립하였다. 이 마일리지의 유효기간은 없으며 이중 80%가 사용될 것으로 예상한다.

② ㈜세계는 법률이 요구하는 경우에만 오염된 토지를 정화하는 정책을 가지고 있다. 이제까지는 오염된 토지를 정화해야 한다는 법규가 없었고, 따라서 ㈜세계는 지난 몇 년에 걸쳐 토지를 오염시켜 왔다. 그런데 이미 오염된 토지를 정화하는 것을 의무화하는 관계 법률이 연말 후에 곧 제정될 것이 2011년 12월 31일 현재 거의 확실하다. 제정될 법률에 따라 오염된 토지를 정화하기 위한 추가 금액이 필요할 것으로 예상한다.

③ 2011년 12월 28일 ㈜부산은 한 사업부를 폐쇄하기로 결정하였고 이를 고객과 폐쇄되는 사업부의 종업원들에게 공표하였다. 그러나 2011년 12월 31일까지 이 사업부의 폐쇄와 관련한 지출이나 폐쇄결정의 구체적인 이행시기에 대해서는 계획을 확정하지 못하였다.

④ ㈜서울은 외부용역에 의존하여 2011년까지 한국채택국제회계기준을 적용해왔다. 그러나 2012년부터 회사 자체적으로 한국채택국제회계기준을 적용하기 위하여, 회계 관련 분야의 기존 종업원들을 교육훈련하고 기존의 회계처리시스템을 수정·보완할 계획이며, 이를 위하여 외부용역비보다 더 큰 지출이 필요함을 알고 있다. ㈜서울은 2011년 말까지 회사 내부의 회계시스템의 개선을 위하여 어떠한 비용도 지출하지 않았다.

⑤ ㈜클린은 기존의 법규에 따라 적정한 폐수처리시설을 운용하고 있다. 그런데 기존의 법규상 기준치보다 강화된 새로운 폐수처리에 대한 법규가 연말 이후에 곧 제정될 것이 2011년 12월 31일 현재 거의 확실하다. 개정 법규에 따라 추가 시설투자가 필요할 것으로 예상한다.

정답 ②

① 고객충성제도에 따라 보상대가의 공정가치금액의 수익을 이연한다. 따라서 충당부채로 계상하지 않는다.

③ 구조조정에 소요되는 지출 및 구조조정계획의 이행시기가 모두 확정되는 경우에만 충당부채로 계상될 수 있다.

④ 의무발생사건(교육훈련)이 발생하지 않았으므로 의무는 없다. 따라서 충당부채를 계상하지 않는다.

⑤ 그 법규에 따르는 폐수처리시설의 설치원가에 대한 의무발생사건이 없으므로 충당부채를 인식하지 아니한다.

09 다음 중 충당부채의 발생을 야기하는 사유에 해당하지 않는 것은?

(9급 서울시 2011)

① 정기적으로 이루어지는 대규모 수선

② 손실부담계약

③ 타인의 채무 등에 대한 보증

④ 계류중인 소송사건

⑤ 구조조정계획

정답 ①

정기적인 대규모의 수선은 지출시점에 자산으로 처리하고 감가상각한다.

10 충당부채에 대한 한국채택국제회계기준의 내용으로 타당한 것은?

(공인회계사 2008 수정)

① 보유중인 자산이 수년에 한번씩 대대적인 수리를 요하여 큰 금액의 지출을 필요로 하는 경우, 이는 충당부채의 인식요건을 충족한다.

② 현금유출 추정액이 단일금액이 아닌 일정범위로 추정되는 경우에는 그 범위 내의 금액 중 최소금액을 손실로 계상한다.

③ 사전 보험약정에 의해 보증회사가 대신하여 지급하는 부분이 있는 경우, 동 금액을 기업의 전체 의무금액에서 제외한 순액을 충당부채로 계상한다.

④ 충당부채는 재무상태표일마다 그 잔액의 적정성을 검토하여야 하며, 이때 현재가치 평가에 사용하는 할인율은 회계연도 말 현재의 부채의 특유위험과 화폐의 시간가치에 대한 현행시장의 평가를 반영한 세전 이율이다.

⑤ 예상되는 자산처분이 충당부채를 발생시킨 사건과 밀접하게 관련되었다면 당해 자산의 예상처분이익은 충당부채에서 차감한다.

정답 ④

① 정기적인 수선비지출은 지출의무가 법적으로 존재하여도 지출시점에 자산으로 인식한다.

② 일정범위로 추정되면 범위 내의 합리적인 금액으로 측정한다.

③ 제3자의 대리변제가 확실한 경우 충당부채에서 차감하지 않고 별도의 자산으로 인식한다.

⑤ 관련자산의 예상처분이익은 고려하지 않는다(충당부채에서 차감하지 않는다).

11 다음 중 충당부채 및 우발부채에 대한 설명으로 가장 옳지 않은 것은?

(세무사 2005)

① 충당부채를 인식하기 위해서는 과거에 사건이나 거래가 발생하여 현재 의무가 존재하여야 한다.

② 충당부채를 설정하는 의무에는 법적 의무뿐만 아니라 의제의무도 포함된다.

③ 충당부채는 재무제표에 계상하는 부채인 반면, 우발부채는 재무제표에 계상할 수 없으며 주석으로만 기재할 수 있다는 점에서 차이가 있다.

④ 회사가 소유하고 있는 기계장치에 대해서 수년에 한 번씩 대규모 지출을 수반하는 수선이 필요한데, 이러한 대수선에 대한 법적의무의 존재 여부와 관계없이 회사는 대수선에 소요될 미래의 비용에 대해서 충당부채를 인식할 수 없다.

⑤ 환경관련법에서 정하는 환경기준을 충족하기 위해서 공장건물에 정화장치를 설치해야 할 경우 당해 설치에 소요될 비용을 충당부채로 인식하여야 한다.

정답 ⑤

과거의 거래나 사건의 결과로 현재의무가 존재하는 것이 아니며, 사업 중단 등을 통하여 미래 지출을 회피할 수 있으므로 충당부채로 인식하지 않는다.

12 다음은 충당부채에 대한 한국채택국제회계기준의 내용이다. 이 중 옳지 않은 것은?

(공인회계사 2005 수정)

① 충당부채의 인식요건 중 자원유출의 발생가능성이 높다는 것은 발생확률이 80% 이상이라는 것을 의미한다.

② 보증판매에 따라 보증청구가 있을 가능성이 높고, 그 금액에 대한 신뢰성 있는 추정이 가능한 경우 보증판매에 따른 보상비를 충당부채로 인식한다.

③ 제품에 대해 만족하지 못하는 고객에게 법적 의무가 없음에도 불구하고 환불해 주는 정책을 펴고 있으며, 고객에게 이 사실이 널리 알려져 있는 경우 환불비용을 충당부채로 계상한다.

④ 충당부채로 인식한 것 중에서 의무이행을 위하여 경제적 효익을 갖는 자원이 유출될 가능성이 더 이상 높지 아니한 경우에는 관련 충당부채를 환입한다.

⑤ 화재, 폭발 등의 재해손실에 대비한 보험에 가입하고 있지 않을 때 보험 미가입으로 인하여 인식하여야 할 부채는 없다.

정답 ①

한국채택국제회계기준상 발생가능성이 높다는 것은 발생확률이 50% 이상이라는 의미이다

13 다음 중 한국채택국제회계기준의 내용으로 옳은 것은?

(공인회계사 2008 수정)

① 보유중인 자산이 수년에 한 번씩 대대적인 수리를 요하여 큰 금액의 지출을 필요로 하는 경우, 이는 충당부채의 인식요건을 충족한다.

② 현금유출 추정액이 단일 금액이 아닌 일정 범위로 추정되는 경우에는 그 범위내의 금액 중 최소금액을 손실로 계상한다.

③ 사전 보험약정에 의해 보증회사가 대신하여 지급하는 부분이 있는 경우, 동 금액을 기업의 전체 의무금액에서 제외한 순액을 충당부채로 계상한다.

④ 충당부채는 보고기간말마다 그 잔액의 적정성을 검토해야 하며, 이 때 현재가치 평가에 사용하는 할인율은 충당부채를 최초로 인식하는 시점에 사용한 이자율을 적용한다.

⑤ 충당부채를 발생시킨 사건과 밀접하게 관련된 자산의 처분이익이 예상되는 경우에 당해 처분이익은 충당부채금액을 측정하는 데 고려하지 아니한다.

정답 ⑤

① 수선과 관련된 지출은 기업의 미래의사결정에 따라 회피가능한 지출이므로 충당부채로 인식할 수 없다.
② 추정치가 일정범위로 추정되는 경우에는 가장 합당한 추정치로 한다.
③ 제3자에 의한 변제는 자산으로 인식하며, 충당부채와 상계한 순액으로 표시하지 않는다.
④ 충당부채를 현재가치로 평가하는 경우 적용되는 할인율은 매 보고기간말 현재 기업의 신용위험이 반영된 조정금리를 사용한다.

▶▶ II. 계산형 객관식 문제

01 12월 말 결산법인인 (주)한국은 2007년 1월 1일에 액면금액 ₩1,000,000, 만기 3년, 표시이자율 10%, 사채발행시 유효이자율 8%, 이자지급일이 매년 12월 31일인 사채를 발행하였다. (주)서울은 2007년 1월 1일에 동 사채를 만기까지 보유할 목적으로 취득하였다. 발행일 현재 발행자와 투자자 각각의 회계처리로 옳은 것은? [단, 발행자의 회계처리는 A, 투자자의 회계처리는 B로 구분되어 있다. 연금현가계수(3기간,8%) : 2.5771, 단일금액현가계수(3기간, 8%) : 0.7938] (9급 세무직 2007)

① A −	(차) 현 금	1,000,000	(대) 사 채	1,051,510
	사채할인발행차금	51,510		
B −	(차) 만기보유증권	1,000,000	(대) 현 금	1,000,000
② A −	(차) 현 금	1,051,510	(대) 사 채	1,000,000
	사채할증발행차금	51,510		
B −	(차) 만기보유증권	1,051,510	(대) 현 금	1,051,510
③ A −	(차) 현 금	1,000,000	(대) 사 채	1,000,000
B −	(차) 만기보유증권	1,000,000	(대) 현 금	1,000,000
④ A −	(차) 현 금	1,051,510	(대) 사 채	1,051,510
B −	(차) 만기보유증권	1,051,510	(대) 사 채	1,051,510

정답 ②

발행가액 : (1,000,000 × 10%) × 2.5771 + 1,000,000 × 0.7938 = 1,051,510

주의 : 본문제는 단순히 사채의 표시이자율(10%)이 시장이자율(8%)보다 크므로 할증발행된다는 점을 알고 있고, 사채할증발행의 회계처리를 인지하고 있으면 발행가액을 계산하지 않고도 문제를 해결할 수 있다.

02 2007년 1월 1일 (주)한국은 액면가액 ₩10,000,000, 만기 5년, 표시이자율 10%인 사채를 ₩9,000,000에 할인 발행하였다. 이자는 매년 12월 31일에 현금으로 지급한다. 사채할인발행차금을 정액법으로 상각할 때, 결산일인 2007년 12월 31일의 분개로 옳은 것은? (9급 국가직 2007)

① (차) 이자비용 1,200,000 (대) 현 금 1,000,000
사채할인발행차금 200,000

② (차) 이자비용 1,000,000 (대) 현 금 1,200,000
사채할인발행차금 200,000

③ (차) 이자비용 1,000,000 (대) 현 금 1,000,000

④ (차) 이자비용 1,200,000 (대) 현 금 1,200,000

정답 ①

• 사채의 발행

(차) 현 금 9,000,000 (대) 사 채 10,000,000
사채할인발행차금 1,000,000

• 사채이자비용 회계처리 – 정액법

(차) 이 자 비 용 1,200,000 (대) 현 금 1,000,000
사채할인발행차금 200,000

*정액법상각액=사채할인발행차금 1,000,000÷5년 = 200,000

03 (주)한국은 2008년 1월 1일에 사채(액면가액 ₩1,000,000, 표시이자율 8%, 만기 2010년 12월 31일, 이자지급일 매년 12월 31일)를 ₩903,940에 발행하였고 유효이자율은 12%이다. (주)한국이 이 사채로 인하여 만기까지 인식하게 되는 총이자비용은? (단, 기간 3년, 이자율 12%에서 단일현금 1의 현재가치는 0.7118, 연금 1의 현재가치는 2.4018이다.) (7급 2008)

① ₩216,946 ② ₩240,000

③ ₩325,418 ④ ₩336,060

정답 ④

• 만기표시이자 : 1,000,000 × 8% × 3년 = ₩30,000
• 사채할인발행차금 : 1,000,000 – 903,940 = ₩96,060
• 만기까지의 이자비용(누적액) : 240,000 + 96,060 = ₩336,060

04 (주)북악은 2000년 1월 1일에 액면금액 ₩100,000, 액면이자율 10%, 3년 만기인 사채를 105,150에 발행하였다. 시장이자율은 8%이며 (주)북악은 사채할인(할증)발행차금을 유효이자율법을 적용하여 상각한다. (주)북악이 3년 동안 포괄손익계산서에 인식한 사채이자비용 총액은 얼마인가? (9급 서울시 2006)

① ₩24,000 ② ₩24,850
③ ₩29,150 ④ ₩30,000
⑤ ₩35,150

정답 ②

- 만기표시이자 : 1,000,000 × 10% × 3년 = ₩30,000
- 사채할인발행차금 : 105,150 − 100,000 = ₩5,150
- 만기까지의 이자비용(누적액) : 30,000 − 5,150 = ₩24,850

05 2004년 9월 1일 액면가 ₩300,000, 사채(만기5년, 액면이자 5%,이자지급일 8월 31일)를 ₩270,000에 발행했다. 발행시 유효이자율은 6%이다. 2005년 12월 31일 사채의 장부가액은? (9급 서울시 2007)

① ₩270,000 ② ₩271,624
③ ₩278,000 ④ ₩282,000
⑤ ₩300,000

정답 ②

유효이자율법 상각표

구분	2004년 9월 1일	2004년 12월 31일	2005년 12월 31일
(a)유효이자(6%)		₩5,400	₩16,224
(b)표시이자(5%)		₩5,000	₩15,000
(c)상각액{(a)−(b)}		₩400	₩1,224
(d)장부가액	₩270,000	₩270,400	₩271,624

1) 270,000 × 6% × (4/12) = ₩5,400
2) 300,000 × 5% × (4/12) = ₩5,000
3) 270,000 × 6% = ₩16,224
4) 300,000 × 5% = ₩15,000

06 2001년 7월 1일에 발행된 사채의 액면가는 ₩10,000,000이고, 만기는 2005년 6월 30일, 표시이자율은 연 8%, 이자지급은 연 2회(6/30, 12/31)이다. 사채발행 당시의 유효이자율은 10%이었고, 이때 사채의 발행가액은 ₩9,366,000이었다. 이 경우 2001년 12월 31일까지 상각되는 사채할인발행차금은? (9급 국가직 2004)

① ₩68,300 ② ₩46,830 ③ ₩63,400 ④ ₩78,250

정답 ①

- 사채할인발행차금상각액(2001년 7월 1일부터 2002년 6월 30일)
  (9,366,000×10%) − (10,000,000×8%) = ₩136,600
- 사채할인발행차금상각액(2001년 7월 1일부터 2001년 12월 31일)
  (연간상각액(136,600) × (6/12) = ₩68,300

07 (주)대한은 2010년 1월 1일에 유효이자율 연 10%를 적용하여 액면가액 ₩10,000, 표시이자율 연 8%(매년 12월31일 현금으로 이자지급), 만기 5년인 사채를 ₩9,242에 발행하였다. ㈜대한이 2010년 12월 31일 현금 ₩11,000(연말에 현금으로 지급되는 이자부분은 별도로 지급하므로 동 금액에는 이자부분이 제외되어 있음)을 지급하고 동 사채를 전액 상환하였다면, 2010년도 포괄손익계산서에 계상될 사채상환손실은? (단, (주)대한은 유효이자율법을 사용하고, 원 미만은 반올림하며, 법인세비용은 없는 것으로 가정한다.) (9급 지방직 2011)

① ₩800 ② ₩1,000 ③ ₩1,124 ④ ₩1,634

정답 ④

	2010. 1. 1	2010. 12. 31
유효이자(기초장부가액 × 유효이자율)		₩924
표시이자(액면 × 표시이자율)		₩800
상각액(유효이자 − 표시이자)		₩124
장부가액(=기초장부가액 + 상각액)	₩9,242	₩9,366

사채 상환손실 = 9,366 − 11,000 = (1,634)

08 (주)한국은 2011년 1월 1일 만기 3년, 연이자율 10%(매년 12월 31일 이자지급), 액면금액 ₩100,000인 사채를 유효이자율 8% 기준으로 ₩105,151에 발행하였다. (주)한국은 해당 사채를 2012년 12월 31일 ₩103,000에 조기상환을 하였다. 이러한 거래와 관련된 설명으로 옳지 않은 것은? (단, 사채발행차금은 유효이자율법으로 상각하며, 소수점 이하는 반올림한다.)

(9급 관세직 2011)

① 2011년 1월 1일 사채할증발행차금 ₩5,151을 대변에 기록한다.
② 2011년 12월 31일 사채할증발행차금의 환입액은 ₩1,588이다.
③ 2012년 12월 31일 사채이자비용은 ₩8,285이다.
④ 2012년 12우러 31일 사채상환손실 ₩152을 차변에 기록한다.

정답 ④

일자별 회계처리

• 2011년 초 :	(차) 현　금	105,151	(대) 사　채	100,000
			사채할증발행차금	5,151
• 2011년 말 :	(차) 이자비용	8,412	(대) 현　금	10,000
	사채할증발행차금	1,588		
• 2012년 말 :	(차) 이자비용	8,285	(대) 현　금	10,000
	사채할증발행차금	1,175		
	(차) 사　채	100,000	(대) 현　금	103,000
	사채할증발행차금	1,848		
	사채상환손실	1,152		

*사채할증발행차금 상각표

	2011. 1. 1	2011. 12. 31	2012. 12. 31
유효이자(기초장부가액 × 유효이자율)		₩8,412	₩8,285
표시이자(액면 × 표시이자율)		₩10,000	₩10,000
상각액(유효이자 − 표시이자)		₩1,588	₩1,715
장부가액(= 기초장부가액 + 상각액)	₩105,151	₩103,563	₩101,848

09 (주)한국은 액면금액 ₩1,000,000(표시이자율: 연 5%, 이자지급일: 매년 12월 31일, 만기 3년)인 사채를 2011년 1월 1일에 발행하였다. 발행 당시 유효이자율은 연 4%였으며, 2011년 12월 31일 연 5%, 2009년 12월 31일 연 6%로 변동하였다. 이 회사는 유효이자율의 변동으로 2012년 12월 31일 현금 ₩1,000,000을 지급하고 사채를 상환하였다. 이 사채에 대한 다음 서술 중 옳지 않은 것은?(현가계수는 주어진 자료를 사용하고, 계산금액은 소수점 첫째 자리에서 반올림할 것)

(공인회계사 2005 수정)

기 간	단일금액(기말지급)			정상연금		
	4%	5%	6%	4%	5%	6%
1	0.96154	0.95238	0.94340	0.96154	0.95238	0.94340
2	0.92456	0.90703	0.89000	1.88610	1.85941	1.83340
3	0.88900	0.86384	0.83962	2.77510	2.72325	2.67302

① 2011년 1월 1일 사채발행금액은 ₩1,027,755이다.

② 2012년 12월 31일 사채이자는 ₩38,868이다.

③ 2011년 12월 31일 사채의 시장가치는 액면금액과 같다.

④ 2012년 12월 31일 사채상환이익은 ₩9,620이다.

⑤ 2011년말과 2012년말 유효이자율이 달라지더라도 발행자가 부담할 이자율은 동일하다.

정답 ②

1) 표시이자율과 유효이자율이 동일한 경우 사채의 시장가치는 액면금액과 동일한 금액이 된다.(③)
발행자가 부담하는 이자율은 발행시의 이자율을 부담하는 것이므로 상환기간 동안 유효이자율이 변동하는 경우에도 발행자가 부담하는 이자율은 변동하지 않는다.(⑤)

2) 사채의 발행금액과 2009년도의 이자비용

액면금액의 현재가치	1,000,000 × 0.88900 =	₩889,000
표시이자의 현재가치	1,000,000 × 5% × 2.77510 =	138,755
2011년 1월 1일의 발행금액(①)		₩1,027,755
2011년도 상각액	1,027,755 × 4% − 1,000,000 × 5% =	(8,890)
2011년도 12월 31일의 장부금액		₩1,018,865

3) 2012년도의 이자비용 : 1,018,865 × 4% = 40,755(②)

4) 사채상환이익

2011년 12월 31일의 장부금액		₩1,018,865
2012년도 상각액	1,018,865 × 4% − 1,000,000 × 5% =	(9,245)
2012년 12월 31일의 장부금액		1,009,620
사채의 상환금액		1,000,000
사채상환이익(④)		₩9,620

10 **(주)대전은 액면가 ₩100,000, 액면이자율 연 5%, 만기 3년, 매년 12월 31일 이자지급의 조건으로 사채를 발행하였다. 이 사채의 액면이 기재된 발행일은 2012년 1월 1일이지만 (주)대전이 동 사채를 실제로 발행한 것은 2012년 4월 1일이었다. (주)대전의 사채와 동일한 위험수준을 갖는 다른 회사가 사채가 시장에서 연 8%의 할인율로 거래되고 있으며 만약 (주)대전이 2012년 1월 1일에 사채를 발행하였다면 ₩92,269의 현금을 수취하였을 것이다. (주)대전의 사채에 대한 다음의 설명 중 옳지 않은 것은? 단, 소수점 첫째 자리에서 반올림한다.** (공인회계사 2007)

① 2012년 4월 1일 발행시 ㈜대전이 수령하는 현금은 ₩94,114이며 이 중에는 미지급사채이자 ₩1,250이 포함되어 있다.

② ㈜대전이 사채발행일에 계상하는 사채할인발행차금은 ₩7,136이다.

③ ㈜대전이 사채발행일부터 만기까지 인식해야 하는 총이자비용은 2012년 1월 1일부터 만기까지의 총이자비용 ₩22,731에서 1월 1일부터 3월 31일까지의 미지급사채이자 ₩1,250을 차감한 ₩21,481이 된다.

④ ㈜대전이 2012년 1월 1일이 사채를 발행하였다면 사채할인발행차금은 ₩7,731으로 이 경우 만기까지 인식하는 총이자비용은 ₩22,731이 된다.

⑤ ㈜대전이 2013년도에 인식해야 하는 이자비용은 ₩7,572이며 ㈜대전이 발행한 사채의 2010년도말 장부금액은 ₩97,222이다.

정답 ③

1) 사채발행일의 현금유입액과 사채할인발행차금

2012년 1월 1일의 현금수령액		₩92,269
4월 1일까지의 실질이자	92,269 × 8% × 3/12 =	1,845
실제발행일의 현금유입액(①)		₩94,114
4월 1일까지의 표시이자(①)	100,000 × 5% × 3/12 =	(1,250)
사채의 발행금액		₩92,864
사채의 액면금액		100,000
사채할인발행차금(②)		₩7,136

2) 만기까지의 이자비용

표시이자의 합계액	100,000 × 5% × 3 =	₩15,000
사채할인발행차금		7,136
4월 1일까지의 표시이자	100,000 × 5% × 3/12 =	(1,250)
총이자비용(③)		₩20,886

3) 2012년 1월 1일에 발행을 가정하는 경우

액면금액		100,000
2012년 1월 1일의 현금수령액		(92,269)
사채할인발행차금(④)		₩7,731
표시이자의 합계액	100,000 × 5% × 3 =	15,000
총이자비용(④)		₩22,731

4) 2013년의 이자비용과 2013년말의 장부금액

①2013년말의 장부금액

2012년 1월 1일의 발행금액		₩92,269
2012년도 상각액	92,269 × 8% - 100,000 × 5% =	2,382
2013년도 상각액	2,382 × 1.08 =	2,573
2013년말의 장부금액(⑤)		₩97,224

②2013년도의 이자비용

표시이자	100,000 × 5% =	₩5,000
2013년도 상각액	2,382 × 1.08 =	2,573
2013년도 이자비용인식액(⑤)		₩7,573

11 (주)동화는 2010년 1월 1일에 액면금액 ₩3,000,000, 표시이자율 6%, 3년에 걸쳐 매년 말 이자지급과 원금 ₩1,000,000씩을 상환하는 연속상환사채를 발행하였다. 사채의 발행가격은 얼마인가? 단, 사채발행시의 유효이자율은 8%이고 사채발행비는 없다. 또한 모든 계산금액은 소수점 첫째자리에서 반올림하며, 이 경우 약간의 오차가 나타날 수 있다. (공인회계사 2009)

할인율	단일금액 ₩1의 현재가치			정상연금 ₩1의 현재가치		
	1년	2년	3년	1년	2년	3년
6%	0.9434	0.8900	0.8396	0.9434	1.8334	2.6730
8%	0.9259	0.8573	0.7983	0.9259	1.7833	2.5771

① ₩2,641,259　　② ₩2,703,342
③ ₩2,765,391　　④ ₩2,894,178
⑤ ₩3,000,000

정답 ④

사채의 현재가치(발행금액)

- 원금의 현재가치 : ₩1,000,000 × 2.5771 = ₩2,577,100
- 이자의 현재가치 : ₩3,000,000 × 6% × 0.9259 = ₩166,662
  ₩2,000,000 × 6% × 0.8573 = ₩102,876
  ₩1,000,000 × 6% × 0.7938 = ₩47,628
- 사채의 현재가치 : ₩2,577,100 + ₩166,662 + ₩102,876 + ₩47,628 = ₩2,894,266(단수차이)

12 다음은 (주)JC가 2011년 기초에 발행한 사채와 관련된 자료이다. 사채발행차금을 유효이자율법으로 회계처리하는 (주)JC가 2012년 3월 31일에 상기 사채를 ₩3,150,000(미지급이자 포함)에 매입하였다면, 사채상환손실은 얼마인가? 단, 모든 계산금액은 소수점 첫째 자리에서 반올림하며, 이 경우 약간의 오차가 나타날 수 있다. (공인회계사 2009)

액면금액 : ₩3,000,000 (표시이자율: 연 5%, 이자지급일 매년 12월 31일, 만기 3년) 발 행 일 : 2010년 1월 1일 만 기 일 : 발행후 3년 표시이자율 연8% , 매년 말 지급 발행시 유효이자율 : 연 10%

할인률 / 기간	단일금액(기말 지급)		정상연금	
	8%	10%	8%	10%
1	0.96154	0.95238	0.96154	0.95238
2	0.92456	0.90703	1.88610	1.85941
3	0.88900	0.86384	2.77510	2.72325

① ₩54,614　　② ₩91,800
③ ₩181,800　　④ ₩241,300
⑤ ₩301,045

정답 ③

1) 사채의 발행금액과 상환일의 장부금액

원금의 현재가치 :	₩3,000,000 × 0.7513 = ₩2,253,900
이자의 현자가치 :	₩3,000,000 × 8% × 2.4868 = ₩596,832
2011년 1월 1일의 발행금액	₩2,850,732
2011년도 상각액	₩2,850,732 × 10% − 3,000,000 × 8% = 45,073
2012년 상환일까지의 상각액	45,073 × 1.1 × 3/12 = 12,395
상환일(2012년 3월 31일)의 장부금액	₩2,908,200

〈별해〉 • 2012년 3월 31일 현재 사채의 장부금액

일　자	기　초	유효이자	액면이자	상　각	기　말
2010.01.01	2,850,732	285,073	240,000	45,073	2,895,805
2011.01.01	2,895,805	72,3951)	60,0002)	12,395	2,908,200

1) 2,895,805 X 0.1 X 3/12 = 72,395
2) 240,000 X 3/12 = 60,000

2) 사채상환손실

사채의 상환금액	3,150,000 − 3,000,000 × 8% × 3/12 = ₩3,090,000
사채의 장부금액	(2,908,200)
사채상환손실	₩181,800

13 A회사는 2010년 1월 1일에 액면 ₩100,000의 사채(표시이자율 10%, 만기 3년)를 ₩95,200에 발행하였다. 발행사채의 유효이자율이 알 수 없는 경우 A회사가 이 사채로 인하여 만기까지 부담해야 할 총 이자비용은 얼마인가? (세무사 2004)

① ₩30,000 ② ₩32,000
③ ₩34,800 ④ ₩36,000
⑤ ₩40,000

정답 ③

(1) 95,200 − (10,000 X 3 + 100,000) = △34,800
(2) 총현금유입액과 총현금유출액의 차이가 이자비용이다.

14 (주)갑은 2011년 1월 1일 액면금액 ₩50,000(만기 3년, 표시이자율 연 10%, 매년말 이자지급)인 사채를 발행하였다. 20X1년 1월 1일의 시장이자율은 연 8%이다. (주)갑이 2013년 4월 1일에 동 사채의 50%(발생한 액면이자 포함)를 ₩25,000에 조기상환할 경우, 조기상환이익은 얼마인가? 단, 사채발행과 관련된 거래비용은 없다. (계산결과 단수차이로 인해 답안과 오차가 있는 경우 근사치를 선택한다.) (공인회계사 2012)

할인율 \ 기간	기간말 단일금액 ₩1의 현재가치		정상연금 ₩1의 현재가치	
	8%	10%	8%	10%
1	0.9259	0.9091	0.9259	0.9091
2	0.8573	0.8264	1.7833	1.7355
3	0.7938	0.7513	2.5771	2.4868

① ₩159 ② ₩346 ③ ₩784 ④ ₩971 ⑤ ₩1,596

정답 ④

(1) 발행금액 : ₩5,000 X 2.5771 + ₩50,000 X 0.7938 = ₩52,576

날 짜	유효이자(8%)	액면이자(10%)	상각액	장부금액
2011 초				₩52,576
2011 말	₩4,206	₩5,000	₩794	51,782
2012 말	4,143	5,000	857	50,925
2013 말	4,075	5,000	925	50,000

(2) 2013년 4월 1일 사채금액(액면이자 포함) : (₩50,000 + ₩4,075 X 3/12) X 50% = ₩25,971
(3) 사채상환이익 : ₩25,971 − ₩25,000 = ₩971

15 (주)충북은 2005년 A제품을 ₩50,000에 판매하였다. 이 제품은 1년 동안 제품의 하자를 보증하며, 과거의 경험에 의하면 판매보증기간 중에 ₩10,000의 판매보증비용이 발생할 것으로 예상하였다. 2005년도에는 판매보증비용이 발생하지 않았으나, 2006년 6월 30일 현재까지 판매보증비용이 ₩6,000 발생하였다. 결산일인 12월 말에 계상하여야 할 판매보증충당부채 환입액은 얼마인가? (9급 국가직 2007)

① ₩10,000 ② ₩6,000
③ ₩4,000 ④ ₩0

정답 ③

- 2005년 판매보증충당부채의 설정
  (차) 판매보증비 10,000 (대) 판매보증충당부채 10,000
- 2006년 보증수리비 지출시점
  (차) 판매보증충당부채 6,000 (대) 현 금 6,000
- 2006년 말 판매보증충당부채환입
  (차) 판매보증충당부채 4,000 (대) 판매보증충당부채환입액 4,000

*판매보증기간이 1년이므로 2006년 말 시점에서 보면 보증수리의무가 소멸하므로 회사는 충당부채잔액을 환입하여 당기수익으로 처리한다.

16 (주)갑은 판매한 제품에 대해 품질보증을 실시하고 있다. 2009년도 말 현재 품질보증과 관련하여 미래에 지출될 충당부채의 최선의 추정치는 ₩1,700이고, 수정전시산표와 제품보증충당부채 계정잔액은 ₩1,000이다. 2009년도 중에 품질보증과 관련되어 ₩100의 지출이 있었다. 2009년도 재무제표에 보고될 제품보증충당부채와 제품보증비용은? (9급 관세직 2010)

	제품보증충당부채	제품보증비용
①	₩1,000	₩700
②	₩1,600	₩800
③	₩1,700	₩700
④	₩1,700	₩800

정답 ③

제품보증충당부채

차변	금액	대변	금액
보증비지출액	100	기초금액	1,100
기말금액	1,700	제품보증비용	700
	₩1,800		₩1,800

17 다음은 2009년 12월 31일(결산일) 현재 (주)둘리의 재무상황과 관련이 있는 항목들이다.

(1) 2009년 2월 1일 (주)둘리는 소송에 계류되어 2009년 11월 15일에 지방법원으로부터 ₩6,000,000의 패소판결을 받았다. (주)둘리는 이를 고등법원에 항소하였는데 고문변호사는 항소심에서 이 금액을 반으로 낮출 수 있는 확률이 50%이다. (주)둘리는 이에 대한 회계처리를 하지 않았다.

(2) 2009년 6월 30일 (주)둘리는 주원료공급업체인 (주)충청으로부터 계약위반으로 소송을 제기당했다. (주)둘리의 고문변호사는 (주)둘리가 승소할 가능성이 매우 희박하며 그 금액은 ₩2,000,000에서 ₩3,000,000 범위내에서 베례적으로 증가하는 분포를 이루고 각각의 발생확률이 동일하다고 본다. (주)둘리는 이에 대한 회계처리를 하지 않았다.

위 두가지 상황으로 인하여 한국채택국제회계기준에 따라, (주)둘리의 2009년 12월 31일의 재무상태표에 부채로 보고될 금액은 얼마인가?(감정평가사 2002 수정)

① ₩3,000,000　　② ₩5,000,000
③ ₩6,000,000　　④ ₩7,000,000

정답 ④

(1) 당해 의무는 모든 가능한 결과와 그와 관련된 확률을 가중평균하여 추정한다.
₩6,000,000 x 50% + 50% = ₩4,500,000

(2) 가능한 결과가 연속적인 범위 내에 분포하고 각각의 발생확률이 동일할 경우에는 당해 범위의 중간 값을 사용한다. 따라서, ₩2,500,000을 인식한다.

10장

금융자산(Ⅱ) : 지분상품과 채무상품

제1절 금융자산

1. 금융자산의 의의 및 분류

금융상품(financial instrument)은 거래당사자 일방에게 금융자산을 발생시키고 동시에 다른 거래 상대방에게 금융부채나 지분상품을 발생시키는 모든 계약을 말한다. 금융자산은 계약에 의해 현금이나 다른 금융자산을 수취해야할 권리를 말한다.

재무제표에 인식된 금융상품을 종류별로 공시하는 경우 기업은 재무제표 이용자가 당해 기업의 재무상태와 경영성과에 대한 금융상품의 중요성을 평가할 수 있도록 하여야 한다. 금융자산은 제8장에서 설명한 현금및현금성자산을 제외하고 다음의 네 가지 범주로 분류하여 공시하여야 한다. 여기서 주의할 점은 금융자산의 네 가지 범주(category)는 측정과 당기손익 인식을 위한 분류일 뿐이라는 것이다. 따라서 재무제표에 표시할 때는 해당 기업의 상황에 맞게 다른 계정과목을 사용할 수도 있으며 아래에 설명하는 범주와 다르게 분류할 수도 있다.

분 류		요 건
1) 대여금 및 수취채권		지급금액이 확정된 활성시장에서 가격이 공시되지 않는 금융자산
2) 당기손익인식 금융자산	단기매매금융자산	단기매매항목으로 분류된 경우(지분, 채무상품 가능)
	당기손익인식지정금융자산	최초인식시점에 당기손익인식 항목으로 지정한 경우(지분, 채무상품 가능)
3) 만기보유금융자산		만기까지 보유할 적극적인 의도와 능력을 가지고 있는 금융자산(채무상품만 가능)
4) 매도가능금융자산		장기투자목적으로 취득한 금융자산(지분, 채무상품 가능)

[그림 9-1] 금융자산의 분류

1) 대여금 및 수취채권

대여금 및 수취채권(loans and receivables)은 지급금액이 확정되었거나 결정가능하며 활성시장[1]에서 가격이 공시되지 않는 비파생금융자산(non-derivative financial asset)을 말한다. 예를 들면 대출자산, 매출채권, 채무상품 및 은행 예치금 등은 지급금액이 확정되었거나 결정가능한 금융자산이므로 대여금 및 수취채권에 포함된다.[2] 그러나 공시가격이 있는 채무상품 등 활성시장에서 가격이 공시되는 금융자산은 대여금 및 수취채권으로 분류하지 않고, 만기보유금융자산 등 다른 항목으로 분류한다. 대여금 및 수취채권에 포함되지 않는 비파생금융자산은 다음과 같다.

① 당기손익인식금융자산 : 즉시 또는 단기간 내에 매각할 의도가 있는 금융자산과 최초 인식시점에 당기손익인식항목으로 지정한 금융자산
② 매도가능금융자산으로 지정 : 최초 인식시점에 매도가능금융자산으로 지정한 금융자산
③ 회수불능금융자산 : 채무자의 신용악화를 제외한 다른 이유 때문에 최초 투자액의 대부분을 회수하지 못할 수도 있는 금융자산. 이 경우에는 매도가능금융자산으로 분류

2) 당기손익인식금융자산

당기손익인식금융자산(financial asset at fair value through profit or loss)은 공정가치 로 측정하고 공정가치 변동분을 당기손익으로 인식하는 금융자산을 말한다. 당기손익인식금융자산은 ① 단기매매금융자산(financial asset held for trading)과 최초인식시점에 당기손익항목으로 지정되어 공정가치의 변동을 당기손익으로 인식하기로한 ② 당기손익인식지정금융자산(financial asset designated as at fair value through profit or loss)로 구분하여 표시한다.

(1) 단기매매금융자산

단기매매금융자산은 단기간 내의 매매차익을 얻기 위하여 매입과 매도가 적극적이고 빈번하게 이루어지는 금융자산을 말하며 다음 중 하나에 해당하면 단기매매금융자산으로 분류된다.

---

1) 활성시장(active market)은 거래되는 항목들이 동질적이며, 일반적으로 거래의사가 있는 구매자들과 판매자들을 언제든지 찾을 수 있고, 가격이 공개되어 이용 가능한 시장을 말한다.
2) 대여금 및 수취채권이 아닌 다른 종류의 자산으로 구성된 자산집합(예; 뮤추얼펀드나 이와 유사한 펀드)에 대한 지분은 대여금 및 수취채권으로 분류하지 않는다.

① 주로 단기간 내에 매각할 목적으로 취득한다.
② 최초인식시점에, 최근의 실제 운용형태가 단기적 이익획득 목적이라는 증거가 있으며, 그리고 공동으로 관리되는 특정 금융상품 포트폴리오의 일부이다.
③ 파생상품인 금융자산

(2) 당기손익인식지정금융자산

당기손익인식지정금융자산은 단기매매목적은 아니지만 최초인식시점에 다음 중 하나 이상을 충족하여 더 목적적합한 정보를 제공하는 자산을 말하며 공정가치 선택권(fair value option)이라 말하기도 한다.

① 회계불일치(accounting mismatch)제거목적 : 당기손익인식항목으로 지정하면, 서로 다른 기준에 따라 자산이나 부채를 측정하거나 그에 따른 손익을 인식함으로써 발생할 수 있는 인식이나 측정상의 불일치가 제거되거나 유의적으로 감소되는 경우[3)]
② 공정가치기준에 근거한 정보제공목적 : 문서화된 위험관리전략이나 투자전략에 따라, 금융상품집합(금융자산, 금융부채 또는 금융자산과 금융부채의 조합으로 구성된 집합)을 공정가치기준으로 관리하고 그 성과를 평가하며 그 정보를 이사회, 대표이사 등 주요경영진에게 공정가치기준에 근거하여 내부적으로 제공하기 위한 경우[4)]

다만, 보유한 지분상품이 활성시장에서 공시되는 시장가격이 없고 공정가치를 신뢰성 있게 측정할 수 없는 경우에는 당기손익인식항목으로 지정할 수 없다. 또한, 금융자산을 당기손익인식항목으로 지정하는 것은 회계정책의 선택과 유사하지만 유사한 모든 거래에 대하여 동일한 회계처리를 반드시 적용하지 않는다는 점에서 다르다.[5)]

---

3) 예를 들면, 당기손익인식항목으로 지정하지 않은 경우, 금융자산은 매도가능금융자산으로 분류하여 공정가치 변동을 대부분 기타포괄손익으로 인식하게 되며, 당해 금융자산과 관련되는 금융부채는 상각후원가로 측정하고 공정가치 변동은 인식하지 않게 될 것이다. 이 경우 당해 금융자산과 금융부채를 모두 당기손익인식항목으로 분류하면, 재무제표가 더 목적적합한 정보를 제공할 것이라는 판단을 할 수 있다.
4) 이자나 배당 및 공정가치변동 등의 형태로 총수익을 얻기 위하여 금융자산에 투자하는 사업을 영위하는 벤처캐피탈, 뮤추얼펀드, 단위형 펀드 또는 이와 유사한 실체의 경우 이러한 투자를 공정가치로 측정하여 당기손익으로 인식함으로써 더 목적적합한 정보를 제공할 수 있다.
5) 예를 들어, 금융자산 A를 취득한 경우 기업은 금융자산 A를 어더한 경우에도 당기손익인식항목으로 지정할 수 있다. 그렇다고 해서 금융자산 A와 유사한 금융자산 B를 취득한 경우에도 금융자산 B를 반드시 당기손익인식항녹으로 지정하여야 하는 것은 아니다.

3) 만기보유금융자산

만기보유금융자산(held-to-maturity investments)은 만기가 고정되었고 지급금액이 확정되었거나 결정가능한 비파생금융자산으로서 만기까지 보유할 적극적인 의도(positive intention)와 능력(ability)이 있는 경우의 금융자산을 말한다. 다만, 다음의 경우는 제외한다.

① 금융자산의 최초인식시점에 당기손익인식항목으로 지정한 경우
② 금융자산을 매도가능금융자산으로 지정한 경우
③ 금융자산이 대여금 및 수취채권의 정의를 충족하는 경우

만기보유금융자산을 만기까지 보유할 적극적인 의도와 능력이 있는지는 당해 금융자산을 최초로 인식하는 시점뿐만 아니라 매 후속 보고기간말에 평가한다. 대부분의 금융자산은 상각후원가로 측정하는 것보다 공정가치로 측정하는 것이 더 적절하다. 그러나 예외적으로 만기까지 보유할 적극적인 의도와 능력이 있어서 만기보유금융자산으로 분류하는 금융자산은 상각후원가로 평가한다. 따라서 만기보유금융자산은 엄격한 분류제한(tainting provisions)규정이 있다. 다음과 같은 항목들은 만기보유금융자산으로 분류 할 수 없다.

① 지분상품 : 만기가 없거나(예; 보통주식) 보유자가 받을 수 있는 금액이 미리 결정될 수 없는 방식으로 변동되기(예; 주식옵션, 주식매입권 또는 이와 유사한 권리) 때문에 채무상품만이 만기보유금융자산으로 분류될 수 있다.
② 영구채무상품 : 이자지급기간이 한정되지 않아 만기가 없으므로
③ 보유자가 중도상환을 요구할 수 있는 금융자산 : 중도상환을 요구할 수 있는 특성에 대한 대가 지급은 금융자산을 만기까지 보유할 의도가 있다는 것과 상충되기 때문
④ 당 회계연도 또는 직전 2개 회계연도에 만기보유금융자산 중 경미한 금액 이상[6]을 만기일 전에 매도하였거나 재분류한 사실이 있는 경우 : 어떠한 금융자산도 만기보유금융자산으로 분류할 수 없다.[7]

---

6) 만기보유금융자산 총액과 비교하여 판단 한다.

7) 예를 들어, A사는 2012년 초 만기보유금융자산으로 a와 b를 보유하고 있다고 가정해 보자. A사가 2012년 중 금융자산 a를 만기일 전에 매도한 경우에는 금융자산 b도 만기보유금융자산으로 분류할 수 없다. 또한 2012년 중 새로운 금융자산 c를 취득한 경우에도 만기보유금융자산으로 분류할 수 없다. 다만, 매도 또는 재분류가 다음 중 하나에 해당하는 경우는 제외한다.
① 만기나 중도상환권 행사일까지 기간이 얼마 남지 아니하여(예; 만기 전 3개월 이내) 시장이자율의 변동이 공정가치에 유의적인 영향을 미치지 아니할 시점에 그 금융자산을 매도하거나 재분류

4) 매도가능금융자산

매도가능금융자산(available-for-sale financial assets)은 전술한 대여금 및 수취채권, 당기손익인식금융자산 및 만기보유금융자산으로 분류되지 않는 비파생금융자산을 말한다.

2. 금융자산 인식과 측정

금융자산은 금융상품의 계약당사자가 되는 때에 재무상태표에 인식한다. 다만, 관련시장의 규정이나 관행에 의하여 이루어지는 정형화된 매입이나 매도(regular way purchase or sale)[8]는 매매일[9] 회계처리방법(trade date accounting) 또는 결제일[10] 회계처리방법(settlement date accounting) 중 하나를 사용하여 인식한다.[11] 금융자산은 최초인식일과 후속측정시에 공정가치로 측정할 것을 원칙으로 하고 있다. 공정가치 정보는 금융상품을 일정시점에 매수하여 일정기간 동안 보유하려는 경영자의 의사결정에 대한 성과를 가장 잘 반영하기 때문이다.

하는 경우

② 금융자산의 원금의 대부분을 상환계획에 따라 또는 중도상환으로 회수한 이후에 남은 잔액을 매도하거나 재분류하는 경우

③ 합리적으로 예상할 수 없었고 비반복적이며 통제할 수 없는 별도의 사건으로 인하여 그 금융자산을 매도하거나 재분류하는 경우

8) 우리나라의 경우 공개시장(유가증권시장이나 코스닥시장)에서 유가증권을 매매하는 경우 매매일로부터 2영업일 후에 결제가 이루어진다. 이러한 거래는 정형화된 결제시스템에 의해 계약의 이행이 실질적으로 보장되므로 정형화된 매매거래에 해당된다. 예를 들어 금요일에 유가증권의 매입거래가 체결된 경우 다음 주 화요일(토요일과 일요일은 휴무. 월요일과 화요일은 공휴일이 아니라고 가정. 만일 화요일이 공휴일이라면 수요일이 결제일임)에 매입한 유가증권이 입고되며, 매입대금이 출금되어 결제된다.

9) 매매일은 금융자산을 매입하거나 매도하기로 약정한 날을 말한다. 한편, 매매일 회계처리방법은 매매일에 수취할 자산과 그 자산에 대하여 지급할 부채를 인식하거나, 매매일에 매도한 자산을 제거하고 처분손익을 인식하는 방법이다.

10) 결제일은 금융자산을 인수하거나 인도하는 날을 말한다. 한편, 결제일 회계처리방법은 자산을 인수하는 날에 자산을 인식하거나, 자산을 인도하는 날에 자산을 제거하고 처분손익을 인식하는 방법이다. 결제일 회계처리방법을 적용할 경우 매매일과 결제일 사이에 금융자산의 공정가치가 변동될 수 있다.

11) 매매일 또는 결제일 방법을 적용할 때에는 금융자산의 4가지 범주별로 매입이나 매도 모두에 대하여 일관성 있게 적용하되, 단기매매금융자산은 단기손익인식지정금융자산과 별개의 범주로 구분한다.

1) 금융자산의 최초인식

금융자산은 최초 인식시 공정가치로 측정한다. 일반적으로 최초 인식시 금융자산의 공정가치는 제공한 대가의 공정가치이다. 그러나 제공한 대가 중 금융자산이 아닌 다른 것에 대한 대가가 포함되어 있다면 평가기법을 사용하여 금융자산의 공정가치를 추정한다.12) 금융자산의 취득과 직접 관련되는 부대비용인 거래원가(transaction cost)13)는 최초 인식하는 공정가치에 가산하여 측정한다. 다만, 여기서 주의할 점은 당기손익인식금융자산의 취득을 위한 거래원가는 당기비용(즉시비용)으로 처리한다는 것이다.14)

분 류	최초측정	거래원가 처리
당기손익인식금융자산	제공대가의 공정가치	당기비용 인식
당기손익인식금융자산 이외	제공대가의 공정가치	최초인식하는 공정가치에 가산

구분	분개
당기손익인식금융자산	(차)당기손익인식금융자산 ×××　(대) 현　금 ×××[1] 　수수료비용 ×××　현　금 ×××[2] [1]거래가격, [2]거래원가
당기손익인식금융자산이외	(차) 매도가능금융자산 ×××　(대) 현　금 ×××[1] [1]거래가격, [2]거래원가　현　금 ×××[2]

[그림 9-2] 금융자산의 최초측정

2) 금융자산의 후속측정

최초 인식 후 파생상품자산을 포함한 모든 금융자산은 원칙적으로 공정가치로 측정한다. 여기서 공정가치는 매도 등에서 발생할 수 있는 거래원가를 차감하지 않은 금액이다.

---

12) 예를 들어 이자를 지급하지 않는 장기대여금이나 장기수취채권의 공정가치는 유사한 신용등급을 가진 유사한 금융상품의 시장이자율로 할인한 미래 현금수취액의 현재가치로 추정할 수 있다.

13) 거래원가(transaction cost)란 금융자산이나 금융부채의 취득, 발행 또는 처분과 직접 관련된 증분원가인 부대비용을 말한다. 이러한 거래원가에는 대리인, 고문, 중개인 및 판매자에게 지급하는 수수료와 중개수수료, 감독기관과 증권거래소의 부과금 및 양도세 등이 포함된다.

14) 당기손익인식금융자산은 취득 후 공정가치 변동을 당기손익으로 인식하기 때문에 거래원가를 취득원가에 포함시키더라도 그 부분만큼 당기손익에 반영된다. 따라서 굳이 당기손익인식금융자산의 거래원가를 취득원가에 포함시키지 않고 당기비용으로 회계처리하는 것이 타당하다.

(1) 대여금 및 수취채권

대여금 및 수취채권은 만기까지 보유할 의도와 관계없이 유효이자율법을 적용하여 상각후원가(amortised cost)[15]로 측정한다. 할인효과가 중요하지 않은 단기채권은 할인하지 않으므로 단기채권의 경우에는 상각후원가가 아닌 취득금액으로 측정한다.

(2) 당기손익인식금융자산

당기손익인식금융자산은 최초 인식 후 공정가치로 재측정한다. 보고기간말 공정가치와 장부금액과의 차액은 단기매매금융자산평가손익 또는 당기손익인식금융자산평가손익의 과목으로 하여 당기손익에 반영한다.

(3) 만기보유금융자산

만기보유금융자산은 상각후원가로 측정한다. 상각후원가를 장부금액으로 하는 금융자산의 손익은 당해 금융자산이 제거되거나 손상되었을 때 당기손익으로 인식하거나, 상각과정을 거쳐 당기손익으로 인식한다.

(4) 매도가능금융자산

매도가능금융자산은 최초 인식 후 공정가치로 재측정한다. 다만, 만기가 고정되고 지급금액이 확정되었거나 결정가능한 채무상품은 공정가치로 평가하기 전에 최초인식금액과 만기금액의 차액을 당해 채무상품의 상환기간에 걸쳐 유효이자율법을 적용하여 취득금액과 이자수익에 각각 가감한다. 보고기간말 매도가능금융자산의 공정가치와 취득금액 또는 상각후원가와의 차액은 매도가능금융자산평가손익의 과목으로 하여 기타포괄손익으로 인식하며 당기손익에 반영하지 않는다. 한편, 그 누적액은 재무상태표에 자본항목으로 표시한다. 당해 누적손익(매도가능금융자산평가손익누계액)은 관련된 금융자산이 손상되거나 제거되는 시점에 재분류조정으로 자본(기타포괄손익누계액)에서 당기손익으로 재분류하여 인식한다. 다만, 활성거래시장에서 공시되는 시장가격이 없고 공정가치를 신뢰성 있게 측정할 수 없는 지분상품은 원가로 측정한다.

---

15) 금융자산의 최초인식시점의 측정금액에서 상환된 원금을 차감하고, 최초인식금액과 만기금액의 차액에 유효이자율법을 적용하여 계산된 상각누계액을 가감한 금액을 말한다.

분 류	평가	유효이자율법	평가손익의 처리
대여금 및 수취채권	상각후원가[1]	적용함	해당사항 없음
당기손익인식금융자산	공정가치	적용하지 않음	당기손익
만기보유금융자산	상각후원가	적용함	해당사항 없음
매도가능금융자산	공정가치[2]	적용함[3]	기타포괄손익

[1]단기채권은 원가
[2]공정가치 없는 지분상품은 원가평가
[3]채무상품인 경우만 해당

[그림 9-3] 금융자산의 후속측정

3. 금융자산 제거와 손상

1) 금융자산의 제거

금융자산의 제거(derecognition)는 인식(recognition)과 반대의 개념으로서 금융자산의 권리가 소멸되거나 권리가 양도됨으로써 금융자산을 재무상태표에서 삭제하는 것을 의미한다. 여기에 대해서는 제8장 금융자산(Ⅰ)을 참조하기 바란다.

2) 금융자산의 손상

당기손익인식금융자산을 제외[16)]한 금융자산에 대해서 손상(impairment) 발생의 객관적인 증거가 있는지를 매 보고기간 말에 평가하고, 그러한 증거가 있는 경우 손상차손을 인식한다.

최초인식 후 하나 이상의 손상사건이 발생한 결과 손상되었다는 객관적인 증거가 있으며, 그 손상사건이 신뢰성 있게 추정할 수 있는 금융자산의 추정미래현금흐름에 영향을 미친 경우에만, 당해 금융자산은 손상된 것이다. 당해 금융자산이 손상되었다는 객관적인 증거의 예는다음과 같다.

---

16) 당기손익인식금융자산은 공정가치 변동액을 당기손익으로 반영하기 때문에 굳이 손상차손을 인식할 필요가 없다.

① 금융자산의 발행자나 지급의무자의 중요한 재무적 어려움
② 이자지급이나 원금상환의 불이행이나 지연과 같은 계약 위반
③ 차입자의 재무적 어려움에 관련된 경제적 또는 법률적 이유로 인한 당초 차입조건의 불가피한 완화
④ 차입자의 파산이나 기타 재무구조조정의 가능성이 높은 상태가 됨
⑤ 재무적 어려움으로 당해 금융자산에 대한 활성시장의 소멸
⑥ 금융자산의 집합에 포함된 차입자의 지급능력의 악화[17]
⑦ 금융자산의 집합에 포함된 자산에 대한 채무불이행과 상관관계가 있는 국가나 지역의 경제상황[18]

여기서 주의할 점은 금융상품이 더 이상 공개적으로 거래되지 않아 ① 활성시장이 소멸[19]하거나, ② 금융상품 발행자의 신용등급이 하락한 사실, ③ 금융자산의 공정가치가 원가나 상각후원가 이하로 하락한 사실[20] 자체는 반드시 손상의 증거가 되는 것은 아니라는 것이다. 이 경우에는 이용가능한 그 밖의 정보를 함께 고려하는 경우에는 손상의 증거가 될 수도 있다.

(1) 손상차손의 인식

금융자산의 손상차손은 당기손실로 인식한다. 손상차손은 당해 자산의 장부금액에서 직접 차감하거나 충당금계정을 사용하여 차감할 수 있다. 일반적인 채권·채무에서 발생하는 손상차손은 충당금계정을 많이 사용하며, 유가증권상의 채권·채무에서 발생하는 손상차손은 장부에서 직접차감하는 방법을 많이 사용한다. 또한 손상대상 금융자산에 대하여 기타포괄손익으로 인식한 누적손익(매도가능금융자산평가손익누계액)이 있다면 당해 자산이 제거되지 않더라도 재분류조정으로 자본에서 당기손익으로 재분류하여 손상차손에 가감한다.

17) 예를 들면, 연체횟수가 증가하거나, 신용한도에 도달하고 매월 최소금액을 상환하는 신용카드 차입자의 수가 증가한 경우.
18) 예를 들면, 차입자 거주 지역의 실업률 증가, 관련 지역의 담보자산가격 하락, 석유생산자에게 제공한 대여금의 경우 석유가격의 하락, 차입자에게 영향을 미치는 산업상황의 악화 등
19) 자발적인 상장폐지를 의미한다.
20) 예를 들면, 무위험이자율의 상승으로 채무상품의 공정가치가 하락한 경우.

(2) 손상차손의 환입

후속기간 중 손상차손의 금액이 감소하고 그 감소가 손상을 인식한 후에 발생한 사건과 객관적으로 관련된 경우에는 이미 인식한 손상차손을 직접 환입하거나 충당금을 조정하여 환입하고 이를 당기이익으로 인식한다. 여기서 주의할 점은 모든 금융자산에 대하여 손상차손환입을 인식하는 것은 아니라는 것이다.

분 류	손상인식 여부	손상차손 인식 방법
대여금 및 수취채권	인식함	① 손상판단 : 손상 객관적 증거 만족 ② 인식 : 해당 금융자산 BV VS. 금융자산 회수가능액
당기손익인식금융자산	해당사항 없음	
만기보유금융자산	인식함	
매도가능금융자산	인식함	

[그림 9-4] 금융자산의 손상인식

4. 금융자산의 재분류[21)]

금융자산은 기업의 보유목적과 보유능력에 따라 재무상태표 과목을 분류하므로 기업의 금융자산에 대한 보유목적과 보유능력에 변화가 있는 경우에는 계정과목의 분류변경(transfer between category)이 필요하다.

1) 당기손익인식항목과 관련된 분류변경

미실현보유손익을 이용한 이익유연화를 방지하기 위하여[22)], 최초인식시점에서 당기손익인식항목으로 지정된 금융자산은 당기손익인식항목 범주에서 다른 범주로 재분류할 수 없다.

21) 재분류 부분은 다음 절부터 소개되고 있는 금융자산의 전반적인 회계처리를 이해하고 학습하는게 학습목적상 이해가 쉽다.

22) 당기손익인식금융자산은 미실현보유손익을 즉시 당기손익에 반영하며, 매도가능금융자산은 미실현보유손익을 기타포괄손익누계액에 계상하여 손익의 인식시기를 이연시킨다. 따라서 금융자산을 분류변경하는 경우 분류변경시점의 모든 미실현보유손익을 당기손익에 포함시킨다면, 경영자의 의도에 따라 가격이 상승한 금융자산을 매도하지 않고 과목을 분류변경함으로써 당기에 이익을 즉시 실현시킬 수가 있다. 따라서 한국채택국제회계기준에서는 이익유연화의 여지가 없는 경우에만 분류변경을 인정하고 있다.

그러나 금융자산을 더 이상 단기간 내에 매각할 목적이 아니며, 드문 상황(rare circumstance)인 경우에만 당기손익인식항목 범주에서 다른 범주(매도가능금융자산이나 만기보유금융자산)로 분류 변경할 수 있다. 여기서 드문 상황이란 일반적이지 않고(unusual) 단기간 내에 재발할 가능성이 매우 낮은 단일한 사건과 같은 상황[23]을 말한다. 이 경우에는 재분류일의 공정가치로 당해 금융자산을 재분류하며, 당기손익에 이미 인식된 손익이 있다면 그 손익을 환입하지 않는다. 재분류일의 당해 금융자산의 공정가치는 새로운 원가 또는 상각후원가가 되며 재분류일의 공정가치평가손익은 당기손익으로 인식한다. 한편, 다른 금융자산의 항목은 당기손익인식금융자산으로 분류변경을 할 수 없다.[24]

분류변경일	(차) 매도가능금융자산(F.V.) 등	×××	(대) 당기손익인식금융자산(장부)	×××
	당기손익인식금융자산평가손실	×××		

2) 만기보유금융자산에서 매도가능금융자산으로의 분류변경

만기보유금융자산으로 분류된 채무상품은 다음과 같은 경우에 매도가능금융자산으로 재분류하고 재분류일의 공정가치로 다시 측정한다.

① 보유 의도나 능력에 변화가 있어 더 이상 만기보유금융자산으로 분류하는 것이 적절하지 않은 경우
② 경미한 금액 이상의 만기보유금융자산을 매도하거나 재분류한 경우

이때, 재분류일의 공정가치와 장부금액(상각후원가)의 차이는 매도가능금융자산평가손익의 과목으로 하여 기타포괄손익으로 인식하며, 당해 누적손익은 관련된 금융자산이 제거되는 시점이나 손상시점에 재분류조정의 방법으로 으로 자본항목(기타포괄손익누계액)에서 당기손익으로 재분류한다.

23) 예를 들면, 2008년 국제금융위기 같은 상황이다.
24) 매도가능금융자산을 당기손익인식금융자산으로 재분류하는 것을 허용하는 경우 과거 여러 회계기간에 걸쳐 누적된 미실현보유손익(공정가치 변동분)이 일시에 당기손익에 반영되게 된다. 따라서 매도가능금융자산을 당기손익인식금융자산으로 재분류하는 것을 금지함으로써 기업의 자의적인 결정에 따라 당기손익이 조작될 가능성을 방지하고 있는 것이다. 이는 만기보유금융자산의 경우에도 동일하다.

분류변경일	(차) 매도가능금융자산(F.V.)	×××	(대) 만기보유금융자산(장부)	×××
			매도가능금융자산평가이익	×××

3) 매도가능금융자산에서 만기보유금융자산으로의 분류변경

매도가능금융자산으로 분류하여 공정가치로 평가하던 채무상품을 상각후원가로 측정하는 것이 더 타당하다고 판단되는 경우에는 만기보유금융자산으로 재분류하여야 한다.

만기보유금융자산으로 재분류하는 경우에는 재분류일의 공정가치로 다시 측정한다, 이때 재분류일의 공정가치와 장부금액(상각후원가)의 차이는 기타포괄손익으로 처리한다. 그런대 기타포괄손익으로 처리된 항목은 만기보유금융자산과 관련된 것이므로 만기보유금융자산평가손익의 과목으로 하여 자본항목으로 처리 한다.

분류변경일	(차) 만기보유금융자산	×××	(대) 매도가능금융자산	×××
	매도가능금융자산평가이익	×××	만기보유금융자산평가이익	XX

분류변경일 이후 만기보유금융자산평가손익으로 대체된 매도가능금융자산의 미실현보유손익(매도가능금융자산평가손익)은 만기보유금융자산의 만기까지의 잔여기간에 걸쳐 유효이자율법을 적용하여 상각하고 각 기간의 이자수익에 가감한다.[25] 한편, 재분류된 만기보유금융자산이 후속적으로 손상되면, 미실현보유손익은 당기손익으로 재분류하여 손상차손에 가감한다.[26]

4) 측정기준의 변경

(1) 공정가치로 측정하지 않던 금융자산의 공정가치 측정

공정가치를 신뢰성 있게 측정할 수 없어 매도가능금융자산으로 분류하고 원가로 측정하고 있던 지분상품이 후속적으로 공정가치를 신뢰성 있게 측정할 수 있게

25) 이러한 회계처리는 매도가능금융자산에서 만기보유금융자산으로의 분류변경으로 인하여 인식할 수 없게 된 현재가치할인 이자수익을 만기보유금융자산평가손익의 상각을 통해서 인식하기 위함이다.
26) 분류변경일 이후 만기보유금융자산은 만기보유금융자산으로 분류변경된 채무상품의 장부금액(분류변경일 현재의 공정가치)과 만기액면금액과의 차액은 유효이자율(분류변경일의 현행시장이자율)법에 의하여 그 채무상품의 만기일까지의 잔여기간에 걸쳐서 상각하고 각 기간의 이자수익에 가감한다.

된 경우가 있을 수도 있다. 이 경우에는 당해 금융자산을 재분류하지는 않고 공정가치로 측정한다. 이러한 경우는 상장되어 있지 않던 지분상품이 한국거래소의 유가증권시장이나 코스닥시장에 상장되는 경우에 발생할 수 있다. 공정가치로 측정하는 경우 장부금액과 공정가치의 차이는 기타포괄손익으로 인식하며, 당해 누적손익은 관련된 금융자산이 제거되거나 손상되는 시점에 재분류조정의 방법으로 자본항목에서 당기손익으로 재분류한다.

(2) 공정가치로 측정하던 금융자산의 원가 측정

공정가치를 신뢰성 있게 측정할 수 있어 매도가능금융자산으로 분류하고 공정가치로 측정하고 있던 지분상품이 후속적으로 공정가치를 신뢰성 있게 측정할 수 없게 된 경우가 있을 수도 있다. 이 경우에는 당해 금융자산을 재분류하지는 않고 원가로 측정 한다. 이러한 경우는 활성시장에서 거래되던 지분상품이 더 이상 활성시장에서 거래되지 않는 경우(상장폐지)에 발생할 수 있다. 기존의 기타포괄손익으로 인식된 미실현보유손익은 당해 지분상품을 제거하거나 손상되는 시점에 재분류조정의 방법으로 자본항목에서 당기손익으로 재분류한다.

구	분		분류변경	평가손익 처리
당기손익인식 금융자산	▶	다른 금융자산	재분류 금지	해당사항 없음
			예외) 금융자산을 더 이상 단기간 내에 매각할 목적이 아니며, 드문 상황인 경우	공정가치로 재분류하고 발생하는 손익은 당기손익으로 처리
다른 금융자산	◀	당기손익인식금융자산	재분류 금지	해당사항 없음
만기보유금융자산	▶	매도가능금융자산	① 보유의도와 능력이 변경되는 경우 가능 ② 경미한 금액 이상의 매도나 재분류한 경우 가능	공정가치로 재분류하고 기타포괄손익으로 처리 (처분 또는 손상시 당기손익으로 재분류)
매도가능금융자산	▶	만기보유금융자산	보유의도와 능력이 변경되는 경우 가능	공정가치로 재분류하고 기타포괄손익으로 처리 (잔여기간에 걸쳐 유효이자율법으로 상각후 당기손익 처리)
공정가치측정불가능	▶	공정가치측정가능	(신규상장) 재분류금지, 후속적으로 공정가치평가를 수행	제거 또는 손상시 당기손익으로 재분류
공정가치측정가능	▶	공정가치측정불가능	(상장폐지) 재분류금지, 후속적으로 원가평가를 수행	제거 또는 손상시 당기손익으로 재분류

[그림 9-5] 금융자산의 분류변경

제2절 당기손익인식금융자산

유가증권(security)은 재산적 가치를 표창하고 있는 증권으로서, 권리의 발생・존속・행사・이전에 있어서 증권을 소지하는 것을 원칙으로 한다.[27] 유가증권은 실물이 발행된 경우도 있을 수 있고 명부에 등록만 되어 있을 수도 있으며, 적절한 액면금액 단위로 분할되고 시장에서 거래되거나 투자의 대상이 된다. 한편, 유가증권은 지분상품(equity instruments)[28]과 채무상품(debt instruments)[29]으로 분류한다.

1. 최초인식 및 보유에 따른 손익

1) 최초원가

(1) 지분상품의 취득원가

동일한 피투자회사에 대하여 각각 보통주와 우선주를 모두 보유하고 있는 경우에는 별개의종목으로 회계처리하여야 한다. 또한, 보유하고 있는 지분상품의 발행회사에서 회계연도 중에 유상증자를 실시함으로 인하여 신주를 취득하게 되는 경우, 당해 신주는 활성시장에서 신・구주가 구분되어 거래되는 경우에는 그 기간

---

27) 금융상품의 측정과 공시방법에 대하여 한국채택국제회계기준은 세 개의 기준서에서 규정하고 있으며 금융상품과 관련된 내용들은 금융시장이 복잡하게 다분화 되어 있는 금융선진국의 다양한 금융상품 회계처리와 관련된 규정이기 때문에 금융상품에 관한 국제회계기준을 이해하기는 상당히 어려운 실정이다. 그래서 여기부터는 우리에게 익숙한 유가증권이라는 금융상품의 사례를 통해 설명한다.

28) 지분상품은 지분증권을 유가증권화 시켜 발생한 금융상품으로 다른 회사의 순자산에 대한 소유권을 나타내는 유가증권과 일정금액으로 소유지분을 취득하거나 처분할 수 있는 권리를 나타내는 유가증권 및 이와 유사한 유가증권을 말한다. 지분증권은 보통주, 우선주, 수익증권, 자산유동화출자증권과 신주인수권, 콜옵션, 풋옵션 등을 포함한다. 투자자는 지분상품의 보유기간 중 피투자 회사로부터 수령하는 배당과 지분상품 매각시 시세차익을 통해서 투자원금과 투자이익을 회수한다.

29) 채무상품은 채무증권을 유가증권화 시켜 발행한 금융상품으로 발행자에 대하여 금전을 청구할 수 있는 권리를 표시하는 유가증권 및 이와 유사한 증권을 말한다. 채무증권은 국채, 공채, 사채, 전환사채, 자산유동화채권 등을 포함한다. 투자자는 채무상품의 보유기간 중에 피투자 회사로부터 수령하는 이자와 채무상품 매각시의 시세차익을 통하여 투자원금과 투자이익을 회수한다.

동안은 별개의 종목으로 분류하고 그 납입금액을 취득원가로 하며, 주식 발행회사의 회계연도 종료로 신·구주의 구분이 없어지면 동일종목이 되므로 동 시점에서 취득원가를 합산하여 주식 수에 비례하여 1주당 장부금액을 산정하여야 한다.

(2) 채무상품의 취득원가

채무상품을 발행일 이후 이자 수취일 사이에 취득할 경우에 지급대가에 포함된 직전 소유자의 보유기간에 대한 경과이자에 해당하는 금액은 지급한 대가에서 차감하여 미수이자로 계상하고, 나머지 금액을 그 당기손익인식금융자산의 취득원가로 한다.30)

당기손익인식금융자산의 취득	(차) 당기손익인식금융자산 미 수 이 자[1]	×××	(대) 현 금	×××
거래원가 발생액	(차) 지 급 수 수 료	×××	(대) 현 금	×××

[1]채무상품의 경우 직전 이자지급일부터 취득일까지의 경과이자

(3) 취득단가

여러 차례에 걸쳐 서로 다른 가격으로 지분상품과 채무상품을 취득한 경우에 단가는 종목별로 개별법, 총평균법, 이동평균법 또는 다른 합리적인 방법을 사용하되, 동일한 방법을 매기 계속 적용한다. 실무적으로는 주식의 경우에는 이동평균법을 적용하고 채권의 경우에는 개별법을 적용하나 합리적인 방법은 모두 인정된다. 종목별로 단가를 산정하는 이유는 종목별로 단가를 산정하여야 개별 증권의 가치를 정확히 반영할 수 있고, 처분시에 처분손익이 정확히 산정되기 때문이다.

2) 배당과 이자의 수령

배당금수익은 지분투자에 대한 대가인 이익의 분배금액이며, 이자수익은 현금이나 현금성자산 받을 채권의 사용대가를 의미한다. 원칙적으로 모든 지분상품과 채무상품으로부터 발생하는 배당금수익과 이자수익은 당기손익에 포함한다.

30) 채무상품의 원가에서 경과이자를 제외하는 이유는 동 원가에 경과이자부분이 포함되어 있기 때문이다.

(1) 배당금수익

지분상품에 대한 배당금수익은 배당금을 받을 권리와 금액이 확정되는 시점인 배당선언일(declaration date)에 인식한다. 우리나라는 원칙적으로 이익잉여금의 처분권한이 주주총회에 있으므로 이 시점은 주주총회일[31]인 배당선언일이다.

① 현금배당

현금배당이란 피투자회사의 이익잉여금처분에 의하여 현금으로 배당[32]을 수령하는 것을 말한다. 현금배당은 배당선언일에 당기손익으로 인식하며, 투자회사의 회계처리는 다음과 같다.[33]

배당기준일	-분개없음-			
배당선언일	(차) 미수배당금	×××	(대) 배당금수익	×××
배당수령일	(차) 현　　금	×××	(대) 미수배당금	×××

② 주식배당

주식배당은 피투자회사가 현금배당이 가능한 잉여금(미처분이익잉여금)을 자본에 전입하여 미발행주식을 발행·교부하는 것을 말한다. 주식배당은 투자회사의 입장에서는 보유주식수는 증가하지만 투자지분율에는 변화가 없으므로 피투자회사의 순자산가액에 대한 투자지분 해당액에는 전혀 변화가 없다.

주식배당을 통해서 무상주를 수령하는 경우에 투자회사는 이를 자산의 증가로 보지 않기 때문에 배당금수익을 인식하지 않는다. 이 경우 주식수에 비례하여 구주의 장부금액을 안분하여 1주당 장부금액만 조정한다.[34] 투자회사의 회계처리는 다음과 같다.[35]

---

31) 상법상 중간배당은 이사회의 결의에 의해서 이루어지므로 중간배당은 이사회 결의일에 배당선언일이 된다.

32) 배당률은 주식의 액면금액을 기준으로 한 액면배당률을 말한다.

33) 피투자회사 회계처리는 다음과 같다.

배당기준일	-분개없음-			
배당선언일	(차) 미처분이익잉여금	×××	(대) 미지급배당금	×××
배당수령일	(차) 미지급배당금	×××	(대) 현　　금	×××

34) 무상주 수령에 대한 수익은 향후 당해 지분상품을 제거하는 경우에 당기손익에 반영된다. 이러한 회계처리는 무상주 수령시점에 인식되어야 할 수익효과를 이익 실현시점인 지분상품의 제거시까지 이연하는것이다.

35) 피투자회사 회계처리는 다음과 같다.

배당기준일	-분개없음-
배당선언일	-분개 없으며 1주당 장부금액만 하향조정함-

한편, 주식배당과 유사한 개념으로 무상증자가 있다. 무상증자는 현금배당이 불가능한 잉여금(자본잉여금과 이익준비금)을 자본에 전입하여 미발행주식을 발행 교부하는 것이다. 무상증자도 투자회사의 입장에서는 보유주식수는 증가하지만 투자지분율에는 변화가 없으므로 피투자회사의 순자산가액에 대한 투자지분 해당액에는 전혀 변화가 없으므로 주식배당과 동일하게 회계처리한다.

(2) 이자수익

채무상품에 대한 이자수익은 유효이자율을 적용하여 발생기준에 따라 인식하며, 최초장부금액과 만기가액간의 할인, 할증 또는 기타 차이에 대한 상각액을 포함한다. 다만, 채무증권을 이자수취일 사이에 취득한 경우, 취득 후 최초로 받은 이자에 대해서는 취득 이후 기간에 해당하는 이자만을 수익으로 인식하며, 단기매매증권은 중요성의 측면에서 유효이자가 아닌 액면이자만을 이자수익으로 인식한다.

2. 기말평가와 제거[36)]

1) 기말평가

당기손익인식금융자산은 보고기간말 공정가치로 평가[37)]하며, 평가에 따른 미실현보유손익은 포괄손익계산서에 당기손익[38)]으로 반영한다.[39)] 이 경우 보고기간

배당기준일	-분개없음-			
배당선언일	(차) 미처분이익잉여금	×××	(대) 자본금	×××

36) 단기매매금융자산은 단기매매차익이 투자목적이므로 후속측정과 제거가 주된 회계처리 대상이며, 당기손익인식지정금융자산의 경우에도 후속측정과 제거가 주된 회계처리 대상이다. 따라서 이하 설명은 구분 없이 설명하기로 한다.

37) 유가증권을 공정가치로 평가하는 이유는 유가증권의 공정가치는 투자자, 채권자 및 기타의 정보이용자들이 회사의 투자성과를 평가하는 데 가장 유용한 정보이기 때문이다. 만기보유금융자산 이외의 유가증권을 공정가치로 측정할 수 있는 경우에는 재무제표에 공정가치로 보고하는 것이 현재 또는 잠재적인 투자자, 채권자 및 기타의 이해관계자들이 합리적인 의사결정을 하는데 목적적합하고 유용하다. 즉, 공정가치 정보는 유가증권을 일정시점에 매수하여 일정기간 동안 보유하려는 경영자의 의사결정에 대한 성과를 가장 잘 반영하기 때문이다.

말 공정가치는 매도 등에서 발생할 수 있는 거래원가를 차감하지 않은 금액이다. 여기에서, 당기손익인식금융자산평가손익을 당기손익에 반영하는 이유는 당기손익인식금융자산의 공정가치의 변동이 미실현보유손익임에도 불구하고 이를 당기손익에 포함시키는 것은 공정가치의 변동이 발생한 회계기간에 그 효과를 보고함으로써 현재의 주주들에게 주주지분의 변동과 그 성과에 대하여 적시성 있는 보고를 할 수 있기 때문이다. 이는 보다 더 목적적합한 재무정보를 제공하기 위함이다.

한편, 채무상품을 이자 수취일 사이에 취득할 경우에 공정가치는 직전 이자지급일부터 보고기간말까지의 경과이자를 제외한 금액을 말한다.

당기손익인식금융자산평가손익 = 기말 공정가치 − 평가직전 장부금액

결산일	① 장부금액 < 공정가치			
	(차) 당기손익인식금융자산	×××	(대) 당기손익인식금융자산평가이익	×××
	② 장부금액 > 공정가치			
	(차) 당기손익인식금융자산평가손실	×××	(대) 당기손익인식금융자산	×××

2) 제거

당기손익인식금융자산의 양도가 금융자산의 제거요건(위험과보상의 이전여부, 통제권의 상실여부, 지속적 관여여부)을 만족하는 경우에는 당기손익인식금융자산을 양도한 대가로 받았거나 받을 금액과 당기손익인식금융자산의 장부금액의 차이금액을 당기손익(처분손익)으로 인식한다. 한편, 당기손익인식금융자산으로 분류된 채무증권을 이자수령일 사이에 처분하는 경우에는 채무상품의 처분금액 중에는 직전이자지급일부터 처분일까지의 경과이자가 포함되어 있으므로 동 금액을 처분

38) 만약, 수종의 당기손익인식금융자산을 보유하고 있는 경우, 당기손익인식금융자산의 평가는 포트폴리오 전체를 평가하는 것이므로 종목별로 평가손익을 인식하지 않고 총계기준에 의하여 평가손익을 인식한다. 다만, 당기손익인식금융자산평가이익과 당기손익인식금융자산평가손실은 상계하지 않고 총액으로 표시하는 것이 정보의 유용성 측면에서 목적적합하다면, 종목별로 평가손익을 인식하는 것이 바람직하다.

39) 단기매매금융자산의 공정가치의 변동이 미실현보유손익임에도 불구하고 이를 당기손익에 포함시키는 것은 공정가치의 변동이 발생한 회계기간에 그 효과를 보고함으로써 현재의 주주들에게 주주지분의 변동과 그 성과에 대하여 적시성 있는 보고를 할 수 있기 때문이다. 이는 보다 더 목적적합한 재무정보를 제공하기 위함이다.

금액에서 차감하여 처분손익을 인식해야 한다.

당기손익인식금융자산처분손익 = 처분금액(거래원가 차감후) − 처분직전 장부금액

처분금액이 처분직전 장부금액보다 클 경우의 회계처리는 다음과 같다.

구분	차변	금액	대변	금액
지분상품	(차) 현 금	×××	(대) 당기손익인식금융자산	×××
			당기손익인식금융자산처분이익	×××
채무상품	(차) 현 금	×××	(대) 이자수익[1]	×××
			당기손익인식금융자산	×××
			당기손익인식금융자산처분이익	×××

[1]채무상품의 경우 직전 이자지급일부터 취득일까지의 경과이자

예제 1

㈜탐라는 12월말 결산법인이다. 2012년 12월 31일 단기간의 매매차익을 목적으로 ㈜제주 주식 100주(주당액면가액 ₩1,000)를 ₩200,000에 취득하였다. 취득시 수수료로 ₩10,000을 현금 지급하였다. 다음은 2013년 유가증권 관련 자료이다.

〈지분상품 관련 거래〉

(1) 3월 10일 ㈜제주는 주당 10%의 현금배당을 결의하였으며, 3월 31일에 이를 지급하였다.
(2) 8월 1일 ㈜제주가 25%의 무상증자를 결의하였으며 이로 인해 무상주를 수령하였다.
(3) 9월 16일 ㈜제주의 주식 중 50주를 주당 ₩2,500에 처분하였으며, 처분수수료로 ₩5,000을 지급하였다.
(4) 12월 31일 ㈜제주 주식의 1주당 주가는 ₩2,200이다.

〈채무상품 관련 거래〉

(1) 4월 1일 단기매매목적으로 ㈜우도가 발행한 다음과 같은 조건의 사채를 발생이자를 포함하여 ₩1,050,000에 취득하였다.

액면금액 : ₩1,000,000　　　만기 : 2015년 말(만기일시상환)
액면이자율 : 연 12%(매년 말 후급)

(2) 12월 1일 ㈜우도의 사채 100%를 기간경과이자를 포함하여 ₩1,100,000에 처분하였으며, 처분수수료로 ₩10,000을 지급하였다.

물음

㈜탐라가 이동평균법에 의하여 유가증권의 취득단가를 산정하는 경우, ㈜탐라가 행할 회계처리를 제시하시오.

풀이

2012.12.31	(차) 당기손익인식금융자산 0,000[1] (차) 지급수수료 10,000	(대) 현 금 200,000 (대) 현 금 10,000
	[1]100주 × @₩2,000 = 200,000	
2013.03.10	(차) 미수배당금 10,000	(대) 배당금수익 10,000[1]
	[1]100주 × @₩1,000 × 10% = 10,000	
2013.03.31	(차) 현 금 10,000	(대) 미수배당금 10,000
2013.04.01[40)]	(차) 당기손익인식금융자산 20,000 미 수 이 자 30,000[1]	(대) 현 금 1,050,000
	[1]1,000,000 × 12% × 3/12 = 30,000	
2013.08.01	– 회계처리 없음 : 주식수만 증가 시킴 (100주 × 25% = 25주) –	
2013.09.16	(차) 현 금 120,000[1]	(대) 당기손익인식금융자산 80,000[2] 당기손익인식금융자산처분이익 40,000
	[1]50주 × @₩2,500 − 5,000 = 120,000	[2]200,000 ÷ (100주 + 25주) × 50주 = 80,000 ∴ @₩1,600
2013.12.01[41)]	(차) 미 수 이 자 80,000 (차) 현 금 1,090,000 당기손익인식금융자산처분손실 40,000	(대) 이 자 수 익 80,000[1] (대) 미 수 이 자 110,000[2] 당기손익인식금융자산 1,020,000
	[1]1,000,000 × 12% × 8/12 = 80,000 [2]1,000,000 × 12% × 11/12 = 110,000	
2013.12.31	(차) 당기손익인식금융자산 45,000	(대) 당기손익인식금융자산평가이익 5,000[1]
	[1]{@₩2,200 − @₩200,000 ÷ (100주 + 25주)} = 45,000	

---

40) 직전 투자자에게 이자를 주고 나중에 발행자에게서 현금을 추취하기 때문에 다음과 같이 회계처리한다.

차변		대변	
(차) 미 수 이 자	30,000	(대) 현 금	30,000
당기손익인식금융자산	1,020,000	현 금	1,020,000

41) 자세히 회계처리 하면 다음과 같다.

차변		대변	
(차) 미 수 이 자	80,000	(대) 이 자 수 익	80,000
현 금	110,000	미 수 이 자	110,000
현 금	980,000	당기손익인식금융자산	1,020,000
당기손익인식금융자산처분손실	40,000		

제3절 지분상품

지분상품은 보유목적에 따라 당기손익인식금융자산이나 매도가능금융자산으로 분류된다. 매도가능금융자산은 장기매매차익이 투자목적이므로 평가, 손상, 처분이 주된 회계처리 대상이다. 공정가치의 측정여부에 따라 평가방법이 달라지므로 이를 구분하여 설명하기로 한다.

1. 기말평가

1) 공정가치를 신뢰성있게 측정할 수 있는 지분상품

공정가치를 신뢰성있게 측정할 수 있는 매도가능금융자산은 공정가치를 재무상태표가액으로 한다. 공정가치로 평가하면서 발생한 미실현보유손익은 매도가능금융자산평가손익의 과목으로 하여 기타포괄손익으로 인식하며, 기타포괄손익으로 인식한 매도가능금융자산평가손익의 누적액은 재무상태표의 자본항목(기타포괄손익누계액)으로 표시한다. 매도가능금융자산평가손익의 누적액은 취득한 회계연도말부터 발생한 매도가능금융자산평가이익과 매도가능금융자산평가손실을 서로 상계한 금액이므로 언제나 지분상품의 보고기간말 공정가치와 취득금액의 차액이 된다. 한편, 공정가치 평가를 수행하던 매도가능금융자산이 시장성상실(상장폐지)등의 사유로 공정가치를 측정할 수 없게 된 경우에는, 관련 미실현보유손익은 기타포괄손익누계액으로 계속 처리하고 처분 등에 따라 실현될 때에 당기손익으로 인식한다.

당기 매도가능금융자산평가손익 = 평가시 공정가치 − 평가직전 장부금액
매도가능금융자산평가손익누계액 = 평가시 공정가치 − 취득금액

결산일				
	① 기말 공정가치 〉 평가직전 장부금액			
	(차) 매도가능금융자산	×××	(대) 매도가능금융자산평가손실	×××
			(대) 매도가능금융자산평가이익	×××
	② 기말공정가치 〈 평가직전 장부금액			
	(차) 매도가능금융자산평가이익	×××	(대) 매도가능금융자산	×××
	매도가능증권평가손실	×××		

B/S

비유동자산 매도가능금융자산	×××	자　본 매도가능금융자산평가이익	×××

2) 공정가치를 신뢰성있게 측정할 수 없는 지분상품

매도가능금융자산 중 활성시장이 없는 지분상품의 공정가치를 신뢰성있게 측정할 수 없는 경우에는 취득금액을 재무상태표가액으로 한다. 따라서 보고기간 말에 인식할 평가손익은 발생하지 않는다.

2. 제거

1) 공정가치를 신뢰성있게 측정할 수 있는 지분상품

공정가치로 평가하는 매도가능금융자산을 처분하고 금융자산 제거거래의 요건을 만족하는 경우에는 당해 매도가능금융자산의 처분금액과 처분직전 장부금액과의 차액을 매도가능금융자산처분손익의 과목으로 하여 당기손익으로 인식한다. 이 경우 기타포괄손익누계액에 계상된 매도가능금융자산평가손익누계액은 매도가능금융자산을 처분하는 시점에 일괄하여 처분손익에 가감하여 당기손익으로 재분류한다. 결과적으로 매도가능금융자산처분손익은 당해 매도가능금융자산의 처분금액과 취득금액의 차액[42]이 된다.

42) 예를 들어, 2012년 1월 1일 매도가능금융자산을 ₩100에 취득하고, 2012년말 공정가치가 ₩150라고 가정해 보면 매도가능금융자산을 2013년에 ₩180에 처분하였다면 매도가능금융자산처분손익은 처분금액(₩180) － 취득금액(₩100) = 처분이익(₩80)으로 계산된다.

매도가능금융자산처분손익 = 처분금액 − [처분직전 장부금액 ± 매도가능증권평가이익(손실)누계액]
= 처분금액 − 취득금액

처분시	① 매도가능금융자산평가이익 존재시 : 처분금액 〉 처분직전 장부금액			
	(차) 현　　금 매도가능금융자산평가이익	××× ×××	(대) 매도가능금융자산 매도가능금융자산처분이익	××× ×××
	② 매도가능금융자산평가손실 존재시 : 처분금액 〈 처분직전 장부금액			
	(차) 현　　금 매도가능금융자산처분손실	××× ×××	(대) 매도가능금융자산 매도가능금융자산평가손실	××× ×××

여기에서 재분류조정은 당기나 과거의 기간에 기타포괄손익으로 인식되었으나 당기손익으로 재분류된 금액을 말한다. 이 때 당기에 기타포괄손익으로 인식된 금액이란 기초부터 처분일까지의 공정가치 변동분을 말한다. 다음 사례를 통하여 재분류조정에 대해 파악해 보자.

구분	차변	금액	대변	금액
2012.01.01	매도가능금융자산 ₩100 취득			
	(차) 매도가능금융자산	100	(대) 현　　금	100
2012.12.31	공정가치가 ₩150			
	(차) 매도가능금융자산	50	(대) 매도가능금융자산평가이익	50
2013.12.31	₩180에 처분			
처분일평가	(차) 매도가능금융자산	30	(대) 매도가능금융자산평가이익	30
처　　분	(차) 현　　금	180	(대) 매도가능금융자산	180
재분류조정	(차) 매도가능금융자산평가이익	80	(대) 매도가능금융자산처분이익	80
	(기타포괄손익의재분류조정)			

위 사례를 기초로 2012년과 2013년의 포괄손익계산서를 작성하면 다음과 같다.

I/S

	2012년	2013년
매도가능금융자산처분이익	−	80
당기순이익	×××	×××
기타포괄이익		
매도가능금융자산평가이익	50	30
재분류조정	−	(50)
총포괄이익	×××	×××

자본항목으로 인식된 매도가능금융자산평가이익의 누적액은 전액이 처분되어 실현되었으므로 재분류조정을 통하여 당기손익으로 처리된다. 즉, 처분금액으로 공정가치 평가를 먼저 하여 매도가능금융자산평가손익을 인식하고, 추후에 처분에 관한 회계처리를 하여야 한다.[43] 이 때 인식한 매도가능금융자산평가손익은 기타포괄손익으로 인식하여 자본항목으로 처리한 후 자본항목으로 처리된 매도가능금융자산평가손익 누적액을 재분류조정의 방법을 통하여 당기손익으로 대체한다. 따라서 매도가능금융자산처분손익은 언제나 매도가능금융자산평가손익의 누적액과 동일한 금액이며, 재분류조정과는 금액은 동일하고 부호만 반대가 된다.

2) 공정가치를 신뢰성있게 측정할 수 없는 지분상품

취득원가로 평가하는 매도가능금융자산을 양도하고 당해 양도거래가 금융자산 제거요건을 충족하는 경우에는 처분금액과 취득금액과의 차이금액을 매도가능금융자산처분손익의 과목으로 하여 당기손익으로 인식한다.

매도가능금융자산처분손익 = 처분금액 − 취득금액

예제 2

(1) ㈜조선은 2012년 초에 ㈜광주의 주식을 ₩100,000에 취득하였다.
(2) ㈜광주 주식의 공정가치는 2012년말 ₩70,000이며, 2013년말 ₩110,000이다.
(3) 이 주식을 2014년 9월 15일 ₩150,000에 처분하였다.

물음

1. 2012년말, 2013년말 ㈜광주 주식에 대하여 재무상태표에 계상되는 매도가능금융자산평가손익누계액을 계산하시오.
2. 2014년 매도가능금융자산처분손익을 계산하시오.
3. ㈜조선이 ㈜광주의 주식을 취득 후 처분할 때까지 행할 회계처리를 제시하시오.
4. ㈜조선의 각 회계연도의 당기순이익이 다음과 같다고 할 때 부분재무상태표와 부분포괄손익계산서를 작성하시오.

43) 한국채택국제회계기준 기준서 제1001호 '재무제표 표시' 실무적용지침의 재분류조정 참조

2012년	2013년	2014년
₩100,000	₩150,000	₩200,000

5. 만약, ㈜광주의 주식의 공정가치를 신뢰성 있게 측정할 수 없다고 할 경우 ㈜조선이 ㈜광주의 주식을 취득 후 처분할 때까지 행할 회계처리를 제시하시오.

풀이

1. 연도별 매도가능금융자산평가손익누계액

(1) 2012년말 매도가능금융자산평가손실누계액 : 공정가치(₩70,000) – 취득금액(₩100,000) = (₩30,000)

(2) 2013년말 매도가능금융자산평가이익누계액 : 공정가치(₩110,000) – 취득금액(₩100,000) = ₩10,000

2. 매도가능금융자산처분손익

2014년 매도가능금융자산처분손익 : 처분금액(₩150,000) – 취득금액(₩100,000) = ₩50,000

3. 회계처리

일 자	회계처리
2012년 초	(차) 매도가능금융자산 100,000 (대) 현 금 100,000
2012년 말	(차) 매도가능금융자산평가손실 0,000 (대) 매도가능금융자산 30,000
2013년 말	(차) 매도가능금융자산 40,000 (대) 매도가능금융자산평가손실 30,000 매도가능금융자산평가이익 10,000
2014년 말	(차) 매도가능금융자산 40,000 (대) 매도가능금융자산평가이익 40,000 현 금 150,000 매도가능금융자산 150,000 매도가능금융자산평가이익 50,000 매도가능금융자산처분이익 50,000 (기타포괄손익의재분류조정)

4. 부분재무상태표

B/S

	2012년 초	2012년 말	2013년 말	2014년 처분시
[자산]				
현 금	–	–	–	150,000
매도가능금융자산	100,000	70,000	110,000	–
[자본]				
기타포괄손익누계액	–	(30,000)	10,000	–
이익잉여금	–	–	–	50,000

〈부분포괄손익계산서〉

I/S

	2012년	2013년	2014년
매도가능금융자산처분이익	–	–	50,000
당기순이익	100,000	150,000	200,000
기타포괄이익			
매도가능금융자산평가손익	(30,000)	40,000	40,000
재분류조정	–		(50,000)
총포괄이익	₩70,000	₩190,000	₩190,000

5. 회계처리

일 자	회계처리			
2012년 초	(차) 매도가능금융자산	100,000	(대) 현 금	100,000
2012년 말	회계처리 없음			
2013년 말	회계처리 없음			
2014년 말	(차) 현 금	150,000	(대) 매도가능금융자산 매도가능금융자산처분이익	100,000 50,000

3. 손상

1) 공정가치를 신뢰성있게 측정할 수 있는 지분상품

공정가치로 평가하는 매도가능금융자산은 보고기간말 마다 공정가치를 분석하여 공정가치의 하락이 손상차손의 인식 대상인지의 여부를 판단하여야 한다.

(1) 공정가치의 하락

공정가치를 장부금액으로 하는 매도가능금융자산에서 손상이 발생하였다는 객관적 증거가 있는 경우, 당해 자산의 장부금액과 공정가치와의 차이를 손상차손으로 인식한다.[44] 이때 기타포괄손익으로 인식한 누적손실(매도가능증권평가손실

---

44) 매도가능금융자산의 공정가치는 항상 변동하는데 공정가치의 하락이 일시적인 하락에 해당하는 경우에는 다시 회복될 수 있으므로 당기손익에 반영하지 않고 매도가능금융자산평가손실의 과목으로 하여 기타포괄손익에 반영한다. 이에 반해 공정가치의 하락이 영구적인 하락에 해당하는 경우에는 다시 회복될 수 없으므로 매도가능금융자산손상차손의 과목으로 하여 당기손익에 반영한다. 공정가치 하락이 일시적인 것인지 아니면 영구적인 것인지 여부는 당기손익에 영향을 미치므로 이를 판단할 수 있는 객관적인 증거가 필요하게 된다. 따라서 한국채택국제회계기준 기준서 제1039호 '금

누계액)은 당해 자산이 제거되지 않더라도 재분류조정의 방법으로 자본항목에서 당기손익으로 재분류한다. 손상된 경우 재분류조정을 하는 방법은 매도가능금융자산을 처분하는 경우와 동일하다. 결과적으로 기타포괄손익으로 인식한 누적손실을 당기손익으로 재분류하게 되면, 매도가능금융자산의 손상차손은 언제나 당해 지분상품의 취득금액과 공정가치와의 차액이 된다. 한편, 손상차손을 이미 인식한 공정가치가 추가로 하락하는 경우에는 손상차손을 추가로 인식하여야 한다.

매도가능금융자산손상차손 = 공정가치 − {처분직전 장부금액 ± 매도가능금융자산평가이익(손실)}
= 취득금액 − 공정가치

손상시	① 손상시점의 공정가치 평가			
	(차) 매도가능금융자산평가손실	×××	(대) 매도가능금융자산	×××
	② 재분류조정을 통한 당기손익 처리			
	(차) 매도가능금융자산손상차손	×××	(대) 매도가능금융자산평가손실	×××

(2) 공정가치의 회복

매도가능금융자산 중 지분상품은 손상차손 인식 후 후속기간에 당해 지분상품의 공정가치가 회복되더라도 당기손익으로 환입하지 아니하고[45) 매도가능금융자산평가이익의 과목으로 하여 기타포괄손익으로 인식한다.

회복시	(차) 매도가능금융자산	×××	(대) 매도가능금융자산평가이익	×××

2) 공정가치를 신뢰성있게 측정할 수 없는 지분상품

원가로 평가하는 매도가능금융자산은 보고기간말 마다 회수가능액을 분석하여 회수가능액의 하락이 손상차손의 인식 대상인지의 여부를 판단하여야 한다.

융상품:인식과 측정'에서는 손상차손이 발생하게 되는 객관적인 증거들을 예시하고 있는 것이다. 이는 제1절을 참고하기 바란다.

45) 매도가능금융자산으로 분류된 지분상품도 손상차손의 인식일 이후 공정가치가 상승할 수 있다. 손상차손의 환입은 손상일 이후 발생한 사건과 객관적으로 관련이 있는 경우에만 가능하지만 지분상품의 공정가치 상승은 객관적 관련성 여부를 측정하기 어렵다. 이런 이유로 지분상품에 대하여는 손상차손 인식 후의 공정가치 상승을 기타포괄손익에 직접 인식하게 하고, 당해 금융자산이 제거되는 때에 당기 손익으로 인식할 수 있게 한 것이다.

(1) 회수가능액의 하락

손상차손이 발생한 객관적인 증거가 있는 경우에는 매도가능금융자산은 하락한 회수가능액을 재무상태표가액으로 한다. 이 경우 회수가능액과 장부금액의 차액은 매도가능금융자산손상차손의 과목으로 하여 당기손익으로 인식한다. 공정가치를 신뢰성있게 측정할 수 없는 지분상품의 회수가능액은 당해 지분상품으로 인한 추정미래현금흐름을 유사한 금융자산의 현행 시장수익률로 할인한 현재가치를 말한다.

매도가능금융자산손상차손 = 손상시 회수가능액* − 취득금액

*PV(추정미래현금흐름) by 현행시장이자율

손상시	(차) 매도가능금융자산손상차손 ×××	(대) 매도가능금융자산 ×××

(2) 회수가능액의 회복

공정가치를 신뢰성 있게 측정할 수 없어서 원가를 장부금액으로 하는 지분상품인 매도가능금융자산은 회수가능액의 하락을 손상차손으로 인식하기는 하지만, 회수가능액의 회복에 대한 손상차손환입을 인식하지 아니한다.

구분	매도가능금융자산(지분상품)	
	공정가치를 측정할 수 있는 경우	공정가치를 측정할 수 없는 경우
평가방법	공정가치법46)	원가법47)
평가손익의 처리	기타포괄손익 (누적액은 자본항목으로 처리)	해당사항없음
평가손익누계액	공정가치 − 취득금액	해당사항없음
처분손익	처분금액 − 취득금액 서로 일치함	처분금액 − 취득금액
처분손익의 처리	당기손익 인식(재분류 조정 포함)	당기손익 인식
손상차손	취득금액 − 공정가치	취득금액 − 회수가능액[1]
손상차손의 처리	당기손실(재분류 조정 포함)	당기손실
손상차손환입	환입하지 않고 평가이익 인식[2]	환입하지 않음
손상차손환입한도	해당사항없음	해당사항없음

[1]회수가능액 = PV(추정미래현금흐름) by 현행시장이자율
[2]매도가능금융자산평가이익의 과목으로 하여 기타포괄손익으로 처리함

[그림 9-5] 지분상품 회계처리의 요약

46) 공정가치법(fair value method)은 유가증권의 장부금액(book value)을 보고기간말 현재의 공정가치

예제 3

(1) ㈜영진은 2012년 초에 ㈜대구의 주식을 ₩100,000(지분율 10%)에 취득하였다.
(2) 2012년 ㈜대구 주식의 공정가치는 ₩70,000이다.
(3) 2013년 ㈜대구는 당좌거래가 정지되어 유가증권 손상의 대상이 되었으며, 2013년말 ㈜대구 주식의 공정가치는 ₩40,000이고 2014년말 ㈜대구 주식의 공정가치는 ₩30,000이다.
(4) 2015년말 ㈜대구는 당좌거래가 재개되었으며 주식의 공정가치는 ₩110,000으로 회복되었다.

물음

1. 2013년 ㈜대구 주식에 대한 매도가능금융자산손상차손을 계산하시오.
2. 2014년 ㈜대구 주식에 대한 매도가능금융자산손상차손을 계산하시오.
3. 2015년 ㈜대구 주식에 대한 매도가능금융자산평가이익을 계산하시오.
4. ㈜영진이 ㈜대구의 주식을 취득한 시점부터 행할 회계처리를 제시하시오.
5. ㈜영진의 각 회계연도의 당기순이익이 다음과 같다고 할 때 부분포괄손익계산서를 작성하시오.

2012년	2013년	2014년
₩100,000	₩150,000	₩200,000

풀이

1. 2013년 매도가능금융자산손상차손
: 취득금액(₩100,000) − 공정가치(₩40,000) = ₩60,000

2. 2014년 매도가능금융자산손상차손
: 취득금액(₩100,000) − 공정가치(₩30,000) − 전기에 인식한 손상차손(₩60,000) = ₩10,000

3. 2015년 매도가능금융자산평가이익 8
: 공정가치(₩110,000) − 손상시점의 공정가치(₩30,000) = ₩80,000

로 표시하는 방법이다. 최초 유가증권의 취득시에는 취득원가로 인식하지만, 취득일 이후 공정가치 변동을 당해 장부금액에 반영하므로 취득금액(상각후원가)과 보고기간말 현재 공정가치의 차이만큼 미실현보유손익(unrealized holding gain or loss)이 인식되며, 이는 유가증권의 보유목적에 따라 당기손익이나 기타포괄손익에 반영된다.

47) 원가법(cost method)은 유가증권의 장부금액(book value)을 유가증권의 최초 취득금액(acquisition cost)으로 표시하는 방법이다. 유가증권을 원가법으로 평가하는 경우에는 최초 취득일 이후 유가증권의 공정가치 변동을 당해 유가증권의 장부금액에 반영하지 않는다. 다만, 채무증권의 경우에는 원가법을 상각후원가법(amortized cost method)이라 한다. 상각후원가법은 채무증권을 할인 할증 취득하는 경우 최초 취득금액(acquisition cost)과 만기액면금액(face value)의 차이를 상환기간에 걸쳐 유효이자율법에 의하여 상각하여 채무상품의 장부금액(book value)과 이자수익에 가감하는 방법이다.

4. 회계처리

일 자	회계처리	
2012년 초	(차) 매도가능금융자산 100,000	(대) 현 금 100,000
2012년 말	(차) 매도가능금융자산평가손실 30,000	(대) 매도가능금융자산 30,000
2013년 말	(차) 매도가능금융자산평가손실 30,000 매도가능금융자산손상차손 60,000	(대) 매도가능금융자산 30,000 매도가능금융자산평가손실 60,000 (기타포괄손익의재분류조정)
2014년 말	(차) 매도가능금융자산손상차손 10,000	(대) 매도가능금융자산 10,000
2015년 말	(차) 매도가능금융자산 80,000	(대) 매도가능금융자산평가이익 80,000

5. 부분포괄손익계산서

I/S

	2012년	2013년	2014년
매도가능금융자산손상차손	–	(60,000)	(10,000)
당기순이익	100,000	150,000	200,000
기타포괄이익			
매도가능금융자산평가손익	(30,000)	(30,000)	–
재분류조정	–	60,000	–
총포괄이익	₩70,000	₩180,000	₩200,000

예제 4

(1) ㈜영진은 2012년 초에 ㈜대구의 주식을 ₩100,000(지분율 10%)에 취득하였다.

(2) 2013년 ㈜대구는 당좌거래가 정지되어 유가증권 손상의 대상이 되었으며, 2013년말 ㈜대구 주식으로 인한 추정미래현금흐름을 현행시장이자율로 할인한 가액은 ₩40,000이다.

(3) 2014년말 ㈜대구는 당좌거래가 재개되었으며 주식으로 인한 추정미래현금흐름을 현행시장이자율로 할인한 가액은 ₩110,000이다.

물음

1. 2013년 ㈜대구 주식에 대한 매도가능금융자산손상차손을 계산하시오.
2. 2014년 ㈜대구 주식에 대한 매도가능금융자산손상차손환입을 계산하시오.
3. ㈜영진이 ㈜대구의 주식을 취득한 시점부터 행할 회계처리를 제시하시오.

풀이

1. 2013년 매도가능금융자산손상차손

: 취득금액(₩100,000) − 회수가능액(₩40,000) = ₩60,000

2. 2014년 매도가능금융자산손상차손환입
: 해당사항 없음

3. 회계처리

일 자	회계처리			
2012년 초	(차) 매도가능금융자산	100,000	(대) 현 금	100,000
2012년 말	회계처리 없음			
2013년 말	(차) 매도가능금융자산손상차손	60,000	(대) 매도가능금융자산	60,000
2014년 말	회계처리 없음			

제4절 채무상품

지분상품은 보유목적에 따라 당기손익인식금융자산, 만기보유금융자산 및 매도가능금융자산으로 분류된다. 모든 채무상품은 상각후원가법을 적용하여 유효이자율법으로 이자수익을 인식하며, 추가로 매도가능금융자산은 결산일에 공정가치로 평가한다. 만기보유금융자산과 매도가능금융자산은 각각 이자수익과 장기매매차익이 투자목적이므로, 평가, 제거, 손상이 주된 회계처리 대상이다. 이를 만기 만기보유금융자산과 매도가능금융자산으로 구분하여 설명하기로 한다.

1. 기말평가

1) 만기보유금융자산

만기보유금융자산은 상각후원가로 재무상태표에 표시한다.[48] 만기보유금융자산을 상각후원가로 측정할 때에는 취득금액과 액면금액의 차이를 상환기간에 걸쳐 유효이자율법에 의하여 상각하여 취득금액과 이자수익에 가감한다.[49] 이때 상각후원가는 취득금액에 할인 또는 할증차금의 상각액을 가감한 가액을 말한다.

2) 매도가능금융자산

매도가능금융자산은 공정가치를 재무상태표가액으로 한다. 이 경우 상각후원가법을 적용하여 당해 채무상품의 상환기간에 걸쳐 유효이자율법[50]으로 상각하여 취득금액에 가감하고 이자수익을 먼저 인식한 후, 상각후원가와 공정가치의 차액인 미실현보유손익은 매도가능금융자산평가손익의 과목으로 하여 기타포괄손익으로 인식하며, 이는 당기 이전에 발생한 평가손익과 통산하여 재무상태표상의 기타포괄손익누계액으로 계상한다. 매도가능금융자산평가손익의 누적액은 취득한 회계연도말부터 발생한 매도가능금융자산평가이익과 매도가능금융자산평가손실을 서로 상계한 금액이므로 언제나 채무상품의 공정가치와 상각후원가의 차액이 된다. 여기서 주의할 것은 매도가능금융자산에 대한 이자수익 인식의 기준이 되는 채무상품금액은 기초의 매도가능금융자산의 공정가치가 아니라 상각후원가를 기준해야 한다는 것이다.

---

48) 만기보유금융자산은 취득과 관련된 의사결정과 시간의 경과에 따라서 실현가능한 이익, 그리고 만기에 회수 가능한 금액에 관한 정보가 공정가치 정보보다 더 목적적합하다. 만기보유금융자산을 실제로 만기까지 보유한 경우에 공정가치는 회수가능하지 않을 뿐만 아니라 만기에 실제로 회수하는 금액과는 전혀 관련성도 없는 기회이익과 기회손실을 반영하는 것에 불과하다. 따라서 만기보유금융자산을 공정가치로 평가하는 것은 적합하지 아니하다. 예를 들어, 채무상품을 만기까지 보유하게 되면 발행자가 부도가 나지 않는 한 원가가 실현될 것이므로, 만기 이전의 중도에 공정가치로 평가하였더라면 계상되었을 미실현 보유이익 또는 미실현 보유손실은 만기에는 손실 또는 이익으로 반전되는 결과가 된다.

49) 만기보유금융자산은 제9장 '금융부채'에서 설명한 사채의 회계처리를 반대로 회계처리하면 된다.

50) 기업은 채무상품을 취득하는 경우 만기까지 보유할 의도가 있는지 여부에 따라 만기보유금융자산이나 매도가능금융자산으로 자의적으로 분류할 수 있다. 이때 매도가능금융자산으로 분류된 경우 유효이자율법을 적용하지 않는다면 만기보유금융자산으로 분류된 경우와 이자수익으로 인식할 금액이 달라지는 문제가 발생한다. 이자수익으로 인식할 금액이 달라진다는 것은 기업의 의도에 따라 당기순이익이 달라진다는 것을 의미하므로 손익이 조작될 수 있다. 이러한 이유로 채무상품의 분류에 관계없이 유효이자율법을 적용하는 것이며, 이로써 기업의 자의적인 분류에 따른 손익조작가능성을 배제할 수 있게 된다.

매도가능금융자산평가손익 = 평가시 공정가치 − 전기말장부금액 ± 당기상각액
매도가능금융자산평가손익누계액 = 평가시 공정가치 − 평가직전 상각후원가
매도가능금융자산평가손익 = 당기말 평가손익누계액 − 전기말 평가손익누계액

결산일	① 기말 공정가치 〉 평가직전 장부금액			
	(차) 매도가능금융자산	×××	(대) 매드가능금융자산평가손실	×××
			(대) 매드가능금융자산평가이익	×××
	② 기말공정가치 〈 평가직전 장부금액			
	(차) 매도가능금융자산평가이익	×××	(대) 매도가능금융자산	×××
	매도가능증권평가손실	×××		

2. 제거

1) 만기보유금융자산

만기보유금융자산을 처분하고 금융자산 제거거래의 요건을 만족하는 경우에는 당해 만기보유금융자산 처분금액과 상각후원가와의 차액을 만기보유금융자산처분손익의 과목으로 당기손익으로 인식한다. 다만, 처분일이 이자수령일 사이인 경우에는 처분일까지 발생한 이자수익을 인식[51]하고 나서 처분손익을 인식하여야 한다.

만기보유금융자산처분손익 = 처분금액 − 처분직전 상각후원가

처분일	① 처분금액 〉 상각후원가			
	(차) 현　　금	×××	(대) 만기브유금융자산	×××
			만기보유금융자산처분이익	×××
	② 처분금액 〈 상각후원가			
	(차) 현　　금	×××	(대) 만기브유금융자산	×××
	만기보유금융자산처분손실	×××		

51) 처분일까지 발생한 이자수익을 인식하지 않고 처분관련 회계처리를 수행하면, 만기보유금융자산처분손익에 이자수익효과가 포함되게 되어 정확한 처분손익이 인식되지 않는다.

2) 매도가능금융자산

공정가치로 평가하는 매도가능금융자산을 처분하고 금융자산 제거거래의 요건을 만족하는 경우에는 당해 매도가능금융자산을 처분금액과 처분직전 장부금액과의 차액을 매도가능금융자산평가손익의 과목으로 하여 당기손익으로 인식한다. 이 경우 기타포괄손익누계액에 계상된 매도가능금융자산평가손익누계액은 매도가능금융자산을 처분하는 시점에 일괄하여 처분손익에 가감하여 당기손익으로 재분류한다. 결과적으로 매도가능금융자산처분손익은 당해 매도가능금융자산의 처분금액과 상각후원가와의 차액이 된다. 따라서 매도가능금융자산처분손익은 언제나 당해 채무상품의 처분금액과 상각후원가의 차액이 된다. 다만, 처분일이 이자수취일 사이인 경우에는 만기보유증권과 마찬가지로 처분일까지 발생한 이자수익을 먼저 인식한 후 처분손익을 인식하여야 한다.

매도가능금융자산처분손익 = 처분금액−(처분직전 장부금액±매도가능금융자산평가손익)
= 처분금액 − 처분직전 상각후원가

<table>
<tr><td rowspan="4">처분시</td><td colspan="4">① 매도가능금융자산평가이익 존재시 : 처분금액 〉 처분직전 장부금액</td></tr>
<tr><td>(차) 현　　금
　　매도가능금융자산평가이익</td><td>×××
×××</td><td>(대) 매도가능금융자산
　　매도가능금융자산처분이익</td><td>×××
×××</td></tr>
<tr><td colspan="4">② 매도가능금융자산평가손실 존재시 : 처분금액 〈 처분직전 장부금액</td></tr>
<tr><td>(차) 현　　금
　　매도가능금융자산처분손실</td><td>×××
×××</td><td>(대) 매도가능금융자산
　　매도가능금융자산처분손실</td><td>×××
×××</td></tr>
</table>

지분상품의 처분과 마찬가지로 처분금액으로 공정가치 평가를 먼저 하여 매도가능금융자산평가손익을 인식하고, 추후에 처분에 관한 회계처리를 하여야 한다. 이때 인식한 매도가능금융자산평가손익은 기타포괄손익으로 인식하여 자본항목으로 처리한 후 자본항목으로 처리된 매도가능금융자산평가손익 누적액을 재분류조정의 방법을 통하여 당기손익으로 대체한다.

예제 5

㈜한라는 2012년 초에 ㈜강원이 발행한 사채를 ₩951,963에 만기보유목적으로 취득하였으며, 채권의 2012년 말 공정가치는 ₩950,000이다. 동 채권을 2013년 말에 ₩1,000,000에 매각하였다. 취득당시 만기보유금융자산에 적용된 시장이자율은 12%이며, 발행조건은 다음과 같다.

> 액면금액: ₩1,000,000 액면이자율: 10%(매년 말 후급)
> 만 기: 2014년 말

물음

1. 2012년도 포괄손익계산서에 인식할 이자수익 및 만기보유금융자산할인차금상각액을 계산하시오.
   (단, 소수점 첫째자리에서 반올림 하시오.)
2. 2013년말 만기보유금융자산의 처분손익을 계산하시오
3. ㈜한라가 만기보유금융자산의 취득일부터 처분일까지 행할 회계처리를 제시하시오.
4. ㈜한라가 ㈜강원의 사채를 매도가능금융자산으로 분류하였다고 할 경우 각 회계연도의 재무제표상 인식할 다음의 금액들을 각각 계산하시오.
   1) 2012년말 매도가능금웅자산평가손익
   2) 2013년말 매도가능금웅자산처분손익
5. 물음 4의 경우 ㈜한라가 매도가능금융자산의 취득일부터 처분일까지 행할 회계처리를 제시하고 2012년 부분재무상태표와 2012, 2013 회계연도의 당기순이익이 각각 ₩100,000과 ₩150,000 이라고 할 때 부분포괄손익계산서를 작성하시오.

풀이

1. 2012년도 이자수익 및 만기보유금융자산할인차금상각액

(1) 실질이자(이자수익 인식액)	₩951,963 × 12%	₩114,236
(2) 표시이자	₩1,000,000 × 10%	(100,000)
(3) 만기보유금융자산할인차금상각액		₩14,236

2. 2013년말 만기보유금융자산처분손익

(1) 처분금액		₩1,000,000
(2) 처분일의 상각후원가		
취득금액	₩951,963	
2012년도 할인차금상각액	14,236	
2013년도 할인차금상각액	15 944[1]	(982,143)
(3) 만기보유금융자산처분이익		₩17,857

[1](₩951,963 + ₩14,236) × 12% − ₩1,000,000 × 10% = ₩15,944

3. 회계처리

일　자	회계처리
2012년 초	(차) 만기보유유금융자산 951,963 (대) 현　금 951,963
2012년 말	(차) 현　금 100,000 (대) 이자수익 114,236 만기보유금융자산 14,236
2013년 말	(차) 현　금 100,000 (대) 이자수익 115,944 만기보유금융자산 15,944 (대) 만기보유금융자산 982,143 (차) 현　금 1,000,000 만기보유금융자산처분이익 17,857

4. (1) 2012년말 매도가능금웅자산평가손익

(1) 공정가치			₩950,000
(2) 상각후원가			
취득금액		₩951,963	
2012년도 할인차금상각액	₩951,963 × 12% − ₩1,000,000 × 10%	14,236	(966,199)
(3) 매도가능금융자산평가손실			(₩16,199)

4. (2) 2013년말 매도가능금웅자산처분손익

(1) 처분금액		₩1,000,000
(2) 처분일의 상각후원가		
2012년말의 상각후원가		(982,143)[1]
(3) 매도가능금융자산처분이익		₩17,857

[1]취득금액 ₩951,963
2012년도 할인차금상각액 ₩951,963 × 12% − ₩1,000,000 × 10% = 14,236
2013년도 할인차금상각액 (₩951,963 + ₩14,236) × 12% − ₩1,000,000 × 10% = 15,944
₩982,143

5. (1) 회계처리

일　자	회계처리	
2012년 초	(차) 매도가능금융자산 951,963	(대) 현　금 951,963
2012년 말	(차) 현　금 100,000 매도가능금융자산 14,236 (차) 매도가능금융자산평가손실 16,199	(대) 이자수익 114,236 (차) 매도가능금융자산 16,199
2013년 말	(차) 현　금 100,000 매도가능금융자산 15,944 (차) 매도가능금융자산 34,056 (차) 현　금 1,000,000 매도가능금융자산평가이익 17,857 (기타포괄손익의 재분류조정)	(대) 이자수익 115,944 (대) 매도가능금융자산평가손실 16,199 매도가능금융자산평가이익 17,857 (대) 매도가능금융자산 1,000,000[1] 매도가능금융자산처분이익 17,857

[1]950,000 + 15,944 + 34,056 = 1,000,000

(2) 2012년말 부분재무상태표

B/S

비유동자산 매도가능금융자산	950,000	자　본 매도가능금융자산평가손실	16,199

(3) 부분포괄손익계산서

I/S

	2012년	2013년
매도가능금융자산처분이익	–	17,857
당기순이익	100,000	150,000
기타포괄이익		
매도가능금융자산평가손익	(16,199)	34,056
재분류조정	–	(17,857)
총포괄이익	₩83,801	₩167,857

3. 손상

1) 만기보유금융자산

상각후원가로 측정하는 만기보유금융자산은 보고기간말 마다 회수가능액을 분석하여 회수가능액의 하락이 손상차손의 인식 대상인지의 여부를 판단하여야 한다.

(1) 회수가능액의 하락

상각후원가를 장부금액으로 하는 만기보유금융자산에서 손상이 발생하였다는 객관적 증거가 있는 경우, 당해 자산의 장부금액과 회수가능액과의 차이를 손상차손으로 인식한다. 회수가능액은 추정미래현금흐름을 최초 인식시점의 유효이자율로 할인한 현재가치[52]로 측정한다.

만기보유금융자산손상차손 = 상각후원가 – 손상시 회수가능액

손상시	(차) 만기보유금융자산손상차손	×××	(대) 만기보유금융자산	×××

52) 추정미래현금흐름을 손상시점의 현행시장이자율로 할인한 현재가치로 회수가능액을 측정하는 경우에는 회수가능액이 손상시점의 공정가치가 된다. 만기보유금융자산은 상각후원가로 측정하며 공정가치로 평가하지 않으므로, 추정미래현금흐름을 최초의 유효이자율로 할인한 현재가치할인차금액으로 측정하는 것이다. 이는 대여금이나 수취채권의 경우에도 동일하다.

한편, 만기보유금융자산의 손상차손을 인식한 후 장부금액은 추정미래현금흐름을 최초의 유효이자율로 할인한 현재가치금액이 된다. 따라서 현재가치금액과 추정미래현금흐름의 차액은 잔여 상환기간동안 유효이자율법을 적용하여 상각하고 이자수익으로 인식한다.

손상후 결산일	(차) 현　　금	×××	(대) 이자수익	×××[1]
	만기보유금융자산	×××		

[1]손상후 상각후원가 × 최초 인식시점의 유효이자율

(2) 회수가능액의 회복

상각후원가를 장부금액으로 하는 만기보유금융자산이나 대여금 및 수취채권은 회수가능액의 회복이 손상을 인식한 후에 발생한 사건과 객관적으로 관련된 경우에 한하여 만기보유금융자산손상차손환입의 과목으로 하여 인식하고 환입한 금액은 당기손익으로 인식한다. 회복 후 장부금액은 당초 손상을 인식하지 않았다면 회복일 현재 인식하였을 상각후원가를 초과하지 않도록 한다.

만기보유금융자산손상차손환입 = 환입시 회수가능액* − 환입직전 장부금액

*한도 : 손상을 인식하지 않았을 경우의 상각후원가

회복시	① 손상차손을 인식한 기간 후에 발생한 사건과 객관적으로 관련된 경우			
	(차) 만기보유금융자산	×××	(대) 만기보유금융자산손상차손환입	×××
	② 손상차손을 인식한 기간 후에 발생한 사건과 객관적으로 관련되지 않은 경우			
	– 회계처리 없음 –			

2) 매도가능금융자산

공정가치를 장부금액으로 하는 매도가능금융자산에서 손상이 발생하였다는 객관적 증거가 있는 경우, 당해 자산의 장부금액과 공정가치와의 차이를 손상차손으로 인식한다.

(1) 공정가치의 하락

매도가능금융자산에 대하여 손상차손의 발생에 대한 객관적인 증거가 있는 경우에는 손상시의 공정가치와 손상직전 매도가능금융자산의 장부금액과의 차액을 매도가능금융자산손상차손으로 인식한다. 이 경우 기타포괄손익으로 인식한 누적손실(매도가능금융자산평가손실누계액)은 당해자산이 제거되지 않더라도 재분류조정의 방법으로 자본항목에서 당기손익으로 재분류한다. 매도가능금융자산이 손상된 경우 재분류조정을 하는 방법은 매도가능금융자산을 제거하는 경우와 동일한 방법을 따른다. 따라서 손상시점의 공정가치 평가를 먼저 하여 매도가능금융자산평가손실을 인식하여 기타포괄손익에 보고한다. 이때 자본항목으로 처리된 매도가능금융자산평가손실 누적액을 재분류조정의 방법을 통하여 당기손익으로 대체한다.

매도가능금융자산 중 채무상품의 공정가치는 미래현금흐름을 손상시의 현행시장이자율로 할인한 현재가치로 측정한다. 결론적으로 매도가능금융자산손상차손은 언제나 당해 매도가능금융자산 손상시점의 공정가치와 상각후원가와의 차액이 된다.

매도가능금융자산손상차손 = 회수가능액 − (손상직전 장부금액±매도가능금융자산평가손익)
= 회수가능액 − 손상직전 상각후원가

손상시	(차) 매도가능금융자산손상차손	×××	(대) 매도가능금융자산	×××
			매도가능금융자산평가손실	×××

손상차손을 인식한 이후에도 매도가능 채무상품은 유효이자율법에 의하여 이자수익을 인식하여야 한다. 이자수익은 공정가치를 측정할 때 미래현금흐름의 할인율로 사용한 이자율인 손상시의 현행시장이자율을 적용하여 인식한다.

손상후 결산일	(차) 현 금	×××	(대) 이자수익	×××[1]
	매도가능금융자산	×××		

[1]손상후 상각후원가 × 손상시의 현행시장이자율

(2) 공정가치의 회복

손상차손을 인식한 이후 공정가치의 회복이 손상차손을 인식한 기간 후에 발생한 사건과 객관적으로 관련된 경우에는 회복된 금액을 당기손익으로 인식한다. 다만, 환입을 하는 경우의 한도에 대하여 한국채택국제회계기준에서는 규정이 없다. 이 경우 손상차손을 인식한 기간 후에 공정가치가 상승하더라도 위와 같은 손상차손의 회복에 해당되지 아니하는 경우에는 당해 공정가치 상승금액은 매도가능금융자산평가손익(기타포괄손익)으로 처리한다.

매도가능금융자산손상차손환입 = 환입시 회수가능액(공정가치) − 환입직전 장부금액

회복시	① 손상차손을 인식한 기간 후에 발생한 사건과 객관적으로 관련된 경우
	(차) 매도가능금융자산 ××× (대) 매도가능금융자산손상차손환입 ×××
	② 손상차손을 인식한 기간 후에 발생한 사건과 객관적으로 관련되지 않은 경우
	(차) 매도가능금융자산 ××× (대) 매도가능금융자산평가이익 ×××

구분	채무상품		
	만기보유금융자산		매도가능금융자산
평가방법	원가법		공정가치법
이자수익의 인식	유효이자율법 적용	서로 일치함	유효이자율법 적용
평가손익의 처리	해당사항없음		기타포괄손익 (누적액은 자본항목으로 처리)
평가손익누계액	해당사항없음		공정가치 − 상각후원가
처분손익	처분금액 − 상각후원가	서로 일치함	처분금액 − 상각후원가
손상차손	상각후원가 − 회수가능액[1]		상각후원가 − 공정가치
손상차손 인식후 이자수익	회수가능액 측정시 사용한 이자율을 적용하여 산출		공정가치 측정시 사용한 이자율을 적용하여 산출
회수가능액 회복[2]	손상차손환입(당기이익)		손상차손환입(당기이익)
손상차손환입	회수가능액 − 손상후 상각후원가		공저가치 − 손상후 상각후원가
손상차손환입한도	손상전 상각후 원가		환입에 대한 한도규정이 없음

[1]회수가능액 = 추정미래현금흐름을 최초의 유효이자율로 할인한 현재가치금액
[2]손상차손을 인식한 기간 후에 발생한 사건과 객관적으로 관련이 있는 경우에 한함

[그림 9-6] **채무상품 회계처리의 요약**

객관식 연습문제

exercises

▶▶ Ⅰ. 이론형 객관식 문제

01 다음 중 당기손익인식금융상품의 내용으로 옳지 않은 것은?

(관세사 2010)

① 최초인식점 이후에는 어떠한 금융상품도 당기손익인식항목으로 재분류할 수 없다.

② 주로 단기간 내에 매각하거나 재매입할 목적으로 취득한 금융자산은 당기손익인식금융자산으로 분류한다.

③ 활성시장이 없어서 공정가치를 신뢰성 있게 측정할 수 없는 지분상품은 당기손익인식금융자산으로 지정할 수 없다

④ 당기손익인식금융부채는 공정가치로 평가하고 평가손익은 당기손익에 반영한다.

⑤ 당기손익인식금융자산의 취득과 관련되는 거래원가는 최초 공정가치에 가산한다.

정답 ⑤

당기손익인식금융자산의 취득과 관련된 거래원가는 당기비용으로 처리한다.

02 '금융상품'의 회계처리에 관한 설명으로 옳지 않은 것은? (관세사 2011)

① 당기손익인식금융자산의 경우 취득과 직접 관련되는 거래원가는 당기비용으로 인식한다.

② 금융자산을 당기손익인식항목의 범주에서 다른 범주로 재분류하는 경우, 당기손익에 이미 인식된 손익이 있다면 그 손익은 환입한다.

③ 당기손익인식금융부채는 공정가치로 후속 측정한다.

④ 당기손익인식금융자산은 손상차손을 인식하지 않는다.

⑤ 대여금 및 수취채권은 유효이자율법을 사용하여 상각후원가로 후속 측정한다.

정답 ②

당기손익인식범주에서 다른 범주로 재분류하는 경우 당기손익에 이미 인식된 손익항목은 환입하지 않는다.

03 회계기말의 금융상품의 평가에 관한 설명으로 옳지 않은 것은? (9급 관세직 2009)

① 당기손익인식금융자산과 매도가능금융자산은 원칙적으로 공정가치로 평가한다.

② 활성시장에서 거래되며, 신뢰성 있는 공정가치를 파악할 수 있는 만기보유금융자산은 공정가치로 평가한다.

③ 매도가능금융자사의 평가손익은 당기손익항목에 포함하지 않고 기타포괄손익항목으로 처리한다.

④ 매도가능금융자산으로 활성시장에서 공시되는 시장가격이 없고 공정가치를 신뢰성 있게 측정할 수 없는 지분상품은 취득원가로 평가한다.

정답 ②

만기보유금융자산은 유효이자율법을 적용하여 상각후원가로 재무상태표에 표시한다.

04 금융자산평가에 대한 내용 중 옳지 않은 것은? (7급 2006)

① 당기손익인식금융자산에 대한 미실현손익은 당기손익항목으로 처리한다.
② 매도가능금융자산에 대한 미실현손익 누적금액은 처분하거나 손상차손을 인식하는 시점에 일괄하여 재분류조정하여 당기손익에 반영하다.
③ 매우 드문 상황하에서 더 이상 단기간 내에 매각할 목적이 아니라면 당기손익인식금융자산을 매도가능금융자산 드는 만기금융자산으로 재분류할 수 있으며, 재분류일의 공정가치로 재분류하여야 하며 재분류일까지의 미실현손익은 자본항목으로 반영한다.
④ 경쟁제한적 자전거래방식에 의한 매도가능금융자산의 처분손익은 인식하지 않는다.

정답 ③

재분류일의 공정가치로 재분류하여야 하며, 재분류일까지의 미실현손익은 당기손익에 반영한다.

05 금융자산에 대한 다음 설명 중 옳은 것은? (9급 관세직 2007 수정)

① 매도가능금융자산의 처분시에는 장부가액과 처분가액의 차이를 매도가능금융자산처분손익으로 인식하여 손익계산서상의 당기손익으로 보고한다.
② 당기손익인식금융자산과 매도가능금융자산에 대한 미실현보유손익은 당기손익항목으로 처리한다.
③ 만기보유금융자산에 대하여 손상차손으로 인식하는 금액은 금융자산 취득당시의 유효이자율로 할인한 기대현금흐름의 현재가치(회수가능가액)와 장부가액의 차이이다.
④ 당기손익인식금융자산과 다른 범주 간에는 어떠한 경우에도 분류변경을 할 수 없다.

정답 ③

① 금융자산에 대한 통제를 상실한 때에는 금융자산을 양도한 대가로 받았거나 받을 금액과 금융자산의 장부가액과의 차이금액에 자본항목에 포함되어 있는 미실현보유이익을 가산하고 미실현보유손실을 차감한 금액을 당기손익으로 처리한다. 즉, 미실현보유손익은 이 시점에 실현된 것으로 본다.
② 매도가능금융자산에 대한 미실현보유손익은 기타포괄손익누계액으로 처리한다.
③ 만기보유금융자산에 대하여 손상차손으로 인시하는 금액은 금융자산 취득당시의 유효이자율로 할인한 기대현금흐름의 현재가치(회수가능액)와 장부가액의 차이이다.
④ 당기손익인식금융자산과 다른 범주 간에는 분류변경을 할 수 없으나, 드문 상황에서 제한적으로 매도가능 금융자산이나 만기보유금융자산으로 재분류할 수 있다.

06 다음은 수취채권 및 대여금과 관련된 한국채택국제회계기준의 규정이다. 틀린 설명은 무엇인가?

① 대여금 및 수취채권은 지급금액이 확정되었거나 결정가능하며 활성거래시장에서 가격이 공시 되지 않는 비파생금융자산을 말한다.

② 공시가격이 있는 채무상품과 같이 활성거래시장에서 공시되는 금융자산은 대여금 및 수취채권으로 분류하는 요건을 충족하지 못한다.

③ 대여금 및 수취채권은 유효이자율법을 사용하여 상각후원가로 측정하는 것을 원칙으로 하지만, 명시된 이자율이 없는 단기수취채권과 단기지급채무는 할인효과가 중요하지 않다면 송장의 원본금액으로 측정할 수 있다.

④ 대여금 및 수취채권에서 손상이 발생하였다는 객관적 증거가 있는 경우, 손상차손(대손상각비)은 당해 자산의 장부금액과 손상시점의 현행시장이자율로 할인한 추정미래현금흐름의 현재가치의 차이로 측정한다.

⑤ 대여금 및 수취채권 중 무담보 부분에 대한 손상차손을 충당금 설정률표에 근거하여 연령분석법을 적용하여 계산하는 방식은 한국채택국제회계기준에서 인정하지 않고 있다.

정답 ④

대여금 및 수취채권에서 손상이 발생하였다는 객관적 증거가 있는 경우, 손상차손(대손상각비)은 당해 자산의 장부금액과 손상시점의 유효이자율(최초인식시점에 계산된 유효이자율)로 할인한 추정미래현금흐름의 현재가치의 차이로 측정한다.

⑤ 대여금 및 수취채권 중 무담보 부분에 대한 손상차손을 충당금 설정률표에 근거하여 계산하는 방법은 반드시 적절하다고 말할 수는 없다. 이에 대한 손상차손이나 대손상각비는 자산의 장부금액과 최초의 유효이자율로 할인한 추정미래현금흐름의 현재가치의 차이로 측정한다.

07 다음 중 기말 금융상품을 후속측정할 때 적용되는 금융상품의 측정기준에 관한 설명으로 옳지 않은 것은? (공인회계사 2005 수정)

① 활성시장의 공시가격이 존재하는 금융자산으로서 만기보유금융자산으로 분류되는 채무상품의 측정기준은 상각후원가이다.

② 활성시장의 공시가격이 존재하는 금융자산으로서 매도가능금융자산으로 분류되는 지분상품의 측정기준은 공정가치이다.

③ 활성시장의 공시가격이 존재하는 금융자산으로서 매도가능금융자산으로 분류되는 채무상품의 측정기준은 공정가치이다.

④ 활성시장의 공시가격이 존재하는 금융자산으로서 당기손익인식금융자산으로 분류되는 지분상품의 측정기준은 공정가치이다.

⑤ 활성시장의 공시가격이 존재하지 않는 금융자산으로서 매도가능금융자산으로 분류되는 채무상품의 측정기준은 취득원가이다.

정답 ⑤

매도가능증권으로 분류되는 채무증권은 활성거래시장의 공시가격 여부에 상관없이 공정가치로 후속측정을 수행한다.

08 **채무상품으로서의 매도가능금융자산과 만기보유금융자산의 손상차손에 대한 다음 설명 중 한국채택국제회계기준의 내용과 일치하지 않은 것은?**

① 만기보유금융자산의 경우 상각후원가와 회수가능액과의 차액을 당기손실로 처리한다.

② 매도가능금융자산의 경우 기존의 매도가능증권평가손익을 손상시점에 가감하므로 결국 손상차손은 당해 채무상품의 상각후원가와 회수가능액과의 차이가 된다.

③ 손상차손을 인식한 후에 회수가능액이 회복되었으며, 그러한 회복이 손상차손을 인식한 후에 발생한 사건과 객관적으로 관련이 있는 경우 만기보유증권은 손상하지 않았을 경우의 상각후원가의 범위내에서 손상차손 환입하여 당기손익으로 인식한다.

④ 손상차손을 인식한 후에 회수가능액이 회복되었으며, 그러한 회복이 손상차손을 인식한 후에 발생한 사건과 객관적으로 관련이 있는 경우 매도가능채무증권은 이미 손상차손으로 인식하였던 금액 범위내에서 환입하여 손익으로 인식하며, 이미 손상차손으로 인식하였던 금액을 초과하는 회수가능액 회복부분은 자본항목으로 처리한다.

⑤ 만기보유금융자산과 매도가능금융자산의 회수가능액은 당해 채권과 관련된 미래현금흐름을 당해 유가증권의 취득당시의 유효이자율로 할인한 현재가치금액으로 측정한다.

정답 ⑤

매도가능채무증권의 회수가능액은 공정가치로 이는 미래의기대현금흐름을 유사한 유가증권의 현행시장이자율로 할인한 현재가치이다.

09 금융상품의 분류변경시 기업회계기준서에 따른 가장 적절한 회계처리는?

① 채무상품인 만기보유금융자산으로부터 매도가능금융자산으로 분류변경하는 경우, 분류변경에 따른 평가에서 발생하는 공정가치와 장부금액의 차이금액은 당기손익으로 처리한다.

② 채무상품인 매도가능금융자산으로부터 만기보유금융자산으로 분류변경하는 경우, 분류변경을 위한 평가시점까지 발생한 매도가능금융자산의 미실현보유손익은 당기손익으로처리한다.

③ 채무상품인 매도가능금융자산으로부터 만기보유금융자산으로 분류변경하는 경우, 분류변경된 매도가능금융자산의 장부금액과 분류변경일 현재의 공정가치의 차이는 유효이자율법에 의해 채무상품의 만기일까지의 잔여기간에 걸쳐서 상각한다.

④ 매우 드문상황에서 단기매매금융자산을 매도가능금융자산으로 분류변경하는 경우, 분류변경일 현재의 공정가치를 새로운 취득원가로 보며 분류변경일까지의 미실현보유손익은 자본항목으로 인식한다.

⑤ 공정가치를 측정할 수 없게 된 매도가능금융자산의 미실현보유손익은 자본항목으로 계속 처리하고 제거나 손상에 따라 실현될 때에 당기손익으로 인식한다.

정답 ⑤

① 만기보유금융자산으로부터 매도가능금융자산으로 분류변경하는 경우에 분류변경에 따라 평가에서 발생하는 공정가치와 장부금액의 차액은 자본항목으로 처리한다.

② 분류변경을 위해 평가시점까지 발생한 매도가능금융자산의 미실현보유손익의 잔액은 계속 자본항목으로 처리한다.

③ 만기보유금융자산으로 분류변경된 매도가능금융자산의 만기액면가액과 분류변경일 현재의 공정가치와의 차이는, 유효이자율법에 의하여 그 채무상품의 만기일까지의 잔여기간에 걸쳐서 상각하고 각 기간의 이자수익에 가감한다.

④ 매우 드문상황에서 단기매매금융자산을 매도가능금융자산으로 분류변경하는 경우에는 분류변경일 현재의 공정가치(최종시장가치)를 새로운 취득원가로 본다. 이 경우에 분류 변경일까지의 미실현보유손익은 당기손익으로 인식한다.

10 다음의 금융자산에 관한 거래 중 당기순이익에 영향을 미치지 않는 거래는?

(7급 2007)

① 액면발행된 만기보유금융자산 ₩200,000에 대한 10%의 이자를 수취하였다.

② 당년도 ₩300,000에 매입한 당기손익인식금융자산이 당년 말 ₩350,000으로 상승하였다.

③ 전년도 ₩100,000에 매입한 매도가능금융자산의 시가가 작년 말 ₩120,000으로 상승하였는데, 당기에는 다시 하락하여 당초 취득가격인 ₩100,000에 매각하였다.

④ 지분법을 적용하는 피투자회사가 ₩2,000,000의 순이익이 발생하였다고 보고하였다.

정답 ③

① (차) 현 금 20,000 (대) 이 자 수 익 20,000
② (차) 단기매매금융자산 50,000 (대) 당기손익인식금융자산평가이익 50,000
③ (차) 현 금 100,000 (대) 매 도 가 능 금 융 자 산 120,000
매도가능금융자산평가이익 20,000
④ (차) 관계기업주식 800,000 (대) 지 분 법 이 익 800,000

위의 회계처리에서 이자수익, 당기손익인식금융자산평가 이익, 지분법이익은 모두 손익계산서 항목으로 당기순이익을 증가하게 한다. ③은 매도가능금융자산의 처분이 발생했으나 처분손익이 없기 때문에 손익계산서에 미치는 영향은 없다.

11 **채무상품으로서의 매도가능금융자산과 만기보유금융자산의 손상차손에 대한 다음 설명 중 한국채택국제회계기준의 내용과 일치하지 않은 것은?**

(공인회계사 2005 수정)

① 만기보유금융자산의 경우 상각후원가와 최초의 유효이자율로 할인한 추정미래현금흐름의 현재가치의 차이를 당기손익으로 인식한다.

② 매도가능금융자산의 경우 기존의 매도가능증권평가손익을 손상시점에 가감하므로 결국 손상차손은 공정가치가 상각후원가에 미달하는 금액에서 이전 기간에 이미 당기손익으로 인식한 당해 금융자산의 손상차손을 차감한 금액이다.

③ 만기보유금융자산이 후속기간 중 손상차손의 금액이 감소하고 그 감소가 손상을 인식한 후에 발생한 사건과 객관적으로 관련된 경우에는 당초 손상을 인식하지 않았다면 회복일 현재 인식하였을 상각후원가의 범위 내에서 환입하여 당기손익으로 인식한다.

④ 매도가능금융자산의 손상차손을 인식한 후에 후속기간에 공정가치가 증가하고 그 증가가 손상차손을 인식한 후에 발생한 사건과 관련된 경우에는 환입하여 당기손익으로 인식한다.

정답 ④

- 매도가능지분상품에 대하여 당기손익으로 인식한 손상차손은 당기손익으로 환입하지 아니한다. (즉, 기타포괄손익으로 반영한다.)
- 매도가능금융자산은 지분상품과 채무상품 다 포괄한 가념이다.

▶▶ II. 계산형 객관식 문제

01 (주)국세는 2011년 7월 1일에 동 일자로 발행된 ㈜대한의 사채(액면가액 ₩200,000, 3년 만기, 이자는 매년 6월 말과 12월 말에 지급)를 단기매매차익을 얻기 위하여 ₩190,173에 취득하였다. 동 사채의 액면이자율은 연 10%, 시장이자율은 연 12%이다. 동 사채의 2011년 말 이자지급 후 공정가치는 ₩195,000이다. (주)국세가 동 사채 취득 및 보유로 인해 20X1년도 인식할 당기이익은 얼마인가? (단, 사채취득과 관련한 거래비용은 없으며, 사채이자는 월수를 기준으로 계산한다. 또한 계산금액은 소수점 첫째자리에서 반올림하며, 이 경우 단수차이로 인해 약간의 오차가 있으면 가장 근사치를 선택한다.) (세무사 2010)

① ₩12,827　② ₩14,827
③ ₩16,827　④ ₩24,827
⑤ ₩28,827

정답 ②

이자수익	200,000 × 10% × 6/12 =	₩10,000
단기매매금융자산평가이익	195,000 − 190,173 =	4,827
당기손익에 미친 영향		₩14,827

유효이자율법 상각표

02 (주)하늘을 2011년 초에 지분상품 ₩10,000을 취득하여 매도가능금융자산으로 분류하였다. 해당 지분상품의 공정가치는 2011년 말에 ₩14,000, 2012년 말에 ₩8,000이었다. 2012년도 포괄손익계산서상 기타포괄손익과 2012년 말 재무상태표상의 기타포괄소익누계액은 각각 얼마인가? (단, 손상발생의 객관적인 증거는 없다.) (관세사 2011)

	기타포괄손익	기타포괄손익누계액
①	₩0	₩0
②	(−)₩2,000	(−)₩2,000
③	(−)₩6,000	(−)₩6,000
④	(−)₩2,000	(−)₩6,000
⑤	(−)₩6,000	(−)₩2,000

정답 ⑤

• 2011년 초

(차) 매도가능금융자산 10,000 (대) 현 금 10,000

• 2011년 말

(차) 매도가능금융자산 4,000 (대) 매도가능금융자산평가이익 4,000

• 2012년 말

(차) 매도가능금융자산평가이익 4,000 (대) 매도가능금융자산 6,000

매도가능금융자산평가손실 2,000

• 포괄손익계산서의 기타포괄손익 = 공정가치(8,000) − 장부가액(14,000) = (6,000)
• 재무상태표의 기타포괄손익누계액 = 공정가치(8,000) − 취득원가(10,000) = (2,000)

03 **(주)서울은 2011년 1월 1일 현재 다음과 같이 단기매매금융자산과 매도가능금융자산으로 분류되는 지분상품을 보유하고 있다. 자금난의 해소를 위하여 (주)서울이 2011년 4월 1일에 동 단기매매금융자산과 매도가능금융자산 전부를 각각 ₩600,000과 ₩580,000에 처분하였다면, 이 거래로 인하여 (주)서울이 2011년 당기손익에 반영할 금액은? (단, 손상징후는 없다.)** (감정평가사 2011)

구분	단기매매금융자산	매도가능금융자산
취득일	2010. 9. 1	2010. 10. 5
취득원가	₩500,000	₩600,000
2010년 말 공정가치	₩550,000	₩560,000

① ₩20,000 손실
② ₩30,000 이익
③ ₩40,000 손실
④ ₩50,000 이익
⑤ ₩60,000 이익

정답 ②

구분	취득원가	2010년말 공정가치	평가손익	2011년 처분가액	처분손익
단기매매금융자산	₩500,000	₩550,000	이익 ₩50,000	₩600,000	이익 ₩50,000
매도가능금융자산	₩600,000	₩560,000	손실 ₩40,000	₩580,000	손실 ₩20,000

• 단기매매금융자산처분손익 = 처분가액(600,000) − 장부가액(550,000)
• 매도가능금융자산처분손익 = 처분가액(580,000) − 취득원가(600,000)

04 다음은 (주)충남이 2006년도 말 현재 보유하고 있는 매도가능금융자산 관련 자료이다. 한국채택 국제회계기준에 따라 포괄손익계산서의 당기손익에 반영될 금액은 얼마인가? (9급 국가직 2007)

매도가능금융자산	장부가액	2006년도 말 종가
A	₩370,000	₩390,000
B	₩42,000	₩36,000
C	₩26,000	₩31,000

① ₩6,000 ② ₩0
③ ₩19,00 ④ ₩26,000

정답 ②

매도가능 금융자산평가손익은 기타포괄손익항목으로 보고한다. 따라서 당기손익에 반영할 금액은 없다.

05 다음 자료를 이용하여 2001년도 포괄손익계산서의 당기손익과 총포괄손익에 반영할 금액은 각각 얼마인가? (9급 국가직 2002 수정)

구 분	2001년 초 취득원가	2001년 12월 31일 시가
단기매매금유자산	₩200,000	₩240,000
매도가능금융자산	₩3,000,000	₩3,500,000

	당기손익	총포괄이익
①	₩40,000	₩40,000
②	₩540,000	₩40,000
③	₩540,000	₩540,000
④	₩40,000	₩540,000

정답 ④

- 당기손익인식금융자산평가이익 ₩40,000 → 당기손익항목
- 매도가능 금융자산평가이익 ₩500,000 → 기타포괄손익항목
  총포괄손익은 당기손익과 기타포괄손익의 합계이다.

06 12월 결산법인인 (주)한국은 2007년 1월 1일 유가증권시장에 상장되어 있는 A사 주식을 ₩10,000에 장기보유목적으로 취득하였다. A사 주식의 공정가치는 2007년 12월 31일에는 ₩11,000이고 2008년 12월 31일에는 ₩3,000이었다. 2008년 12월 31일에 A사 주식에 대해 감액손실이 발생하였다는 객관적인 증거가 존재하였다. (주)한국이 A사 주식을 보유함으로써 2007년과 2008년의 당기순이익에 반영해야할 손익은? (단, A사 주식은 지분법이 적용되지 않은 지분증권이라고 가정한다.)

(7급 2009)

	2007년 이익(손실)	2008년 이익(손실)
①	₩1,000	(₩8,000)
②	₩0	(₩8,000)
③	₩1,000	(₩7,000)
④	₩0	(₩7,000)

정답 ④

일자별 회계처리

- 2007. 1. 1

  (차) 매도가능금융자산 10,000 (대) 현 금 10,000

- 2007. 12. 31

  (차) 매도가능금융자산 1,000 (대) 매도가능금융자산평가이익 1,000

- 2008. 12.31

  (차) 매도가능금융자산손상차손 7,000 (대) 매도가능금융자산 8,000
  매도가능금융자산평가이익 1,000

매도가능금융자산평가이익은 당기손익에 반영되지 않고 자본항목(기타포괄손익누계액)에 직접가산되며, 이후에 처분되거나 손상차손이 발생되는 경우 이때 재분류조정으로 하여 당기손익에 반영된다.

07 (주)부산은 2011년 1월 1일에 매도가능금융자산을 ₩20,000에 취득하였다. 이 매도가능금융자산의 매 보고기간 말 공정가치와 손상발생에 대한 객관적 증거는 다음과 같다. 매도가능지분상품의 기말평가 및 손상과 관련하여 (주)부산의 2012년도 2013년도의 당기순이익에 각각 미치는 영향은?

(관세사 2010)

구분	2011년 말	2012년 말	2013년 말
공정가치	₩19,000	₩15,000	₩18,000
손상발생객관적증거	없음	있음	없음

	2012년	2013년
①	₩4,000 감소	영향없음
②	₩4,000 감소	₩3,000 증가
③	₩4,000 감소	₩4,000 증가
④	₩5,000 감소	영향없음
⑤	₩5,000 감소	₩3,000 증가

정답 ④

구 분	2011년 말	2012년 말	2013년 말
공정가치	₩19,000	₩15,000	₩18,000
	평가손실(₩1,000)	손상차손(₩5,000)	평가이익(₩3,000)

2012년 말 손상차손 ₩5,000 = 취득원가(₩20,000) – 공정가치(₩15,000)
매도가능금융자산(지분상품)은 손상차손 이후에 공정가치가 회복되어도 이를 당기이익으로 보고하지 않고 기타포괄손익항목으로 보고한다.

08 **(주)한국은 장기투자목적으로 다음의 주식들을 2006년에 취득하였다. 2007년의 거래와 2007년 말의 공정가치에 대한 자료는 다음 표와 같다. 옳지 않은 것은? (단, 공정가치 하락이 감액손실인식을 위한 요건을 충족시키지 않는다.)** (7급 2008)

종목	2006년중취득원가	2006년말공정가치	2007년중처분가액	2007년말공정가치
A	₩70,000	₩20,000	–	₩16,000
B	₩126,000	₩124,000	₩120,000	–
C	₩24,000	₩18,000	–	₩32,000
D	₩80,000	₩150,000	₩166,000	–
합계	₩300,000	₩312,000	₩286,000	₩48,000

① 2006년 12월 31일 현재 재무상태표에는 매도가능금융자산평가이익 ₩12,000이 표시 된다.
② 2007년 B주식의 처분에 의해 매도가능금융자산처분손실 ₩6,000이 인식된다.
③ 2007년 12워 31일 현재 재무상태표에는 매도가능금융자산평가이익 ₩10,000이 표시 된다.
④ 2007년 12월 31일 현재 재무상태표에는 매도가능금융자산 ₩48,000이 표시된다.

정답 ③

종목	취득원가	2006년말 공정가치	2006년말 평가손익	2007년중 처분가액	2007년 처분손익	2007년말 공정가액	2007년말 평가손익
A	70,000	₩20,000	손실 50,000	–		₩16,000	손실₩54,000
B	126,000	₩124,000	손실₩2,000	₩120,000	손실₩6,000	–	
C	24,000	₩18,000	손실₩6,000	–		₩32,000	이익₩8,000
D	80,000	₩150,000	이익 70,000	₩166,000	이익₩86,000	–	
합계	300,000	₩312,000	이익 12,000				손실₩46,000

09 (주)대한은 2009년 10월 2일 한국거래소에 상장된 (주)태극의 주식 100주를 총 ₩100,000에 구입하고 매도가능금융자산으로 계상하였다. (주)대한의 결산일인 2009년 12월 31일 (주)태극의 공정가치는 주당 ₩1,200이었다. 2010년 5월 10일 (주)대한은 (주)태극의 주식 50주를 주당 ₩1,300에 처분하였다. 2010년 12월 31일 (주)태극의 공정가치는 주당 ₩1,700이다. (주)대한의 매도가능금융자산과 관련하여 2010년 포괄손익계산서상 당기손익에 반영할 금액을 A라하고 2010년 말 재무상태표에 기타포괄손익누계액의 금액을 B라 할 때 A+B는? (단, 법인세 효과는 없는 것으로 가정한다.) (9급 지방직 2010)

① ₩30,000　② ₩40,0000
③ ₩50,0000　④ ₩60,000

정답 ③

- 매도가능 금융자산처분이익 : (1,300 – 1,000) × 50주 = 15,000 처분이익
- 매도가능 금융자산평가이익 : (1,700 – 1,000) × 50주 = 35,000 평가이익

10 (주)강북은 2006년 1월 1일에 3년 만기보유목적으로 (주)강남의 사채(액면가액 ₩5,000,000)를 ₩480,000,000에 취득하였다. 사채의 이자지급일은 매년 말이며, 액면이자율은 8%이고, 유효이자율은 계산편의상 10%로 가정한다. 그러나 회사사정에 의하여 2006년 12월 31일에 보유하고 있는 사채를 액면이자 수취 후 ₩5,200,000에 매각하였다. 이 거래와 관련하여 2006년도의 손익계산서상에 보고될 처분손익은 얼마인가?(단, 회계처리는 유효이자율법에 따른다.) (9급 세무직 2007)

① ₩480,000(손실)　② ₩210,000(이익)
③ ₩300,000(이익)　④ ₩320,000(이익)

정답 ④

구분	2006. 1. 1	2006. 12. 31
유효이자(10%)	기초장부 × 10%	₩480,000
표시이자(8%)	액면가액 × 8%	₩400,000
상각액	유효이자 – 표시이자	₩80,000
장부가액	₩4,800,000	₩4,880,000

일자별 회계처리

• 2006. 1. 1

(차) 만기보유금융자산 4,800,000 (대) 현 금 4,800,000

• 2006. 12. 31

(차) 현 금 400,00 (대) 이자수익 480,000

만기보유금융자산 80,000

• 2007. 1. 1

(차) 현 금 5,200,000 (대) 만기보유금융자산 4,880,000

만기보유금융자산처분이익 320,000

11 **2006년 7월 초에 발행한 회사채(액면 ₩250,000, 만기 3년, 액면이자율 연 10%)를 ₩263,000에 구입했다. 동 회사채의 이자지급일은 연 1회 매년 6워 30일이며, 구입당시 시장이자율은 8%이다. 구입회사는 이 회사채를 매도가능채권으로 분류하였다. 2006년 12월 31일 현재 이 회사채의 공정가치는 ₩230,000이라고 할 때, 2006년 12월 31일 기록할 매도가능금융자산 평가손익은?** (9급 서울시 2007)

① ₩20,000 ② ₩23,000

③ ₩26,000 ④ ₩29,040

⑤ ₩31,020

정답 ⑤

	2006년1월1일	2006년12월31일
(a)유효이자(8%)		10,520[1]
(b)표시이자(10%)		12,500[2]
(c)환입액{(a)–(b)}		1,980
(d)상각후 취득원가	263,000	261,020[3]
공정가치(e)		230,000
평가손익{(d)–(e)}		△31,020

매도가능금융자산 : 유효이자율법 + 공정가액법

1) 263,000 × 8% × (6/12) = 10,520

2) 250,000 × 10% × (6/12) = 12,500

3) 263000 – 1,980 = 261,020

12 2003년 1월 1일에 (주)강원은 매도가능금융자산으로 분류되는 액면가 ₩10,000(이자율 10%, 이자 매년 말 지급)의 채무증권을 할인가액인 ₩9,400에 취득하였다. 2003년 12월 31일(결산일)에 동 채무증권에 대한 현금이자 ₩1,000을 수취하였으며 이자수익 ₩1,200을 인식하였다. 2003년 12월 31일 현재 동 채무증권의 공정가치는 ₩8,700이었으며 손상차손이 발생하였다는 객관적인 증거는 없었다. (주)강원은 2004년 1월 1일에 이 채무증권을 ₩9,000에 매각하였다. 동 채권에 대해 2003년 12월 31일의 평가시점에 인식해야 하는 매도가능 매도가능금융자산평가손익과 2004년 1월 1일의 처분시점에 인식해야 하는 매도가능금융자산처분손익은 각각 얼마인가? (공인회계사 2004)

	매도가능금융자산평가손익	매도가능금융자산처분손익
①	₩0	₩400 손실
②	₩700 손실	₩300 이익
③	₩700 손실	₩400 손실
④	₩900 손실	₩300 이익
⑤	₩900 손실	₩600 손실

정답 ⑤

(1) 2003년 12월 31일 상각후원가 : 9,400 + (1,200 − 1,000) = 9,600

(2) 손익의 계산

구 분	2003년 초	2003년 말	2004년 초
공정가치	9,400	8,700	9,000
상각후원가	9,400	9,600	9,600
평가손익누계액	−	(−)900	
처분손익			(−)600

(3)회계처리

• 2004.1.1

(차)	현 금	9,000	(대) 매도가능금융자산	8,700
	매도가능금융자산처분손실	600	매도가능금융자산평가손실	900

(4) 매도가능금융자산 처분시점에서 기인식한 평가손익(기타포괄손익누계액)을 재분류하므로 공정가치는 상각후원가로 다시 돌아간다. 따라서 처분가액과 상각후원가의 차이가 처분손익이 된다.

13 (주)대륙은 2008년 7월 1일에 발행된 사채(액면가액 ₩100,000, 표시이자율 연 12%, 이자지급일 매년 6월말과 12월말)를 ₩100,000에 단기매매목적으로 발행일에 구입하였다. 2008년 11월 1일 (주)해양은 해당 사채를 ₩104,000(발행일로부터 구입일까지의 미수이자를 포함한 금액임)에 단기매매목적으로 (주)대륙으로부터 구입하였다. 해당 사채와 관련 2008년 11월 1일 (주)대륙의 단기매매증권처분이익과 2008년 12월 31일 (주)해양의 이자수익은 얼마인가? 단, 상기 거래들과 관련하여 거래수수료는 없으며, 유효이자율과 표시이자율은 동일하다고 가정한다. 또한 모든 이자계산은 월수로 한다. (공인회계사 2009 수정)

	㈜대륙 처분이익	㈜해양 이자수익
①	₩ 0	₩2,000
②	₩ 0	₩6,000
③	₩4,000	₩2,000
④	₩4,000	₩6,000
⑤	₩6,000	₩ 0

정답 ①

1) ㈜대륙의 처분손익 :

처분금액	₩104,000 − ₩100,000 × 12% × 4/12 =	₩100,000
장부금액		(₩100,000)
단기매매금융자산처분이익		₩0

2) ㈜해양의 이자수익 : ₩100,000 × 12% × 2/12 = ₩2,000

14 12월말 결산법인 (주)국세는 2006년 초에 A주식 1,000주를 1주당 ₩2,000에 취득하였으며, 2006년말 현재 A주식의 1주당 공정가치는 ₩2,400이다. 2007년 중에 (주)국세는 보유중인 A주식의 절반인 500주를 1주당 ₩2,200에 처분하였다. 이러한 A주식의 처분과 관련하여 (주)국세가 2007년 포괄손익계산서에 반영할 유가증권처분손익을 A주식이 단기매매증권인 경우와 매도가능증권인 경우로 나누어 제시한 것으로서 옳은 것은? (세무사 2008 수정)

	단기매매금융자산	매도가능금융자산
①	처분손실 ₩100,000	처분이익 ₩100,000
②	처분이익 ₩100,000	처분이익 ₩100,000
③	처분손실 ₩100,000	처분손실 ₩100,000

④	처분이익 ₩200,000	처분손실 ₩150,000
⑤	처분이익 ₩200,000	처분손실 ₩150,000

정답 ①

1) 단기매매금융자산처분손익
   2006년 초 취득원가 : ₩2,000 × 1,000주 = ₩2,000,000
   2006년 말 공정가치 : ₩2,400 × 1,000주 = ₩2,400,000
   2007년 말 처분가액 : ₩2,200 × 500주 = ₩1,100,000
   2007년 말 처분시 장부금액 : ₩2,400 × 500주 = ₩12,000,000
   2007년 말 처분시 손익 : ₩1,100,000 − ₩1,200,000 = ₩100,000(손실)

2) 매도가능금융자산처분손익
   2006년 초 취득원가 : ₩2,000 × 1,000주 = ₩2,000,000
   2007년 말 처분가액 : ₩2,200 × 500주 = ₩1,100,000
   2007년 말 처분시 손익 : ₩1,100,000 − ₩1,000,000 = ₩100,000(이익)

15 12월말 결산법인인 A회사는 2003년 초 유가증권시장에서 B사 발행주식의 1%에 해당하는 보통주 100주를 주당 ₩10,000에 장기투자목적으로 취득하였다. 2003년 말에는 B사의 재무위기 가능성이 극히 낮았다. 2004년 말에 B사가 주가조작혐의로 감독당국의 조사를 받고 B사의 주식이 상장취소가 될 것이라는 소문이 퍼지면서 B사의 주가가 폭락하였고, A회사는 B사 주식의 시세회복 가능성이 희박하고 파산가능성이 높다고 판단하였다. 그러나 2005년에 들어서면서 B사의 주가조작 관련자는 색출되어 처벌을 받고 B사는 상장취소를 면함과 동시에 파산가능성도 없어져서 주가가 회복되었다. A회사는 2006년 2월에 보유하던 B사의 주식 전부를 주당 ₩10,500에 처분하였다. 각 결산시점에서 필요한 분개를 전기한 후 각 계정잔액에 대한 서술로 옳지 않은 것은? 각 결산일 현재 B사의 1주당 주사는 다음과 같다. (세무사 2006 수정)

	2003년 12월 31일	2004년 12월 31일	2005년 12월 31일
종 가	₩9,500	₩2,000	₩11,000

① A회사의 2004년 말 매도가능금융자산평가손실 계정의 잔액은 ₩0이다.
② A회사의 2004년 말 매도가능금융자산손상차손 계정의 잔액은 ₩800,000이다.
③ A회사의 2005년 말 매도가능금융자산평가이익 계정의 잔액은 ₩100,000이다.
④ A회사의 2005년 말 매도가능금융자산손상차손환입 계정의 잔액은 ₩0이다.
⑤ A회사의 2006년 2월 매도가능금융자산처분이익 계정의 잔액은 ₩50,000이다.

정답 ③

①, ② 2004년 말 매도가능금융자산평가손실 : 0
2004년 말 매도가능금융자산손상차손 : 100주 × (₩10,000 − ₩2,000) = ₩800,000
③ 2005년 말의 매도가능금융자산평가이익 : 100주 × (₩11,000 − ₩2,000) = ₩900,000
④ 손상된 지분상품은 공정가치가 회복되는 경우 동 회복액을 당기손익으로 처리할 수 없다.
⑤ 매도가능금융자산처분이익 : 100주 × (₩10,050 − ₩2,000) = ₩850,000

• 처분시 회계처리

구 분	회 계 처 리			
2006.02.	(차) 현 금	1,050,000	(대) 매도가능금융자산	1,100,000
	매도가능금융자산평가이익	900,000	(대) 매도가능금융자산처분이익	850,000

16 **(주)팔공의 자금팀장은 1차년도 초에 회사의 자금여력이 충분하다고 판단하여 (주)제일의 3년 만기 회사채(표시이자율 6%, 매년 말 이자지급, 유효이자율 8%, 액면금액 ₩100,000)를 ₩94,846에 취득하였다. 이에 대해 회계팀장은 해당 회사채를 단기매매금융자산, 매도가능금융자산, 만기보유금융자산 중 어느 것으로 분류해야 할지에 대해 고민하고 있다. 자금팀장의 예측에 따르면 1차년도 말 이자율이 전반적으로 하락하여 (주)제일의 사채 시장이자율이 6%로 낮아질 것으로 예상된다. 이 같은 예상정보에 근거하여 1차년도 말 (주)제일 회사채의 가격이 형성된다고 가정했을 때, 위 세가지 분류에 따른 (주)팔공의 1차년도 당기순이익의 크기를 가장 적절하게 표시한 것은?**

(공인회계사 2003 수정)

① 단기매매금융자산 〉 매도가능금융자산 〉 만기보유금융자산
② 단기매매금융자산 〉 매도가능금융자산 = 만기보유금융자산
③ 매도가능금융자산 = 만기보유금융자산 〉 단기매매금융자산
④ 매도가능금융자산 〉 단기매매금융자산 〉 만기보유금융자산
⑤ 만기보유금융자산 〉 매도가능금융자산 〉 단기매매금융자산

정답 ②

1) 매도가능금융자산이나 만기보유금융자산은 유효이자율법에 의한 이자수익만이 당기손익에 영향을 미친다.
   • 만기보유금융자산의 1차년도 당기이익 : ₩94,846 × 8% = ₩7,588(이자수익)
   • 매도가능금융자산의 1차년도 당기이익 : ₩94,846 × 8% = ₩7,588(이자수익)
2) 보고기간 말 현재 표시이자율과 시장이자율이 일치하는 경우 보고기간말의 공정가치는 액면금액이 된다. 단기매매금융자산으로 분류되는 경우 평가이익과 표시이자가 당기손익에 미친 영향이 된다.
3) 딩기손익에 미친영향

단기매매금융자산평가이익	100,000 − 94,846 = ₩5,154
이자수익(표시이자)	100,000 × 6% = 6,000
당기손익에 미친 영향	₩11,154

11장

자 본

제1절 자본의 기초

1. 자본의 정의와 변동

1) 자본의 정의

자본(equity)은 기업의 자산(asset)에서 모든 부채(liability)를 차감한 잔여지분이다.[1) 재무상태표에 표시되는 자본의 장부금액은 독립적으로 측정할 수 없으며 자산과 부채 금액의 측정에 따라 결정된다. 즉, 일반적으로 인정된 회계원칙에 의하여 측정된 자산의 장부금액에서 부채의 장부금액을 차감하여 계산한다. 이러한 의미에서 자본을 순자산(net asset)이라고도 한다. 일반적으로 인정된 회계원칙에 따르면 재무상태표에 표시되는 모든 자산과 부채는 결산일 현재의 공정가치로 측정되는 것이 아니므로 재무상태표의 자본총액은 순자산의 공정가치와 같을 수가 없다. 또한 상장회사의 경우 주가는 회사보유 순자산의 현재가치 뿐만 아니라 미래가치 등을 반영하여 결정되므로 자본은 발행한 주식의 시가총액(total market value)[2)]과도 같을 수 없다.

자본은 자산에서 부채를 차감한 개념으로 정의되며, 주주가 직접 납입한 납입자본(accumulated capital)뿐만 아니라 기업활동으로부터 발생한 이익을 기업 내부에 유보이익(accumulated income)으로 구성된다. 한편, 한국채택국제회계기준기준서 제1001호'재무제표의 작성과 표시'에서는 자본을 크게 납입자본(share capital), 이익잉여금(retained earnings)및 기타자본구성요소(other components of equity)의 세 가지로만 분류 할 뿐 개별항목에 대해서는 구체적으로 예시하지 않고 있다. 이는 기업이 자율적으로 판단하여 표시[3)]하고 구체적 설명은 주석을 통해서 보완될

---

1) 자본은 기업의 소유자가 회사의 자산에 대하여 가지는 순청구권의 가치를 말하므로 타인자본인 부채와 구분하기 위하여 자기자본이라고도 한다. 또는 오늘날 대표적인 기업형태가 주식회사이므로 이를 소유주지분, 주주지분(shareholder's equity)이라고도 한다.

2) 전 상장 주식을 시가로 평가한 금액을 말하는 것으로 전 상장 종목별로 그 날 종가에 유통발행주식수를 곱한 후 합계하여 산출한다.

3) 자본의 분류와 회계처리는 회계기준 보다는 각 나라의 상법이나 세법과 같은 법령의 규정과 회계관습에 영향을 많이 받고 있기 때문이다.

수 있기 때문이다. 하지만 본서에서는 학습목적상 자본을 크게 자본거래자본(equity due to capital transaction)과 손익거래자본(equity due to income transaction)으로 구분하여 설명하고자 한다. 또한 한국채택국제회계기준에 구체적인 규정이 없는 자본거래회계처리에 대해서는 우리나라의 상법과 일반기업회계기준의 규정에 따라 회계처리를 제시할 것이다. 한국채택국제회계기준에서 규정하고 있는 재무상태표의 자본분류를 학습목적상 정리하면 다음과 같다.

<table>
<tr><th rowspan="7">자본</th><th>K-IFRS분류</th><th>세부구성</th><th>설 명</th><th>자본증감거래</th></tr>
<tr><td rowspan="2">납입자본</td><td>자본금</td><td rowspan="3"></td><td rowspan="3">자본거래
(주주와의 거래)</td></tr>
<tr><td>자본잉여금</td></tr>
<tr><td rowspan="2">기타자본
구성요소</td><td>자본조정</td></tr>
<tr><td>기타포괄손익누계액</td><td>Σ기타포괄손익
(미실현손익의 누계액)</td><td rowspan="3">손익거래
(주주이외의 자와의
거래)</td></tr>
<tr><td rowspan="2">이익잉여금</td><td>일반적립금</td><td rowspan="2">Σ당기순이익
(실현손익의 누계액)</td></tr>
<tr><td>미처분이익잉여금</td></tr>
</table>

[그림 11-1] **자본의 분류**[4)]

2) 자본의 변동

자본은 순자산의 변동원천을 기준으로 다음과 같이 세분화 할 수 있다.

(1) 자본거래

자본거래(capital transaction)는 거래상대방이 회사의 현재 주주나 잠재적 주주인 거래(transaction with shareholder)를 말한다. 이러한 주주와의 자본거래에서 발생하는 자본항목은 그 성격에 따라 자본금, 자본잉여금 기타자본구성요소 중 자본조정으로 구분한다. 자본거래는 기업의 소유주와의 거래이므로 절대로 당기손익에 반영하여서는 아니 되며, 자본거래의 결과로 발생한 이익과 손실은 거래별로 서로 상계한 이후의 잔액만을 표시한다. 또한 당해 자본거래로 증가한 자본은 주주들에게 배당할 수 없으며, 자본전입이나 결손보전이외의 목적에는 사용할 수 없다.

4) 한국채택국제회계기준에 의하면 납입자본, 이익잉여금, 기타자본구성요소의 배열이나 학습목적상 배열 순서를 바꾼 것이며 상법과 일반기업회계기준에 의하여 세부항목을 재구성 하였다.

(2) 손익거래

손익거래(income transaction)는 회사의 순자산 변동분 중 주주와의 자본거래를 제외한 나머지의 모든 거래(transaction with non-shareholder)를 말한다. 손익거래에서 발생한 순자산의 당기변동액을 총포괄손익이라 한다. 이러한 총포괄손익은 실현여부의 판단에 따라 당기순손익과 기타포괄손익으로 구분한다. 총포괄손익 중 실현된 것으로 판단하는 당기순이익의 누적액을 이익잉여금(retained earning)으로 보고하며, 당기순손실의 누적액을 결손금(deficits)으로 보고한다.[5] 한편, 미실현된 것으로 판단하는 기타포괄손익은 총포괄손익에 포함한 직후 재무상태표에 누적금액이 자본항목으로 보고되며, 후속적으로 당기손익으로 재분류되거나 다른 자본항목으로 대체될 수 있다. 누적금액이 자본항목으로 보고되는 기타포괄손익은 기타자본구성요소 중 기타포괄손익누계액(accumulated other comprehensive income)으로 누적하여 표시한다. 즉, 손익거래에서 발생하는 자본항목은 기타포괄손익누계액과 이익잉여금으로 구분하여 표시한다.

	재무상태표의 자본 표시			
	구 분	납입자본	이익잉여금	기타자본구성요소
순자산의 변동	자본거래	관련손익	해당사항 없음	관련 손익 (자본조정)
	손익거래	해당사항 없음	당기손익 누적액	기타포괄손익 누적액 (기타포괄손익누계액)

[그림 11-2] 자본거래와 손익거래의 분류방법

(3) 자본의 구성항목만 변동이 있는 거래

거래는 발생하였으나 기업실체의 자본총액에 영향을 주지 않고 자본의 구성만을 변화시키는 거래이다. 이에 대한 구체적 사례는 다음과 같다.

5) 이익잉여금과 결손금은 재무상태표에 동시에 표시되는 것이 아니라 누적이익인 경우에는 이익잉여금으로, 누적손실인 경우에는 결손금으로 표시한다.

무상증자	(차) 주식발행초과금 XXX	(대) 자본금 XXX
	(차) 이익준비금 XXX	(대) 자본금 XXX
주식배당	(차) 미처분이익잉여금 XXX	(대) 자본금 XXX
이익준비금 적립	(차) 미처분이익잉여금 XXX	(대) 이익준비금 XXX
자본거래손실상각	(차) 미처분이익잉여금 XXX	(대) 주식할인발행차금 XXX

이상의 내용을 체계적으로 정리하면 다음과 같다.

<table>
<tr><th colspan="5">기업실체의 모든 거래</th></tr>
<tr><td>(1) 자신과 부채의 교환거래</td><td colspan="3">(2) 순자산의 변동거래</td><td>(3) 자본구성만의 변동</td></tr>
<tr><td rowspan="3">순자산의 변동을 발생시키지 않는 거래</td><td colspan="2">① 손익거래</td><td colspan="2">② 자본거래</td></tr>
<tr><td>당기순손익</td><td>기타포괄손익</td><td rowspan="2">자본조정</td><td rowspan="2">납입자본</td></tr>
<tr><td>이익잉여금</td><td>기타포괄 손익누계액</td></tr>
</table>

[그림 11-3] **기업실체의 모든 거래**

2. 주식

1) 주식회사의 자본금

자본금(capital stock)은 주식회사 등의 기업을 설립하기 위해서 상법의 규정에 따라 투자자들이 출자하는 금액을 기준으로 하여 계산한 일정한 액수를 말하며 법정자본금(legal capital)이라고도 한다. 자본금은 기업의 규모를 가늠해 주는 기준이며 법적으로는 모든 채권자를 위한 기초적인 담보물이라는 의미를 갖고 있다. 우리나라 상법은 수권자본(authorized capital stock)제도[6]를 채택하고 있다. 이는 수권자본의 한도 내에서 자금의 수요에 따라 이사회의 결의에 의하여 수시로 주식을 발행할 수 있도록 하는 것이다. 수권자본 중에서 발행된 주식을 발행주식(issued stock)[7]이라 한다. 한편, 회계상 자본금이란 주주가 납입한 자본 중 상법

6) 발행할 주식의 총수를 정관(articles of incorporation)에 미리 정해 놓고 발행하는 제도이다.
7) 주식회사의 경우 설립시에 발행되는 주식의 총수는 수권주식수의 1/4 이상이어야 한다. 수권주식수 내에서 나머지 주식은 회사 설립후 이사회결의를 거쳐 필요에 따라 발행할 수 있다. 이때에는 정관

의 규정에 따라 자본금으로 계상한 부분을 말한다. 따라서 기업들은 액면주식(par value stock)[8] 또는 무액면주식(no par value stock) 중 하나를 선택하여 발행하여야 한다. 여기서 액면주식이란 정관 및 주권에 1주당 금액이 정해져 주권의 표면에 금액이 기재되어 있는 주식을 말하며 무액면주식은 주권에 액면가액이 기재되어 있지 않고 주식수만 기재하므로 주식발행시에 임의로 발행가액을 결정하여 발행할 수 있는 주식을 말한다. 액면주식을 발행한 회사의 경우 자본금은 상법상 회사가 발행한 주식의 총수에 주당 액면금액을 곱한 금액이다.[9] 한편, 무액면주식을 발행한 경우에는 액면주식을 발행할 수 없으며 자본금은 주식의 발행가액 중에서 이사회나 주주총회에서 자본금 항목으로 계상하기로 한 금액의 총액이 된다.[10]

그리고 회사는 주주의 성명에 대한 주권기재여부에 따라 기명식(registered stock)과 무기명식(bearer stock)으로 구분하여 발행할 수 있다. 우리나라 상법에서는 무기명식의 주권은 정관에 정한 경우에 한하여 발행할 수 있으며, 주주는 언제든지 무기명식의 주권을 기명식으로 변결할 것을 회사에 청구할 수 있다. 기명식의 유·무는 발행주식과 관련된 법적인 형식상의 차이일 뿐, 주주로부터 자본이 납입되었다는 경제적 실질에는 차이가 없으므로 회계적인 관점에서는 이를 구분하여 학습할 필요가 없다.

2) 주식의 종류

주식회사가 발행하는 주식에 의하여 회사의 자본금이 구성되는데, 해당 주식의 소유권자를 주주라고 한다. 이러한 주주는 회사에 대하여 일정한 법률적 권리를 가지게 되는데, 이를 주주권이라 한다. 주주는 보유주식수에 비례하여 배당과 잔여재산을 분배받을 수 있는 권리[11]와 함께 회사의 의사결정에 참여할 수 있는

의 변경이나 주주총회의 결의가 요구되지 않는다. 수권주식수에서 발행 주식수를 차감한 주식수를 초과하여 신주를 발행할 경우에는 정관의 변경을 통해 수권주식수를 증가시켜야 하며, 이 때 정관의 변경은 주주총회의 특별결의사항으로 출석한 주주의 의결권의 3분의 2 이상의 수와 발행주식총수의 3분의 1 이상의 수로써 하여야 한다.

8) 액면주식의 금액은 1주당 금액은 ₩100이상으로 균일해야 한다.

9) 자 본 금 = 발행주식총수 × 주당 액면금액

10) 2012년 4월 15일에 시행되는 개정상법으로 인해 우리나라의 기업도 다른 나라의 기업처럼 무액면주식을 발행 할 수 있게 되었다. 과거 우리나라 상법에서는 원칙적으로 주식의 액면가 이하 발행을 금지했었다. 예외적으로 할인발행을 허용하는 경우에도 엄격한 상법상 절차에 따르도록 하여 현실적으로 이를 어렵게 했던 것이 사실이다. 하지만 개정상법에서는 액면가가 없는 주식을 발행하는 것을 허용하였으며, 이를 통하여 액면가 이하의 가격으로도 유상증자 등을 통한 자금조달이 가능해져 기업들의 자금조달이 보다 원활해지게 끔 하였다.

의결권[12]이 있는데, 이 두 가지 권리를 모두 가지고 있으며 기업이 발행한 여러 가지 종류의 주식의 기준이 되는 주식을 보통주(common stock)라 한다. 한편, 회사는 정관의 규정에 따라 이익의 배당 등에 있어 우선적 지위에 있는 우선주(preferred stock)[13]를 발행할 수도 있다. 일반적으로 주식의 종류는 배당과 잔여재산분배를 기준으로 다음과 같이 구분할 수 있다.

(1) 보통주

이익의 배당과 잔여재산배분에 있어 다른 종류의 주식에 대해 기준이 되는 주식을 말한다. 일반적으로 주식이라 할 때는 보통주를 말하며, 회사가 단일 종류의 주식만을 발행하는 경우에는 특별히 보통주라는 명칭을 붙일 필요는 없다. 현재 발행되는 우리나라의 주식은 대부분이 보통주이다. 그러나 이 주식은 사업이 부진한 회계기간에는 배당을 받지 못하게 되고, 반대로 사업이 호전된 회계기간에는 고율의 배당을 받을 수도 있어 주주입장에서 안정적인 투자수익을 확보하지 못하게 된다는 단점이 있다. 이러한 보통주의 단점을 해결하고자 만들어진 것이 다음의 우선주이다.

(2) 이익배당 우선주

이익배당 우선주는 의결권이 없는 대신 이익의 배당과 잔여재산배분에 있어 보통주보다 우선적인 권리를 가진 주식을 말한다. 일반적인 우선주는 이익배당우선주이며, 이는 다음과 같이 구분한다.

① 누적적 우선주와 비누적적 우선주

누적적 우선주(cumulative preferred stock)는 특정연도에 약정 배당금[14]을 받지 못하거나 미달한 경우, 차후연도 이익에서 이를 우선적으로 받을 수 있는 권리

---

11) 상법에서는 이를 자익권(自益權)이라 한다. 이에는 이익배당청구권, 이자배당청구권, 주권교부청구권, 주식전환청구권 등이 있다.

12) 상법에서는 이를 공익권(共益權)이라 한다. 이에는 의결권, 주주총회결의 취소를 구하는 권리, 주주총회 소집청구권, 회사의 해산을 청구할 수 있는 권리 등이 있다.

13) 일반적으로 우선주는 기업의 의사결정에 참여할 수 있는 권리인 공익권이 없다. 따라서 보통주보다 배당과 잔여재산을 분배받을 수 있는 권리를 우선하여 제공하므로 우선주라 부르는 것이다.

14) 누적적 우선주의 배당금은 기업이 반드시 지급하여야 한다는 점에서 사채의 표시이자와 성격적으로 동일하며 이익이 발생하는 경우에만 지급할 수 있다는 점에서 이익이 발생하지 않는 경우에도 지급하여야만 하는 사채이자와는 다르다.

가 부여된 우선주이다. 한편, 이러한 권리가 부여되어 있지 않는 우선주를 비누적적 우선주(non-cumulative preferred stock)라고 한다. 누적적 우선주도 보통주와 같이 배당이 선언된 경우에만 배당금의 지급의무가 발생한다. 따라서 누적적 우선주에 대한 사전에 약정된 배당률에 미달하여 지급한 배당금[15](즉, 약정배당 부족액)은 주주총회에서 배당을 선언하기 전까지는 회사의 부채로 인식하지 않음에 주의해야 한다.

② 참가적 우선주와 비참가적 우선주

참가적 우선주(participating preferred stock)는 당해 연도의 약정된 우선배당률을 받은 후, 보통주와 같이 잔여이익의 참가적 배당에 대한 권리가 부여된 우선주를 말한다. 잔여이익에 대한 참가형태에 따라 보통주와 완전히 동등한 자격으로 참가하는 완전참가적(fully participating)우선주와 잔여이익에 대하여 제한적으로 참가(보통주와 동률이하의 금액)하는 부분참가적(partially participating)우선주로 구분한다. 한편, 비참가적 우선주(non-participating preferred stock)는 잔여이익에는 참가할 수 없고, 당해연도의 약정배당만 우선적으로 받을 수 있다. 이 경우 잔여이익은 모두 보통주에 귀속된다.

(3) 상환우선주와 전환우선주

상환우선주(callable preferred stock)는 이익배당우선주에 한정되며, 의결권이 없는 대신 기업이 일정기간 후에 약정된 가격으로 재매입할 것을 전제로 발행하는 우선주를 말한다. 이러한 상환우선주의 발행을 통해 회사가 일시적으로 자금이 어려울 경우 주주들로부터 자금을 조달하고, 이후에 상황이 호전될 경우 이를 상환할 수 있다. 이에 따라 배당압력의 계속성과 경영권에 대한 영향력을 회피할 수 있다.[16] 한편, 전환우선주(convertible preferred stock)는 의결권이 없는 대신 우선주주의 청구에 따라 보통주로 전환할 수 있는 권리가 부여된 우선주를 말한다. 전환우선주는 우선주와 보통주의 두 가지 요소로 구성된 복합증권이며 전환권의 행사여부에 관계없이 경제적 실질이 크게 달라지지 않으므로 일반우선주와 동일하게 처리한다.

---

15) 이를 연체배당금이라 한다.
16) 상환우선주에 대해서는 절을 달리하여 설명한다.

예제 1

㈜청주는 2012년 1월1일에 설립된 회사로 설립시에 보통주와 우선주를 모두 발행하였다. 설립일 이후 자본금의 변동은 없었으며, 보통주자본금과 우선주자본금은 다음과 같다.

보통주 (주당 액면 ₩5,000)	₩1,000,000
우선주 (주당액면 ₩5,000)	500,000

㈜청주는 설립한 회계연도부터 2013년 12월 31일로 종료되는 회계연도까지 어떠한 형태의 배당도 없었다. 2014년 12월 31일로 종료되는 회계연도의 정기주주총회는 2015년 3월 15일에 개최할 예정이며, ₩225,000의 현금배당을 선언할 예정이다.

물음

우선주가 다음과 같은 경우 ㈜청주가 배당금으로 선언한 금액을 보통주주와 우선주주에게 배분하시오.

1. 5% 누적 · 비참가적 우선주
2. 5% 비누 · 완전비참가적 우선주
3. 5% 누적 · 완전참가적 우선주

풀이

1. 5% 누적 · 비참가적 우선주

구 분	자본금	배당금의 배분			계
		누적분	당기분	참가분	
우선주(5%)	500,000	50,000[1]	25,000[2]	–	75,000
보통주	1,000,000	–	150,000[3]	–	150,000
	₩1,500,000	50,000	175,000	–	225,000

[1]전기누적배당 : 500,000 X 5% X 2년 = 50,000
[2]당기우선배당 : 500,000 X 5% X 1년 = 25,000
[3]잔여배당 : 225,000 – 50,000 – 25,000 = 150,000

2. 5% 비누적 · 완전참가적 우선주

구 분	자본금	배당금의 배분			계
		누적분	당기분	참가분	
우선주(5%)	500,000	–	25,000[1]	50,000[3]	75,000
보통주	1,000,000	–	50,000[2]	100,000[4]	150,000
	₩1,500,000	–	75,000	150,000	225,000

[1]당기우선배당 : 500,000 X 5% = 25,000
[2]당기보통배당 : 1,000,000 X 5% = 50,000
[3]당기참가배당 : (225,000 – 75,000) X 500,000 ÷ (500,000 + 1,000,000) = 50,000
[4] 잔여배당 : (225,000 – 75,000) X 1,000,000 ÷ (500,000 + 1,000,000) = 100,000

3. 5% 누적 · 완전참가적 우선주

구 분	자본금	배당금의 배분			계
		누적분	당기분	참가분	
우선주(5%)	500,000	50,000[1]	25,000[2]	33,333[4]	108,333
보통주	1,000,000	–	50,000[3]	66,667[5]	116,667
	₩1,500,000	50,000	75,000	100,000	225,000

[1]전기누적배당 : 500,000 X 5% X 2년 = 50,000
[2]당기우선배당 : 500,000 X 5% X 1년 = 25,000
[3]당기보통배당 : 1,000,000 X 5% = 50,000
[4]당기참가배당 : (225,000 – 50,000 – 75,000) X 500,000 ÷ (500,000 + 1,000,000) = 33,333
[5]잔여배당 : (225,000 – 50,000 – 75,000) X 1,000,000 ÷ (500,000 + 1,000,000) = 66,667

제2절 자본거래

1. 의의

회계기간동안의 자본의 변동은 자본거래로 인한 자본의 변동과 손익거래로 인한 자본의 변동으로 구분가능하다. 즉, 당해 거래의 당사자가 주주인 경우에는 거래의 내용에 따라 자본금, 자본잉여금, 기타자본요소 중 자본조정항목을 이용하여 회계처리하며, 거래의 당사자가 주주이외의 자인 경우에는 실현가능성에 따라 기타포괄손익누계액과 이익잉여금을 통해서 회계처리한다. 따라서 자본관련 회계처리는 크게 자본거래와 손익거래로 구분하여 설명할 것이다. 한편, 한국채택국제회계기준과 상법 및 일반기업회계기준에서는 자본을 다음과 같이 분류하고 있다.

<table>
<tr><th colspan="2">K-IFRS분류</th><th colspan="3">상법과 일반기업회계기준에 의한 세부항목</th></tr>
<tr><td rowspan="7">자
본</td><td rowspan="2">납입자본</td><td>자본금</td><td colspan="2">보통주자본금, 우선주자본금</td></tr>
<tr><td>자본잉여금</td><td colspan="2">주식발행초과금, 감자차익, 자기주식처분이익 등</td></tr>
<tr><td rowspan="3">기타자본
구성요소</td><td rowspan="2">자본조정</td><td>차감항목</td><td>자기주식, 주식할인발행차금,
감자차손, 자기주식처분손실 등</td></tr>
<tr><td>가산항목</td><td>주식선택권, 미교부주식배당,
신주청약증거금 등</td></tr>
<tr><td>기타포괄손익누계액</td><td colspan="2">매도가능금융자산평가손익, 해외사업장환산외환차이,
재평가잉여금, 관계기업기타포괄손익, 확정급여제도의
재측정손익, 현금흐름위험회피 파생상품평가손익</td></tr>
<tr><td rowspan="2">이익잉여금
(결손금)</td><td>일반적립금</td><td colspan="2">법적적립금, 임의적립금</td></tr>
<tr><td>미처분이익잉여금</td><td colspan="2">미처분이익잉여금(미처리결손금)</td></tr>
</table>

[그림 11-4] **자본의 세부항목**

여기에서는 자본거래의 결과인 자본금과 자본잉여금, 그리고 자본조정항목에 영향을 미치는 거래에 대하여 설명하고자 한다. 한편, 증자(increase of capital)는 주식을 발행하여 기업의 자본금을 증가시키는 가장 대표적인 자본거래이다. 이는 유상증자와 무상증자로 구분가능하다. 한편, 상법상 일단 납입되어 확정된 자본은 감소시킬 수 없는 것이 원칙이다. 하지만 특별한 경우에는 예외적으로 주주총회의 특별결의에 의하셔 자본의 감소를 행할 수 있는데, 이를 감자라 한다. 즉 감자(decrease of capital)는 주식을 소각하여 기업의 자본금을 감소시키는 자본거래이다. 이는 유상감자와 무상감자로 구분가능하다.

2. 유상증자

유상증자(capital increase with consideration)는 회사가 주식을 발행함으로써 주식의 증가와 함께 회사의 순자산이 실질적으로 증가하게 되는 것을 말하며, 실질적 증자라고도 한다. 유상증자는 주식발행에 의한 자기자본의 확충방식이기 때문에 기업의 재무구조를 개선하고 부채금융에서 벗어나는 가장 기본적인 방법이라 할 수 있다.

1) 현금발행

현금발행이란 주식을 발행하여 교부하는 대가로 현금을 받는 자본거래를 말한다. 주식을 발행하는 경우에는 발행주식의 액면금액을 자본금으로 계상하면 된다. 하지만, 일반적으로 주식의 발행금액은 액면금액과 일치하지 않는다. 주식의 발행금액이 액면금액을 초과하는 경우에는 차액을 주식발행초과금의 계정으로 하여 자본잉여금으로 인식하며, 반대로 주식의 발행금액이 액면금액에 미달하는 경우에는 주식할인발행차금의 계정으로 하여 부(-)의 자본조정항목으로 인식한다. 한편, 유상증자를 실시하는 경우에는 법률비용, 회계자문수수료, 증권회사 수수료, 주권인쇄비, 우송료, 등록비, 사무처리비, 광고비 등의 부대비용이 지출되게 된다. 이러한 원가를 일반적으로 신주발행비(stock issuance cost)라고 한다. 신주발행비는 주식의 발행으로 납입되는 현금액을 감소시키므로 할증발행시에는 당해 금액을 주식발행초과금에서 차감하고, 할인발행시에는 주식할인발행차금으로 인식하면 된다. 이는 사채발행비의 경우와 동일하다. 즉, 주식발행대금은 주식발행으로 인한 순현금유입액을 의미한다.

(1) 주식발행초과금

주식발행초과금(premium on stock)은 주식의 순발행금액이 액면금액을 초과하는 경우 그 초과하는 금액을 말한다. 자본금은 실제 유통시장에서 거래되는 주가와 관계없이 액면금액(주식의 최초 설립시 발행금액)에 발행주식수를 곱한 금액으로 기록하도록 되어있다. 따라서 증자시 주식의 발행금액은 당해 기업의 주가에 상응하는 가격이므로 주주는 주식인수대금으로 주식의 액면가를 초과하는 프리미엄을 지불하게 되는데 이를 주식발행초과금이라 한다.

(2) 주식할인발행차금

주식할인발행차금(discount on stock)은 주식의 순발행금액이 액면금액에 미달하는 경우 그 미달하는 금액을 말한다. 주식의 할인발행은 상법상 자본확정 · 충실의 원칙에 위배되므로, 원칙적으로 허용되지 않고 있다. 다만, 회사가 성립한 후 2년 경과하고, 주주총회의 특별결의가 있고, 법원의 인가를 받은 경우에만 주식할인발행이 가능하다. 한편, 주식발행초과금과 주식할인발행차금은 발생순서와 관계없이 서로 상계한다.[17] 미상계된 주식할인발행차금 잔액은 이익잉여금의 처분으로 상각하며, 처분할 이익잉여금이 부족하거나 결손이 있는 경우에는 차기 이후 연도에 이월하여 상각하여야 한다.[18]

구분	차변	금액	대변	금액
액면발행	(차) 현 금	XXX[1]	(대) 자 본 금	XXX
할증발행	(차) 현 금	XXX[1]	(대) 자 본 금 주식발행초과금	XXX XXX
할인발행	(차) 현 금 주식발행초과금 주식할인발행차금	XXX[1] XXX[2] XXX	(대) 자 본 금	XXX

[1]주식발행비를 차감한 순현금유입액
[2]잔액범위내에서 우선 상계

예제 2

㈜백석은 2012년초에 설립되었으며, 2013년초에 유상증자를 실시하여 주당 액면금액 ₩5,000인 주식 100주씩을 연속적으로 발행하였다. 이 때 각각 주당 ₩500에 해당하는 주식발행 관련비용이 지출되었다. 다음 물음은 일련의 연속된 거래이다.

물음

1. 주당 ₩5,500에 발행한 경우 회계처리를 제시하시오.
2. 주당 ₩8,000에 발행한 경우 회계처리를 제시하시오.
3. 주당 ₩2,500에 발행한 경우 회계처리를 제시하시오.

풀이

구분	회계처리
1. 액면발행	(차) 현 금 500,000[1] (대) 자 본 금 500,000 [1]100주 X (₩5,500 − ₩500) = 500,000

17) 즉, 주식할인발행차금이 발생할 당시에 장부상 주식발행초과금이 존재하는 경우, 주식발행초과금의 범위 내에서 주식할인발행차금을 상계 처리한다. 물론 주식발행초과금이 발생할 당시에 장부상 주식할인발행차금 미상각액이 존재하는 경우, 발생된 주식발행초과금의 범위 내에서 주식할인발행차금 미상각액을 상계 처리한다.

18) 주식할인발행차금은 주주의 불입자본에 대한 차감적 성격인 부(負)의 자본잉여금에도 손익거래의 결과인 이익잉여금의 처분으로 상각하도록 한 것은 주식할인발행차금 만큼 주주의 현금배당을 제한하여 상법상 자본충실의 원칙을 실현하기 위함이다. 따라서 정상적으로 발전하는 기업이라면 주식할인발행차금은 임시적일 수 밖에 없는 항목이므로 자본조정항목으로 분류하는 것이다.

2. 할증발행	(차) 현　　금	750,000[1]	(대) 자 본 금	500,000
			주식발행초과금	250,000
	[1]100주 X (₩8,000 − ₩500) = 750,000			

3. 할인발행	(차) 현　　금	200,000[1]	(대) 자 본 금	500,000
	주식발행초과금	250,000		
	주식할인발행차금	50,000		
	[1]100주 X (₩2,500 − ₩500) = 200,000			

2) 청약발행

주식청약(subscription)이란 주식인수를 사전에 약정하는 거래를 말한다. 발행되는 신주를 인수하려는 투자자가 많을 경우 실체 주식발행 전 인수의사를 표시하는 청약을 받으며 주식청약서와 함께 청약증거금을 수령한후 발행할 주식을 투자자별로 배분한다. 투자자는 주식발행일에 청약증거금을 제외한 나머지 금액 전액을 납입하면서 주주로서의 법적지위를 획득하게 된다. 한편, 나머지 금액의 납입을 하지 않은 투자자는 실권되게 된다. 청약은 주식을 취득하겠다는 의사표시에 불과하므로 회계상 거래로 간주하지 않는다. 따라서 청약과 함께 수령한 신주청약증거금은 자본거래의 임시계정이므로 자본조정항목으로 인식하고 주식발행일에 주식의 발행금액에 가산 하면 된다.

청약일	(차) 현　　금	XXX	(대) 신주청약증거금	XXX[1]
	[1] 자본조정항목			
주식발행일	(차) 신주청약증거금	XXX	(대) 자 본 금	XXX
	현　　금	XXX	주식발행초과금	XXX

예제 1

㈜호서는 2012년 1월 5일 공모방식을 통하여 유상증자를 결의하고, 신주청약을 받았다. 발행주식은 보통주 100주(주당 액면금액 ₩5,000)이며, 발행금액은 주당 ₩10,000이다. 청약시점에서 청약증거금으로 발행가액의 10%를 수취하고 나머지 발행대금은 1월 20일에 전액 납입 받고 주식을 발행하였다.

물음

청약일과 주식발행일의 회계처리를 각각 제시하시오

풀이

2012. 1. 5	(차) 현 금	100,000[1]	(대) 신주청약증거금	100,000
2012. 1.20	(차) 현 금	720,000[2]	(대) 자 본 금	400,000
	신주청약증거금	80,000[3]	주식발행초과금	400,000

[1]100주 X ₩10,000 X 10% = 100,000
[2]80주 X ₩10,000 X 90% = 720,000
[3]80주 X ₩10,000 X 10% = 80,000

3) 현물출자

현물출자(investment in kind)는 주식발행대가로 현금이 아닌 회사가 필요한 자산을 받는 자본거래를 말한다. 현금이 아닌 실물자산에 대한 대가로 주식을 발행하는 경우에는 현물출자로 받은 실물자산이 비정상적으로 과대평가되어 있는 현상인 혼수주식(watered stock)[19]현상과 현물출자로 받은 실물자산이 비정상적으로 과소평가되어 있는 현상인 비밀적립금(secret reserve)현상으로 인해 자본충실의 원칙에 반 할 수가 있으므로 상법에서는 주식회사의 설립에 있어서는 이것을 변태설립(變態設立)사항으로 규정하여 엄격히 규제하고 있다. 현물출자의 대가로 발행하는 주식은 원칙적으로 발행하는 주식의 공정가치를 취득원가로 하면 된다. 그러나 발행주식의 공정가치가 명확하지 않은 경우에는 취득한 자산의 공정가치를 주식의 발행금액으로 한다.

---

19) 혼수주식은 물먹인 주식이란 뜻으로 이는 도축장에서 소를 도살하기 전에 소에게 물을 먹임으로써 무게를 더 나가게 하여 더 많은 수입을 올리려는 현상과 동일하다. 혼수주식은 자본을 과대계상함으로써 회사의 자본금액을 증가시켜 재무상태를 실제보다 좋게 보이게 한다.

현물출자일	(차) 토 지	XXX	(대) 자 본 금	XXX[1]
			주식발행초과금	XXX[1]
	[1]발행한 주식의 공정가치			

3. 유상감자

유상감자(capital decrease with consideration)란 회사가 발행주식을 법적으로 소멸시키고, 이에 대한 대가를 별도로 지급하는 자본거래를 말하며, 현금이 유출되어 자본총계가 감소하게 되므로 실질적 감자라고도 한다. 이를 위해서는 주주총회의 특별결의와 채권자에 대한 공고 및 개별통지 등의 채권자보호절차를 거쳐야 한다. 유상감자시 소각되는 주식의 액면금액(자본금)을 감소시키고, 자본금과 주식상환금액(재취득가액)의 차이를 감자차익 또는 감자차손으로 처리한다.

(1) 감자차익

자본감소의 경우에 주주에게 지급한 감자대가가 감소한 자본의 액면금액에 미달하는 경우 그 미달금액을 감자차익의 계정으로 하여 자본잉여금으로 인식한다. 즉, 감자를 하면서 자본금의 감소액보다 더 적은 현금을 주주에게 지급할 때 발생하는 것이 감자차익이다.

(2) 감자차손

자본감소의 경우에 주주에게 지급한 감자대가가 자본의 액면금액을 초과하는 경우 당해 초과금액을 감자차손의 계정으로 하여 자본조정항목으로 인식한다. 즉, 감자를 하면서 자본금의 감소액보다 더 많은 현금을 주주에게 지급할 때 발생하는 것이 감자차손이다. 감자차손과 감자차익은 발생순서에 관계없이 서로 상계한다. 상계 후 감자차손의 잔액은 자본조정항목으로 계상한 후 이익잉여금의 처분으로 상각한다. 이는 주식할인발행차금의 처리방법과 동일하다.

액면감자	(차) 자 본 금	XXX[1]	(대) 현 금	XXX
액면미달지급	(차) 자 본 금	XXX[1]	(대) 현 금	XXX
			감 자 차 익	XXX
액면초과지급	(차) 자 본 금	XXX[1]	(대) 현 금	XXX
	감 자 차 익	XXX[2]		
	감 자 차 손	XXX		

[1]감소한 자본금의 액면금액
[2]잔액범위내에서 상계

예제 4

㈜선문은 2012년 4월 1일에 주식 100주(주당 액면가액 ₩5,000)를 주당 ₩8,000에 발행하였다.

물음

다음은 일련의 연속된 거래이다.

1. 발행주식 10주를 주당 감자대가 ₩6,000을 지급하고 즉시 소각하였다. 주식소각일의 회계처리를 제시하시오.
2. 발행주식 10주를 주당 감자대가 ₩3,500을 지급하고 즉시 소각하였다. 주식소각일의 회계처리를 제시하시오.

풀이

1.

액면초과대가	(차) 자 본 금	50,000	(대) 현 금	60,000
	감 자 차 손	10,000		

2.

액면미달대가	(차) 자 본 금	50,000	(대) 현 금	35,000
			감 자 차 손	10,000
			감 자 차 익	5,000

4. 무상증자와 무상감자

1) 무상증자

무상증자(capital increase without consideration)란 주식발행대가로 자산이 유입되지 않는 자본거래를 말하며, 형식적 증자라고 한다. 이는 이사회 결의에 따라 자본잉여금이나 이익잉여금 중 법정적립금(이익준비금)을 재원으로 하여 무상으로 주식을 발행하는 거래이다. 무상증자시 재원이 되는 자본잉여금 등을 차감하고, 이를 자본금으로 대체한다. 이때 무상증자로 발행되는 주식은 액면금액을 기준으로 회계처리한다. 무상증자는 자본의 분류변경이므로 무상증자 전과 후의 자본총계의 변동은 없으며 구성항목만의 변동이 있을 뿐이다.

무상증자일	(차) 자본잉여금	XXX	(대) 자 본 금	XXX
	(차) 이익준비금	XXX	(대) 자 본 금	XXX

2) 무상감자

무상감자(capital decrease without consideration)는 누적결손금이 커지는 경우 결손보전 등의 목적으로 상환대가의 지급 없이 무상으로 주식을 상환하여 주주에게 손실을 부담시키면서 소각시키는 자본거래를 말하며, 현금의 유출도 없고 자본이 감소하지도 않으므로 형식적 감자라고 한다. 무상감자시 소각되는 주식의 액면금액(자본금)을 감소시키고, 감소되는 자본금과 보전되는 결손금과의 차이를 감자차익으로 처리한다. 무상감자의 경우 감자대가가 없으므로 감자차손은 발생하지 않음에 주의해야 한다.

무상감자일	(차) 자 본 금	XXX	(대) 미처리결손금	XXX
		XXX	(대) 감 자 차 익	XXX

예제 5

㈜선문은 2012년 4월 1일에 주식 100주(주당 액면가액 ₩5,000)를 주당 ₩8,000에 발행하였다.

물음

다음 물음은 각각 독립적이다.

1. 주식발행초과금을 자본전입하여 무상으로 100주를 발행한 경우 주식발행일의 회계처리를 제시하시오.
2. 발행주식 10주를 감자대가를 지급하지 않고 소각하고 전액을 결손금을 보전하기 위해 사용한 경우 주식소각일의 회계처리를 제시하시오.

풀이

1.

무상증자	(차) 주식발행초과금	500,000	(대) 자 본 금	500,000

2.

무상감자	(차) 자 본 금	50,000	(대) 감 자 차 익	50,000
결손보전	감 자 차 익	50,000	미처리결손금	50,000

5. 자기주식

1) 의의

자기주식(treasury stock)은 회사가 이미 발행한 주식을 일정한 사유나 특정 목적으로 재취득하여 보유하고 있는 주식을 말한다. 한국채택국제회계기준에 의하면 자기주식을 취득목적에 관계없이 금융자산으로 인식할 수 없으며, 부(-)의 자본이므로 자본에서 차감하여 표시한다. 한편, 자기주식의 취득은 결과적으로 주주에게 납입자본을 환급해주는 방법이 되므로 회사 재산의 기초를 위태롭게 하여 이해관계자인 채권자의 이익에 손해를 끼치게 된다. 또한 자기주식 거래를 통해 주식시세의 조작이나 내부자 거래에 이용되어 투기의 폐해를 조장할 수도 있다. 따라서 우리나라 상법에서는 원칙적으로 회사가 자기주식을 취득하는 것을 금지[20]하고 있으며, 예외적으로 취득한 자기주식은 즉시소각이나 처분을 하도록 규정하고 있다.

2) 자기주식의 회계처리

자본의 차감항목으로 보는 자기주식에 대한 회계처리는 이론적으로 원가법(cost method) 회계처리와 액면가액법(par value method)회계처리로 구분된다.[21] 한국채택국제회계기준은 원가법에 근거하여 회계처리를 수행한다.

(1) 자기주식의 취득

회사가 자기지분상품인 자기주식을 유상으로 취득하는 경우 자기주식을 취득원가로 계상하고, 미발행주식임을 공시하기 위해 자본의 차감항목으로 하여 자본조정항목으로 분류한다. 단, 자기주식을 주주로부터 무상으로 증여받은 경우에는 회계처리가 없으며, 비망기록한다. 이는 무상으로 수증받은 자기주식은 자산이 아니라 자본차감항목이므로 회계처리의 실익이 없기 때문이다. 즉 자기주식을 계상하여 자본이 감소함과 동시에 자기주식수증이익으로 자본이 증가하므로 자본총계에는 영향이 없다.

(2) 자기주식의 처분

회사가 취득한 자기주식을 외부로 처분하는 경우 처분금액과 처분된 자기주식의 장부금액(취득원가)과의 차이를 자기주식처분이익(자본잉여금) 또는 자기주식처분손실(자본조정항목)로 처리한다. 자기주식처분손실과 자기주식처분이익은 발생순서에 관계없이 서로 상계하여 표시한다. 자기주식처분손실 잔액은 자본조정항목으로 계상한 후, 결손금의 처리순서에 준하여 이익잉여금의 처분으로 보전한다. 이는 감자차손익과 주식발행차금의 회계처리와 동일하다.

---

20) 다음의 경우에는 상법에서도 자기주식의 취득을 인정하고 있다.
① 주식을 소각하기 위한 때
② 회사가 합병 또는 다른 회사의 영업전부의 양수로 인한 때
③ 회사의 권리를 실행함에 있어 그 목적을 달성하기 위하여 필요한 때
④ 단주의 처리를 위하여 필요한 때
⑤ 주주가 주식매수청구권을 행사한 때

21) 원가법에서는 자기주식을 취득원가로 기록하고, 재무상태표에 이를 자본차감항목으로 표시한다. 반면에 액면가액법은 자기주식의 취득 행위를 소각행위로 간주하고, 자기주식의 처분을 신주발행으로 이해하고 처리하는 방법이다. 따라서 액면가액법에서는 자기주식의 취득시에 액면가액으로 계상하고 자본금의 차감항목으로 표시한다.

(3) 자기주식의 소각

회사가 취득한 자기주식을 소각시키는 자본거래를 말한다. 이는 결과적으로 자본금을 감소시키는 유상감자거래가 된다. 소각되는 주식의 자본금을 감소시키고, 자기주식의 장부금액(취득원가)와의 차이를 감자차익(자본잉여금) 또는 감자차손(자본조정항목)으로 처리한다.

취득	(차) 자 기 주 식	XXX	(대) 현 금	XXX
처분	(차) 현 금	XXX	(대) 자 기 주 식	XXX
			자기주식처분이익	XXX
소각	(차) 자 본 금	XXX	(대) 자 기 주 식	XXX
			감 자 차 익	XXX

예제 6

㈜덕성은 2012년 4월 1일에 발행주식 중 300주(주당 액면가액 ₩5,000)를 주당 ₩8,000에 취득하였다. 물음은 일련의 연속된 거래이다.

물음

1. 자기주식 취득시점에 행할 회계처리를 제시하시오
2. 자기주식 100주를 주당 ₩9,000에 처분한 경우 처분일의 회계처리를 제시하시오.
3. 자기주식 100주를 주당 ₩6,500에 처분한 경우 처분일의 회계처리를 제시하시오.
4. 자기주식 100주를 모두 소각한 경우 소각일의 회계처리를 제시하시오.
5. 대주주로부터 ㈜덕성의 주식100주를 무상증여 받았으며 증여시점의 공정가치는 주당 ₩8,500이다.
6. 대주주로부터 무상증여 받은 자기주식 100주를 주당 ₩8,800 전량 처분하였다.

풀이

1.

취 득	(차) 자 기 주 식	2,400,000	(대) 현 금	2,400,000

2.

처 분	(차) 현 금	900,000	(대) 자 기 주 식	800,000
			자기주식처분이익	100,000

3.

처 분	(차) 현 금	650,000	(대) 자 기 주 식	800,000
	자기주식처분이익	100,000		
	자기주식처분손실	50,000		

4.

소 각	(차) 자 본 금	500,000	(대) 자 기 주 식	800,000
	감 자 차 손	300,000		

5. 회계처리 없음

6.

처 분	(차) 현 금	880,000	(대) 자기주식처분손실	50,000
			자기주식처분이익	830,000

해설

물음1과 물음2의 거래가 재무제표에 미친 영향은 다음과 같다. 자기주식의 회계처리는 차변에 기입하나, 재무상태표에 공시되는 경우에는 자본의 차감으로 표시되는 것에 유의하여야 한다.

재무상태표

	자본
	자기주식 (2,400,000)

재무상태표

현 금 900,000	자 본
	자기주식 (1,600,000)
	자기주식처분이익 100,000

6. 기타의 자본거래

1) 상환우선주

금융상품은 법적 형식(legal form)이 아니라 실질(accounting substance)에 따라 재무상태표에 분류되어야 한다. 일반적으로 실질과 법적 형식이 일치하지만 반드시 그러한 것은 아니다. 어떤 금융상품은 지분상품의 법적 형식을 가지고 있지만 실질적으로는 금융부채에 해당되는 경우가 있으며, 또한 어떤 금융상품은 지분상품의 특성과 금융부채의 특성이 결합되어 있는 경우도 있다. 회사가 여러 가지 권리가 부여된 우선주를 발행하는 경우 우선주가 금융부채인지 지분상품인지를 결정하기 위하여, 발행자는 우선주에 부여된 특정 권리를 평가하여 우선주가 금융부채의 본질적인 성격을 가지고 있는지를 파악하여야 한다.

상환우선주(callable preferred stock)는 특정 기간 동안 우선주의 성격을 가지고 있다가 기간이 만료되면 발행회사에서 이를 현금으로 재구매하는 조건이 포함된 우선주식을 말한다.

다음의 요건 중 어느 하나라도 만족하는 상환우선주는 발행자가 보유자에게 금융자산을 이전해야 할 의무가 있으므로 금융부채인 채무상품으로 분류하며 자본으로 분류 할 수 없다.[22)]

① 우선주의 발행자가 보유자에게 확정되거나 확정가능한 미래의 시점에 확정되거나 확정가능한 금액을 의무적으로 상환해야 한다.
② 우선주의 보유자가 발행자에게 특정일이나 그 이후에 확정되거나 확정가능한 금액의 상환을 청구할 수 있는 권리를 보유하고 있다.

위의 사례와 같이 기업이 현금 등 금융자산으로 자기지분상품인 상환우선주를 의무적으로 상환해야 하거나, 당해 의무가 우선주의 보유자의 권리행사에 따라 결정되는 경우에는 지분상품을 발행한 것이 아닌 채무상품을 발행한 것으로 본다. 따라서 금융상품에 관한 한국채택국제회계기준에 따라 상환금액의 공정가치(현재가치)에 해당하는 금융부채로 인식해야 한다. 여기서 주의할 점은 당해 상환우선주의 관련된 배당금의 인식방법에 따라 다르게 처리된다. 먼저 만기에 의무적으로 현금 상환 되지만, 배당은 상환 전까지 발행자의 재량에 따라 지급되어 지급의무가 없는 비누적적 상환우선주는 상환금액의 현재가치에 상당하는 부채요소를 가지고 있는 복합금융상품에 해당한다. 이 경우 지급의무가 있는 상환원금은 현재가치를 부채로 인식하며, 지급의무가 없는 배당은 자본요소에 관련되므로 이익잉여금의 처분으로 인식한다.

한편, 지급되지 않은 배당이 상환금액에 가산되는 누적적 상환우선주는 금융상품 전체가 부채에 해당하고 배당은 이자비용으로 인식한다.

---

22) 가장 대표적인 기업의 분식 유형은 차입금의 과소계상이다. 이 경우 기업이 발행하는 금융상품이 바로 상환우선주다. 상환우선주는 신용분석 측면에서 볼 때는 현금상환을 통해 소각하여야 하기 때문에 차입금의 성격이 강하지만, 재무제표 측면에서 볼 때는 우선주의 형태를 가지고 있으므로 기존의 기업회계기준에 의하면 자본으로 분류하게 된다. 이러한 규정은 거액의 자금이 필요하고 부채비율을 개선하는데 목적이 있는 회사가 부채금융이 아닌 상환우선주를 이용한 금융을 일으켜 재무제표를 개선되게 표시하려 하는 유인을 주게 된다. 국제회계기준은 이러한 기업의 분식의도를 방지하기 위하여 일정한 조건을 만족하는 상환우선주는 부채로 분류하도록 규정하고 있는 것이다.

판　단	인식방법
누적적 상환우선주	관련된 모든 현금흐름을 부채로 인식
비누적적 상환우선주	배당을 제외한 현금흐름을 부채로 인식

[그림 11-5] **상환우선주의 분류**

상환우선주는 일정한 요건을 만족하는 경우 경제적 실질이 채무상품이므로 재무상태표에 부채로 인식한다. 다만 채무상품으로 분류하기 위한 요건을 만족하지 않는 상환우선주는 지분상품으로 분류하여 재무상태표에 자본으로 인식하고, 현금으로 당해 우선주를 소각한 경우에는 이론적으로 일반적인 감자의 회계처리를 그대로 수행하면 된다.

2) 배당건설이자

배당건설이자(pre-operating dividends)는 회사가 상법의 규정에 근거하여 개업 전 일정한 기간내에 주주에게 배당한 건설이자를 말한다. 주주에 대한 배당은 이익잉여금 범위내에서 수행해야 하나 배당건설이자는 이익잉여금이 없는 상태에서 이루어지는 것이 특징이다. 따라서 배당건설이자는 선급배당(prepaid dividend)과 성격이 동일하다고 볼 수 있다. 배당건설이자를 지급하는 경우에는 배당건설이자의 계정으로 하여 자본조정항목으로 계상한다. 향후 회사가 개업 후 연 6% 이상의 이익을 배당하는 경우에 그 6%를 초과한 금액과 동액 이상을 이익잉여금의 처분으로 상각한다.

지급	(차) 배당건설이자(선급배당)	XXX	(대) 현　금	XXX
상각	(차) 이익잉여금	XXX	(대) 배당건설이자(선급배당)	XXX

한편, 자본조정항목을 요약하면 다음과 같다.

자본에 차감할 항목 (차변계정)	자본에 가산할 항목 (대변계정)
자기주식 주식할인발행차금 감자차손 자기주식처분손실 배당건설이자	미교부주식배당금 신주청약증거금 전환권대가, 신주인수권대가[23] 주식결제형 지분상품(주식선택권 등)[24]

* 자본조정항목 중 차감할 항목은 최초 거래시 차변에 발생하고, 가산할 항목은 최초 거래시 대변에 발생한다.

[그림 11-5] **자본조정항목의 분류**

제3절 손익거래

1. 의의

일정한 회계기간동안 발생한 거래중 주주이외의 자와의 포괄적인 거래인 손익거래는 이익잉여금과 기타포괄손익누계액에 반영되게 된다. 여기에서는 이 두 계정에 영향을 주는 거래에 대하여 설명할 것이다.

이익잉여금(retained earnings)이란 매년 발생한 당기순손익에서 배당 또는 자본항목의 상각 등으로 사용한 금액을 차감하고 기업내부에 유보되어 있는 금액을 말한다. 이때 당기순손익이란 손익거래에서 발생한 순자산의 변동 중 실현된 금액을 의미한다. 이익잉여금은 자본거래가 아니라 손익거래를 통해 얻어진 자본항목

23) 하나의 금융상품이지만 실질적으로는 둘 이상의 금융상품을 복합하여 만들어진 복합금융상품(compound financial instrument)인 전환사채와 신주인수권부사채는 당해 증권의 소유자가 보통주 청구에 대한 권리를 행사하면 보통주가 추가로 발행된다. 따라서 전환사채와 신주인수권부사채를 발행하는 경우에는 발행가액을 부채부분과 분리하여 전환권대가와 신주인수권대가의 계정을 자본조정항목으로 계상하여야 한다.

24) 회사가 종업원 등 거래상대방에게 재화나 용역의 제공대가로 주식선택권을 부여하며, 이러한 주식선택권은 일정 요건(가득요건)을 충족한 후 종업원 등이 행사할 수 있다. 주식선택권이 행사될 경우 회사는 행사가격만큼 현금을 납입 받은 후 신주 발행 또는 자기주식의 교부하게 자본이 증가하게 된다. 따라서 회사는 종업원 등에게 제공한 권리의 공정가치만큼을 주식선택권의 계정으로 하여 자본조정항목으로 계상하여야 한다.

이므로 주주들이 납입한 자본에 대한 보상으로 배당을 받을 수 있는 원천이 된다. 이익잉여금을 증가시키는 항목은 이익창출활동의 결과인 당기순이익이며 이익잉여금을 감소시키는 항목은 배당금의 지급이나 당기순손실이다. 그리고 이익잉여금은 포괄손익계산서와 재무상태표를 연결시켜주는 계정이다. 회계기간 중에는 손익항목이 계정잔액으로 남아서 포괄손익계산서를 작성하는 기초자료로 사용되지만 회계기말이 되면 집합손익을 거쳐서 이익잉여금으로 대체됨으로써 손익항목의 순액이 재무상태표 항목으로 전환된다. 이처럼 이익잉여금은 포괄손익계산서와 재무상태표를 연결하는 가교역할을 하는 계정이다. 이익잉여금을 구분하면 법정적립금과 임의적립금 및 미처분이익잉여금으로 구분할 수 있으며 이를 다시 세분하면 다음과 같은 항목이 있다.

분 류	내 용	세부항목
법정적립금	영구적인 현금배당불능 이익잉여금	ㅇ 익준비금, 선물거래책임준비금[25]
임의적립금	일시적인 현금배당불능 이익잉여금	감채기금적립금, 사업확장적립금, 자해손실적립금 등
미처분이익잉여금	즉시 현금배당가능 이익잉여금	

[그림 11-6] **이익잉여금의 분류**

위의 이익잉여금은 재무상태표상의 이익잉여금으로 당기 이익잉여금 처분내용을 반영하지 아니한 것이다. 이익잉여금의 처분내용은 이익잉여금처분계산서에 기재하여 보고기간말 이후 주주총회의 승인을 받아야 확정된다. 그때까지 재무상태표에는 미처분이익잉여금이 계상된다. 이는 이익잉여금의 처분은 주주총회의 고유권한으로서 보고기간말 현재는 배당 등 이익잉여금 처분과 관련된 어떠한 사건도 발생하지 아니하였기 때문이다. 이익잉여금은 주주총회에서 이익잉여금의 처분이라는 절차를 거쳐 배당의 형태로 주주들에게 분배되거나, 법정적립금이나 임의적립금으로 적립되어 사내에 유보된다. 법정적립금은 배당이 불가능하지만, 임의적립금은 다시 처분전의 상태로 이입되어 배당재원으로 사용할 수 있다. 이익잉여금 중 처분되지 않은 이익잉여금은 차기로 이월되어 차기의 당기순이익과 합산되어 차기 주주총회에서 다시 이익잉여금의 처분이라는 절차를 거쳐 주주들에게 배분되거나, 법정적립금 등으로 적립되어 사내에 유보된다.

25) 선물거래를 하는 증권사만 해당 된다.

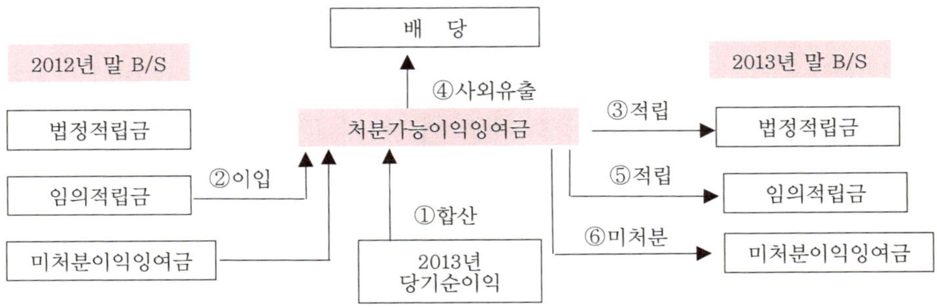

[그림 11-7] 이익잉여금의 흐름

2. 적립금

1) 법정적립금

주식회사의 주주는 의결권과 배당권을 포함하여 여러 가지 주주로서의 권리를 보유하고 있는 반면에, 주주는 회사에 대하여 자본의 납입책임 이외의 어떠한 책임도 부담하지 아니하는 유한책임제도에 의해 보호받고 있다. 따라서 이익잉여금이 발생하는 경우 회사가 주주에게 과도한 현금배당을 하여 채권자의 이익에 반하는 의사결정을 할 수 있다. 법정적립금(legal reserve)은 채권자를 보호하기 위하여 관련 법률에 의해 강제적으로 적립이 되어 사용이 제한된 이익잉여금을 말한다. 법률에 의해 강제되어 있다는 측면에서 아래의 임의적립금과 대립되는 개념이다. 이러한 법정적립금은 자본전입 또는 결손보전의 목적이외에는 사용이 제한된다. 법정적립금의 대표적인 예는 상법의 규정에 따라 강제적으로 적립하는 이익준비금이다. 주식회사는 자본금의 2분의 1에 달할 때까지 매 결산기에 이익배당(주식배당 제외, 즉, 현금배당과 현물배당만을 말함)액의 10분의 1이상의 금액을 이익준비금으로 적립해야 한다. 상법에서 이익준비금을 규정하고 있는 목적은 이익잉여금 중에서 일부금액의 현금배당을 제한함으로써 자금의 사외유출을 방지해서 기업의 자본구조를 건실화하기 위한 것이다. 따라서 이익준비금은 규정의 취지대로 미처리결손금을 보전하거나 무상증자로 자본금에 전입하는 것만 허용되며 현금배당으로 사외유출할 수는 없다.[26] 또한, 상법 이외의 법령의 규정에 의하여 적립된 금액으로서 선물거래책임준비금을 들 수 있다. 선물거래책임준비금이란 선물거래법에 따라 선물거래를 하는 증권회사가 회계연도 마다 처분가능이익잉여금 중 일정 산식에 의해 계산한 금액을 적립하는 것을 말한다.

법정적립금의 적립은 주주총회의 결의사항이므로 보고기간말이 아닌 주주총회 승인시점에서 미처분이익잉여금을 감소시키고 법정적립금을 증가시키는 회계처리를 수행한다.

2) 임의적립금

임의적립금(voluntary reserve)은 회사의 선택에 따라 임의적으로 적립된 이익잉여금을 말한다. 이는 과다한 현금배당으로 재무상태가 악화되는 것을 방지하기 위한 목적 등으로 주주들의 동의에 의하여 자율적으로 적립되며 사업확장적립금, 감채기금적립금, 재해손실적립금[27] 등 다양한 목적에 따라 기업이 임의로 적립할 수 있다. 이러한 임의적립금은 주주총회의 승인을 통해 언제든지 미처분이익잉여금으로 이입하여 배당의 재원 등으로 사용할 수 있다는 점에서 사용제한이 있는 법정적립금과 차별화된다. 한편, 임의적립금 이입이란 임의적립금이 사용목적을 달성하거나 처분가능이익이 부족한 경우 당기 이전에 적립하였던 임의적립금을 미처분이익잉여금으로 다시 대체하는 것을 말한다. 임의적립금의 이입은 주주총회의 결의사항이므로 보고기간말이 아닌 주주총회 승인시점에서 임의적립금을 감소시키고 미처분이익잉여금을 증가시키는 회계처리를 수행한다.

보고기간말	회계처리 없음			
주주총회일				
이익준비금 적립	(차) 미처분이익잉여금	XXX	(대) 이익준비금	XXX
임의적립금 적립	(차) 미처분이익잉여금	XXX	(대) 임의적립금	XXX
임의적립금 이입	(차) 임의적립금	XXX	(대) 미처분이익잉여금	XXX

26) 법정적립금을 감소시키는 것은 자본잉여금의 경우와 동일함을 알아두기 바란다. 즉, 법정적립금과 자본잉여금은 무상증자와 결손보전의 경우에만 감소시킬 수 있다.

27) 사업확장적립금은 장래의 사업확장을 목적으로 하는 적립금을 말하며 감채기금적립금은 회사채상환 및 이자 지불 등을 목적으로 하는 적립금을 말한다.

3) 미처분이익잉여금

미처분이익잉여금(unappropriated retained earning)이란 회사가 창출한 실현손익 중 배당, 적립 또는 자본조정항목의 상각 등으로 사용되지 않고 남아있는 이익잉여금을 말한다. 미처분이익잉여금의 대변잔액이 (+)인 경우에는 미처분이익잉여금으로 표시하지만 대변잔액이 (-)인 경우에는 미처리결손금으로 표시한다. 미처리결손금은 결손금보전순서에 따라 처리하여 소멸시키거나 차후연도로 이월된다. 미처리결손금이 있는 경우에는 자본잉여금으로 이를 보전할 수 있다. 미처리결손금을 처리할 때 상계대상 잉여금은 자본잉여금, 법정적립금 및 임의적립금이 될 수 있는데 상법에서는 미처리결손금을 임의적립금과 우선 상계하고 그 이후에는 상계의 순서를 규정하고 있지 않다. 따라서 임의적립금과 상계하고도 남는 미처리결손금이 있다면 기업의 선택에 따라 자본잉여금 또는 법정적립금 중 어떤 잉여금과도 상계가 가능하다.

임의적립금 〉 법정적립금, 자본잉여금

구분	회계처리			
보고기간말	회계처리 없음			
주주총회일	(차) 임의적립금	XXX	(대) 미처리결손금	XXX
	(차) 이익준비금	XXX		
	(차) 주식발행초과금	XXX		

예제 7

㈜경동은 당기순손실이 발생하였으며 이익잉여금과 관련된 내용은 다음과 같다. 단, 전기이월미처분이익잉여금은 ₩100,000이 있다.

(1) 2012년 12월 31일 결산 결과 당기순손실이 ₩400,000이다.
(2) 2013년 2월 25일 주주총회에서 임의적립금 ₩300,000을 이입하여 미처리결손금을 모두 처리하도록 결의하다.

물음

각 거래의 내용을 회계처리하시오.

풀이

2012. 12. 31	(차) 미처분이익잉여금	100,000	(대) 집 합 손 익 미처리결손금	400,000 300,000
2013. 2. 25	(차) 임의적립금	300,000	(대) 미처리결손금	300,000

3. 배당

1) 현금배당

현금배당(cash dividend)은 회사가 창출한 이익을 주주들에게 현금으로 지급하는 자본거래이다. 이러한 현금배당은 이사회결의로써 중간배당으로 실시할 수도 있고, 주주총회결의로써 정기배당(결산배당, 연차배당)으로 실시할 수 있다. 정기배당과 중간배당은 각각 연 1회씩만 실시할 수 있으며, 양자의 차이는 다음과 같다.

	정기(연차)배당	중간배당
승 인 기 관	주주총회	이 사 회
배 당 종 류	현금배당, 주식배당, 현물배당	현금배당, 현물배당
배당기준일	결 산 일	이사회가 결정한 날
배당결의일	주주총회일	이사회 결의일
배당지급일	주주총회일로부터 2개월이내	이사회결의일로부터 1개월이내

[그림 11-8] **정기배당과 중간배당의 차이**

현금배당의 절차를 이해하기 위해서는 우선 배당기준일, 배당선언일과 배당지급일을 이해하여야 하므로 이에 대해 먼저 살펴보도록 하자.

(1) 배당기준일

배당기준일(recording date)은 기업에서 배당지급 의사결정이 있을 경우 이러한 배당지급을 받기 위해 주주가 자신의 주권(shares)을 공식적으로 보유하고 있어야 하는 마지막 날을 말하며, 상법에서는 이를 주주명부폐쇄일이라 한다. 배당기준일에는 배당대상주식만이 결정될 뿐 배당금액이 결정되지 아니하므로 회계처리는 없다. 이때 자기주식은 당연히 배당대상주식에서 제외된다. 즉, 배당기준일 현재 발행주식에서 자기주식을 차감한 유통주식이 배당대상주식이 된다. 구체적으로 현금배당금은 다음과 같이 계산한다.

> 현금배당금 = (발행주식수 – 자기주식수) X 주당액면금액 X 배당률
> = 유통주식수 X 주당액면금액 X 배당률

(2) 배당선언일

배당선언일(declaration)은 이익잉여금을 배당으로 처분하도록 주주총회서 결의할 날을 말하며 배당결의일이라고도 한다. 배당선언일에는 배당재원인 미처분이익잉여금을 차감하고, 배당금을 미지급배당금(유동부채)로 계상한다. 또한 현금배당인 경우에는 배당선언일에 현금배당액의 10%를 이익준비금으로 적립하여야 한다.

(3) 배당지급일

배당지급일(payment date)은 주주총회에서 결의된 배당금을 실제로 주주에게 현금으로 지급하는 날을 말한다. 상법상 배당금은 결의 후 1개월내에 지급하도록 되어있다. 배당지급일에는 유동부채로 계상된 미지급배당금을 차감하고 현금을 지급하면 된다.

배당기준일	회계처리 없음			
배당선언일	(차) 미처분이익잉여금 (차) 미처분이익잉여금	XXX XXX	(대) 미지급배당금 (대) 이익준비금	XXX XXX
배당지급일	(차) 미지급배당금	XXX	(대) 현　　금	XXX

2) 주식배당

주식배당(stock dividend)이란 회사가 창출한 이익을 대상으로 주식을 발행하여 교부하는 자본거래를 말한다. 주식배당은 정기배당으로만 실시 할 수 있고, 중간배당으로 이루어질 수는 없다. 현금배당과 마찬가지로 배당기준일에는 회계처리가 없다. 배당선언일에 배당재원인 미처분이익잉여금을 차감하고, 배당금을 미교

부주식배당(자본조정항목)으로 계상한다. 이때 배당금액은 주식의 액면금액을 기준으로 결정하며, 이익배당 총액의 2분의 1에 상당하는 금액을 초과하지 못한다. 배당지급일에는 주식을 발행하여 교부하고, 미교부주식배당을 차감 처리한다. 이러한 주식배당을 통해 자본금과 주식수는 증가하지만, 자본총계는 일정하다. 주식배당금은 다음과 같이 계산한다.

주식배당금 = (발행주식수 − 자기주식수) X 주당액면금액 X 배당률
= 유통주식수 X 주당액면금액 X 배당률

배당기준일	회계처리 없음			
배당선언일	(차) 미처분이익잉여금	XXX	(대) 미교부주식배당	XXX
배당지급일	(차) 미교부주식배당	XXX	(대) 자 본 금	XXX

3) 현물배당

현물배당(property dividend)은 회사가 창출한 이익을 주주들에게 현물로 배분하는 자본거래이다. 현물배당을 결의하게 되면 회사는 현금 이외에 보유하고 있는 주식과 채권 및 상품 등으로 주주에게 배당을 지급하게 된다. 이 경우 배당선언일에 배당으로 지급하는 현물의 장부금액과 공정가치의 차이를 당기손익으로 인식한 후 배당에 관한 회계처리를 수행해야 한다. 현물배당인 경우에도 배당선언일에 배당액의 10%를 이익준비금으로 적립하여야 한다.

배당기준일	회계처리 없음			
배당선언일	(차) 매도가능금융자산	XXX	(대) 금융자산처분이익	XXX[1]
	(차) 미처분이익잉여금	XXX	(대) 미지급현물배당	XXX[2]
	(차) 미처분이익잉여금	XXX	(대) 이익준비금	XXX
배당지급일	(차) 미지급현물배당	XXX	(대) 매도가능금융자산	XXX

[1]배당선언일 현물의 공정가치 − 현물의 장부금액
[2]배당선언일 현물의 공정가치

예제 8

12월말 결산법인인 ㈜서울의 2012년말 부분재무상태표의 자본은 다음과 같다.

(1) 자본금(2,000주, 주당 ₩5,000)	₩10,000,000
(2) 자기주식(100주, 주당 ₩6,000)	₩600,000
(3) 이익준비금	₩3,000,000
(4) 미처분이익잉여금(2012년 당기순이익 ₩1,500,000 포함)	₩2,000,000

한편, 2013년 3월 10일에 개최된 주주총회에서 다음과 같은 결의를 하였다.

(1) 현금배당 : 10%

(2) 주식배당 : 5%

(3) 이익준비금 : 법정 최소액

현금배당과 주식배당은 3월 30일에 지급되었다.

물음

1. 배당기준일, 배당결의일, 배당지급일에 행할 회계처리를 제시하시오.
2. 위의 [물음1]에서 회사가 주식배당 없이, 장부금액 ₩900,000과 공정가치 ₩1,100,000인 ㈜동덕이 발행한 주식을 교부한 경우 관련된 회계처리를 수행하시오.

풀이

1.

배당기준일	회계처리 없음			
배당선언일	(차) 미처분이익잉여금	1,520,000	(대) 미지급배당금	950,000[1]
			미교부주식배당	475,000[2]
			이익준비금	95,000
	[1](2,000 − 100) X 5,000 X 10% = 950,000 [2](2,000 − 100) X 5,000 X 5% = 475,000			
배당지급일	(차) 미지급배당금	950,000	(대) 현 금	950,000
	미교부주식배당	475,000	자 본 금	475,000

2.

배당기준일	회계처리 없음			
배당선언일	(차) 매도가능금융자산	200,000	(대) 금융자산처분이익	200,000[1]
	(차) 미처분이익잉여금	1,210,000	미지급현물배당	1,100,000
			이익준비금	110,000
	[1]1,100,000 − 900,000 = 200,000			
배당지급일	(차) 미지급현물배당	1,100,000	(대) 매도가능금융자산	1,100,000

예제 9

㈜성신의 주주총회(2013년 3월 10일 개최)에서 임의적립금 중 적립목적이 달성된 기술개발적립금 ₩20,000과 사업확장적립금 ₩30,000을 이입하기로 하였다. 또한 이익잉여금을 다음과 같이 처분하기로 하였다. 단, 2012년 말 재무상태표의 미처분이익잉여금은 ₩250,000이다.

(1) 현금배당금	₩40,000
(2) 이익준비금 적립액	₩10,000
(3) 재무구조개선적립금 적립액	₩30,000
(4) 자기주식처분손실 상각액	₩20,000

물음

주주총회일에 해야 할 회계처리를 제시하시오.

풀이

2013.3.10	(차) 기술개발적립금	20,000	(대) 미처분이익잉여금	50,000
	사업확장적립금	30,000		
	(차) 미처분이익잉여금	300,000	(대) 이익준비금	10,000
			자기주식처분손실	20,000
			미지급배당금	40,000
			재무구조개선적립금	30,000
			미처분이익잉여금	200,000

해설

미처분이익잉여금은 다음과 같은 순서로 처분하고, 남은 잔액은 미처분이익잉여금의 과목으로 하여 차기로 이월된다.

① 이익준비금 등 법정적립금 적립액
② 이익잉여금처분에 의한 상각액 : 주식할인발행차금 상각액, 자기주식처분손실, 감자차손
③ 배당금 : 현금배당, 주식배당, 현물배당
④ 임의적립금 적립액

4) 주식분할과 주식병합

주식분할(stock split)은 주식 하나의 액면금액을 감소시켜 여러 개의 주식으로 세분하는 자본거래를 말하며 지나치게 상승되어 있는 주가를 투자자가 매입하기 쉬운 수준으로 인하 하여 주주를 늘리는 것이 목적으로 수행한다. 반면에 주식병

합(stock consolidation)은 여러 개의 주식을 통합하여 액면금액을 증가시키는 자본거래를 말하며 지나치게 하락되어 있는 주가의 조정이나 주주 관리비의 절감 등으로 기업운영상 효과를 얻기 위할 목적으로 수행한다. 이러한 주식의 분할과 병합은 반드시 주주총회의 결의를 거쳐야 한다. 주식분할의 경우 발행주식수는 증가하나 주당 액면금액은 감소하므로 자본금의 변동이 없다. 주식병합의 경우도 발행주식수는 감소하나 주당 액면금액이 증가하므로 자본금의 변동이 없다. 따라서 주식의 분할과 병합에 따른 별도의 회계처리는 없다.[28] 다만 이러한 내용을 주석으로 기재한다.

구 분	자본금	자본잉여금	이익잉여금	총자본	발행주식수
현금배당	무영향	무영향	감소	감소	무영향
주식배당	증가	무영향	감소	무영향	증가
유상증자	증가	증가	무영향	증가	증가
무상증자	증가	감소	감소	무영향	증가
주식분할	무영향	무영향	무영향	무영향	증가
주식병합	무영향	무영향	무영향	무영향	감소

[그림 11-9] **현금(주식)배당, 유상(무상)증자, 주식분할(병합)의 비교**

4. 기타포괄손익누계액

기타포괄손익누계액(accumulated other comprehensive income)은 보고기간말 현재의 기타포괄손익누계잔액이다. 기타포괄손익은 손익거래에서 발생한 순자산의 변동액 중 미실현손익으로 분류되어 포괄손익계산서에서 당기손익에 반영될 자격을 얻지 못한 항목이다. 이러한 거래는 포괄손익계산서에 기타포괄손익으로 인식되어 재무상태표에서는 자본의 기타포괄손익누계액으로 공시된다. 기타포괄손익누계액은 곧 보고기간말 현재의 미실현자본을 의미하며, 해당 항목이 실현되는 시점에서 이익잉여금으로 직접 대체될 수도 있으며, 또는 당기손익으로 재분류되

28) 예를 들어, 주식분할은 주당 액면금액이 ₩500인 주식 1주를 주당액면 ₩100인 주식 5주로 바꾸어주는 것을 말하며, 주식병합은 주당 액면금액 ₩100인 주식 5주를 주당 액면금액 ₩500인 주식 1주로 바꾸어주는 것을 말한다.

어 이익잉여금으로 전환된다. 여기에 대해서는 제3장과 제10장에서 서술하고 있으므로 생략한다.

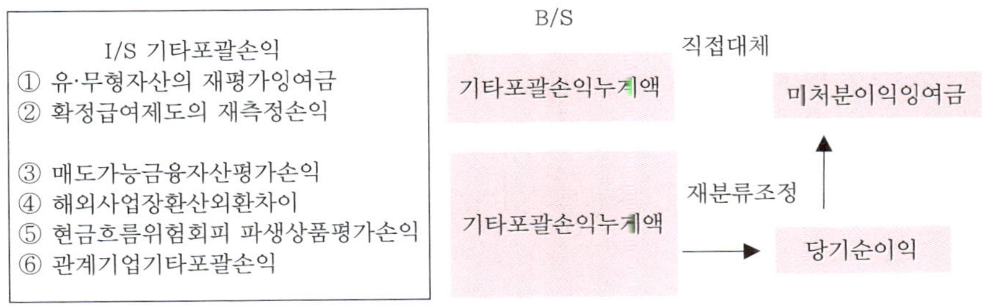

[그림 11-10] **기타포괄손익의 이익잉여금 대체**

제4절 자본변동표

자본변동표(statement of changes in equity)는 한 회계기간 동안 발생한 주주지분의 변동을 요약한 재무보고서이며 자본을 구성하고 있는 납입자본과 이익잉여금, 그리고 기타자본구성요소의 변동에 대한 포괄적인 정보를 제공한다. 이러한 자본변동표는 재무상태표에 표시되어 있는 자본의 기초잔액과 기말잔액을 모두 제시함으로써 재무상태표와의 연계성을 유지한다. 또한 자본의 변동내용은 포괄손익계산서와 현금흐름표에 나타난 정보와 연결할 수 있어 정보이용자들이 더욱 명확히 재무제표간의 관계를 파악할 수 있게 된다. 특히 자본변동표는 포괄손익계산서를 거치지 않고 재무상태표의 자본에 직접 가감되는 항목인 자본거래항목에 대한 추가적인 정보를 제공한다는 장점 있다. 자본변동표는 다음의 항목을 별도로 표시한다.

(1) 납입자본

납입자본의 변동은 유상증자(감자), 무상증자(감자)와 주식배당 등에 의하여 발생한다.

(2) 이익잉여금

이익잉여금의 변동에는 다음과 같은 항목들이 있다. 이 중 회계정책의 변경으로 인한 누적효과는 전기에 실제 보고된 금액에서 수정하는 방법으로 작성한다.

① 회계정책의 변경으로 인한 누적효과
② 연차배당
③ 중간배당
④ 당기순손익
⑤ 재평가잉여금의 대체
⑥ 기타 : ① 내지 ⑤ 외의 원인으로 당기에 발생한 이익잉여금의 변동으로 하되, 그 금액이 중요한 경우에는 적절히 구분하여 표시

(3) 기타자본구성요소

기타자본구성요소에는 자본거래의 결과로 발생한 항목들과 포괄손익의 구성요소이지만 당기순이익에는 포함되지 않는 기타포괄손익의 변동내역을 표시한다. 기타자본구성요소는 많은 항목들로 구성되어 있으므로 중요한 항목들을 구분하여 표시하고 중요하지 않은 항목들을 합산표시할 수 있다. 기타자본구성요소의 변동에는 다음과 같은 항목들이 있다.

① 자기주식처분손익
② 자기주식
③ 재평가잉여금
④ 매도가능금융자산평가손익
⑤ 기타 : ① 내지 ④ 외의 원인으로 당기에 발생한기타자본구성요소의 변동으로 하되, 그 금액이 중요한 경우에는 적절히 구분하여 표시

자 본 변 동 표

광주(주) 2012년 1월1일 - 2012년 12월 31일 (단위; 백만원)

구 분	납입자본	이익잉여금	기타자본 구성요소	합 계
2012년 1월 1일 잔액	XXX	XXX	XXX	XXX
회계정책의 변경		XXX		XXX
재작성된 금액	XXX	XXX	XXX	XXX
2012년 자본의 변동				
연차배당		(XXX)		(XXX)
기타이익잉여금 처분액		(XXX)	XXX	–
중간배당		(XXX)		(XXX)
유상증자	XXX			XXX
자기주식 취득			(XXX)	(XXX)
총포괄이익		XXX	XXX	XXX
재평가잉여금의 대체		XXX	(XXX)	XXX
2012년 12월 31일 현잔액	XXX	XXX	XXX	XXX

[그림 11–11] **자본변동표**

객관식 연습문제

exercises

▶▶ Ⅰ. 이론형 객관식 문제

01 **다음 중 자본을 실질적으로 증가시키는 거래는?** (7급 국가직 2011)

① 주식을 할인발행한 경우
② 유통중인 발행주식을 액면 이상으로 취득하는 경우
③ 이익준비금을 자본전입한 경우
④ 주식배당을 한 경우

정답 ①

주식의 할인발행은 실질증자로서 자본총계가 증가한다.

02 **다음 거래 중 자본총계에 영향을 미치지 않는 것은?** (9급 서울시 2011)

① 전환사채가 보통주로 전환됨에 따라 약정된 주식을 발행하였다.
② 주주들에게 현금배당과 10%의 주식배당을 실시하였다.
③ 보통주에 대한 100% 무상증자와 액면가를 절반으로 낮추는 액면분할을 실시하였다.
④ 회사가 발행한 주식을 최초 발행가액보다 높은 가격으로 재취득하였다.
⑤ 임직원에게 부여된 주식매수선택권의 행사에 따라 주식을 발행하였다.

정답 ③

- 전환사채의 전환 → 자본총계 증가
- 현금배당 → 자본총계 감소
- 자기주식의 취득 → 자본총계 감소
- 주식매수선택권의 행사 → 자본총계 증가

03 다음 중 ㉠, ㉡에 들어갈 말로 알맞은 것은?

> 이익준비금은 법정적립금으로서 매기마다 주주에게 배당하는 이익배당(주식배당 제외) 액의 (㉠) 이상을, 자본금의 (㉡)에 달할 때까지 적립한다.

① ㉠ 1/20, ㉡ 1/2
② ㉠ 1/10, ㉡ 1/2
③ ㉠ 1/10, ㉡ 1/4
④ ㉠ 1/20, ㉡ 1/4

정답 ②

이익준비금은 매결산기마다 이익배당(주식배당 제외)액의 10분의 1 이상을 자본금의 2분의 1에 달할 때까지 적립하여야 하는 법정적립금이다.

04 자본이 증감될 수 있는 경우를 모두 고른 것은? (9급 관세직 2011)

> ㉠ 주식배당
> ㉡ 임의적립금의 목적달성
> ㉢ 해외사업환산손실의 발생
> ㉣ 자기주식의 취득

① ㉠, ㉡
② ㉡, ㉢
③ ㉢, ㉣
④ ㉠, ㉣

정답 ③

㉠ 주식배당 : 자본금 증가, 이익잉여금 감소, 자본총계 불변
㉡ 임의적립금의 목적달성 : 다양한 형태로 회계처리되며 자본총계는 불변
㉢ 해외사업환산손실의 발생 : 기타포괄손익의 감소로 자본총계 감소
㉣ 자기주식의 취득 : 자본총계 감소

05 현금배당(배당선언과 배당지급이 동시에 발생)시 재무상태표에 미치는 영향은? (9급 국가직 2006)

① 자본잉여금 감소
② 자산 감소, 이익잉여금 감소
③ 자산 변동 없음, 이익잉여금 감소
④ 자산 감소, 이익잉여금 불변

정답 ②

1) 현금배당의 회계처리

- 배당선언 (차) 이익잉여금 XXX (대) 미지급배당금 XXX
- 배당지급 (차) 미지급배당금 XXX (대) 현 금 XXX

2) 배당의 선언과 지급이 동시이므로 압축기장으로 표현하면 다음과 같다. (배당선언=지급)

(차) 이익잉여금 XXX (대) 현 금 XXX
(자본의 감소) (자산의 감소)

06 주식분할과 주식배당이 다음 항목에 미치는 영향으로 옳은 것은?

(9급 관세직 2009)

	항목	주식분할	주식배당
①	유통주식수	증가	증가
②	이익잉여금	변동없음	변동없음
③	총자본	감소	변동없음
④	주당액면가액(보통주)	감소	증가

정답 ①

무상증자, 주식배당, 주식분할의 비교

구 분	무상증자	주식배당	주식분할
주식수	증가	증가	증가
자본금	증가	증가	변동 없음
자본잉여금	감소가능	변동 없음	변동 없음
이익잉여금	감소 가능	감소	변동 없음
자본총계	변동 없음	변동 없음	변동 없음
주당액면가액	변동 없음	변동 없음	감소

07 다음 각 항목이 재무상태표의 자본금, 이익잉여금 및 자본총계에 미치는 영향으로 옳지 않은 것은?

(9급 세무직 2011)

	항 목	자본금	이익잉여금	자본총계
①	무상증자	증가	증가	증가
②	주식배당	증가	감소	불변
③	주식분할	불변	불변	불변
④	유상증자	증가	불변	증가

정답 ①

주식배당, 무상증자, 주식분할

항목	유상증자	주식배당	무상증자	주식분할
발행주식수	증가	증가	증가	증가
주당액면	불변	불변	불변	감소
자본총계	증가	불변	불변	불변
자본금	증가	증가	증가	불변

08 다음은 서로 독립적인 거래들이다. 자본이 증가하는 것만으로 올바르게 짝지어진 것은? (관세사 2011)

㉠ 주당액면 5,000인 주식을 주당 액면 ₩1,000인 주식 5주로 분할하였다.
㉡ 기존 주주들에게 10%의 주식배당을 실시하고 즉시 신주를 발행하여 교부하였다.
㉢ 주당 액면 5,000인 주식 100주를 주당 ₩4,000으로 할인발행하였다.
㉣ 주당 ₩200에 취득하여 보유하고 있던 자기주식 10주를 주당 ₩250에 처분하였다.
㉤ 수정전시산표상에 ₩10,000으로 기록되어 있는 매도가능금융자산(지분상품)의 보고기간 말 현재 공정가치는 ₩8,000이다.

① ㉠, ㉡
② ㉠, ㉢
③ ㉡, ㉢
④ ㉢, ㉣
⑤ ㉣, ㉤

정답 ④

㉠ 주식분할 : 자본총계 불변
㉡ 주식배당 : 자본총계 불변
㉢ 실질증자(할인발행) : 자본총계 증가
㉣ 자기주식의 처분 : 자본총계 증가
㉤ 매도가능금융자산평가손실 : 자본총계 감소

09 다음 중 자본항목에 속하지 않는 계정은? (9급 세무직 2007)

① 매도가능금융자산평가손익
② 자기주식
③ 관계기업주식
④ 감자차익

정답 ③

관계기업주식은 자산이다.

10 **다음의 항목들이 재무상태표에 계상되었을 경우, 한국채택국제회계기준에서 제시하고 있는 기타포괄손익누계액의 구분표시항목으로 옳지 않은 것은?** (9급 세무직 2007)

① 현금흐름 위험회피 파생상품평가손익
② 해외사업외환차이
③ 자기주식처분손익
④ 매도가능금융자산평가손익

정답 ③

자기주식처분이익 : 납입자본(자본잉여금), 자기주식처분손실 : 기타자본요소(자본조정)

11 **자본의 회계처리 및 공시에 관한 다음 설명 중에서 옳지 않은 것은?**

(세무사 2004 수정)

① 주식할인발행차금은 발생 당시 장부상 존재하는 주식발행초과금과 우선적으로 상계 처리한다.
② 미상계된 주식할인발행차금은 자본항목으로 계상하고 향후 발생하는 주식발행초과금과 상계하여 처리하며 이익잉여금으로 상계할 수 없다.
③ 증자의 경우 발생하는 신주발행수수료 등 신주발행비는 당기비용으로 계상하지 아니하고 주식의 발행금액에서 직접 차감한다.
④ 주식을 소각하는 경우 발생하는 감자차손은 감자차익과 우선적으로 상계하고 그 잔액은 자본항목으로 계상한 후 결손금의 처리순서에 준하여 처리한다.
⑤ 자기주식처분손실은 자기주식처분이익과 우선적으로 상계하고 그 잔액은 자본항목으로 계상한 후 결손금의 처리순서에 준하여 처리한다.

정답 ②

주식발행초과금과 상계한 이후의 주식할인발행차금 잔액은 이익잉여금의 처분으로 상각할 수 있다.

12 **다음 중 자본항목에 대한 설명으로 옳지 않은 것은?** (공인회계사 2005 수정)

① 주식할인발행차금, 배당건설이자, 자기주식 등은 자본에서 차감되는 형식으로 보고되는 자본항목이고, 주식선택권, 신주청약증거금 등은 자본에 가산하는 형식으로 보고되는 자본항목이다.

② 보유자가 상환을 청구할 수 있는 권리를 보유한 상환우선주는 금융부채로 표시한다.

③ 주식배당은 이익잉여금을 감소시키고 법정자본금을 증가시키고, 주식분할은 이익잉여금과 법정자본금에 어떠한 변화도 초래하지 않는다는 점에서 차이가 있다. 그러나 주식배당과 주식분할 모두 주주의 이익에 해당하지 않는다.

④ 감자는 사업규모를 줄이거나 결손을 보전하기 위하여 자본금을 감소시키는 것으로 실질적 감자와 형식적 감자에서 감자차익과 감자차손이 모두 발생할 수 있다.

⑤ 결산배당은 당기의 영업활동 결과에 의한 것으로 가정하여 이익잉여금 처분액으로 처리하는 반면, 중간배당은 전기까지의 영업활동결과에 의한 것으로 가정하여 미처분이익잉여금 차감항목으로 처리한다.

정답 ④

형식적 감자의 경우에는 감자차손이 발생할 수 없다.

13 **한국채택국제회계기준에서는 이익잉여금처분계산서(또는 결손금처리계산서)는 주석으로 기재하고 자본변동표는 전체 재무제표로 공시하도록 하고 있다. 다음 중 이에 대한 설명으로 옳은 것은?** (세무사 2008 수정)

① 이익잉여금처분계산서는 당기순이익이 발생하는 경우에만 작성하며, 미처분이익잉여금, 임의적립금등의이입액, 이익잉여금처분액, 차기이월미처분이익잉여금으로 구분하여 표시된다.

② 이익잉여금처분계산서는 이익잉여금의 구성항목 중 미처분이익잉여금의 변동내용만을 나타낼 뿐 자본을 구성하는 모든 항목의 변동내용을 포괄적이고 체계적으로 제시하지 못하고 있으므로, 자본 구성항목의 모든 변동내용에 대한 포괄적인 정보제공을 위해 도괄손익계산서를 이익잉여금처분계산서의 주석으로 공시한다.

③ 자본변동표는 재무상태표에 표시되어 있는 자본의 기말잔액만을 제시함으로써 재무상태표와 연결할 수 있지만 자본의 기초잔액은 제공하지 않는다.

④ 자본변동표는 손익계산서를 거치지 않고 재무상태표의 자본에 직접 가감되는 항목의 변동내용을 나타냄으로써 손익계산서로는 전부 나타낼 수 없는 포괄적인 경영성과에 대한 정보를 제공한다.

⑤ 결손금처리계산서는 당기순손실이 발생하는 경우에만 작성하며, 미처리결손금, 결손금처리액, 차기이월미처리결손금으로 구분하여 표시한다.

정답 ④

① 당기순손실이 발생하는 경우에도 미처분이익잉여금이 발생하는 경우에는 이익잉여금처분계산서를 작성한다.

② 자본을 구성하는 모든 항목의 변동내역을 제공하는 재무제표는 자본변동표이며, 포괄손익계산서는 전체 재무제표에 해당하므로 주석으로 공시하는 사항이 아니다.

③ 자본변동표는 자본의 구성항목별로 기초금액과 당기변동분 및 기말금액에 대한 정보를 제공한다.

⑤ 당기순이익이 발생하는 경우에도 미처리결손금이 발생하는 경우에는 결손금처리계산서를 작성한다.

▶▶ II. 계산형 객관식 문제

01 다음 자료에 의하여 계산된 이익준비금의 법정최소적립액은?

㉠ 발행주식 10,000주	㉡ 1주당 액면 ₩5,000
㉢ 결산 연 1회	㉣ 배당금 연 20% 지급(금전배당 50%, 주식배당 50%)

① ₩1,000,000 ② ₩500,000

③ ₩250,000 ④ ₩150,000

정답 ②

이익준비금은 자본금의 1/2이 될 때까지 매결산시 이익배당(주식배당 제외)액의 1/10 이상 적립하는 법정적립금이다.

1. 자본금=주식발행수 × 1주당액면= 10,000주× ₩5,000 =₩50,000,000
2. 이익배당(주식배당 제외)액=자본금 × 현금배당률=₩50,000,000 × 10% =₩5,000,000
3. 이익준비금=이익배당(주식배당 제외)액 × 10% =₩5,000,000 × 10% =₩500,000

02 액면가 ₩5,000의 주식 1,000주를 주당 ₩7,000에 발행하였다. 주식의 발행과 관련하여 신주인쇄비 ₩100,000이 발생하였다. 주식의 발행으로 증가한 주식발행초과금은 얼마인가? (9급 국가직 2002)

① ₩1,900,000 ② ₩4,900,000 ③ ₩2,000,000 ④ ₩7,000,000

정답 ①

- 주식의 발행가액: 7,000 × 1000주 − 100,000 = ₩6,900,000
- 주식의 액면가액: 5,000 × 1000주 = ₩5,000,000
- 주식발행초과금 : 6,900,000 − 5,000,000 = ₩1,900,000
- 회계처리

(차) 현금	6,900,000	(대) 자본금	5,000,000
		주식발행초과금	1,900,000

03 주당 액면가액이 ₩5,000인 신주 10주를 주당 ₩4,500에 발행하면서 신주 발행비용이 주당 ₩100발생하였다. 신주발행전 재무상태표에는 주식발행초과금과 주식할인발행차금은 계상되어 있지 않다. 한국채택국제회계기준에 의하여 주식발행을 회계처리할 경우 이에 대한 설명으로 옳은 것은? (9급 관세직 2007)

① 자본의 순증가는 ₩45,000이다.
② 주식할인발행차금은 ₩3,000으로 표시된다.
③ 신주발행비용 ₩1,000은 3년 내에 상각하여 상각연도 비용으로 처리한다.
④ 재무상태표상 자본금 증가는 ₩50,000이다.

정답 ④

(차) 당좌예금	44,000	(대) 자본금 50,000
주식할인발행차금 6,000		

신주발행비는 주식의 발행가액에서 차감하여 주식할인발행차금을 증가시키거나 주식발행초과금을 감소시킨다. 따라서 주식의 발행가액은 ₩₩44,000{=(4,500 −₩100)×10주}이며 법정자본금은 ₩50,000(=5,000 ×10주)이므로 주식은 할인발행되었다. 이때 발생한 주식할인발행차금(₩6,000)은 주식발행초과금과 우선 상계하는데 신주발행 전 재무상태표에 주식발행초과금이 없으므로 회계처리시 주식할인발행자금이 ₩6,000윤 발생한다.

① 자본의 순증가는 ₩44,000(발행가액)이다.
② 주식할인발행차금은 ₩6,000으로 표시된다.
③ 신주발행비용 ₩1,000은 주식할인발행차금에 포함되어 이후에 발생될 주식발행초과금과 상계처리하거나 이익잉여금처분으로 상각한다. 주식할인발행차금의 상각은 비용이 아니라 이익잉여금처분 항목이다.

04 2011년 12월 1일 거래에 대한 회계처리과정에서 나타나는 계정과 금액으로 옳은 것은? (9급 관세직 2011)

- 2011년 1월 1일 : 보통주자본금 ₩10,000이고, 주식발행초과금 ₩2,000이며, 이익잉여금 ₩1,000이다.
- 2011년 4월 1일 : 자기주식 10주를 주당 ₩700에 취득하였다. 취득한 자기주식은 주당 ₩600(주당액면 금액 ₩500)에 발행한 보통주이었다.
- 2011년 12월 1일 : 2011년 4월 1일에 취득한 자기주식 5주를 소각하였다.

① 자기주식처분손실 ₩1,000
② 감자차손 ₩500
③ 감자차익 ₩500
④ 자기주식처분이익 ₩1,000

정답 ②

자기주식에 대하여 회계처리한 경우 다음과 같다.

- 2011년 4월 1일

(차) 자 기 주 식	7,000	(대) 현 금	7,000

- 2011년 12월 1일

(차) 자본금	2,500	(대) 자기주식	3,500
주식발행초과금	500		
감자차손	500		

05 (주)서울은 재작년에 액면 ₩100의 주식을 주당 ₩120에 발행했었다. 작년 5월에는 이 중에서 100주를 ₩160에 구입했고, 이 100주를 올해 6월에 주당 ₩180에 처분했다. 자기주식의 처분이 (주)서울의 올해 재무상태에 미치는 영향으로 옳은 것은? (9급 서울시 2011)

① 자본잉여금 ₩2,000 증가
② 자본잉여금 ₩6,000 증가와 이익잉여금 ₩4,000 감소
③ 이익잉여금 ₩2,000 증가
④ 이익잉여금 ₩6,000 증가와 자본잉여금 ₩4,000 감소
⑤ 이익잉여금 ₩2,000 증가와 자본잉여금 ₩4,000 감소

정답 ①

(차) 현금	18,000	(대) 자기주식	16,000
		자기주식처분이익	2,000

06 (주)한국은 액면가액 ₩5,000인 주식 10,000주를 주당 ₩5,000에 발행하였다. (주)한국은 유통주식수의 과다로 인한 주가관리 차원에서 2011년에 1,000주를 매입소각하기로 주주총회에서 결의하였다. (주)한국은 두 번에 걸쳐 유통주식을 매입하여 소각하였는데 2011년 6월 1일에 주당 ₩4,000에 500주를 매입한 후 소각했고, 2011년 9월 1일 주당 ₩7,000원에 500주를 매입한 후 소각했다고 한다면 2011년 9월 1일의 감자차손익 잔액은? (7급 2011)

① 감자차익₩500,000
② 감자차손₩1,000,000
③ 감자차손₩500,000
④ 감자차익₩1,000,000

정답 ③

• 6월 1일

(차) 자본금	2,500,000	(대) 현　　금	2,000,000
		감자차익	500,000

• 9월 1일

(차) 자본금	2,500,000	(대) 현　　금	3,500,000
감자차익	500,000		
감자차손	500,000		

07 (주)한국의 2011년 초의 재무상태표의 자본부분이 다음과 같을 때, 자기주식취득과 처분 후의 재무상태표상 자본총계는? (7급 2011)

보통주 자본금(액면가액 주당 ₩5,000)	₩100,000,000
주식발행초과금	₩10,000,000
이익잉여금	₩30,000,000
자본총계	₩140,000,000

2011년 중의 자본거래는 다음과 같다.

• 7월 1일 자기주식 1,000주를 주당 ₩8,000에 취득하였다.
• 10월 1일 위의 자기주식 중에서 200주를 주당 ₩9,000에 처분하였다.

① ₩132,000,000
② ₩133,600,000
③ ₩133,800,000
④ ₩140,000,000

정답 ③

	자본총계	
2011년 초	₩140,000,000	
자기주식의 취득	(8,000,000)	= 1,000 × 8,000
자기주식의 처분	₩1,800,000	= 200 × 9,000
	₩133,800,000	

08 12월 말 결산법인인 (주)홍도는 2004년 초에 보통주 10,000주와 우선주 3,000주를 발행하여 설립되었다. 회사가 보고한 3년간의 연도별 당기순손익은 다음과 같다. 보통주와 우선주의 주당 액면가액은 각각 ₩100이다. 우선주는 누적적·비참가적이고 약정배당률은 10%이다. (주)홍도의 자본금은 설립일 이후 변동이 없었다. 2006년 12월 31일 보통주 주주에게 배당가능한 이익은 얼마인가? (단, 모든 배당은 현금배당이다. 이익준비금은 법정 최소한을 적립하고, 2006년에 이익준비금을 적립하더라도 자본금의 1/2에 미달한다.) (세무사 2006)

- 2004년 당기순손실 ₩290,000
- 2005년 당기순손실 ₩220,000
- 2006년 당기순이익 ₩840,000

① ₩207,000 ② ₩240,000
③ ₩230,000 ④ ₩270,000
⑤ ₩210,000

정답 ⑤

- 이익잉여금 : ₩840,000 − 290,000 − 220,000 = ₩330,000
- 우선주배당금 : 3,000주 × @100 ×10% ×3년 = ₩90,000
- 우선주배당에 대한 이익준비금 : ₩90,000 × 10% = ₩9,000
- 보통주배당금 : (330,000 − 90,000 − 9,000)/1.1 = ₩210,000
- 보통주배당에 대한 이익준비금 : ₩21,000

〈별해〉

1) 배당가능이익

배당가능이익		₩ α
이익준비금 적립액	α X 10%	= 0.1α
이익잉여금 총액		₩330,000

이를 계산하면, 1.1 α = ₩330,000

α = ₩330,000 ÷ 1.1 = ₩300,000

2) 보통주에게 배당가능한 이익

배당가능이익		₩300,000
누적적우선주 배당금	3,000주 X @100 X 10% X 3	= (90,000)
보통주주에게 배당가능한 이익		₩210,000

09 주당 액면가액이 ₩500인 보통주 500,000주를 발행하고 있고, 이익잉여금 잔액이 ₩100,000,000인 (주)한국은 2011년 2월에 5%의 주식배당과 주당 ₩15의 현금배당을 선언하였다. 이러한 배당선언이 회사의 자본에 미치는 영향으로 옳지 않은 것은? (7급 2011)

① 이익잉여금 ₩20,000,000이 배당의 재원으로 사용되었다.
② 현금배당액은 ₩7,500,000이 될 예정이다.
③ 주식배당액은 ₩7,500,000이 될 예정이다.
④ 배당선언으로 부채 ₩7,500,000이 증가한다.

정답 ③

- 주식배당 = 500,000 × 5% × 500 = ₩12,500,000
- 현금배당 = ₩15 × 500,000 = ₩7,500,000
- 회계처리

(차)	이익잉여금	20,000,000	(대)	미지급배당금	7,500,000
				미교부주식배당금	12,500,000

10 다음은 2011년 초에 설립한 (주)독도의 2012년 말 현재 자본금과 관련한 정보이다. 설립 이후 2012년 말까지 자본금과 관련한 변동은 없었다. (주)독도는 2011년도에 현금배당이나 주식배당을 하지 않았으며 2012년도 ₩16,000의 현금배당 지급을 결의하였다 (주)독도는 우선주 배당률을 10%이며 누적적·완전참가적 우선주하면 우선주와 보통주에 대한 배당금 지급액은 각각 얼마인가? (관세사 2011)

> · 보통주자본금 : ₩100,000 (액면가액 @500, 발행주식수 200주)
> · 우선주자본금 : ₩ 25,000 (액면가액 @500, 발행주식수 50주)

	우선주배당금	보통주배당금
①	₩5,200	₩10,800
②	₩5,500	₩10,500
③	₩3,200	₩12,800
④	₩10,800	₩5,200
⑤	₩10,500	₩5,200

정답 ①

- 우선주 소급배당금 = ₩25,000 × 10%= ₩2,500
- 배당률 계산 = $\dfrac{\text{잔여배당금 (₩16,000 − ₩2,500)}}{\text{보통주자본금(₩100,000) + 우선주자본금(₩25,000)}}$

= 10.8%

- 우선주 당기배당금 = ₩25,000×10.8% = ₩2,700
- 보통주배당금 = ₩16,000 − ₩5,200 = ₩10,800

11 2005년 1월 1일에 영업을 시작한 12월 결산법인 (주)한국의 2007년 12월 31일 자본계정은 다음과 같다. (주)한국의 모든 주식은 영업개시와 동시에 발행되었으며, 영업개시 이후 2007년 12월 31일까지 배당을 실시한적은 없다. 이 회사의 이사회는 2008년 1월 2일에 ₩1,880,000의 배당을 결의하였다. 이 경우 보통주 1주당 배당금은? (7급 2009)

• 보통주 자본금	₩₩5,000,000 (1,000주)
• 우선주자본금(4%, 비누적적, 비참가적)	₩₩1,000,000 (200주)
• 우선주자본금(4%, 누적적, 10%까지 부분참가적)	₩₩2,000,000 (400주)
• 주당 액면가액은 모두 ₩5,000임.	

① ₩1,250 ② ₩1,350
③ ₩1,480 ④ ₩1,580

정답 ③

- 비누적·비참가우선주의 당기배당금 : 1,000,000 ×4% = ₩40,000
- 누적적우선주의 연체배당금(2년) : 2,000,000 × 4% × 2년 = ₩160,000
- 잔여배당금 : 1,880,000 − 40,000 − 160,000 = ₩1,680,000
- 배당률 계산 : $\frac{\text{잔여배당금(₩1,680,000)}}{\text{참가자우선주자본금(₩2,000,000) + 보통주자본금(₩5,000,000)}}$

  = 24%
- 부분참가우선주 당기배당금(10%) : 2,000,000 × 10% = ₩200,000
- 보통주배당금 : 1,680,000 − 200,000 = ₩1,480,000
- 보통주 주당배당금 : 1,480,000 ÷ 1,000주 = ₩1,480

12 (주)우진은 2009년 2월에 자기주식 100주를 주당 ₩6,000에 취득하였으며, 3월에 자기주식 200주를 주장 ₩7,000에 취득하였다. 한편 4월에는 자기주식 100주를 특수관계자로부터 무상증여받았다. 이후 (주)우진은 9월에 보유하고 있던 자기주식 중 200주를 주당 ₩5,500에 매각하였다. 처분한 자기주식의 단가를 총평균법으로 계산할 경우 (주)우진이 인식해야 할 자기주식처분손익은 얼마인가? (세무사 2004)

① 처분이익 ₩250,000 ② 처분이익 ₩300,000
③ 처분이익 ₩100,000 ④ 처분손실 ₩233,333
⑤ 처분손실 ₩100,000

정답 ③

1) 무상증여로 취득한 주식은 비망기록하고 취득원가는 없는 것으로 본다. 따라서 처분시의 장부금액을 계산할 때는 기존 자기주식의 장부금액에 주식수만 증가시켜 주당 장부금액만을 조정하면 된다.

2) 자기주식처분이익

처분금액	200주 X @5,500 = ₩ 1,100,000
장부금액	(100주 X @6,000 + 200주 X @7,000) X 200주/400주 = (1,000,000)
처분이익	₩100,000

13 **12월말 결산법인인 (주)국세의 2007년 중 자기주식과 관련한 거래는 다음과 같으며, 자기주식을 선입선출법으로 회계처리한다. 2007년 1월 1일 현재 (주)국세가 보유하고 있는 자기주식은 없다. (주)국세가 한국채택국제회계기준에 따라 회계처리할 경우 2007년 말 현재 재무상태표상 자기주식처분손익은 얼마인가? (단, 법인세효과는 무시)** (세무사 2008)

- 1월 20일 : 자기주식 40주를 주당 ₩10,000에 취득하였다.
- 5월 18일 : 자기주식 30주를 주당 ₩8,000에 재발행하였다.
- 9월 11일 : 자기주식 20주를 주당 ₩12,000에 취득하였다.
- 12월12일 : 자기주식 20주를 주당 ₩15,000에 재발행하였다.

① 자기주식처분이익 ₩20,000
② 자기주식처분손실 ₩5,000
③ 자기주식처분손실 ₩15,000
④ 자기주식처분이익 ₩10,000
⑤ 자기주식처분이익 ₩40,000

정답 ①

처분금액	30주 X @8,000 + 20주 X @15,000 = ₩ 540,000
장부금액	40주 X @10,000 + 10주 X @12,000 = (520,000)
자기주식처분이익	₩20,000

14 (주)갑은 2011년에 자기주식 60주를 주당 ₩3,000에 취득하였으며, 2012년에 이 중 30주를 주당 ₩5,000에 처분하였다. 2011년말 (주)갑 주식의 주당 공정가치는 ₩4,000이다. 2012년의 자기주식 처분이 자본총계에 미치는 영향을 옳게 나타낸 것은? 단, 법인세효과는 고려하지 않는다. (공인회계사 2012)

① ₩30,000 감소
② ₩60,000 증가
③ ₩150,000 감소
④ ₩150,000 증가
⑤ ₩180,000 증가

정답 ④

2012년 회계처리

(차) 현 금	150,000[1]	(대) 자기주식	90,000[2]
		자기주식처분이익	60,000

[1]30주 X ₩5,000 = ₩150,000
[2]30주 X ₩3,000 = ₩90,000
∴ 자본 ₩150,000(=₩90,000 + ₩60,000) 증가

12장

현금흐름표

제1절 현금흐름표의 기초

1. 현금흐름표의 의의

재무제표의 목적은 광범위한 정보이용자(wide range of users)의 경제적 의사결정에 유용한 기업의 재무상태, 경영성과와 재무상태변동에 관한 정보를 제공하고, 동시에 위탁받은 자원에 대한 경영진의 수탁책임이나 회계책임의 결과를 평가하는데 필요한 정보를 제공하는 것이다. 재무제표의 이용자가 경제적 의사결정을 하기 위해서는 기업의 현금 및 현금성자산의 창출 능력(ability)과 그 시기(timing) 및 확실성(certainty)에 대한 평가가 필요하다.[1] 이러한 능력은 궁극적으로 기업의 종업원과 공급자에 대한 지급능력, 차입금에 대한 이자 및 원금 지급능력과 소유주에 대한 배당금 지급능력을 결정하게 되기 때문이다. 이런 측면에서 볼 때 정보이용자에게 기업의 재무상태(financial position), 경영성과(performance)와 재무상태변동(changes in financial position)에 초점을 둔 정보가 제공된다면 정보이용자들은 기업의 현금 및 현금성자산의 창출능력을 보다 잘 평가할 수 있을 것이다. 재무상태에 관한 정보는 주로 재무상태표를 통해 제공되고, 경영성과에 관한 정보는 주로 포괄손익계산서를 통해 제공되며 재무상태변동(changes in the financial position)에 관한 정보[2]는 주로 현금흐름표(statement of cash flow)를 통해 제공되게 된다.

---

1) The economic decisions that are taken by users of financial statements require an evaluation of the ability of an entity to generate cash and cash equivalents and of the timing and certainty of their generation.

2) 기업의 재무상태변동에 관한 정보는 일정 회계기간 동안의 기업의 투자, 재무 및 영업활동을 평가하는 데 유용하다. 이러한 정보는 재무재표 이용자에게 기업의 현금및현금성자산의 창출능력과 기업의 현금흐름 사용 필요성에 대한 평가의 기초를 제공한다. 재무상터변동표를 작성할 때 사용되는 자금(funds)은 총재무자원(all financial resources), 운전자본(working capital), 유동자산 또는 현금(liquid assets or cash)등 다양한 방법으로 정의할 수 있다. '재무보고를 위한 개념체계'에서는 자금을 특정하게 정의하지는 않고 있지만 기준서 제1007호 '현금흐름표'에서는 자금개념(definition of funds)을 현금으로 정의하고 재무상태변동표로 현금흐름표를 작성하도록 요구하고 있다. 재무제표이용자는 기업이 현금 및 현금성자산을 어떻게 창출하고 사용하는지에 대하여 관심이 있다. 이것은 기업활동의 성격에 관계없이, 그리고 금융회사의 경우와 같이 현금이 그 기업의 상품으로 간주될 수 있는지의 여부와 관계없이 모든 기업에 적용된다. 기업은 주요 수익창출활동이 서로 다르더라도 본질적으로 동일한 이유에서 현금을 필요로 한다. 기업은 영업활동을 수행하고, 채무를 상환하며, 투자자에게 투자수익을 분배하기 위하여 현금이 필요하다. 따라서 한국채택국제회계기준에서는 모든 기업이 현금

흐름표를 작성 공시할 것을 요구하고 있다.

1) 현금흐름표의 중요성

발생주의기준으로 만들어지는 재무제표인 재무상태표와 포괄손익계산서는 기업이 선택한 회계정책에 따라 회계정보의 의미가 달라질 수 있다. 예를 들어, 유형자산과 무형자산에 대하여 원가모형을 선택하여 회계처리하고 있는 기업과 재평가모형을 선택하여 회계처리하고 있는 기업을 단순히 비교하여 보자. 포괄이익은 재평가모형을 선택한 기업이 일시적으로 좋아 보일 수 있다. 하지만 실질상으로 두 기업의 미래 현금흐름창출능력에는 전혀 차이가 없다. 이처럼 국제회계기준은 하나의 경제적 현상에 대하여도 다양한 회계처리의 대안을 제시하고 있으므로 과거의 규정중심(rule-based)의 회계기준과 달리 재무상태표와 포괄손익계산서의 신뢰성이 오히려 더 떨어질 수도 있게 된다. 반면에 현금흐름표는 현금주의 기준에 의하여 실제 기업이 벌어들이고 사용한 현금을 표시하기 때문에, 발생주의포괄손익계산서에 비해 신뢰성이 높다는 평가를 받고 있다. 또한 예전에는 대부분의 회계전문가가 기업을 분석하기 위하여 손익계산서 → 재무상태표 → 현금흐름표 순서로 재무제표를 분석하였다. 하지만 이제는 정반대인 현금흐름표 → 재무상태표 → 손익계산서 순서로 재무제표를 분석하고 있을 정도로 현금흐름표의 중요성은 점점 커지고 있다.

3) 현금흐름표의 유용성

현금흐름표는 일정기가 동안 특정기업의 현금이 어떻게 조달되고 사용되는지를 나타내는 재무제표로 기업의 기간별 현금의 유입과 유출 내용을 표시함으로써 향후 발생할 기업 자금의 과부족현상을 미리 파악할 수 있는 중요한 정보를 제공하는 재무제표이다. 현금흐름표는 다른 재무제표와 같이 사용되는 경우 순자산의 변화, 재무구조(유동성과 지급능력 포함), 그리고 변화하는 상황과 기업에 적응하기 위하여 현금흐름의 금액과 시기를 조절하는 능력을 평가하는 데 유용한 정보를 제공한다. 현금흐름정보는 현금및현금성자산의 창출능력을 평가하는 데 유용할 뿐만 아니라, 서로 다른 기업의 미래현금흐름의 현재가치를 비교 평가하는 모형을 개발할 수 있도록 한다. 또한 현금흐름정보는 동일한 거래와 사건에 대하여 서로 다른 회계처리를 적용함에 따라 발생하는 영향을 제거하기 때문에 영업성과에 대한 기업 간의 비교가능성을 제고한다. 현금흐름표의 유용성을 정리하면 다음과 같다.

(1) 미래현금흐름의 예측과 평가에 유용한 정보제공

재무보고의 목적은 회계정보이용자들에게 미래현금흐름의 크기, 시기 및 불확실성에 대한 정보를 제공하는 것이다. 역사적 현금흐름정보는 미래현금흐름의 금액, 시기 및 불확실성에 대한 지표로 자주 사용되며, 과거에 추정한 미래현금흐름의 정확성을 검증하고, 수익성과 순현금흐름간의 관계 및 물가 변동의 영향을 분석하는 데 유용하다. 또한 발생주의에 의해 작성된 포괄손익계산서와 현금주의에 의해 작성된 현금흐름표를 함께 제공하면 미래현금흐름의 예측과 평가에 더욱 유용한 정보를 제공할 수 있다.

(2) 배당지급능력, 부채상환능력과 자금조달의 필요성에 대한 정보제공

현금흐름표는 영업활동능력으로 인한 현재와 미래의 현금창출능력에 대한 정보를 제공한다. 이를 통하여 배당지급능력, 부채상환능력에 대한 정보를 제공하고, 부족한 현금으로 인한 자금조달의 필요성에 대한 정보를 제공한다.

(3) 투자 및 재무활동에 대한 정보제공

현금흐름표는 투자 및 재무활동으로 인한 현금흐름에 대한 정보를 제공하고 이를 통하여 기업의 자산, 부채 및 자본의 증감 원인에 대한 정보를 제공한다.

(4) 당기순이익에 대한 보완 정보제공

발생주의에 의해 작성된 포괄손익계산서는 여러 가지 가정과 추정에 의하여 산정되므로 이를 보완하기 위해서 현금주의에 의한 정보가 필요하다. 현금흐름표는 현금주의 당기순이익(영업활동으로 인한 현금흐름)에 대한 정보를 제공함으로써 이익의 질(quality of earning)[3]을 평가할 수 있는 정보를 제공한다. 즉, 영업활동으로 인한 현금흐름이 당기순이익에 가까이 나타날수록 발새주의 이익에 대한 신뢰도는 높아진다.

---

3) 이익의 질이란 발생주의에 의한 당기순이익과 현금주의 순이익과의 상관관계를 설명하는 것으로써 서로 다른 기업이 동일한 크기의 발생주의 순이익을 보고하더라도 현금흐름을 많이 보고한 기업의 이익이 더 질이 높은 이익이라고 보는 것이다.

4) 현금흐름표의 한계점

현금흐름표는 기업의 현금흐름에 관한 유용한 정보를 제공하는 것을 목적으로 하지만, 한편으로는 다음과 같은 한계점을 가지고 있다.

① 현금주의에서는 수익과 비용의 적절한 기간별 배분이 이루어지지 않으므로 현금흐름표가 제공하는 정보는 기간별 경영성과를 평가하는 데 유용하지 못하다.

② 현금흐롬표상의 자금(fund)의 정의에 따라 현금흐름이 달라지며 그 개념이 모호한 경우도 있다.

③ 현금흐름표가 제공하는 정보는 단기적으로는 유용하나 장기적인 현금흐름을 예측하고 평가하는데는 유용하지 못하다.

5) 현금의 개념

현금흐름표에서 현금이란 현금및현금성자산을 말한다. 현금은 보유 현금(cash on hand)과 요구불예금(demand deposits)을 말하며, 현금성자산(cash equivalent s)[4]은 유동성이 매우 높은 단기투자자산으로서 확정된 금액의 현금으로 전환이 용이하고 가치변동의 위험이 중요하지 않은 자산을 말한다. 또한 현금흐름(cash flows)은 현금및현금성자산[5]의 유입과 유출을 말한다.

---

4) 현금성자산은 투자나 다른 목적이 아닌 단기의 현금수요를 충족하기 위한 목적으로 보유한다. 투자자산이 현금성 자산으로 분류되기 위해서는 확정된 금액의 현금으로 전환이 용이하고, 가치변동의 위험이 중요하지 않아야 한다. 따라서 투자자산은 일반적으로 만기일이 도래하는 경우(예를 들어, 취득일로부터 만기일이 3개월 이내인 경우)에만 현금성자산으로 분류된다. 지분상품은 현금성자산에서 제외한다. 다만, 상환일이 정해져 있고 취득일로부터 상환일까지의 기간이 단기인 우선주와 같이 실질적인 현금성자산인 경우에는 예외로 한다.

5) 은행 차입은 일반적으로 재무활동으로 간주된다. 그러나 일부 국가의 경우 금융회사의 요구에 따라 즉시 상환하여야 하는 당좌차월은 기업의 현금관리의 일부를 구성한다. 이 때 당좌차월은 현금및현금성자산의 구성요소에 포함된다. 하지만 금융회사의 요구에 의한 수시상환 조건(repayable' on demand)의 당좌차월은 국내에서 거의 취급하지 않으므로 실무상 영향을 미칠 가능성은 낮다고 판단된다.

2. 작성방법

현금흐름표는 현금의 변동 내용을 현금유입과 현금유출로 구분하여 작성한다. 또한 현금유입의 경우는 조달된 현금의 원천별로, 유출의 경우는 사용된 현금의 용도별로 구분하여 일정 기간의 현금흐름을 표시하여 재무제표 이용자에게 기업의 현금및 현금성자산의 창출능력과 기업의 현금흐름 사용필요성에 대한 평가의 기초를 제공하는 것을 그 목적으로 한다. 현금흐름표를 작성하는 방법에는 이론적으로 크게 두 가지가 있다.

1) 현금주의를 이용한 직접분석법

현금주의를 이용한 직접분석법은 기업의 경영활동 과정에서 발생한 현금거래를 일일이 추적하여 활동별 현금흐름을 파악하면서 작성하는 방법이 있다. 이 방법은 일정한 회계기간 동안에 발생한 기업의 모든 회계기록을 일일이 추적하여야 하기에 현실적으로 불가능하다.

2) 발생주의를 이용한 간접분석법

발생주의를 이용한 간접분석법은 이미 작성된 발생주의 재무제표(재무상태표, 포괄손익계산서 등)를 조정(adjusting)하여 현금주의 재무제표롤 전환(conversion)하는 방법이 있다. 이 방법은 발생주의와 현금주의의 연관관계를 이용하는 방법으로 대차평균의 원리 하에서 이루어지는 모든 회계처리에서 발생주의요소를 제거하면 현금주의 요소가 남는다는 단순한 논리를 이용하여 접근한다. 즉, 포괄손익계산서의 발생주의 회계이익을 인정하고 발생주의와 현금주의의 차이인 재무상태표 항목을 조정하는 방식[6]으로 현금주의 이익인 현금흐름을 역산해 간다. 다음의 공식을 이용하여 이러한 논리를 증명하고자 한다.

6) 이 방법은 세무조정의 논리와 유사한 방법이다.

자산	=	부채 + 자본
현금자산 + 현금이외 자산	=	부채 + 자본
현금자산	=	(−) 현금이외 자산 + 부채 + 자본
현금자산증감	=	(−) 현금이외 자산증감 + 부채증감 + 출자 − 배당 + 수익 − 비용

위의 증명에서 보여주는 것처럼 일정기간동안의 현금의 증감은 현금이외의 발생주의 정보인 비현금자산의 증감과 부채의 증감 그리고 자본의 증감의 분석을 통해서 간접적으로 도출할 수 있게 된다. 따라서 현금흐름표는 발생주의 재무제표와 현금주의 재무제표간의 상호 연관관계를 이해하고 접근해야 만이 쉽게 이해할 수 있다. 즉, 현금흐름을 간접적으로 추적함에 있어 비현금자산(차변)의 증가는 현금흐름에 (−)효과이며 부채(대변)의 증가와 자본(대변)의 증가는 현금의 (+)효과라는 것이다.

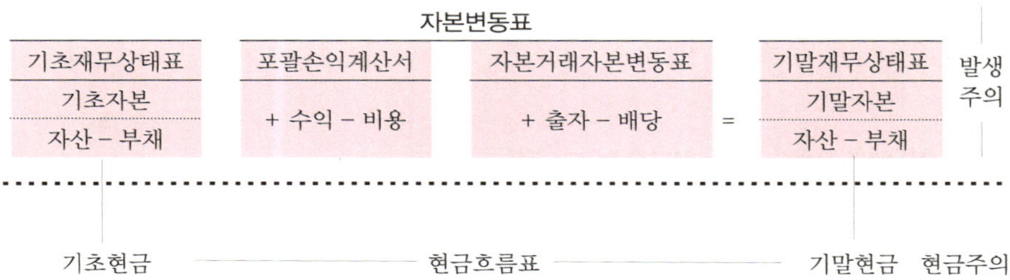

[그림 10-1] **재무제표의 연관관계**

3. 현금흐름 유형의 구분

현금흐름표를 통해 보다 유용한 정보를 제공하기 위하여 기업은 회계기간 동안 발생한 현금흐름을 영업활동(operating activity), 투자활동(investing activity) 및 재무활동(financing activity)으로 분류하여 보고하여야 한다. 따라서 기업은 자신의 사업특성을 고려하여 가장 적절한 방법으로 기업활동을 영업활동, 투자활동 및 재무활동으로 구분하고, 각각의 활동별로 현금의 유입(cash receipts)과 현금의 유출

(cash disbursements)을 구분하여 표시한다. 활동에 따른 현금흐름분류는 이러한 활동이 기업이 재무상태와 현금및현금성자산의 금액에 미치는 영향을 재무제표이용자가 평가할 수 있도록 하는 정보를 제공하며, 각 활동 간의 관계를 평가하는 데 사용될 수도 있기에 현금흐름표 작성시 꼭 필요한 절차이다. 재무상태표의 계정의 중심으로 볼 때 기업의 활동분류는 아래의 그림과 같다.

B/S

영업활동	현금및현금성자산	×××			영업활동
	현금이외유동자산	×××	유동부채	×××	
투자활동	비유동자산	×××	비유동부채	×××	재무활동
			자 본	×××	

[그림 10-2] **기업활동의 구분**

재무상태표에 있는 계정을 중심으로 보면 영업활동의 결과는 대부분 유동자산과 유동부채에 나타난다. 그리고 투자활동은 자금을 운용하는 것과 관련된 것으로 주로 비유동자산인 투자자산, 유형자산, 무형자산 등에 나타난다. 마지막으로 재무활동은 자금의 조달 및 상환과 관련된 활동으로 비유동부채와 자본계정에 나타나는 것이 일반적이다.

1) 영업활동

영업활동(operating activities)은 기업의 주요 수익창출활동(principal revenue-producing activities), 그리고 투자활동이나 재무활동이 아닌 기타의 활동을 말한다. 영업활동에서 발생하는 현금흐름(cash flows from operating activities)의 금액은 기업이 외부의 재무자원에 의존하지 않고 영업을 통하여 차입금 상환, 영업능력의 유지, 배당금 지급 및 신규투자 등에 필요한 현금흐름을 창출하는 정도에 대한중요한 지표가 된다. 역사적 영업현금흐름의 특정 구성요소에 대한 정보를 다른 정보와 함께 사용하면, 미래 영업현금흐름을 예측하는 데 유용하다. 영업활동 현금흐름은 주로 기업의 주요 수익창출활동에서 발생하고, 일반적으로 당기순손익의 결정에 영향을 미치는 거래나 그 밖의 사건의 결과로 발생한다. 영업활동 현금흐름의 예는 다음과 같다.

① 재화의 판매와 용역 제공에 따른 현금유입
② 로열티, 수수료, 중개료 및 기타수익에 다른 현금유입
③ 재화와 용역의 구입에 따른 현금유출
④ 종업원과 관련하여 직·간접으로 발생하는 현금유출
⑤ 보험회사의 경우 수입보험료, 보험금, 연금 및 기타 급부금과 관련된 현금유입과 현금유출
⑥ 법인세의 납부 또는 환급. 다만, 재무활동과 투자활동에 명백히 관련되는 것은 제외한다.
⑦ 단기매매목적으로 보유하는 계약에서 발생하는 현금유입과 현금유출

설비 매각과 같은 일부 거래에서도 당기순손익의 결정에 포함되는 처분손익이 발생할 수 있다. 그러나 그러한 거래와 관련된 현금흐름은 투자활동 현금흐름이다. 기업은 단기매매목적으로 유가증권이나 대출채권을 보유할 수 있으며, 이 때 유가증권이나 대출채권은 판매를 목적으로 취득한 재고자산과 유사하다. 따라서 단기매매목적으로 보유하는 유가증권의 취득과 판매에 따른 현금흐름은 영업활동으로 분류한다. 마찬가지로 금융회사의 현금 선지급이나 대출채권은 주요 수익창출활동과 관련되어 있으므로 일반적으로 영업활동으로 분류한다.

2) 투자활동

투자활동(investing activities)은 장기성 자산 및 현금성자산에 속하지 않는 기타 투자자산의 취득과 처분활동을 말한다. 투자활동현금흐름(cash flows arising from investing activities)은 미래수익과 미래현금흐름을 창출할 자원의 확보를 위하여 지출된 정보를 나타내기 때문에 현금흐름을 별도로 구분 공시하는 것이 중요하다. 재무상태표에 자산으로 인식되는 지출만이 투자활동으로 분류하기에 적합하다. 투자활동 현금흐름의 예는 다음과 같다

① 유형자산, 무형자산 및 기타 장기성 자산의 취득에 따른 현금유출(자본화된 개발원가와 자가건설 유형자산에 관련된 지출 포함)과 처분에 따른 현금유입

② 다른 기업의 지분상품이나 채무상품 및 조인트벤처 투자지분의 취득에 따른 현금유출과 처분에 따른 현금유입 (현금성자산으로 간주되는 상품이나 단기매매목적으로 보유하는 상품의 취득에 따른 유출액과 처분에 따른 유입액은 제외)

③ 제3자에 대한 선급금 및 대여금에 의한 현금유출과 회수에 따른 현금유입 (금융회사의 현금 선지급과 대출채권은 제외)

④ 선물계약, 선도계약, 옵션계약 및 스왑계약에 따른 현금유출과 현금유입(단기매매목적으로 계약을 보유하거나 현금유출이 재무활동으로 분류되는 경우는 제외)

파생상품계약에서 식별 가능한 거래에 대하여 위험회피회계를 적용하는 경우, 그 계약과 관련된 현금흐름은 위험회피대상 거래의 현금흐름과 동일하게 분류한다.

3) 재무활동 현금흐름

재무활동(financing activities)은 기업의 납입자본과 차입금의 크기 및 구성내용에 변동을 가져오는 모든 활동을 말한다. 현금흐름(cash flows arising from financing activities)은 미래현금흐름에 대한 자본제공자의 청구권을 예측하는 데 유용하기 때문에 현금흐름을 별도로 구분 공시하는 것이 중요하다. 재무활동 현금흐름의 예는 다음과 같다.

① 주식이나 기타 지분상품의 발행에 따른 현금유입

② 주식의 취득이나 상환에 따른 소유주에 대한 현금유출

③ 담보 · 무담보부사채 및 어음의 발행과 기타 장 · 단기차입에 따른 현금유입

④ 차입금의 상환에 따른 현금유출

⑤ 리스이용자의 금융리스부채 상환에 따른 현금 유출

4) 활동구분에서 주의해야할 항목

재무제표에 인식되는 특정한 계정과목은 영업활동과 투자활동, 그리고 재무활동의 요소가 복합되어 있는 경우도 있다. 이 경우 당해 계정과목은 관련되어 있는

활동으로 모두 정확히 분류해야 하는 것을 원칙으로 한다.

(1) 이자의 수취와 지급 및 배당금의 수취

원칙적으로 이자의 수취와 지급 및 배당금의 수취에 따른 현금흐름은 당해 원천별로 별도로 공시(separately disclosed)하여야 한다. 이 경우 영업활동의 결과로 수취하거나 지급하는 이자와 배당금은 영업활동으로 분류하고, 투자활동이나 재무활동의 결과로 수취하거나 지급하는 이자와 배당은 각각 투자활동과 재무활동으로 분류하여야 하며, 각 현금흐름은 매 기간 일관성 있게 분류[7]하여야 한다. 하지만 금융회사의 경우에는 이자지급(interest paid)과 이자수입(interest received) 및 배당금수입(dividend received)이 주요 영업행위이므로 영업활동 현금흐름으로 분류한다. 금융회사 이외의 다른 업종의 경우에는 이러한 현금흐름의 분류방법에 대하여 합의(consensus)가 이루어지지는 않았다. 따라서 실무적으로는 이자지급, 이자수입 및 배당금수입은 당기순손익의 결정에 영향을 미치므로 영업활동 현금흐름으로 분류할 수 있다. 본서에서도 이자의 수취와 지급 및 배당금의 수취에 따른 현금흐름은 영업활동으로 분류하여 설명하고자 한다. 여기서 주의할 점은 순수한 영업활동으로 볼 수 없는 이자의 수취와 지급 및 배당금의 수취에 따른 현금흐름은 당해 원천별로 별도로 공시하여야 한다는 것이다. 따라서 영업활동 현금흐름을 간접법의 형식으로 표시하는 경우에는 이에 대한 조정절차가 필요하다.

(2) 법인세의 지급

법인세(tax on income)로 인한 현금흐름은 별도로 공시(separately disclosed)한다. 법인세의 지급은 일반적으로 영업활동 현금흐름으로 분류하나, 그 법인세 현금흐름이 투자활동이나 재무활동에 명백히 관련되어 있고 실무적으로 식별할 수 있다면 투자활동이나 재무활동으로 분류하여야 한다.

하지만 법인세비용이 투자활동이나 재무활동으로 쉽게 식별 가능한 경우에도 관련된 법인세현금흐름은 실무적으로 식별할 수 없는 경우가 많으며, 당해 거래의 현금흐름과 다른 기간에 발생하기도 한다. 따라서 법인세의 지급은 일반적으로 영업활동 현금흐름으로 분류한다. 따라서 본서에서는 법인세관련 현금흐름을 모두

---

7) 회계기간 동안 지급한 이자금액은 당기손익의 비용항목으로 인식하는지 또는 자본화하는지에 관계없이 현금흐름표에 총지급액을 공시한다.

영업활동으로 분류하여 설명하고자 한다. 여기서 주의할 점은 순수한 영업활동으로 볼 수 없는 법인세로 인한 현금흐름은 별도로 공시한다.

(3) 배당금의 지급

배당금의 지급(dividend paid)은 재무자원을 획득하는 비용이며, 당기순손익의 결정에 영향을 미치지 아니하므로 원칙적으로 재무활동 현금흐름으로 분류하여야 한다. 하지만, 재무제표이용자가 영업활동 현금흐름에서 배당금을 지급할 수 있는 기업의 능력을 판단하는 데 도움을 주기 위하여 영업활동 현금흐름의 구성요소로 분류할 수도 있다.

구 분	활동의 귀속	현금흐름표 공시
이자의 수취	영업활동 + 투자활동	영업활동, 대체적인 방법으로 투자활동 공시 가능
이자의 지급	영업활동 + 재무활동	영업활동, 대체적인 방법으로 재무활동 공시 가능
배당금의 수취	영업활동 + 투자활동	영업활동, 대체적인 방법으로 투자활동 공시 가능
배당금의 지급	재무활동 + 영업활동	재무활동
법인세의 지급	영업활동 + 투자활동 + 재무활동	영업활동, 다른 활동과 명백히 관련되어 있고, 실무적으로 식별 가능한 경우 투자활동이나 재무활동으로 분류 가능

[그림 10-3] **활동구분시 주의사항**

기업의 경영활동		현 금 흐 름	
		현금의 유입	현금의 유출
영업활동	단기매매목적보유계약의 현금흐름 재고자산의 판매 및 용역의 제공 재고자산의 매입 및 생산 투자 및 재무활동에 속하지 아니하는 모든 거래	① 매출수익 ② 이자수취, 배당금수취	① 매입대금 ② 종업원에 대한 지출 (퇴직금지급액포함) ③ 이자지급, 법인세납부
투자활동	자금의 일시운용 현금의 대여 및 회수 유가증권의 취득 및 처분 유형자산의 취득 및 처분 무형자산의 취득 및 처분	① 금융상품의 처분 ② 대여금의 회수 ③ 유가증권의 처분 ④ 유형(무형)자산의 처분 ⑤ 미수금의 감소	① 금융상품의 취득 ② 대여금의 지급 ③ 유가증권의 취득 ④ 유형(두형)자산의 취득
재무활동	자금의 조달 조달자금의 상환 배당금의 지급 자기주식의 취득 자기주식의 처분	① 장・단기차입금의 차입 ② 사채의 발행 ③ 주식의 발행(유상증자) ④ 자기주식 매각	① 장・단기차입금의 상환 ② 사채의 상환 ③ 유상감자 ④ 자기주식 취득 ⑤ 배당금지급 ⑥ 미지급금의 감소

[그림 10-4] **경영활동별 현금흐름 사례**

5) 현금흐름표의 양식

현금및현금성자산의 변동은 영업활동, 투자활동, 재무활동으로 구분하여 나타내며, 구체적으로 현금흐름표의 양식은 다음과 같다.

현금흐름표

Y회사	2012. 1. 1~2012. 12. 31	(단위: 원)
Ⅰ. 영업활동으로 인한 현금흐름		×××
Ⅱ. 투자활동으로 인한 현금흐름		×××
1. 투자활동으로 인한 현금유입액	×××	
2. 투자활동으로 인한 현금유출액	(×××)	
Ⅲ. 재무활동으로 인한 현금흐름		×××
1. 재무활동으로 인한 현금유입액	×××	
2. 재무활동으로 인한 현금유출액	(×××)	
Ⅳ. 현금및현금성자산의 순증가		×××
Ⅴ. 기초 현금및현금성자산		×××
Ⅵ. 기말 현금및현금성자산		×××

[그림 12-5] **현금흐름표 양식**

4. 현금흐름표의 작성논리

현금흐름표는 이미 작성된 발생주의 재무제표(재무상태표, 포괄손익계산서 등)를 조정(adjusting)하여 현금주의 재무제표로 전환(conversion)하는 방법으로 작성된다. 다음의 사례를 통하여 이러한 논리를 설명하고자 한다.

비교 시산표

Y회사	2012.12.31~2012.12.31	(단위: 원)

계정과목	기 초	증 감	기 말	계정과목	기 초	증 감	기 말
현금및현금성자산	1,000	?	1,500	매입채무	500	1,500	2,000
매출채권	500	2,500	3,000	단기차입금	1,000	△500	500
금융자산	1,500	1,000	2,500	자 본 금	1,500	700	2,200
토 지	2,000	△1,000	1,000	이익잉여금	2,000	-	2,000
매출원가	-	1,500	1,500	매 출	-	3,000	3,000
토지처분손실	-	500	500	차입금외환이익	-	300	300
합 계	5,000	?	10,000	합 계	5,000	5,000	10,000

1) 순현금흐름의 계산

상기 Y회사의 2012년 현금흐름은 기말현금 ₩1,500에서 기초현금 ₩1,000을 차감하여 직접적으로 ₩500임을 알 수 있다. 하지만 현금흐름은 현금이외의 계정과목을 증감분석하여 간접적으로 다음과 같이 계산할 수도 있다. 현금흐름표의 작성논리는 단 한가지이다. 현금흐름을 간접적으로 추적함에 있어 비현금자산(차변)의 증가는 현금흐름에 (-)효과이며 부채(대변)와 자본(대변)의 증가는 현금의 (+)효과라는 것이다.

① 현금이외 계정의 차변 증가효과	:	1,000 + 2,500 - 1,000 + 1,500 + 500	=	△4,500
② 현금이외 계정의 대변 증가 효과	:	1,500 - 500 + 1,000 + 3,000	=	5,000
③ 2012년 순현금흐름	:			500

기업활동의 결과 일정한 기간 동안 유입되거나 유출된 현금및현금성자산의 순금액만을 계산하고자 한다면 현금이외의 계정을 간접적으로 분석하는 것 보다는 현금계정을 직접분석하여 계산하는 것이 편할 수 있다.

2) 기업활동별 현금흐름의 계산

일반적으로 인정된 회계원칙에 의한 현금흐름표는 현금흐름을 기업의 활동별로 구분하여 공시할 것을 요구하고 있다. 현금계정의 직접분석을 통하여 접근하는 방법은 활동별 현금흐름을 파악하기 위하여 기업의 연중회계처리를 일일이 추적해야한다. 따라서 현실적으로 불가능한 방법이다. 하지만 현금흐름을 현금이외의 계정과목을 증감분석하여 간접적으로 접근하는 방법은 활동별로 현금흐름을 파악하는 것을 가능하게 한다.

(1) 영업활동 현금흐름

상기 Y회사의 시산표에서 영업활동과 관련된 재무상태표 계정과목은 매출채권과 매입채무이다. 또한 이와 관련된 포괄손익계산서에서 계정과목인 매출과 매출원가도 영업활동 계정과목이므로 이를 증감분석하면 영업활동 현금흐름이 계산된다.

영업활동 발생주의 계정	증감효과		현금흐름	구분현금흐름
매출의 증가	대변증가	:	3,000	
매출채권의 증가	차변증가	:	△2,500	500
매출원가의 증가	차변증가	:	△1,500	
매입채무의 증가	대변증가	:	1,500	–
영업활동 순현금흐름			500	

한편 영업활동은 다시 매출활동과 매입활동 등으로 세분화가 가능하다. Y회사의 경우 매출활동으로 인한 현금유입액은 매출의 증가효과 3,000과 매출채권의 증가효과 △2,500의 합계인 ₩500이며, 매입활동으로 인한 현금유출액은 매출원가의 증가효과 △1,500과 매입채무의 증가효과 1,500의 합계인 ₩0이 된다.

(2) 투자활동 현금흐름

상기 Y회사의 시산표에서 투자활동과 관련된 재무상태표 계정과목은 금융자산과 토지이다. 또한 이와 관련된 포괄손익계산서 계정과목인 토지처분손실도 투자활동 계정과목이므로 이를 증감분석하면 투자활동 현금흐름이 계산된다.

투자활동 발생주의 계정	증감효과		현금흐름	구분현금흐름
금융자산의 증가	차변증가	:	△1,000	△1,000
토지의 감소	차변감소	:	1,000	
토지처분손실의 증가	차변증가	:	△500	500
투자활동 순현금흐름			△500	

한편 투자활동은 투자자산, 유형자산, 무형자산과 관련하여 다시 여러 가지 활동으로 세분화가 가능하다. Y회사의 경우 투자활동 중 금융자산 취득으로 인한 현금유출액은 금융자산 증가효과인 ₩1,000이며, 토지의 처분으로 인한 현금유입액은 토지의 감소효과 1,000과 토지처분손실의 증가효과인 △500의 합계액인 ₩500이 된다.

(3) 재무활동 현금흐름

상기 Y회사의 시산표에서 재무활동과 관련된 재무상태표 계정과목은 단기차입금과 자본금, 그리고 이익잉여금이다. 또한 이와 관련된 포괄손익계산서 계정과목인 차입금외환이익도 재무활동 계정과목이므로 이를 증감분석하면 재무활동 현금흐름이 계산된다.

재무활동 발생주의 계정	증감효과		현금흐름	구분현금흐름
단기차입금의 감소	대변감소	:	△500	
차입금외환이익의 증가	대변증가	:	300	△200
자본금의 증가	대변증가	:	700	700
이익잉여금의 증가	대변증가	:	–	–
재무활동 순현금흐름			500	

한편 재무활동은 차입금이나 사채, 그리고 자본금과 관련하여 다시 여러 가지 활동으로 세분화가 가능하다. Y회사의 경우 재무활동 중 단기차입금의 상환으로 인한 현금유출액은 단기차입금의 감소효과 △500과 단기차입금 외환이익의 증가효과인 300의 합계액인 ₩△200이다. 또한 유상증자로 인한 현금유입액은 자본금의 증가효과인 ₩700이며, 배당으로 인한 현금유출액은 이익잉여금의 증가효과 없으므로 ₩0이다.

위의 분석효과를 정리하면 다음과 같은 현금흐름표를 작성할 수 있게 된다.

현금흐름표

A회사	2012. 1. 1~2012. 12. 31	(단위: 원)
Ⅰ. 영업활동으로 인한 현금흐름		500
(1) 매출로 인한 현금유입	500	
(2) 매입으로 인한 현금유출	-	
Ⅱ. 투자활동으로 인한 현금흐름		(500)
(1) 토지의 처분	500	
(2) 금융자산의 취득	(1,000)	
Ⅲ. 재무활동으로 인한 현금흐름		500
(1) 유상증자	700	
(2) 단기차입금의 상환	(200)	
(3) 현금배당	-	
Ⅳ. 현금및현금성자산의 순증가		500
Ⅴ. 기초 현금및현금성자산		1,000
Ⅵ. 기말 현금및현금성자산		1,500

위의 사례에서 분석한 바와 같이, 활동별 현금흐름은 현금계정이 아닌 발생주의 계정을 활동별로 증감분석하여 계산하면 간단히 해결된다. 여기에 적용되는 단 하나의 논리는 발생주의 계정을 증감분석함에 있어 차변의 증가와 대변의 감소효과는 현금흐름에 (−)효과이며, 차변의 감소와 대변의 증가는 현금흐름에 (+)효과라는 것이다.

제2절 영업활동으로 인한 현금흐름

영업활동으로 인한 현금흐름은 기업의 주요 수익창출활동, 그리고 투자활동이나 재무활동이 아닌 기타의 활동에서 발생한 현금흐름을 말한다. 이는 일정 기간 동안 영업활동과 관련하여 현금유입이 있는 수익금액에서 현금유출이 있는 비용금액을 차감하면 계산할 수 있지만, 이러한 거래금액을 집계하는 것은 현금주의를 기준으로 결산절차를 시행하는 것이 되며, 이는 현실적인 업무부담으로 인해 어렵다. 따라서 발생주의 기준으로 작성된 포괄손익계산서의 당기순손익(또는 각종 수익과 비용)에서 현금주의와 발생주의간의 차이를 조정하면 보다 효율적으로 영업활동으로 인한 현금흐름을 구할 수 있다. 영업활동 현금흐름은 투자활동과 재무활동 현금흐름과는 달리 직접법과 간접법 중 하나의 방법을 선택하여 보고할 수 있다.

1. 직접법

직접법(direct method)은 총현금유입과 총현금유출을 주요 항목별로 구분하여 표시하는 방법을 말한다. 직접법을 적용하여 표시한 현금흐름은 간접법을 적용하여 표시한 현금흐름에서는 파악할 수 없는 정보를 제공하며, 미래현금흐름을 추정하는 데 보다 유용한 정보를 제공한다. 이러한 측면에서 한국채택국제회계기준에서는 기업이 영업활동 현금흐름을 보고하는 경우에는 직접법을 사용하여 보고할 것을 권장하고 있다. 그러나 직접법에 의한 현금흐름표는 발생주의와 현금주의를 조정하는 작성과정을 공시하지 않으므로 검증가능성은 낮다는 단점이 있다. 다음은 영업활동 현금흐름을 직접법으로 작성한 경우의 사례이다.

현금흐름표

A회사	2012. 1. 1~2012. 12. 31	(단위:원)
Ⅰ. 영업활동 순현금흐름		×××
(1) 고객으로부터의 유입된 현금	×××	
(2) 공급자와 종업원에 대한 현금유출	(×××)	
영업으로부터 창출된 현금	×××	
(3) 이자의 수령	×××	
(4) 이자의 지급	(×××)	
(5) 법인세의 납부	×××	
⋮	⋮	⋮

[그림 10-6] 영업활동 현금흐름(직접법)

영업활동 현금흐름으로 직접법으로 보고하는 경우에는 재무상태표와 포괄손익계산서의 영업활동 관련 계정과목을 고객과의 거래활동, 공급자와 종업원과의 거래 활동 그리고 이자의 수령이나 지급, 법인세의 납부 등 활동 계정으로 세분화한 후 증감분석하여 현금흐름을 계산하면 된다.

구 분	발생주의		조 정 항 목		현금주의
직접법	영업활동수익	±	영업활동으로 인한 자산과 부채의 변동	=	영업활동현금유입
	영업활동비용	±	영업활동으로 인한 자산과 부채의 변동	=	영업활동현금유출

[그림 10-7] **영업활동현금흐름의 계산(직접법)**

1) 매출 등 수익활동으로부터의 현금유입액

매출 등 수익활동으로부터의 현금유입액(고객으로부터의 현금유입액)은 포괄손익계산서상 매출관련손익에서 출발하여 재무상태표상 매출관련 자산·부채의 증감을 조정하면 산출된다. 이때 매출과 관련된 포괄손익계산서 항목을 묶어서(grouping)분석해야 매출에 따른 현금유입액을 정확히 구할 수 있다. 매출관련 포괄손익계산서 계정과 재무상태표 계정은 다음과 같다.

구 분	현금흐름효과	계정과목
포괄손익계산서	(+)효과	매출, 대손충당금환입, 외환이익(매출채권관련) 등
	(−)효과	대손상각비, 매출채권처분손실, 외환손실(매출채권관련) 등
재무상태표	(+)효과	매출채권의 감소, 대손충당금의 증가, 선수금의 증가 등
	(−)효과	매출채권의 증가, 대손충당금의 감소, 선수금의 감소 등

[그림 10-8] **매출 관련계정**

예제 1

㈜인천이 보고한 2012년도의 판매활동 관련 자료는 다음과 같다.

(1) 비교재무상태표

	2012년초	2012년말	증 감
매출채권	200,000	300,000	100,000
대손충당금	50,000	60,000	10,000
선 수 금	120,000	180,000	60,000

(2) 포괄손익계산서

매 출	1,000,000
대손상각비	15,000
외환이익	45,000[1]

[1]단, ₩45,000중 매출채권과 관련된 부분은 ₩25,000이며, 나머지는 매입처무에 대한 외환이익이다.

물음

2012년의 매출활동으로 인한 현금유입액은 얼마인가?

풀이

현금이외의 매출관련계정을 분석하되 차변증가와 대변의 감소는 현금(−)효과로 대변증가와 차변의 감소는(+)효과로 분석한다.

매출활동 관련 계정	발생주의 조정	순현금흐름
매 출	1,000,000	
대손상각비	(15,000)	
외환이익(매출채권관련)	25,000	
매출채권 증가	(100,000)	
대손충당금 증가	10,000	
선수금 증가	60,000	
매출로 인한 현금유입	980,000	980,000

〈별해〉 T-계정 분석법

매출과 관련된 T-계정을 분석하여 현금흐름을 계산하는 방법을 T-계정법이라 한다. 이 방법은 계산의 정확성은 높일 수 있으나 너무 복잡하고, 계산의 실수를 유발한다는 단점이 있다.

매출채권

기 초	200,000	현 금	920,000
취 득	1,000,000	대손충당금(대손확정)	5,000
외환이익	25,000	기 말	300,000
	1,225,000		1,225,000

대손충당금

차변	금액	대변	금액
매출채권(대손)	5,000	기 초	50,000
기 말	60,000	대손상각비	15,000
	65,000		65,000

선 수 금

차변	금액	대변	금액
		기 초	120,000
기 말	180,000	현 금	60,000
	180,000		180,000

2) 매입으로 인한 현금유출액

매입으로 인한 현금유출액(공급자에 대한 현금유출)은 포괄손익계산서상 매입관련 손익에서 출발하여 재무상태표상 매입관련 자산·부채의 증감을 조정하면 산출된다. 이때 매입과 관련된 포괄손익계산서항목을 묶어서(grouping)분석해야 매입에 따른 현금유출액을 정확히 구할 수 있다. 매입관련 포괄손익계산서 계정과 재무상태표 계정은 다음과 같다.

구 분	현금흐름효과	계정과목
포괄손익계산서	(+)효과	외환이익(매입채무관련) 등
	(−)효과	매출원가, 재고자산감모손실, 외환손실(매입채무관련) 등
재무상태표	(+)효과	재고자산 감소, 선급금 감소, 매입채무 증가 등
	(−)효과	재고자산 증가, 선급금 증가, 매입채무 감소 등

[그림 10-9] **매입 관련계정**

예제 2

㈜인천이 보고한 2012년도의 매입활동 관련 자료는 다음과 같다.

(1) 비교재무상태표

	2012년초	2012년말	증 감
재고자산	150,000	220,000	70,000
선 급 금	130,000	50,000	(80,000)
매입채무	180,000	260,000	80,000

(2) 포괄손익계산서

매 출 원 가	700,000
재고자산감모손실	25,000
외환이익	45,000[1]

[1]단, ₩45,000중 매출채권과 관련된 부분은 ₩25,000이며, 나머지는 매입채무에 대한 외환이익이다.

물음

2012년의 매입활동으로 인한 현금유출액은 얼마인가?

풀이

현금이외의 매입관련계정을 분석하되 차변증가와 대변의 감소는 현금(-)효과로 대변증가와 차변의 감소는(+)효과로 분석한다.

매입활동 관련 계정	발생주의 조정	순현금흐름
매 출 원 가	(700,000)	
재고자산감모손실	(25,000)	
외환이익(매입채무관련)	20,000	
재고자산 증가	(70,000)	
선급금 감소	80,000	
매입채무의 증가	80,000	
매입으로 인한 현금유출	(615,000)	(615,000)

3) 종업원에 대한현금유출액

종업원에 대한 현금유출액은 포괄손익계산서상 종업원관련 손익에서 출발하여 재무상태표상 종업원 관련 자산·부채의 증감을 조정하면 산출된다. 이때 종업원과 관련된 포괄손익계산서 항목을 묶어서 (grouping)분석해야 종업원에 대한 현금유출액을 정확히 구할 수 있다. 종업원관련 포괄손익계산서계정과 재무상태표계정은 다음과 같다.

구 분	현금흐름효과	계정과목
포괄손익계산서	(-)효과	종업원급여, 퇴직급여, 복리후생비 등의 관리원가
재무상태표	(+)효과	선급급여의 감소, 미지급급여의 증가, 확정급여부채의 증가 등
	(-)효과	선급급여의 증가, 미지급급여의 감소, 확정급여부채의 감소 등

[그림 10-10] 종업원 관련계정

여기서 주의할 점은 포괄손익계산서의 관리원가에 감가상각비나 무형자산상각비 등의 투자활동 손익이 포함되어 있는 경우에는 이에 대한 분석을 배제하여 한다는 것이다. 감가상각비와 무형자산상각비는 각각 유형자산과 무형자산과 관련된 계정이므로 투자활동 현금흐름을 계산하는 경우에 분석하여야 한다.

예제 3

㈜인천이 보고한 2012년도의 매입활동 관련 자료는 다음과 같다.

(1) 비교재무상태표

	2012년초	2012년말	증 감
미지급급여	230,000	270,000	40,000
확정급여부채	50,000	20,000	(30,000)

(2) 포괄손익계산서

관리원가	250,000

(3) 관리원가에는 대손상각비 ₩15,000과 감가상각비 ₩50,000이 포함되어 있으며, 이를 제외한 금액은 모두 종업원과 관련된 원가이다.

물음

2012년의 매입 및 종업원에 대한 활동으로 인한 현금유출액은 얼마인가?

풀이

현금이외의 종업원 관련계정을 분석하되 차변증가와 대변의 감소는 현금(-)효과로 대변증가와 차변의 감소는 (+)효과로 분석한다.

종업원 관련 계정	발생주의 조정	순현금흐름
관리원가	(250,000)	
대손상각비	15,000	
감가상각비	50,000	
미지급급여의 증가	40,000	
확정급여부채의 감소	(30,000)	
종업원관련 현금유출	(175,000)	(175,000)

• 관리원가에 포함되어 있는 대손상각비는 매출활동에서 이미 분석하였으므로 분석을 배제하고, 감가상각비는 투자활동 관련 손익계정이므로 투자활동에서 분석을 하기위해 배제한다.

4) 이자로 인한 현금유입액

이자로 인한 현금유입액(이자의 수령)은 포괄손익계산서상 이자수익에서 출발하여 재무상태표상 이자수익관련 자산・부채의 증감을 조정하면 산출된다. 이자수익 관련 포괄손익계산서 계정과 재무상태표 계정은 다음과 같다.

구　　분	현금흐름효과	계정과목
포괄손익계산서	(+)효과	이자수익
	(−)효과	매도가능금융자산과 만기보유금융자산의 현재가치할인차금 상각이자수익
재무상태표	(+)효과	미수이자의 감소, 선수이자의 증가
	(−)효과	미수이자의 증가, 선수이자의 감소

[그림 12-11] 이자수익 관련계정

여기서 주의할 점은 포괄손익계산서의 이자수익에 매도가능금융자산이나 만기보유금융자산의 현재가치할인차금 상각에 따른 이자수익이 포함되어 있을 수 있다는 것이다. 매도가능금융자산이나 만기보유금융자산의 현재가치할인차금 상각에 따른 이자수익[8]은 투자활동과 직접 관련된 손익이므로 이에 대한 분석을 배제하여야 하며, 배제한 금액은 투자활동 현금흐름을 계산하는 경우에 포함하여 분석한다.

예제 4

㈜인천이 보고한 2012년도의 매입활동 관련 자료는 다음과 같다.

(1) 비교재무상태표

	2012년초	2012년말	증 감
미수이자	40,000	60,000	20,000

8) 현금흐름분석의 편의를 위해서 이자수익은 영업활동으로 간주한다. 다만, 이자수익에 투자활동관련 자산(예, 만기보유금융자산, 장기미수금, 장기대여금 등)에 대한 현재가치할인차금 상각이자수익이 포함되어 있는 경우에는 이를 투자활동 이자수익으로 분석한다. 따라서 이자수익에 투자활동관련 자산의 현재가치할인차금 상각액이 포함되어 있는 경우에는 영업활동 분석시에는 배제하고, 이를 투자활동 현금흐름 분석시에 고려해야 한다. 결론적으로 현금유입효과가 있는 이자수익은 모두 영업활동으로 분석하지만, 현금유입효과가 없는 현재가치할인차금 이자수익은 관련계정의 활동에서 분석한다는 것이다.

(2) 포괄손익계산서

이자수익 48,000

(3) 이자수익에는 만기보유금융자산에 대한 현재가치할인차금 상각이자수익 ₩2,000이 포함되어 있다.

물음

2012년의 이자수익에 따른 현금유입액은 얼마인가?

풀이

현금이외의 이자수익 관련계정을 분석하되 차변증가와 대변의 감소는 현금(-)효과로 대변증가와 차변의 감소는 (+)효과로 분석한다.

이자수익 관련 계정	발생주의 조정	순현금흐름
이자수익	48,000	
만기보유금융자산 상각이자수익	(5,000)	
미수이자의 증가	(20,000)	
이자로 인한 현금유입	23,000	23,000

► 이자수익에 포함되어 있는 만기보유금융자산 상각이자수익은 투자활동에서 분석하여야 하므로 영업활동에서는 분석을 배제한다.

5) 이자로 인한 현금유출액

이자로 인한 현금유출액(이자의 지급)은 포괄손익계산서상 이자비용에서 출발하여 재무상태표상 이자비용관련 자산・부채의 증감을 조정하면 산출된다. 이자비용 관련 포괄손익계산서 계정과 재무상태표 계정은 다음과 같다.

구 분	현금흐름효과	계정과목
포괄손익계산서	(+)효과	사채의 사채발행차금 상각이자비용
	(-)효과	이자비용
재무상태표	(+)효과	선급이자의 감소, 미지급이자의 증가
	(-)효과	선급이자의 증가, 미지급이자의 감소

[그림 12-12] **이자비용 관련계정**

여기서 주의할 점은 포괄손익계산서의 이자비용에 사채나 전환사채의 현재가치할인차금(예; 사채발행차금, 전환권조정) 상각에 따른 이자비용이 포함되어 있을 수 있다는 것이다. 사채발행차금의 상각에 따른 이자비용[9]은 재무활동과 직접 관련된 손익이므로 이에 대한 분석을 배제하여야 하며, 배제한 금액을 재무활동 현금흐름을 계산하는 경우에 포함하여 분석한다.

예제 5

㈜인천이 보고한 2012년도의 매입활동 관련 자료는 다음과 같다.

(1) 비교재무상태표

	2012년초	2012년말	증 감
선급이자	70,000	80,000	10,000

(2) 포괄손익계산서

이자비용	30,000

(3) 이자비용에는 사채할인차금 상각이자비용 ₩5,000이 포함되어 있다.

물음

2012년의 이자비용에 따른 현금유출액은 얼마인가?

풀이

현금이외의 이자수익 관련계정을 분석하되 차변증가와 대변의 감소는 현금(−)효과로 대변증가와 차변의 감소는 (+)효과로 분석한다.

이자비용 관련 계정	발생주의 조정	순현금흐름
이자비용	(30,000)	
사채할인발행차금 상각이자비용	5,000	
선급이자의 증가	(10,000)	
이자로 인한 현금유출	(35,000)	(35,000)

▸ 이자비용에 포함되어 있는 사채할인발행차금 상각이자비용은 재무활동에서 분석하여야 하므로 영업활동에서는 분석을 배제한다.

9) 현금흐름분석의 편의를 위해서 이자비용은 영업활동으로 간주한다. 다만, 이자비용에 재무활동관련 부채(예, 사채, 장기미지급금, 장기차입금 등)에 대한 현재가치할인차금 상각이자비용이 포함되어 있는 경우에는 이를 재무활동 이자비용으로 분석한다. 따라서 이자비용에 재무활동관련 부채의 현재가치할인차금 상각액이 포함되어 있는 경우에는 영업활동 분석시에는 이를 배제하고, 재무활동 현금흐름 분석시에 고려해야 한다. 즉, 현금유출효과가 있는 이자비용은 모두 영업활동으로 분석하지만, 현금유출효과가 없는 현재가치할인차금 이자비용은 관련계정의 활동에서 분석한다는 것이다

6) 법인세로 인한 현금유출액

법인세로 인한 현금유출액(법인세의 납부)은 포괄손익계산서상 법인세비용에서 출발하여 재무상태표상 법인세관련 자산·부채의 증감을 조정하면 산출된다. 법인세 관련 포괄손익계산서 계정과 재무상태표 계정은 다음과 같다.

구 분	현금흐름효과	계정과목
포괄손익계산서	(−)효과	법인세비용
재무상태표	(+)효과	선급법인세의 감소, 미지급법인세의 증가, 이연법인세자산의 감소 등
	(−)효과	선급법인세의 증가, 미지급법인세의 감소, 이연법인세자산의 증가 등

[그림 10-13] **법인세 관련계정**

예제 6

㈜인천이 보고한 2012년도의 매입활동 관련 자료는 다음과 같다.

(1) 비교재무상태표

	2012년초	2012년말	증 감
이연법인세자산	20,000	25,000	5,000
미지급법인세	40,000	30,000	(10,000)

(2) 포괄손익계산서

법인세비용	20,000

물음

2012년의 법인세에 따른 현금유출액은 얼마인가?

풀이

현금이외의 법인세비용 관련계정을 분석하되 차변증가와 대변의 감소는 현금(−)효과로 대변증가와 차변의 감소는 (+)로 분석한다.

법인세 관련 계정	발생주의 조정	순현금흐름
법인세비용	(20,000)	
이연법인세자산의 증가	(5,000)	
미지급법인세의 감소	(10,000)	
법인세의 납부	(35,000)	(35,000)

2. 간접법

간접법(indirect method)은 포괄손익계산서의 당기순손익에 현금을 수반하지 않는 거래와 과거 또는 미래의 영업활동 현금유입이나 현금유출의 이연 또는 발생, 투자활동이나 재무활동 현금흐름과 관련된 손익항목의 영향을 조정하여 표시하는 방법을 말한다. 간접법을 적용하는 경우, 영업활동 순현금흐름은 당기순손익에 다음 항목들의 영향을 조정하여 결정한다.

① 감가상각비, 충당부채, 이연법인세, 외환손익, 미배분 관계기업 이익 및 소수주주지분과 같은 비현금항목
② 투자활동이나 재무활동 현금흐름으로 분류되는 기타 모든 항목
③ 회계기간 동안 발생한 재고자산과 영업활동에 관련된 채권·채무의 변동

간접법에 의한 현금흐름표의 작성원리를 이해하기 위해 현금주의와 발생주의를 보다 구체적으로 살펴보기로 한다.

1) 현금주의와 발생주의

(1) 현금주의

현금주의(cash basis)란 영업활동과 관련된 현금의 수입과 지출이 있을 때 수익과 비용을 인식하는 회계를 말한다. 현금주의에 의해 산출된 경영성과는 객관적이고 적용이 간편하다는 장점이 있으나, 수익과 비용의 적절한 기간별 배분이 이루어지지 않으므로 기간별 경영성과를 평가하는데 유용하지 못하다는 단점이 있다.

(2) 발생주의

발생주의(accrual basis)는 기업실체의 경제적 거래 또는 사건에 대해 관련된 수익과 비용을 현금유출이나 유입이 있는 기간이 아니라, 당해 거래 또는 사건이 발생한 기간에 인식하는 것을 말한다. 발생주의에서는 수익과 비용의 적절한 기간별 배분을 통하여 경영성과를 산정한다는 장점이 있으나, 여러 가지 가정과 추정을 통하여 경영성과를 산정하므로 주관이 개입된다는 장점이 있다.

2) 현금주의와 발생주의간의 차이 조정

현금주의와 발생주의간의 차이는 다음과 같은 항목으로 인해 발생한다. 따라서 발생주의 당기순손익(또는 수익과 비용)에서 이러한 차이를 조정하면 영업활동으로 인한 현금흐름을 구할 수 있다.

(1) 투자활동과 재무활동과 관련된 비용의 가산

포괄손익계산서에 계산되어 있는 비용 중 본질적으로 영업활동과 관련이 없는 비용항목이 있다. 이는 주로 투자활동과 재무활동과 관련된 부분이므로 이를 제거(가산)하여 영업활동손익만을 분리해낸다. 예를 들어 감가상각비, 무형자산상각비, 유형자산처분손실, 사채상환손실 등은 당기순이익에 가산하여 제거한다.

(2) 투자활동과 재무활동과 관련된 수익의 차감

포괄손익계산서에 계상되어 있는 수익 중 본질적으로 영업활동과 관련이 없는 수익항목이 있다. 이는 주로 투자활동과 재무활동과 관련된 부분이므로 이를 제거(차감)하여 영업활동손익만을 분리해낸다. 예를 들어 매도가능금융자산처분이익, 유형자산처분이익, 사채상환이익 등은 차감하여 제거한다.

(3) 영업활동으로 인한 자산과 부채의 변동

당기순이익에서 투자・재무활동손익을 제거하면 순수한 영업활동순이익만이 남게 된다. 여기에 영업활동과 관련하여 증감한 자산・부채의 변동만 고려하면 영업활동 현금흐름이 개산되어 진다. 이때 영업관련 자산의 증가액과 부채의 감소액은 각각 차변의 증가와 대변의 감소이므로 차감조정[10]하고, 영업관련 자산의 감소액과 부채의 증가액은 각각 차변의 감소와 대변의 증가이므로 가산조정[11]한다. 따라서 발생주의 영업활동손익에서 영업활동 관련 자산・부채의 증감액을 가감하면 현금주의 손익(현금유입액)이 된다.

---

10) 자산증가는 차변증가효과이며 부채의 감소는, 대변감소효과이다. 이는 모두현금에 (−)효과이다.
11) 자산감소는 차변감소효과이며 부채의 증가는 대변증가효과이다. 이는 모두 현금에 (+)효과이다.

구 분	발생주의	조 정 항 목		현금주의
직접법	당기순이익	+ 투자 · 재무활동 비용의 가산 − 투자 · 재무활동 수익의 차감 ± 영업활동으로 인한 자산과 부채의 변동	=	영업활동현금흐름

[그림 10-14] **영업활동현금흐름의 계산(직접법)**

다음은 영업활동을 간접적으로 표시하는 현금흐름표의 양식이다. 다만 아래의 양식은 한국채택국제회계기준이 요구하는 간접법 양식이 아닌 이론적인 간접법 현금흐름표 양식이다. 한국채택국제회계기준은 수정된 간접법으로 현금흐름표를 작성하고 있으며, 이에 대하여는 별도로 설명할 것이다.

현금흐름표

Y회사	2012. 1. 1~2012. 12. 31	(단위:원)
Ⅰ. 영업활동 순현금흐름		×××
(1) 당기순이익	×××	
(2) 현금의 유출이 없는 비용 등의 가산	×××	
(3) 현금의 유입이 없는 수익 등의 차감	(×××)	
(4) 영업활동으로 인한 자산과 부채의 변동	×××	
⋮	⋮	⋮

3) 한국채택국제회계기준에 의한 간접법

직접법에 의한 현금흐름표와 비교해 볼 때 간접법 현금흐름표는 이자와 배당금, 그리고 법인세와 관련된 현금흐름이 영업활동에 포함되어 별도로 공시되지 않게 된다. 따라서 한국채택국제회계기준은 이자와 배당금의 수취 및 지급에 따른 현금흐름과 법인세로 인한 현금흐름은 각각 별도로 공시할 것(separately disclosure)을 요구하고 있어 수정된 간접법(adjusted indirect method)의 형태로 현금흐름표를 작성하여야 한다.

한국채택국제회계기준에 의한 간접법 현금흐름표를 작성하기 위해서는 일단 직접법 현금흐름표를 작성하기 위한 형식으로 계정별 증감부석을 수행한 후, 순수 영업에서 창출된 현금인 매출로 인한 현금유입액과 매입 및 종업원에 대한 현금유출액은 간접법의 형태로 공시하고, 기타의 영업현금인 이자와 배당금 및 법인세 관련 현금흐름은 직접법 형태로 공시하면 된다.

현금흐름표

Y회사	2012. 1. 1~2012. 12. 31	(단위: 원)
Ⅰ. 영업활동 순현금흐름		×××
(1) 법인세차감전순이익	×××	
(2) 조정항목의 가감		
① 현금의 유출입이 없는 비용과 수익의 가감	(×××)	
② 영업활동으로 인한 자산과 부채의 변동	×××	
영업에서 창출된 현금	×××	
(3) 이자의 수령	×××	
(4) 이자의 지급	×××	
(5) 배당금의 수령	×××	
(6) 법인세의 납부	×××	
⋮	⋮	⋮

예제 7

㈜인천은 재무상태표와 포괄손익계산서는 다음과 같으며, 이를 이용하여 영업활동으로 인한 현금흐름을 작성하고자 한다.

재무상태표

계정과목	기 초	기 말	계정과목	기 초	증 감
현 금	100,000	245,000	매입채무	180,000	260,000
매출채권	200,000	300,000	선 수 금	120,000	180,000
대손충당금	(50,000)	(60,000)	미지급급여	230,000	270,000
선 급 금	130,000	50,000	확정급여부채	50,000	20,000
미수이자	40,000	60,000	미지급법인세	40,000	30,000
선급이자	70,000	80,000	사 채	150,000	150,000
재고자산	150,000	220,000	사채할인발행차금	(35,000)	(30,000)
만기보유금융자산	100,000	103,000	자 본 금	340,000	340,000
유형자산	570,000	570,000	이익잉여금	225,000	293,000
감가상각누계액	(30,000)	(80,000)			
이연법인세자산	20,000	25,000			
계	1,300,000	1,513,000	부채와 자본 총계	1,300,000	1,513,000

포괄손익계산서

계정과목	금액
매출액	1,000,000
매출원가	(700,000)
관리원가[1]	(250,000)
이자수익	48,000
이자비용	(30,000)
외환이익[2]	45,000
재고자산감모손실	(25,000)
법인세비용	(20,000)
당기순이익	68,000

[1]포괄손익계산서의 관리원가에는 감가상각비 ₩50,000과 대손상각비 ₩15,000이 포함되어 있다.
[2]매출채권에 대한 외환이익은 ₩25,000이며, 나머지는 매입채무에 대한 것이다.

물음

1. 직접법으로 현금흐름표를 작성하시오.
2. 간접법으로 현금흐름표를 작성하시오.
3. 한국채택국제회계기준의 규정에 의한 간접법현금흐름표를 작성하시오.

풀이

발생주의 계정의 증감 분석

매출활동 관련 계정	I/S계정조정	B/S계정조정	순현금흐름
매출	1,000,000		
대손상각비	(15,000)		
외환이익(매출채권관련)	25,000		
매출채권 증가		(100,000)	
대손충당금 증가		10,000	
선수금 증가		60,000	980,000

매입활동 관련 계정			
매출원가	(700,000)		
재고자산감모손실	(25,000)		
외환이익(매입채무 관련)	20,000		
재고자산 증가		(70,000)	
선급금의 감소		80,000	
매입채무의 증가		80,000	(615,000)

종업원 관련 계정			
관리원가	(250,000)		
대손상각비	15,000		
감가상각비	50,000		
미지급급여의 증가		40,000	

확정급여부채의 감소		(30,000)	(175,000)
기타활동 관련 계정			
이자수익	48,000		
만기보유금융자산 상각이자수익	(3,000)		
미수이자의 증가		(20,000)	25,000
이자비용	(30,000)		
사채할인발행차금 상각이자비용	5,000		
선급이자의 증가		(10,000)	(35,000)
법인세비용	(20,000)		
이연법인세자산의 증가		(5,000)	
미지급법인세의 감소		(10,000)	(35,000)
합 계	**120,000**	**25,000**	**145,000**

1. 직접법 현금흐름표

현금흐름표

㈜인천	2012. 1. 1~2012. 12. 31	(단위:원)
Ⅰ. 영업활동 순현금흐름		145,000
(1) 고객으로부터의 유입된 현금	980,000	
(2) 공급자와 종업원에 대한 현금유출	(790,000)	
영업으로부터 창출된 현금	190,000	
(3) 이자의 수령	25,000	
(4) 이자의 지급	(35,000)	
(5) 법인세의 납부	(35,000)	

2. 간접법 현금흐름표

현금흐름표

㈜인천	2021. 1. 1~2012. 12. 31	(단위: 원)
Ⅰ. 영업활동 순현금흐름		
(1) 당기순이익		68,000
(2) 현금의 유출이 없는 비용 등의 가산		
① 감가상각비	50,000	
② 사채할인발행차금 상각이자비용	5,000	55,000
(3) 현금의 유입이 없는 수익 등의 차감		
① 만기보유금융자산 상각이자수익	(3,000)	(3,000)
(4) 영업활동으로 인한 자산과 부채의 변동		
① 매출채권의 증가	(100,000)	
② 대손충당금의 증가	10,000	
③ 선수금의 증가	60,000	

④ 재고자산의 증가	(70,000)	
⑤ 선급금의 감소	80,000	
⑥ 매입채무의 증가	80,000	
⑦ 미지급급여의 증가	40,000	
⑧ 확정급여부채의 감소	(30,000)	
⑨ 미수이자의 증가	(20,000)	
⑩ 선급이자의 증가	(10,000)	
⑪ 이연법인세자산의 증가	(5,000)	
⑫ 미지급법인세의 감소	(10,000)	25,000
		145,000

3. 한국채택국제회계기준에 의한 간접법 현금흐름표

현금흐름표

㈜인천　　2012. 1. 1~2012. 12. 31　　(단위: 원)

Ⅰ. 영업활동 순현금흐름		
(1) 법인세차감전순이익		88,000
(2) 조정항목의 가감		
① 감가상각비	50,000	
② 이자비용	30,000	
③ 이자수익	(48,000)	32,000
④ 매출채권의 증가	(100,000)	
⑤ 대손충당금의 증가	10,000	
⑥ 선수금의 증가	60,000	
⑦ 재고자산의 증가	(70,000)	
⑧ 선급금 감소	80,000	
⑨ 매입채무의 증가	80,000	
⑩ 미지급급여의 증가	40,000	
⑪ 확정급여부채의 감소	(30,000)	70,000
영업에서 창출된 현금		190,000
(3) 이자의 수령		25,000
(4) 이자의 지급		(35,000)
(5) 법인세의 납부		(35,000)
		145,000

제3절 투자활동과 재무활동의 현금흐름

1. 투자활동으로 인한 현금흐름

투자활동으로 인한 현금흐름은 현금의 대여나 대여금의 회수, 투자자산으로 분류되는 금융상품과 유형(무형)자산의 취득과 분석 등에서 발생하는 현금흐름이다. 이러한 현금흐름은 투자활동관련 자산과 부채의 변동을 총액으로 분석하여 파악한다. 즉, 투자활동관련 자산과 부채가 증가하면 반대과목으로 현금이 발생할 수 있으며, 이를 파악하여 현금흐름표에 공시한다. 예를 들면 토지가 전기 대비 ₩100,000이 증가하고 현물출자나 증여 등의 사건이 없는 경우 "(차) 토 지 100,000 (대) 현 금 100,000"이라는 거래로 분석하여 투자활동에 따른 현금유출액 ₩100,000을 파악할 수 있다. 여기서 주의할 점은 투자활동에서 발생하는 총현금흐름유입과 총현금유출은 주요 항목별로 구분하여 총액으로 표시한다는 것이다. 따라서 투자활동 관련계정의 증감분석을 통해 순현금흐름을 계산하면, 이를 다시 총현금유입과 총현금유출로 분리하여 현금흐름표에 각각 별도로 공시하여야 한다. 투자활동 중 대표적인 유형자산에 대해 살펴보면 다음과 같다.

유형자산을 취득하는 거래와 처분하는 거래에서 현금흐름이 발생하며, 이를 투자활동으로 인한 현금흐름에 표시한다. 유형자산으로 인한 현금흐름은 포괄손익계산서상 유형자산 관련 손익계정인 감가상각비, 유형자산손상차손, 유형자산처분손익 등에서 출발하여 재무상태표상 유형자산관련 자산부채의 증·감을 조정하면 산출된다.

예제 2

다음은 ㈜인천의 2012년도 비교재무상태표의 일부이다. 회사는 2012년도 중 취득원가 ₩100,000이고, 이 취득원가의 30%를 상각한 유형자산을 ₩75,000의 현금을 받고 매각 처분하였다.

	2012년초	2012년말	증 감
유형자산	300,000	320,000	20,000
감가상각누계액	55,000	60,000	5,000

물음

1. 2012년도 포괄손익계산서에 표시될 유형자산처분이익과 감가상각비는 얼마인가?
2. 2012년도 현금흐름표상에 표시될 투자활동으로 인한 현금흐름은 얼마인가?
3. 2012년도 현금흐름표를 간접법으로 작성하는 경우 당기순이익에 조정 될 투자활동으로 인한 손익 효과는 얼마인가?

풀이

1. 관련손익의 계산
   (1) 유형자산처분이익 : 75,000 − 100,000 × (1 − 30%) = 5,000
   (2) 감가상각비 : 60,000 − (55,000 − 100,000 × 30%) = 35,000

2. 투자활동현금흐름

유형자산 관련 계정	발생주의 조정	순현금흐름	
감가상각비	(35,000)[1]	처분으로 인한 유입	75,000
유형자산처분이익	5,000[2]	취득으로 인한 유출	(120,000)[3]
유형자산의 증가	(20,000)		
감가상각누계액의 증가	5,000		
	(45,000)	순유출입	(45,000)

[1] 60,000 − (55,000 − 3,000) = 35,000
[2] 75,000 − (100,000 − 30,000) = 5,000
[3] 역산함 75,000 − X = △45,000 ∴ X = 120,000

3. 영업활동 현금흐름계산시의 효과
   (1) 감가상각비 : ₩35,000 가산
   (2) 유형자산처분이익 : ₩5,000 차감

해설

1. T-계정분석

유형자산

기 초		300,000	처 분	①	100,000
취 득	②	120,000	기 말		320,000
		₩420,000			₩420,000

감가상각누계액

처 분	①	30,000	기 초		55,000
기 말		60,000	감가상각비	③	35,000
		₩90,000			₩90,000

2. 회계처리에 의한 분석

① 처 분	(차)	현 금	75,000	(대)	유형자산	100,000
		감가상각누계액	30,000		유형자산처분이익	5,000
② 취 득	(차)	유형자산	120,000	(대)	현 금	120,000
③ 감가상각	(차)	감가상각비	35,000	(대)	감가상각누계액	35,000

◆ 유형자산처분이익은 당기순이익 계산시에 가산되었으나 영업활동과 무관한 수익이므로 별도로 차감 제거하여 영업활동으로 인한 현금흐름을 구한다.

2. 재무활동으로 인한 현금흐름

재무활동으로 인한 현금흐름은 현금의 차입과 차입금의 상환, 신주발행, 배당금의 지급등과 같이 주로 자금조달 및 상환활동과 관련된 거래로부터 발생한다. 이러한 현금흐름은 재무활동관련 자산과 부채의 변동을 총액으로 분석하여 파악한다. 즉, 재무활동관련 자산과 부채가 증가하면 반대과목으로 현금이 발생할 수 있으며, 이를 파악하여 현금흐름표에 공시한다. 예를 들어 전기 대비 장기차입금이 ₩100,000 증가한 경우 "(차) 현 금 100,000 (대) 장기차입금 100,000"이라는 거래로 분석하여 재무활동에 따른 현금유입액 ₩100,000을 파악할 수 있다. 여기서 주의할 점은 재무활동에서 발생하는 총현금흐름유입과 총현금유출은 주요 항목별로 구분하여 총액으로 표시한다는 것이다. 따라서 재무활동 관련계정의 증감분석을 통해 순현금흐름을 계산하면, 이를 다시 총현금유입과 총현금유출로 분리하여 현금흐름표에 각각 별도로 공시하여야 한다. 재무활동 중 대표적인 사채에 대해 살펴보면 다음과 같다.

사채를 발행하는 거래와 상환하는 거래에서 현금흐름이 발생하며, 이를 재무활동으로 인한 현금흐름에 표시한다. 이때 사채발행차금을 함께 분석해야 한다. 사채로 인한 현금흐름은 포괄손익계산서상 사채관련손익계정인 사채발행차금에 대한 이자비용과 사채상환손익 등에서 출발하여 재무상태표상 사채관련 부채의 증감을 조정하면 산출된다.

예제 9

다음은 ㈜인천의 2012년도 비교재무상태표의 일부이다. 이 중 사채할인발행차금 ₩10,000이 상각되었다.

(1) 비교재무상태표

	2012년초	2012년말	증 감
사 채	300,000	450,000	150,000
사채할인발행차금	(30,000)	(35,000)	5,000

(2) 포괄손익계산서

이자비용	50,000

물음

1. 2012년도 현금흐름표상에 표시될 재무활동으로 인한 현금흐름은 얼마인가?
2. 2012년도 현금흐름표를 간접법으로 작성하는 경우 당기순이익에 조정 될 투자활동으로 인한 손익 효과는 얼마인가?

풀이

1. 재무활동현금흐름

사채 관련 계정	발생주의 조정	순현금흐름	
이자비용(차금상각액)	(10,000)	발행으로 인한 유입	135,000
사채의 증가	150,000	상환으로 인한 유출	–[1]
사채할인발행차금의 증가	(5,000)		
	135,000	순유출입	135,000

[1] 역산함 135,000 – X = 135,000 ∴ X = 0

2. 간접영업활동에서 조정사항
   이자비용(차금상각액) : ₩10,000 가산

해설

1. T–계정분석

사 채

		기 초	300,000
기 말	450,000	발 행 ②	150,000
	450,000		450,000

사채할인발행차금

기 초	30,000	상 각 ①	10,000
발 행 ②	15,000	기 말	35,000
	45,000		45,000

2. 회계처리에 의한 분석

① 상 각	(차) 이자비용	10,000	(대) 사채할인발행차금	10,000
② 발 행	(차) 현 금	135,000	(대) 사 채	150,000
	사채할인발행차금	15,000		

객관식 연습문제

exercises

▶▶ Ⅰ. 이론형 객관식 문제

01 현금흐름표에 대한 설명으로 옳지 않은 것은? (9급 국가직 2002)

① 현금흐름표는 현금 및 현금성자산의 증감변화내용을 보고한다.
② 현금흐름표는 각종 재무활동과 투자활동에 관한 정보도 보고하다.
③ 국제회계기준상 이자비용은 재무활동으로 인한 현금흐름으로 분류된다.
④ 투자활동에는 현금의 대여와 회수, 유형자산의 취득과 매각이 포함된다.

정답 ③
이자비용, 법인세비용, 이자수익, 배당금수익은 영업활동으로 인한 현금흐름에 포함된다.

02 현금흐름표에 관한 설명 중 옳은 것은? (9급 세무직 2009)

① 현금흐름표는 현금흐름의 종류를 크게 영업활동으로 인한 현금흐름 및 투자활동으로 인한 현금흐름으로 구분하여 보고한다.
② 영업활동으로 인한 현금흐름을 직접법으로 작성하는 경우와 간접법으로 작성하는 경우, 영업활동으로 인한 현금흐름의 크기가 달라질 수 있다.
③ 신용거래가 없을 경우, 영업활동으로 인한 현금흐름과 손익계산서상의 당기순이익은 일치하여야 한다.
④ 직접법이나 간접법 중 어떤 방법으로 작성하더라도 투자활동으로 인한 현금흐름은 동일 하게 표시된다.

정답 ④

① 현금흐름표는 현금흐름의 종류를 크게 영업활동으로 인한 현금흐름, 투자활동으로 인한 현금흐름 및 재무 활동의 현금흐름으로 구분하여 보고한다.
② 영업활동으로 인한 현금흐름을 직접법으로 작성하는 경우와 간접법으로 작성하는 경우, 영업활동으로 인한 현금흐름의 크기가 달라질 수 없다.
③ 신용거래가 없을 경우라도 현금유출입이 없는 비용과 수익 및 투자와 재무활동의 손익항목으로 인하여 영업활동으로 인한 현금흐름과 손익계산서상의 당기순이익은 일치하지 않는다.

03 한국채택국제회계기준에서 현금흐름표의 작성과 표시에 대한 설명으로 옳지 않은 것은? (9급 관세직 2011)

① 영업활동 현금흐름은 직접법과 간접법 중 하나의 방법으로 보고한다.
② 금융회사가 아닌 다른 업종의 경우 배당금의 지급은 영업활동 또는 재무활동으로 분류할 수 있다.
③ 금융회사가 아닌 다른 업종의 경우 이자수입 및 배당금 수입은 투자활동 또는 영업활동으로 분류할 수 있다.
④ 법인세로 인한 현금흐름은 별도로 공시하지 않고 영업활동 현금흐름으로 분류한다.

정답 ④

법인세로 인한 현금흐름은 영업활동의 현금흐름에 포함되며, 이를 별도로 구분하여 공시하여야 한다.

04 다음 현금흐름표에 관한 설명에서 (　　)안에 들어갈 단어를 순서대로 옳게 연결한 것은? (9급 관세직 2008)

현금흐름표를 간접법으로 작성할 때, 당기순이익과 기타 자산·부채의 변동 등 다른 조건이 일정할 경우, 매출채권의 증가는 영업활동으로 인한 현금흐름의 (㉠)를 가져오고, 매입채무의 감소는 영업활동으로 인한 현금흐름의 (㉡)를 가져온다.

	㉠	㉡		㉠	㉡
①	증가	증가	②	증가	감소
③	감소	감소	④	감소	증가

정답 ③

매출채권의 증가는 현금을 감소하게 된다. 매입채무의 감소는 현금을 감소한다.
이를 간단하게 분개를 통해 이해하면 다음과 같다.
(차) 매출채권 ××× (대) 현　금 ×××
(차) 매입채무 ××× (대) 현　금 ×××

05 **현금흐름표 작성시 영업활동으로 인한 현금흐름을 계산하기 위하여 간접법을 사용할 때 당기순이익에 가산할 항목이 아닌 것은?** (7급 2006)

① 유형자산의 감가상각비
② 만기보유금융자산할증취득액상각
③ 유형자산처분이익
④ 외환손실

정답 ③

유형자산처분이익은 현금유입이 없는 수익으로 당기순이익에서 차감한다.

06 **A회사는 간접법으로 영업활동현금흐름을 보고하고 있다. 2012년도 A회사의 당기순이익은 영업활동으로 인한 현금흐름보다 적었다고 한다. 다음 중 이에 대한 원인으로 옳지 않은 것은?** (공인회계사 2005 수정)

① 건물의 회수가능가액 하락분을 반영
② 관계기업의 손실이 악화
③ 가산할 일시적 차이가 크게 증가
④ 현금매출이 크게 증가
⑤ 임직원의 고령화로 확정퇴직급여 계상액이 크게 증가

정답 ④

현금매출은 당기순이익과 영업활동 현금흐름을 모두 증가시키므로 차이를 발생시키지 않는다.

07 **다음 중 현금흐름표 상 재무활동으로 인한 현금흐름에 포함될 사항이 아닌 것은?** (세무사 2009)

① 유형자산 취득에 따른 미지급금의 지급
② 장기차입금의 차입 및 상환
③ 장기대여금의 대여 및 회수
④ 전환사채의 발행
⑤ 주식의 발행 및 자기주식의 취득

정답 ③

장기대여금의 대여와 회수는 투자활동에 해당한다.

08 현금흐름표상의 재무활동으로 인한 현금흐름으로 보고되지 않는 것은?

① 주식이나 기타 지분상품의 발행에 따른 현금유입
② 자기지분상품의 재발행에 따른 현금유입
③ 자기지분상품의 취득에 따른 현금유출
④ 담보·무담보부사채 및 어음의 발행과 기타 장·단기차입에 따른 현금유입
⑤ 다른 기업의 지분상품이나 채무상품의 취득에 따른 현금유출

정답 ⑤

이자지급등은 영업활동으로 분류된다.

09 환매채의 취득은 어디에 공시되는가?

① 영업활동
② 투자활동
③ 재무활동
④ 영업활동과 투자활동
⑤ 공시되지 않는다.

정답 ⑤

환매채는 현금성자산이다.

10 현금흐름표는 회계기간 동안 발생한 현금흐름을 영업활동, 투자활동 및 재무활동으로 분류하여 보고한다. 다음 중 현금흐름의 분류가 다른 것은?

(세무사 2010)

① 리스이용자의 금융리스부채 상환에 따른 현금유출
② 판매목적으로 보유하는 재고자산을 제조하거나 취득하기 위한 현금유출
③ 보험회사의 경우 보험금과 관련된 현금유출
④ 기업이 보유한 특허권을 일정기간 사용하도록 하고 받은 수수료 관련 현금유입
⑤ 단기매매목적으로 보유하는 계약에서 발생한 현금유입

정답 ①

금융리스이용자의 금융리스부채 상환에 따른 현금유출은 재무활동이며, 나머지는 영업활동이다.

01 다음은 (주)새천년 감사보고서에 나타난 재무상태표 중 매출채권과 대손충당금에 관한 부분이다. 2005년도 손익계산서상의 매출액은 ₩560,000, 대손상각비가 ₩30,000이다. 매출활동으로 인한 현금유입액은 얼마인가?

(9급 국가직 2006 수정)

구 분	2005년도 12월 31일	2004년 12월 31일
매출채권	₩500,000	₩400,000
대손충당금	(₩70,000)	(₩50,000)

① ₩450,000　　② ₩480,000
③ ₩510,000　　④ ₩600,000

정답 ①

대손충당금

차변	금액	대변	금액
대 손	10,000	기 초	50,000
		상각채권회수	–
기 말	70,000	대손상각비	30,000
	80,000		80,000

매출채권

차변	금액	대변	금액
기 초	400,000	회 수	450,000
		대 손	10,000
매 출	560,000	기 말	500,000
	960,000		960,000

02 (주)서울의 2007년 회계기간 동안 매출원가는 ₩500,000이고, 재고자산과 매입채무의 비교재무상태표 자료는 다음과 같다. 아래의 정보를 이용하여 2007년도 재고자산의 매입으로 인한 현금유출액을 구하면?

(9급 관세직 2007)

구분	2007년 1월 1일	2007년 12월 31일
재고자산	₩100,000	₩200,000
매입채무	₩30,000	₩60,000

① ₩430,000　　② ₩570,000
③ ₩600,000　　④ ₩630,000

정답 ②

현금흐름

차변	금액	대변	금액
매출원가	500,000	매입채무증가	30,000
재고자산증가	100,000	현금유출	570,000
	₩600,000		₩600,000

03 (주)한빛은 현금주의에 의해 회계처리하는데 2005년 의뢰인에게 ₩1,000,000의 현금을 수취하고, 사무실운영경비 ₩400,000의 현금을 차입함으로써 현금주의에 의한 당기순이익으로 ₩600,000을 보고하였다. 기타 회계자료가 아래와 같을 때 2005년의 발생주의에 의한 당기순이익은 현금주의에 의한 당기순이익에 비해 어떻게 달라지는가? (단, 세금효과는 무시한다.)

(7급 2006)

구 분	2004년 12월 31일	2005년 12월 31일
미수용역수익(매출채권)	₩80,000	₩90,000
선수용역수익	₩100,000	₩120,000
미지급비용	₩30,000	₩40,000
선급비용	₩0	₩20,000

① 변화없음
② ₩30,000 증가
③ ₩20,000 증가
④ ₩20,000 감소

정답 ①

자산의 증가와 부채의 증가가 동액으로 현금주의 순이익과 발생주의 순이익 간의 차이가 없다.

현금증가	600,000	순이익(?)	600,000
매출채권 증가	10,000	선수수익 증가	20,000
선급비용 증가	20,000	미지급비용 증가	10,000
	₩630,000		₩630,000

04 다음은 (주)서울의 재무상태표와 현금흐름표에서 발췌한 2009년 현금흐름 관련 자료이다. 2009년도의 영업활동으로 인한 현금흐름은?

(9급 세무직 2010)

- 2008년 12월 31일 말 현금 잔액 ₩120,000
- 2009년 투자활동으로 인한 현금 감소 ₩40,000
- 2009년 재무활동으로 인한 현금 증가 ₩50,000
- 2009년 12월 31일 말 현금 잔액 ₩150,000

① ₩10,000
② ₩20,000
③ ₩30,000
④ ₩40,000

정답 ②

기초현금 ₩120,000	(−) 투자활동 현금 감소 ₩40,000 (+) 재무활동 현금 증가 ₩50,000 (+) 영업활동 현금 증가 ₩20,000	=	기말현금 ₩150,000

05 다음은 (주)대한의 2011년도 재무제표의 일부 자료이다. 직접법을 사용하여 2011년도 현금흐름표의 영업활동 현금흐름을 구할 때 고객으로부터 유입된 현금흐름과 공급자에 대해 유출된 현금흐름으로 옳은 것은?

(공인회계사 2010)

• 부분 재무상태표

계정과목	기초잔액	기말잔액
매출채권(총액)	₩200,000	₩140,000
대손충당금	₩10,000	₩14,000
재고자산	₩60,000	₩50,000
매입채무	₩50,000	₩100,000
선수금	₩10,000	₩8,000

• 부분 포괄손익계산서

계정과목	금액
매출액	₩1,500,000
매출원가	₩1,000,000
대손상각비	₩7,000
재고자산평가손실	₩50,000
외환차익(매입채무 관련)	₩20,000

재고자산평가손실과 외환차익을 매출원가에 반영하지 않는다.

	고객으로부터 유입액	공급자에 대한 유출액
①	₩1,555,000	₩970,000
②	₩1,555,000	₩995,000
③	₩1,560,000	₩950,000
④	₩1,560,000	₩970,000
⑤	₩1,560,000	₩995,000

정답 ①

고객으로부터 유입된 현금흐름 계산

현금증가	1,555,000	매출액	1,500,000
대손상각비	7,000	매출채권 감소	60,000
선수금 감소	2,000	대손충당금 증가	4,000
	1,564,000		1,564,000

공급자에 대해 유출된 현금흐름 계산

매출원가	1,000,000	현금 감소	970,000
재고자산평가손실	50,000	외환차익	20,000
매 출	560,000	재고자산 감소	10,000
		매입채무 증가	50,000
	1,050,000		1,050,000

06 (주)서울의 영업활동에 대한 자료이다. (주)서울은 재고자산의 원가흐름을 선입선출법을 사용하고 있다. 다음의 자료를 이용하여 당기순이익과 영업활동으로 인한 현금흐름액을 구하면 얼마인가? (단, 법인세는 없으며, 모두 현금거래이다. 감가상각비를 제외한 판매비 및 관리비 모두 현금이다.) (9급 서울시 2008)

- 기초재고 200개(@₩100) ₩20,000
- 당기매입 800개(@₩120) ₩96,000
- 당기매출 900개(@₩200) ₩180,000
- 판매관리비 ₩40,000 (감가상각비 ₩16,000 포함)

	당기순이익	영업활동의 현금흐름
①	₩76,000	₩98,000
②	₩76,000	₩88,000
③	₩76,000	₩78,000
④	₩36,000	₩60,000
⑤	₩36,000	₩44,000

정답 ④

- 기말재고(선입선출법) : 100개 × @₩120 = ₩12,000
- 당기순이익 계산

손익계산서

(주)서울	2011년 1월 1일~2011년 12월 31일	(단위: 원)
Ⅰ. 매출액		180,000
Ⅱ. 매출원가		104,000
1. 기초상품재고액	20,000	
2. 당기상품매입액	96,000	
3. 기말상품재고액	(12,000)	
Ⅲ. 매출총이익		76,000
Ⅳ. 판매비와 관리비		40,000
Ⅴ. 당기순이익		36,000

- 영업활동의 현금흐름

현금흐름표

현금흐름	(?)	순이익	36,000
재고자산증가	100,000	감가상각비	16,000
		재고자산감소	8,000
	₩60,000		₩60,000

07 한국상사는 2005년 12월 1일에 영업활동을 개시하였다. 다음 자료는 한국상사의 12월 한 달 동안의 영업활동 자료이다. 이 자료를 이용하여 발생주의와 현금주의에 의하여 2005년 12월 순이익을 계산하면 얼마인가?

(9급 서울시 2006)

• 12월 중 매출	₩2,000,000 (30% 현금매출, 70% 외상매출)
• 12월 중 매입	₩1,000,000 (40% 현금매입, 60% 외상매입)
• 매출채권	₩400,000
• 매입채무	₩200,000
• 재고자산	₩100,000

	발생주의	현금주의
①	₩1,000,000	₩600,000
②	₩1,100,000	₩800,000
③	₩1,000,000	₩700,000
④	₩1,100,000	₩700,000
⑤	₩1,000,000	₩800,000

정답 ②

- 발생주의 순이익 : 매출(₩2,00,000) − 매출원가(₩900,000) = ₩1,100,000
- 현금주의 순이익 : 발생주의 순이익 − 매출채권 + 매입채무 − 재고자산 = ₩800,000

08 2002년도에 설립한 한국상사의 회계자료는 다음과 같다. 이에 관한 설명 중 옳지 않은 것은? (7급 2003)

• 보통주의 발행으로 조달한 금액	₩200,000
• 외상매출액	₩440,000
• 차입자금조달액	₩140,000
• 매출채권회수액	₩360,000
• 상품구입자금액	₩240,000
• 유형자산 감가상각비	₩30,000
• 차입금 상환액	₩16,000
• 법인세 지급액	₩50,000
• 유형자산의 현금구입액	₩160,000
• 매출원가	₩280,000

① 투자활동으로 인한 순현금유출액은 ₩160,000이다.
② 재무활동으로 인한 순현금유입액은 ₩324,000이다.
③ 영업활동으로 인한 순현금유입액은 ₩70,000이다.
④ 당기중의 총현금증가액은 ₩194,000이다.

정답 ④

현금흐름표

한국상사	2011년 1월 1일~12월 31일		
Ⅰ. 영업활동으로 인한 현금흐름			
1. 고객으로부터의 현금유입액		360,000	
2. 공급자에 대한 현금유출액		(240,000)	
3. 법인세지급액		(50,000)	70,000
Ⅱ. 투자활동으로 인한 현금흐름			
1. 투자활동으로 인한 현금유입액			
2. 투자활동으로 인한 현금유출액			
유형자산의 구입		160,000	(160,000)
Ⅲ. 재무활동으로 인한 현금흐름			
1. 재무활동으로 인한 현금유입액			
보통주의 유상증자	200,000		
자금의 차입	140,000	340,000	
2. 재무활동으로 인한 현금유출액			
차입금상환	16,000	(16,000)	324,000
Ⅳ. 현금의 증가			234,000
Ⅴ. 기초의 현금			0
Ⅵ. 기말의현금			₩234,000

09 **(주)대한의 2010년 당기순이익이 ₩10,000인 경우, 다음 자료를 이용하여 영업활동으로 인한 현금흐름을 계산하면?** (9급 지방직 2011)

- 당기의 감가상각비는 ₩1,000이다.
- 전기말보다 당기말에 재고자산이 ₩200 증가하였다.
- 전기말보다 당기말에 미지급보험료가 ₩100 감소하였다.
- ₩4,000에 구입한 건물(감가상각누계액 ₩3,000)을 당기에 ₩500에 매각하였다.

① ₩10,200　　② ₩11,000

③ ₩11,200　　④ ₩11,800

정답 ③

유형자산처분손실 = ₩500 − (₩4,000 − ₩3,000) = (₩500)

현금주의 ↔ 발생주의

재고자산의 증가	200	당기순이익	10,000
미지급보험료 감소	100	감가상각비	1,000
현금주의 순이익	11,200	유형자산처분손실	500
	₩11,500		₩11,500

10 12월 말 결산법인인 (주)한국의 2010년 영업활동과 과년된 자료는 다음과 같다. 2010년도 현금흐름표에 보고되어야 할 영업활동으로 인한 현금흐름액은 얼마인가? (9급 세무직 2007)

• 당기순이익	₩1,800,000
• 매출채권의 순감소액	₩1,080,000
• 매입채무의 순증가액	₩720,000
• 감가상각비	₩630,000
• 미지급비용의 순감소액	₩270,000
• 제품보증충당부채 순증가액	₩180,000
• 재고자산의 순감소액	₩120,000

① ₩4,260,000　　② ₩4,560,000
③ ₩4,620,000　　④ ₩4,800,000

정답 ①

현금흐름표

미지급비용 감소	270,000	당기순이익	10,000
순현금의 증가액	4,260,000	매출채권감소액	1,080,000
		매입채무증가액	720,000
		감가상각비	630,000
		제품보증충당부채 증가	180,000
		재고자산순감소약	120,000
	₩4,530,000		₩11,500

11 다음 자료를 이용하여 현금흐름표상의 영업활동으로 인한 현금흐름을 계산하면 얼마인가? (9급 국가직 2007)

• 손익계산서상의 당기순이익	₩350,000
• 감가상각비	₩50,000
• 매출채권의 증가	₩20,000
• 재고자산의 감소	₩40,000
• 사채상환이익	₩50,000
• 미지급법인세의 증가	₩50,000
• 보통주의 발행	₩100,000
• 유형자산의 취득	₩90,000

① ₩520,000　　② ₩470,000
③ ₩420,000　　④ ₩400,000

정답 ③

현금흐름표

매출채권 증가	20,000	당기순이익	350,000
사채상환이익	50,000	감가상각비	50,000
현금흐름 증가	420,000	재고자산 감소	40,000
		미지급법인세 증가	50,000
	₩490,000		₩490,000

감가상각비는 현금유출이 없는 비용으로 당기순이익에 가산하고 사채상환이익은 영업활동의 이익이 아니므로 당기순이익에서 차감한다. 유형자산의 취득(투자활동), 보통주의 발행(재무활동)은 영업활동이 아니므로 계산에서 제외한다.

12 다음 자료를 이용하여 영업활동으로 인한 현금흐름을 간접법으로 계산하면?

(9급 관세직 2009)

- 당기순이익 ₩5,000
- 재고자산감모손실 ₩700
- 유형자산처분이익 ₩1,000
- 감가상각비 ₩400
- 재고자산의 증가 ₩500

① ₩3,500 ② ₩3,900
③ ₩4,100 ④ ₩4,600

정답 ②

현금흐름표

유형자산처분이익	1,000	당기순이익	5,000
재고자산의 증가	500	감가상각비	400
현금흐름 증가	3,900		
	₩5,400		₩5,400

감가상각비는 현금유출이 없는 비용으로 당기순이익에 가산하고 유형자산처분이익은 영업활동이익이 아니므로 당기순이익에서 차감한다. 재고자산의 증가는 현금의 유출이므로 차감하며, 재고자산감모손실은 재고자산의 증가에 반영되어 있는 이유로 계산에서 제외한다는 점이 포인트다.

13 (주)삼손이 보고한 2006년도의 영업활동으로 인한 현금흐름은 ₩2,000,000이다. 다음과 같은 사항이 2006년도에 발생하였을 때 (주)삼손의 2006년도 당기순이익은 얼마인가? (세무사 2006)

• 대손상각비	₩50,000
• 재고자산 감소액	₩100,000
• 감가상가비	₩150,000
• 매출채권(순액)증가액	₩200,000
• 토지처분(장부금액 ₩300,000)	₩400,000
• 재고자산감모손실	₩100,00

① ₩2,000,000　② ₩1,950,000
③ ₩1,900,000　④ ₩2,100,000
⑤ ₩2,050,000

정답 ⑤

현금흐름표(영업활동)

현금흐름 증가	2,000,000	당기순이익	2,050,000
순매출채권 증가	200,000	재고자산 감소	100,000
토지처분이익	100,00	감가상각비	150,000
	₩2,300,000		₩2,300,000

토지의 처분은 투자활동의 유입으로₩400,000이 보고되므로 영업활동에서 제외되며, 토지처분이익은 차감해야 한다. 한편, 대손상각비,재고자산감모손실 등은 현금유출이 없는 비용이지만 영업활동으로 인한 자산·부채의 변동에 자동적으로 조정된다. 따라서 현금유출이 없는 비용으로 가산해서는 안 된다.

14 (주)남원의 2005년 영업활동으로 인한 현금흐름은 ₩192,000이다. 또한 (주)남원의 2005년 영업활동으로 인한 현금흐름에 영향을 미치는 항목이 다음과 같다고 할 때 (주)남원의 2005년 당기순이익은 얼마인가? (공인회계사 2005)

• 감가상각비	₩180,000	• 재고자산의 증가	₩32,000
• 단기매매금융자산처분이익	₩16,000	• 단기매매금융자산의 증가	₩39,800
• 사채할인발행차금상각액	₩9,600	• 단기차입금의 상환	₩50,000
• 보험차익	₩18,400	• 매입채무의 증가	₩71,200
• 매출채권의증가	₩92,400	• 미지급법인세의 감소	₩42,000
• 현금배당금의 지급	₩30,800	• 사채의 발행	₩150,000

① ₩7,000 ② ₩60,000
③ ₩155,800 ④ ₩221,800
⑤ ₩252,000

정답 ③

현금흐름표(영업활동)

영업활동현금유입	192,000	감가상각비	180,000
단기매매금융자산의 증가	39,800	사채할인발행차금상각액	9,600
보험차익	18,400	매입채무의 증가	71,200
재고자산의 증가	32,000	당기순이익(?)	155,800
매출채권의 증가	92,400		
미지급법인세의 감소	42,000		
	₩416,600		₩416,600

당기순이익 = ₩132,000
단기차입금의 상환, 현금배당금지급 및 사채의 발행은 재무활동이다. 따라서 영업활동의 현금흐름의 계산에 고려하지 않는다.

15 **다음 자료는 (주)강동산업의 건물에 대한 자료이다. (주)강동산업의 2007년도 투자활동의 현금흐름은 얼마인가?** (세무사 2004 수정)

• 비교재무상태표 중 일부

구 분	2007년말	2006년 말
건 물	₩830,000	₩850,000
감가상각누계액	(₩240,000)	(₩200,000)

• 2007년도 중 취득원가 ₩150,000(감가상각누계액 ₩60,000)의 건물을 ₩80,000에 처분하였다. 건물 및 감가상각누계액의 나머지 차액은 당기 중 현금으로 취득한 것과 당기 감가상각비를 계상한 것이다.

① ₩50,000 유출 ② ₩50,000 유입
③ ₩30,000 유출 ④ ₩30,000 유입

정답 ①

• 감가상각비의 계산(₩100,000)
기초누계액(₩200,000) + 당기감가상각비 − 처분자산누계액(₩60,000) = 기말누계액(₩240,000)
• 건물처분손익 : 처분가액(₩80,000) − 장부가액(₩150,000 − ₩60,000) = 처분손실 ₩10,000
• 건물순장부가액증감: 기말(₩590,000) − 기초(₩650,000) = 감소 ₩60,000
• T계정 풀이

현금흐름표(투자활동)

감가상각비	100,000	건물의 감소	60,000
처분손실	10,000	현금흐름 감소(?)	50,000
	₩110,000		₩110,000

16 (주)한국의 투자활동에 관한 정보는 다음과 같다. 주어진 정보를 활용하여 2007년의 현금흐름표를 작성할 때 투자활동으로 인한 현금흐름은 얼마인가? (단, 2007년의 투자활동은 매도가능금융자산의 매입과 처분이 전부임)

(7급 세무직 2007)

〈부분재무상태표(2007. 12. 31)〉

구 분	2006년 12월 31일	2007년 12월 31일
매도가능금융자산	₩58,000	₩14,000
매도가능 금융자산평가이익	₩10,000	₩2,000

〈부분손익계산서(2007.1.1~2007.12.31)〉

- 매도가능금융자산처분손실 ₩9,000
- 2007년 중 취득한 매도가능금융자산 ₩12,000

① ₩49,000 ② ₩39,000
③ ₩37,000 ④ ₩27,000

정답 ④

현금흐름표(투자활동)

평가이익 감소	8,000	매도가능금융자산의 감소	44,000
매도가능금융자산처분손실	9,000		
현금흐름 증가(?)	27,000		
	₩44,000		₩44,000

17 다음을 기초로 재무활동으로 인한 현금흐름을 계산하면?

(7급 2009)

- 단기금융상품의 취득 ₩106,000
- 단기차입금의 차입 ₩474,000
- 전환사채의 발행 ₩247,000
- 유동성장기부채의 상환 ₩250,000
- 장기대여금의 회수 ₩118,000
- 이자비용의 지급 ₩6,000

① ₩342,000 ② ₩471,000
③ ₩483,000 ④ ₩589,000

정답 ②

재무활동으로 인한 현금 흐름

+유입		
1.단기차입금의 차입		474,000
2.전환사채의 발행		247,000
−유출		
1.유동성장기부채의상환	250,000	471,000

18 (주)갑의 2011년 현금매출 및 신용매출은 각각 ₩160,000과 ₩1,200,000이고, 2011년 기초와 기말의 매출채권 잔액은 각각 ₩180,000과 ₩212,000이다. (주)갑의 2011년 영업비용은 ₩240,000이다. 2011년 선급비용 기말잔액은 기초보다 ₩16,000이 증가하였고, 2011년 미지급비용 기말잔액은 기초보다 ₩24,000이 감소하였다. 2011년에 고객으로부터 유입된 현금흐름과 영업비용으로 유출된 현금흐름은 얼마인가? (공인회계사 2012)

	고객으로부터 유입된 현금흐름	영업비용으로 유출된 현금흐름
①	₩1,328,000	₩232,000
②	₩1,328,000	₩280,000
③	₩1,360,000	₩232,000
④	₩1,360,000	₩280,000
⑤	₩1,332,000	₩202,000

정답 ②

1) 고객으로부터 유입된 현금흐름 :
₩160,000(현금매출) + ₩1,200,000(신용매출) − ₩32,000(매출채권 증가) = ₩1,328,000

2) 영업비용으로 유출된 현금흐름
(₩240,000)(영업비용) − ₩16,000(선급비용 증가) − ₩24,000(미지급비용 감소) = (₩280,000)

저자소개

윤성용

한국외국어대학교 경영학과 경영학사
경희대학교 일반대학원 회계학과 경영학석사
한국외국어대학교 일반대학원 경영학과 경영학박사
現 경성대학교 상경대학 회계학과 교수
대한회계학회 이사
LG하우시스 회계학 비상임 교육전담
前 중앙대학교 교양학부대학 교양교수

저서

- 재무활동 및 특수회계 (교육과학사, 2014)
- 영업 및 투자활동 회계 (교육과학사, 2013)
- 사례중심의 원가관리회계 (교육과학사, 2012)
- K-IFRS를 쉽게 풀어 쓴 중급재무회계 (산문출판, 2012)
- 대학생을 위한 생활속의 회계 (중앙대학교출판부, 2011, 2012, 2013)
- K-IFRS 재무회계(1) (산문출판, 2010)

논문

- KOSPI시장에서 배당정책과 기업가치평가모형의 연계성에 관한 연구 (2014)
- 온·오프 라인 블렌디드 러닝의 원가 분석 (2013) 등 다수

최영문

경희대학교 회계학과 경영학사
경희대학교 일반대학원 회계학과 경영학석사
경희대학교 일반대학원 회계학과 경영학박사
現 경남대학교 경상대학 경영학부 교수
경상남도 재정계획심의위원회 위원
중소기업청 경영컨설팅사업 전문평가위원
前 서울디지털대학교 재경회계학부 교수

저서

- 재무활동 및 특수회계 (교육과학사, 2014)
- 영업 및 투자활동 회계 (교육과학사, 2013)
- 사례중심의 원가관리회계 (교육과학사, 2012)
- 알기쉬운 원가계산(한국학술정보, 2006)
- 원가관리회계(산문출판, 2008)
- 회계학입문자를 위한 현대회계의 이해(산문출판, 2009)
- K-IFRS 회계원리(교육과학사, 2009, 2013)
- 생활세금의 길잡이(세학사, 2013)
- K-IFRS 재무보고의 이해(경남대학교 출판부, 2013)

논문

- 재량적발생액, 이익유연화수준, 신용평가등급변동과 세후타인자본조달비용과의 관계 연구(2013)
- 금융업의 자사주 취득이 기업가치에 미치는 영향에 관한 연구(2013) 등 다수

IFRS 재무회계

2014년 3월 15일 1판 1쇄 인쇄
2014년 3월 20일 1판 1쇄 발행

저자와의 협의하에 인지생략

저 자 : 윤성용 · 최영문
발행인 : 김 동 규
발행처 : 교육과학사

경기도 파주시 문발동 광인사길 71
전화(031)955-6956~8/팩스(031)955-6037
Home-page : www.kyoyookbook.co.kr
E-mail : kyoyook@chol.com
등록 : 1970년 5월 18일 제2-73호

낙장 · 파본은 교환해 드립니다.
Printed in Korea.

정가 32,000원
ISBN 978-89-254-0816-3